教育部人文社会科学
重点研究基地基金资助

周向军 李春明 徐艳玲／等著

经济全球化

与中国特色社会主义
文化建设研究

山东人民出版社

国家一级出版社 全国百佳图书出版单位

图书在版编目（CIP）数据

经济全球化与中国特色社会主义文化建设研究/周向军,
李春明,徐艳玲著. --济南：山东人民出版社,2022.9
ISBN 978-7-209-13468-2

Ⅰ.①经… Ⅱ.①周… ②李… ③徐… Ⅲ.①经济全球化—
研究 ②中国特色社会主义—文化事业—研究 Ⅳ.①F114.41
②G12

中国版本图书馆CIP数据核字（2021）第185670号

经济全球化与中国特色社会主义文化建设研究

JINGJI QUANQIUHUA YU ZHONGGUO TESE SHEHUI ZHUYI WENHUA JIANSHE YANJIU

周向军　李春明　徐艳玲　著

主管单位　山东出版传媒股份有限公司
出版发行　山东人民出版社
出 版 人　胡长青
社　　址　济南市市中区舜耕路517号
邮　　编　250003
电　　话　总编室（0531）82098914
　　　　　市场部（0531）82098027
网　　址　http://www.sd-book.com.cn
印　　装　济南万方盛景印刷有限公司
经　　销　新华书店

规　　格　16开（169mm×239mm）
印　　张　46
字　　数　704千字
版　　次　2022年9月第1版
印　　次　2022年9月第1次
ISBN 978-7-209-13468-2
定　　价　115.00元
　　　　　如有印装质量问题，请与出版社总编室联系调换。

目　录

导　论

　　改革开放以来，我们党和国家全部理论和实践主题，就是坚持和发展中国特色社会主义。中国特色社会主义建设是一项复杂的系统工程。其中，中国特色社会主义文化建设是一个极其重要的方面。在全球化特别是经济全球化的浪潮中，如何推进中国特色社会主义文化建设，既是一个重大的理论问题，也是一个重大的实践问题，值得我们好好研究。本书稿就是我们对这一课题研究做出的努力。

　　我们撰写并出版这样一部书稿，主要基于以下几方面考量。

　　第一，基于对中国特色社会主义文化建设战略地位的认知。从客观上说，中国特色社会主义建设是一个由多种要素构成的复杂系统工程。从主观上说，对这一工程的认识，人们经历了从两位一体（物质文明建设和精神文明建设），到三位一体（经济建设、政治建设和文化建设），到四位一体（经济建设、政治建设、文化建设和社会建设），再到五位一体（经济建设、政治建设、文化建设、社会建设和生态文明建设）的过程。不管怎样，中国特色社会主义文化建设，总是其中的一个重要方面。与此相联系，如何认识中国特色社会主义文化建设的战略地位，一直是摆在我们面前的一个重要问题。对此，人们已经进行了积极的探讨。在我们看来，全面地认识和把握这个问题，至少应当着眼于以下四个维度。一是结构论的维度。任何事物都有其自身的结构。认识事物的结构是认识事物的基础。社会也是有结构的。认识人类社会，不能不考察其结构。马克思曾经指出："人们在自己生活的社会生产中发生一定的、必然的、不以他们的意志为转移的关系，即同他们的物质生产力的一定发展阶段相适合的生产关系。这些生产关系的总和构成社会的经济结构，即有法律的和政治的上层建筑竖立其上并有一定的社会意识形式与之相适应的现实基础。"①这里，实际上指明了构成人类社会的三个方面的要素，即一定发展阶段的"物质生产力"、处于支配地位的"经济结构"（即经济基础）、占据统治地位的"政治上层建筑"以及"社会意识形式"。正是这些基本要素及其关系，才使人类结成一个社会有机整体。毛泽东在《新民主主义论》中指出："一定的文化（当作观念形态的文化）是一定社会的政治和经济的反映，又给予伟大影响和作用于一定社会的政治和经济；而经济是基础，政治则是经济的集中表现。"②这里，毛泽东把人类社会的结构概括为三个方面，即经济结构、政治结构和文化结构。总之，人类社会是由多种要素构成的统一体。与此相联系，中国特色社会主义建设也是由多种要素构成的有机体，是一个复杂的系统工程。中国特色社会主义文化建设，是其中的一个重要方面。既然是一个重要方面，它的地位就是不可忽视的。建设中国特色社会主义，内含着建设中国特色社会主义文化。如果缺少了中国特色社会主义文化，中国特色社会主义就是不健全的；如果缺少了中国特色社会主义文化建设，中国特色社会主义建设的系统工程就是"不系统"的。就此而言，中国特色社会主义文化建设具有重要的战略地位。二是功能性维度。这是从中国特色社会主义文化建设对于其他因素所发挥的有利作用的角度来说的。中国特色社会主义文化建设作为中国

---

① 《马克思恩格斯文集》第2卷，人民出版社2009年版，第591页。

② 《毛泽东选集》第2卷，人民出版社1991年版，第683～684页。

特色社会主义建设系统工程的一个必不可少的组成部分，对其他部分有重要的影响作用。文化因素很复杂，但其核心的东西是精神因素。在人所能参与并能够干预的事物发展过程中，精神的因素是很大的。按照毛泽东的观点，精神因素在一定的条件下，对于事物的存在和发展可以起主要的决定性的作用。中国特色社会主义建设的其他方面，都要这样或那样受到文化的影响。仔细考察一下便可看出，中国特色社会主义文化建设，不仅可以为其他建设提供智力支持、精神动力，保证其他建设沿着正确方向发展，还可以为其他建设创造安定的社会环境。换言之，离开中国特色社会主义文化建设，中国特色社会主义其他建设就会出现智力缺乏、动力不足、偏离方向，社会环境不安定。以依法治国为例。依法治国作为中国特色社会主义政治建设的重要内容，离不开文化因素的支撑。全面推进依法治国是一项系统工程，它的系统性，至少表现在内外两个方面，而这两个方面，都离不开文化因素。就其系统内部而言，在指导思想上，全面推进依法治国要以马克思列宁主义、毛泽东思想、邓小平理论、"三个代表"重要思想、科学发展观和习近平新时代中国特色社会主义思想为指导，这是个政治问题，也是个文化问题，而且是一个根本性的文化问题。这个问题不解决，依法治国就会失去科学的指导思想，从而偏离正确的方向。在总目标上，全面推进依法治国要贯彻中国特色社会主义法治理论，是个文化问题；在实现总目标的原则上，坚持依法治国和以德治国相结合，也是个文化问题。此外，在加强宪法实施方面，在推进法治社会建设上，在加强法治队伍建设上，都程度不同地存在着文化问题。发挥文化因素的作用、解决文化问题，是全面推进依法治国系统工程的题中应有之义。就其系统外部而言，依法治国作为系统工程，决不能离开文化建设系统，它要持久并深刻地受到文化建设水平的制约和影响。推进依法治国与推进社会主义文化强国建设密切联系、相互影响。中国特色社会主义法治道路与中国特色社会主义文化发展道路，都是中国特色社会主义道路的重要组成部分，两者是相互联系、不可分割的。①总之，中国特色社会主义建设系统工程其他方面的顺利持久开展，都离不开中国特色

①　参见周向军：《全面依法治国要发挥文化因素作用》，《中国高等教育》2016年第11期。

社会主义文化建设的功能发挥。就此而言，中国特色社会主义文化建设具有重要的战略地位。三是目标性维度。功能性维度说明，中国特色社会主义文化建设是中国特色社会主义建设其他方面的重要条件和手段。但绝不仅限于此，也决不能停留于此。它不仅仅是手段，同时也是中国特色社会主义建设的重要目标。我们建设的中国特色社会主义，是全面发展的社会主义，其目标指向是多方面的，至少是包括经济目标、政治目标、文化目标、社会目标和生态文明目标在内的"五位一体"的目标体系。当前，我们正在向着全面建成社会主义现代化国家的第二个奋斗目标迈进，到21世纪中叶，我们要建成的是富强民主文明和谐美丽的社会主义现代化强国。中国特色社会主义文化建设是社会主义现代化强国建设目标题中之义。离开中国特色社会主义文化建设，文化强国、文明强国的目标就难以实现。就此而言，中国特色社会主义文化建设具有重要的战略地位。四是优越性维度。这是从中国特色社会主义文化建设体现社会主义优越性的角度来认识其战略地位。社会主义社会与以往社会相比，如与资本主义社会相比，具有明显的优越性、先进性。早在新民主主义革命时期，毛泽东就明确指出："中国也只有进到社会主义时代才是真正幸福的时代"①。社会主义和共产主义"这种思想体系和社会制度，是区别于任何别的思想体系和任何别的社会制度的，是自有人类历史以来，最完全最进步最合理的。"②这里，毛泽东非常明确地肯定了社会主义制度的先进性和优越性。固然，社会主义制度的优越性表现在许多方面，首先表现在经济方面，能够容许生产力以旧社会所没有的速度发展，但是，文化的先进性、精神生活方面的先进性，也是一个不容忽略的重要方面。物质贫穷不是社会主义，精神贫穷也不是社会主义。正如邓小平明确指出的，"我们为社会主义奋斗，不单是因为社会主义有条件比资本主义更快地发展生产力，而且因为只有社会主义才能消除资本主义和其他剥削制度所必然产生的贪婪、腐败和不公正现象。"③不消除文化方面

---

① 《毛泽东选集》第2卷，人民出版社1991年版，第683页。

② 《毛泽东选集》第2卷，人民出版社1991年版，第686页。

③ 《邓小平文选》第3卷，人民出版社1993年版，第143页。

的一些腐朽、颓废和落后的现象，社会主义优越性就不能全面发挥出来，而这些现象的消灭和改变，只有通过加强文化建设才能实现。只有搞好中国特色社会主义文化建设，才能真正全面地体现出中国特色社会主义的优越性。就此而言，中国特色社会主义文化建设具有重要的战略地位。总而言之，无论从哪方面说，中国特色社会主义文化建设都具有极为重要的战略地位。这是我们重视并开展中国特色社会主义文化建设研究，最终撰写出版本书的重要缘由。

第二，基于对全球化特别是经济全球化对于中国特色社会主义文化建设双重影响的把握。任何社会实践活动，总是在一定时代条件下进行。时代的主题、时代的潮流、时代的特点、时代的走向，总是这样或那样地影响着社会的实践活动。中国特色社会主义文化建设，同样是在一定的时代背景下进行的，总是这样那样地受到时代的影响。诚然，现时代的主题、潮流、特点和走向比较复杂，但是全球化特别是经济全球化总是一个摆在人们面前，不能不面对的时代问题。任何社会实践活动都要这样那样地受到全球化特别是经济全球化的影响。全球化作为当今世界发展的一种重要特征，涉及经济、政治、文化、生活等人类社会的一切领域，是当今覆盖面最广、影响最大、渗透最深的社会现象。全球化对当代中国的影响，对中国特色社会主义的影响，始于经济方面，然后又及文化和社会生活方面。在全球化日益加快的过程中，各种文化、多种思潮相互交织、相互激荡，开启了世界历史的一个新时代。作为经济全球化的伴生物，文化全球化不仅意味着文化的全球整合，而且也意味着文化的冲突。这对中国特色社会主义文化建设既产生了积极影响，又带来了负面效应；既提供了良好机遇，又提出了严峻挑战。如何认识全球化特别是经济全球化带来的机遇和挑战，如何利用全球化特别是经济全球化提供的有利因素而又消除其消极影响，如何回应全球化特别是经济全球化的挑战而又不丧失机遇，从而更好地推进中国特色社会主义文化建设，是实践向我们提出的一个亟待解决的重大课题。正是为了促进这一课题的解决，我们开展并加强了全球化特别是经济全球化视域下的中国特色社会主义文化建设研究，并最终成就了这部著作。

第三，基于对于全球化进程中中国特色社会主义文化建设实践中重大问题的关注。坚持问题导向是马克思主义的鲜明特点。马克思明确指出："问题是时代的口号，是它表现自己精神状态的最实际的呼声"①，并同时强调"真正的批判要分析的不是答案，而是问题"②。每个时代都有属于它自己的问题。每项社会实践活动也都会存在这样那样的问题。只有树立强烈的问题意识，才能实事求是地对待问题。面对全球化特别是经济全球化，中国特色社会主义文化建设在发展中也要面对一系列问题，也会产生许多新的问题。比如：在全球化特别是经济全球化背景下，如何认识和把握当代中国的文化形态？如何实现中华优秀传统文化的创造性转化和创新性发展？如何更好地推进跨文化交流、如何推动我们国家的文化产业发展？如何维护好国家文化安全，等等。这些问题，都是中国特色社会主义文化建设必须面对、应当解决的重大问题。正是为了解决这些问题，我们重视并开展了全球化特别是经济全球化时域下的中国特色社会主义文化建设研究，并最终形成了这部著作。

第四，基于我们以往对全球化、中国特色社会主义文化问题研究的已有基础。在我们课题组的学术研究生涯中，全球化研究和文化问题特别是中国特色社会主义文化问题研究关注的相对较多。就全球化研究而言，课题组重要成员徐艳玲教授很早就给予关注。先后发表了《"反全球化"对"全球化"：一个全球正义的视角——兼论"和谐世界"理念的深度启示》《全球化视角：解读"马克思主义中国化"》《全球化本质的动态透视》《反全球化思潮的兴起对资本主义的昭示》《全球化视域下我国自然生态风险的困境与出路》等一批学术论文，在学界产生了较大影响。她还承担了"全球化与中国特色社会主义的自信"（14FKS009）、"全球化视野下民族复兴中国梦研究"（17FKS001）等等国家社科规划项目。她出版的《全球化、反全球化思潮与社会主义》《马克思主义视野中的全球化》《从"被动全球化"到"主动全球化"——全球化视野中的中国社会主义历史演进》《全球化与中国特色社会主义自信》等学术专著，得到学界同行的高度评价。就文化问题，特别是中国特色社会主义文化问题而言，我们的研究起步也比较早。关于这一点，说来话长。课题负责人周向

---

① 《马克思恩格斯全集》第40卷，人民出版社1982年版，第289页。
② 《马克思恩格斯全集》第1卷，人民出版社1995年版，第203页。

军教授作为恢复高考后的第一届大学生（"77级"），1982年毕业留校，有幸从事马克思主义哲学、重点是毛泽东哲学思想的研究。在研究中，对马克思主义哲学中关于精神因素对于物质因素的能动的反作用，特别是毛泽东提出的精神因素在一定条件下对物质因素可以起主要的决定性作用的观点尤感兴趣。对于当时学术界乃至社会上在某种程度上忽视、怀疑甚至否定这方面的观点，并不认同。一直认为，在改革开放和社会主义现代化建设的过程中，如果以经济建设为中心为由忽视精神、文化因素的作用，将会付出历史的、沉重的代价。正是基于这样的认识，研究精神、文化在社会发展中的作用成为他学术研究的重点内容之一。20世纪90年代初，他参与了硕士生导师樊瑞平教授主持的国家社会科学规划项目"毛泽东邓小平社会主义思想比较研究"，撰写了其中的"毛泽东邓小平关于社会主义精神文明建设思想比较研究"的部分（后来，以此为题，作为其博士学位论文选题。在博士学位论文的基础上，进一步研究修改，最终出版了《走向理想的精神家园——毛泽东邓小平精神文明建设思想比较研究》的学术专著）。1996年，以"社会主义精神文明发展规律研究"为题，成功申报了教育部哲学社会科学研究规划项目。作为这一课题的阶段性成果，先后发表了《精神文明建设战略地位的四元论证》《正确认识和处理精神文明建设中的八大关系》《关于精神文明建设中破与立的思考》等论文，并在这些成果的基础上，出版了本项目最终成果《精神文明发展规律论》。1998年，参与山东省社科"九五"规划项目"精神文明建设的理论与实践"研究（该项目的最终成果以同名出版了学术专著），撰写了其中的"社会主义精神文明建设的规律"部分。1999年，申报成功国家哲学社会科学规划项目"中国特色社会主义文化建设中的若干重大关系研究"，形成了项目最终成果《文化建设关系论》书稿。2004年，应邀参加了由教育部高校社会科学研究中心组织的邓小平理论与"三个代表"重要思想研究丛书的编写工作，出版了《代表中国先进文化前进方向研究》专著。课题组其他成员也都程度不同地关注并参与了全球化特别是经济全球化研究、文化研究特别是中国特色社会主义文化研究，并取得一系列研究成果。正是有了这样一些前期研究基础，使我们有能力有底气开展并加强全球化特别是经济全球化视域下中国特色社会主义文化建设研究，并完成本书的撰写。

综上所述，在改革开放和社会主义现代化建设的历史进程中，我们深切地感受到，面对经济全球化不可逆转的潮流，加强中国特色社会主义文化建设，具有特别的重要性、复杂性和艰难性。如何在经济全球化背景下，推进中国特色社会主义文化建设，是时代提出的重大课题。围绕这一课题，开展了相关的研究，并取得一定的成果。因此，当教育部人文社会科学重点研究基地征集"重大项目"选题时，我们就论证并提交了这个候选题目。令人高兴的是，题目和论证得到评审专家的肯定和厚爱，最终被确定下来，并由我们来承担。项目立项后，课题组成员开展了认真的研究。经过几年努力，除了发表了一系列学术论文，还出版了《全球化与当代中国文化发展研究丛书》（包括《全球化与当代中国文化形态》《全球化与当代中国政治文化发展》《全球化与中国传统文化的现代转换》《全球化与当代中国跨文化交流》《全球化与当代中国文化产业发展》《全球化与当代中国文化安全》等六本）。如果说，《丛书》是项目研究的标志性阶段成果，那么本书就是项目研究的最终成果，是在以往研究成果特别是在《丛书》基础上深化研究、扩充修改完善形成的新成果。

概括起来说，该书的内容结构分为八章，大致上可以分为三大部分，第一部分，即第一章，是关于全球化特别是经济全球化的历史回顾和理性反思，探讨的主要问题是"什么是全球化，怎样对待全球化"的问题。第二部分，即第二章，是关于经济全球化背景下中国特色社会主义面临的机遇和挑战，探讨的主要问题是"经济全球化给中国特色社会主义文化建设提供哪些良好机遇，提出了哪些严峻挑战"。第三部分，包括第三、四、五、六、七、八章，探讨的是中国特色社会主义文化建设必须面对并需要下大气力解决的六个方面的重要问题，包括优化文化形态、促进政治文化发展、实现传统文化现代转换、推进文化产业发展、扩大跨文化交流和维护国家文化安全等问题。实际上，第一、第二部分可以作为一部分，这两部分是从不同角度阐述中国特色社会主义文化建设的时代背景和前提，这样来看，本书可以分两大部分。第二部分是重点，也是全书的落脚点。

从内容观点上说，我们在本书中着力解决的主要问题并力求有所突破的主要有以下几点：一是对全球化特别是经济全球化的历程、实质、作用，在全面总结以往研究成果的基础上，力求作出更加符合客观实际、令人信服的说明；二是对全球化特别是经济全球化对中国特色社会主义文化建设提供的良好机遇和带来的严峻挑战，分别从国际和国内两个维度作出全面准确的说明；三是围绕全球化视域下优化文化形态的现实需求，对当代中国文化形态的基本格局、文化形态发展中的问题与成因，以及文化形态发展的应对之策，作出深入具体的说明；四是围绕全球化视域下促进政治文化发展的现实需求，对当代中国政治文化发展的价值目标、实现政治文化发展目标的路径安排和政治文化发展的着力点，作出深入具体的说明；五是围绕全球化视域下实现传统文化现代转换的现实需求，对当代中国传统文化现代转换的历史必然性和现实可能性、传统文化现代转换中面临的现实问题以及解决这些问题的对策，作出深入具体的说明；六是围绕全球化视域下推进文化产业发展的现实需求，对我国文化产业发展的成就与问题、文化产业发展的战略选择以及策略设计，作出深入具体的说明；七是围绕全球化视域下扩大跨文化交流的现实需求，对当代中西跨文化交流现状、直面西方文化的强劲挑战、以促进跨文化交流推动当代中国文化建设，作出深入具体的说明；八是围绕全球化视域下维护我国国家文化安全的现实需求，对我国国家文化安全的基本问题、战略、目标、实现路径，以及我国国家文化安全具体领域面临的问题及对策，作出深入具体的说明。这些目标和要求，是否已经实现，以及实现的程度如何，只能由读者朋友来评判了。

现在看来，尽管我们做了积极的努力，但是，由于问题本身的复杂性，特别是作者自身时间、精力和水平的有限性，本书还存在一些问题，比如，一些数据的更新还不够及时，一些观点的科学性尚需斟酌，一些问题还需要深入研究，如此等等。在今后的研究中，对这些问题，我们将予以重视并加以解决。当然，还有其他一些问题，诚恳欢迎各位专家学者以及其他读者朋友批评指正。

第一章　全球化的历史回顾与理性反思

　　全球化的灵感常常来自太空探索者发回的地球照片。1969年，人类首次从太空拍摄了一组地球的照片，这些照片显示出一个美丽、微小的圆形地球在一片漆黑中微微泛光，这些影像立即成为标志性形象：一个单一的人类居住单元，我们共同的生存空间。与此相关的另一段经典故事来自阿波罗号宇航员埃德加·米切尔1971年的报告："这是一个美丽、和谐、宁静的星球，白云掩映之下是一片蔚蓝，它给你一种透彻肺腑的家园感、存在感和认同感。它使我更愿意称之为全球意识的寓所。"①

　　而今，全球化已成为萦绕在我们身边活生生的现实：一个电话，远在异国的亲友的声音亲切地响在耳畔；一台电脑，各国各地风情以及新闻时事尽显眼前；网上聊天，可以与世界各地的素不相识的人成为网友，借助数码摄像

---

　　①　此处的引文转引自莱斯利·辛克莱：《相互竞争之中的多种全球化概念》，参见吴士余主编：《全球化话语》，上海三联书店2002年版。

系统，甚至可以获知对方的声音和样貌；出国留学、旅游或者访问，500年前哥伦布冒险走过的70天的航程，今天坐喷气式客机只需要几个小时即可。交通以及信息技术的飞速发展大大扩展了人们的活动空间，缩短了人们之间的距离，无怪乎人们把今天的时代称为"全球化时代"。

第一节　全球化进程的历史回顾

虽然"全球化"作为一个流行的话语是20世纪晚期的事儿，然而，作为一个客观历史进程，却很早就开始了。鉴于"有关全球化的著述大多采取了脱离历史、脱离空间的方法，全球化被表现为既无真实历史，亦无实质性地理的一种情形。我们应避免如此简单地表现当代世界。"[1]美国经济学家保罗·斯威齐指出："全球化不是某种条件或现象，而是一种已经持续了很长时间的进程。自四五百年前资本主义作为一种活生生的社会形态在世界上出现以来，这一过程就开始了"。[2]罗兰·罗伯逊也指出："在审视全球化现象之时，我们应当把视野放宽到世界历史中去，从人类的整体利益出发，运用跨学科的方法去透视它。有了这样一种历史的眼光，我们就会清醒地看到，全球化在人类悠久文明史当中，是一个从播种、萌发、起步、争霸向眼下这个不确定阶段不断演进的过程。"[3]这就为我们理解全球化的客观历史进程提供了一个有益的思维框架。

一、全球化的起点

有人把全球化历史追溯到14世纪，认为在14世纪，地中海沿岸城市就出现了资本主义生产关系的萌芽——工场手工业。如在意大利北部的威尼斯、热那亚、比萨、佛罗伦萨、米兰等城市，资本主义商品生产已有所发展，毛纺织

---

① 〔美〕约翰·雷尼·肖特：《多维全球化》，张淑芬译，海峡文艺出版社2003年版，第4页。
② Paul M. Sweezy, "More（or Less）On Globalization", Monthly Review, Sep.1997.
③ 吴士余主编：《全球化话语》，上海三联书店2002年版，第2页。

业中产生了由商人控制的资本主义工场手工业。但是笔者认为，确切地说，在这时，资本主义在欧洲还处于孕育、萌生阶段（也被称为重商主义阶段），还不可能存在真正意义上的全球化。

当历史的脚步隆隆驶向15世纪时，阻隔人类走向一体的最大障碍只剩下地理上的自然藩篱，这就是在那个时代被人们看作不同人种之间天然屏障的大洋水域。可是，也正是在这个时期，人类已经为打破这种自然障碍积蓄起巨大的能量，这种能量来自各大陆板块之上不同民族之间已经取得的相对广泛的联系，是以物质交往为基础的不同文化之间的相互制约、相互影响和相互作用关系，其具体过程表现为欧洲人有目的、有计划地完成了西到美洲，东到印度、中国和澳洲，南到非洲南端的海上大发现和航行，打通了以往阻隔人类世界交往的天然屏障。这是人类行为史上对空间的一次最大的征服，是人类历史上首次全球性的亲密大接触，从此开始了人类携手共建全球新文明的征程。①

15世纪末16世纪初的地理大发现和东西方航线的开辟，极大地推动了西欧对外贸易的发展，人类的商业活动第一次具有了全球性，其依据是：贸易的范围得到扩大，商业资本获得了广阔的活动场所；贸易的机会日益增多，商业利润随之成倍提高；对外贸易趋于大众化，原先一些价格昂贵、只能为少数富人和贵族享用的商品，随着新航线的开辟，价格下降，需求激增而成为大众商品，从而使欧洲的经济更为开放。实际上，欧洲早期探险家航海活动的目的是寻找东亚的黄金和市场，只是他们不经意间发现的新航线为西欧国家向全球扩张提供了条件，为全球化的形成拉开了序幕。正如西方历史学家斯塔夫里阿诺斯在《全球通史——1500年以后的世界》指出的："实际上，严格的全球意义上的世界历史直到哥伦布、达·伽马和麦哲伦进行远航探险时才开始。在这以前，只有各民族的相对平行的历史，而没有一部统一的人类历史。"②他进一步指明："公元1500年之后的世界是具有重大意义的时代，因为它标志着地区

---

① 更详细的分析可参见徐艳玲等著：《马克思主义视野中的全球化》，大连出版社2005年版，第61~62页。

② 〔美〕斯塔夫里阿诺斯：《全球通史：1500年以后的世界》，吴象婴、梁赤民译，上海社会科学院出版社2002年版，第3页。

自治和全球统一之间冲突的开端。"①在这以前，不存在任何冲突，因为根本就没有全球的联系，遑论全球统一。正是从公元1500年前后，当西方进行海外扩张时，传统的地区自治才开始让位于全球统一。由于欧洲人在这一全球历史运动中处于领先地位，所以正是它们支配了这个刚刚联成一体的世界。这就造成了两大相互对抗的力量，一方面，全球统一由于各种不可遏制的力量而走上不归路。另一方面，全球统一又因那些决心创造自己未来的大众的觉醒而被搞得四分五裂，这是现代冲突的历史性根源，对后世产生了决定性影响。

正是在以上意义上，笔者认为把1500年是全球化的起点，是符合历史事实的。

二、第一轮全球化浪潮

第一轮全球化浪潮是从16世纪初到19世纪中期。地理大发现以后，在资本追逐利润的推动下，资产阶级为了不断扩大产品销路而奔走于世界各地，到处安家落户，商品和市场早已跨越了国家和民族的界限，使原先相互隔绝的国家和地域逐渐连成一片，形成了世界市场。人类的经济活动由于世界市场的出现而被广泛地联系在一起，世界贸易也随之扩大。自发现"新大陆"后的16、17世纪200年的时间，被称为"海上马车夫"的贸易强国荷兰的船队吨位增长了10倍，达到了50万吨。英国在16世纪上半叶每年出口的毛织品达到5～50万吨，17世纪达到25万吨。1600年英国东印度公司成立，1610～1640年英国的对外贸易增长10倍。②正如马克思恩格斯所说："大工业建立了由美洲的发现所准备好的世界市场。世界市场使商业、航海业和陆路交通得到了巨大的发展。"③世界市场的形成日益把整个世界连为一体，以往各个国家、民族自己

---

① 〔美〕斯塔夫里阿诺斯：《全球通史——1500年以后的世界》，吴象婴、梁赤民译，上海社会科学院出版社2002年版，第239页。

② 参见〔法〕米歇尔·博德著：《资本主义史1500—1980》，吴艾美等译，东方出版社1986年版，第21页。

③ 《马克思恩格斯选集》第1卷，人民出版社2012年版，第401页。

的历史就越来越成为世界的历史。

世界市场的形成引发了英国产业革命。大工业对工场手工业的超越，创造了大量的生产力，把世界市场推向了前所未有的辉煌：它使竞争普遍化，使所有人的生产积极性得到空前调动；它在历史上第一次把自然科学与资本结合起来，使前者从属于后者，并使世界性的分工达到了空前的自觉；它涤净一切行会资本，把所有的资本都变成工业资本，控制了整个商业，使流通加速、资本集中；它建立起现代化的大城市，这不仅取代了自然形成的旧城市，而且使商业城市最终战胜了农村；它创造了现代化的交通工具和信息工具，从地理上最大限度地缩短了世界的距离。结果，大工业首次开创了世界历史，因为它使每个文明国家以及这些国家中的每一个人的需要的满足都依赖于整个世界，因为它消灭了以往自然形成的各国的孤立状态。

随着产业技术革命的兴起，以蒸汽机的使用为代表，大机器工业代替了以前的工场手工业，人类社会在18世纪实现了生产力大飞跃、科学技术大飞跃、经济社会化大飞跃。18世纪中叶产业革命后出现新的交通工具，极大地降低了交易成本，资产阶级用大量廉价的、过剩的工业产品征服了所有的落后民族，促进了国际贸易的大发展和国际分工的形成。由于资产阶级开拓了世界市场，使一切国家物质的生产、消费和精神的生产、消费都成为世界性的了。这场产业革命不仅引起了生产技术的革新，更导致了生产关系的重大变革，使资本主义生产方式最终确立。欧美列强凭借工业革命带来的强大经济、军事力量，开始向全世界进行急剧的殖民扩张，使世界进入了殖民主义时代。在殖民主义者血腥的掠夺中，第一轮经济全球化开始了。①

工业革命以及随后兴起的资本主义大工业支撑下的现代商业，以空前的能量调整着整个世界的经济秩序：第一，资本主义分工国际化。世界市场的形成意味着经济活动中资源配置的参照系由原来的一个国家走向了世界，根据世界范围内的资源分布状况安排生产成为现实的事情，于是，分工走向国际化。

---

① 更详细的分析可参见徐艳玲等著：《马克思主义视野中的全球化》，大连出版社2005年版，第324~326页。

正如马克思所言："一种与机器生产中心相适应的新的国际分工产生了，它使地球的一部分成为主要从事农业的生产地区，以服务于另一部分主要从事工业的生产地区。"①第二，资本主义商品交换国际化。商品交换的国际化不仅意味着地域性的产品走进国际市场，而且更为重要的是指世界统一的商品交换规则规范着地域性的商品交换。世界市场的形成把商品交换的空间扩大，从而对商品交换中的统一性即规范性和交换规则提出更高要求，工场手工业时期商品交换过程中因垄断和特权造成的商品不平等交换的状况在很大程度上受到抑制。一定的价值标准成为商品交换者的共同诉求，各个国家地域性的社会劳动因此成为了世界社会劳动的一部分。第三，货币体系国际化。伴随世界市场和世界范围商品流通的出现，必然产生世界货币，以接通国与国之间的商品流通渠道，于是，在国内货币体系的基础上必然产生世界货币体系，而且，最终的结局是前者服从后者，二者走向一体。

可见，经济全球化自国际贸易中萌生。国际分工和世界市场的形成，是全球化进程产生的历史前提；资本主义生产方式的发展，必然导致经济全球化的出现。在这次全球化过程中，以英国为代表的欧洲列强用他们的"坚船利炮"在世界范围内推行殖民主义，大肆扩张，英国独占鳌头，称霸世界，号称"日不落帝国"，相对来说英国达到了它对外扩张掠夺的极盛时期。有人把这一时期称为第一轮全球化的象征。除英国外，在第一次全球化浪潮中，法国得到了350万平方英里的土地和2600万人口，德国也得到了100万平方英里的土地和1300万人口。到1878年，欧洲人通过殖民统治控制了全世界69％的土地，到第一次世界大战前夕，这一数字更上升到84％以上。②资本主义的殖民掠夺和黑奴交易，一方面促进了资本集中，劳动协作日益发展，各国人民日益被卷入世界市场，从而资本主义制度日益具有国际性质。"新西兰的羊毛、加拿大的小麦、缅甸的稻、马来西亚的橡胶、孟加拉的黄麻以及美国东部的热

---

① 《马克思恩格斯文集》第5卷，人民出版社2009年版，第519～520页。

② 参见〔美〕斯塔夫里阿诺斯：《全球通史——1500年以后的世界》，吴象婴、梁赤民译，上海社会科学院出版社2002年版，第489页。

气腾腾的工厂——所有这些资源都陷入了生气勃勃的、不断扩大的全球性的网中。"①

三、第二轮全球化浪潮

全球化的第二轮浪潮起始于19世纪下半叶，到20世纪初达到高潮。这一阶段的全球化进程与第二次科技革命及西方列强的资本输出密切相关。进入19世纪70年代，一方面，西方资本主义国家加紧对外扩张，争夺世界市场的斗争日趋激烈。另一方面，19世纪中后期，近代科学技术出现了一系列新突破。随着以电的发明和广泛应用为特征的第二次科技革命的兴起，把世界市场和国际分工的发展推进到了一个新的发展阶段，世界各国的生产、流通、消费和分配都开始融为一体。各国之间以国际分工为基础，以贸易为纽带建立起来的国际经济联系已经达到了真正相互依赖的程度，生产要素在世界市场上、在全球范围内大规模流动并进行资源配置的现象也日渐显现，生产国际化发展到了高级阶段。

到19世纪末20世纪初，资本主义的发展进入垄断阶段即帝国主义阶段，伴随着资本主义由自由竞争向垄断阶段的过渡，社会经济关系发生一系列深刻的变化，全球化进入一个新的发展阶段：一方面，欧美各资本主义国家科学技术的发展出现了新飞跃，以电力的广泛应用为特征的第二次产业革命，对当时社会生产力的发展起了巨大的推动作用；另一方面，随着社会生产力的迅速增长，资本主义生产关系也发生了深刻的变化。其中最引人注目的变化就是，在资本积累过程中，资本积聚和集中迅速发展，资本输出不断增加，国际托拉斯开始分割世界。据不完全统计，1870年，西方主要资本主义国家对外投资仅为79亿美元，到1913年则高达385.5亿美元，净增3.5倍。②资本输出是比商品输出更强的对外经济联系纽带，通过这一纽带，帝国主义抢占和控制广大的殖

---

① 斯塔夫里阿诺斯：《全球通史——1500年以后的世界》，上海社会科学院出版社2002年版，第302页。

② 参见宋则行、樊亢主编：《世界经济史》（第二卷），经济科学出版社1989年版，第97页。

民地、半殖民地和附属国，绝大多数经济落后的国家成为西方资本主义国家生产和流通"链条"上的附庸，帝国主义列强已把世界领土瓜分完毕，世界经济联系得到了前所未有的加强。正如列宁指出的那样：当交换和大生产发展到一定阶段，大约在19世纪和20世纪之交，交换就造成了经济关系的国际化和资本的国际化。这是经济全球化浪潮又一次涌动的表征。

在第二轮全球化浪潮中，美、德抓住科技革命发展的良机，迅速赶超英国。美国成为资本主义世界中的强国。由于资本主义政治经济发展不平衡规律的作用，当资本的集中和垄断加剧，世界市场争夺日益加剧，正常的政治的和经济的手段难以满足资本发展的需要时，列强之间就不惜动用武力。1914年，爆发了帝国主义重新瓜分世界领土和势力范围的第一次世界大战。在整个20世纪上半叶接连打了两次世界大战。两次世界大战和战后出现的萧条时期，给世界经济带来了严重的破坏，基本上中断了经济全球化的进程，甚至使经济全球化倒退了数十年。第二轮经济全球化进程在发展进程中出现了逆转、中断和断裂。这是第二轮全球化表现出来的全球化的曲折性、复杂性的特点。简而言之，资本主义的生产方式导致了全球化趋势的出现，全球化又导致资本主义制度的内在矛盾在全球范围内的扩展、激化和深化。

从"全球化"的视角来看，有学者认为，20世纪两次世界大战的爆发以及众多落后国家纷纷走上独立发展的社会主义道路，绝不是偶然的，而是由资本主义单方面主导和操纵的"全球化"即自由竞争的资本主义走到了穷途末路的必然结果。[1]现在看来，当时资本主义主导的全球化的确出现了问题，但并没走到穷途末路。在二战后的现实发展进程中，资本主义全球化也没有像列宁分析的呈下降和消亡的趋势，它与社会主义全球化即二战后形成的以苏联为首的，包括东欧、中国、越南、朝鲜、古巴等在内的社会主义世界体系同时并存。这是个二元的世界，但不是二元统一的，而是二元分裂和对立的。如果说是全球化，不如说是两个半球化。这是第二轮经济全球化的一个突出特征。

① 参见张西立：《历史地看待"全球化"》，《社会主义研究》2001年第2期。

四、第三轮全球化浪潮

第三轮全球化浪潮起始于20世纪中叶，盛行于20世纪下半叶。进入20世纪中叶以来，人类社会步入了一个相对平稳的时代。时代主题也发生了变化。某一时代的时代主题，是指那一时代存在的或者说所要解决的主要问题，是指那一时代的人心所向、众望所归、大势所趋。可以说，20世纪前六七十年代，时代的两大主题是战争与革命，而后三十年，则是和平与发展。到了60年代末70年代初，随着欧共体、日本经济的迅速崛起，随着帝国主义国家对社会主义国家战争的节节失利，随着社会主义国家传统经济体制合理性的消失、弊端的显现，时代主题开始悄悄发生转变。1973年资本主义世界经济危机的爆发，更加速了这一转变的进程。

第三轮全球化浪潮的风起云涌与二战后发生的新的科技革命——第三次科技革命密切相关。这次科技革命爆发以后，科技进步速度之快，在人类历史上是空前的。比如，在19世纪时，人类所拥有的科研成果大约50年翻一番，但第三次科技革命爆发以后，人类所拥有的科研成果大约20个月就可以增长一倍，难怪人们用"知识爆炸"来形容之。第三次科技革命的爆发带来了整个世界产业结构的升级换代，使生产的社会化、国际化程度空前提高，例如航空航天、生物工程等方面的研究需要世界各国的合作，生产过程、产品乃至工艺的国际化，要求在整个世界范围内合理配置资源，使世界贸易、国际投资、国际金融空前发展起来，使世界市场规模迅速膨胀起来。信息技术、交通运输业的发展，也为加深各国联系提供了便利的条件。所有这一切，都极大地推动了社会生产力的发展，促进了各国对外开放程度的扩大。在各国对外开放扩大的过程中，形成了"你中有我，我中有你"的局面。在此情况下，社会生产力的发展迫切需要各国积极对外开放，以在全球范围内获得资源，实现商品价值，获得比较利益。随着科技革命的不断深入，世界各国的生产日益国际化，不同发展水平的国家都在不同程度上被纳入全球化进程。

科技进步速度的加快，在极大地提高劳动生产率，促进各国经济快速发展的同时，也使国家垄断资本主义全面、快速、持续地发展起来。正是新科技革命的迅猛发展，加快了以美国为首的国际资本主义的资本积累和对外扩张的进程，美国在这次全球化浪潮中取代了英国的世界霸主地位。与此同时，在凯恩斯理论的指导下，西方资本主义国家经济联系进一步加强，世界经济重新开始向全球化发展方向过渡：建立了世界银行、国际货币基金组织以及关税和贸易总协定；国际贸易、国际金融和国际投资都迅速扩大；跨国公司开始大发展，对外直接投资规模不断扩大，等等。

在资本主义社会所创造的生产力和新科技革命的推动下，20世纪80年代以来，世界上许多国家都在加快自身产业结构的调整，加强国家经济实力，以改革促发展已成为世界发展的潮流。全球化进程骤然加速，全球性的资源控制、市场控制、经营竞争，使国与国之间的经济关系逐步走向互相渗透、横向联系、广泛合作的时代。正如阿兰·伯努瓦所说的那样，"全球资本一体化已经打破了生产体系的国家界限，把各个部分重构为一个全球生产体系"①。全球化，已超出了经济范围，延及政治、文化领域，带来了不同政治理论、文化思潮的碰撞和融汇。这是第三轮全球化浪潮的突出表征。

在第三轮全球化浪潮中，全球化逐步呈现出多元性发展。首先，这源自新兴民族国家的力量壮大。20世纪五六十年代开始，越来越多的殖民地开始脱离资本帝国主义的一元政治经济体系，成为独立的民族国家。新兴民族国家虽然面临众多国内国际问题，但摆脱掉宗主国直接控制后，尤其伴随社会经济的一定发展，民族自信心和民族文化的自豪感开始重新建立，新兴民族国家从自己的价值观和意愿出发，开始抵御和抗衡来自西方国家的政治、文化和经济制度方面的强势压力和传播，开始在世界上发出自己的声音。其次，这与二战后世界格局经历的长期演变密切相关。如果说，整个20世纪50年代，世界格局的特点就是以美国为首的帝国主义阵营和以苏联为首的社会主义阵营的全面对抗；那么，20世纪60年代，由于民族国家的崛起，国际舞台上的力量产生了严重分化和改组，以美、苏为首的两个阵营的对峙演变成美、苏两个超级大

---

① 〔美〕阿兰·伯努瓦：《面向全球化》，载王列、杨雪冬编译：《全球化与世界》，中央编译出版社1998年版，第6页。

国的对立。但所谓盛极而衰落，辉煌散尽难免是暗淡，高处常常不胜寒。美、苏这两个东西方阵营的天然的"领袖"和"家长"，在这一时期攻守态势互有转换。70年代苏攻美守，80年代美攻苏守。水涨船高的核军备竞赛使双方都难以为继。因而，20世纪80年代以来，世界格局发生了重大变化，即"东西南北"关系左右了世界格局。从美苏对话开始，全球出现了一股对话潮流，战后几十年来的国际紧张局势转向了全面缓和。

由此可见，在第三轮全球化浪潮中，多元性或多样性开始在全球化中出现。虽然从总体上全球化还远没有形成多元统一，形成多种文化真正的平等交流，但它确实发生了重大变化。

五、新一轮全球化浪潮

新一轮全球化浪潮指涉的是20世纪90年代以来的全球化。20世纪90年代以来，全球化进程表现得迅猛异常，是历史上全球化趋势在当代的延续和进一步发展，是全球化在新时代里全方位地向社会生活各个领域的渗透和全面深化。杨雪东在谈到20世纪90年代以来的全球化和全球化理论时指出：20世纪90年代是真正意义上的全球化时代。他分析了这一命题的三个原因：一是全球化进程在20世纪90年代取得了质的变化。二是在观念领域中，全球化已经深入人心，成为人们描述和认识当代世界变迁的重要概念和切入点。三是墨西哥金融危机，尤其是1997年亚洲金融危机的爆发全面暴露了全球化本身的弱点以及潜在破坏力，使人们更全面地认识到全球化的两面性以及各种社会制度相互协调行动，相互支持在解决全球化全球性灾难问题上的必要性和迫切性。[①]

笔者认为以上三个原因都是重要的，在此只是想强调后冷战时代是一个更宏阔的背景。20世纪80年代末90年代初的苏东剧变标志着冷战的结束。冷战的结束使资本的扩张真正突破了地理和国界的限制，为资本的扩张提供了名副其实的全球空间，为西方发达资本主义的发展提供了新契机。国外有学者指

[①]　参见杨雪东：《全球化：西方理论前沿》，社会科学文献出版社2002年版，第44页。

出："1949年与1990年资本主义最大的差别是，1949年时资本主义面对一个强大的敌人，而今天它全然无反对者。"[①]西方发达资本主义由于失去了长期与之分庭抗礼的对手，摆脱了外部制度的竞争压力，又将回归到符合其本质的发展轨道上去。阿里夫·德里克委婉地说："随着东欧社会主义的失败和中国这样的社会主义国家对资本主义的开放，除了几个微不足道的例外，今天的地球上几乎没有一个角落资本活动不曾渗透到。"[②]1992年，联合国秘书长加利在纪念哥伦布发现美洲500周年的大会上宣称"第一个真正的全球性的时代已经到来"，不仅包含着政治上的冷战结束，政治壁垒的消除，而且也包含着新一轮的全球化浪潮。可以毫不勉强地说，没有冷战的结束就没有新一轮全球化的出现，充其量也就是资本主义世界体系的半全球化。正是冷战的结束消解了僵化的意识形态的束缚，使两极对峙的格局彻底瓦解，多极化趋势凸显。虽然天下仍不太平，但维护和平、促进发展，既是不可阻挡的历史潮流，也是各国人民的共同愿望，和平与发展仍然是时代的主旋律，这为各国加快改革开放创造了良好的外部环境，经济合作与竞争成为世界主题，为新一轮的全球化浪潮向深度拓展提供了宏阔的时代背景。

新一轮的全球化浪潮表征之一是新科技革命的深入发展。20世纪90年代以来，第三次科技革命掀起了新的高潮，微电子和信息技术、生物工程技术、宇航技术、新材料、新能源等迅速成长，大规模地向多层次的应用领域推进，成为全球化发展的主要动力。以信息技术为中心的高科技产业群的迅猛发展及其在现代生产和生活中的广泛应用，不仅大大促进了生产力的发展，而且使生产力日益超越国界，在国际分工新体系的基础上，形成了生产、技术、信息、贸易、投资、金融、销售、服务、消费、意识形态、价值观念的全球化趋势。这场以信息技术为核心的第四次科技革命浪潮，极大地缩短了世界市场各个组成部分之间的时空距离，为全球性贸易、投资和金融业务的开展提供了便利的

---

① Paul M. Sweezy, "More（or Less）On Globalization", Monly Review, 1997(9): p.1.

② 〔美〕阿里夫·德里克：《世界体系分析和全球资本主义：对现代化理论的一种检讨》，俞可平译，《战略与管理》1993年第1期。

条件。人类社会开始由因特网连成一体。全球电脑网络的形成使几万亿美元的投资、贸易、金融业务在瞬间得以完成。科技知识空前快速地生产、传播和转化，凭借其较强的渗透性，大大突破了国家、民族和地区的地理、心理和制度障碍，使各国经济联系和协作关系更加紧密，为全球性世界市场提供了前所未有的高效率信息载体和技术手段，人类经济活动越来越以整个世界经济运行范围作为基本作业单元，人类对各种资源的配置和利用越来越在全球的视野和范围内进行，导致经济全球化趋势进一步加深。

新一轮的全球化浪潮表征之二是跨国公司的最新发展。世纪之交，跨国公司的最新发展是企业兼并浪潮在全球风起云涌。"（20世纪）90年代以来，为追求更高的利润，各跨国企业合并一浪高过一浪。如德国的宇航公司收购了荷兰的福克公司，德国的宝马公司买下了英国的罗弗汽车制造公司，法国雷诺公司则被瑞典的沃尔沃公司购买，美国国际微波通信公司购并了美长话公司普宁斯特，美在线收购时代华特等等。这种强强联合随处可见，其结果不仅使私人垄断资本越来越集中，企业规模也越来越大，如1995年3月日本三菱公司和东京银行合并，总资产达8080亿美元；1998年4月美花旗银行与旅行者集团合并，创造了一个资产达7000亿美元的金融巨头。而且这些垄断企业合并后所获得的利益也大大增加。微软公司就是最典型的全球化受益者，在过去短短十年左右的时间里，微软公司已经聚敛了数百亿美元的财富，一跃成为与通用、美孚等有300年历史的老牌跨国公司平起平坐的商业巨头"。①不同于以往"大鱼吃小鱼"的兼并，这次兼并多是"鲨鱼吃鲨鱼"即强强联合，是为了优势互补，巩固垄断地位而携手谋求长期发展的合作战略。这促使跨国公司的经济活动更加呈现生产国际化、经营多元化、交易内部化和决策全球化的特点，由此推动着经济全球化的深入发展，成为全球化发展的主要主体力量。

新一轮的全球化浪潮表征之三是市场经济的一统天下。资本主义国家搞市场经济已经有几百年的历史。战后世界上60多个发展中国家选择了市场经济体制。苏东剧变之后，各国普遍转向市场经济，中国、越南等社会主义国家

---

① 参见王晓梅：《西方国家弱势群体"反全球化"的根源》，《学术交流》2002年第6期。

也改革传统的计划经济制度，中国开始建立社会主义市场经济体制，越南也开始实施社会主义定向的市场经济。现在世界上180多个国家中，95％以上的国家和人口卷入了市场经济，以市场化的方式加入世界经济运行的同一流程。参与市场经济的国家和人口之多，参与程度之深，是人类历史前所未有的。从此，市场经济发展进入到一个新的阶段。更多的国家开始把注意力集中到发展本国经济和提升综合国力上来，更多的发展中国家参与到市场经济运行机制中，力求在国际竞争中取得优势，从而使全球经济的融合度进一步提高，全球化发展到一个崭新的阶段和前所未有的高度。市场经济具有如此之大的吸引力，对全人类的命运将产生决定性的影响。特别是市场经济体制在全球普及，成为一种国际性的经济体制，为全球化的深入发展奠定了体制上的基础。尽管存在着意识形态的差异，但却创造了一个全球市场经济的平台。在这个平台之上，不同性质的经济主体获得了共同的市场经济规则和共同的语言，为经济全球化的深入发展提供了最根本的体制基础。

新一轮的全球化浪潮表征之四是以美国为首的西方发达资本主义国家的推动。苏联解体后，美国成为当今世界的唯一超级大国，国际力量对比严重失衡，美国凭借在军事、科技、经济等诸多领域的超强优势，试图按照美国的意志塑造世界秩序，以实现它在21世纪的单极世界梦。在美国为首的发达资本主义国家占绝对优势的基础上，美国极力推动并领导这次全球化浪潮，在20世纪90年代初还制定了一个全球化战略。美国的全球战略是全面的，它不仅要实现在全球上的军事控制，而且要实现资本主义政治、经济、文化、价值观念在全球的扩散和深化，成为真正的资本主义一统天下。为了进一步控制世界市场，以美国为首的西方资本主义国家还极力鼓吹经济自由主义思想。美国根据"超级301条款"，将被美国认定的有"贸易壁垒"的国家列入黑名单，然后施加压力，迫使各国开放市场，推进贸易投资自由化和国际金融的自由化。特别是世界贸易组织（WTO）的建立，使贸易全球化进入了更加制度化的阶段，客观上推动了经济全球化的进一步发展。

很显然，在这一轮新的全球化浪潮中，资本主义主导的全球化还会呈扩张之势，南北矛盾即"中心—外围"的国家对立显著。正如萨米尔·阿明所指出的："发达国家是全球化的中心，拥有资本、生产技术、营销网络并攫取绝大部分利润，其他国家则只是充当全球化生产的劳动力。因而，全球化将资本主义逻辑无情地扩张到世界的每一个角落。第三世界国家追求工业化并不能阻止全球化进程，只是加速自己被中心的金融、技术、文化和军事力量所统治。"①

21世纪以来，全球化呈现出新的特征。为此，有学者提出了一种新概念——"超全球化"，其意蕴是：新全球化经济将允许企业和市场最大限度地发挥利益作用，不受国家干涉地配置生产要素。自由贸易、跨国公司、世界性资本主义等从政治制约下解放出来，实现商业自由化，保证消费者能得到世界上最低廉的、最高效的生产物质供应。总之，"形成真正单一的世界市场——国民国家概念衰退，不带故国色彩的多国籍企业取而代之的单一世界市场——包括世界整体的自由市场必然诞生。"②这就是所谓真正意义上的全球化。笔者把它叫做全球化的"理想模型"，它只是未来的一个目标，而不是全球化当下的形态。③

有的研究者对当今全球化总结出四大特征：（1）由特殊趋向一般，即由资本主义全球化趋向非资本主义的全球化；（2）由单向转向双向，即由西方对东方的单向扩张转为东西方的互动；（3）由单极趋向多极，即从主导力量看全球化进程，已经经历了单极的形成和更替、两极的对峙和多极的兴起这样三个阶段；（4）由经济层面向政治层面、文化层面渐次推进、整体互动。④笔者认为，虽然用这四大特征来描述当下资本主义仍占主导的全球化并不十分准确，但它却预示了全球化未来的转型和发展趋向。

---

① 〔埃及〕Samir Amin. "Capitalism in the age of Globalization: The Management of Contemporary society", Zed Books, 1997.

② 参见中国现代国际关系研究所全球化研究中心编译：《全球化：时代的标识》，时事出版社2003年版，第74～77页。

③ 有的学者还提出"后全球化"概念，笔者亦把它做"理想模型"解。一个"后"字，与20世纪60年代后一度流行的"转向"概念和20世纪末期流行的"终结"概论相类似，虽然并不十分准确，甚至缺乏明确内涵，但却在一定程度上表达了社会变迁的内容。

④ 参见田丰：《全球化趋势与马克思的方法论》，《学术研究》2001年第6期。

第二节　全球化思潮及其理性反思

虽然全球化作为一个客观历史进程很早就开始了，但无论是作为概念、思潮，还是作为理论研究都是20世纪以后的事情。这是可以理解的，因为一方面，作为客观历史进程的全球化在20世纪以后更加显性化，容易被人们体悟和认知；另一方面，人们对全球化的认识也有一个不断认知的过程。

从词源学的角度看，"全球化"（globalization）概念的产生，据考究大致有四种说法：一说"全球化"概念最早出现在美国人瑞瑟和戴维斯于1944年出版的一本小册子里，直到1961年著名的韦伯词典才收录了这个词；二说"全球化"这个概念，最早是20世纪60年代由"罗马俱乐部"提出来的；三说"全球化"作为一个概念术语最早是由T. Levitt（莱维）于1985年提出来的[①]；四说"全球化"概念最早应用于国际经济学，它由"一体化"转变而来。无论哪种说法，一个基本事实是，早在20世纪50年代，由欧洲统一的现实所触发，西方经济学家提出了"经济一体化"理论。到60年代，世界出现大动荡、大分化和大改组，特别是70年代石油危机的冲击，世界经济、政治、文化中的全球因素成为社会科学普遍关注的焦点，全球化概念不仅在国际经济学，而且在国际政治学和国际文化学中越来越多地被使用。国际政治学主要是在"相互依存"的意义上使用全球化概念，国际文化学主要是在"世界文化"的意义上使用全球化概念。可见，全球化概念的产生和发展是经济学、政治学、文化学相互渗透、相互影响的结果。

从20世纪80年代西方学界开始研究全球化问题开始，全球化主题愈益成为各国共同关注的紧迫课题，成为世界各国社会科学研究的一大热点，形成了当代国际范围内一股气势恢宏的学术潮流。"全球化"在各界也开始被广泛

[①]　莱维在其题为"市场的全球化"一文中，用"全球化"这个词来形容此前20年间国际经济发生的巨大变化，即"商品、服务、资本和技术在世界性生产、消费和投资领域中的扩散。"参见Theodore Levitt. "The Globalization of Market", in A.M.Kantrow（ed）, Sunrise… Sunset: Challenging the Myth of Industrial Obsolescence, John Wiley & Sons, 1985, pp.53–68.

使用，成为各界使用频率最高的词汇之一。"如果说后现代主义是80年代的理念，那么全球化就是90年代的理念。"①20世纪90年代以来，全球化在世界范围内已形成一种复杂而有影响、甚至时髦的理论景观，全球化理论研究以其先声夺人之势迅速成为新的跨世纪、跨国家、跨学科的显学。

所谓新的"跨世纪"，是指在20世纪80年代，全球化还只是一个时髦的字眼，而今天，全球化已成为一种活生生的不争事实。它不仅影响了20世纪世界历史发展的进程，也将以它固有的力量继续对21世纪人类社会发展的进程产生全面而深刻的影响。面对全球化这一人类最富挑战性的现象，各国政治家和学者纷纷聚焦。全球化是一门真正的"跨世纪"学问。

所谓"跨国家"，是指全球化理论研究始于西方发达国家，但现在，"全球化"概念本身也被全球化了：无论是西方国家，还是东方国家；无论是发达国家、发展中国家，还是最不发达国家；也无论是资本主义国家，还是社会主义国家，全球化都成了共同的话语平台。世界各国都不同程度地受到了全球化浪潮的影响和困扰。无论是对全球化的鼓与呼，还是嘲与讽，全球化都成为东西方学者共同感兴趣的焦点和热点问题。从这个意义上说，全球化理论研究是一项真正的跨国研究或"超国家理论"。

所谓"跨学科"，是因为全球化归根结底是一个具有综合性的新趋势、新现象。不同学科的学者从经济、政治、哲学、科技、文学、法学等不同学科视角，对全球化进行了广泛的研讨。再加上全球化本身就是一个合理的悖论，因而，有关全球化的各种观点陆续产生，随之形成了不同的理论学说和思想流派，在学术界形成了可喜的争鸣场面。全球化理论研究不仅成为各个学科学者进行对话的"话语平台"，也已成为各个学科研究的交汇点。

总之，正如中国学者俞可平所指出的那样，全球化是一个合理的悖论。全球化过程本质上是一个内在地充满矛盾的过程，它是一个矛盾的统一体：它包含有一体化的趋势，同时又包含分裂化的倾向；既有单一化，又有多样化；

---

① Miacolm Waters, Globalization, London: Routledge, 1995, p.1.

既是集中化，又是分散化；既是国际化，又是本土化。①相应地，在全球化理论研究中，充满着各种不同的观点，争鸣着各种不同的主题。

一、对全球化概念的反思

全球化理论研究的基本前提是对全球化概念进行认证和反思。全球化论争有很多原因，其中一个容易被人们忽视的原因是"全球化"概念的含混和混淆，以及由于内涵和外延的不清晰而导致的各执一端。全球化概念的非规范性和不一致性，不仅导致了"全球化"一词的滥用，正如有人所说的"全球化"一词本身也全球化了，同时也在一定程度上导致了"全球化的迷雾"。今天那些在文章中大量使用"全球化"这一概念却又不知全球化为何物的人，就像金耀基先生当年说那些要现代化却又不知现代化之意义的人一样，其等于是没有罗盘的船在大海上漂荡，实在是很尴尬与危险的事。②有些人往往把概念的认证视为书生的咬文嚼字或无谓的抽象争论。其实不然。马克思主义者当然反对脱离实际的空洞的抽象的概念之争，但绝不否认科学概念的作用。很显然，离开科学概念的论争只能收获一堆混乱。所以，对"全球化"概念进行梳理和认证，是全球化理论研究必需的前提。

1."全球化"概念的"他说"

如今，"全球化"术语已清晰地回响在当代流行的学术话语之中。但是，全球化的意蕴究竟是什么，在这里一开始就遇到了困难。因为人人都谈论全球化，但"几乎没有一个人肯花气力对这个捉摸不透的时髦词汇作出界定，或者至少对它的意义作出合理的界定。"③

据笔者掌握的文献看，关于"全球化"的概念，目前主要有广义和狭义两种用法。广义的全球化泛指资本主义生产关系萌芽和产生以来至今仍在继续的、世界各国相互联系和相互影响日益拓展和加深的过程。狭义的全球化则

---

① 参见俞可平：《全球化的悖论》，中央编译出版社1998年版，第21页。
② 参见金耀基：《从传统到现代》，中国人民大学出版社1999年版，第92页。
③ 转引自张世鹏等编译：《全球化时代的资本主义》，中央编译出版社1998年版，第2页。

特指20世纪70年代以来，世界经济政治关系向着一体化进一步演进的方向和趋势。

对于"全球化"是什么，就目前而言，学术界的理解也不一致，人们大多从自己学科的视野加以界定。如从词源学视角，人们大多认为，英语中"globalization"意指"全球化"或"全球性"，它由形容词"global"（全球的、全世界的）派生而来，而"global"又来自拉丁语中的"地球"观念；从经济学视角，"全球化"往往被界定为世界各国在生产、分配、消费等方面的经济活动的一体化趋势，特别是世界市场的形成，资本超越了民族国家的界限，在全球范围内自由流动，资源在全球范围内进行配置等；从信息和技术视角，全球化往往被界定为人类可以利用先进的通信技术，克服自然地理因素的限制进行信息的自由传递的过程；从政治学视角，"全球化"往往被界定为民族国家的世界体系的最后形成及世界新格局的战略体现；从制度视角，全球化往往被界定为全球性的各项制度向全球的扩展；从文化学视角，"全球化"往往被界定为不同知识体系、不同文化、不同文明间的全球传播和整合，以及人类各种文化、文明所要达到的共同目标；从社会学视角，"全球化"往往被界定为"全球性问题"的全球化扩散以及人类在"全球性问题"的共同威胁下所达成的共识和形成的利益与共的现实。

可见，"全球化"是一个多学科概念，不同学科由于研究视角不同，所使用的全球化概念往往存在着很大的差异，但要把各个不同学科的全球化概念整合为一个统一的全球化概念也并非易事，正如哈佛大学商学院从事全球化课程教学多年的乔治·洛奇所说："全球化的概念是如此广泛、深奥、模糊而神秘，以至于像我这样的学术界人士往往会通过现有的经济学、政治学或社会学等专业来分别探讨它所涵盖的内容。"[①]

在不同学科的不同视角之下，关于"全球化"意蕴的不同解读方式反映了人们对全球化不同方面或特征的强调。为了论述的方便，我们把几种典型的解读方式划分为A组观点、B组观点、C组观点、D组观点、E组观点、F组观点。

---

① 丰子义等著：《马克思"世界历史理论"与全球化》，人民出版社2002年版，第169页。

A组观点：全球化特指经济的全球化。

许多学者认为，全球化首先是经济的全球化。人们列举了新一轮经济全球化的种种标志：跨国公司、跨国经济组织急剧增加，或跨国兼并，或跨国联合，成为经济全球化的主体力量；国际贸易增长速度越来越快，成为带动世界经济全球化的强大助推力；国际信贷经济发展很快，金融资本在全球范围内的流动加速，成为经济全球化的驱动力；整个世界变成一个统一的市场，生产、贸易、金融的控制真正达到了国际化的程度。

一些国际组织对全球化的解读基本上是从经济视角出发的。世贸组织1995年度报告指出："对全球化的定义和描述，首先应着重'质'而不是'量'。"1996年联合国贸发会议召开一次题为全球化与自由化的讨论会对全球化的定义如下：全球化是世界各国在经济上跨国界联系和相互依存日益加强的过程，运输、通讯和信息技术的迅速进步有力地促进了这一过程。1997年联合国贸发会议报告指出："全球化的概念是指货物和资源日益加强的跨国界流动，也指一套管理不断扩大的国际经济活动和交易网络的组织结构的出现。"国际货币基金组织对全球化的权威定义是：全球化是通过贸易、资金流动、技术创新、信息网络和文化交流，使各国经济在世界范围高度融合，各国经济通过不断增长的各类商品和劳务的广泛输送，通过国际资金的流动，通过技术更快更广泛的传播，形成相互依赖关系。[①]这几种定义都强调经济全球化带来的各国经济相互依赖和经济要素的自由流动。

沿着这一思路，有学者强调，当前全球化这个词有被泛用的倾向，如政治全球化、文化全球化。尽管今天全球化已经表现为一个多方面的、全方位的、从物质到精神的交融态势，但它首先是一种经济现象、经济过程、经济概念。正是经济全球化"把乡村的、省区的、地区的，以至全国经济的江河湖海连接成一个唯一的全球经济的汪洋大海，它使狭小领域也会掀起经济竞争的

① 参见吴兴南、林善炜：《全球化与未来中国》，中国社会科学出版社2002年版。

滔天巨浪，代替了往日的微波细浪和平静潮汐。"①

B组观点：全球化是真正意义上的相互依存。

2000年的《外交政策》春季号刊登了罗伯特·基欧汉和约瑟夫·奈合著的《权力与相互依存》第三版的部分章节，题为"全球化：什么是新的？什么不是新的？"，对全球化和相互依存作了精彩的分析。作者认为，正如相互依存在20世纪70年代成为热门话题一样，全球化在90年代又成为热门话题，但全球化所涉及的现象已完全不同。那么，相互依存和全球化是不是描述同一事物的两个概念呢？有没有新的内容呢？作者指出：（1）这两个词不是同一概念。相互依存意指一种条件，一种状态，它可以增强，也可以减弱。而全球化仅指事物的增长或增强。（2）相互依存适用于以不同国家之间互动为特征的种种情况，全球主义则是一种反映全球相互依存网络的世界状态，因此，它实际上是一种相互依存。（3）相互依存和全球主义均体现全方位的现象，与相互依存一样，全球主义或全球化呈现出不同的形式：经济全球主义、军事全球主义、环境全球主义、社会与文化全球主义。（4）用全球化或全球主义的话来说，复合相互依存是指经济、环境和社会全球化或全球主义的水准提高了，军事全球化或全球主义的水准降低了。复合相互依存"不是对世界的描述，而是一种从现实抽象出来的理想式的概念。"在作者看来，全球化是复合相互依赖的加强。②

我国有学者进一步指出，全球化就是人类的整体化、互联化、依存化。整体化是指全球作为同一个社会整体而存在；互联化是指所有国家和民族在信息、交往、利益方面的普遍相关性；依存性是指国际合作与协调已成为任何国家和民族发展的前提和基础。③

---

① 汉斯－彼得·马丁、哈拉尔特·舒曼：《全球化陷阱》，中央编译出版社1998年版，第30页。

② 参见〔美〕罗伯特·基欧汉、约瑟夫·奈：《权力与相互依赖》（第3版），门洪华译，北京大学出版社2002年版。

③ 参见李铁映主编：《中国人文社会科学前沿报告（1999）》，社会科学文献出版社2000年版，第145页。

C组观点：全球化是"时空的巨变"。

英国当代著名社会学家安东尼·吉登斯认为全球化"包含着空间想象"，是一种"远距离作用"，这种作用来自跨国生产和体现为现代性和传统分界的符号媒体性经验。他认为，从内容上讲全球化"无论如何也不仅仅是，甚至不主要是关于经济上的相互依赖，而是我们生活中时空的巨变。"[①]这种巨变，既包括国际政治力量的对比，也包括社会组织的变革，甚至包括人们日常生活的变化。从其进程来说，吉登斯认为全球化是指众多国家和社会之间的影响、互动日益加强的趋势。美国新马克思主义者阿里夫·德里克认为生产过程的全球化、无中心化、分散化和经济活动中心不断的转移，构成了当今世界生产和交换的重大特征，因此，认为全球化最准确、最贴切的表达是一种时空距离化经验。

德国著名社会学家、慕尼黑大学教授乌尔利希·贝克在《什么是全球化》把这一思想表达得像白昼一样清晰："全球性描述的是这样一个事实：从现在起，在我们星球上发生的一切失去了地域的局限，所有发现、所有胜利与灾难大都与整个世界息息相关。我们必须把我们的思想与行动、我们的组织与机构，按照地方——全球的坐标重新定向，重新组织。"而"全球化指的是在经济、信息、生态、技术、跨国文化冲突与市民社会的各种不同范畴内可以感觉到的、人们的日常行动，日益失去了国界的限制……金钱、技术、商品、信息、毒品都超越了国境……全球化指的是空间距离的死亡。人们被投入往往是很不希望和不理解的跨国生活形式中。这是超越空间距离的世界。"

里斯本小组的看法也与此相近："全球化涉及的是组成今天世界体系的众多国家和社会之间各种联系的多样性。它描述的是这样一个过程，在这个世界部分地区所发生的事件，所做出的决策和行动，可以对于遥远的世界其他地区的个人和团体产生具有巨大意义的后果。"[②]

---

① 东尼·吉登斯：《第三条道路——社会民主主义的复兴》，北京大学出版社2000年版，第33页。

② 里斯本小组：《竞争的极限——经济全球化与人类的未来》，张世鹏译，中央编译出版社2000年版，第50～51页。

D组观点：把全球化理解成"网络化"。

网络学派（Network School）认为，全球化既是一种现实，也是一个增长中的网络过程。德国学者于尔根·弗里德里希斯认为，对全球化定义进行界定的困难首先在于这个专业术语描述的既是一种状态，又是一个过程。"全球化的过程不是别的，而是一种不断强化的网络化。"他把这种不断强化的网络化概括为三个要点：（1）依赖性的设想。这种经济活动的网络化对于所有参与者都产生反作用。全球化的经济发展不仅调控各民族的发展，而且还调控各城市与城市地区的发展。（2）转移的设想。由于科技产业革命导致的信息传递成本、运输成本大幅度降低，跨国公司把它的部分生产部门以及部分服务监督职能机构转移到低工资国家，从而获得更大的利润。信息技术、运输技术越是发展，这种国际网络就越扩大。（3）集中化设想。全球化的势头越猛烈，越是把各部分业务活动转移到世界各地的许多生产基地，对于监督控制和协调工作的要求也就越强烈。而这种协调组织工作也就更多地集中到少数几个国家的大城市中，使这些城市发展成为极其专门化的服务中心。[①]

我国有学者指出，网络分析提供了全球社会关系组织比较系统的图像。它把全球舞台看成联络许多网眼和分支的总网络，通过各式各样的网络，个人和组织被纳入日益全球化的现实中去。网络分析的优势在于：第一，网络既可以是组织内的，也可以是组织间的，还可以超越通常的分析单位来分析不同个人和政治之间存在的联系。第二，网络这一概念既能够突破空间限制，也不用面对面地接触来分析社会关系，似乎更适用于全球问题。网络分析的长处还在于抓住了社会关系开放性这一特点，这些关系涉及经济或者市场交换，也受行政、规则和权力系统运行的控制，而不受地域限制。因此，网络的形象能够指出全球化中许多不易被市场或权力关系解释的特征。[②]但是它的系统性妨碍了它在某些方面的深入，比如只是把地方看作意义流动的空间，而不是身份形成

---

① 参见张世鹏、殷叙彝编译：《全球化时代的资本主义》，中央编译出版社1998年版，第3~4页。

② 参见路爱国：《全球化与资本主义世界经济》，《新华文摘》2000年第12期。

的可能背景。

E组观点：全球化主要是一种文化现象。

"地球文化"理论的杰出代表、文化人类学专家M.米顿在1978年出版的《地球时代的文化理论——文化与承诺》一书中，把人类文化的历史分成三种形态：过去取向型、现代取向型和未来取向型。地球文化是未来取向型的文化，它是以年轻人为主导的文化，通过文化方面的国际交流，全球青年的观念与意识也将不断国际化和地球化。

到了20世纪90年代，美国社会学家、匹兹堡大学教授罗兰·罗伯逊（Roland Robertson）进一步发展了国际文化中的全球化概念。他认为，世界各国文化既保留自己独有的特性，又是全球意识支配的世界文化单元。换句话说，全球化社会首先是一个多元社会化构成的全球文化系统。"人类共同体""地球人"变得更为真切而成为一种现实的社会存在，这就形成了一种"地球文化"。"人们也忽视了在文化方面的'全球化'进程的深刻性。所谓'东亚'文化早已不是凝固不变的传统，文化上的'混杂性'已是在传统的东方—西方的概念中加入了更为复杂的因素，文化上的'你中有我我中有你'已十分明显，无论从衣食住行等物质文化层面来看，还是从文艺、传媒等精神文化层面来看，全球化的冲击早已打破了地域的界限，在一系列差异显示得最为清晰之处，又是相互联系最为密切之处。""随着跨国资本的发展，文化也将进入跨国化的过程，形成所谓的全球文化；也可以说跨国资本主义将使各种文化更加接近，通过传媒互相交流、渗透乃至交融，改变各种文化的原点。"①

乌·贝克·哈贝马斯把"全球化"理解成"观念或思想的全球化"。"在过去20年里，正是人与人、观念和思想失去空间边界的过程。在这个世界上，越来越多的人透过可能的、由大众传媒以各种可以想象的形式展现的生活方式的镜头观察自己的生活，它以无数的不同形式成为许多人塑造社会生活的动力。想象力在塑造社会生活时所获得的能力，必然同来自其他来源的思想、观念和机会联系在一起。没有人可以成功地与世界其他地区隔绝，杜绝全球虚拟

---

① 参见王宁等主编：《全球化与后殖民批评》，中央编译出版社1998年版，第85、93页。

的影响。"①

F组观点：对全球化概念提出质疑。

除了定义分歧外，全球化概念本身也在受到质疑。有人指出全球化的概念根本就是不科学的，作为分析全球政治经济关系的术语，它远比不上另外一些概念例如"帝国主义"有用；还有人认为，所有关于全球化的讨论只是一种谈论而已，其理由是：全球经济并不是因为全球化时代的到来而与以前存在的经济有什么特别的不同，这个世界仍然像以前一样运转；全球化这个观念只是那些希望拆除福利体制、减少国家开支的自由市场主义者所散布的一种意识形态而已。因而，全球化被大大夸大了，是一种言过其实的思想；或者根本就是一个神话或天方夜谭。

有论者还从经济史的角度指出，20世纪末的经济全球化不是什么新鲜玩意儿，更不是史无前例的，因为19世纪末的"金本位"时期，已经出现过全球经济、市场和金融的更高程度的一体化。如今的所谓"全球化"，充其量只是一种发达国家经济之间的"国际化"而已。英国一家报纸评论指出：世界经济发展的过程中，世界其实并没有发生什么前所未有的真正的变化。在从电话开始的一系列的技术发展过程中，因特网只是其中最新的一项。自从19世纪最后30年开始铺设海底通讯电缆以来，世界各个市场一直是在以接近瞬时的速度进行联系。甚至可以说，今天的新技术是开始于200年前的世界范围内的工业革命的另一个阶段……全球化的时尚是与华尔街的泡沫繁荣有关联的，随着华尔街泡沫经济的破灭，这一理论已经成为历史。

同时，这些论者还认为，不仅经济全球化是一种错误的"夸张"，文化全球化更是奇谈怪论，而这种一统全球经济、政治、文化和军事的全球化"狂想"都是西方发达国家所杜撰和臆想出来的，是那些强权国家的借口。一方面，全球化不可能导致全球经济政治的一致；另一方面，全球化也不得人心。伴随着全球化的呼声越来越高，反全球化的呼声也越来越高。

---

① 〔德〕乌·贝克·哈贝马斯等著：《全球化与政治》，王学东、柴方国等译，中央编译出版社2000年版，第59页。

2.全球化概念之我见

以上关于全球化含义的论争表明，全球化是一个比较复杂的概念，就连对全球化研究捷足先登的国外学术界也未能形成一个统一的大家都认可的定义。仅仅从字面上理解，全球化是一个无主语的模糊概念，包含了"成为全球性的""扩展到全球范围""上升到全球水平""在全球范围内紧密联系在一起""在全球范围内组成一个整体""着眼于全球范围进行思考""在全球范围内采取行动"等多种含义。因而，全球化几乎是一个可以从多视角、多层面、多纬度、多方法探讨的概念，并不存在唯一正确的说法。以结构现实主义曼声于世的肯尼思·华尔兹在其全球化治理理论中认为，关于全球化的基本观点起码表述为七个方面：（1）全球化是20世纪90年代涌动的趋势，它渊源于美国，"自由市场、透明度和创新性成了主要口号"；（2）全球化不是一种选择，而是一种现实；（3）全球化是由市场，而不是由政府造成的；（4）全球化意指同质化，即价格、产品、工资、财富、利润趋于接近或一致；（5）全球化也意指跨国发展条件的相近或一致；（6）全球化不仅仅是一种现实的反映，而且也是一种未来的预测；（7）全球化实际上并不是完全"地球的"，它主要是指地球南北关系中的北方。①华尔兹强调，在全球化条件下进行治理，相互依存再次与和平联系在一起，而和平又日益与民主联系在一起。但是，20世纪是民族国家的世纪，21世纪也是，这是全球化条件下治理的出发点。

对全球化定义做出界定是一个非常棘手的问题，从以上肯尼思·华尔兹关于全球化的基本观点中可见一斑。就全球化的发展程度和我们目前的认识视界而言，只能达到对全球化的近视理解。笔者认为，从方法论上讲，②对于全球化这一复杂的新现象、新趋势，既要避免单向度的认识模式，又应避免两极互斥的思维方式。为此，需要确立一种新的认知坐标。在该著中，我们把全球化

① 参见俞可平主编：《全球化：全球治理》，社会科学文献出版社2003年版。

② 在这里，美国桑塔菲研究所（Santa Fe Institute）在复杂系统方面具有领先地位的研究成果给予我们以深刻的方法论启示。这一自称诞生于秩序和混沌边缘的学科认为，必须改变自牛顿以来主导科学进程的直线与简单化的思想束缚，充分认识世界是应该相互关联、相互进化的复杂系统，现有科学尚无法解释和驾驭，而复杂系统具有将秩序和混沌趋于平衡的能力。

作为认知坐标的"原点",而空间和时间则是两条"坐标轴"。

从空间坐标轴来看,全球化是一个静态的、多元的综合概念,表现为一种特定的状态,具有多方面的规定性,如包含了经济、政治和思想文化,包括生产力和生产关系、经济基础和上层建筑诸多方面。美国匹兹堡大学R.罗伯逊在1992年出版的《全球化》一书中认为,"需要对世界在成为'单一场所'过程中出现的、在分析上相互分离而实际相互联系的经济、政治和文化逻辑进行系统解释"。而在德国学者赖纳·特茨拉夫看来,"全球化是一个极富讨论和争议的多含义多层次的概念,它是一种历史性的社会转型,包括多种相互交织的跨越边界的交流过程,这些过程在技术上已成为可能,政治上也为所有繁荣中心地区所要求。全球化应包括日益增加的资本、商品和人员的跨国流动;借助于新的通讯技术从而变得更加密切的网络化;通过分散不同产地的商品生产和服务所形成的更为复杂的国际劳动分工;思想、概念、图像和消费方式及消费品的快速流通;不断增强的全球风险与危机意识;跨国机构和全球网络化;政治运动数量的上升及其意义的增强。因此,它涉及到这些过程在纵向和横向即在国家、次国家和跨国家层次上的相互渗透。"①

美国学者阿尔君·阿帕杜莱斯将全球化归结为五种维度或五个拼盘:一是在全球流动的人种图景,二是跨国性的科技图景,三是超越民族与文化差异的媒体图景,四是无国界的货币流动图景,五是全球性的而非国别性的意识形态接受图景。这五种图景各自都是一个独立运行的世界,与传统意义上的地理空间、领地是没有重合之处的。斯可莱尔认为,全球体系是在三个层次上运行,这三个层次是经济、政治以及文化—意识形态。②杰弗里·萨克斯认为全球化至少包含四个层面的意思,即促进经济更快增长,影响宏观经济稳定,改变收入分配状况以及对国际政治格局产生影响。③与其他的定义相比,他没有描述

① 〔德〕赖纳·特茨拉夫主编:《全球化压力下的世界文化》,吴志成、韦幼苏、陈宗显等译,江西人民出版社2001年版,第4～5页。

② 参见俞可平主编:《全球化时代的"社会主义"》,中央编译出版社1998年版,第49页。

③ 参见Jeffrey Sachs: "International Economics: Unlocking the Mysteries of Globalization", *ForeignPolicy*, spring 1998.

经济全球化的过程与状态，而是从其作用（或者说是后果）入手拓展了全球化定义的外延。

特别值得一提的是，美利坚大学国际事务学院教授詹姆斯·密特曼在他的多本关于全球化的专著或编著中，提出了全球化的综合观。他认为，关于全球化的概念有几种典型的表述：（1）全球化代表一个历史阶段，它不断地排除人员及其观念自由流动的障碍，把许多不同的社会融入一个体系；（2）全球化实际上是全球政治经济一体化的商品化形式的深化，是一种"市场乌托邦"；（3）全球化是不同的跨国过程和国内结构的结合，导致一国的经济、政治、文化和思想向别国渗透，全球化是一种市场导向、政策取向的过程；（4）全球化是减少国家间隔阂，增加经济、政治、社会互动的过程，反映为相互联系、相互依存的不断加强；（5）全球化强调时间和空间的压缩，时间和空间的旧模型开始改变，直接推动世界范围内社会关系的强化。[①]

鉴于以上对全球化定义的综合表述，密特曼提出了"全球化综合观"，他认为："全球化不是单一的统合现象，而是过程和活动的综合化"。他强调，"综合观"这个词意指全球化的多层面分析——经济、政治、社会和文化的综合分析，全球化是全球政治经济框架内人类活动环境特征的最高模式。密特曼的独到之处，是他关于"全球化本体论"的分析。他认为，从根本上来说，全球化是"世界范围内的互动体系"，本质是全球政治经济一体化的趋势。全球化涉及宏观区域、次区域、微观区域，也涉及市民社会对这一趋势的积极的或消极的反应。[②]

从时间坐标轴来看，全球化不仅是一个静态的概念，更是一个动态的概念，表现为一个辩证的发展过程。尼格尔·特里福特就将全球化概念分为五个过程：（1）信贷资金的筹集、发放和使用日益集中化，并由此产生金融业对于生产的统治日益加强这一后果。（2）"知识结构"与"专家系统"的作用日益增长。（3）全球范围内卖主控制市场的局面日益发展。（4）一个跨国者阶层的

---

① 参见倪世雄：《当代西方国际关系理论》，复旦大学出版社2001年版，第482～483页。
② 参见倪世雄：《当代西方国际关系理论》，复旦大学出版社2001年版，第482～483页。

发展。（5）一种跨国经济外交的出现，以及民族国家权力的全球化。①

事实上，全球化之"化"本身就表明，全球化在真正形成之前需要经历一个长期的历史过程。因为全球化作为一种现实运动，是一种偶然的辩证过程，一种矛盾的、复杂的动态过程，是时间和空间互动的多维度过程，是政治、经济、文化不平衡发展的过程，是一体化与多样性、合作与冲突共存的过程，是概念更新、范式转换的过程。因为它不是把一系列变化总括起来按照一个统一的方向来行动，而是由相互独立的趋势构成的。安东尼·吉登斯指出："我们不应该把全球化当作是一种倾向单一的统一过程，而是要把它看作是一个复杂的变化倾向，其结果是混杂的，而且往往是相互矛盾的。"②全球化既造成了统一，也带来了分裂；既产生了文化的扩散，也产生了多样化的要求，要求恢复地方传统和文化认同；既加强了相互的影响，也激化了极端的封闭形式。全球化产生的结果是全球复杂化，而非统一化。各种各样的冲突将是目前全球化状态的主要特征。

我国学者岳长龄教授曾分析了全球化讨论中一般涉及的五组对立趋势，即普遍化与特殊性、同化与分化、整合与分离、中心化与离心化、并立与融合。何方教授也曾列举了有关经济全球化的十个问题，即全球化与一体化、全球化与区域化、全球化与民族化、全球化与市场化、全球化与信息化、全球化与均衡化、全球化与贫穷化、全球化与发展中国家、全球化与国际经济秩序、全球化与时代特征。这十个问题为理解全球化提供了一个较为完整的框架，进一步证明了全球化是一个辩证发展过程。

从以上全球化的认知坐标可以看出，全球化是一个有着深刻内涵的学术理论概念，既不能简单地从空间向度规范它，也不能简单地从时间向度来界定它。综合关于全球化的认识之精华，我们认为，"全球化"，含义有两种，即广义的全球化和狭义的全球化。所谓狭义的全球化，是指从孤立的地域国家

---

① 参见尼格尔·特里福特：《全球化、调控、城市化》，《城市研究》1994年第31期。

② 〔英〕安东尼·吉登斯著：《超越左与右——激进政治的未来》，李惠斌、杨雪冬译，社会科学文献出版社2000年版，第29页。

走向国际社会的进程；所谓广义的全球化是指在全球经济、文化交流日益发展的情况下，世界各国之间的影响、合作、互动愈益加强，使得具有共性的文化样式逐渐普及推广成为全球通行标准的状态和趋势。从这个意义上说，经济全球化、技术全球化是狭义的全球化的主要内涵，而政治全球化、文化全球化、军事全球化甚至民主和人权全球化等则是广义全球化的主要内涵。"民主和人权全球化"是《美国国务院1999年人权报告导言》提出的"第三种全球化"。该报告批评人们对全球化含义的狭义理解时指出："今天，人人都在谈论全球化。但是，无论是全球化的倡导者还是批评者，都几乎千篇一律地将全球化说成是一种纯粹的经济和技术现象。实际上，在新的千年中，至少存在着三种世界性的语言：金钱、因特网以及民主和人权。""当前正在出现许多由公私双方行为者共同编织而成的跨国人权网，这是一种未受人们注意的第三种全球化。"

3. "全球化"的相关概念辨析

由于在目前世界上还没有一个统一的全球化定义，存在着多种概念，比如国际化、一体化、世界化、趋同化、现代化、全球性、全球主义等，这些概念在特定的背景下，就其研究视域而言，有相当的精确性。但是，正如20世纪80年代后期欧洲专门研究全球化问题的里斯本小组的学者指出的那样："最近15至20年在如此众多领域（金融、通讯交往网络、基础设施、公司企业组织、交通运输业、商业与服务业的流通、人们的消费行为、价值体系、民族国家的作用、人口增长、全球政治等）变化如此之巨大，国际化、跨国化概念对于描述目前发展，测量这些发展的意义已经变得很不合适。新的概念，如全球化的普遍流行绝对不是一种时髦现象，它反映了人们理解目前进程的需要。从这个意义上说，传统概念已经变得模糊不清，或者已经失去意义。"①

更重要的是，在全球化的文献中常常出现的一些相关概念，容易被人们混淆，造成思想混乱。要进一步理解全球化的意蕴，起码应该对以下几对概念

---

① 里斯本小组:《竞争的极限——经济全球化与人类的未来》，1977年联邦德国政治教育中心出版，第48页。

作出一定的区分：

"全球化""全球性"和"全球主义"。罗伯特·基欧汉和约瑟夫·奈在他们合著的《权力与相互依存》（第三版）中曾经指出，在讨论定义时常常从"全球主义"（globalism）开始，而不是从"全球化"（globalization）开始，因为全球主义可指增强或减弱，而全球化只说明全球主义的增强。全球化是全球主义的一种特殊形态。自古以来即有的"稀薄"的全球主义就是全球主义，只有日益"浓厚"的全球主义才能称为"全球化"。①西方人理解问题有时候像"剥洋葱"。按照中国人的话语系统进行话语转换，我们是否可以这样表述，如果把全球化理解为一个动态的过程，那么，全球性就是全球化过程所生成的结果，而全球主义则是一种思想主张，一种意识形态。

"全球化"与"国际化"。"国际化"一般是指以相对独立的国民经济融入国际经济的过程，它反映的是一个相对封闭和有限开放的国民经济走向高度开放的国际经济的途径和结果。它与"全球化"概念容易混淆。例如，曼纽尔·卡斯特尔斯认为："我们把全球化的经济理解为在真实时间内，在这个星球范围内统一运作的一种经济。这是一种在资本流动、劳动力市场、信息传送、原料供应、管理和组织等方面实现了国际化，完全相互依赖的经济。"②

这种观点有模糊国际化同全球化的关系之嫌，虽然经济全球化和经济国际化都以市场经济为起点，但经济国际化强调国家主权的作用，各个国家的市场在主权国家的保护和调节下进行积累，而进一步的资本积累是经济全球化的准备。经济国际化只是经济全球化的前奏，经济全球化的程度甚于经济国际化。如果说国际化是与工业经济相联系的，那么全球化则是与信息经济相适应的。在国际化条件下，世界经济的联系主体是国家，那么，在全球化条件下，跨国公司及其对外投资才是世界经济的主要发动机。从联系的方面看，经济全球化是经济生活国际化的一个新阶段。经济生活全球化的历史可以

---

① 参见〔美〕罗伯特·基欧汉、约瑟夫·奈：《权力与相互依赖》（第3版），门洪华译，北京大学出版社2002年版，第274～280页。

② 曼纽尔·卡斯特尔斯：《欧洲城市、信息社会与全球化经济》，转引自张世鹏、殷叙彝编译：《全球化时代的资本主义》，中央编译出版社1998年版。

追溯到 18 世纪中叶，它是产业革命的直接后果。从那以后，经济生活全球化的进程不断加强。但只有到了战后，特别是 20 世纪 80 年代以来，数以万计的跨国公司编织成全球性的网络，各国经济都成了世界经济整体的组成部分，经济全球化的雏形开始显露；20 世纪 90 年代真正意义上的统一的世界市场形成，经济国际化因此进入了一个新的更高的阶段，即全球化的阶段。

"全球化"与"世界化"。对"全球化"与"世界化"作出一定区分的是鲍曼。鲍曼认为，"全球化概念所传达的最深刻意义就在于世界事务的不确定性、难驾驭和自主推进性；中心的'缺失'、控制台的缺失，董事会的缺失和管理机关的缺失。"它是"新的世界无序"的别名。而"世界化这一概念传达了建立秩序的意图和决心"，"谓之一种普遍的秩序，即世界上的真正全球规模上的转型重建"。在鲍曼看来，在以前，"使世界的部分有序化"意指建立一个主权国家来行使该职能，但是在全球化时代，民族国家削弱了，世界秩序的世界性重建真正成了新问题。目前，我们能够看到的是全球金融市场将它们的法则强加于世界。"全球化无非是极权主义将它们的逻辑延展到了生活的各个方面而已。"①可见，鲍曼对"全球化"与"世界化"作出一定区分，是为了强调对世界秩序的重建，这是有一定意义的。

"全球化"与"趋同化"。与"趋同化"相比，"全球化"是一种世界普遍的相关性，这种相关性突出各因素之间的相互影响、相互制约、相互依存。因此，全球化不排除矛盾、对抗和冲突，是整合与冲突、趋同与分化的统一体。而"趋同化"只是指一种普遍的质的一致性，其追求的是内容与方式的完全同一。全球化没有理由要求不同质的文明或社会趋于同质，否则，全球化就难以理解了，也没有存在的必要了。②

"全球化"与"一体化"。有人认为"全球化"就是"一体化"，我们认为从概念上讲，这是一个认识误区。所谓"一体化"，是指某一区域或全球

---

① 〔英〕齐格蒙特·鲍曼：《全球化：人类的后果》，郭国良、徐建华译，商务印书馆 2001 年版，第 56~57、63 页。

② 参见文军：《承传与创新：现代性、全球化与社会学理论的变革》，华东师范大学出版社 2004 年版，第 79 页。

范围的所有成员在一定领域内聚合为新的行为体的过程、趋势、状态或结果。"一体化"与全球化的区别在于：全球化表达的是世界经济在空间范围内的扩大，而一体化所表达的是各经济体在内在机制上的结合；全球化是一个客观过程，表现为各国经济前所未有的相互依存，而一体化则是主观意志的产物，是在契约和组织上将全球化固定下来的一定的经济组织形式。一体化的基本特征是主权的让渡、自愿性和平等性。如果说，当今经济全球化已取得相当程度的进展，那么，经济一体化其实只是处于初始阶段，主要表现为区域集团化的迅猛发展。由于全球200多个国家和地区水平各异、利益分歧的状况在相当长的时间内不会改变，因而，可以想见，在今后相当长的一段时间内，全世界的经济一体化不可能实现。但区域一体化是全球一体化的必要准备和初级阶段，区域一体化与全球一体化的发展是一致的，都强调了人类社会联系的趋势。同时，全球化加深了各国之间的相互依存，从而为经济一体化的发展提供了可能，一体化是更高水平的全球化。

"全球化"与"现代化"。全球化与现代化有区别[①]：一般说来，现代化是全球化的目的，全球化只是现代化的手段。现代化是相对于传统社会而言的，全球化则是相对于多元时代而言的。所谓"现代化"，是指从传统的农业社会转向现代的工业社会的过程。工业化是现代化的核心内容，不仅包括传统的工业化，也包括现代的工业化，即信息化。现代化至少包括工业化、城市化、均富化、福利化、民主化、法制化、社会阶层流动化、宗教世俗化、教育普及化、知识科学化、信息传播化、人口控制化等等。可见，现代化涉及经济、政治、文化、思想观念、人际关系等各个方面，是人类社会全方位、宽领域、多层面的社会变迁。如果说现代化指的是在时间范围内纵向的历史变迁过程，那么，全球化则是在空间范围内横向的拓展过程。从这个意义上说，所谓全球化

---

① 从词源学上来看，"全球的"（global）首先是一种空间上的称谓，是地球在空间位置的产物，是对生存的具体完整性和完善性的召唤，它不是把人类区分开来，而是使人类抱成一团、融为一体。而"现代的"（modern）首先是指一种时间上的称谓，它强调革新和废弃、筛选并剔除无用的旧事物。关于这方面的详细论述可参见文军：《承传与创新：现代性、全球化与社会学理论的变革》，华东师范大学出版社2004年版，第140页。

就是把人类业已取得的现代化的全面成果向全球范围内不断拓展，以至扩展到全球的过程和结果。全球化作为全球经济竞争的产物与现代化发展几乎是同步的，体现世界潮流的全球化与现代化的历史起点大致是相同的，现代化是推动全球化发展的重要力量，但不是唯一力量。因为在现代化之前，早已出现了全球化力量，如"基督帝国"等理念。现代化为全球化提供了制度力量和保证，如工业主义、资本主义以及民族国家等。同时，这些现代化制度也实现了本身的全球化。全球化是紧步跟随"现代化"的伴侣。

二、对全球化本质的反思

尽管全球化概念或定义看上去比较宏大，但远不是成熟的。问题在于，即使对全球化现象和过程进行不厌其烦的详尽描述，但全球化的实质和背后的规律性还有待于进一步揭示。由于全球化概念歧义迭见，甚至是十分混乱的，因而全球化的实质常常被忽视和遮蔽。如前所述，全球化是一个无主语的模糊概念，但我们思考问题，却不可以奉行"无主体的思维方式"。给全球化加上定语，就是要问："谁的全球化？"或"什么样的全球化"——这就是问题的实质。

1. 关于全球化本质的"他说"

第一种观点认为，把全球化归结为空谈世界各国之间的相互依存，是西方主流定义的方法论陷阱。肯尼思·华尔兹在其标志性著作《国际政治理论》中精辟地指出："把世界视为一个单位并称之为相互依赖，在逻辑上是错误的，在政治上是愚昧主义的。"[①]罗伯特·吉尔平也认为，相互依赖指的是"相互的但又不平等的依附关系"，这就是所谓的"非对称相互依赖"或相互依赖的非对称性。[②]国内有的研究者更加清楚地指明："讲相互依赖或者相互依存。

---

① 〔美〕肯尼思·华尔兹：《国际政治理论》，信强译，中国人民公安大学出版社1992年版，第191~193页。

② 参见〔美〕罗伯特·吉尔平：《国际关系政治经济学》，杨宇光等译，经济科学出版社1989年版，第24页；〔美〕肯尼思·华尔兹：《国际政治理论》，信强译，中国人民公安大学出版社1992年版，第190页。

但是，是什么样的相互依赖、相互依存？比如说，寄生虫之于肌体，是一种依赖；弱肉强食，也是一种依赖。母子是相互依赖，兄弟之间也是相互依赖。因此，联系、依赖、依存的关系是存在的，但是任何联系、依赖、依存都是具体的、有条件的。问题的实质在于，资本主义从一开始就使它成为不平衡的、人压迫人的关系，使一方成为发财致富的主体而另一方成为这个主体发财致富的对象，使这种关系在不断地再生产和形式变化中延续下去甚至日益的变本加厉。世界的联系、依赖、依存，已经在资本主义雇佣关系遍布全球的情况下，造就这样一种循环往复、此消彼长和不断再生产的'平衡机制'：发展中国家的贫穷、失败和社会地位的下降，既成为西方垄断集团的富有、胜利和社会地位上升的原因又成为它的结果。这里的联系、依赖、依存，不过意味着穷人为富人付账单，意味着沿着这条道路前进的单向的交通。大亨们的钱包鼓起来，是因为工人的钱包瘪下去。主流舆论煞有介事地宣传着大公司降低成本、增加效益的伟大成就。他们所增加的那部分效益，在很大程度上不过是被裁减职工的工资和被削减的社会福利。"[①]

第二种观点认为，全球化的本质是生产力和生产关系在全球维度的扩展。当今西方列强主导和支配的全球化包含两种属性：一方面，它反映了当前资本主义世界生产力高度发达的先进性，它在一定的历史范畴内，直接推动包括国际贸易、跨国投资、国际金融和高新技术的迅猛发展。从这个意义上讲，全球化是人类社会发展的必然结果和客观要求，它极大地促进了人类物质文明的显著进步。另一方面，它又体现了垄断资产阶级力图向全球输出其生产方式乃至没落的生活方式和价值观念的狭隘的利己性。其本质是对20世纪五六十年代世界范围内兴起的社会主义运动和民族民主运动的反向清算和逆向报复，是对广大第三世界国家的进一步侵害和"和平"戕伐。因而，西方列强所说的全球化，正如列宁所指出的，"从本质上说，是指以资本主义为主导的、以实现全球少数人利益为目的的资本征服整个世界的现象和过程。"[②]

---

① 郜雪芝、唐枭：《西方主流定义的方法论陷阱》，《社会科学论坛》2002年第1期。
② 李慎明：《全球化与第三世界》，《中国社会科学》2000年第3期。

　　第三种观点认为，全球化的本质是西化、资本主义化。制度主义（Institutional School）学派认为，由于全球化是一个远远大于任何一个单体国家资本与经济实力的、服从全球统一的规则制度的全球性市场经济的形式，因而，全球化是资本主义制度向全世界规模与深度的扩展，全球化的经济就是一种资本主义经济。在一些人看来，全球化导致的不仅仅是一个世界性统一市场的形成，而且是对西方资本主义经济制度及其运行规则的全面接受。因而，全球化即"资本主义化"，是资本主义的一种新的形式或新的发展阶段。阿里夫·德里克认为，当代的全球化意味着资本主义进入了"全球资本主义新阶段"，在这个阶段，"资本主义生产方式将第一次在历史上以真正意义的全球性分离形式出现"。[1] "全球化作为一种范式也许是现代化在当代的一种替代物，因为它本身就是依循欧美模式的全球性变化的另一种表达。""对全球化的最明显的解读就当今的现状来讲，它披着全球化伪装的外衣，作为资本主义现代性前景的空间拓展。"[2] 根据这种观点，全球化是资本主义发展的必然产物。"全球化历程虽然体现在社会生活中的每一个主要方面，但从其动力机制和现实基础来看，全球化进程的历史必然性应该从资本主义的生产方式中去寻找，从市场经济的秘密中去寻找。"[3] 按照这种逻辑，全球化实质上是资本主义生产方式的普遍化，或者更直截了当地说，是资本主义的当前形式，是资本主义的一种别称而已。

　　第四种观点认为，全球化的本质是美国化。美国《纽约时报》外交事务专栏作家托马斯·弗里曼在他的《凌志车与橄榄树——理解全球化》[4] 一书中指出，全球化不仅仅是一个现象、一个潮流，更重要的是，它代表了取代冷战时代体系的一种新的国际体系。他认为：（1）如果冷战和全球化都好似一种竞

---

①　王宁、薛晓源：《全球化与后殖民批评》，中央编译出版社1998年版，第14～16页。

②　〔美〕阿里夫·德里克：《跨国资本时代的后殖民批评》，王宁等译，北京大学出版社2004年版，第1、192页。

③　参见俞可平主编：《全球化的悖论》，中央编译出版社1998年版，第138页。

④　凌志车是日本丰田汽车公司生产的一种高级轿车品牌，代表全球化体系，而橄榄树则意指古老的文化、地理、传统和社会的力量。凌志车与橄榄树表述的就是两者之间紧张的矛盾关系。参见倪世雄等：《西方全球化新论探索》，《国际观察》2001年第3期。

技，那么冷战可能就是一场柔道比赛，而全球化则可能是一场百米赛跑；（2）冷战的最大忧患是担心被你非常了解的敌人所消灭，而全球化的最大忧患是担心你看不见、摸不着的"敌人"的飞速变化——你的生活随时都可能被经济和技术力量所改变；（3）冷战体系的文本是条约，全球化的文本是交易；（4）冷战的标志是一道墙，将人们分割开来；全球化的标志是世界网页，将人们联系起来；（5）冷战期间，人们依靠白宫和克里姆林宫之间的热线联系，因为尽管当时世界被分裂为两大阵营，但至少两个超级大国在负责任。在全球化时代，人们依托因特网，每个人都彼此联系着，没有人专门在负责任。（6）在冷战时，提得最多的问题是"你的导弹有多大？"。而在全球化时代，提得最多的问题是"你的电脑调制解调器速度多快？"[①]因此，弗里曼认为，全球化是"超越国界的资本、技术和信息的整合"，它"使个人、公司和国家更进一步、更快、更深入、更有效地接近世界。"在弗里曼眼里，全球化的本质就是自由化、市场化和资本主义化。有趣的是，该书还提出了"五个加油站"的比喻：日本的、美国的、西欧的、发展中国家的、共产党国家的。其中，美国的"加油站"最好，油价低、自助式，全球的车辆到后来都到美国的"加油站"加油了，因此，全球化就是美国"加油站"遍布全世界。在作者眼里，全球化即是美国化的扩展，是美国的世界领导作用的"同义词"。

国内有一些学者沿循这样的思路，认为"全球化概念在本质上是美国单极霸权主义的经济表现"。指出，20世纪90年代以来甚嚣尘上的"全球化"，是与新自由主义经济学、新经济、金融创新与金融危机、跨国公司扩张联系在一起的，是与美元霸权联系在一起的，在本质上是要对民族国家主权、民族利益和民族产业进行解构。苏联的瓦解，美国对单极霸权的图谋，海湾战争和科索沃战争，构成经济全球化的总背景。这个全球化的要点是：第一，以个人利益最大化取代企业经济效益，取代社会总体和长远利益。第二，以跨国公司的全球经济利益，取代民族国家的国家利益。第三，以跨国公司为主导的产业整合，控制发展中国家的民族产业。第四，以跨国公司的全球战略，影响和限制

---

① 参见倪世雄等：《西方全球化新论探索》，《国际观察》2001年第3期。

民族国家的政府管理，甚至影响民族国家的内政；以国际协调，影响和限制世界各国的宏观经济调控，使民族国家的经济主权逐步削弱。第五，以美元的世界霸权，主导国际金融和汇率，操纵国际金融市场。第六，以美国的新经济和技术优势，主导世界高科技发展，影响各国的国家安全。第七，保持西方意识形态优势，树立舆论导向，以影响发展中国家的政治家、知识分子的思想。第八，西方国家继续禁止劳动力自由进入，专门吸引世界高科技人才流入，以保持人力资本的优势。[①]作者的结论是："全球化"概念以及上述基本战略和政策，在本质上是美国单极霸权主义的经济表现。不存在什么完全"客观的经济历史规律"，历史是人创造的，是无数利益主体追求自身利益的结果。而作为"人为设计"的过程，"全球化"是由占据国际霸主地位的超级大国，以自己的综合国力为担保所推动的。它有时在客观上可以促进发展中国家某些利益的实现，但是在根本上是为霸主利益服务的。

第五种观点认为，全球化的性质是中性的，不应特定为资本主义性质。这种观点认为，资本主义制度、体系属于制度范畴，如从制度的角度认为全球化是资本主义的扩展，是资本主义化，这是将经济全球化和政治全球化混为一谈。虽然一些学者从制度的角度来概括全球化，那只说明是在经济全球化的基础上派生出政治全球化、文化全球化等。也有论者从历史的发展和资本主义经济现实出发，认为经济全球化并不完全是由发达资本主义国家发动和倡导的一场运动，而是由科学技术进步和社会生产力发展所推动的一种客观趋势。在这种观点看来，把全球化的本质看作是资本主义生产关系的全球化，把全球化的负面效应看作是资本主义生产关系的恶果，这种看法容易造成我们对全球化的畏惧。"由于经济全球化的不可逆转性，因而经济一体化的负面效应也是必然。所以不能单单把它归咎于资本主义生产关系。首先，资本主义国家也怕全球化：一怕国内产业空洞化，二怕国内工人失去就业机会，三怕整个社会的福利水平下降，四怕财政收入下降并导致政府公共支出减少，进而降低社会基础

---

①　参见杨帆：《中国参与全球化的基本利益和立场》，《中国青年政治学院学报》2001年第5期。

设施的建设；五怕失去民族国家对经济发展的控制能力……因此，发达资本主义国家也有难言之隐，也遭受全球化的困境。任何国家，只要处于经济一体化网络之中就不可避免地遭受其负面效应的冲击。"①

以上几种观点从不同的视角对全球化的本质进行了解读，应当说都有一定的真理性。但其共同缺陷是从静态的角度来考察全球化的本质。如前所述，全球化是一种动态的、历史的多维度过程。因而，摈弃对全球化本质进行静态考察的传统思维框架，对全球化本质进行动态透视，是我们更加全面、深入地理解全球化本质的必要前提。

2. 全球化本质之我见：动态透视

首先，历史上全球化的本质是资本主义主导的全球化。

毫无疑问，历史上的全球化是资本主义主导的全球化。从很大的程度上可以说，全球化是资本主义与生俱来的孪生物。如前所述，影响世界发展进程的真正意义上的全球化，更确切地说是开始于18世纪中叶从英国开始的工业革命。正是工业革命导致了资本的急剧扩张和社会化大生产的突飞猛进，人类由此踏上了全球化的不归路。诚如马克思所指出的：大工业"首次开创了世界历史"，②"过去那种地方的和民族的自给自足和闭关自守状态，被各民族的各方面的互相往来和各方面的互相依赖所代替了。物质的生产是如此，精神的生产也是如此。"③

可以看出，历史从狭隘的、地域性的、民族的历史转变成世界的历史是由资本主义开辟的。资本主义开辟"世界历史"实质上是资本无限增殖本性的外在表现。伴随着资本有机构成的不断提高和平均利润率不断下降的趋势，迫使资本无论在哪个资本主义国家，只要渡过了原始积累阶段，就要开始扩张，以至扩张到全世界，直至19世纪三四十年代自由资本主义已相当发展，并在六七十年代达到发展的顶点，即垄断前资本主义的全盛期。但在这时，它也远

① 孙克强、杨凯文：《发达国家也怕经济全球化》，《世界经济与政治论坛》2001年第4期。
② 《马克思恩格斯选集》第1卷，人民出版社2012年版，第194页。
③ 《马克思恩格斯选集》第1卷，人民出版社2012年版，第404页。

远地没有消除资本主义早期全球化所打下的残暴的烙印：海上抢劫、农村圈地、殖民掠夺、黑奴交易、种族灭绝等等。有的只是更精巧地掩盖了旧的暴行和增添了新的暴行而已。资本主义的"发家史"表明，在资本主义早期全球化过程中，殖民主义扩张是最重要的一个手段。

到19世纪末20世纪初，整个世界被资本主义的宗主国划分为一系列大小不等的殖民地和半殖民地。而资本主义发展中必然产生政治经济发展不平衡规律以及由此产生的资本主义国家的矛盾和冲突，20世纪上半叶两次世界大战就是在这样的背景下发生的。享誉国际的近代史大师霍布斯鲍姆在其名著《极端的年代》一书中，深刻而生动地向我们述说了20世纪两次世界大战给人类带来的苦难，认为："从第一次世界大战爆发，一直到第二次世界大战战事结束的数十年间，却是这个社会（指资本主义社会——笔者注）的灾难时期。40年间，跌跌撞撞，它由一场灾难陷入另一场灾难。有的时候，甚至连最优秀的保守人士，也不敢打赌这个社会能否继续存活。两场世界大战，打的世界落花流水。"① 如果说，20世纪曾经激起了人类最伟大的想象，但两次世界大战却摧毁了人类最美好的幻想。从全球化的视角，两次世界大战标志着资本主义主导的全球化的"中断"和历史性的"倒退"，这是资本主义主导的全球化的内在矛盾和冲突的集中体现。

但是，两次世界大战只是暂时"中断"了资本主义主导的全球化进程，二战以后，资本主义主导的全球化又死灰复燃。在国内方面，在新科技革命的直接推动下，资本主义社会的生产力得到了突飞猛进的发展，经济增长的速度超过了历史上任何一个时期。为适应社会生产力的发展，西方资本主义国家普遍地进行了生产关系和上层建筑的社会改良运动，阶级矛盾和社会矛盾相对比较缓和。在国际方面，西方资本主义国家之间建立了一种较为自由开放的国际经济体制，国家资本主义迅速成长为全球垄断资本主义，全球垄断资本主义成为资本主义垄断最为重要的表现形态。"全球化历程虽然体现在社会生活中的每一个主要方面，但从其动力机制和现实基础来看，全球化进程的历史必然性应

① 〔英〕霍布斯鲍姆：《极端的年代》，郑明萱译，江苏人民出版社1998年版，第10页。

该从资本主义的生产方式中去寻找,从市场经济的秘密中去寻找。"① 特别是冷战结束以后,全球垄断资本主义经济出现了一系列新现象和新特点:以信息技术、生物技术为中心的高科技掀起了新的高潮;产业结构进一步升级,知识密集型产业在国内生产总值中的比重显著增加,知识在经济增长中成为占主导地位的生产要素。这些都被称之为知识经济初露端倪的表征。所以,从近期来看,资本主义主导的全球化的势头仍将呈现扩张之势。

正是以上事实,决定了历史上全球化的本质是以资本主义主导的全球化,或者质言之,是以美国为首的西方发达资本主义国家主导的全球化,这是非"情绪化"的事实判断,是我们认识当下全球化本质的基础,也是考察未来全球化本质的一个基本前提。

其次,当下全球化的本质是不同制度文明竞争和博弈的多元全球化。

把历史上全球化的本质理解成资本主义主导的全球化,这样看问题是不是过于悲观了呢?不是的。因为20世纪以来全球化的过程也是社会主义同各种资本主义"中心论"作斗争的过程。

20世纪上半叶,一系列社会主义国家在资本主义全球化扩张的薄弱环节中平地崛起,即是对资本主义中心论的最初消解,极大地冲击了资本主义全球体系。一些人认为,20世纪社会主义的横空出世是什么"历史的误会"。然而问题在于,在20世纪资本主义主导的全球化的大背景下,社会主义革命一而再地、前赴后继地发生,其内在的、深层的原因何在?通过考察当时全球化的历史进程,我们发现,由资本主义所主导的全球化在当时已形成了一个比较完整的资本主义世界体系,这个世界体系分为"中心"与"外围",使国际关系分为资本主义宗主国与殖民地的矛盾。这一矛盾之所以不可调和,是因为资本主义的发展具有强烈的排他性,资本主义"中心国"的发展,需要有相对落后于它的一大片"外围"的国家或地区,为它提供发展所需要的资金、原料、市场,甚至提供转嫁危机的地方。因而,资本主义外围国家发展资本主义的路被堵死了。被压迫民族要生存、要独立、要发展,只好另辟蹊径。于是,一种新

---

① 参见俞可平主编:《全球化的悖论》,中央编译出版社1998年版,第138页。

的制度——社会主义制度应运而生了。

因而，从全球化的视角看，我们不把十月革命后俄国社会主义制度的建立和二战后一系列社会主义国家的建立看作一个国家、一个地域的孤零零的事件，而是把它们纳入由资本主义主导的全球化所引致的整个世界体系中来给予历史的考察。从这个意义上讲，20世纪社会主义在资本主义主导的全球化大背景下的崛起的确是人类历史发展的必然。

社会主义制度建立的重大意义之一即是开启了一种不同于资本主义所主导的全球化——"拟社会主义全球化"（在主观上企图实现社会主义全球化）发展的新路径。如前所述，资本主义所主导的全球化的力量是如此之大，当落后的边缘国家对它感到无能为力的时候，就会企图找到一种向心力的框架，他们找到了社会主义的框架，用以平衡资本主义所主导的全球化的力量。由资本主义所主导的全球化与社会主义所试图导引的全球化进行激烈的竞争和博弈，是20世纪全球化的重要特征。当然，社会主义与资本主义在全球化进程中的博弈关系取决于参与这一进程的社会主义国家的实力、能力和策略选择。如果社会主义与资本主义两种制度文明能够在竞争和博弈中取长补短、相互促进，就会形成双赢的利益格局。但事实上，资本主义总想把社会主义国家纳入全球资本主义体系，并试图利用全球化摧毁社会主义，两种制度文明间不时地引发新的紧张和冲突，而这往往是难以避免的。因而，竞争和博弈将是社会主义制度建立以后两种制度文明关系的新表征。

20世纪80年代末90年代初的苏联解体、东欧剧变，不仅意味着社会主义在资本主义的全球扩张中遭到重大挫折，而且也意味着美国失去了对手，不复昔日的超级大国。在此背景下，发达资本主义国家以经济自由化和市场化为掩护，加紧实施对社会主义国家的"西化"和"分化"，妄图将社会主义国家纳入全球资本主义体系，说明资本主义与社会主义的对抗也在发展。特别是，以"9·11"事件为表征的反体系运动，暴露出资本主义矛盾在全球的扩展和积聚已经达到了尖锐的地步。即使在发达资本主义国家内部，阶级矛盾也时而缓和时而激化。"就像19世纪一样，失业和贫穷重新出现，并且成为社会的结构象征；社会不稳定和社会排斥每天都在增长；资本收入在上升，而劳动收入在下降；工人通过几十年的斗争所赢得的保证现在都逐渐成为问题。"①

与此形成鲜明对照的是，20世纪中叶以来的全球化趋势和社会主义国家在发展中的曲折，客观上为中国社会主义提供了深刻的教训。它要求我们打开国门，在全球化进程中寻找社会主义发展的新生长点。因而，邓小平在复出后不久就提出对外开放的问题，要求我们积极跟上全球化的步伐。由此，中国特色社会主义开始在全球化进程中正确地定位，邓小平理论在实践中迅速提升，他的改革开放的思想、和平和发展是当今世界两大主题的思想、大胆吸收资本主义一切肯定成果的思想等等，成为社会主义在全球化困境下的一种理论突围。其中最重大的成果，是确立了社会主义市场经济体制。而且，市场经济不是作为一般经济手段的抽象，而是作为融入全球化的战略选择来认识的，从而设计了一条通过市场经济融入世界经济体系的社会主义发展新路。从此，中国社会主义市场经济的实践作为人类亘古未有的伟大实践，已经成为全球化进程的重要组成部分。更重要的是，在21世纪之初，中国坚定不移地加入了WTO。不是要不要加入、利大还是弊大的问题，而是必须加入，否则你就有沦为边缘化的危险。中国加入WTO，意味着融入了世界经济全球化进程，这就不仅动摇了西方在全球化中的霸主地位，而且在很大程度上参与了全球化游戏规则的制定，从而增强了社会主义平等地融入全球化的机会和在全球化进程中讨价还价的能力。社会主义将成为全球化的一支重要力量。尽管这支力量要在全球化进程中成为真正的赢家，还有相当遥远的历史路程要走，但具有历史意义的新起点毕竟已经取得了。社会主义作为全球化正面效应的重要表征，必将导致全球化的发展越来越指向多元化，整个世界将呈现出两种制度文明竞争和博弈的、非中心化的态势。

最后，未来全球化的本质是社会主义导航的全球化。

由此我们注意到，全球化作为一个客观历史进程，是历史向世界历史转变的一个环节，那么它的前途是什么呢？我们对这个问题的回答是乐观的，全

---

① 阿兰·伯努瓦：《面向全球化》，参见王列：《全球化与世界》，中央编译出版社1998年版，第16页。

球化的最终前途只能是社会主义全球化。从前面的论述可以看出，全球化是源于资本主义，但资本主义驾驭不了全球化这一世界性潮流。由生产力和生产关系的辩证关系决定，资本主义生产的全球化愈是向前推进，它的生产关系就愈是向社会化的生产力投降。资本主义愈是把它的矛盾扩展到地球的每一个角落，就愈是在更大的范围内强化了它的种种矛盾和痼疾，从而引发一系列深层的社会冲突和危机：

其一，资本主义所主导的全球化的收益在世界范围内的分配是严重不均等的，使世界不得安宁。全球化在把资本主义的社会制度和生产关系扩展到全世界的同时，也在全球范围内造成了两极分化的现实。特别是，方兴未艾的数字技术给投资者和技术拥有者带来了数不清的"数字红利"，但这个数字宠儿却也让世界增添了新的"数字鸿沟"。因为尽管因特网技术普及非常快，但世界仍然存在上网和没有上网、拥有和不拥有信息技术的分别，且大多数人显然属于后者。因此，经济全球化不仅没有达到包容一切的地步，而且加重了以"边缘化"为特征的经济与社会排斥现象。1/5的处于极端贫困状态的人类似乎与迅猛发展的全球化无关。这种利益分配严重不均的状况必将加剧发达资本主义国家和不发达国家之间的矛盾，影响世界和平；而且在世界经济一体化的大趋势下，全球性的两极分化不仅使不发达国家不能摆脱贫穷和困顿，也会使发达资本主义国家的进一步发展和繁荣受阻，归根结底只会有碍于整个人类的持续发展。

其二，全球化的深层动因是新科技革命突飞猛进的发展，这是当代资本主义发展的重要基础，是整个资本主义体系得以维持的重要条件。科技进步引起的对自然界和生态环境的破坏以及所带来的一些直接可见的社会弊病，是科技的负面作用在浅层次上的反映。而科技的负面作用在深层次上却表现为它在更大程度上造成了异化现象。科学和技术在强调对人和物的控制的同时，把自然、有生命的世界和人都变成了附庸和工具，人作为机器的"螺丝钉"而呈现出消极、被动状态，从而导致了价值危机；而且资本主义社会关系、价值观念体系已经与人的自由而全面的发展发生矛盾，使社会公正不再可能实现。

其三，资本主义主导的全球化在全世界的扩张，使世界各地到处复制美国，已经给人类带来了生态灾难。如果地球上的所有居民都享有发达资本主义国家"金十亿"那样的能源、资源消费水平，大自然将不堪重负，它代表着一种不可持续的生产方式。说明资本主义生产方式已无潜力可挖，将要走向尽头。不仅如此，资本主义的生产、分配、消费方式，造成了一系列全球性问题。所谓全球性问题，是指那些事关全人类共同利益、对全球范围的社会发展有着重大影响、需要在全球范围的共同合作中才能解决的社会问题。无论是东半球，还是西半球；无论是社会主义国家，还是资本主义国家，都不同程度地受到这些问题的困扰和折磨。伴随着全球化进程，全球性问题以更尖锐、更鲜明的方式冲击着人类。面对空前的全球性问题，传统的资本主义发展模式已无能为力。

由此观之，全球资本主义的潜在敌人，不是社会主义，而是它自身。从目前情况看，资本主义的全球化正处在体系性扩张与转型的时刻，资本的体系是非常脆弱的，如果不能很快地在关键环节上实现突破，即建立全球资本主义的政治经济体系，资本主义的发展就会面临空前的危机。这一点，已经在全球金融体系的危机中暴露无遗。全球金融界的大亨乔治·索罗斯在《全球资本主义危机》一书中明确指出，全球资本主义体系有两大缺陷：一是市场的不稳定，二是非市场部门也即国家层次和国际政治的失败。市场的不稳定将导致国际资本体系的瓦解，而全球经济发展与社会发展的脱节则会形成核心国家与边缘地带的非均衡化，由此产生的巨大政治压力最终会反过来影响经济体系。目前，全球资本主义体系的最大特性就是资本的自由流动，全球的各种资源都是靠资本整合在一起的，而支持这一巨大的循环系统的体系"有严重的缺陷"。"只要资本主义挂帅一天，对金钱的追求就会凌驾于其他的社会考量之上，经济和政治的安排就会出现偏差"。① 在目前被普遍看好的全球化机遇面前，索氏悲观地认为这正是全球资本主义的危机时刻。关于这一点，英国学者约翰·格雷的思路与乔治·索罗斯一脉相承。他在《伪黎明——全球资本主义的幻象》

---

① 〔美〕乔治·索罗斯：《全球资本主义危机》，邓志华译，远方出版社1999年版，第102页。

一书中进一步指明："从目前结构看，全球资本主义天生就是不稳定的。全世界的自由市场不像过去的国家自由市场那样自我调节。全球自由市场才有10年的历史，但已经包含了危险的不平衡现象。除非彻底改革它，否则世界经济体制将土崩瓦解，重演20世纪30年代的贸易战争、竞争性贬值、经济崩溃和政治剧变，这既是悲剧，也是闹剧。"①他最后预言，就像20世纪其他的乌托邦一样，全球自由放任主义将连同它所造成的损失一起，被历史的记忆吞没。

索罗斯和格雷的言论或许有其片面性，但重要的是，他们所论及的"危机"和"幻象"均是在资本主义制度的框架内，这是我们需要注意的。这种来自于资本主义内部的悲观主义论调对我们具有很深刻的启示作用。它至少表明，在全球化加速发展的今天，资本主义的世界体系不是像表面所展现的那般茂盛，而是孕育着深刻的危机。这些危机的发展趋势如何，我们还要继续观察。但是，有一点可以肯定，资本主义不是各种体制竞争的最后胜利者。其实，在新一轮全球化浪潮的冲击下，资本主义也面临着种种困难和问题。就连资本主义世界的人们也认识到，在经济全球化中的当代资本主义，远不是什么和平与进步的源泉。"科技和意识形态正在动摇21世纪资本主义的根基。一旦科技与意识形态开始分道扬镳，剩下的唯一大问题就是动摇制度的大地震何时出现。"②

从本质上说，全球化的发展是与资本主义制度相冲突的，只是人类至今还没有创造出充分的条件让它寿终正寝。目前的全球垄断资本主义是资本主义社会形态完全成熟的标志。作为一种成熟的社会形态，它在不断地对自身进行修正、完善的同时，也为另一种更优越、更高级的社会形态——社会主义——对它的全面的、辩证的否定，不自觉地构筑着经济、社会关系方面的基础。社会主义全球化的必然性正在于此。由此看来，全球化虽源于资本主义但终于社会主义。在资本主义全球化和社会主义全球化之间，没有一条不可逾越的

---

① 〔英〕约翰·格雷：《伪黎明——全球资本主义的幻象》，张敦敏译，中国社会科学出版社2002年版，第250页。

② 〔美〕莱斯特·瑟罗：《资本主义的未来》，黄胜强等译，中国社会科学出版社1998年版，第319页。

鸿沟，因为从马克思主义视域来看，社会主义或共产主义（在马克思恩格斯那里，社会主义与共产主义是同义语）是世界历史性的事业，是全球性的事业。社会主义全球化是对资本主义全球化的扬弃、超越和最终替代。从未来的视角来看，全球化的本质无疑是社会主义全球化，但由于目前社会主义国家较之发达资本主义国家无论在数量和经济发展水平方面尚处于弱势地位，决定了社会主义全球化本质的实现是一个历史发展过程，我们当然宁肯把这一历史过程估计得长些，重些。

三、区分几种不同性质的全球化

全球化本质的论争，除了背后蕴涵的世界观和方法论的差异以外，一个非常重要的原因是混淆了几种不同性质的全球化，即西方鼓噪的全球化与作为客观历史进程的全球化、主动的全球化与被动的全球化等等。因而，要全面透视全球化的本质，需要对以上几种不同性质的全球化给予一定的区分：

1.西方所鼓噪的全球化与作为客观历史进程的全球化

西方资本主义所极力鼓噪的全球化带有强烈的意识形态色彩，其意蕴是：借经济全球化的发展趋势，自由地推销西方的政治制度和价值观念。"有人谈到美式快餐和流行音乐风靡世界，微软产品垄断全球软件市场，英语几乎成为世界语言，以此说明'全球美国化'了。但当中国服装和华人餐馆也走遍世界的时候，却没有人提'全球中国化'。这是很自然的，因为两者所产生的效益和影响不可同日而语。"[1]新加坡总理吴作栋更加明确地指出：全球化是一个西方的思想观念并明显带有美国政治经济影响的烙印。毫无疑问，全球化不仅是发达资本主义国家推销其自由经济发展模式，而且也是西方资产阶级推销其价值观和意识形态的过程。特别是随着经济全球化步伐的加快，信息融入量的增加，西方的意识形态和价值观念对人们的冲击将愈加激烈。人们争相追求一种同自己的实际状况天悬地隔的生活趣味，食不果腹的工人下班以后宁愿饿着肚皮也要喝一听可口可乐或半杯威士忌酒，来满足希望进入上流社会的心

---

① 王缉思：《全球化是不是西方化》，《半月谈》2000年第10期，第27页。

理。①这种模仿效应随着全球化进程的加速将日益加剧。它将导致本民族文化传统失落，社会核心价值观念解体，直接瓦解一个社会本应执着的精神根基。这种全球化，很显然也是一种意识形态陷阱。对此种"全球化"，我们要保持足够的警惕。

我们倡导的是另一种"全球化"，即作为客观历史进程的全球化。它是站在"全球"的视角、着眼于整个人类的和平和可持续发展、公正合理的全球化；是由科技的进步所导引、由生产力的发展所推动、世界各国共享人类文明成果和科技成就的全球化；是资本主义和社会主义国家的人民和睦相处、取长补短、逐步实现共同富裕的全球化；是社会主义国家的人民从历史活动的客体（就是作为资本主义发展的条件）转变为历史活动的主体、实现平等、互惠、共赢共存的全球化；是各个国家、各个民族的优秀文化传统交流融合、和而不同、实现共存共荣的全球化；是马克思恩格斯当年所揭示的每个人的自由全面发展的全球化。这样的全球化，是一个自然历史过程，是一个不以国家、民族和个人的意志为转移的大趋势，也是我们永恒的价值追求。

2.主动的全球化与被动的全球化

西方国家所鼓噪的全球化是一种主动的全球化。虽然就客观现实而言，全球化是不以人的意志为转移的大趋势，但就其主观战略而言，资本主义主导的全球化又是主观的产物。其意蕴是：借全球化之名自由地推销西方资本主义的自由市场经济模式，维护不合理、不公正的国际经济新秩序。西方资本主义国家不仅提供着世界上大多数的高科技产品，而且把持着大多数的现代信息手段和信息内容，不仅技术、设计来自发达资本主义国家，而且网上贸易、电子商务、电子货币的规则也是由其规范的，全球化的游戏规则也是由资本主义国家制定的，他们希冀在全球化过程中永远占据主导地位，分得最大分量的"蛋糕"，占尽最大利益。事实也正是如此，请看有关统计资料：富裕国

---

① 参见斯塔夫里亚诺斯：《全球分裂——第三世界的历史进程》中的《反革命的文化战略》一节，商务印书馆1993年版。

家与贫困国家的收入差距1990年为60：1，1997年达到74：1。1999年最富裕国家人均GDP（美国为30600美元）与最贫困国家人均GDP（埃塞俄比亚仅为100美元）之比竟达300：1。更值得我们注意的是，不仅世界范围内的两极分化已造成"数字鸿沟"，而且西方发达国家内部的两极分化也在扩大。从1977到1999年间，美国最穷的1/5家庭得到的税后收入（扣除通货膨胀等因素）下降了9％，而最富的家庭却增长了43％。这就是说，最富裕的270万美国人拥有的收入和处于经济最低层的1亿人的收入相同；那些靠最低工资维持生计的人，今天挣到的美元按实际美元价格计算，还比不上30年前的水平。[①]这种活生生的数字粉碎了人们对于全球化的浪漫主义幻想，表明西方国家所鼓噪的全球化只是一个主观的概念，表达了西方国家的主观意愿。

同时，资本主义全球化的过程，也是发展中国家"被全球化"的过程。所谓被迫的全球化，是指发展中国家被迫认同、接受、实行由资本主义国家制定的规则和实行的制度。所谓同国际"接轨"，实际上是发展中国家向西方发达国家"接轨"，是弱者同强者"接轨"。在资本主义主导的全球化的背景下，发展中国家不得不按照西方国家制定的规则，加入一场被称之为机遇与挑战并存的"游戏"。显然，对于主动全球化的资本主义国家来说，是富含机遇，是机遇大于挑战。而对于"被全球化"的国家来说，却是挑战大于机遇。而且，挑战是显现的，机遇是隐含的。只有正确地回应了挑战，机遇才会真正光临。因而，我们对西方发达国家主导的全球化中其中心地位要有清醒的认识，对发展中国家的被动处境也要有准确的判断。

3.全球化与反全球化

全球化是一枚"双刃剑"，它在把资本主义文明扩展到全球的同时，也产生了相当多的负面效应。伴随着全球化的呼声越来越高，反全球化的呼声也越来越高。关于反全球化思潮在第三部分有具体的分析。在此只是想强调，反全球化与全球化是相生相随、亦步亦趋的共生现象。全球化能走多远，反全球化就能走多远。反全球化是全球化进程发展到一定阶段的产物。只有当全

---

① 参见钱箭星等：《论经济全球化中的南北差距问题》，《教学与研究》2002年第4期。

球化发展到一定阶段以后，全球化进程中的矛盾与冲突才可能凸显出来，才能"孕育"出反全球化。反全球化是全球化进程中矛盾深刻性的体现。

四、对全球化趋势的反思

围绕着全球化的影响及其未来发展前景，从总体上来说[①]，目前已形成了悲观主义与乐观主义的分野。悲观主义者认为，全球化糟得很；乐观主义者认为，全球化好得很。他们各执一端，见仁见智。

乐观主义者对全球化的未来抱着一种美丽的憧憬，认为全球化意味着一种"世界大同"的实现、一种人类普遍的自由，它给人类带来的是普遍的福祉。"经济全球化所带来的最大好处是实现了世界资源的最优配置。一国经济运行的效率无论多高，总要受到本国资源和市场的限制。只有全球资源和市场的一体化才能使一国经济发展在目前条件下最大程度地摆脱资源和市场的束缚。所以说，全球经济一体化实现了以最有利的条件生产，在最有利的市场销售这一世界经济发展的最优状态。全球化的概念描述的是一种使世界经济接近于完全的市场这一理论上的理想的发展。这种发展所带来的值得向往的结果是，效率提高，商品更符合消费者的需要。全球化是一场革命，它使企业家能够利用世界上任何地方的资金、技术、信息、管理和劳动力在他希望的任何地方进行生产，然后把产品销往任何有需求的地方。全球化意味着许多好处：人们能享用来自世界各地的大量的新颖而便宜的商品和服务；控制经济信息的、受过高度训练的工作人员能得到王公俸禄般的薪水；特别是贫穷国家成千上万

---

① "从总体上来说"意味着，把全球化趋势的论争分为乐观主义和悲观主义——这里所使用的标签是一种理想形态的分类，用来开拓研究阵地并区分出共识和分歧的最初领域。它有助于搞清楚辩驳是从哪里开始的，从而提出基本的反驳观点。理想形态为分辨混杂的声音提供了一种可行的工具，这些混杂的声音以全球化的文献为基础，但依据的又不单单是某一本著作、某一位作者或者某一种意识形态立场。戴维·赫尔德、安东尼·麦克格鲁在其新著《全球化与反全球化》中把关于全球化的混杂声音分为全球化和反全球化，依据的正是这一理想模型。参见戴维·赫尔德、安东尼·麦克格鲁著：《全球化与反全球化》，社会科学文献出版社2004年版，第2～3页。

的工人有机会过上体面的生活。"①

乐观主义者通过大量的世界贸易变化的定量研究，强调贸易全球化的结果是"双赢"。例如，从贸易结构而言，1965年到1995年期间，尽管发达国家间的贸易量仍在全球贸易总量中占有优势，但其比重已从59%减少到47%，同期发达国家与发展中国家的贸易则从32.5%增加到37.7%，而发展中国家之间的贸易量则从3.8%猛增到14.1%。尤其是发展中国家的工业品出口大幅增长，在1963～1995年间，发展中国家（除中国外）的工业品出口比例占全球工业品出口的比例，从6%猛增到20%。②

德国康采恩"戴姆勒-克莱斯勒"（Daimler-Chrysler）理事会主席J.E.斯任普在柏林阿力弗雷得-赫尔哈京（Alifred-Herhawzin）协会第七次年会上，以乐观主义的口吻，一口气提出了关于全球化的10个议题：（1）全球化——这不仅是争夺市场的竞赛，而且是价值观的竞争；（2）全球化没有产生新的冲突，它是促成和平的钥匙；（3）全球化并不意味着降低社会标准，相反它能提高世界范围内的福利；（4）全球资本市场不是发生危机的原因，而是更透明的、企业效率更高的、能实行更民主监督的催化剂；（5）全球市场竞争的关键资源不是原材料储备，而是无限的知识资源；（6）隔离不是全球化的结果，相反，交流的国际化会创造联系的新形式；（7）全球性企业不会降低单个国家的责任，而会加强对地区的依恋；（8）全球化没有减少公民个人的自由，相反，它为个人活动提供了更大的自由空间；（9）全球化不会剥夺民族国家的权利，它会在经济政治领域产生新的合作伙伴；（10）我们未来的福利不是通过保存财产，而是通过开放市场来获得。

在一些乐观主义者看来，经济全球化将导致文化的全球化，也就是所谓的"全球文化"。"我所说的人的社会化过程全球化了，正是意味着形成了一种'地球文化'。人的社会化过程总是在某种文化环境中完成的，今天，人们

---

① 刘力：《经济全球化：发展中国家后来居上的必由之路》，载《全球化与中国》，中央编译出版社1998年版，第137页。

② 转引自洪朝辉：《全球化——跨世纪的显学》，《国际经济评论》2000年第Z6期。

赖以成长的文化环境已经超出了民族和国家的界限。一个地球人从他诞生的那天起，他就处在来自全球的文化信息的包围之中，在享受着同时也接受着属于整个地球的物质文明和精神文明，这个潜移默化的过程，使得他首先成为一个地球人，然后才是中国人、美国人、法国人、巴西人等等。"①因而，所有的全球人都必须接受和创造某种共同的价值观、正义观。

面对汹涌而来的信息化浪潮，乐观主义者认为，在经济全球化过程中，信息是可以共享的，尤其是因特网上的信息是极为公平的，任何国家和民众在此都能得到同一种价格的信息、同一个商品交易会的时间，所以全球化下的信息流动是自由、无国界、无阶级的。尤其是，根据历史的经验和教训，任何逆历史潮流而动的国家，都将被开除球籍。如美洲印第安人和中国大清帝国的命运，在道德上值得同情，但历史是无情的，拒绝现代文明，必然为历史所淘汰。如今21世纪的世界潮流就是全球化，不管你赞同与否，人类的选择只能是参与和接受。②

与乐观主义者针锋相对，悲观主义者认为全球化是一个充满了危险性的进程，是一种"意识形态陷阱"。在他们看来，全球化是一个意识形态色彩极浓的价值术语。"霸权与暴政的根源并不在于强大的军事或邪恶的政治制度，而是始于语言。"③这种"言语"就是意识形态渗透。

在悲观主义者看来，全球化导致"资本流向世界，利润流向西方"。"迄今为止的经济全球化仅仅是资本运动的全球化，而非经济福音的全球化。西方资本的大规模跨国运动将世界的生产和交换活动联为一体，但从世界性的生产和交换活动中产生的经济利益，却没有在全球呈现正态分布。资本流遍世界，利润流向西方。西方是经济全球化的最大的赢家，第三世界却在可悲地扮演着输

---

① 谭君久：《关于全球化的思考和讨论》，载《全球化的悖论》，中央编译出版社1998年版，第131页。

② 参见洪朝辉：《全球化——跨世纪的显学》，《国际经济评论》2000年第Z6期。

③ 沈相平：《全球化的意识形态陷阱》，《现代哲学》1999年第2期。

家的角色。"①据有关统计资料，全世界有6万多家跨国公司，他们控制了世界生产的40%，国际贸易的50%～60%，国际直接投资的90%以上。这些跨国公司在全球范围内组织生产和流通活动，成为经济全球化的动力和主体力量。

由此，悲观主义者对全球化造成的全球范围内的两极分化深表忧虑：一端是高工资、高消费所导引的享乐主义盛行的发达世界，一端是发展明显滞后的不发达世界。整个世界关系被纳入零和博弈之中，这一零和博弈继续产生"马太效应"：贫者愈贫，富者愈富。据有关统计资料，拥有世界1/5人口的高收入国家掌握着全世界86%的国民生产总值和82%的出口市场，而占全世界人口1/5的最贫困国家仅占每一项的1%。人类20%的富有者消费着86%的各种商品和服务，而20%的贫困者只消费着世界财富的1.3%。富裕国家与贫困国家的收入差距1990年为60∶1，1997年达到74∶1。1999年最富裕国家人均GDP（美国为30600美元）与最贫困国家人均GDP（埃塞俄比亚仅为100美元）之比竟达300∶1。40年前，全世界最富的人口和最穷的人口人均收入是30∶1，而今已上升到74∶1。20年前，联合国成员国中最不发达国家仅20有余，而今却增加到48个。30亿人即世界人口的一半每天的生活费在2美元以下，13亿人在绝对贫困线以下，日平均生活费用不足1美元。这巨大的贫富悬殊用活生生的数字宣布了全球化将给人类带来普遍福祉的神话的破产。拉美一位前总统说，西方得到蛋糕，我们只有面包屑。我们在全球化的中心，看到的是财富、权利和温文尔雅的享乐，但在全球化的边缘，我们看到的却是贫穷、饥饿和危机四伏的动乱。为此，肯尼思·华尔兹指出："全球化不是全球的，而主要局限于北半球。"②德国两位著名记者就曾一针见血地指出："至少在金融市场上，迄今为止，具有重大意义的，与其说是全球化，还不如说是美国化"。③驰名世界的埃及学者萨米尔·阿明（Samir Amin）认为，全体发展中

① 房宁、王小东、宋强：《全球化阴影下的中国之路》，中国社会科学出版社1999年版，第269页。

② Kenneth Waltz, "Globalization and Governance", PS Online, December 1999.

③ 参见〔德〕汉斯－彼得·马丁、哈拉尔特、舒曼：《全球化陷阱》，中央编译出版社1998年版，第99页。

国家再度成为帝国主义"臣民"的日子已经不远了。全球化的实质就是西方体制的全球性扩散，也就是西化的全球性普及。

乐观主义的合理之处就在于它采取的是一种积极进取的态度。毕竟，全球化不是神话，而是一个可以凭经验而确定的事实，更是人类社会发展的必然趋势。你鼓与呼还是嘲与讽，你都得融入全球化过程，否则你将难以摆脱被"边缘化"的危险。但是，诚如美国近代作家爱默生所言："不会无偿地给予任何东西，一切东西均需代价。"乐观主义的致命弱点就在于过分自信、盲目乐观。全球化发展到今天，已经造成全球范围内两极分化越来越严重、全球性问题越来越凸显，影响到整个人类发展的程度，再奢谈什么全球化的美丽憧憬，就太不顾及起码的现实了。从这个角度讲，尽管悲观主义的看法是片面的，但它在全球性问题极端严重的背景下，登高疾呼，严肃地提醒世界舆论注意全球化的许多负面影响，具有警示作用。它昭示：全球化的未来并非天国，通向"脱资本主义全球化"的道路也绝非"涅瓦大街的人行道"。事实上，资本主义主导的全球化越是向前推进，人类的困惑和问题将会愈多。

所以，尽管乐观主义和悲观主义对全球化的看法各执一端，大相径庭，但有一点却是共同的。这就是，他们超出了历史上所形成的一定的社会制度和社会生活，孤立地强调全球化对未来的主导作用。马克思在一百多年前的描述，对于我们今天也是恰如其分的。马克思说："在我们这个时代，每一种事物好像都包含有自己的反面……现代工业和科学为一方与现代贫困和衰颓为另一方的这种对抗，我们时代的生产力与社会关系之间的这种对抗，是显而易见的、不可避免的和毋庸争辩的事实。"[①]恩格斯指出："仅仅有认识还是不够的。为此需要对我们的直到目前为止的生产方式，以及同这种生产方式一起对我们的现今的整个社会制度实行完全的变革。"[②]显然，马克思主义者把全球化的未来，寄托在生产关系和社会制度的变革上。

因而，从未来全球化的视角看，资本主义正在创造着无可比拟的社会财

---

① 《马克思恩格斯选集》第1卷，人民出版社2012年版，第776页。
② 《马克思恩格斯选集》第3卷，人民出版社2012年版，第1000页。

富和科学技术，这是犯不上吃惊、也无须恐惧的事情。资本主义全球化在全世界的扩张，使全世界各地到处复制美国，这已经给人类带来了生态灾难。如果地球上的所有居民都享有发达资本主义国家"金十亿"那样的能源、资源消费水平，大自然将不堪重负，它代表着一种不可持续的生产方式。美国著名的未来学家阿尔温·托夫勒对资本主义文明所造成的生态危机曾经有过这样一段深刻的描述："可以毫不夸张地说，从来没有任何一种文明，能够创造出这种手段，能够不仅摧毁一个城市，而且可以毁灭整个地球。从来没有整个海洋面临中毒的问题。由于人类贪婪或疏忽，整个空间可突然一夜之间从地球上消失，从未有开采矿山如此凶猛，挖得大地满目疮痍。从未有过让头发喷雾器使臭氧层消耗殆尽，还有热污染对全球气候的威胁。"[①]托夫勒的描述至少向我们显示了资本主义全球化所造成的灾难性后果。

而更为严重的是，资本主义全球化的发展，已经造成了一系列全球性问题。所谓全球性问题，是指那些事关全人类共同利益、对全球范围的社会发展有着重大影响、需要在全球范围的共同合作中才能解决的社会问题。无论是东半球，还是西半球，都不同程度地受到这些问题的困扰和折磨。伴随着全球化进程，全球性问题以更尖锐、更鲜明的方式冲击着人类。面对空前的全球性问题，资本主义全球化已无能为力，代之而起的将是社会主义全球化的新曙光。"只有在伟大的社会革命支配了资产阶级时代的成果，支配了世界市场和现代生产力，并且使这一切都服从于最先进的民族的共同监督的时候，人类的进步才会不再像可怕的异教神怪那样，只有用被杀害者的头颅做酒杯才能喝下甜美的酒浆。"[②]

---

① 阿尔温·托夫勒：《第三次浪潮》，三联书店1984年版，第187页。

② 《马克思恩格斯选集》第1卷，人民出版社2012年版，第862～863页。

第二章　经济全球化背景下中国特色社会主义
文化建设面临的机遇与挑战

经济全球化不仅仅局限在经济领域，而且影响到政治、文化和社会生活各个方面。对此，我们必须有清醒的认识。当然，认清经济全球化的实质，绝非主张我国要脱离经济全球化的进程，回到闭关锁国的老路上去，而是主张在参与、推进经济全球化的进程中，既要抓住和充分利用经济全球化为我们提供的机遇，加快社会主义文化的发展，又要始终保持清醒的头脑，化解经济全球化对社会主义文化建设带来的挑战。

第一节　经济全球化背景下中国特色社会主义
文化建设的机遇

经济全球化对社会主义文化建设带来了难得的发展机遇。这种发展机遇可以从国际、国内两个角度来理解和把握。

一、经济全球化为中国特色社会主义文化建设带来的国际机遇

所谓国际机遇是指，经济全球化为中国特色社会主义文化发展，创造了有利的国际环境、良好的发展氛围、宽广的发展空间。主要表现在以下几个方面：

1.经济全球化为中国特色社会主义文化提供了和平的外部发展环境

经济全球化结束了社会主义、资本主义两大阵营的对立状态，尤其是伴随着中国的改革开放和第三世界国家的发展，世界格局向多极化转变。各国越来越重视科技和经济的发展，综合国力竞争成为人们关注的焦点，冷战时期形成的政治对峙不再适应时代发展要求，和平与发展成为时代主题。这为中国特色社会主义文化建设提供了有利的外部环境：其一，经济全球化为当代中国社会主义文化建设，提供了和平稳定的外部环境。和平稳定的发展环境，使得我们可以集中力量加强包括文化建设在内的社会主义建设，使得文化建设获得和平的、持久的发展环境；其二，经济全球化为当代中国社会主义文化建设提供了"学习交融"的发展环境。经济全球化打破了闭关锁国的封闭状态，使世界不同国家、不同民族的文化相互交融、相互借鉴，使得当代中国社会主义文化建设获得了"学习交融"的发展环境。"人类已经有了几千年的文明史，任何一个国家、一个民族都是在承先启后、继往开来中走到今天的，世界是在人类各种文明交流交融中成为今天这个样子的。推进人类各种文明交流交融、互学互鉴，是让世界变得更加美丽、各国人民生活得更加美好的必由之路。"[1]这种和平、稳定、交融的发展环境，必将极大开拓中国特色社会主义文化的发展空间。其三，经济全球化为当代中国的社会主义文化建设提出了新的发展"特质"要求。在经济全球化提供的和平发展环境下，中国特色社会主义文化建设也必须是符合和平发展要求的"和平文化""发展文化"。正如习近平总书记指出的那样："中国坚定不移走和平发展道路，既通过维护世界和

---

① 习近平：《在纪念孔子诞辰2565周年国际学术研讨会暨国际儒学联合会第五届会员大会开幕会上的讲话》，《人民日报海外版》2014年9月25日，第3版。

平发展自己，又通过自身发展维护世界和平。走和平发展道路，是中国对国际社会关注中国发展走向的回应，更是中国人民对实现自身发展目标的自信和自觉。"①这不仅是中国关于自己发展道路的庄严宣告，也是中国特色社会主义文化发展性质的庄严宣告，即在全球化背景下，中国特色社会主义文化是追求和平的文化、追求发展的文化。

2.经济全球化为中国特色社会主义文化创造了良好的发展氛围

经济全球化使不同国家和地区的交流空前频繁，打破了人们禁锢的思维模式，促进了人们观念更新，有利于人们正确认识社会主义实践的经验教训，从而有利于社会主义文化的发展。经济全球化是国家和民族之间的相互依存、竞争合作关系的反映，是朝着融合、聚合方向发展的趋向。它要求我们树立全球意识、整体观和系统观，提倡合作共荣，又要求我们承认世界的多样性，尊重各自的差异性、主权独立性及文化特色。"丰富多彩的人类文明都有自己存在的价值。要理性处理本国文明与其他文明的差异，认识到每一个国家和民族的文明都是独特的，坚持求同存异、取长补短，不攻击、不贬损其他文明。不要看到别人的文明与自己的文明有不同，就感到不顺眼，就要千方百计去改造、去同化，甚至企图以自己的文明取而代之。历史反复证明，任何想用强制手段来解决文明差异的做法都不会成功，反而会给世界文明带来灾难。"②由此可见，当代中国的文化发展必须具有更高的全球性视野和魄力，在全球化提供的广阔的发展背景下和发展平台上，注重文化发展的时代性和世界性。这就要求我们，当代中国的社会主义文化建设，既要继承和弘扬五千年的文明精华，又要站在世界历史高度，认清人类文明进步的方向和趋势，正确把握社会主义文化建设的内涵和主要任务。我们应在对外开放的格局中加强同世界各国的交流与合作，借鉴吸收世界各国优秀的思想文化，促进中国特色社会主义文化的发展。

---

①　《习近平谈治国理政》，外文出版社2014年版，第265页。

②　习近平:《在纪念孔子诞辰2565周年国际学术研讨会暨国际儒学联合会第五届会员大会开幕会上的讲话》，《人民日报海外版》2014年9月25日，第3版。

3.经济全球化为中国特色社会主义文化提供了新的发展空间

经济全球化促进了中国的改革开放，各民族、各国家的文化纷纷进入中国，日益广泛的世界性的文化交流，加速了文化融合，赋予社会主义文化以广阔的发展空间，社会主义文化建设可以在教育、科技等不同方面加强同外部世界的交流，在关系全人类共同利益的问题上与世界其他国家达成一致，在保持民族特色的基础上寻求人类共同价值观。总之，在经济全球化背景下，通过不同文化的碰撞与对话，中国人的视野开阔了，这对于打破人们原有的思维模式，理性地思考社会主义与资本主义的关系、国家利益与全人类利益的关系，探求社会主义文化的发展道路具有深远的意义。另一方面，经济全球化的发展，在把多种文化带到中国的同时，也把中华文化推向世界，扩大同世界各国的文化交流与合作，从而为全球化时代中国文化取得了广泛的发展空间，也为在全球化背景下中国文化的发展建立了牢固的立足点，使当代中国的文化发展，在时间上与现代化相对接、在空间上与经济全球化相关联，从而走向更加科学化的发展轨道。

二、经济全球化背景下中国特色社会主义文化建设的国内机遇

所谓国内机遇，是指适应经济全球化的需要，我们确立了社会主义市场经济的经济体制改革目标，从而为中国特色社会主义文化发展提供了坚实的经济基础；我们党对文化建设高度重视并采取了一系列正确措施，从而为当代中国社会主义文化建设创造了良好的国内环境和氛围。具体说来，主要表现在以下几个方面：

1.社会生产力的发展为中国特色社会主义文化发展提供了物质基础

文化作为上层建筑，归根到底受经济基础决定。而经济基础中起决定作用的是生产力，生产力构成一切社会赖以生存的物质基础和发展的动力源泉。当代中国的文化建设也必须以生产力的发展为基础。全球化在很大程度上是市场经济的全球化。现在，世界上的绝大多数国家实行市场经济体制，这既是适应全球化要求的必然选择，又是对全球化的强有力推动。实践也已经证明，市场经济体制是推动生产力发展的有效手段和根本动力。适应市场经济全球化的

发展要求，我国确定了建立社会主义市场经济体制的经济体制改革目标，推动着我国社会生产力的不断发展，从而为社会主义文化的发展奠定了坚实的物质基础。而且，随着经济社会的发展和人们生活水平的不断提高，人民群众的文化消费能力显著增加，文化消费支出迅速增长。与此同时，人民群众文化消费需求的内在结构也在发生着深刻转变，以求乐为主的文化消费向以求知、求美为主的文化消费需求转变，从被动享用文化产品和服务为主的文化消费需求结构向主动参与创造文化的需求结构转变。随着人民群众精神文化需求的迅速增长和文化消费能力的快速提升，人们的文化权益意识、文化参与意识、文化创造意识显著提升，表达、展示、评判文化成果的能力显著增强，参与文化生活和文化建设的积极性空前高涨。[①]可见，在市场经济条件下，社会生产力的发展、人民文化消费需求的不断发展、文化参与意识的发展，为我国社会主义文化事业的不断发展，提供了前所未有的新动力。

2.以习近平同志为核心的党中央为中国特色社会主义文化建设开辟了新的道路

第一，把文化建设提升到实现中华民族伟大复兴中国梦的高度，使得文化建设的意义和价值更加突出。2013年11月，习近平在山东曲阜考察孔府和孔子研究院时强调：一个国家、一个民族的强盛，总是以文化兴盛为支撑的，中华民族伟大复兴需要以中华文化发展繁荣为条件。[②]这就使文化建设的重要意义更加突出、更加明确，从而为中国特色社会主义文化建设提供了不竭的动力。

第二，强调文化建设的正确方向和价值引领，从而保证了中国特色社会主义文化建设的正确航向。2014年2月24日，习近平总书记强调："要切实把社会主义核心价值观贯穿于社会生活方方面面。要通过教育引导、舆论宣传、文化熏陶、实践养成、制度保障等，使社会主义核心价值观内化为人们的精神

---

① 黄相怀、洪向华：《文化强国建设：机遇、挑战与应对》，《哈尔滨市委党校学报》2013年第2期。

② 《习近平：汇聚起全面深化改革的强大正能量》，《人民日报》2013年11月29日，第1版。

追求，外化为人们的自觉行动。"①2016年7月1日，习近平在庆祝中国共产党成立95周年大会上强调指出："马克思主义是我们立党立国的根本指导思想。背离或放弃马克思主义，我们党就会失去灵魂、迷失方向。在坚持马克思主义指导地位这一根本问题上，我们必须坚定不移，任何时候任何情况下都不能有丝毫动摇。"②这就为中国特色社会主义文化建设指明了正确的航向。

第三，强调传承弘扬中华优秀传统文化，使中国特色社会主义文化建设获得来自历史文化资源的强力支持。"中华文化源远流长，积淀着中华民族最深层的精神追求，代表着中华民族独特的精神标识，为中华民族生生不息、发展壮大提供了丰厚滋养。中华传统美德是中华文化精髓，蕴含着丰富的思想道德资源。不忘本来才能开辟未来，善于继承才能更好创新。对历史文化特别是先人传承下来的价值理念和道德规范，要坚持古为今用、推陈出新，有鉴别地加以对待，有扬弃地予以继承，努力用中华民族创造的一切精神财富来以文化人、以文育人。"③这样一来，就使得中国特色社会主义文化发展获得了"水之源""木之本"。不仅如此，我们还采取了一系列有效措施来促进中华优秀传统文化的传承发展。如2017年2月印发的《关于实施中华优秀传统文化传承发展工程的意见》，就实施中华优秀传统文化传承发展工程的主要内容、重点任务、组织实施和保障措施等问题进行了规定，提出了要求。这样一来，就使得中国特色社会主义文化建设获得来自历史文化资源的强力支持。

第四，提出了建设社会主义文化强国的目标，为我国文化建设指明了奋斗方向，规划了奋斗的路线图。党的十八大提出了"扎实推进社会主义文化强国建设"的文化建设目标，党的十八届三中全会提出了"坚持以人民为中心的工作导向，坚持把社会效益放在首位、社会效益和经济效益相统一，以激发全民族文化创造活力为中心环节，进一步深化文化体制改革"④的新要求。

① 《习近平谈治国理政》，外文出版社2014年版，第164页。
② 习近平：《在庆祝中国共产党成立95周年大会上的讲话》，《人民日报》2016年7月2日，第2版。
③ 《习近平谈治国理政》，外文出版社2014年版，第164页。
④ 《十八大以来重要文献选编》（上），中央文献出版社2014年版，第533页。

2017年5月7日颁布的《国家"十三五"时期文化发展改革规划纲要》，从加强思想理论建设、提高舆论引导水平、培育和践行社会主义核心价值观、繁荣文化产品创作生产、加快现代公共文化服务体系建设、完善现代文化市场体系和现代文化产业体系、传承弘扬中华优秀传统文化、提高文化开放水平、推进文化体制改革创新、加强文化人才队伍建设、完善和落实文化经济政策等方面，对"十三五"期间的国家文化发展改革问题，进行了总体部署。可见，以习近平同志为核心的党中央把文化建设置于"五位一体"总体布局中，上升到"文化立国"的战略高度，这必将对社会主义文化建设带来巨大的发展动力。

3.经济新常态为中国特色社会主义文化发展提供了新的经济土壤

我国经济新常态指的是近年来从高速增长进入中高速增长后经济发展的阶段性特征。文化建设属于上层建筑的范畴，受经济基础的决定性影响。经济新常态发展阶段的到来，为我国文化发展提供了新的经济环境和土壤，为文化建设提供了新的发展机遇。

一方面，经济新常态下人们的个性化、精神性文化消费需求，为文化建设提供新的发展动力。在经济新常态下，人们的消费更多地进入具有满足精神消费、享受和发展消费的高层次功能阶段。文化消费作为这样一种消费形态，必将迎来集中释放的膨胀时期。[1]因此，经济新常态下的人们文化消费需求的不断释放，必将为文化建设提供不竭的发展动力。

另一方面，社会主义文化建设在经济新常态下迎来了新的发展动能。《国家"十三五"时期文化发展改革规划纲要》指出："适应把握引领经济发展新常态，推动改革全面深化，促进社会和谐稳定，迫切需要牢固树立和贯彻落实创新、协调、绿色、开放、共享的发展理念，增进社会共识、营造良好氛围，激发全民族创造活力。"[2]这既指出了我国文化建设所面临的新的发展环

---

① 王离湘：《认识适应经济新常态 引领推动文化新发展》，http://www.he.xinhuanet.com/news/2016-03/04/c_1118237396.htm，访问时间2017年4月20日。

② 《国家"十三五"时期文化发展改革规划纲要》，《人民日报》2017年5月8日，第1版。

境，也为经济新常态下的文化发展提出了新的总体要求。也就是说，经济新常态下的文化建设，要把"创新、协调、绿色、开放、共享"作为文化发展的基本理念，要把"增进社会共识、营造良好氛围，激发全民族创造活力"作为文化建设的重要任务。而且，经济新常态下的产业结构调整，也为文化发展提供了新的动能。经济新常态的一个基本要求是优化产业结构，增加服务业等在国民经济中的占比。而生产性服务业是调整供给结构的突破口。文化产业作为生产性服务行业的核心，是经济新常态下予以重点发展的产业。①对此，《国家"十三五"时期文化发展改革规划纲要》指出，我国"十三五"时期文化发展改革的目标任务之一是："现代文化产业体系和现代文化市场体系更加完善，文化市场的积极作用进一步发挥，做优做强做大一批文化企业和文化品牌，文化整体实力和竞争力明显增强，'十三五'末文化产业成为国民经济支柱性产业。"②由此可见，经济新常态为文化发展提供了新的发展动能，它必将极大地促进我国文化生产力的发展，从而有力地推动中国特色社会主义文化事业的不断发展。

4. "一带一路"倡议为中国特色社会主义文化发展提供了新的动力

一方面，"一带一路"倡议促进国内沿线省份的文化交流与合作，使得文化建设获得"合力"的发展动力。例如，2014年，文化部与新疆、宁夏、甘肃等有关省区市举办了一系列以"一带一路"为主题的综合性文化交流活动，在陕西西安举办了首届"丝绸之路国际艺术节"，在福建泉州举办了"海上丝绸之路国际艺术节"。可见，"一带一路"倡议可促进国内沿线地区开展多渠道、多层次、多形式的文化交流与合作。对此，有学者建议，要依据"一带一路"相关省、自治区、直辖市的区位优势和文化资源禀赋，初步形成覆盖西北、东北、西南、长三角、珠三角、海西等重点区域的文化发展带。③目前这个建

---

① 王离湘：《认识适应经济新常态　引领推动文化新发展》，http://www.he.xinhuanet.com/news/2016-03/04/c_1118237396.htm，访问时间2017年4月20日。

② 《国家"十三五"时期文化发展改革规划纲要》，《人民日报》2017年5月8日，第1版。

③ 范周、周洁：《"一带一路"背景下的中国文化软实力建设研究》，《同济大学学报（社会科学版）》2016年第5期。

议已经实现，如原文化部协调指导西北五省区文化厅成立了"丝绸之路经济带西北五省区文化发展战略联盟"，从而为文化建设提供了发展的"合力"。

另一方面，"一带一路"倡议为文化创作提供了巨大的空间。例如，中国国家画院发起了"丝绸之路美术创作工程"，考察写生团分为海上丝绸之路、陆路丝绸之路、草原丝绸之路三路；中央民族乐团已推出了大型音乐会《丝绸之路》，以琵琶、胡琴、热瓦普、唢呐、扬琴、冬不拉，追寻古老而悠久的古丝路音乐足迹。新疆、陕西、甘肃均在酝酿推出与丝绸之路有关的音乐、歌舞作品。其中，新疆木卡姆艺术团推出的音乐会《丝路乐魂》已经上演。中央电视台大型人文纪实栏目《新丝路》在央视发现之旅频道首播。在柏林国际旅游交易会上，福建凭借海上丝绸之路旅游资源赢得了极大关注，共接待来自欧美地区的200余家旅游批发代理商。[①]

第二节 经济全球化背景下中国特色社会主义文化建设面临的挑战

我们在看到经济全球化对当代中国社会主义文化建设所带来难得发展机遇的同时，对经济全球化给我国社会主义文化建设带来的挑战，也必须有清醒的认识。当代中国文化建设所面临的经济全球化的挑战，也主要表现在国际和国内两个方面。

一、中国特色社会主义文化建设所面临的国际挑战

所谓国际挑战是指，在经济全球化进程中，某些西方大国利用其经济强势地位推行经济霸权、文化霸权战略，从而给中国特色社会主义文化建设的国际环境、发展氛围和发展空间，造成较大的破坏。

---

① 叶飞、宋佳烜、陈璐：《"一带一路"释放文化软实力》，《中国文化报》2015年3月16日，第3版。

1.某些西方大国的经济霸权对我国社会主义文化建设的经济基础和经济环境，造成了一定程度的破坏

现行的国际经济秩序是由发达国家建立和制定的，代表和反映了它们自身的利益，因此存在着严重的不平等。发展中国家在这个秩序中受到的损害是显而易见的。中国作为最大的发展中国家，不可能避免地遭受损失。这在一定程度上对中国的经济发展和经济安全构成威胁。早在2004年，就有研究指出，在经济全球化中我国面临的经济安全威胁主要有：（1）经济全球化导致我国经济波动的可能性大大增加，捍卫国家经济安全的主导力量被削弱。（2）国际垄断势力进一步加强，对我国的产业安全构成威胁。（3）国内、国际金融形势多变，存在金融危机的诱因和隐患。（4）人才的竞争与流失使我国经济安全面临严峻的挑战与威胁。（5）对我国的信息安全构成了全新的挑战。①改革开放以来，随着中国国际影响力的增强，以美国为代表的某些西方国家视中国为潜在威胁，散布"中国威胁论"，在经贸领域通过各种方式来遏制中国。例如，针对是否承认中国"市场经济地位"问题，美国官员警告欧盟，如果给予中国"市场经济地位"，"将妨碍欧美国家采取措施阻止中国向其倾销廉价商品，无异于'单方面解除'欧洲针对中国的贸易防御。"②特别是特朗普当选美国总统之后，挑起中美贸易摩擦。文化作为上层建筑的一部分，受经济基础的决定。当代中国的社会主义文化建设是建立在国家经济发展基础之上的，在经济全球化背景下，某些西方国家在经济领域对我国的遏制战略，必然会在一定程度上对国家经济安全形势造成不良影响，使我国社会主义文化正常发展的经济安全基础受到影响，也必然影响到我国的文化主权和文化安全，对此我们应该高度重视。

2.某些西方发达国家的文化霸权主义影响我国文化建设的国际环境

在经济全球化背景下，文化差异是引发国家间矛盾和冲突的根源之一。

① 刘晓强：《经济全球化与我国的经济安全》，《理论导刊》2004年第6期。
② 《美国警告欧盟不要给予中国市场经济地位：这将助长倾销廉价商品》，http://www.guancha.cn/economy/2015_12_29_346288.shtml，访问时间2017年5月18日。

某些西方大国在国际关系中，利用自己的文化强势，强迫其他国家接受它们的价值观念和社会制度。早在1992年，美国学者罗斯·芒罗就提出："无论在经济方面还是在战略方面，中国将对我国的至关重要的利益构成越来越大的威胁。"[①]他在与理查德·伯恩斯坦合著的《即将到来的美中冲突》一书中认为："不论从哪个角度来看，不久即将变成全球第二大强国的中国将随着世界面貌在新的千年中发生变化而成为一支支配力量，而作为这样一支力量的中国将势必不再是美国的战略友邦，而成为它的长期敌人。"[②]从实践来看，以美国为首的某些西方国家，推行文化霸权主义和文化帝国主义，对我国社会主义文化建设所需的和平稳定的国际环境带来严重消极影响。例如，21世纪以来，我国在全球范围内设立孔子学院，传播中华优秀文化，获得了国际社会的广泛认可，孔子学院已成为我国参与国际文化交流的重要文化平台与文化品牌。然而以美国为首的西方文化霸权势力，一方面采取批判、质疑、污蔑的手段攻击孔子学院，为其贴上"渗透工具""洗脑机构""间谍机构"的标签；另一方面通过一些不正当的手段干扰孔子学院的正常运行，采取种种措施限制孔子学院的发展。再如，对于十八大以来我们提出的"中国梦""社会主义核心价值观"等文化命题，他们故意歪曲本意、偷换概念，从而弱化、丑化我国的文化理念、文化战略与文化主张，误导世界人民的思维，损害了我国的国际形象。[③]美国奉行的"美国优先"战略，其背后也透露出美国的文化强权理念，这必将对和平、稳定的国际环境造成极大威胁。

3.某些西方发达国家企图削弱马克思主义在我国文化发展中的指导地位

经济全球化进程是由发达资本主义国家主导的。它们企图利用其经济全球化中的优势地位，来削弱人们对作为我国社会主义文化建设指导思想的马

---

① 〔美〕罗斯·芒罗：《正在觉醒的龙——在亚洲真正的危险来自中国》，《政策研究》1992年秋季号，引自阎学通：《西方人看中国的崛起》，《现代国际关系》1996年第9期。

② 〔美〕理查德·伯恩斯坦、罗斯·芒罗：《即将到来的美中冲突》，新华出版社1997年版，第9页。

③ 吴艳东：《经济全球化视经下我国的文化安全战略探析》，《思想理论教育导刊》2017年第3期。

克思主义的认同，动摇人们的社会主义信念。一方面，他们在理论上对马克思主义进行攻击和污蔑，说什么"作为一种统一的理论和一种社会发展的模式，共产主义已不再适用于东欧；作为一种理论，共产主义已经失去了对思想界的吸引力；作为一种模式，它甚至在统治层中也已声誉扫地"①。另一方面，在实践上，他们利用其先进的信息技术手段及遍布全球的传播媒介向我国渗透西方文化。冷战结束后，美国为了实现独霸全球的政治目的，不遗余力地开展对我国青年一代的文化争夺。"哪一个国家能够做到教育这一代青年中国人，哪一个国家就能够由于这方面所支付的努力而在精神和商业的影响上取回最大的收获，如果美国在30年前已做到把中国学生的潮流引向这一个国家来，并能使这个潮流继续扩大，那么我们现在一定能够使用最圆满和巧妙的方式，控制中国的发展。"②这样一来，就使得我国尤其是青年人的思想意识、价值观念、道德标准、信仰受到严重冲击。再一方面，以美国为首的某些西方发达国家借助经济全球化，在雄厚的物质基础支持下，推行"和平演变"战略，对中国发展道路进行种种歪曲和攻击，在中国本土培植反华势力。例如，随着网络时代的到来，网络空间日渐成为西方资本主义意识形态渗透的主渠道，由一批西方势力培育的"网络公知""网络大V"所掀起的网络意识形态攻势异常"抢眼"。③这在一定程度上削弱了中国特色社会主义文化对转型期社会利益分化和文化多元状况的整合作用，阻碍了人们对马克思主义的信仰，从而使当代中国文化健康发展的国内环境受到严重干扰。

4.信息网络技术对中国特色社会主义文化的科学发展带来严峻挑战

全球化的一个推动力是互联网。随着互联网的全面扩展，大量信息跨国流动，而且难以控制。这就使信息输出大国更容易将本国的社会价值观和意识形态通过高科技手段传递给其他国家，从而导致文化价值观冲击。这些冲击主

---

① 〔美〕兹·布热津斯基：《大失败——二十世纪共产主义的兴亡》，军事科学院外国军事研究部译，军事科学出版社1989年版，第293页。

② 引自舒新城：《中国近代教育史资料》（下册），人民教育出版社1981年版，第283页。

③ 吴艳东：《经济全球化视域下我国的文化安全战略探析》，《思想理论教育导刊》2017年第3期。

要表现在以下几方面：第一，在国际互联网上，英语是主导性语言。"只要你一进入交互网络（即国际互联网），你的电脑屏幕上显示的是英语，你进入的讨论组大多数是美国人发起的，讨论的题目是他们想出来的……一句话，进入交互网络，就是进入了美国文化的万花筒。"[①] 这种通过网络强化性地传递文化信息，必然对受众的意识形态、价值观念产生难以抗拒的影响，结果就会对以英语为交流工具的西方文明产生认同感。中国正迅速发展成为世界互联网络用户最多的国家之一，频繁接触外来文化和语言，将对我国语言文化产生巨大的弱化作用，尤其是相当一批"网民"辨别真假善恶的能力还较差，就更易被网络中的西方文化占领精神家园。第二，互联网上的大量信息都经过了意识形态过滤，带有浓厚的政治色彩。由于美国在互联网技术方面的优势，导致国际信息在很大程度上的单向流动，即从发达国家流向发展中国家，从强国流向弱国。垄断性和单向性造成的后果是，新闻选择权、解释权都掌握在发达国家手中。第三，一些对我国主流意识形态心存不满的国内外敌对势力更是利用互联网发泄他们的敌视，鼓吹种族歧视、宗教仇恨等。另外，由于不同国家对精神污染的认定尺度不同，也为淫秽、色情、暴力等内容轻而易举地进入互联网开了方便之门，这些精神垃圾对我国文化事业的健康发展，将产生严峻挑战。

二、中国特色社会主义文化建设所面临的国内挑战

所谓中国特色社会主义文化建设的国内挑战，主要是指我们在思想观念上还不适应、不符合新形势下文化事业发展的要求，从而阻滞了当代中国社会主义文化的发展。

1.文化自信方面存在一些问题，干扰了文化建设的顺利进行

党的十八大以来，以习近平同志为核心的党中央高度重视文化建设，多次强调坚定文化自信。2014年2月24日，习近平在主持中央政治局第十三次

---

① 易舟：《我在美国信息高速公路上》，兵器工业出版社1997年版，第294页。

集体学习时，提出要"增强文化自信和价值观自信"①。2014年10月15日，习近平在文艺工作座谈会上讲话时指出："增强文化自觉和文化自信，是坚定道路自信、理论自信、制度自信的题中应有之义。"②2016年5月17日，习近平在哲学社会科学工作座谈会上讲话时指出："我们说要坚定中国特色社会主义道路自信、理论自信、制度自信，说到底是要坚定文化自信。文化自信是更基本、更深沉、更持久的力量。"③2016年7月1日，习近平在庆祝中国共产党成立95周年大会上强调："文化自信，是更基础、更广泛、更深厚的自信。"④然而，在文化自信方面，我们还存在着一些问题，从而干扰了当代中国文化建设的顺利进行。一方面，有些人存在文化自卑心理，主张"全盘西化"，对民族文化缺乏信心。文化自卑指的是在多元文化交锋、交融的国际环境下，文化主体对自身文化价值缺乏自信，并流露出轻视、怀疑甚至否定态度的一种心理状态。⑤在全球化背景下，有些人认为全球化就是全球资本主义化，有些人盲目崇拜欧美文化，主张全盘西化，试图以西方文化改造中国。这些观念的存在，严重干扰着我国文化建设的正确方向。另一方面，有些人存在文化自负心理，自我满足，自我陶醉，自我封闭。对外来文化带有对立、排斥和抗拒情绪，固守传统，盲目排外。这种心理，也必将使当代中国文化的发展失去生命力、时代性、吸引力。

2.思想上不适应，不符合新形势下文化改革与发展的要求

经过四十多年的改革发展，我们党对文化建设在国家经济社会总体发展中的地位的认识越来越深入和全面。从党的十二大到十四大，历次党代会都反复强调社会主义精神文明建设的重要意义，将文化建设视作精神文明建设

---

① 《习近平谈治国理政》，外文出版社2014年版，第164页。

② 《十八大以来重要文献选编》（中），中央文献出版社2016年版，第135页。

③ 习近平：《在哲学社会科学工作座谈会上的讲话》，《人民日报》2016年5月19日，第2版。

④ 习近平：《在庆祝中国共产党成立95周年大会上的讲话》，《人民日报》2016年7月2日，第2版。

⑤ 王卫兵：《全球化语境下的文化自信：缘起、问题、出路》，《长白学刊》2017年第3期。

的一个重要方面。十四届六中全会提出，积极发展社会主义文化事业，满足人民群众日益增长的精神文化需求；积极培育和完善文化市场，一手抓繁荣，一手抓管理；深化文化体制改革，增强文化事业的活力。党的十五大明确提出，文化是综合国力的重要标志；十六大确立了小康社会的文化发展目标，阐明了"文化建设和文化体制改革"的具体任务，明确区分了文化事业和文化产业。十七大首次做出了"提高国家文化软实力"的战略部署，十七届六中全会通过的《中共中央关于深化文化体制改革推动社会主义文化大发展大繁荣若干重大问题的决定》提出，要提高全民族文明素质，增强国家文化软实力，弘扬中华文化，努力建设社会主义文化强国。十八大提出要扎实推进社会主义文化强国建设；十八届三中全会提出坚持以人民为中心的工作导向，坚持把社会效益放在首位、社会效益和经济效益相统一，以激发全民族创造活力为中心环节，进一步深化文化体制改革的新要求。十八届四中全会将建立健全文化法律制度作为全面依法治国的重要方面进行部署。2017年5月7日发布的《国家"十三五"时期文化发展改革规划纲要》，对"十三五"时期我国的文化建设与改革进行了总体部署。然而，在思想观念上，还有许多人包括很多领导干部不能正确认识文化建设在经济社会总体发展中的重要地位和作用，不能适应新形势下文化改革与发展的要求。在实际工作中，一些基层地方党委、政府"重经济、轻文化"的理念尚未根本扭转，没有把文化改革发展摆上重要议事日程，对文化建设特别是作为政府基本责任的公共文化服务重视不够，没有切实"履行好发展公益性文化事业的责任"，部分地方政府缺乏正确的文化政绩观，忽略了文化对于弘扬社会主义核心价值观、"以文化人"的重要作用，过分看重文化对于推动经济发展的作用，更多关注文化产业的发展；不能正确地处理好文化建设的经济效益和社会效益的关系，没有实现社会效益优先。[1]上述思想观念必然会对社会主义文化建设带来极大的阻滞作用。

---

① 杨永恒：《当前中国文化建设的挑战和思考》，《社科纵横》2017年第3期。

3.文化改革发展面临一系列新情况、新问题

当代中国文化建设任重道远，面临着很大的困难和阻力。对此，十七届六中全会通过的《中共中央关于深化文化体制改革推动社会主义文化大发展大繁荣若干重大问题的决定》从8个方面进行了深入分析，指出：一些地方和单位对文化建设重要性、必要性、紧迫性认识不够，文化在推动全民族文明素质提高中的作用亟待加强；一些领域道德失范、诚信缺失，一些社会成员人生观、价值观扭曲，用社会主义核心价值体系引领社会思潮更为紧迫，巩固全党全国各族人民团结奋斗的共同思想道德基础任务繁重；舆论引导能力需要提高，网络建设和管理亟待加强和改进；有影响的精品力作还不够多，文化产品创作生产引导力度需要加大；公共文化服务体系不健全，城乡、区域文化发展不平衡；文化产业规模不大、结构不合理，束缚文化生产力发展的体制机制问题尚未根本解决；文化走出去较为薄弱，中华文化国际影响力需要进一步增强；文化人才队伍建设急需加强。这些问题，集中反映出我国文化发展同经济社会发展和人民日益增长的精神文化需求还不完全适应，给我国的文化建设造成了极大的阻力，是我国社会主义文化建设面临的主要的国内挑战，是当前我国文化建设亟须解决的问题。

第三章　优化文化形态

世界历史意义上的"当代"概念，作为一个历史时代概念，主要是指第二次世界大战以后的世界历史。其文化精神特点是：高新科学技术不断涌现，科技创新速度加快；在世界市场机制的带动下，社会分工、国际分工深层化加剧；在现代工业文明继续发展的基础上，现代文明向信息化方向转化；国际经济领域以及其他领域迅速出现互动性、一体性态势；世界各民族国家之间的竞争加剧、民族国家的自我意识增强、国际合作关系迫切需要加强。从总体上来说，世界历史发展的趋势由战争与革命转向和平与发展。"当下"，作为一个历史时代概念，对中国来说，是指中国改革开放以后的当前历史时期。

第一节　当代中国文化形态的基本格局

一、当代中国社会基本文化形态

根据世界历史发展主题转移和世界历史发展趋势的变化，中国展开了解放思想运动和改革开放的社会实践，不但确立了建设有中国特色的社会主义现代化的正确道路，而且取得了伟大成就。在此基础上，建构了有中国特色的社会主义文化形态和文化体系。以马克思主义为主导的中国当代社会主义文化体系是一个开放包容的体系。马克思主义及其在中国的发展是这一文化体系的主导文化和主导意识形态。德国著名学者哈贝马斯说，马克思主义没有过时，东欧剧变和苏联的变化，并不意味着马克思主义的失败，在21世纪，社会主义仍然有着广阔的前景。法国思想家德里达认为，"不能没有马克思，没有马克思，没有对马克思的记忆，没有马克思的遗产，也就没有将来"。[①]没有马克思主义就没有新中国，没有社会主义就没有新中国，这是中国社会主义革命和社会主义建设得出的历史结论。随着中国社会的发展，大众文化、精英文化、科学文化、网络文化等等文化形态在社会生活中的地位日益突出作用与日俱增。

主导文化（主导意识形态文化），即在一定社会形态中居于支配地位，起着决定作用的文化形态和文化精神。在一定社会形态中，意识形态具有多样性。依据矛盾的特殊性原理，主要矛盾的主要方面决定着事物的根本性质。在一定社会形态中，起决定作用，居于支配地位的文化形态就是主导文化和主导意识形态。当代和当下，中国特色社会主义文化体系的主导文化和主导意识形态就是马克思主义及其发展，即马克思列宁主义、毛泽东思想、邓小平理论、"三个代表"重要思想、科学发展观以及习近平新时代中国特色社会主义思想。

精英文化即知识分子文化，又称高雅文化。精英文化是与大众文化相对而言的一种文化形态。改革开放以来，随着社会发展和精神生活的解放与开放，作为在精神生活上铁板一块的文化主体也不断发生分化、层次化、多样化。知识分子作为一个在精神生活方面比较"前卫"、比较"高雅"的文化群体，就是在文化主体的分化、多样化中产生的特殊文化主体。与中国解放思想和改革开放同步，精英文化也经历了一个逐渐自觉与规范的过程。在中国文化的近现代转化和当代中国解放思想及改革开放的社会实践与文化运动中，精

---

① 〔法〕雅克·德里达：《马克思的幽灵》，何一译，中国人民大学出版社1999年版，第21页。

英文化起着十分特殊的作用。一般来说，精英文化是与先进知识分子联系在一起的。作为精英文化主体的先进知识分子具有历史的"使命感"，他们的文化思想和文化活动一般就具有"前卫性""先知先觉性"，在文化的内容与形式上表现出"高雅性"的特点，在精神生活上具有一定"引领性"。曾几何时，五四新文化运动中的先进青年与"精英文化"就起到了先进性先锋性作用。精英文化在中国的改革开放与解放思想进程中也起到了重大的推动作用。从改革开放伊始的真理标准的大讨论和思想解放运动，到以文学界为主要内容的文学形式和文化生活的丰富性多样性，再到市场经济合理性的理论张扬，精英文化都起到了独特的作用。精英文化是社会文化理想和人文精神的重要载体。

科学文化是指以自然界为指向，基于严谨的科学知识、规范的科学方法和理性的科学思想而形成的文化体系，这种文化体系主要包括科学知识、科学思想方法和科学精神等几个方面。科学知识是人们从事科学劳动的基本产品，科学知识的丰富程度反映着人类在一定历史时期对自然界的认识所能达到的深度与广度，它是科学文化的基础，离开科学知识，就无所谓科学思想方法和科学精神，科学文化也就无从谈起；科学的思维方式、方法是指科学家在对客观世界的认识、探讨过程中所创造和运用的思维方式和思想方法，它是科学文化的第二层内涵，其主要的特征是理性思维方式，如逻辑的、系统的、实证的等等；科学精神是科学共同体在追求真理、逼近真理的科学活动中所形成发展起来的一种精神气质。众所周知，科学技术作为第一生产力作用已经越来越突出，世界各国围绕科学技术所展开的竞争也愈演愈烈。科学技术的竞争，从根本的意义上说是科学文化的竞争。在全球化背景下，这种竞争日益在国际化的层面上加速展开，并且渗入社会的各个领域。对目前我国这样的发展中国家来说，这种竞争既是机遇，又是挑战。当前，由于我国科学文化建设还远远落后于西方发达国家，因此，只有密切结合我国现代化建设的实际，注意吸收和借鉴发达国家科学文化建设的成功经验，制定符合我国国情的科学文化发展战略，才能更加有效地提升我国的科技竞争力，变"后发劣势"为"后发优势"，否则，我们与西方发达国家的差距将会越拉越大。

大众文化（mass culture）是在现代工业社会中产生的、与市场经济发展相适应的一种市民文化。作为一种历史性文化形态，大众文化最先产生于西方社会，兴盛于20世纪30年代的欧美发达国家。其主要特点是：现代性、商业性、世俗性、标准化、时效性和娱乐性。①大众文化是在市场经济条件下，伴随着中国改革开放与解放思想进程一起发展的"老百姓"的文化娱乐形式。这是一种以都市大众为主要消费对象，通过现代工业和现代传媒传播的文化形式。大众文化的兴起是当代中国最为壮观的文化风景线，这是真正产生于市民中间且为普通百姓所认同和消费的文化。随着改革开放的逐渐深化，大众文化也正以一种独具色彩的形式广泛渗透于日常生活的各个领域。大众文化消费现今已成为社会生活中人们最重要的生活需求之一。大众文化在内容和形式上主要有娱乐电视连续剧、家庭肥皂剧、现代广告文化、畅销读物、流行歌曲、企业文化、居室装潢等等。"大众文化直接诉诸人们的现代日常生活的世俗人生，它是工业社会背景下与现代都市和大众群体相伴而生的、以大众传播媒介为物质依托的、受市场规律支配的、平面性、模式化的文化表现形态，其最高原则是极大地满足大众消费。"②大众文化的主体的广泛性与普遍性体现了中国社会主义文化的大众化。在社会主义文化价值与文化体系的培育与构建中，大众文化的大众性、娱乐性、时代性与文化的民族性、阶级性正得到日益和谐科学的结合。大众文化的健康发展不但没有违背社会主义文化的根本性质，反而正是社会主义文化健康发展的有益方式与途径。当代中国特色社会主义大众文化的发展构成中国当代文化的民族性、阶级性与文化的时代性协调发展的重要内容。

网络文化，是20世纪中期之后，尤其是新的世纪人类文化方式的最显著变化之一。由于网络文化的迅速发展以及对人们生活深层次的、方方面面的影响，以至于人们用"信息时代"或"网络时代"来指称当今时代的文化实践特征。网络文化的基本特点有：虚拟化；一体化；智能化；显著的创新性；适人

---

① 邹广文：《当代中国大众文化论》，辽宁大学出版社2000年版，第3～4页。
② 邹广文：《当代中国大众文化论》，辽宁大学出版社2000年版，第4页。

化。① 由于网络的建立加快了经济全球化、开放化的步伐，各个国家和地区经济相关程度大大增加。经济发展中多因素的相互作用容易导致不可预测的非线性行为，同时，网络经济使经济的虚拟性加强，从而使经济中突发的风险程度加剧。随着网络文化的发展，它的功能与影响也愈来愈复杂，主要表现在：（1）网络文化对精神再生产的影响。现代传媒技术、精神生产和文化大众娱乐性是当代主导文化建设三个重要环节。大众娱乐文化既是文化传播和生产精神的起点、主体，也是生产精神的目的之一。精神生产必须借助于现代传媒技术并通过大众娱乐文化的形式方可得以实施。现代文化传播和精神的再生产离不开现代传媒。对于现代传媒技术，要对它的工业性、市场性、商品性加以规范和引导；对于文化的大众娱乐化，要对它的媚俗性、炒作性加以限制和规范；对于精神生产，也要重视其形式的多样性、内容的丰富性，将精神的再生产与个人的人生意义和信仰联系起来。（2）网络文化使意识形态文化的功能机制变得复杂化。现代文化传媒化的体制核心，深刻而不可逆转地形成了象征形式在现代社会中生产、传输与接收的方式，以及人们经历在时空背景上远离他们的行动与事件的方式。"现代"就是象征形式的交换不再首先局限于面对面互动的背景。现代文化的传媒化进程是和工业资本主义的发展并进的，是和现代国家的兴起并进的。这种轮廓正日益具有全球性质。② 不管怎样，网络社会具有真实性，是一种全新的存在方式，是一种共享的交往模式。③

当代中国文化形态的多样性依据与成因主要是：（1）当代世界的基本状况。当代人类历史发展的动态性增强，当今时代的主题与基本精神是和平与发展。（2）解放思想与改革开放构成当代中国的时代精神。当代中国主导文化、主导意识形态文化表现出前所未有的科学性、动态性与开放性。（3）当今时

① 李荫榕、高献中：《试论网络社会的实践与人的主体性》，载《学习与探索》1999年第4期。

② 〔英〕约翰·B.汤普森著：《意识形态与现代文化》，高铦等译，译林出版社2005年版，第16页。

③ 赵晓红、安维复：《网络社会：一种共享的交往模式》，载《自然辩证法研究》2003年第10期。

代文化的特殊功能的凸显。综合国力与一个民族国家文化的关系，体现在民族国家文化建设和文化精神成为一个国家综合国力的重要内容。（4）当今世界民族国家与民族文化关系的重要性、复杂性。文化分化、文化交流、文化碰撞成为当今世界民族国家关系的一个重要方面，文化迷失、文化身份、文化认同构成一个民族国家社会生活的重大实际问题，社会发展与文化发展、文化创新之间的关系日益紧密。

二、当代中国社会基本文化形态及其架构的主要特点

当下中国文化从总体上来把握，是中国特色社会主义的文化精神与文化体系。这体现在：（1）当代与当下中国文化的根本性质或根本文化精神，是马克思主义引领下的社会主义文化。马克思主义、中国化马克思主义及其最新发展是社会主义文化体系的主导价值观。中国特色社会主义文化精神和文化体系，尤其是主导文化的开放性、科学性获得充分发展。中国社会主义文化的价值宗旨是以人为本，努力实现社会的进步与发展，实现人的自由与全面发展。（2）当代与当下中国文化形态与文化体系充分体现出多样性与统一性的科学关系、和谐关系。多样性的文化形态之间所形成的关系是"相辅相成、相生相克、和实生物、和而不同、同则不继"的关系，这正是中国文化传统所具有的魅力。和合精神、多样兼容精神、相互支撑、互为所用构成当下中国文化形态和文化体系的基本特征与基本精神。当下中国特色社会主义文化基本形成健康良性的文化结构和文化系统。（3）当代与当下中国文化的基本方针是"坚持为人民服务，为社会主义服务，坚持百花齐放、百家争鸣"①。主导文化的指导作用、引领作用在科学性提高的过程中得到增强。社会发展与文化发展不断充分利用文化多样性的资源，丰富人民的精神生活；在使人的个性化发展中培育人的创造性；实现以人为本和人的自由全面发展，实现文化的科学性、民族性、大众性的统一。当下中国社会主义文化建设正运用文化"下乡"活动、文

---

① 习近平：《决胜全面建成小康社会，夺取新时代中国特色社会主义伟大胜利》，人民出版社2017年版，第41页。

化"心连心"活动、丰富多彩的旅游文化等多种方式，实现文化的生活性与娱乐性的统一，实现文化繁荣与发展创新的统一，实现文化的科学发展与和谐发展。总之，中国传统文化的现代转化，以马克思主义中国化和中国马克思主义的建构与发展为核心，以构建中国特色社会主义文化体系为基本内容，以实现各族人民的物质文化与精神文化发展为宗旨，不但没有失去自己的民族文化传统，反而继承并提升发展了民族文化传统。从中国传统文化到当代中国文化直至当下中国文化，以中华民族的伟大复兴和人的自由全面发展为宗旨，中国文化不但使马克思主义中国化成为中国文化的基本内容和根本精神，实现了马克思主义在中国的与时俱进，而且也保持了中国文化的优秀传统，实现了中国文化的创造性转化。因而，以马克思主义为主导的中国社会主义文化是一个多样性文化形态"和而不同、生生不息"的科学体系和动态系统，其基本精神是"科学发展、与时俱进、有容乃大、和谐发展"。当代中国社会主义文化内蕴着发展的无限生机与活力。

第二节　当代中国文化形态发展中存在的突出问题

一、全球化时代主导文化建设中存在的问题

1.主导文化建设的民族化和世界化的关系问题

当下的全球化和世界历史进程呈现更加深化和复杂化的多极趋势。阶级斗争，民族文化和人类性的可持续发展问题纠缠在一起，反映这一实际状况的理论更加多样化。主导文化建设如何面对民族化和世界化的关系问题？西方有人认为，在信息时代，信息具有无损使用、无损分享、不可分割等特性，随着信息生产的发展，信息价值不断增加。信息的获得是平等的，且比较容易的。因此，没有必要由一个权力机构来分配、控制、垄断或管理信息，国家没有存在的必要。甚至有人认为民族国家就好像樟脑丸从固态直接挥发一样，直接从世界上消失得无影无踪。[①]这种观点显然不符合当代世界民族化与世界化互动

---

① 〔美〕尼葛洛·庞帝：《数字化生存》，胡泳等译，海南出版社1996年版，第278页。

加剧的实际状况的。应该说，随着全球化进程的发展，人类各民族、国家之间相互依存，这种相互依存必须由相互依存的文化来作为指导和心理依据，"在某种程度上，每一个共同体、每一个国家在经济、生态乃至领土安全方面都要依赖其他共同体和国家。因此，共同体和国家之间的关系必须由内在的、具有相互构成关系的文化——即相互依存的文化——来贯穿，这一点已经变得非常重要"。①改革开放前后，我国主导文化建设面对的主要是我国内部的重大问题，诸如坚持和确立主导文化，从以阶级斗争为中心转移到以经济建设为中心，从计划经济为中心转移到建设有中国特色的社会主义市场经济体制为中心，从纯粹的公有制经济制度到以公有制为主体的多种经济成分并存的经济制度。概括起来两点：一是确立什么样的指导思想，二是有什么样的社会发展道路。这两个问题都得到了成功的解决。我国主导文化建设也植根于这一客观的社会实践。改革开放以后，先前积压下来的问题逐渐暴露出来，加上我国的经济制度、体制与政治制度、体制等方面同全球化和世界历史进程中占据优势的西方的发达资本主义国家存在许多的甚至是根本性的冲突，我国人民群众的精神生活领域一度出现波动，国家局势也出现了不稳定现象。加入WTO后，我国无论在形式上还是在内容上，都全方位立体性进入全球化和世界历史进程之中，世界性趋势随之也就具有了民族国家的意义，民族国家的问题同样具有了世界历史意义。所以，主导文化建设就必须切实地面对这一问题，把握住民族化，从而把握世界局势和历史趋势，主导文化建设才具有深远性、前瞻性，才不至于头痛医头，脚痛医脚。我国主导文化建设既应具有民族国家意识，又应具有世界历史意识。

2.主导文化建设中经典文本解读与现实的关系问题

我国当下的主导文化建设存在的问题，还有如何依据现实解读经典文本和依据现实深化文本的问题。近几十年来，对马克思主义经典著作的大量发现、整理和重新翻译出版，也为我们正本清源，依靠第一手资料学习、研究和

① 〔美〕E.拉兹洛：《决定命运的选择》，李吟波等译，生活·读书·新知三联书店1997年版，第129页。

阐述马克思主义提供了更充分的条件。因此，我们要进一步解放思想，立足现实，面向未来，把中国和世界当前发展所出现的问题当作自己的主要问题。①作为主导文化直接理论依据的经典著作的文本解读便是极其重要的问题。主导文化不是一个民族国家的一般性文化成分，而是从根本上体现民族国家灵魂的精神文化，起着整合社会、凝聚社会，并进一步实现社会发展进步的文化。主导文化必须是社会现实中最先进和最优秀的文化，主导文化建设实际上是培育整个社会和整个民族国家的灵魂。主导文化建设的依据有两个方面：一是现实问题和现实实践活动，二是经典文本的解读。经典文本解读方面的工作，我们一直受制于苏联对马克思主义经典著作解读的制约，并且认为其他的对马克思主义经典著作的理解都是异端，是修正主义，是不合乎马克思主义的，所以近时期在理解马克思和马克思主义文本问题上存在的争议颇多。加上我们解读的马克思和马克思主义也并不是原版的，这就有人云亦云和实用主义的嫌疑。马克思作为伟大的思想家，像人类历史上所有伟大的思想家一样，其思想的深刻性和丰富性是无以匹敌的，对马克思的思想进行不同的理解和多种视角的研究，实际是这种思想的一种内在要求。然而，问题的关键并不在于能不能或者要不要对马克思主义进行多视角、多侧面的阐释，而在于如何进行这样的阐释。换言之，就是应如何处理或保持研究者的阐释与思想家的思想之间的张力关系。

改革开放以来，中外学术交往日益密切，突出表现在对西方马克思主义包括东欧马克思主义研究成果的借鉴上。西方马克思主义、东欧的马克思主义对我国马克思主义的研究工作具有深远的影响。有一个科学对待马克思和马克思主义的态度，才能进一步做好主导文化建设这项培育民族灵魂的艰巨工作。对文本的解读有一个正确的态度，才能有一个对待经典文本的端正态度，才能应对现实中的各种对马克思和马克思主义的攻击，才能提高自己的理论素质和思想素质，才能更加敢于直面现实问题，指导社会实践，解决社会问题。无论何时，对待文本的态度和对文本的解读都是主导文化建设应有的一个内容和理

---

① 李德顺：《面向21世纪的马克思主义哲学新形态》，载《哲学动态》2000年第2期。

论研究的基础，而这方面我们以前做得很不够，牵强附会，断章取义，甚至肢解整个马克思主义理论的做法或出乎集团、个人利益的所谓解读对实际问题的解决，对社会实践的指导必将大打折扣，对经典文本造成许多误解，当然更会对主导文化建设造成伤害。

3.主导文化建设与人生意义问题解决的关系问题

主导文化建设解决的是社会整合、人心凝聚以及推动社会发展的问题，但将主导文化建设直接等同于人生意义的现象在特定情景下仍非常突出。以往人们朴素地认为，马克思列宁主义的指导思想是灵丹妙药，将他们的理论置于包办一切、代替一切的高度；同时，马克思主义既然不是书斋中的真理，而是改变世界的法宝，那么，一切实践活动及其结果，理所当然要以马克思主义哲学的结论为准绳。现实表明，这种观点不仅歪曲了马克思主义哲学的本性，也颠倒了理论和实践的关系。德国学者鲁道夫·奥伊肯说："一切文明的生活形式都要求它的成员进行独立自主的活动，但是，除非我们人类的努力从一种新生活的深处找到新的灵感源泉，否则这样的独立自主是不可能的。于是我们必须根据它们是由精神价值还是由自然价值所支配来对文明作出区分。只有作为精神生活的独特表现，文明才可能具有内在的凝聚力、明确的意义和控制的效能，它才真能使人更新，才能抵制与人类文化每一步发展紧紧相随的人的萎缩和执拗。因此我们特有的现代文明要求一种无限的、原创的、独立的生活。"[1]奥伊肯还说："真正的精神性的展现也即是世界的内在性的展现，它给了生活以稳定性、自发性和崇高性，用一种内在的欢快去鼓舞它。这个论断不仅对整个人类成立，而且对组成人类的个体同样也成立。"[2]在政治包容一切，渗透一切的时期，在社会即是政治的年代，人的本质和文化的象征形式全被政治浸染的时段，主导文化变成了唯一的文化形式，文化建设就是为人所建构人生的意义。人的身份、人的立场、人的觉悟、人的出身等等只有一个标准就是

---

① 〔德〕鲁道夫·奥伊肯：《生活的意义与价值》，万以译，上海译文出版社2005年版，第74页。

② 〔德〕鲁道夫·奥伊肯：《生活的意义与价值》，万以译，上海译文出版社2005年版，第96页。

阶级标准，一个依据就是阶级依据。人，除了这些属性，剩下的只是一个物质性的生物肉体，甚至连这一最后与人牵连的东西也被政治化了。主导文化建设与人生意义就是一回事了。人不敢想，也不敢说，只有服从。人变成了活着的会思想但不能思想的机器。哪还有什么反思性，这种情况恰恰是不符合马克思主义的，甚至是反马克思主义精神的。

人的本性是自我超越性，人的生命就是不断地超越自我。人生的意义就是每个人在社会这个共同的平台上，创造自己，生成一个理想中的自己。主导文化建设就是不断再生产出这样一种文化，在整个社会生活中，在现实生活的多种文化中，去指导人生，指导人们进行生活。其价值指导依据就是尊重每一个人的选择，尊重每个人成为他自己的方式。这种文化机制也是现实社会的人持续不断进行自觉自为、积极有为所不可缺少的机制。用主导文化消解其余的多元文化，用政治文化吞塞丰富多彩的人生意义，这时人还怎么思维？当下，我国主导文化建设应从这一误区中走出来，这样才符合马克思关于人自由而全面发展的个性理想。主导文化建设，就是建构一种以人为本的社会制度，为人的这一理想的实现创造条件。

4.主导文化建设与社会主义和谐社会建设的关系问题

社会主义和谐社会的主导文化建设与民族文化个性的培育的问题。社会主义的本质就是人民当家作主。只有人民当家作主，社会才能和谐。和谐社会的理念虽是我国文化传统的一贯理想，但封建专制和各级官僚统治下的社会只有形式上稳定，却没有实质上的和谐。资本主义社会，也只有平等的法制形式与和谐的生活形式，却没有实质的以人为本的和谐。主导文化建设就是为了构建社会主义和谐社会。应该说，主导文化建设具有一般性，但是某一民族所走的道路却不可能是一模一样的。我们找不到文化内涵和文化象征形式完全一样的两个民族，甚至也找不到性格、气质、心理、容貌完全一样的两个人。在这种意义上，文化正是在这种个性化中获得社会遗传的，历史的一般性总是通过文化事件的多样性、多变性及其相互作用进行的。一般性价值的绝对性离不开具体文化存在的实体所展示出来的文化的特殊性和相对性。文化特殊性和相对性在这里也就具有了绝对的意义。民族文化的个性的意义就在于它丰富了文化世界，展示了文化能力创造性的内在潜质。正是个性的多样性，不断丰富的多样性表现着人的创造性的内在潜质；正是个性的多样性，不断丰富的多样性表现着人的创造性，超越性和自由性，体现着人的文化世界对于生物自然界的提升能力与水平。人的本性就是不断地希望去接近他自己的思想。培育民族文化个性这个问题，我们是注意到了，并给予了足够的关注，但是民族文化个性是一个内涵丰富的概念。与文化个性相连的文化共性，就是以人为本的绝对价值取向。我国文化个性是什么样的一种个性呢？它不是封建时代的民族文化个性，但又离不开漫长的封建社会形成的文化传统，对它的转换和建设工程是漫长而又艰巨的。

我国当代的文化个性培育，其目的是指导社会主义市场经济建设，而其实践基础也是社会主义市场经济。这就产生了传统文化与马克思主义，传统文化与市场经济等关系。全球化和世界历史进程，中西文化相互交流、相互激荡。西方文化传统，特别是西方现当代文化作为人类文化的重要内容，我们怎么去面对呢？当然，我们只有在相互交流中去学习和借鉴，而且在某些价值观方面我们还要抵制。没有文化个性的民族文化，是抽象的文化。如果没有个性，"万物"这个说法也就不存在了。所以，从客观事实上看，一与多的辩证法具有普遍性，具有"天道"的意义。个性的存在理由是绝对的，客观的，但文化个性的培育却在客观过程中具有主体性、主观性。民族文化个性的培养涉及中国哲学、西方哲学和马克思主义哲学等主要方面在未来的全球化和世界历史进程中如何融合是一个重大的文化建构工程。中华民族是有着古老哲学传统的民族，在人类开始运用理性进行哲学思考之初，哲学就在中国、印度和欧洲独立地发展起来，并形成了风格各异的不同哲学形态。一个社会和民族要站起来，当然经济上的实力是必要的基础，然而这并不是关键，关键在于首先要从思想上站立起来，一个在思想上不能站立的民族，哪怕它黄金遍地，也不可能真正成为主宰自己命运的主人。当今中国社会正处在社会转型的关键时期，它内在地要求人们从理性的高度来判断中国社会的历史方位，澄明社会发展的价值前提，反思未来发展的可能道路，也即是说，创建当代中国哲学理论，乃是中国人反思自己的生命历程、理解自己的生存境域、寻找自己未来发展道路的内在要求和迫切需要。[①]坚守民族文化发展的个性是维护民族文化的心理认同的首要前提，更是确保世界文化发展生动性的前提。从文化哲学的视角来看，一种文化形态生生不息、向前发展的最持久动力莫过于体现该文化的内在精神及其个性。同时，也正是这种内在精神及其个性使该文化区别于其他文化形态在世界文化之林展示出了独到的魅力。甚或说，唯有文化的个性化发展，全球化历史进程才是真实的、富有成果的。[②]

二、全球化时代中国精英文化的困境

在当下的中国，对精英文化进行研究似乎是一件颇显尴尬的事情，因为研究者会很孤立，或者说研究进程只能靠孤军奋战，精英文化在文化研究界几乎到了无人问津的地步，人们在免谈或忌谈精英的文化。[③]可以肯定地说，自20世纪80年代以来，在对于精英文化现实处境的看法中，学者们普遍认为，中国精英文化已经进入困境。分析者发现，精英文化的困境表现在三个方面：精英意识的丢失、精英行动的迟钝、精英地位的边缘化。

1.精英意识的丢失

以往，知识分子精英一直以社会的使命和责任承担者的身份直立于世，营造了容纳终极关怀、价值理想、形而上超越、人文关照等常青树的精神家园。但是，当商品经济成为潮流，裹挟着奇迹般的物质效益满足人们的功利目的时，精神家园的院墙渐渐被经济流浸泡而垮塌，进而淹没精神家园。其实，受冲击最严重的不是精神家园，而是这个园子的建设者。园子毁了可以重建，而一旦其建筑队伍被驱散，园子的重建将异常艰难，世纪之交的中国则恰恰遇到这样的问题，表现在精英者精英意识的缺失。一方面，中国人文知识分子精英在突如其来的经济大潮面前惊慌失措、无所适从。特别是当他们发现因自己经济地

---

① 高清海:《中华民族的未来发展需要有自己的哲学理论》，载《吉林大学社会科学学报》2004年第2期。

② 邹广文:《论文化的普遍价值与个性发展》，载《清华大学学报》(哲学社会科学版) 2004年第6期。

③ 陈平原著:《当代中国人文观察》，人民文学出版社2002年版，第1页。

位下降而失去了民众长久以来仰视的目光时，一种心灵的失重感、不平衡感，原有的那种社会生活的导引者、社会潮流的制造者的优越感瞬间消失得无影踪，一种从未有过的自卑感油然而生，这种文化自卑感对精英的自信意识最具腐蚀力，被这种感受吞噬心灵的精英们难有为天地立心、为民众立言之英气。与此同时，有一批文化精英站出来否定精英意识存在的必要性，他们主张知识分子不要自视过高，不要有太强烈的精英意识，不必背上沉重的十字架，不要自认救世主，他们认为救世主意识是知识分子使命感过度膨胀的表现，有导致乌托邦和文化专制主义的可能。如果对精英意识的批判出自对精英文化有深刻了解的精英之口，这种批判的杀伤力和否定力是毋庸置疑的。大家从20世纪90年代初期中国精英文化曾经有过的那段沉寂，可以领教精英意识缺失的可怕境况。

2.精英行动的钝化

精英行动的钝化是指失却了精英意识的或者受精英意识批判的消极影响的文化精英们，对自己的分内之事在行动上表现出的迟滞、犹疑或不作为。这在两个方面表现明显：对政治和人文关怀的淡化。知识分子普遍缺少对社会发展的理性参与和主动引导，对政治文化冷漠疏远；功利化和实用理性降低了人们对真理和形而上终极关怀的诉求，这种庸人品味构筑的文化环境，对精英知识分子造成恶劣影响。国内著名文化研究学者、中国社会科学院研究员兼教授孟繁华所批判的"批评的流失"现象就是文学精英行动钝化的一个表现。他认为："进入90年代，传统的文学批评，或称为审美的文学批评、文本批评，正在悄然流失，这已经成为文学界不争的事实。批评家失去了阅读的耐心也失去了批评的自信，甚至失去了批评的兴趣……代之而起的批评方式是'会议批评''新闻评点''随笔印象'和'对话感想'……由于这些批评的随意性，使批评越来越失去了学院的郑重和严谨，批评的'波普'化和市民倾向，使批评日渐流于时尚随从的角色，它的权威性和严肃性的丧失，使人们对它不再怀有敬意。"[①]可见，精英行动钝化还会给精英文化带来颠覆性的后果。

---

① 孟繁华著：《众神狂欢——世纪之交的中国文化现象》，中央编译出版社2003年10月第一版，第158页。

3.精英地位的边缘化

精英地位的边缘化是指文化精英的社会地位由原来的中心逐渐被挤出而越来越远离中心的过程。对于知识分子是否边缘化问题，虽多数学者认为精英知识分子边缘化已是不争的事实，但学界声音并不一致。有一种观点认为，新中国成立以来，知识分子从来就没有在中心处待过，所以也就谈不上什么边缘化。如著名学者张隆溪如是说："从五十年代'三反''五反''反右'及各种思想改造运动，直到'文革'中对'臭老九'和'资产阶级学术权威'的批判，中国知识分子在权力和政治上从来就处在边缘而非中心的地位，从来是受批判、被改造的对象。"[①]那么，如何确定一个社会的中心是什么？根据马克思对各种生产形式的规定来看，新中国成立以来，社会主义建设经历了从自然经济向商品经济转变的过程，以七十年代末八十年代初的改革开放为转折点，前三十年基本上可以看作政治主导型社会，后三十年基本上可以看作是经济主导型社会。既为主导，必为中心。

知识分子能否处于社会的中心，一个重要标准就是看它是否与社会的主导力量结合以及结合的程度。一般而言，在政治主导型社会中，由于人文精英对"人"的关系具有较高的理性审视力，能够对不同的利益群体和权力主体的矛盾进行处理，给予相对于其他群体更多的主话语，与社会的政治结构结合紧密，因而总是能够处于社会的中心。而在经济主导型的社会中，"物"的关系对"人"的关系的超越，要求文化精英承担交换价值创造者的使命，而科学技术精英显然更适合经济主导型社会的要求，进入社会的中心是势所必然之事。所以，从政治主导型社会向经济主导型社会的转变，必然伴随着人文知识分子精英的边缘化和科技知识分子中心化这样一个双向社会运动。发生在中国20世纪末所谓精英知识分子的边缘化，是人文知识分子的边缘化，其实质是人文知识分子从政治权力结构中逐渐脱离的过程。

实际上，中国人文知识分子具有通过进入政治和权力结构中心，来提升

---

① 张隆溪著：《走出文化的封闭圈》，生活·读书·新知三联书店出版社2004年10月第一版，第79页。

自己的身份和地位进而得到社会的尊重和敬仰的传统，"学而优则仕"即是说"古代读书人通过读书进入仕途……往往是以宦海生涯中的成功作为做学问的目的和标准。"①与政治和权力的紧密结合，的确影响了人文知识分子相对政治的独立性和批判作用的发挥，但我们认为，并不能由此而彻底否定中国人文知识分子的批判精神，作为以理性思考为存在方式的他们，对社会状况有直接的关怀，对现实人生有道德的承担，肩负着文化批判的职责。只是这种批判精神的发挥需要民主的气氛和自由舆论空间，也就是需要适当的话语环境。但是，新中国成立以来的政治现实却给了生成这种话语环境的一个漫长的等待，中间经过了三番五次的知识分子思想批判和改造运动，不仅如此，在一些特定的历史阶段中，甚至连他们的人身自由都被剥夺，剩下的只有无声的愤怒和以生命为代价的无奈的抗争。

三、全球化时代中国科学文化建设存在的不足

在全球化进程中，科技进步对经济增长的贡献越来越大，已成为促进经济发展的决定性因素，因此，世界各国都把科学富国、科技强国作为首要的战略目标，不遗余力地抢占科学技术制高点。在新的世界形势下，我国也把科教兴国作为基本国策，大力发展科学文化事业，促进我国的产业结构优化升级。经过不懈的努力，我国的科学文化事业有了长足发展，取得了一大批科技成果，甚至在某些个别领域已经跻身世界前列。但是，就整体而言，目前我国的科学文化水平与发达国家相比还有很大的差距，发展的后劲也明显不足，这主要表现在作为科学文化精髓的科学精神和涉及科学文化发展全局的科学政策的发展有些不足，不能很好地满足当前经济社会和科学文化发展的实际需要。

1.科学精神上的先天不足和后天营养不良

所谓科学精神是指科学文化深层结构中蕴含的价值和规范的综合，其基本内涵可以概括为怀疑的精神、求真的精神、创新的精神、献身的精神。我国

---

① 张隆溪著：《走出文化的封闭圈》，生活·读书·新知三联书店出版社2004年10月第一版，第87页。

科学文化在科学精神方面的不足表现为科学精神基因的欠缺和营造科学精神的乏力。

第一，从一定意义上讲，科学精神在我国的传统文化中是比较欠缺的。一些人往往陶醉于我国古代的"四大发明"等成果，认为中国传统文化并不缺少科学精神。其实，科技发明并不完全等同于科学精神，我国古代的科技发明和科技思想，离现代意义的科学精神相去甚远，仅从我国传统文化出发，难以发掘出现代社会所需要的现代科学精神和思想。我国著名科学家吴大猷先生深刻指出："我国有些人士认为科学我国自古有之，看了英国人李约瑟大著《中国之科学与发明》而大喜，该书列举许多科技发明，有早于西欧数世纪的。然细读该书，则甚易见我国的发明，多系技术性、观察性、记录性、个别性，而弱于……抽象的、逻辑的、分析的、演绎的科学系统。举例言之，我们有机械的发明，而从未能建立抽象的动力学原则；我们的光学有凸凹镜像之观察而未有物理光学（光波之概念）；我们的数学有应用性的代数而无逻辑演绎的几何学；我们有磁石的应用而从未达到定量性的磁作用定律……"[①]深究其中的原因，中国传统文化（包括科技思想）正好缺乏爱因斯坦所概括出的现代科学所必需的两大基础条件——"形式逻辑体系"和"系统的实验"。进而言之，我国近代以来在科技、文化、经济等方面大大落后于西方国家，科学精神的缺乏是其根本原因之一。"五四"、新文化运动大声疾呼要引进"德先生"（民主）和"赛先生"以改造我们的传统文化，原因也就在于此。

第二，科学精神的营造动力薄弱。从目前的情况来看，封建思想的残余还在社会的许多角落大量存在，甚至在某些地方特别是农村还大有市场；科学理性精神还没有成为全民的共识，科技与经济脱节的现象还经常发生……所有这些都意味着我国科学精神的普及工作任重而道远。

2.科学政策有待完善

我国的科学政策为指引我国科学事业的发展、推进现代化建设事业做出

---

① 吴大猷：《科学技术与人类文明》，《吴大猷科学哲学文集》，社会科学文献出版社1996年版，第282～283页。

了很大贡献。但由于我国科学政策的制定起步较晚，与发达国家相比，与现代化建设的现实需要相比，还有很多不足和缺陷。

第一，知识产权保护在对人限制方面的缺陷。技术的公共产品性质以及获取技术的搭便车行为已经被越来越严格的知识产权保护措施所限制，但是人可以通过自己来传播知识和技术的问题却被大大忽略了。在我国，具有先进技术的企业乃至专业科研单位存在着人才流失的现象，人才流失在中小企业更为普遍，这种情况的存在在很大程度上制约了我国各类科研单位和企业研发活动的积极性，并造成大量的技术外流。在当前我国知识产权保护体系不是很健全的情况下，国外跨国公司或研发机构以优厚的待遇为诱饵把国内优秀的科技人才大批挖走，使得国内积累多年的技术经验被国外机构以很小的代价获得。另外，一些具有相当水平的科研人员出国后便很难回国，同样也造成了技术的流失。这种问题的出现一方面反映了我国知识产权体制还不完善，无法阻止人才外流所引起的技术流失，另一方面也暴露出我国长期以来对拥有知识产权的高科技人员待遇偏低的问题。这种问题的解决从根本上说，还有待于我国的各项制度在知识产权保护过程中进行"以人为本"的根本性转变。

第二，我国的科研长期脱离产业实际，导致"产学研"脱节的弊病。在当今企业科研还处于刚刚起步的情况下，我国的科研院所和高校成为科研的主力军。他们拥有得天独厚的人才优势、信息优势和管理优势，可以说，他们的科研状况在很大程度上决定着我国的产业水平。然而，长期以来，这些科研单位往往只注重项目的先进性，很少考虑市场的需求和实现程度，致使科研实际运用的可能性和时效性大打折扣，即便是近年来国家对科研院所进行改制，这一问题也并未得到根本扭转。从深层次来说，这也是由制度性因素造成的。长期以来，我国的科研院所和高校的科研活动一直享受国家各项科研资金和各类基金的支持（如国家自然科学基金和省部委的各项专项资金等），是国家科研计划体系的主要受益对象，而这些单位的科研人员主要是凭借提升职称和申报项目来提高收益，因此很少会关注企业的实际需求，除非企业愿意拿出大笔资金。但目前我国的企业大多不具备这样的实力，更多企业甚至还不具备这样的意识，这就造成了国家虽对科研机构进行了改制，但产业效益发挥缓慢。解决这一问题还有待于进一步深化科研体制改革，进一步改进科学发展的评价标准，如果科研院所和高校的激励机制体系再加重一下科研项目的社会贡献率的分量，这种现状可能会有较大改观。

第三，是企业尚未成为科技创新的主体，致使我国科技研发的后劲不足。相对于发达国家来说，我国的科技研发体制还处于比较落后的起步阶段。长期以来，受计划经济体制的影响，我国的主要研发力量游离于企业之外，无论是国有企业还是民营企业都存在研发机构不健全、研发资金缺乏、研发力量薄弱等诸多难题。尽管近些年来，随着改革开放的深入，我国一些知名企业的研发活动也开始走国际化的路子，并取得了不小的成绩，但在资金投入规模、技术研发能力及层次上与国际知名的跨国公司还不能相提并论。在发达国家，通常"产学研"合作的主体是企业，科研院所和高校在产学研合作中则是主动服务于科技创新的主体——企业，而在我国却难以形成这样的格局。长期以来，我国企业特别是民营企业一直缺乏科技创新的积极性。民营企业的各个利益方都存在着一定的寻租动机，他们关注更多的是在短期内如何获得更多的经济租，而不是如何建立研发机构，因为这样不但会大量耗用本来属于私人的经济租，而且在短期内不能获得回报，加之市场前景的长期不确定性，更加剧了获得回报的风险。由于对私有产权保护的缺失，使得民营企业缺乏科技创新的内在动力，虽然宪法刚刚增加了保护私有产权的内容，但民营企业的产权模式和寻租行为在短时间内却难有改观。因此，在我国要使企业特别是民营企业顺应时代发展的趋势，尽早成为创新的主体，还有待于制度的进一步创新。

总之，制约我国科学发展的科学政策非常需要进一步完善。

四、全球化背景下中国网络文化建设中存在的问题

美国学者丹·希勒指出："互联网绝不是一个脱离真实世界之外而构建的全新王国。相反，互联网空间与现实世界是不可分割的部分。互联网实质上是政治、经济全球化的最美妙的工具。互联网的发展完全是由强大的政治和经济

力量所驱动，而不是人类新建的一个更自由、更美化、更民主的另类天地。"①

1.网络民意的真实性与极端性问题

第一，网络民意的真实性难以确定。虽然现在是一个互联网高度发展的时代，但是人们对于互联网的认识并不充分。网络时代以前，人们似乎很少表达自己的观点，绝大多数的人都有一种权威意识和一种从众意识。而当你是一个普通的个体的时候，你永远是无力、无话语权的，但当有一群人，只要有了一定的数量，即使这群人全都是不文明用语，那么即使是再不文明用语的观点也会成为"真理"，而他们所反对的人或者事，即使再权威、再正确，那也就成为谬误和歪理。在我国很少有比较草根的意见领袖，也并不是说很多人不想表达他们的想法，而只是生活在这个社会中的绝大多数人已经被某些形式和制度所麻木。话语权的缺失造成你的观点即使再有价值也得不到别人的赞许和支持，等级制度让人们失去了表达意见的欲望，我说了也是白说，倒也不如不说的好。在这样一个体制下，领导即使再错误的观点，你都要认同。而我们却很难得到真正有建设性和价值的信息。而自从有了互联网之后，从个体的角度来说，每个人的话语权得到了一定的提升。首先互联网有一个相对民主的环境，每个人可以比较自由地表达出自己的观点，在互联网上，我没有上级，如果我有想法，我可以以成本非常低的方式去表达。当然很多人是意识不到这一点的，至今还有不少人认为"互联网是虚幻的"，以至于校内网之类的真人网络用户也还是选择一种"神秘"的隐私保护方式，也就是用假信息来"自我保护"，当然这种所谓的"自我保护"，只是因为对互联网的不信任以及不理解。互联网不是梦境，也不是游戏，它不是虚拟的，它是现实生活的一部分。在平时日常生活中如果没有话语权，那么人们可以在网上发布自己的观点，而你的受众不是一个班、一个专业、或是一个公司，你的观点能被成百上千甚至上万的人所接受，那么你就比现实生活中那些"意见领袖"更具有话语权。不要认为流量仅仅代表流量，其实，我们更应该把一个IP的流量看成是一个耳朵，一次访问，就等于有一个人听到你的观点，而如果有人支持，那么你就完

———————
① 〔美〕丹·希勒：《数字资本主义》，杨立平译，江西人民出版社2001年版，第289页。

成了一次思想甚至价值的输出，而当人们持续发出一些带有自己观点的原创文章时，网络排名也就会证明你真实存在的话语权。

俗话说，"一言可以兴邦，一言可以丧邦"，这在一定程度上反映了公共舆论的价值导向作用。同样的道理，在群体关系更加复杂的网络空间，各个群体以各自立场形成的民意表达，也会生成积极和消极的舆论价值导向。中国网民人数虽然全球第一，但是也没有超过总人口的五分之一，许多国民根本不知网络为何物，但是越来越多的网民喜欢以民意代表自居，越来越多的官员也开始重视网络民意。然而，并非每个个体的民意表达都是趋于理性和真实的建设性言论，更何况是以匿名的方式在言论相对宽松下的网络社区，因此，对待互联网上的民意表达，我们应多一份理性的思考和辩证的思维。

作为一个新的媒体，网络所覆盖的群体，是任何传统媒体都无法比拟的。一份报纸的发行量，上百万就是一个了不起的数字了，而网络中一个热门帖子的点击率就能轻轻松松的超过它。如果我们认为传统媒体中有所谓主流的话，那么网民无论如何也不是这个特殊的群体。更应该看到，传统媒体的门槛要远远高过网络。网络凭借信息的发布和传播的方便性，吸引了更多底层民意的表达。一方面，传统媒体和网络彼此交融，那些铁肩担道义的编辑记者也活跃在网络上，而网络自身又产生了一批自称"公民记者"的博客写手。另一方面，尽管那些底层民众并不上网，但是一旦遭遇不平之事，他们也会找到网络这条路径。再说，不能代表别人并不等于自己的话不重要。根据社会心理学研究，在言论广场上的确存在"乌合之众"现象，人云亦云，丧失自我。同时，重集体轻个人，以国家社稷的名义压制个人利益和情感，又是中国社会的文化传统。这些并非网络所创造，而网络应该成为打破传统坚冰的武器。网络与传统媒体最大的区别就是其自媒体性质。理想中的自由媒体，是每一个个体的人，不经任何审查，可以随时随地自行发布信息，自由交流讨论。因此，网络中应该出现更多的"我"而不是"我们"，更不是"中国人""全国人民"这些大而不当的称谓。在这个意义上，追问网络民意的真实性可能会有一种危险，就是忽视个体声音。只要发言人是真实存在的，他的意见就是真实的，就应该受到重视。网络民意是否代表了广大民众的声音并不重要，重要的是它是否真实地表达了发言者自己的意见。导致网络民意失真的唯一办法，就是阻止和扭曲这种表达。目前最大的阻止来自某类网络禁令，最大的扭曲是冒充普通网民发言的一些人。经过他们处理过的网络舆论，实质上是"官意"，却仍然以"我"的面目出现在网络上，网络民意就这样失真了。

第二，网络民意有走向极端的可能。网络给舆论主体提供了一个新型的交流平台，人与人之间的沟通可以突破时空的障碍而进行，然而实际运作情况却与人们的预期出现了偏差。由于人的信息处理能力是有限的，而且人们在接触信息和建立联系时会体现出一定的偏好，根据最初或原始共同兴趣或倾向，人们通过排外性的群体讨论和交流，反而将群体引向极端和狭隘的方向，结果局限了群体和每个个体的视野。这种交流方式使得网民以群内同质化、群际异质化的特点聚集，志同道合的网民群体出现严重的两极分化倾向。美国学者凯斯·桑斯坦认为"网络对许多人而言，正是极端主义的温床，因为志同道合的人可以在网上轻易且频繁地沟通，但听不到不同的看法。持续暴露于极端的立场中，听取这些人的意见，会让人逐渐相信这个立场。"[1]互联网的这种群体极端化效应对于现实社会具有巨大的离心作用，影响社会成员之间的认同和文化凝聚，特别是会引诱人们走向极端。同时，过于同质化的圈内舆论可能危及社会的稳定。通过社会影响和说服机制，成员会向圈内讨论时可能预见的结果靠拢，小群体意见趋同和走向极端化，从而增加社会分裂的风险。过于极端化的小团体很容易把他们的主张推向不受理智束缚的边缘，从而使社会失去对他们的控制。

许多事件在网络上都引起了激烈的争吵，最洪亮的总是来自两个极端的声音。有学者将其称为新的"两个凡是"，即："凡是敌人反对或估计可能会反对的，我们就坚决拥护"，"凡是敌人拥护或估计可能会拥护的，我们就坚决反对"。事实上，极左与极右之间的共同之处，远远超过了表面上的水火不容。譬如，他们都"唯我正确""一贯正确""永远正确"，都"非黑即白"，

---

① 〔美〕凯斯·桑斯坦：《网络共和国：网络社会中的民主问题》，黄维明译，上海人民出版社2003年版，第50～51页。

都相信"矫枉必须过正，不过正则不足以矫枉"，都爱说狠话，都爱吐唾沫，都具有超强的"洗脑"欲望，都把大多数民众当成已经先被对方洗过脑的群体，所以迫切需要自己给民众重新洗一次。他们每一方在写帖子的时候，都充满了道德、智力和信息上的优越感，视与己意见不同者皆为"网特"。他们互相之间只有咒骂，从不进行真正的辩论。他们都自认为理想在胸、真理在手，其他人或是愚昧无知或是别有用心或是正无限崇敬地等待自己指引航程，所以一个个都"致命的自负"。两者的思维模式和价值观从本质上讲完全相同。

来自这两个极端的力量，会因对立一方的存在，而更加膨胀自己一方的存在价值和正当性，甚至会刻意夸大对手的影响力，以强化自己的使命感、崇高感。对手有多极端，自己往往也会相应变得有多极端——对手越左，我就会逐渐变得越右；对手越右，我就会逐渐变得越左。在2008年北京奥运会上，中美女排"和平大战"以郎平执教的美国队的胜利而告终。公众比较普遍的反应是理智的，既对中国队输球感到惋惜，也对郎平的成就表示敬佩。在此后的比赛中，喜欢郎平的中国观众仍然在热情地为美国队加油。中美两国媒体对此都多有正面评价。但在极端民族主义者看来，郎平是"卖国者"，要求向郎平索赔"国家培养费"，甚至要求反思中国人才外流问题。相反，民族虚无主义则用另一种口吻称郎平是美国人，"郎平忠实地履行了她入籍时在美国国旗下的誓言"等。事实上，郎平根本就没有加入过美国国籍。这是曾经发生在我们身边的事情。我们知道，就郎平问题持以上两种极端观点的人，实际上都是极少数，但就是这极少数人的偏激，网络民意有走向极端的危险。

2. 网络实名问题

网络已经和人、社会息息相关，随着经济社会发展，技术进步，网络对社会影响越来越大，并左右人的意识和舆论导向。

目前的网络世界依然是非实名制的世界，一是因为习惯的沿袭，二是因为人们的认知观念没有统一。网络匿名在互联网日益发展的过程中日益暴露出缺陷和不足。网络空间存在传播谣言、发布虚假信息、发表不负责任言论等失信行为，对社会和公众利益造成严重损害。网上欺诈、赌博、暴力等违法内容屡打不绝，以渲染情色为主要内容的网上低俗之风屡禁不止。中国网民已经是世界第一，如此庞大的群体，不规范管理，不以法律手段进行引导，放任发展下去可能会有很严重的社会问题。

在缺乏实名制约束的网络世界里，会出现三种对立现象：一是"虚拟人"与"现实人"的对立；二是"自由人"与"责任人"的对立；三是"经济人"与"社会人"的对立。在互联网世界，人们可以自由自在地不受约束，可以为所欲为，因为多数时候没有人管得着你。那些在现实世界找不到自我价值和幸福感的人，干脆把自己的生命全都寄托在网络的虚拟世界。"经济人"假设为人们在互联网世界的肆意妄为、纵情享乐提供了理论依据。人人都自私，我为什么不能自私？人人都在享乐，我为什么不享乐？人人都在坑蒙拐骗，我为何不找机会捞一把？他们慢慢地淡忘了，人之为人，全在于他是现实的人，是社会的人，是一个担当社会责任的人。真正的幸福，只能在现实中找寻，在社会中追求，在尽责之后得到。网络实名制的社会意义之所在，就是实现虚拟人与现实人、自由人与责任人、经济人与社会人的和谐统一。

我国网络实名制过程遭遇到一定阻力。目前有很多反对网络实名的观点和言论，比如，"网络实名制的立法基础有违国际法""个人信用体系难负网络实名制之托""别让网络实名制扼杀中国互联网""坚决反对网络实名制，网络的魅力就在于'匿名'，在网络里大家才可以自由地发表言论，世界才变得多姿多彩。如果全部实名了，那网络肯定马上就从'彩色'的变成'黑白'的了"等。以我国高校BBS实名注册制度推行后为例，网络代号已相当于实名，成了BBS用户自由发言的最大障碍。BBS上ID绑定IP地址、容易被定位的设置让不少大学生在发帖时多了几分顾虑。尤其是在BBS等网络社区上，个人信息被"示众"的惩罚手段让一些网民觉得难以接受。北大未名BBS上一个关于封禁话题的回帖里，有人说，如果不公示ID，会让蓄意捣乱者更加放肆。如果不对发表不当话题、甚至进行人身攻击的人进行"触动内心的实质性惩罚"，"难保他们不会变本加厉地去破坏版面秩序"。签名和责任不会影响自由，没有绝对的自由，但有绝对的责任，这就是对网络实名的认识。

不能以保护隐私的目的去侵犯另一种隐私，网络语言暴力，比如谩骂、诋毁、造谣、中伤等对个人隐私存在某种侵犯。一项针对网络受众流向的调查指出，高校BBS正在流失自己的受众。中国高校BBS在兴起时曾作为"网络民主力量"的重要推手而被写入中国互联网的发展史，而为了确保用户言论的可信度，目前绝大多数高校BBS都采用提供真实个人信息申请ID的方式进行注册管理。而烦琐的规则让不少用户感觉发帖时束手束脚得厉害，稍有不慎，就会遭遇封禁。据了解，尽管多数高校BBS仍在匿名版面采用公示ID的惩罚措施，但包括"新一塌糊涂"在内的若干面向高校大学生的公众网BBS，已在其匿名版面采用不公示ID的匿名封禁。相对高校BBS匿名版面的个人信息被迫公开，以实名制为最大特色的社区交友网站，满足了网民真实沟通的快乐。校内网等一系列实名制网站受到了网民的欢迎。但是，交友网站上的心情日志、私房照片等毫无保留地在实名制空间上展示，也招致了个人知情权和隐私权的被侵犯。据校内网的一次投票调查显示，有18％的被调查者曾经在校内网注册其他用户名或者借用他人账号去看与自己在感情上有过瓜葛的人的页面。尽管校内网承诺保护用户信息，并屏蔽了搜索引擎的骚扰，但用户对实名注册的矛盾心情却远远不是技术可以跟进并解决的。实名不等于没有隐私，实名和隐私之间应该有一个平衡。网站可以采取一些技术补救手段，不同的功能应该有不同的设置，支持匿名浏览也应该成为实名制网络的发展方向之一。

在互联网时代，实名制的出现是对网络匿名情况下"无序""失范"的一种纠正。同时，网络实名制是一项社会系统工程，它必须依靠从政府到民间的社会各界力量的长期努力和广泛参与，才能够较好的实施。目前阶段，网络实名要逐渐推广，一定要结合国情，并完善配套制度和技术手段，具体的推行必须结合网站的特点，实行分级分层管理，从实际出发，真正发挥网络实名的优势。

3.网络道德问题

第一，我国互联网网络诚信缺失的现象依然十分突出。35.2％的被调查者对目前互联网诚信状况感到不满。根据调查，网上不诚信问题的十种主要表现是：发布虚假信息，扩散小道消息，发表不负责任言论，干扰网上信息传播秩序；热衷于打擦边球，靠哗众取宠吸引点击，损害网上舆论环境，影响社会稳定；传播赌博、淫秽色情等有害和低俗信息，毒化网络环境，严重危害青少年身心健康；网上恶搞、网络暴力、人肉搜索等情绪化和非理性行为，侵犯他人权益，危害公共利益；违规开展增值服务，设置用户消费陷阱，损害消费者利益；运行不健康网络游戏，采取不恰当手段吸引玩家，导致出现青少年沉溺网游等不良后果；发布虚假广告，进行虚假商业宣传，误导公众；破坏电子交易规则，网络仿冒、网络钓鱼等欺诈行为，危害网上交易安全；发送垃圾邮件和垃圾短信，影响网络有效应用，成为网络公害和社会公害；传播网络病毒，恶意进行网络攻击，威胁互联网技术安全等。上述网上失信问题的存在，既有互联网开放性、隐匿性等技术特性的客观因素，也有少数网站重经济效益轻社会效益、罔顾法规制约、不顾社会道德，少数网民法规意识淡薄、网上自我约束力不强等主观上的原因。互联网上的种种不诚信现象，严重损害互联网企业的信誉和互联网诚信环境，影响互联网健康发展，已引起社会各界的关切和忧虑。

第二，"人肉搜索"的负面效应严重。"人肉搜索"引擎，顾名思义，它仍然是一种针对某个问题或者事件抛出的问题，最终寻找出最佳答案的搜索机制，但这个术语中的"人肉"一词，掺杂着黑色幽默的味道，也准确地表明了其特点：搜索行为的原动力，不再像传统的搜索方式那样，仅仅依靠某个网络程序或者冰冷的互联网资料库，而是更多地靠无数有着真实血肉之躯的网民亲身参与，用自身的知识、经验、信息渠道，向提问者送上部分答案，再由其他网友补充、完善，直至最后得出确切的答案。人肉搜索有多种业务，但最具争议的是对人的搜索，无数的人从不同途径对同一个人进行"地毯式搜索"，很快能够收获一个人的一切信息。"人肉搜索"好比有人在网上发出一张"通缉令"，一张无边无际的网就此张开，让被搜索者无处藏身。目前，人肉搜索引擎已经在整个互联网蔓延，任何一个普通人都有可能被数以千计的"赏金猎人"放到显微镜下去观察。一般来讲，"人肉搜索"的步骤就是将帖子被复制到各大论坛，使其成为网络上的热门话题，接着从城市到小镇，天南海北的网友行动起来，查IP地址所在城市、查当事人及其朋友的博客，查其在各大网站的注册信息，找出照片或视频的背景环境实地勘查，认识的人也可以在网上提供线索……像拼图游戏一样，各种信息综合梳理，一个完整的人便被"搜"出来了。人肉搜索就是人海战术，没什么人能掉进去而不被淹没。人肉搜索的积极价值是可以让人们更快地逼近事实真相。在关系国家利益、民族命运等大是大非问题上，人肉搜索发挥了凝聚人心、倡导正义、揭露丑恶的作用。在许多"人肉搜索"事件中，道德、正义和良知的胜利是显而易见的。人肉搜索已经成为一种强大的舆论监督力量，是自发形成的一种追究机制，每一次知名的人肉搜索，都相当于一场"道德审判"。

人肉搜索的消极因素不能忽视。事物总是有相反的一面，公众的窥私欲是人肉搜索的社会心理基础，对引起公众兴趣的事，大家总想了解得更多，这就造成人肉搜索常常对无辜的人造成伤害。比如北京学生因为一句"很黄很暴力"被"人肉"，不但个人信息被公布，而且被恶搞。有时作为揭露丑恶的人肉搜索，在维护道德的同时，常常采用不道德的手段，甚至用黑客等涉嫌违法的手段。由于网络方面的法律不是很健全，人肉搜索常常侵犯到公民的名誉权和隐私权。有些人肉搜索作为一种有选择的评价，它回避正面信息，而将负面的消息集中展现，因此对当事人的名誉造成伤害。而姓名、联系方式、家庭住址等信息被公布在网络上，则侵犯了当事人的隐私权。在这一过程中，还伴随着攻击性、煽动性和侮辱性的议论，以及对当事人及其亲友的正常生活的侵扰，这就带有网络暴力性质，甚至可被称作是多数人对少数人的暴政。人肉搜索在社会正义遭到侵犯时能起到防卫作用，但是这个新生事物还缺乏规范，这种自发的力量很难把握好公平的界线，并且缺乏善意，常出现小刺激大反应，小过错大惩罚。人肉搜索过程中，每个人似乎都可以成为"警察"，这种"审判"几乎无所不能，而且不受约束。人性是复杂的，"人肉搜索"可以激发人性中"天使"的一面，但很多时候，常常也会激发"魔鬼"的一面，一个人的从众心理、幸灾乐祸、落井下石、盲目煽惑等人性中的弱点被激发，甚至窥私欲、暴力欲等也被煽动起来。从人文精神的角度来，对一个有过错的人的"审判"，应该更多体现宽容精神，不过，人肉搜索往往不问青红皂白，排山倒海般的"暴力"体现了太多的盲目性，一副真理在握、不容置疑的架式，更有一些人利用这种情绪，把大火烧向他所希望的方向。表面看起来，这种网络审判似乎站在道德的制高点，其实未必，只是辩解的声音在这种"人民战争"面前往往被淹没。于是，人肉搜索这种"网络暴力"，借助于高科技，得以无限扩大。尤其是在人文素质还不尽完善的阶段，人肉搜索有可能恶性循环，逐渐背离初衷。人人都有权利去揭发他人、审判他人，人人也都可能被他人揭发，被他人审判，人肉搜索就成为恐怖制造机，造成社会人心惶惶、人人自危的气氛，最终影响社会的稳定。

网络搜索竞价排名引发的"百度门"。随着网络信息的日益丰富，搜索引擎作为网络信息世界里的门户，已经不再是一个简单的信息搜索工具，而日渐成为一种广告的平台，甚至是网络平台。搜索引擎是以速度和运算能力为基础，在0.01秒内找到用户需要花一年甚至更长时间甄别和筛选的东西，同时他们满足了搜索者的愿望。从商业角度来说，谷歌和百度的本质都是高纯度的注意力批发商。而对广告客户来说，一旦开始购买和享受这样一种如此有效的广告平台，绝大部分客户就很难再戒掉搜索引擎广告。随着广告客户越来越多，搜索网站发现不仅可以在自己的搜索结果页面内呈现自己的广告，还可以分发广告到其他页面上。于是，搜索网站又有了一个新角色——成为广告客户的批发商。利用大量免费的搜索体验来吸引眼球与流量，然后采用广告模式推出竞价排名广告赢利，这就是百度商业模式——竞价排名。对于百度存在的问题，业界始终不曾停止过质疑和批评。在遭到中央电视台曝光后，全国几乎所有媒体都公开揭露百度竞价排名丧失商业道德的丑闻。"百度门"之所以让人们反响强烈，一是存在欺诈虚假网站信息和点击欺诈；二是人工干预搜索结果；三是屏蔽不参加竞价排名的网站；四是广告与搜索结果混淆。以上四种行为都与百度所拥有的强大的话语权有关。但是，百度却通过自己的优势地位，通过公关删除或屏蔽文章的网络链接来滥用掌握的话语权。百度在互联网广告领域具有天生的优势，扼住了媒体和广告商之间的天然接口，倚仗自身的地位和强势，即使"莆田系"那样严重的事件也几乎被百度瞒天过海。

4.网游成瘾问题

网络成瘾也称"网络成瘾综合症"，简称IAD。网络成瘾是指个体反复过度使用网络导致的一种精神行为障碍，表现为对使用网络产生强烈欲望，突然停止或减少使用时出现烦躁、注意力不集中、睡眠障碍等。网络成瘾的类型很多，分为网络游戏成瘾、网络色情成瘾、网络关系成瘾、网络信息成瘾、网络交易成瘾5类。在我国最值得引起人们注意的是青少年的网络游戏成瘾问题。

据中国互联网信息中心2021年最新统计显示，年龄低于10岁的中国网民超过3000万，未成年上网人数早已经过亿。CNNIC、智研咨询整理的资料证明：互联网对于低龄群体的渗透能力日渐增强，越来越多的未成年人在学龄前就开始使用互联网。高中和中职学生首次使用互联网在学龄前的比例为15.9%和10.7%，初中生增至18.8%，小学生首次使用互联网在学龄前的比例最高达32.9%。对于8岁以下低学龄和学龄前儿童来说，要看视频、玩游戏、听故事等娱乐是上网的主要目的；而对于高年级小学生和初中生而言，玩游戏和写作业占据了他们大部分上网时间。青少年喜欢网络游戏是因为网络游戏可以让青少年实现成功扮演社会角色的内在诉求。在游戏中，青少年通过扮演成功角色来实现自身理想角色所带来的荣誉感，这就是网络游戏世界中虚拟角色互动的特殊功能，实质上是社会角色在虚拟世界中的"亚实践"。从本质上讲，虚拟世界中游戏玩家之间的互动是现实世界中人际互动的再体现，通过网络游戏这种特殊的空间，青少年网络游戏者实现了角色转移，以一种虚拟的方式实现了自身理想角色的获得。虚拟的网络空间互动形式的特性，提供了现实中并不可能存在的互动方式，游戏中各种角色身份体现了一种地位和行为，青少年游戏玩家在扮演不同角色的同时实现了社会角色的功能，这种功能的发挥是理想角色所具有的，由此，虚拟世界的角色扮演是青少年游戏行为可持续进行的内在诉求。与中国网络游戏行业的市场规模一同快速膨胀的，是"网瘾少年"的数量。在一些持激进观点的专家看来，网络游戏厂商应该为青少年网络成瘾负主要的责任。网络游戏厂商的责任固然不能避免，但是青少年网络成瘾显然有着更多的诱发因素。从更大的社会发展来看，中国的未成年人是中国实行独生子女政策后的一代群体，他们也失去了中国传统对家的定义。家庭的延续，甚至是文化的发展在这里已经开始失去历史上的血脉联系，未成年人成长的过程已经发生了巨变，唯一变化不大的则是我们对他们的认识依旧陈旧，远远不能跟上时代的发展。

青少年身份认同障碍。不可否认的是，在许多网瘾青少年眼里，网络游戏就是生活的代名词。网络游戏的虚拟世界，可以创造出激动人心的情节，在方寸屏幕之间穷尽宇宙，用鼠标键盘主宰虚拟世界，以满足个人内心欲望。它能使人的思维和现实生活有一定距离，实现青少年行为背叛和本我释放。青少年需要这种网络游戏带来的情感抚慰、友情弥补和舒适快感。网络游戏为青少年提供了一个既与现实生活有着千丝万缕的联系，但又有着本质区别的空间。网络的虚拟性、匿名性使青少年在游戏中敢于真实地宣泄，青少年在网络中扮演各种角色，而这些角色不再是出于生存的要求，而完全是青少年游戏本能的释放。

网络游戏为青少年提供了一个探索自我认同、引起他人注意、影响甚至控制他人的舞台，但是网络游戏的世界并非真正的天堂，当网络屏蔽了青少年与现实生活的联系时，他们会以为网络游戏中的他们所经历的就是真实的生活，从而迷失了方向，造成了青少年角色认同的混乱，不能理性地行使现实生活中的角色。美国匹兹堡大学心理学家金伯利·杨格认为，青少年网络心理的主要特征为：开始时感受到上网的无穷乐趣，通过上网逃避现实，下网后烦躁不安，为享受上网的乐趣而不惜支付巨额的上网费用，有的宁可荒废学业，也要与网络为伍。这种人格问题是由依赖虚拟现实并由此忽视现实的存在造成的，或是对现实生活不再满足，常常导致离开了网络以后，现实生活中的身份丧失，出现角色混乱、反社会人格等偏差。众多心理学者认为，网络在缩小人与人之间空间距离的同时，无情地拉远了人与人之间的心理距离，并引发许多心理危机。青少年的网络双重人格主要是对网络人格的虚拟化，即凭空想象出自己所希望的、感兴趣的或者好奇的人格特质，并以此作为网络交往的基本个体特点，如同自己真的拥有这些人格一样。久而久之，这种虚拟人格固定下来，在心理上形成某种程度的分离。如同多重人格中的后继人格一样，它总会寻找机会展示作为"另一个主体"的"真实"存在，表现出让现实人格也觉得不可思议的行为特点，并强烈抵御企图消灭它的一切努力。

第三节　当代中国文化形态发展问题的应对之策

一、总体对策

进入21世纪以来，全球化与世界历史进程的趋势进一步加强，并呈现出前所未有的复杂态势，文化交流、文化碰撞、文化认同、文化重建等直接关系民族文化身份、民族综合利益、民族发展壮大的重大文化建构问题成为民族国家及民族精英分子倍加关注的课题。全球化与世界历史进程，人类现代文明的深化与自觉，中国现代化实践与社会主义价值观引领的现代文明建设构成当代中国文化建构的实践基础及确立价值原则的深厚背景。

1.改变僵化思维树立体现人类共同价值的开放性文化价值观

（1）人类文化的共同价值是人类生存的根本价值维度

20世纪中期，中华人民共和国的建立和中国社会主义现代化建设实践卓有成效的推进，我们基本实现了从传统社会向现代社会的转型，建立健全了以马克思主义为主导，以社会主义价值观为核心的文化价值体系。20世纪70年代末期开始的改革开放更进一步推进了我国的综合国力建设与文化价值观及文化体系的建设。随着21世纪的来临，全球化与世界历史进程的趋势进一步加强，并呈现出前所未有的复杂态势，文化交流、文化碰撞、文化认同、文化重建等直接关系民族文化身份、民族综合利益、民族发展壮大的重大文化建构问题成为民族国家及民族精英分子倍加关注的课题。当代中国文化建设的基本特点是：一是以马克思主义为主导的社会主义价值观成为中华民族价值观的核心，中国特色的社会主义文化体系已逐步建立；二是中国传统文化正在逐步实现创造性地转化，中华民族正在逐步实现自我的超越与新生；三是从20世纪初期开始文化建构所面对的历史机遇与历史使命使中华民族重建民族文化的自觉性不断彰显，自觉性的程度不断加强；四是文化建构的文化资源日趋丰富，文化建构的价值维度日渐朗显。全球化与世界历史进程，人类现代文明的深化与自觉，中国现代化实践与社会主义价值观引领的现代文明建设构成当代中国文化建构的实践基础及确立价值原则的深厚背景。

所谓人类文化的共同价值观是指文化作为人之生命的生成方式的根本价值维度。人之为人，其根本在于实现了生命生存的质变，实现对纯粹自然生命的超越。人的生命生成方式的质变正是通过文化方式实现的，因而，"人化"与"文化"是完全同义的概念。我国已故哲学家高清海先生说："大自然创造出的生命总是连同它所需要的特化环境一同降生的……生命是主动的自在体，却不是能动的自为体，这就是生命的矛盾。"[1]人的生命的产生，"生命与环境的关系发生了根本性变化，生命原来属于环境的组成部分，现在倒转了过来，环境变成了生命的组成部分，环境不能满足人，人便设法改变环境，不是环境支配生命，生命反要去支配环境……人把生命的适应性活动变成了创造性活动。……不再依赖天赐，自己生产自己需要的生活资料。这就是生命变化的秘密"。[2]因而，人的生命已经超越了自然生命而成为"文化生命"。文化之最根本价值在于人的生命的持存，在于与自然的和谐相处中实现"自然""自然生命"的价值和意义，人则通过"文化"来实现"生命"的本义。李鹏程先生说："文化的本质就是人的自我的生命存在及其活动，文化世界的本体就是人的自为的生命存在。"[3]"文化"就是人不断优化自己的生存条件的过程。人的生存条件的优化，无疑也就是以"人性"为原则对人的生命存在状况的优化。李鹏程先生说："人应该在一切现实生活和一切现实关系中牢记自己的文化目的，意识到不断优化自己的整体生命存在的重要意义，而不要被许多片面的、暂时的兴趣、偏好和利益所左右。"[4]人不断地优化自己的生命存在是人根本的文化使命。

（2）全球性问题彰显了重建人类共同价值观的必要性

所谓"全球性问题"主要是指：人口增长过快、粮食短缺、能源和资源枯竭、环境污染和生态破坏等问题。"全球性问题"的日益突出，深刻反映了人类与自然的不协调以及社会内部民族文化之间，社会内部人与人之间不和谐，

---

①　高清海：《人就是"人"》，辽宁人民出版社2001年版，第9页。

②　高清海：《人就是"人"》，辽宁人民出版社2001年版，第9页。

③　李鹏程：《当代文化哲学沉思》，人民出版社1994年版，第71页。

④　李鹏程：《当代文化哲学沉思》，人民出版社1994年版，第74页。

这迫切要求人类就共同文化价值达成基本的原则。

　　第一，人类共同文化价值观所以成了问题，同僵化思维方式及以此引领的狭隘价值观有直接关系，西方理性主义文化精神统摄下的科学主义及科学观即是表现。理性主义是西方文化传统的主导精神，是西方哲学形而上学的精髓和灵魂。理性主义形而上学所蕴涵的超越性是一种对物的超越，基本特征是：超越不稳定性的稳定、超越现象的本质、超越感性的知性，直至超越万物的本原和本体。理性主义形而上学是"知性形而上学"，其内蕴的思维方式是"观物"思维方式。这种超越精神的基本点有：首先，科学主义。"形而上学"蕴涵的理性主义超越精神以"形式逻辑"作为逻辑工具。几何学，数学，物理学等自然科学的学科化是其主要特点，也是它的基本技术工具。作为"第一哲学"的"形而上学"（Metaphysics）为"第二哲学"（自然哲学）、自然知识提供原理与依据，自然科学的发展则增强了"形而上学"的自信心；自然科学的形而上学化与形而上学的科学化是西方文化基本的主导性的文化精神，决定着整个西方文化的思维方式和价值取向。科学成为价值评价的唯一依据，科学主义的实质是以形式逻辑为架构的观物思维，是物性逻辑。其次，本质主义。本体论哲学之"根本"在于"存在"是世界的本原、本体。本原与本体的基本属性及其解释方式在西方文化精神中是至关重要的。本原、本体具有自明性。"'是''什么'"的思维方式构成形而上学"定义"思维方式逻辑架构。"存在"（Being）"是""什么"，成为西方文化通用的、普遍有效的和公共的"公式"。"形而上学"就成为对事物现象抽象概括与精神把握的概念化、范畴化与逻辑化的"根本体系"。再次，绝对主义。"形而上学"的内核是本体论哲学（Ontology）。在"非此即彼"中寻求稳定性、确定性的极性思维方式。"绝对化"自然是这种思维方式的逻辑意蕴。最后，自由主义与个人主义。理性主义形而上学作为希腊文化的主导精神是希腊人生命历程的精神反映，表征着希腊人对生命和生活的认知与领悟。希腊人的个人主义与自由主义精神及其二者的联结，是西方民族个人自由主义与自我中心化的精神源头。

　　西方理性主义哲学"学以致知"的旨趣，科学知识作为对物理世界的超越所形成的科学精神与科学主义，理性主义"形而上学"的终极关怀及终极期许，表明希腊"形而上学"规定着西方理性主义超越传统的旨趣。问题是"是什么"的思维方式能否作为追问包括人类在内的整个世界的本原的思维方式，即是说，"是什么"的思维方式作为追问包括人类在内的整个世界的本原的思维方式是否恰当。"是什么"的思维方式能否成为解决"人的所有问题"思维方式。答案当然是否定的。卢梭与休谟提出的科学与自由之间难题，康德对理性的批判揭示了理性形而上学内在的困境，说明在日益深化的世界历史趋势和文化人类性不断增强的进程中，西方文化超越性的局限性与狭隘性也必然会被真正的世界性和人类性所超越。黑格尔的形而上学作为绝对化的理性精神，折射出未来的哲学与文化将具有更加开放和宽容的精神。无论是希腊哲学蕴涵的理性超越精神，还是犹太教与基督教信仰中蕴涵的信仰超越都具有深刻的内在的局限性，甚至狭隘性。西方文化中的矛盾，尤其是理性与信仰之间的矛盾及冲突都说明了西方文化的非自足性。

西方发达资本主义国家的"文化逻辑"体现为一种依托于现代工业文明的西方资本主义现代化运动及市场经济。牟利最大化原则，市场垄断性逻辑，建立在高耗能基础上的现代工业生产方式构成这种"文化逻辑"的主要内容和基本特征。在以理性主义为主导的文化精神引领下的资本主义现代文明运动，殖民主义和帝国主义成为这种文明推进的主要方式。这表现为日益深化的全球化与世界历史进程所形成的"二元化"世界格局。亨廷顿的"世界文明秩序观"认为，"在所有的文明之中，唯独西方文明对其他文明产生过重大的有时是压倒一切的影响。因此，西方的力量和文化与所有其他文明的力量和文化之间的关系就成为文明世界最为普遍的特征"。[1]亨廷顿还说："西方正在、并将继续通过将自己的利益确定为'世界共同体'的利益来保持其主导地位和维护自己的利益。它赋予美国和其他西方国家为维护其利益而采取的行动以全球合法性。例如，西方正试图把非西方国家的经济纳入一个由自己主导的全球经济体系。西方通过国际货币基金组织和其他国际经济机构来扩大自己的经济利益，

---

① 〔美〕亨廷顿：《文明的冲突与世界秩序的重建》，周琪等译，新华出版社2002年版，第199页。

并且将自认为恰当的经济政策强加给其他国家"。①萨义德的"文明失语症"思想认为,"东方的意义更多地依赖于西方而不是东方,这一意义直接来源于西方的许多表达技巧,正是这些技巧使东方可见,可感,使东方在关于东方的话语中'存在'。而这些表述依赖的是公共机体、传统、习俗、为了达到某种理解效果而普遍认同的理解代码,而不是一个遥远的、面目不清的东方"。②以"非此即彼"思维方式为依托的个人主义和自由主义价值观念是资本主义推动的殖民主义和帝国主义运动的精神灵魂,是西方资本主义国家建立的"二元化""世界观"的理论基础。

第二,人类共同文化价值观问题的凸显,同人类文化实践及人类生存方式的现代转化,以及全球化和世界历史运动的深化一同展开。现代文明所内蕴的人文精神与传统农业文明具有本质区别。现代工业文明的文化模式:首先,以现代化大生产和市场交换为基础的现代经济运动,现代政治运动,现代社会管理等社会活动领域越来越依赖于理性、契约和法制的运行机制,越来越成为展现人的理性精神和自由创造性的领域。其次,在工业文明和市场经济条件下,交往的自由与空间不断拓宽,开始形成理性的、契法的、自由的、平等关系和竞争的、创新的、开放的社会机制。再次,现代工业文明是理性主义文化模式,其主导精神是技术理性和人本精神,把人从自在自发的生存状态提升到自由自觉和创造性的生存状态。现代化实践方式作为人的生存方式,其文化精神的主要特征有:以科技创新为基础的深度社会分工和以市场机制为基础的高度社会交往与整合,有效地实现扩大再生产,并提升生产的人本精神,建立竞争有序积极创新的社会机制,并及时高效地将科技创新转化为社会生产力;建立健全的社会文化系统和文化精神,促进社会整体和谐共享和个人的自由全面发展。

现代文明内涵着开放性、效率性、多元性与平等性等人文精神。现代文明内蕴的"现代"人文精神,正体现了人类共同文化价值原则。中国新文化建

---

① 〔美〕亨廷顿:《文明的冲突与世界秩序的重建》,周琪等译,新华出版社2002年版,第200页。

② 〔美〕爱德华·W.萨义德:《东方学》,王宇根译,三联书店1999年版,第29页。

设应包括这些基本原则。首先，确立理性的、科学的文化模式。现代市场经济和全球化经济本质上是一种理性经济或知识经济，它要求现代主体依据科学思维，实现以准确的信息、精确的计算与预测为基础的理性决策，以获取最大的效率和利润。其次，确立具有主体性的、创造性的文化模式。现代市场经济和全球化经济本质上是一种主体经济，它要求人必须具有主体性和创造性，不断超越、变革与更新。再次，确立法制型、契约型的文化模式。现代市场经济和全球化经济本质上是一种体现社会契约精神的法制经济，它要求人们在社会运行和生活交往中建立适合现代市场经济理性原则的平等的、民主的、契约的、法制的交往模式。我们认为，以人的现代化为核心的发展哲学和文化哲学要确立的转型期中国社会的主导性文化精神，依旧应当以现代性为基本要素，以科学理性和人本精神为主要内涵，它突出表现为理性的、科学的文化；主体性的、创造性的文化模式；法治型的、契约型的文化模式。①高清海先生认为，作为现代文明精华的现代哲学的基本特征是："从宏扬外在权威走向宏扬自身主体权威，从一元绝对论走向多元相对论，从本原论走向生存论，从存在论走向功能论，从因果必然论走向价值选择论等等"。②

第三，培育人类共同文化价值观念，克服僵化思维模式，应努力并自觉遵守的原则：首先，在关乎人类根本利益的领域应摒弃意识形态和社会制度的差异。意识形态对立和社会制度差异产生的根源：一是民族国家具体利益的不同；二是特定的思维方式和价值观念的差异。意识形态与社会制度的不同所导致的对抗是特定历史境遇的产物。西方资本主义现代化模式所主导的思维方式和价值观念以及以此为基础的殖民主义与帝国主义政策负有不可推卸的责任。从"两次"世界大战，到美国发动的朝鲜战争、越南战争、波黑战争、阿富汗战争、伊拉克战争等等，无不显示了西方资本主义的思维方式与价值观念。所以，在一定意义上说，资本主义逻辑、殖民主义和帝国主义是意识形态和社会制度对抗的根源。列宁在揭露资本主义及帝国主义的战争本性时指出："现在

---

① 衣俊卿：《文化哲学十五讲》，北京大学出版社2004年版，第353~354页。
② 高清海：《人就是"人"》，辽宁人民出版社2001年版，第265页。

军事化正在深入到全部社会生活中。军事化成为一切。帝国主义就是大国为瓜分和重新瓜分世界而进行的残酷斗争，因此它必然导致包括小国和中立国在内的一切国家的进一步军事化"。①列宁还指出："在帝国主义大国（即压迫许多别的民族，迫使它们紧紧依附于金融资本等等的大国）之间进行的或同它们结成联盟进行的战争，是帝国主义战争。"②其次，意识形态与社会制度的不同并不一定导致对抗。胡锦涛在联合国成立60周年首脑会议上的讲话，指出："历史文化、社会制度和发展模式的差异不应成为各国交流的障碍，更不能成为相互对抗的理由……应该加强不同文明的对话和交流，在竞争比较中取长补短，在求同存异中共同发展，努力消除相互的疑虑和隔阂，使人类更加和睦，让世界更加丰富多彩；应该以平等开放的精神，维护文明的多样性，促进国际关系民主化，协力构建各种文明兼容并蓄的和谐世界。"③在全球性的国际合作与民族合作关系中应平等对话、求同存异、有类无界。寻求国际社会大家庭的和谐是世界和平发展的应当选择。全球化与世界历史进程的深化发展推进了世界的多样化，强化了人类文明的开放性和互动性。平等与开放，多样与一体，互动与共享正是当代人类文明所内蕴的思维方式和价值观念，也正是人类共同文化价值观念所必须具有的人类文明模式。人类文明从单个的狭隘的封闭性发展转型到开放的宽容的合作的发展道路，是人之生命自由全面发展的必然逻辑。"有异有同"是世界的本然方式，"求同存异"是人类文明进行建设性合作的内在原则，"舍异求同"是僵化思维模式和殖民主义与帝国主义的价值观念，"舍同存异"只会导致人类文化的对抗与衰败。中国传统文化的和合精神理念主张"仇必仇到底，仇必和而解"（张载）。再次，在寻求现代化发展模式与资源的开发利用方面应提倡科学发展，坚持可持续发展理念与和谐共享。马克思主义的"科学观"是科学精神与人道主义的统一。马克思说："动物只是按照它所属的那个种的尺度和需要来构造，而人懂得按照任何一个种的尺度

---

① 《列宁选集》（第2卷），人民出版社2012年版，第726页。

② 《列宁选集》（第2卷），人民出版社2012年版，第738~739页。

③ 胡锦涛：《努力建设持久和平、共同繁荣的和谐世界》（在联合国成立60周年首脑会议上的讲话）。

来进行生产，并且懂得处处都把内在的尺度运用于对象；因此，人也按照美的规律来构造。"①当代人类文明的科学精神内蕴着和谐的人文精神，是科学的理性精神与健康的人文精神的完美结合，是内在的统一。

人类文明发展是人的生命生成的方式。人的生命生成方式是自觉的方式。西方文化的反思批判精神和中国传统文化的中庸精神在某种意义上都是人的生命生成方式的自觉性的不同体现方式。人类生命生成的规律性就表现为自为自觉性地不断提高，而自为自觉性地提高则体现了人的倍加的生命自觉性与文明自觉性。马克思主义的唯物主义历史观所揭示的社会历史发展规律正是人类生命生成内在规律的科学阐发。生产力与生产关系的矛盾运动规律，经济基础与上层建筑的矛盾运动规律作为人类社会历史运动的基本规律和根本动力，是马克思通过实践唯物主义哲学揭示人类文明和人类文化发展的内在必然性；是马克思揭示并阐发人之生命生成的不断提高的自觉性，是揭示这样的规律性的一种科学解释方式。全球化与世界历史的深化发展不但内蕴着而且也彰显了实践唯物主义哲学所阐发的思维方式及价值观念。超越僵化的思维模式与狭隘的价值观念，培育科学精神、和谐精神以及人类共同文化价值观念正是马克思主义实践唯物主义哲学的内在品质。马克思主义哲学是全球化与世界历史时代精神的精华，是最具有解释能力的世界观与方法论，是人之生命生存方式的科学表征，体现了当代哲学在存在论、生存论、人类学及历史观上的更高统一。

总之，现代文明是比传统农业文明更为进步、更为自觉、更为科学和更为先进的文明。人的生命生成的自觉性，人的自由与全面发展只有在一个规模更大的范围内，在一个更加多样化与更加平等开放的系统中才有可能。当代人类文化发展就彰显了这样的系统与机制特征。当然，平等开放、多元互动、科学和谐发展的人类文化蓝图从来就不是现成的。正是全球化与世界历史的深化发展以及全球性问题的加剧，凸显了提高人类文化自觉性的必要性与紧迫性。培育人类共同文化价值观必须坚持科学发展观，必须坚持和谐发

---

① 马克思：《1844年经济学哲学手稿》，人民出版社2000年版，第58页。

展。僵化思维方式是反科学发展与和谐发展的思维方式，是违背现代人类文明精神的思维方式。树立人类共同价值观念就必须克服僵化思维方式，超越"非此即彼"的绝对化价值观念。世界的和平发展与人类的可持续发展必须倡导多元与开放，超越僵化与封闭，弘扬科学发展理念，实现人类文明的和谐发展。

2.积极汲取世界文化发达国家文化形态建设经验和教训

（1）现代文明所蕴含的基本文化精神

文化发达国家包括两种情况，一是传统文化比较悠久深厚的文明古国，二是当代文化相对比较发达的国家。随着人类文明由传统时代向现代文明的转化，文化发达国家就有了特殊的规定。在这里，从文化的时代性来看，文化发达国家一般是指现代文明发达的国家。由于现代文明是由西方资本主义国家率先开创的，并主导着现代文明的基本格局和文化模式，因而，世界文化发达国家尤其是指西方资本主义国家的现代文明。

应该说，如果撇开意识形态问题，西方资本主义国家在现代文明建设方面拥有丰富的历史经验和实践措施。但是，文明建设本来就是在主导价值观念的统摄和引领下进行的。西方资本主义文化内在的思维方式与价值取向必然服务于资产阶级的资本逻辑。尤其是在世界"两极对峙"格局时期，以美国为首的西方资本主义国家有意识有计划地展开了自身意识形态文化的建构，并对社会主义国家进行文化压制及"超越"和"遏制"。西方理性主义文化传统所引领的片面的科学精神，以个人为中心的片面的自由精神，基于资产阶级利益和资产阶级个性的意识形态建构等等给西方资本主义国家的文化建设带来了深层的问题。在丹尼尔·贝尔看来，当代资本主义社会的发展与文化矛盾已经无法再用某种绝对原则或封闭式整体结构来加以概括。经济领域在资本主义经济发展过程中起着决定作用，其中全部活动都严格地遵照"效益原则"运转，目标是最大限度地获取利润。资本主义的政治领域的"轴心原则"是广为派生的"平等"观念，阶级冲突和对抗的局面虽得以控制，公众与官僚机构之间的矛盾却成为大问题。资本主义文化领域起支配作用的轴心原则既不是"经济效益"，也不是"平等权力"，而是历来标榜"个性化""独创性"以及"反制度化"精神。①

从文化的时代性视角看，现代文明所蕴含的基本文化精神是科学精神、理性精神和人本精神。这种文化精神在文化实践活动中呈现为反对基督教的"祛魅"运动、科学实验精神、实证精神、法制精神和民主精神等。以现代社会化大生产和现代市场经济机制为基础，西方发达资本主义国家的现代文化精神得到了一定程度的发展。20世纪中期以后，随着科学技术革命的突破，现代传媒技术的快速发展，信息技术与知识经济在社会生产与生活领域的广泛而深层的影响，西方发达资本主义国家在整体上发生了巨大的变化。一些西方学者宣称，西方国家已经从传统的工业经济形态向后工业社会转变。这种所谓的后工业社会的基本特征是高新科学技术向社会生活的渗透，尤其是信息工程和知识经济的迅速发展。

世界文化发达国家同人类现代文明发展的基本趋向是一致的。现代社会化大工业生产、发达的市场经济机制、加速发展的科学和技术、社会生活的法制化以及社会日常生活的开放性与自主性构成现代文明的基本特征。在社会生活的整体性方面，西方发达国家的文化建设正是基于这样的现代文明基础之上。因而，西方型的科学精神、创新精神、自由精神、法制精神成为世界文化发达国家文化建设的基本内容之一。西方文化中的科学精神、创新精神、自由精神和法制精神都是以理性主义文化精神为底蕴孕育而生的。早在希腊哲学时期，亚里士多德就在前人哲学思想的基础上，依据自己的哲学思想就科学知识分类提出了个人的理论。他是将科学知识学科化分类的首创者。西方文化的科学精神是以希腊哲学为基础的。科学精神是西方文化的本质精神。西方哲学"学以至知"的精神是西方型科学精神的理念基础。"科学形而上学"与"形而上学的科学化"是西方哲学乃至西方文化的本体性理念。西方型科学精神是以"形而上学"的思维方式为逻辑架构的。"形而上学"的思维方式与"形而上学"的终极关怀是西方型科学精神的实质，也是这种科学精神所蕴含的张力

---

① 〔美〕丹尼尔·贝尔：《资本主义文化矛盾》（绪言），赵一凡等译，三联书店1989年版，参考第10～11页。

结构。因而，西方型科学精神的"绝对化"所导致的科学主义或理性主义，与"相对化"所产生的神秘主义或非理性主义，常常是西方型科学精神产生的两种极端现象。

西方型的自由精神是西方文化精神的重要内容和鲜明特征之一。西方自由精神同样应追溯到古希腊文化时代。古希腊时期的最典型的城邦国家——雅典，其公民就被称为自由民。古希腊时代特殊的地理环境与特殊的文化环境形成了独具特点的古希腊哲学、古希腊神话。西方文化的源头是古希腊文化和希伯来文化即"双希"文明。西方文化的自由精神既是西方文化的重要的有机构成部分，又是以整个西方文化为依托的。这种自由精神是以私有制为经济基础，以科学知识和科技理性为基本方式与手段，以个人主义为价值中心，以法制为保障，而基督教宗教信仰同样也是其自由精神的重要依据及重要连接方面。应该说，西方文化近现代转化中的启蒙精神、科技精神、实证精神、创新精神、民主法制精神等都蕴含着自由精神。西方资本主义现代化运动如果离开了西方型的自由精神也是不可能的。

西方型的法制精神是西方文化的重要内容。西方国家号称自己是民主、法制国家就已表明法制精神在西方文化中的重要作用和重要地位。与科学精神和自由精神一样，法制精神也可以追溯到西方文化的两个源头即古希腊文化和希伯来文化。法制精神既与古希腊文化的理性精神、自由精神有关，也与希伯来文化宗教精神有密切的关系。法制精神是与民主精神、自由精神不可分的。法制精神也与希伯来宗教信仰中的契约思想紧密相连的。这在西方已经成为共识。美国学者阿尔伯特·甘霖说："一般都认为民主是由希腊人开始的，这样的说法有充分的理由。对希腊人来说，城邦的居民身份即自由的缩影。美德的定义，是一个人对城市政府所表示的忠诚。"[①] 他还说："若不考虑旧约强有力地强调上帝的律法，就不可能讨论法制这个题目。由西奈山颁布十诫开始，以色列人就常意识到，或常常被提醒他们遵守律法的义务。耶稣的教导说得很清

---

① 〔美〕阿尔伯特·甘霖：《基督教与西方文化》，赵中辉译，北京大学出版社2005年版，第110页。

楚，他来不是要废掉律法，乃是成全律法。"①

西方型的创新精神是西方文化内在的因素之一。同中国传统文化相比，一些学者将是否拥有创新精神看作西方文化与中国传统文化的重要区别之一。其实，中国传统文化中也含有创新的精神因素，"内圣外王"应该看作中国传统文化创新精神的一个特色。中国传统文化所具有的创新精神是以道德理性为基础的，西方文化中创新精神是以科技理性为文化底蕴的。西方文化中的创新精神作为西方文化的重要内容之一，也是以西方文化的科学精神、自由精神和法制精神、宗教信仰观念为文化背景的。对西方民族来说，创新精神几乎成为他们的生存法宝。个人的自由与民主、社会的法制与秩序、生活中的科学精神与宗教信仰、人生的意义与价值都要靠每个人的创新精神和创新行为，才能成为现实。创新精神成为西方文化发展的重要动力，创新意识也成为西方文化不断发展的内在机制。当然，西方文化创新精神的基础是私有制，而创新精神的价值关怀是个人主义的牟利动机，其方式是通过高度的风险性竞争实现的。

总之，西方型的科学精神、创新精神、自由精神、法制精神是西方文化传统内蕴的文化精神。这些精神都是以理性主义文化精神为底蕴孕育而生的。同时，这些文化精神更加成为世界文化发达国家文化建设的基本内容之一。在文化形态的构筑和优化方面，世界文化发达国家充分利用并发展了现代传媒技术和网络技术。以现代最新技术为基础构建现代文化形态，推进现代文明发展是现代文明的基本特征，也是现代文明发展的基本要求和基本趋势。将传统文化中的基本精神同当代高新科学技术结合起来，是西方发达国家文化建设的重要特征，也是文化发达国家文化建设的基本内容和基本方式。

（2）文化作为人的存在方式具有特殊性

社会生活的开放性精神培育和社会生活的开放性机制建设是现代文明基本特征，也是现代社会文化形态建设的内在要求之一。以西方式的科学精神、创新精神、自由精神和法制精神为基本人文精神建立起来的西方式开放社会是

---

① 〔美〕阿尔伯特·甘霖：《基督教与西方文化》，赵中辉译，北京大学出版社2005年版，第112页。

发达国家社会生活的总体特征之一。

文化作为人的存在方式具有特殊性。这种特殊性在文化功能和文化机制方面表现为文化的基础性、统摄性、引领性；在意识形态方面则表现为思维方式尤其是价值观念的控制性，在全球化和世界历史进程的深化过程中，这种意识形态性又表现为文化的阶级性与文化的民族性相互渗透、相互支撑、相互合一的新特点。在《新民主主义论》中，毛泽东指出：“一定的文化（当作观念形态的文化）是一定社会的政治和经济的反映，又给予伟大影响和作用于一定社会的政治和经济；而经济是基础，政治则是经济的集中的表现，这是我们对于文化和政治、经济的关系及政治和经济的关系的基本观点。”[1]赵汀阳先生说：“首先从一种文化的内部去看，每种文化自身内部都有着‘在时间中的’运动和变化，它构成这种文化自身的历史性和文化语法……从各种文化之间的或者说从‘文化间性’去看，文化又具有‘新与旧’和‘自己与他者’之间的关系。”[2]赵汀阳先生认为：“文化不仅是一种利益，更是人们的存在论身份，是定位精神和心灵的形式，所以，文化也就是人自身。一旦文化被政治化而成为政治的底牌，政治上的‘敌/友’概念才深入到人的根本中去，政治概念通过文化概念对自身进行了强化改造，从而形成了政治的文化化，这种被文化化了的政治才形成深刻的政治层次。”[3]所以，第一，文化作为人的存在方式具有总体性，这是文化作为人的存在方式的特殊性之一。人的文化存在方式具体呈现为人的生活样态，由物质性、制度性和精神性三层次构成；作为历史演进的社会形态，又由物质生产能力、物质社会关系、形态化的社会制度、形态化的主观精神构成；作为存在方式的文化还是由历史积淀起来的具有公共性的传统、个体在公共性传统中的适应与创造所构成。第二，文化作为人的存在方式具有统摄性。文化作为人的存在方式的特殊性。人与文化具有同构性。人是文化的主体、载体，人依赖于文化，人的实质是文化和通过特定文化建构起

---

① 《毛泽东选集》第2卷，人民出版社1991年版，第663～664页。
② 赵汀阳：《文化为什么成了问题？》，载《世界哲学》2004年第3期。
③ 赵汀阳：《文化为什么成了问题？》，载《世界哲学》2004年第3期。

来的社会关系。人的社会性具体化和形态化就是人的社会共同体，社会共同体的实质是一定文化统摄下构筑起来的社会关系形态化的存在方式，及在一定文化氛围浸润中的实践活动的对象化。文化具有精神性的软力量特色，而且还具有公共的、深层次的架构功能，形态化功能。德国著名社会学家马克斯·韦伯称之为"社会精神气质"（ethos）。所以，"文化并不局限于它的具体形式中，而是内化到人的活动和社会各个领域之中，并且这种内化是历史积淀来的，具有公共性、传统性，成为人们的共同存在方式。文化作为人的主导性生存方式，从深层制约着每个人及构成的社会整体的活动与变化。"[①]第三，文化作为人的存在方式是本体论与存在论的统一。文化的本体论是指文化作为人的生命特质的维度，即文化的生命价值与意义。文化是人的生命活动方式，人的生命活动方式、存在方式通过文化表现为一定文化方式。在这里，文化的本体论，即是文化的历史时代性。文化的存在论是指文化的空间方式、形态方式、物化方式、对象化方式。文化的主体不是单个的人，而是社会化的复数的人。特定文化是特定主体的创作及存在方式。文化存在论意指文化不但生长着人，而且文化还凝聚着社会、表征与界定着人和社会，这就是文化的民族性。任何文化样式都内蕴着时代性与民族性的维度。

（3）西方发达国家文化形态建设的泛意识形态性

世界文化发达国家文化形态建构存在的根本局限性既有深层的制度性原因造成的问题，也有技术性原因造成的问题。政治是经济的集中体现。以资本主义私有制为基础的西方发达国家的文化建设，其主导价值原则是为这种经济利益的分配架构服务。西方现代文化精神的引领与培育既是这种社会建制的表现，文化建设又形塑着这种社会建制。

西方发达国家文化形态建设具有泛意识形态性。以资本主义私有制和资本逻辑为基础的文化形态建构表现出文化阶级性与民族性统一起来的泛意识形态化特点。西方资本主义国家的文化是以"有神论"为主导精神建构起来的文化形态。在一定意义上，基督教文化构成西方发达资本主义国家的文化形态主

---

① 衣俊卿：《文化哲学十五讲》，北京大学出版社2004年版，第41页。

体，并成为西方民族建构人生意义的精神支柱。以宗教性文化和宗教性信仰为基础的文化形态建设，其根本文化精神不符合文化的科学精神和文化的人本主义价值原则。而且，在一定历史背景下，基督教文化表现出强烈的反科学精神和非人道主义倾向。西方中世纪后期，这种情形尤其明显。西方当代文化形态建构中所表现出来的科学精神与人文精神的分裂，在深层的文化生命价值以及日常的社会生活所表现出来的人格分裂，是西方文化发达国家存在的严重局限性之一。

以市场机制为基础，以工业生产为文化生产模式的文化形态建构，是当代资本主义文化生产基本特征之一。文化形态建构的高度技术化，既促进了文化建设，同时又存在文化建设的技术殖民现象。马尔库塞在《单向度的人》著作中有力地揭示了这一情况。马尔库塞说："面对发达工业社会成就的总体性，批判理论失去了超越这一社会的理论基础。这一空白使理论结构自身也变得空虚起来。因为批判理论的范畴是在这样的时期得到发展的，在这个时期，拒绝和颠覆的需要体现在有效的社会力量的行动之中。"[1]马尔库塞还指出："面对这个社会的极权主义特征，技术'中立性'的传统概念不再能够得以维持。技术本身不能独立于对它的使用，这种技术社会是一个统治系统，这个系统在技术的概念和结构中已经起着作用。"[2]文化工业或大众文化是在发达工业社会和后工业社会中随着文化进入工业生产和市场商品领域而产生的新的社会现象，是由现代大众传媒技术和现代信息技术塑造并加以支撑的文化生产形式和文化传播形式，并因此能够成为被大众广为使用和利用的文化消费形式，是基于文化成为大众普遍的消费品而确立起来的文化形态。对大众文化内涵的这种定位已成为西方马克思主义、后现代主义等现代文化理论研究中占主导的理解范式，大众文化被作为文化工业，媒体文化、消费文化、视听文化、娱乐文化或文化工业同现代科学技术手段联结起来，具有大规模的复制性，娱乐性，控制性的特征，所以，它对于人的存在的负面影响有：第一，大众文化

---

① 〔美〕赫伯特·马尔库塞：《单向度的人》，刘继译，上海译文出版社2006年版，第5页。
② 〔美〕赫伯特·马尔库塞：《单向度的人》，刘继译，上海译文出版社2006年版，第25页。

的商品化对创造性的消解，文化商品化与商品拜物教结合，以形式肯定而实质否定了个体的独立自主性。第二，大众文化的齐一性造成了个性的虚假化，文化工业生产的复制性特点使其具有明显的标准化和齐一性，使真正的艺术品不可替代、不可重复的个性创造特性逐渐消退。第三，大众文化具有心理、情感和意识观念的欺骗性，从而使人们在平面化的文化模式中逃避现实，沉溺于无思想的享乐中。第四，大众文化对大众精神世界的操控性和统治性。大众性包含着无限制地把人们调节成娱乐工业所期望他们成为的那类人。文化主要表现为人的基本的生存方式或生存样式，因此，文化的异化是人的深层次的异化，是人的本质的异化。必须扬弃大众文化或文化工业，恢复人的创造性和个性，恢复人的自由自觉的生存方式。马尔库塞认为："在垄断下，所有大众文化都是一致的，它通过人为的方式生产出来的框架结构，也开始明显地表现出来"①文化工业，通过祛除社会劳动和社会系统这两种逻辑之间的区别，实现了标准化和大众化，文化工业的所有要素，都是在同样的机制下，在贴着同样标签的行话中生产出来的。因此，"文化工业对消费者的影响是通过娱乐确立起来"②。

自由性的过度张扬所导致的"自律性"和"自觉性"不足以及"意义迷失"。西方性的科学精神、自由精神以及西方式的开放社会，在文化形态建构方面还存在"文化的意义维度"弱化的取向，即强化文化的意识形态性的同时，却产生了"文化自性式微"的情形。发达资本主义国家是世界文化发展中"不和谐"声音的根本原因。从文化的视角来看，"资本逻辑"所体现的正是西方文化的两极对立的绝对化思维方式，体现的是以个人主义为根本的自由主义和自我中心意识的价值观念。世界发达国家文化形态建构存在着文化殖民主义的性质及其以此为基础构造起来的世界文化"二元化"架构。西方发达国家文化殖民主义和文化帝国主义战略产生了民族文化的多样性危机，造成了狭

----

① 〔德〕霍克海默、阿道尔诺：《启蒙辩证法》，渠敬东、曹卫东译，上海人民出版社2003年版，第35页。

② 〔德〕霍克海默、阿道尔诺：《启蒙辩证法》，渠敬东、曹卫东译，上海人民出版社2003年版，第152页。

隘性的民族文化认同。西方资本主义国家利用先进的信息与网络技术进行信息控制。同时，西方资本主义国家还对社会主义国家和第三世界国家进行政治干涉、文化殖民，并以"人权问题"为幌子进行意识形态和价值观念的渗透。但是，社会主义文化精神已经并正在表明社会主义制度的优越性。

（4）马克思主义是当代人类文化中最科学最先进的文化

西方发达资本主义国家的文化形态建设是根本反对马克思主义的。马克思主义是当代人类文化中最科学最先进的文化。马克思主义所体现的文化精神的科学性和先进性表现为：第一，马克思主义实现了对西方理性主义文化传统的超越。西方理性主义文化传统内在的根本问题是科学与自由的对立和冲突。科学主义与自由主义是西方理性主义文化传统的两种基本精神，然而，在西方现代化实践中，科学主义与自由主义却严重对立起来。马克思主义批判反思了西方文化传统，科学揭示了理性主义的内在症结，实现了文化形态建构中科学精神与人文精神的内在统一。第二，马克思主义对基督教文化等一切宗教文化和宗教信仰的超越。马克思指出："人不是抽象的蛰居于世界之外的存在物。人就是人的世界，就是国家，社会。这个国家、这个社会产生了宗教，一种颠倒的世界意识，因为它们就是颠倒的世界。"[1]马克思还指出："真理的彼岸世界消逝以后，历史的任务就是确立此岸世界的真理。人的自我异化的神圣形象被揭穿以后，揭露具有非神圣形象的自我异化，就成了为历史服务的哲学的迫切任务。于是，对天国的批判变成对尘世的批判，对宗教的批判变成对法的批判，对神学的批判变成对政治的批判。"[2]马克思又指出："德国人的解放就是人的解放。这个解放的头脑是哲学，它的心脏是无产阶级。哲学不消灭无产阶级，就不能成为现实；无产阶级不把哲学变成现实，就不可能消灭自身。"[3]西方发达国家的文化形态建构是以基督教信仰的"上帝观念"为基本指导精神的。基督教文化的基本内容是理性与信仰的矛盾统一体。基督教是以理性为

---

① 《马克思恩格斯选集》第1卷，人民出版社2012年版，第1页。
② 《马克思恩格斯选集》第1卷，人民出版社2012年版，第2页。
③ 《马克思恩格斯选集》第1卷，人民出版社2012年版，第16页。

基础建立起来的宗教信仰，是对理性的绝对崇拜。西方民族相信人的理性能给人们带来一切。基督教文化和基督教信仰从根本上说是反科学、反人道的。在基督教世界里，由于人们对现实世界之外的"上帝"的绝对信仰，因而导致人的生活世界的失落，导致人本身的失落。马克思主义将人的生活意义问题重新回归现实生活世界，使人的生活意义、人生价值及人的精神信仰问题获得了科学解决和根本解决。第三，马克思主义超越了西方资本主义文化精神。马克思运用唯物主义历史观科学揭示了社会主义代替资本主义的历史必然性。应当看到，当代西方发达国家的文化形态在价值本质上仍然是资本主义价值观。随着全球化与世界历史的推进，随着资本主义现代化实践的深化，资本主义制度内在的矛盾日益深化和尖锐化，推动着资本主义国家在社会生活的基本领域不断进行变革与调整，推动着资本主义在社会制度上向社会主义方向演变。第四，马克思主义真正科学揭示了人的自由与全面发展的现实可能性问题。人的生命是自觉的生命。文化作为人的生命存在方式，是人实现生命自觉的方式。人的文化自觉与生命自觉表现为对人之生命自由与全面发展的期盼，对这种期盼的科学揭示，对人类文化生命的科学引领与指导。

总起来看，西方发达国家的文化形态建构是以资本主义私有制为基础展开的，是在资本主义现代化运动主导下进行的；并且，资本主义市场经济体制构成了西方文化发达国家文化形态建构的基本机制。"绝对化"的思维方式，资本私有制主导下的价值原则从总体上引领着、控制着西方发达国家的文化形态建设。西方发达国家现代化进程中产生的"现代性问题"，既是西方资本主义现代化运动存在问题的集中表现，也是资本主义发达国家文化形态建设存在问题的反映。西方资本主义文化发达国家的文化形态建构不可能做到以人为本，不可能实现科学发展与和谐发展。

3.注重从中国当下语境中建构有中国特色的文化形态格局

（1）文化形态的历时性与共时性矛盾

文化有广义和狭义两种含义：广义的文化是指人类活动所创造的一切成果，即打上人类活动印记的事物或所有被"人化"的事物，包括物质文化、政治文化和精神文化；狭义的文化则指精神文化，即观念形态的文化。一般包括人们的风俗习惯、行为规范以及各种意识形态在内的复合体。作为观念形态的文化是与一定的经济制度和政治制度相关联的。从狭义层面说，社会的文化结构主要是指由社会意识形态构成的，以社会意识形态为主要内容的观念体系；作为文化结构主体内容的社会意识形态是指反映一定社会经济形态，从而也反映一定阶级或社会集团的利益和要求的观念体系。先进文化是人类存在和发展的灵魂，是推动社会不断进步的思想保证、精神动力和智力支持，是实现人的本质力量的重要方式和基本条件，是把人与人紧密地联系起来的精神纽带和凝聚力量。文化语境是指言说问题的基本背景和特定氛围，主要涉及问题的内容、问题所蕴含的基本矛盾关系、问题的根源以及问题内蕴的价值取向。

中国当下语境是指中国当代文化形态建构及文化精神培育所面对的基本情势。这种基本情势可以从多层面来把握：从人类历史的基本趋势来看，邓小平同志在我国改革开放初期就指出："教育要面向现代化，面向世界，面向未来。"[1]邓小平同志还指出："马克思主义必须发展。我们不能把马克思主义当作教条，而是把马克思主义同中国的具体实践相结合，提出自己的方针，所以才能取得胜利。"[2]胡锦涛同志说："当今世界正在发生广泛而深刻的变化，当代中国正在发生广泛而深刻的变革。机遇前所未有，挑战也前所未有，机遇大于挑战。全党必须坚定不移地高举中国特色社会主义伟大旗帜，带领人民从新的历史起点出发，抓住和用好重要战略机遇期，求真务实，锐意进取，继续全面建设小康社会、加快推进社会主义现代化，完成时代赋予的崇高使命。"[3]在亚太经济合作组织领导人（秘鲁）会议上（2008年11月），胡锦涛同志又曾指出："当今世界是大分化，大调整的时代。"[4]从当代中国社会转型和社会主义现代化建设实践来看，我们已经拥有了丰富而宝贵的经验，并且具有社会发展与文化建设的优秀传统和良好基础，探索出了马克思主义中国化与中国马克思主义建设正确道路。当代中国文化建设，无论从文化形态、文化道路，还是

---

① 《邓小平文选》第3卷，人民出版社1993年版，第35页。

② 《邓小平文选》第3卷，人民出版社1993年版，第191页。

③ 摘自《胡锦涛总书记在中国共产党第十七次全国代表大会上的讲话》。

④ 摘自：中国国家主席胡锦涛同志的演讲《共同构筑新时期中拉全面合作伙伴关系》一文。

从文化精神来说，都具有了前所未有的明确性、自觉性和科学性。

全球化与世界历史的深化构成中国当代文化建设的整体宏观背景。第一，人类文化发展呈现出深层的互动性与一体性势态。文化发展中存在的文化异质性与不平衡性，在一定程度上彰显了文化的民族性、传统性，彰显了文化的自我意识、意义意识和文化认同情结。第二，科学技术的迅猛发展推动了人类生产方式的变革。科学技术革命是推动经济和社会发展的强大杠杆。20世纪中期以后核能、电子计算机和空间技术的发展为主要标志，特别是以信息技术、新材料、新能源、生物工程、海洋工程等高科技的出现为主要标志的科学技术革命，推动了人类社会由工业经济形态向信息社会或知识经济形态的过渡。每一次科学技术革命，都不同程度地引起生产方式、生活方式和思维方式的深刻变化以及社会的巨大进步。科学技术革命对生产方式产生的深刻影响包括：改变了社会生产力的构成要素；其次，改变了人们的劳动方式；再次，改变了社会经济结构，特别是带来产业结构发生变革。第三，全球性问题凸显了文化发展的人类性与科学性。文化发展中的科学精神与人文精神的内在统一正在成为人类文化建设的重大主题。在西方现代化实践早期，德国哲学家康德就对西方理性主义文化精神主导下的"科学形而上学"进行了反思，并以"道德形而上学"的重建给西方的理性主义精神敲响了警钟。坚持科学尺度与价值尺度的内在统一，要求人们在现代化实践中必须坚持和弘扬科学精神和人文精神。崇尚理性思维，贯彻"以人为本"的原则，是文化建设的基本指导方针和政策。第四，从现代文明发展与深化的基本趋势来看，人类现代文明将会迎来新的、深层次的、更高级的变化。传统工业经济形态向知识经济形态的转化，当代高新科学技术的频繁变革，给人类文化建设提出了基本原则，指明了基本方向。

中国国情和社会主义现代化建设实践构成当下文化建设基本语境的最根本的基础。任何文化都是历史的和具体的。由于地域、民族、社会发展程度的不同，世界文化具有多样性的特点。文化的多样性是以统一性为基础的，而文化的统一性又是以多样性为前提的。人类文化从来就没有固定不变的模式，只有现代文明的多样性才能更加推进人类文明的可持续发展。文化的个性与文化的特色是保障人类文化充满生机与活力的前提和基础，具有人类文化的生存论价值与意义。建设有中国特色社会主义的文化形态是中国特色社会主义现代文明和现代化建设的重要组成部分。文化在社会生活中具有特殊的且重要的作用。马克思指出："我们的出发点是从事实际活动的人，而且从他们的现实生活过程中还可以描绘出这一生活过程在意识形态上的反射和反响的发展。甚至人们头脑中的模糊幻想也是他们的可以通过经验来确认的、与物质前提相联系的物质生活过程的必然升华物。因此，道德、宗教、形而上学和其他意识形态，以及与它们相适应的意识形式便不再保留独立性的外观了。它们没有历史，没有发展，而发展着自己的物质生产和物质交往的人们，在改变自己的这个现实的同时也改变着自己的思维和思维的产物。不是意识决定生活，而是生活决定意识。前一种考察方法从意识出发，把意识看做是有生命的个人。后一种符合现实生活的考察方法则从现实的、有生命的个人本身出发，把意识仅仅看做是他们的意识。"①马克思还强调，在考察历史进程时，不能把统治阶级的思想和统治阶级本身分割开来，不能把这些思想与这些思想的产生的基础——个人和历史环境，分割开来。

文化形态的历时性与共时性矛盾。当代中国文化形态的建构具有的优点是文化建设资源丰富，从而使我们能够对自身的文化进行科学正确的文化定位。中国当代文化精神培育与文化形态建构面对的丰富的文化资源使中国当代文化建设充满了巨大的文化活力。中国当代文化建设以马克思主义代表的文化精神为主导，积极吸取传统文化、西方文化优秀因素，以及当代中国的精英文化、大众文化的精华推进中国的现代化建设。虽然，文化形态之间的磨合与文化精神之间的融合存在一定的难度，甚至文化群体与文化主体之间的冲撞与斗争也十分激烈，但是，只要坚持马克思主义的主导地位，坚持中国共产党的领导地位，以科学发展观为统领，以人为本，就一定能实现文化形态的和谐发展。

（2）当代中国主导文化的科学性与坚定性

当代中国主导文化具有科学性与坚定性。马克思主义作为当代中国的主

---

① 《马克思恩格斯选集》第1卷，人民出版社2012年版，第152～153页。

导文化和主导意识形态文化，其科学性表现在：第一，马克思主义对人的本质具有科学的理解。马克思指出："费尔巴哈的唯心主义就在于：他不是抛开对某种在他看来也已成为过去的特殊宗教的回忆，直截了当地按照本来面貌看待人们彼此间以相互倾慕为基础的关系，即性爱、友谊、同情、舍己精神等等，而是断言这些关系只有在用宗教名义使之神圣化以后才会获得自己的完整的意义。"①马克思又指出："费尔巴哈把宗教的本质归结于人的本质。但是，人的本质不是单个人所固有的抽象物，在其现实性上，它是一切社会关系的总和。"②马克思关于人的本质的观点科学而深刻地揭示了人的本质属性的社会内涵，揭示了人的社会属性复杂矛盾与根本分歧。马克思主义对人的本性的理解中内在地体现了科学精神与人文精神的统一，体现了合规律性与合目的性的统一。第二，马克思主义蕴含的思维方式和价值观念体现了现代文明的根本取向，超越了传统思维方式和价值观念，超越了西方资本主义现代文明模式内在的思维方式和价值观念。马克思主义哲学的理论基石是科学的实践观。以科学的实践观为逻辑基点的马克思主义哲学所内蕴的哲学精神是科学精神、批判精神、变革精神和开放精神。第三，马克思主义揭示了人的自由与全面发展的真实内蕴以及现实可能性。马克思指出："当阶级差别在发展进程中已经消失而全部生产集中在联合起来的个人的手里的时候，公共权力就失去政治性质。原来意义上的政治权力，是一个阶级用以压迫另一个阶级的有组织的暴力……代替那存在着阶级和阶级对立的资产阶级旧社会的，将是这样一个联合体，在那里，每个人的自由发展是一切人的自由发展的条件。"③马克思的共产主义思想是以人为本并实现人的自由而全面发展的伟大思想。

中华民族坚定选择了马克思主义，将马克思主义中国化是中华民族的伟大创举。中国马克思主义建设，体现在马克思主义在中国的一脉相承、与时俱进的发展进程中。马克思主义及中国马克思主义作为中国当代主导意识形态

---

① 《马克思恩格斯选集》第4卷，人民出版社2012年版，第240页。
② 《马克思恩格斯选集》第1卷，人民出版社2012年版，第139页。
③ 《马克思恩格斯选集》第1卷，人民出版社2012年版，第422页。

文化体现出了鲜明的开放性与革命性。建设有中国特色的社会主义文化形态体系，必须坚持马克思主义及中国马克思主义的主导地位，必须坚持中国化马克思主义的与时俱进，必须坚持文化形态的多样化以及多样化文化形态之间的协调互动关系。建设中国文化形态的科学及和谐体系，必须坚持马克思主义的主导性与引领性的统一，反对意识形态自身的绝对化和封闭性。文化形态建设应实事求是、解放思想、与时俱进；既应坚持主导意识形态在文化形态系统中的主导性和引领性，又应倡导与弘扬主导意识形态文化自身的科学性、革命性和开放性。

（3）中国文化传统文化形态之间相生相克关系

中国传统文化内在的文化形态的相生相克关系。中国文化是独特的，是世界上唯一的非宗教的古老文明。这一点是许多宗教文化背景下的学者们所难于理解的，他们过多地把注意力放在宗教上面，用西方宗教进化的观点来判断，因而错误地理解了中国文化。在他们看来，中国文化似乎还处于基督教神学产生以前的奥林匹斯多神教的水平，只是发展了一些实用技术。只有那些长期深入研究中国社会的学者才明白中华文明是世界上独特的发达的文明之一。而这一切的关键，就在于理解儒家哲学。因为，只有理解儒家哲学，才能理解中国。中国儒家哲学具有信仰功能、情感功能，还具有政治功能。[1]

中国传统文化自先秦开始就具有文化的多样性与互动性，多种文化派别不仅相互讨伐，而且还是相生相克的关系。东周末年的春秋战国时期，周文化解体，中国原始的具有奴隶制性质的文化向更先进的封建文化转化的时期。在当时历史背景之下，中国文化出现了所谓"三教九流"的局面。儒家文化、道家文化、法家文化、墨家文化等是当时中国最为典型的文化派别和文化形式。中国传统文化系统内在的多样性一体结构具有较强的兼容并蓄机制，这种机制通过中国文化内在的和合精神与和谐价值观念体现出来。经过两汉时期的文化糅合与整合、三国至隋唐时期的文化分化、文化竞争，到宋明时期，中国传统

---

① 高文新：《中国传统哲学宗教的特点与新哲学的建构》，载《吉林大学社会科学学报》2004年第6期。

文化再次进行了重大的重构。宋明时期的理学和心学，不仅实现了中国文化的统一性建构，而且在更高的层次和境界上提升了中国传统文化，同时也使中国文化拥有了更多的先进因素和优秀成分，使中国文化有了更深厚的基础和更宽广的融合机制。

（4）当代中国文化形态体系在功能和价值上的一致性

中国传统文化系统内在形态，尤其是当代中国文化形态体系在功能和价值上具有一致性。中国文化是中国马克思主义主导和统领下的社会主义新文化体系。科学发展观、以人为本、可持续发展以及新时期中国特色社会主义思想，是当代中国文化的基本精神。

中国传统文化、具有科学精神的理性文化、精英文化、大众文化，它们各有自己的质的规定性和功能特性，不能相互替代，但却能够相互转化、相辅相成、互为所用。主导文化具有引领性和自觉性，传统文化具有底蕴性和基础性，大众文化具有主体性和普及性，精英文化具有创新性和敏锐性。事实上，当下中国的文化语境，文化形态之间的界限并非那么分明；相反，文化形态之间是转化的、流动的、互动的；文化形态之间的相互为用，相生相克以及政府政策的自觉性不断提高。以传统文化为底蕴，以马克思主义为主导，多样化的文化形态之间逐渐综合整合优化，务实创新。在马克思主义指引下，充分挖掘传统文化的优秀而丰富的文化资源，深入日常生活，不断提高社会主义文化精神的境界。运用多种多样的传统手段以及现代高新科学技术手段开展文化下乡活动和文化"心连心"活动，真正起到了既丰富人民群众的精神生活，提升人们的思想境界，又发挥主导文化在文化形态建设中的核心作用和引领作用。全球化与世界历史时代，人类现代文明的深化发展最为重要的是强调健康开放的世界文化机制；强调人类文化大家庭中平等地彰显个性，培育文化特色，和谐地进行文化的对话与文化交流。同时，世界各国要理性而客观地进行文化守护、文化审视和文化反思，反对文化强权、文化殖民和文化霸权。

中国是一个文明古国，有丰富而且深厚的文化传统和文化资源。同时，中国还是一个拥有十几亿人口的多民族大国，具有统一的历史。中国历来有深厚而强大的自立能力，这就决定了我们的文化形态和文化精神必须有自己的个性和特色，必须有开放的和富有活力的文化机制。中国特色的文化，是中华民族运用自身的智慧经过自身的创造和艰苦奋斗争取而来的。在从传统社会向现代社会转型的进程中，在社会主义现代化建设实践中，中华民族先后摆脱了"苏联社会主义模式"和"西方资本主义国家主导的现代化模式"，终于探索到了建设有自己特色的社会主义现代化模式。我们的总体目标是丰富世界现代文明，通过中国特色的现代文明建设提升人类的现代文明，建设和推进人类现代文明，这正是当下中国文化形态建设的依据和根本所在。马克思在《共产党宣言》中指出："过去那种地方的和民族的自给自足和闭关自守状态，被各民族的各方面的互相往来和各方面的互相依赖所代替了。物质的生产是如此，精神的生产也是如此。各民族的精神产品成了公共的财产。民族的片面性和局限性日益成为不可能，于是由许多民族的和地方的文学形成了一种世界文学。"[1]文化必须现代化，现代文明所内在的文化精神是人类文明进步和发展的根本精神，是人类文化生生不息的必然趋势。文化的现代转化与文化的现代化实践既是人类文化发展进程的有机构成部分，同时也必须具有各自不同的特色。"中国特色"社会主义现代化以及中国特色社会主义文化形态是中华民族最宝贵的精神财富之一，也是人类文化的组成部分。

中国当下文化形态的建构和文化精神的培育，既应有社会主义文化价值观的主导地位和统摄作用，又应进行健康的娱乐性教育；弘扬主旋律，弘扬时代精神和民族精神，坚决贯彻以人为本的价值取向；坚持科学发展观，努力实现科学发展、和谐发展和可持续发展。当下中国文化形态的建构和文化精神的培育，坚持"双百"方针和"双为"方针；应避免人为地政策性将某种文化形式和文化形态绝对化，避免框死文化形式和文化形态之间的界限、界域。当下中国社会主义文化形态的建构既是中国特色社会主义现代化建设和现代文明的有机组成部分，又应服务于中国特色社会主义现代化建设实践的需要。

---

① 《马克思恩格斯选集》第1卷，人民出版社2012年版，第404页。

4.避免盲从文化发达国家的文化形态模式

（1）文化发达国家文化精神的民族与阶级局限性

人的生命是通过文化创造生成的生命。人的生命是文化生命。人类通过文化创造实现了对宇宙生命的提升，实现了宇宙自然生命的自觉，实现了生命的自觉认识。因此，对人类文化的评价是人之生命自觉的表现，也是人之生命必然而且应当的选择。文化作为人的生命的生成方式，是一个既具有历史传统性，又具有时代性，包含多个维度和多层内涵的复合体。因而，对文化的评价应当从文化的时代性和文化的民族性两个最基本的维度出发。文化的民族性是文化的基本立足点，是文化多样性的基本的客观事实。只有保障文化的民族性和多样性，文化的时代性才是具体的，才有具体的内容；只有培育文化的民族性、多样性和丰富性，才能保障人类文化富有朝气，充满活力。人类文化创造的实践活动，是随着人类生命的逐渐自觉而不断提高的。从文化的时代性视角来看，人类历史就表现为人类文化创造能力和水平不断向前迈进、不断提高的进程。世界发展的规律是和实生物，生生谓易，同则不继；只有和而不同，才能生生不息。科学的评价依据和评价方法应当是以人为本，坚持文化的多样性与文化的时代性的统一，坚持人的自由全面发展和文化的生态发展与文化的可持续发展的统一。当代人类文明发展的基本事实愈来愈告诉人们，只有坚持科学发展观，才能使人类文化生命的可持续发展，才能真正实现中国古老文明所一再倡导的生生不息。

文化发达国家文化形态和文化精神具有民族的与阶级的局限性。文化发达国家主要是指西方资本主义国家在开创和推动现代文明过程中的先发型国家。文化发达国家率先实现了从传统农业文明向现代工业文明的转型，率先开始了现代工业生产，建立了现代市场经济机制，以及现代教育和现代文明的大众化运动。发达国家的现代文明特点主要通过以下几个方面表现出来：

第一，西方发达国家的文化形态建构和文化精神培育，是以现代经济、现代工业生产和现代市场经济为支撑展开的。信息化产业、信息垄断性、自由市场机制、个人私有制基础上的自由竞争、以资产阶级国家为主导的国家垄断资本主义构成资本主义社会生活的主要内容，也是西方发达资本主义国家社会整体生活的基本特征。美国学者丹尼尔·贝尔在《资本主义文化矛盾》中认为：从社会学的角度讲，现代市场经济的特点在于它是一个资产阶级的经济体系。它有两层意思：首先，生产的目的不是大众化而是个人化的；其次，获得商品的动机不是需求而是欲求。①所以，从社会学的角度讲，美国最大的困难在于：它在气质上过于个人主义化，在趣味和爱好上过于资产阶级化，而它却从未完完全全地学会依靠集体解决问题的艺术，或者说，它从未真正地学会欣然接受公众利益至上的主张，以反对个人的利益。②

　　第二，西方文化发达国家的文化传统是以西方理性主义为统摄的，科学形而上学精神，虽然一再受到西方哲学家们的反思批判，虽然也在一定程度上不断纠正，却始终成为西方文化传统的根本精神和文化精髓。基督教信仰不是封建迷信，但仍然是建立在理性主义精神之上的，是以有神论为基础的，是一种狭隘的人生信仰。丹尼尔·贝尔指出："追求现代性就是追求对全面经验的提升，也就是试图使这些经验贴近人们的感应性。"③他进一步指出："文化的现代主义，虽然仍旧标榜自己的颠覆性质，却在资产阶级的资本主义社会大致找到了归宿。资本主义社会由于缺乏一种来自空洞信仰和干枯宗教的文化，便反过来把要求'解放'的文化大众的生活方式当作自己的规范，然而，这种文化对所有实际经验都无法给予确定的道德或文化指导。"④因而他认为，现代主义文化不但不像宗教那样设法去驯服邪恶，反而开始接受邪恶，探索邪恶，从中取乐，还把它（正确地）看作是某种创造性的源泉……人们把新奇变成兴趣的源泉，把自我的好奇变成判断的准绳。所以现代主义作为一种文化运

---

　　①〔美〕丹尼尔·贝尔：《资本主义文化矛盾》，赵一凡等译，三联书店1989年版，第279页。

　　②〔美〕丹尼尔·贝尔：《资本主义文化矛盾》，赵一凡等译，三联书店1989年版，第275页。

　　③〔美〕丹尼尔·贝尔：《资本主义文化矛盾》，赵一凡等译，三联书店1989年版，第167页。

　　④〔美〕丹尼尔·贝尔：《资本主义文化矛盾》，赵一凡等译，三联书店1989年版，第196页。

动侵犯了宗教领地，并把权威的中心从神圣移向亵渎。[①]基督教文化和基督教信仰也同样成为现代西方哲学家的批判反思的对象，但西方国家和西方民族也始终未能建构起更开放更崇高的人生精神信仰。

第三，西方文化发达国家以资本主义制度为根本，以文化工业和文化市场机制为依托，人们的日常生活和精神生活完全处在文化工业殖民和文化市场殖民之中，缺乏真正的人生意义关怀。理性主义、自由主义、个人主义，工业技术、市场法则、娱乐主义的世俗主义，基督教信仰等等共同构成西方大众生活的内容和生活的精神氛围。在精神生活和人的生命信仰领域，西方民族的精神生活框架和"终极关怀"始终不怎么稳妥牢固，其根源在于文化传统内在的秩序机制。丹尼尔·贝尔从以美国为代表的西方发达资本主义国家的现实问题出发，指出马克思思想的合理性。他指出："马克思曾经认为，资本主义必须不断扩充，否则就会崩溃。在他看来，资本主义的内在动力，是资本家的竞争——他们竭力提高技术对劳动力的比率，以维持剩余价值率。资本积累因而被视作资本主义制度的发动机。经济增长在经济上和文化上却使人们产生一系列的期望。资本主义制度发现，要给这些期望降调十分困难。当这些期望与其他飘忽不定的因素（例如恶性的然而又是周期性发生的通货膨胀；它的渊源是突然兴隆起来的世界经济）结合起来时，它们就会为经济动荡和政治动荡创造条件，而政府则会发现这些越来越难以对付。所有这一切导致了失落感和危机感，动摇了个人对社会的信仰。"[②]

（2）中国当代文化形态和文化精神的民族优越性和时代进步性

中国当代文化形态和文化精神具有传统优越性和时代进步性。中国当代文化建设应当继承中国文化形态架构的历史传统，在创新性文化精神的培育方面借鉴于西方，建构与培育一个充满生机，富有活力的文化形态机制和文化形态系统。中国文化的发展根源于文化的根本价值关怀，根源于人的生命的根

---

① 〔美〕丹尼尔·贝尔：《资本主义文化矛盾》，赵一凡等译，三联书店1989年版，第209页。

② 〔美〕丹尼尔·贝尔：《资本主义文化矛盾》，赵一凡等译，三联书店1989年版，第302页。

本原点，根源于中华民族的文化生命实践活动，根源于中国文化历史传统内在文化精神，根源于中国文化传统内在的文化形态架构。中国文化传统有自己的创新精神，有自己的创新方式。①中华民族在民族危难之际将产生于西方资本主义国家的马克思主义中国化，这本身就说明了中国传统文化内在着开放与博取的良性品质。中国文化源远流长，有长达五千年的历史。在这数千年的传统历程中，中华民族对自己的生存是自觉的，中国先人在每一次历史转折时期自觉地进行文化创造和文化综合，始终不断地吸纳人类优秀的文化资源和文化精神。中国传统文化成为中华民族的立足之根和生命之本。在人类社会历史的现代转型之前，中国文化始终走在人类文化的前列。②马克思主义继承又超越了西方理性主义文化传统，继承又超越了西方资本主义制度内在的时代性品质与制度性缺陷。马克思主义对西方文化的批判反思最彻底最科学，对资本主义制度的揭示最深刻最客观。马克思主义是当代人类文明最具有远见的文化形态。马克思思考人类文化的问题，不是从某个民族某种制度出发的，而是从人的自由全面发展出发的。马克思主义是从人类整体命运出发，从人之生命的真正自由全面发展出发，来倡导文化的个性，倡导文化的开放性，来引领文化的人生意义关怀，从而引导人类以人类自身的整体生命为最根本最高尚的关怀，投身于现实的共产主义运动之中，投身于现实生活的实践活动中去。③中国属于后发型国家，文化的现代化和社会形态的现代转型刚刚展开。在某种意义上，中国的现代文明同西方文化发达国家的现代文明相比，还存在一定的距离。但是，中国拥有世界上最悠久最丰富的文化资源，中国具有最成功的文化传承和创新机制。尤其重要的是，在中国文化的现代转型过程中，中华民族找到了最先进的文化——马克思主义。中国悠久且深厚的文化传统，良好且协调的文化架构机制与人类现代文明最先进最科学的马克思主义结合起来，使中国当代文化具有了当代人类民族文化中最富有生机和活力的文化。中国传统文化的现代转型和现代人文精神的培育需要马克思主义。马克思主义是在人类文明的现代转型进程中产生的，是在西方资本主义文明有了一定程度发展的基础上孕育而生的，而且，马克思主义是在西方资本主义制度内在矛盾不断激化，经济危机不断爆发，阶级斗争和工人运动越来越高涨的情况下，通过揭露资本主义的内在弊端，展望现代文明和人类文化发展的应然前景阐发出来的。所以，当代中国马克思主义实现了当今时代文化的民族性和文化的时代性最佳统一，是当代人类文明最先进的文化。

（3）中国当代文化形态的初级性、复合性和复杂性

中国当代文化形态、文化资源、文化氛围具有初级性、复合性和复杂性。中华民族建设有中国特色的社会主义文化仍然处在社会主义初级阶段。第一，中国属于后发型的现代文明，原因之一就是中国传统文化的超稳定性。正因为中国传统文化的超稳定性，才造成文化的现代转换滞后迟缓和曲折。封建官僚兴办的洋务运动，资产阶级维新派的维新立宪运动，资产阶级革命派的辛亥革命，都未能找到正确科学的思想武器。个中原因在于中国文化传统内在的超稳定架构，在于文化精神的保守性与守成性，在于封建统治阶级的狭隘性和阶级利益的局限性，在于资产阶级的阶级局限性。第二，我们要坚定不移地坚持马克思主义，并且使马克思主义与时俱进。应该说，当代中国社会主义文化形态还具有许多不成熟的方面。这其中的原因在于中国现代文明性质的经济基础、技术条件、产业结构、市场经济体制都相对薄弱。中国传统社会向现代文明和现代社会的转型，其最大的成功就在于找到了马克思主义，并自觉地将马克思主义中国化，在马克思主义的指引下建立了中华人民共和国，建立了社会主义制度。中华民族的当代振兴应归功于马克思主义和中华民族找到的社会主义制度。第三，以马克思主义为主导的当代社会主义文化体系还包容着其他多种文化因素。中国传统文化的自发性因素、封建性糟粕，资产阶级性质的文化因素、价值观念，西方资本主义的不健康精神、自由主义思想，在我国当前的文化语境中都大量存在。在目前的文化形态情形下，如果思想不统一，不但不能实现人们的思想自由，反而可能导致人们的思想混乱。事实上，改革开放以后，西方文化发达国家的"超越""遏制"政策，中国内部的非科学非健康的思想，都企图干扰马克思主义的主导地位，企图妨碍中国社会主义现代化建设。第四，我们要坚决弘扬科学精神，坚决贯彻落实科学发展观，努力实现文化的可持续发展。人的文化生命作为自觉的生命，是效率原则和价值原则的统一。文化本于人的生命。人的文化生命内在着科学精神。文化的科学精神是人

的生命本性的内在原则。科学精神、文化的本性和人的生命在价值上是根本一致的。科学精神是讲效率的精神，是内涵和谐的精神，是更具开放性的精神。随着人类现代文明的深化发展，随着资本主义现代化主导的现代文明内在问题的不断爆发，人类文明需要新型的现代化建设模式。马克思早在19世纪中期就指出了社会主义代替资本主义的历史必然性。马克思说："资产阶级无意中造成而又无力抵抗的工业进步，使工人通过结社而达到的革命联合代替了他们由于竞争而造成的分散状态。于是，随着大工业的发展，资产阶级赖以生产和占有产品的基础本身也就从它的脚下被挖掉了。它首先生产的是它自身的掘墓人。资产阶级的灭亡和无产阶级的胜利是同样不可避免的。"①人类文化的发展愈来愈彰显了人之文化生命的自觉性。人的文化生命的自觉性就体现了人的生命与文化的本性的内在一致性。人的生命的自觉性与文化的自觉性是一回事。马克思主义的中国化所一贯倡导的以人为本的科学发展观，在根本上坚持和弘扬了马克思主义的科学观，坚持和弘扬了马克思主义的科学精神。

（4）马克思主义的指导地位与文化形态多样性的关系

正确认识坚持马克思主义在意识形态领域的指导地位和当今文化发展多样性的关系。中国文化形态建设和文化精神培育必须坚持邓小平在我国改革开放初期提出的"三个面向"。在我国文化建设和发展教育事业方面，邓小平同志指出："必须面向现代化，面向世界，面向未来。"②第一，坚持马克思主义和在中国的与时俱进。马克思主义内在的科学精神已经继承并超越了西方文化传统的科学观念。中国马克思主义充分体现了这一科学精神。列宁指出："从马克思的理论是客观真理这一为马克思主义者所同意的见解出发，所能得出唯一的结论就是：沿着马克思的理论的道路前进，我们将愈来愈接近客观真理（但决不会穷尽它）；而沿着任何其他的道路前进，除了混乱和谬误之外，我们什么也得不到。"③历史和现实告诉我们，只有用马克思主义的立场、观点、

---

① 《马克思恩格斯选集》第1卷，人民出版社2012年版，第412～413页。
② 《邓小平文选》第3卷，人民出版社1993年版，第35页。
③ 《列宁选集》第2卷，人民出版社2012年版，第103～104页。

方法来正确认识经济社会发展的大势。正确认识社会思想意识中的主流和支流，才能在错综复杂的社会现象中看清本质、明确方向。当然，我们坚持的马克思主义，是发展着的马克思主义。只有坚持用发展着的马克思主义武装全党、教育人民，才能真正发挥马克思主义作为认识世界和改造世界的强大思想武器的作用，才能使它真正成为我们的行动指南。要把坚持和发展马克思主义统一于中国特色社会主义实践，在坚持中发展，在发展中坚持。第二，坚持马克思主义指导地位与文化多样性发展是并行不悖的。十七大报告提出："积极探索用社会主义核心价值体系引领社会思潮的有效途径，主动做好意识形态工作，既尊重差异、包容多样，又有力抵制各种错误和腐朽思想的影响。"我们在坚持指导思想一元化的同时，也坚持"双百"方针，实际上就体现了指导思想一元化和文化发展多样性的统一。它包含了我们党对文化发展规律的深刻认识：我们必须是在保证马克思主义的主导地位和指导作用的前提下，承认社会主义社会仍然存在着各种矛盾，文化上存在着各种不同的观点和学派；承认科学文化的研究、创造有其独特规律，发展科学、繁荣文化必须经过人们的自由探索；我们鼓励各种不同的学术观点在平等的地位上展开自由、充分的讨论；承认发现真理、剔除谬误的唯一途径是进行充分的说理和论争，而不是行政裁决。坚持指导思想一元化和文化发展多样性的统一，就可以避免文化建设上的专制主义和自由主义两种错误倾向的出现，推动社会主义文化的发展和繁荣。第三，以马克思主义为指导建设中国当代社会主义文化，不宜对科学文化过多指责，不宜对后现代文化盲目倡导。首先，我们应将西方式的科学文化与科学精神区别开来。我们应以马克思主义的科学观为指导重新认识当代人类文明所具有的科学精神。当代人类文明中的科学精神不仅仅是理性精神，更为重要的是，它还包含人道主义的价值精神。康德的形而上学思想尽管充满矛盾，但其内容却是丰富的。对康德来说，人是有限的理性存在。理性法则只对人的理性发生作用，只有当人遵从理性法则而行动的时候，他才算得上是有理性的存在。在康德看来，自然的最高目的就是人的文化。文化是人自由地运用一切自然目的能力的产物，它是人的主观形式在客观世界中的实现。文化作为自然的最高目的仍然属于自然的范畴，但是它毕竟是自然与自由相互结合的产物，所以构成了从自然向自由过渡的桥梁。①马克思在《关于费尔巴哈的提纲》一文中对"哲学"及"哲学观"进行了反思。马克思指出:"旧唯物主义的立脚点是市民社会,新唯物主义的立脚点则是人类社会或社会的人类……哲学家们只是用不同的方式解释世界,问题在于改变世界。"②在《德意志意识形态》光辉著作中,马克思提出了"实践唯物主义"的光辉思想。马克思指出:"实际上,而且对实践的唯物主义者即共产主义者来说,全部问题都在于使现存世界革命化,实际地反对并改变现存的事物。"③道德法则以自由为基础,为了道德的纯洁性,康德排除了一切经验因素的影响而一再强调它的无条件性。然而,事实上,对于人来说,道德问题不是远离人的现实生活经验世界的超验世界的问题。离开了经验世界,道德问题就无从谈起。经验世界和经验生活既是道德问题产生的条件,也是道德问题存在的意义。马克思正是在康德思想的基础上,从康德道德问题存在的难题入手,科学揭示了道德问题与人的现实生活和经验世界的内在的不可分割的联系。其次,我们还应将现代文明的深化发展同西方发达国家一些学者主张的后现代主义思想适当区别开。西方发达国家的后现代主义看到现代性之不足并对之展开批判,但它并没有给出弥补现代性之不足的现实手段和客观途径。再次,就我国目前处于社会主义初级阶段来看,中国社会主义的现代文明和现代化建设在经济结构、产业结构、主导产业方面,在现代科学技术的实际应用方面还存在许多不足。我们应坚持贯彻落实习近平新时代中国特色社会主义思想,倡导科学精神。与此同时,我们不能盲目批判西方的理性精神,不能盲目学习西方国家的后现代主义理论。

当代中国社会主义现代化实践和现代文明的发展是中华民族进行文化形态建构及文化精神培育的根本基础。习近平新时代中国特色社会主义思想是我们进行文化建设的根本指导思想。建设和谐社会,实现人类文明的和谐发展和可持续发展是我们进行文化建设的最高价值原则。当代中国马克思主义

---

① 参考张志伟:《西方哲学十五讲》,北京大学出版社2004年版,第317~318页。

② 《马克思恩格斯选集》第1卷,人民出版社2012年版,第136页。

③ 《马克思恩格斯选集》第1卷,人民出版社2012年版,第155页。

是科学的先进的文化。我们应弘扬科学精神，培育科学精神，建构开放和谐的当代文化形态体系。

二、具体对策

1.全球化时代中国主导文化的建构对策

当代人类的生存方式和文化实践的突出特点是全球化和历史的世界一体化。全球化历史进程呈现了人类社会的整体系统性、交往相关性和生命动变性的特点，凸显了生命在世的个体意识及生命在世的整体意识以及相互关系。这种个体意识表现为个人、集体和民族等具有差别性要素的观念和现象，整体意识则表现为生命在世的系统观念和类观念。当代人类的全球化生存和全球化实践要求人们提升相应的思维方式，推动人类的文化实践和生存质量的优化进程。全球化时代的中国主导文化建构应以马克思主义的唯物史观为指导思想，坚持主导与指导、整合与包容、稳定与开放的统一，建构社会主义文化形态与文化体系。

（1）以开放与包容的思维方式理解与建构当代中国主导文化

人类历史是多样性与统一性的统一，是多样性规定的统一性的历史。马克思以西欧历史为典型个案阐明了人类历史进程所内蕴的统一性，这就是"五形态说"和"三形态说"统一视野下的人类历史。从公元1500年开始，西欧历史和西方文化"奇迹"般地开始了近代转型和现代化运动。这种文明是人类文化实践超越性的典型表现，它的突出特点是以工业技术为手段的工业生产对原始自然生产的替代，以商品市场为中介的分工交换对农业自给自足的封闭经济的更新，以资本增值为价值评价依据对所谓"个人道德的内在修养"的价值行为的置换，以大众文化为象征的现代世俗主义文化对"神圣的"宗教文明的冲击。总之，新产生的这种人类生存方式和实践方式呈现出"前所未有"的新气象，大大冲击着人类已经习惯的几千年的封建文明和农业文明。这种冲击不仅表现在西方内部传统文明，而且也扩展到西欧以外的世界各地，这就是历史上的世界资本主义运动，世界市场经济运动和世界殖民主义运动。如果没有西方文化的冲击，宋明后期的中国也在渐渐酝酿资本主义文明的因素。从事物变化发展的内部原因来说，中华民族的落后与被西方文明殖民的根本原因，在于我们自己的文明是属于传统的农业文明以及所形成的一体化的传统封建文化。所以，中国的近现代历史是中华民族遭受屈辱并为摆脱民族困境而进行的独立自主、求富求强的抗争历史。中华民族近现代历史的生存实践所苦苦寻求的正是中华民族的主导文化。

主导文化是一个民族精神的灵魂。转型期的复杂性、漫长性和曲折性就表现为中华民族对"什么是自己的主导文化"的探索，表现为以什么样的思维方式和价值观念来理解主导文化。这一艰辛的探索表现在一系列性质不同的拯救民族危亡的政治运动，其最终结果是以中国共产党为代表的中华民族选择了马克思主义，并进一步将马克思主义中国化。不同的历史时代面临不同的生存问题决定着人们对主导文化的理解以及对主导文化建构运用的思维方法；文化传统的特点和文化精神的时代差异也从深层上潜在地制约着人们的思维方式。近期关于主导文化在21世纪的培育和在21世纪创建马克思主义哲学新形态的探索也是上述问题在新时代的表现和推进。这些论争和探索所引发出来的理论分歧背后潜存着不同的思维方式。在全球化和世界历史进程中，理解和建构当代中国主导文化和马克思主义哲学新形态应坚持面对实际、与时俱进、开放包容的思维方式。21世纪人类思维方式变革的趋势表现为：从实体思维到关系思维、从客体思维进入主体思维、从单向思维进入多向思维、从静态的直观思维进入动态的变革思维。[①]

在主导文化和意识形态的理解上，不相容的"独尊"思维方式、政治问题绝对化思维方式，将思维方式与价值意义绝对等同起来，其结果必然是脱离实际、思想僵化、封闭落后，成为思想发展的桎梏，给革命和建设事业造成巨大损失。"两个凡是"就是典型代表。系统论、多向性、包容性和开放性主导的思维方式要求主导文化应具有开放的胸怀，作为精神旗帜的作用应具有引领气质。主导文化本身要担当起主导功能，必须具有科学的思维方式。只有这样才能达到价值观上的一致，实现情感上的认同。"先进文化"的内涵及"先进

---

① 李德顺：《21世纪人类思维方式的变革趋势》，载《社会科学辑刊》2003年第1期。

性"的意蕴本身就应具有这种维度的思维方式。这种主导文化不仅在精神上起到控制与引领作用，而且应在统一和稳定中实现创新。对社会公共心理和精神意识进行引导，对公共秩序进行规范。合理性与合法性是主导文化和意识形态的现代走向。无论是在战火纷飞的革命岁月里，还是在改革开放的建设年代里，中国共产党人都没有停息过对马克思主义中国化具体形态问题的探索。对马克思主义哲学中国化及具体形态问题的探索是理解主导文化和建设主导文化问题的核心，是中国特色社会主义文化建设的本质内容。一百多年来，中国在多种文化的对话中，在器物、制度、文化等不同的层面，一直在寻找着自己的文化身份。问题是一百年来我们失去了我们自己，也失去了我们的文化身份。任何哲学的基本面貌与言说话题，都离不开其所处时代的文化语境。①

当今中国社会正处在社会转型的关键时期，它内在地要求人们从理性的高度来判断中国社会的历史方位，澄明社会发展的价值前提，反思未来发展的可能道路，也即是说，创建当代中国哲学理论，乃是中国人反思自己的生命历程、理解自己的生存境域、寻找自己未来发展道路的内在要求和迫切需要。探索当代中国的哲学发展道路，从根本上说是探索当代中国马克思主义哲学的发展道路。②马克思主义哲学具有高度自觉性。这种高度自觉性表现为对时代的自觉、对实际问题的自觉、对理论自我的自觉，集中表现为对人的生存现实的物质文化和精神文化的整体性自觉。马克思主义哲学的真精神就是其高度自觉性，尤其是理论自身的自觉。马克思站在世界历史进程的高度，以人类性和世界性问题为理论视域，从社会有机体深层的经济生产和财富问题的批判着手，通过对资本主义制度和工业文明的批判，扬弃了文化的民族性和阶级性，发现了人类历史的一般特征，为人类历史和文化实践开拓了无限广阔的蓝图。马克思对现代人类的生命解读和生存文化的哲学批判无疑是最具科学性、批判性和开放性的。我们在理解和建设主导文化和马克思主义哲学的当代形态时，最重

---

① 张蓬：《寻找文化身份与"当代中国哲学"》，载《吉林大学社会科学学报》2004年第6期。

② 高清海：《中华民族的未来发展需要有自己的哲学理论》，载《吉林大学社会科学学报》2004年第2期。

要的是要把握住马克思主义哲学对现实的高度自觉和对理论自身的高度自觉精神。主导文化建设必须高扬马克思主义哲学的反思特点，问题学特性。"当代中国哲学"的话语离不开中国近代以来的社会与文化的主题。这种高度的自觉精神在面对文化资源上就体现为一种精神的博大胸怀，在外在实践上就是要有现实意识、全球意识和世界历史观念。

（2）树立"系统—功能—协同"的思维架构，培育中华民族新文化个性

中华文明之所以能够历尽百劫而不衰，屡受磨难而常新，内在根据是具有特别优化的文化基因。所谓文化基因，就是决定文化系统传承与变化的基本因子、基本要素；其中最重要的是结晶在一个民族语言文字系统中、升华为哲学核心理念的思维方式与价值观念。在中华文明思想宝库中，蕴涵着未来世界新型文明的文化基因——这是一个需要我们今后深入发掘的一个巨大思想库、信息库、文化基因库。这一文化基因工程的双重使命是：面对全球化与现代化的时代大潮，走现代化与民族化统一的大道，既保持中华文明的民族性与主体性，又增强中华文明的开放性与创新性。[①]但是，中国传统农业文明的成熟性使得传统日常生活世界的异常发达，而传统日常生活的内在图式形成了自然性、经验性和人情化的文化模式。这种文化模式不仅是传统日常生活世界的文化图式，而且渗透和同化了非日常的社会活动和精神生产活动，成为社会的主导性文化精神。因此，全方位地突破传统日常生活世界的文化图式对现代性的严重腐蚀力，是中国社会面临的长期而艰巨的历史任务。[②]

第一，人类社会正处在一个关键的历史发展时期，我们应树立"系统—功能—协同"的思维架构。由于在信息技术和现代交通手段基础上实现的全球性交往的发展，由于西方资本主义发达国家主导的经济全球化的发展，由于超级大国的存在及其竭力推行单边主义的政治经济文化霸权，当今世界存在发展的多样性问题，尤其是文化的多样性和发展的多样性问题显得特别突

[①] 王东：《中华文明的五次辉煌与文化基因中的五大核心理念》，载《河北学刊》2003年第5期。

[②] 衣俊卿：《论中国现代化的文化阻滞力》，载《学术月刊》2006年第1期。

出、特别重要也特别复杂。在社会信息化基础上形成的信息文明，使人们的日常生活和社会发展呈现出新的多样化特征，为客观世界的多样性增加了新的内涵。①不同文明之间的竞争与融合始终是人类社会进步和发展的内在动因。人类社会自20世纪90年代以来，经济全球化进程得到了新的发展，世界不同文明之间的竞争与融合进一步加强。塞缪尔·亨廷顿在《文明的冲突？》一文中，对世纪之交和21世纪不同文明的竞争与融合做出了颇有争议的结论："新世界冲突的主要根源不再来自意识形态或经济因素。人类的最大分歧及冲突的主要根源将来自不同文明的差异。"②当今时代，地区性冲突虽然不断，但是不是世界趋势的主导方面。文化，虽然是冲突的重要起因，但不是冲突的根本原因。

第二，文化建设既应坚持主导文化的统一性，又应坚持文化形态的多样性、文化体系的丰富性；主导文化既应具有统摄性，又应具有反思性、宽容性、开放性等科学精神。每一民族的每一时代的文化，都构成一个体系。在每一时代的文化体系中，必然有一个主导思想成为占统治地位的思想。如果各种支流思想杂然并陈，纷纭错综，而没有一个占统治地位的主导思想，则不利于社会秩序的稳定。张岱年先生说："从世界文化史来看，每一民族每一时代的文化，既须确立一个主导思想，又须容许不同流派的存在，才能促进文化的健康发展。马克思主义与中国文化优秀传统的结合，应是中国文化发展主要方向。时至今日，理学的时代久已过去了，应该建立中国文化的新统，事实上，中国文化的新统已经在建立之中。"③在培育中华民族新文化个性问题上，宗白华先生也有切身的体会和感受。宗白华先生于1920年5月赴德国留学，先后在法兰克福大学和柏林大学学习哲学和美学。1921年2月11日《时事新报·学灯》刊登了他给李石岑的一封信，题为《自德见寄书》。这封信现在收入《宗白华全集》的第一卷。宗白华先生说："我以为中国将来的文化决不是把欧美

---

① 陈顺武：《论世界的多样性》，载《中国社会科学》2004年第1期。

② 〔美〕塞缪尔·亨廷顿：《文明的冲突？》，美国《外交》1993年夏季号。

③ 张岱年：《试论中国文化的新统》，载《中国文化研究》1994年夏之卷（总第4期）。

文化搬了来就成功。中国传统文化中实在有伟大优美的，万不可消灭。譬如中国的画，在世界中独辟蹊径，比较西洋画，其价值不易论定，到欧后才觉得。所以有许多中国人，到欧美后，反而'顽固'了。中国以后的文化发展，还是极力发挥中国民族文化的'个性'，不专门模仿，模仿的东西是没有创造的结果的。但是现在却是不可不借些西洋的血脉和精神来，使我们病体复苏。几十年内仍是以介绍西学为第一要务。"[1]21世纪的历史还将继续证明，宗先生这封信中的论断和主张是正确的，是充满智慧的。特别是宗先生说的"极力发挥中国民族文化的'个性'"这句话包含着深刻的真理。拒绝学习西方，实行封闭政策，或者蔑视中国文化，否定中国文化的独特价值和光彩，抛弃中国文化的个性，全盘照搬照抄西方文化，这样两种极端的做法和主张，都是错误的，是行不通的，是终究会被历史所抛弃的。

第三，文化形态和文化模式的构建，文化精神的培育，既要立足历史与现实，更要面向未来。每个文明，都有自己独特的建构模式。"文明的建构模式"，是指在这个文明中，人类进行创造世界(物质世界和精神世界)的活动，在构筑其文明时，所追求的基本目的与所采取的基本手段的总和。追求个人和集体生命的生存与发展这一普遍目的，在华夏文明与西方文明中有不同体现，从而造就不同文明。华夏文明的建构范式，是以社会自身生命的生存与稳定为目的，以"整体系统逻辑"和综合方法以及负反馈社会机制为手段所构成的总体。由此而创造了"集体生存稳定型"文明。而西洋文明的建构范式，则是以个体生命的外向扩张为基本目的(以个体为本位的生存目的指向身外的彼岸世界或金钱)，以命题推理逻辑、分析方法以及正反馈社会机制为手段所构成的总体。由此而创造出"个体外向扩张型"文明。现代西方文明正是这种文明在资本主义生产方式下的表现。[2]文化，尤其是宗教与哲学最具有传统性。哲学具有人类性，哲学同时又属于那种历史性、时代性、民族性，一句话，赋有个

①　叶朗:《极力发挥中国民族文化的"个性"》，载《北京大学学报》(哲学社会科学版)2004年第1期。

②　鲁品越:《文明建构模式与中西差异的根源》，载《南京大学学报》(哲学·人文·社会科学)1997年第1期。

性化的理论。哲学理论所以有个性，这同人的本性有关。就本源意义而言，哲学代表的是一种人所特有的对自身生存根基和生命意义的永不停息的反思和探究性活动，通过这种反思和探索，不断地提升人的自我意识和生存自觉，这是哲学的根本使命。中华民族的生命历程、生存命运和生存境遇，具有我们的特殊性，我们的苦难和希望、伤痛和追求、挫折和梦想只有我们自己体会得最深。我们以马克思的哲学为指导，对于这类具体问题也仍然需要有我们自己的理论去回答和解决。[①]"哲学"是民族之魂。哲学标志着一个民族对它自身自觉意识所达到的高度和深度，体现着它的心智发育和成熟的水准。从这一意义说，创造"当代中国哲学"，实质就是要创造中华民族的"思想自我"。这里说的"当代中国哲学"，首先，意味着它是"中国的"哲学：它在生活基础、思想主题、问题意识、致思思路、表述风格等等方面，都应该反映出自己鲜明的"民族个性"。其次，它是"当代的"中国哲学。毫无疑问，它作为中国哲学必须充分吸收中国传统哲学丰富的文化资源，但它的基点是立足中国的当代现实，它的理论应该具有鲜明的时代特征。再次，哲学的"民族性"和"时代性"只能通过哲学家个体生命的理性活动去体现，因此"当代中国哲学"作为中国哲学家通过个人生存体验和生命领悟自由独立的思想探索的产物，它必然凝聚着哲学家强烈的个性。最后，"当代中国哲学"生长在世界发展到今天的理论语境，它必须以人类文化已有的全部历史的成果为基础，并广泛地吸纳别国一切有价值的先进思想，从这一意义上说，它作为当代中国的哲学，同时也就具有了世界性和人类性。"当代中国哲学"就是这样一种由中国哲学家探索、创造的主要反映我们自身问题的"民族性""时代性"和"人类性"内在统一的哲学样式。[②]

中国特色社会主义综合创新文化观认为中国文化的现代化，只能走"古今中外，综合创新"的道路，就是以中国古典传统文化作为源远流长的母体文

---

① 高清海：《中华民族的未来发展需要有自己的哲学理论》，载《吉林大学社会科学学报》2004年第2期。

② 高清海：《中华民族的未来发展需要有自己的哲学理论》，载《吉林大学社会科学学报》2004年第2期。

化，以西方近现代文化作为激发现代化活力的异体文化，以马克思主义指导下的社会主义文化作为起主导作用的主体文化，在马克思主义和建设中国特色社会主义理论指导的，以中国现代化为主体目标，借鉴中西文化的精华，创造出中国特色社会主义的新型文化。从20世纪40年代毛泽东提出的古今中外和新民主主义论，到20世纪80年代邓小平提出的改革开放论和建设中国特色社会主义理论，再到"三个代表"重要思想和科学发展观的提出，中国共产党人一直高举马克思主义综合创新论的文化大旗，代表着中国文化现代化的正确方向和思想主潮。中国共产党人在革命和建设过程中以马克思列宁主义为指导思想，以中国文化的传承为底蕴，以当代中国和世界的实际状况为问题域建构了具有中华民族个性的新文化。

（3）充分利用现代传媒工具和技术进行主导文化建设

随着现代文明的发展深化，人类文明进入了一个关键时期。20世纪中叶以来，以当代科学技术革命为基础而实现的人类文明形态的变革及转换，构成了当代人类特殊的生存困境：一是以技术革命为基础的对自然的攫取所造成的"全球问题"，二是由对物的依赖性所造成的人的"物化问题"。人的"物化"问题，是当代愈益突出和最为根本的"全球问题"，它构成了当代人类生存的深层的文化危机。[①]现代传媒技术、精神生产和文化大众性构成当代主导文化建设的三个重要因素。大众文化是当代社会主义文化建设的重要形态之一；同时，精神生产必须借助现代传媒工具和技术并通过大众文化形式方可得以落实。现代文化传播和精神的再生产离不开现代传媒工具和技术。所以，三者是相互为用的关系。对于现代传媒技术，要对它的工业性、市场性、商品性加以规范和引导；对于大众性文化，要对它的媚俗性、炒作性，加以限制和规范；对于精神生产，也要重视其形式的多样性、内容的丰富性，既要将精神的再生产与个人的人生意义和信仰联系起来，也要注意不能将社会的精神再生产直接等同于个人的信仰和人生意义。我们只有将三者结合起来，才能有效推

---

① 孙正聿：《当代人类的生存困境与新世纪哲学的理论自觉》，载《社会科学辑刊》2003年第5期。

进我国主导文化的建设。全球化时代，西方文化的中心主义与绝对化价值观对全球的控制方式主要是通过人才掠夺，或运用信息、科技、政治、文化及大众传媒等方式进行控制，从而构造其全球"知识霸权""数字鸿沟""后殖民"与"新帝国"结构。作为人类社会的当代生存方式与文化实践方式，"全球化时代"的思维方式发生重大转变，即从以启蒙理性为基础的现代主义精神的旧全球主义转向以后现代的多元化为特质的新全球主义。①

在当代，精神文化及其再生产越来越具有特殊的意义。美国学者克利福德·格尔兹认为，从经验中寻求意义，给经验以一定形态和秩序，人们的这种倾向也许和生物需求一样真实和具影响力。象征性活动——宗教、艺术、意识形态，为生活中的人们去理解在世界中的自我提供定位。②帕森斯认为，一个人类群体的行为方式，是他们的文化表达。这种文化表达发展出一种作为人们用来给自己的经验赋予意义的符号体系的文化概念。人造的、共享的、传承的、公认的、有序的以及确实是习得的符号体系，为人类互相适应，适应他们周围的世界及适应自我，提供了一个有意义的框架。一种意识形态不过是一种特殊的符号系统：是一个被集体成员共同遵循的信仰体系……通过对集体的经验属性的解释和所处环境的解释，他与评价性集体整合相适应，是它发展成其既定状态的过程，是这个集体的成员共同追求的目标，是他们和未来时间的发展道路的关系。③德国学者鲁道夫·奥伊肯说："人是一种思考和反省的存在，因此，他必定追求一个包罗万象的整体。倘若他不能找到它，生活对于他便成为一片荒凉的空地……人永远不能只是他的纯粹主观状态。"④他还认为："现今生活状况的论述需要有三个要点：一是我们需要一个稳固的基础，即精神支

---

① 任平：《新全球化历史语境与马克思主义哲学三大创新路径》，载《江海学刊》2003年第1期。

② 〔美〕克利福德·格尔兹：《文化的解释》，纳日碧力戈等译，上海人民出版社1999年版，第163页。

③ 引自〔美〕克利福德·格尔兹著：《文化的解释》，纳日碧力戈等译，上海人民出版社1999年版，第285页。

④ 〔德〕鲁道夫·奥伊肯：《生活的意义和价值》，万以译，上海译文出版社2005年版，第38页。

柱；二是我们需要首创性，即发明创造的能力；三是我们需要摆脱不纯洁的动机，即我们的生活要有意义和价值，必须是伟大而高尚的。"[①]因而，英国学者约翰·B.汤普森认为，现代文化传媒化的体制核心，深刻而不可逆转地形成了象征形式在现代社会中生产、传输与接收的方式，以及人们经历在时空背景上远离他们的行动与事件的方式。"现代"就是象征形式的交换不再首先局限于面对面互动的背景，而是广泛地、越来越多地由大众传播的体制和机制所中介。现代文化的传媒化进程是和工业资本主义的发展并进的，是和现代国家的兴起并进的。这种轮廓正日益具有全球性质。[②]

现代文化的传媒化，必须重新构建某些技术传输手段以及这些技术手段已经并且仍然在部署的体制形式。人类历史的演进是由人类生存实践所创造的各种文化因素综合起来的整体性和一体性演进，这种历程的实质是以人的生命能动性为基础所构成的多样性和统一性的历程。从总体上来说，人类实践的技术更替和经济生产模式的更替构成并决定人类历史的演变动向，但是，每一个特定时代的技术和生产并不决定文化传统和文化精神内在连续性和历史指向性，反而甚至是它的产物。人类作为文化存在任何历史时期都是一种整体的系统状态，但将人类的生存实践表征出来并传承下去的只能是精神文化，特别是深居于人类精神深处的思维框架和情感信念。它表征着人类历史演变的基本特征并构成人类历史精神方面的灵魂。

从历史社会学的研究中我们也看到，技术生产模式的创造和更替是相对较容易做到的，然而某一时期的精神文化的整合和创造却非常困难，而且需要很长的时期，造成这种情况的一个重要原因在于精神生产的传统规定性，内在深层性以及与人的生命意义信念等特殊品质。微观人类精神演变的历程，原始时代是以巫术、自然宗教为代表的精神神秘指向，中世纪是以宗教等人文精神为代表的神圣指向，现代是以自然科学、现代哲学为代表的分析理性指向，当

---

① 〔德〕鲁道夫·奥伊肯：《生活的意义和价值》，万以译，上海译文出版社2005年版，第64页。

② 〔英〕约翰·B.汤普森：《意识形态与现代文化》，高铦等译，译林出版社2005年版，第16页。

代则是以科学创新、信息技术，及相关的经济整合为基础而形成的分析——综合指向。因此，我们不但要以这种全球化和世界历史进程的精神特质来把握世界性和人类性问题，同样我们也要用这样的精神去指导我国当代的文化建设和主导文化建设。在当代中国，作为人类解放和人的全面发展学说的马克思主义哲学，不仅仅是作为一种"学说"或"学术"而存在，而且是作为人民愈益普及的"学养"而存在的。任何一种哲学学说，只有当它成为人的精神生活的真实内容的时候，也就是只有当它成为规范人们的所思所想和所作所为的"学养"的时候，它才能够真正成为人的"世界观"和"人生观"。作为"学养"的马克思主义哲学，它是把人的全面发展的哲学理念实现为每个人的自觉追求。[①]

2.全球化时代中国精英文化如何走出困境？

（1）中国精英文化陷入困境的原因

要找到精英文化走出困境的办法，首先应该寻找其陷入困境的原因。在精英文化失落的现象进入文化精英们的视野之后，疑问随之产生：精英文化为什么能够沦落到如此田地？精英文化失落的原因是什么？当然，我们给出的答案相对来说也是比较明确的。

第一，商业化的影响。尽管关于精英文化失落的原因看法不尽一致，但有一点学者们的意见是共同的，那就是商业化成为导致精英文化失落的根本原因。

中国市场经济体制于1992年得以确立，主流意识形态对市场经济的接受，使文化精英们不得不面临商品规则的新考验。但是，习惯了依靠政治和权力纵论关于人生、道德、价值、和理想等宏大叙事而又不屑于物质和世俗之利的文化精英们，面对这一新的考验，显现出应对上的极大的不适应，正如陈平原所描绘的那样："对他们来说，或许从来没像今天这样感觉到金钱的巨大压力，也从来没像今天这样意识到自身的无足轻重。此前的那种先知先觉的导师心态，真理在手的优越感，以及因遭受政治迫害而产生的悲壮情怀，在商品流通

---

① 孙正聿：《20世纪上半叶哲学观论争与当代中国哲学发展道路》，载《吉林大学社会科学学报》2005年第1期。

中变得一文不值。"①也就是说，商品经济大潮对精英知识分子的冲击，首先在其心理上形成重创，产生一种文化失败情绪，对自己的社会地位和作用不再保持原有的自信。自信心的丧失是自己打败自己的表现，这是所有失败中最彻底的一种失败，因此在与从市场经济中崛起的那批经过商品经济大潮摔打过的"后知识分子"们竞争文化地盘时，是那样的力不从心。

其实，精英知识分子的文化自卑与"后知识分子"的文化自信虽然表现为一种主观的差异性，但是有其客观原因。中国20世纪90年代以来，在"后知识分子"手中生成的大众文化，极大地刺激和满足了大众感官欲望，改善和丰富了人的生存状况，提高了人的生活质量，相对于之前三十年片面宣扬道德价值和精神追求、压抑人的感性欲望的生活方式，是一个巨大的转折和更新，是社会生活由抽象、冷峻的政治王国向感性的日常生活世界的回归。同时，功利性和世俗化的大众文化消解了文化一元化的文化特权性、独断性和教条性，使文化向多元化和民主化方向推进；开放性和宽容性的大众文化以其丰富多彩的表现形式，塑造出共享的文化空间，解构了以往封闭而狭隘的文化形态，强烈激发人的参与欲望和体验热情，为人的本真生存状态的复生和生存意义的自觉生成创造现实的可能性。可见，大众文化在中国的诞生，打破了以往文化事业国家化和意识形态化的大一统格局，对中国人的解放具有空前的价值和意义，是中国社会文化发展史的一个巨大进步。这正是"后知识分子"因其杰作受大众追捧的理由，而这一理由的另一重效应，就是文化精英及其支撑的精英文化受到空前冷落。尽管个别学者站在精英文化的一边发出同情和惋惜的感叹，把它沦落的原因归结为文化资源竞争游戏规则的不合理以及文化市场的不健全，但现实就是现实，精英文化的失落已为既成事实。

第二，职业化的腐蚀。如果说市场经济的发展和大众文化的形成是精英文化失落的直接原因的话，那么一些相对来说比较间接的现象的存在则强化了这种失落，而且这些现象也没有逃出学者们的视野。他们认为，知识分子的职业化也腐蚀着它的独立性和批判精神。所谓职业化，是指知识分子以自己的专

---

① 陈平原:《当代中国人文观察》，人民文学出版社2002年版，第2页。

业为谋生的手段。由于知识分子的职业化，使他的视野仅仅局限于其所为，而不能望见为何为，不能在自己所从事的活动与社会和历史之间建立起直接联系，崇高的使命感以及超越性的价值指向全都在他的视野之外。冯友兰先生曾把人的境界分为四种：自然境界，顺习而行；功利境界，生物之理；道德境界，尽伦尽职；天地境界，天地合一。职业化的知识分子，至多属于功利境界之人，因为他虽然知道做，但只知道为自己而做，不能以自己行为的社会意义对行为本身自觉引导，如此这般，知识分子的批判性即无从谈起。同时，职业化了的知识分子，由于视野被局限于自己所从事的职业范围之内，具有产生专家崇拜和教条思维的可能性，与这种可能性对应的则是独立性的丧失。批判性和独立性是知识分子的本质规定，这些本质属性的丧失意味着知识分子价值难再、名不符实，由此造成的人文知识分子的边缘化和精英文化的失落实属自然而然之事了。这里，我们把职业化作为知识分子边缘化的间接原因，主要是相对于市场经济和大众文化这两个新生事物，在中国社会变革和转型时期的突出作用而言的。其实，从人类历史的长河来看，这样的社会大变革和剧烈的转型，应属于非常态，对于社会和文化发展来讲，其意义之重大毋庸置疑。但是，这种机遇对于追求着自己目的的具体的人而言，是可遇而不可求的，也就是说深具偶然性。因此，如果说20世纪末期市场经济体制在中国的确立和大众文化在中国的兴起，直接导致精英文化失落，属于一个必然中的偶然的话，那么职业化带来的知识分子边缘化以及精英文化的失落却是偶然之中蕴含必然。长远来看，这是我们保持精英文化的作用以及因此而维护精英文化的地位时，更值得加以警惕的方面。

第三，西方思想的催发。西方知识分子批判理论的引进，也是引起知识分子边缘化的一个间接原因。我们看到，在西方后现代理论中，在批判传统和现代性的同时，对于启蒙时代以来知识分子的作用以及人们对这一作用的向往，都是持怀疑和否定态度，其主要代表者是福柯和利奥塔。福柯认为任何时期的知识类型同时就是权力机制，学术研究的目的是实现社会控制，知识分子就是权力系统的代理人。利奥塔把后现代看作是关于真理、知识和进步等现代性的终结，即知识分子作用的终结，这同时也意味着知识分子的死亡。所谓知识分子的死亡可以做如此理解：以往知识分子总把自己放在人、人类或人民的位置上，认同于一个普遍价值的主体，习惯于针对社会每一个人发言。而进入后现代社会之后，他们所赖以建构的一套整体性的元话语已经完全解体，在这个已经不断地趋于多元化、局部化的社会中，知识分子作为其原来对社会全体所承诺的那些整体性话语的承担者已经不存在了。从这个意义上来说，知识分子已经死亡了。随着后现代主义思潮在中国的崛起，一部分"后"学者在宣称中国已经进入后现代社会的同时，接过福柯和利奥塔的理论，断然宣布中国的知识分子也已经死亡。

我们认为，任何话语的产生都有它独特的话语时空，即语境。中国的"后"学家们参照西方知识分子理论，形成的关于中国知识分子存在状态的结论，显然是建立在语境错位的基础上。从中国向西方看，知识分子已经死了；从西方向中国看，知识分子也该死了。总之，中西方的知识分子都不该活着！其实，即使是在当下，就中国社会有待改善的民主状况和知识分子的弱势状况而言，知识分子独立性的获得仍然处于一个未完成的过程之中，这一切与西方后现代国家相比，都有我们自己的特殊之处，难以同日而语（这里不再细数中国"后"学家们对西方知识分子思想的教条化、形式化和片面性理解）。然而，中国的"后现代"思想却毋庸置疑地给已经处于边缘化过程中的中国人文知识分子又一致命一击，这简直就是雪上加霜，加大了精英文化的失落速度。

（2）中国精英文化的拯救

有这样一群文化精英，把持着"任何社会都不能缺少精英文化"的信念，出于对中国现时代精英文化现状的不满，在心中涌动起一种不甘的情绪，于是设法拯救精英文化也就成为顺理成章之事。

第一，文化精英的自我蜕变。自觉改变自我意识，根据变化的历史给自己的作用重新定位，是文化精英通过自我蜕变拯救精英文化的重要策略。中国在20世纪70年代末80年代初实施的改革开放政策，对中国社会历史进程的改变的意义已经超过我们的想象力。想当年小平同志曾说改革也是一场革命，因为它起到了解放和发展生产力的作用。按唯物史观的思路分析，生产力是社会的最根本因素，其发展和解放属于社会有机体的最终变化。生产力的发展将引起整个社会方方面面的变更，包括生产资料所有制的性质、生产的形式、政治的体制、政治的组织以及对这些客观层面反映的观念形态。不同的群体有不同的群体意识，但无论哪个群体的意识，无不被改革的大潮荡涤着、更新着，精英知识分子这一社会风向的敏感者则更是如此。

通常，我们都认为社会是由人构成的，但我们认为这里所说的"人"并非个人，而是群体，由于不同群体的内在构成的差异以及不同群体之间的关系的制约，使得不同群体在一定社会结构中的地位和作用形成一定的差异，而且，随着历史条件的变化，这种地位和作用表现为一定的历史性和复杂性。社会群体的地位和作用与社会改革关系紧密，从一定意义上讲，现代意义上的社会改革，其本质逻辑是社会中的人作为主体的全方位呈现，即所有群体主体能力都得到的最大化发挥。中国的这场改革也是如此，它仰赖着中国人现代化建设者主体意识的形成和强化，以及这种意识在实践中实现为现实的物质力量，进而逐步实现自己的目的。然而，形成鲜明对比的是，计划经济时代，由于计划性成为人们行为的出发点，相对而言，这是一个重观念的时代，对观念的重视必然把社会的尊崇趣味，导向观念者即思想者，所以文化精英因其对社会文化和生活的引导作用，而在地位上被定位在社会结构的中心，在人格上受到整个社会的尊崇。商品经济作为新的生产形式，首先在劳动资料的使用方式和社会劳动的组织方式上打破了计划经济时代大一统的一元化的单调模式，社会生活从终极意义上获得多样性的能量。同时，生产社会化程度的提高，为每个社会成员能力的提升给予了更多的条件，为其作用的发挥提供了更大的空间。相对而言，这是一个重视物质效益的时代，物质效益的重视，意味着社会首先对实践者地位的尊重和价值的肯定，改革者、企业家、文化产业的成功人士是时代的宠儿。社会存在决定社会意识，社会价值取向的这一变化促使文化精英心态发生改变，催生着他们新的自我意识的形成。他们不再把自己当作民众的精神导师和历史的主体，不再好高骛远，不再以舍我其谁的态度发言。而是保持信念、信仰不变，坚持价值理想追求不改，与此同时又认为，直面世俗化的潮流，以冷静的态度、理性的批评取代对现实的拒绝和抵抗，是人文学者顺势而变的正确选择。文化精英们的心理和观念的这些变化，为他们揭示世俗化之弊患、肯定现代化中国之必然，奠定了精神基础。

第二，挽救人文精神。与大部分文化精英通过自我蜕变的方式做着拯救精英文化的方式不同的，20世纪九十年代初期中国学界开始了一场挽救人文精神的大讨论，所以称作"挽救"，是因为有学者认为，中国当下社会由于世俗化的到来，使人文精神丢失或部分丢失了本该有的气质。

之所以把这场关于挽救人文精神的大讨论作为精英文化拯救的表现，原因可以从内在和外在两方面分析，首先，从人文知识分子本身看，社会的发展与他们的命运紧密联系在一起，转型期的中国社会，世俗功利价值成为主流价值，这必然冲击他们的安身立命之所，于是，应对世俗化的冲击，保持知识分子在这股大潮中的精神独立和社会良知，拒绝随波逐流，成为他们安顿自己心灵的首要任务。同时，发现社会问题并对之进行分析研究，提出解决方案，即社会批判，历来被看作是知识分子的使命。所以，面对市场经济和大众文化对人们价值观的影响，对世俗化的社会现实进行批判，通过挽救人文精神来实现文化秩序的重建，规范人们的价值取向，成为这一时期人文知识分子完成社会使命的主要途径。

关于人文精神大讨论的实质，实际上是如何评价人文精神和世俗精神的作用，问题的关键是如何对待世俗精神。这场讨论最早始于文学领域中对以王朔为代表的"痞子化"写作方式的批评，这一批评由《上海文学》1993年第六期上的一篇对话——《旷野上的废墟——文学和人文精神的危机》提出之后，迅速引发一场从文学到文化、从文化到社会，涉及大众文化、社会道德、人文科学以及商品化、市场化，以及由此而起的世俗化等领域和方面的持续到20世纪90年代末期的大讨论。1993年中国市场经济体制的正式确立，大大加快了改革开放的步伐，其直接结果便是商业化和世俗化程度的加深，在文化上的表现即是文化产业和文化市场的空前繁荣，以及伴随而来的大众文化的兴旺和精英文化的相形见绌，这一切构成本次大讨论的直接原因。参与讨论的观点主要有三派：以张晓明、王彬彬、张承志等为代表的文人学者的人文精神派；以王蒙、刘心武、李泽厚为代表的世俗精神派；以陶东风等为代表的人文精神与世俗精神统一派。尽管这场讨论是在所讨论的对象范畴界定尚不很严密的情况下就匆匆开始，但大方向是一定的：人文精神是作为世俗精神的对立面被提出的。针对人们被市场经济引导起的对物质和消费的高涨欲望，以及这种日趋高涨的欲望对人们精神追求和意义向往的销蚀，人文精神派凭借人文激情，以文化斗士的形象冲向战场，向社会的世俗化展开精神圣战。他们以"终极关怀""宗教精神""神圣"的倡导极力抵抗物质享受对人们的吸引和诱惑，用道德理想主义拒斥着文化的商业化、市场化以及社会的世俗化。

与此同时，世俗精神的代言者也摆出一种论战的架势迎战人文精神派，对商业化、市场化、人的物质欲望给予历史性的肯定。相对而言，世俗精神派的战斗性较之人文精神派温和许多，他们不是把人文精神作为世俗精神的直接对立面，而是尽力从抽象议论的话语范围中走出，以社会实际做根据，认为计划经济以及反映这种经济体制的极左意识形态才是人文精神的大敌，而商业化、市场化以及世俗化在中国的登场，本身就身负取代计划经济及极左意识形态的使命，并在实际的历史进程中的确起到了这样的作用。

本次大讨论的一个直接议论对象是大众文化，这是由于大众文化与世俗化的直接亲缘关系所致，所以它成为人文精神派和世俗精神派首选的贬褒对象实属必然。我们看到，前者借助于西方法兰克福学派文化工业理论对中国大众文化给予了重磅轰炸和严厉鞭挞，理由在于大众文化不同于精英文化的那些本质特点是对人文精神的否定；世俗精神派则反其道而行之，对大众文化大加褒扬：消解极左意识形态、解构政治社会、否定文化专制、消除物质与精神匮乏……

不可否认的是，争论双方都由学界精英组成，但论战的形式却制约着讨论者的辩证思维，当论战本身成为目的时，对象的真实存在被分裂为二元，有意地张扬和故意地遮蔽成为双方必然采取的策略。可悲的是，方法的形而上学不仅使大众文化的公正评价成为泡影，也使得精英文化的拯救陷入不可能。

然而，僵局最终因难以解决问题而被打破。随着改革开放和市场经济纵向深入的发展，经济进一步的繁荣、政治民主化程度的提高、文化多元化的趋向，一个蒸蒸日上的中国在世人面前矗立，这从历史的角度给国人的乐观态度以激励。在此基础上，人文精神派和世俗精神派都冷静地审视自己的观点，宽容地对待对方的看法，结合现实分别找见对方的优长和自身的不足，具体而言，世俗化的不足日渐显现，精英化的准宗教式的极左意识形态造成的历史教训，都在警示着这场大讨论的参加者。他们发现，双方实际上是在相同的时代背景下，对同一个问题，运用着共同的思维形式，为了同一个目标，在做着同样的努力，只是着力点不同而导致结果相去甚远。其实两极本是相通的，世俗精神派对此更为明确：世俗精神本来就是人文精神不可或缺的一部分。于是，顺着这条运思理路，形成了以人文精神与世俗精神的结合和统一来拯救精英文化的第三派观点。

该观点认为，由于看问题的角度不同，导致了两派观点的差异：从历史主义的角度看，对世俗主义和大众文化给予较多肯定；从道德理想主义和审美主义的角度看，则对道德理想和人文精神给予充分张扬，然而，对于完整考察社会历史进程而言，其中任何一个角度都难以自足，二者合而为一是必需的。于是，第三派观点"超越历史主义和道德主义的二元对立"，[①]主张人文精神派和世俗精神派观点的良性互动、互补，并认为二者的良性互动、互补的可能性是存在的：世俗精神论者并非完全否定道德和理想，人文精神论者也不是彻底否定现代化，那么"只要我们放弃唯我独尊的，以一种价值尺度吞并或歼灭另一种价值尺度的极端化的排他性心理与思维模式，误读就不难消除，良性的互补也不难形成。这就要求我们本着历史主义的精神，在工具理性层面对世俗化加以肯定的同时，也要本着理想主义和道德主义的精神，在较抽象、超越的价值理性层面对之保持反省与批判，并在两者之间形成良性的互补关系"。[②]统一派不仅对二者良性互动和互补的客观基础和主观条件有清醒把握，而且对其意义也有明确的认识："这符合世俗文化或大众文化的两面性特点，即消解官方文化的同时，也消解着人对于终极的、深度的、超越的意义与价值的探索与思考，这种超越之思对人类永远是必须的、珍贵的，而对于艺术尤其

---

① 陶东风著：《社会转型与当代知识分子》，上海三联书店出版社1999年版，第199页。
② 陶东风著：《社会转型与当代知识分子》，上海三联书店出版社1999年版，第201页。

是不可少的（当然它不能以文化审判官的身份自居）。同时这种互补关系也顾及到了文化发展的长远战略与眼前目标。超前的文化批判不能遮蔽或干扰对专制政治及文化的批判，不能否定或无视大众文化的现实政治意义与文化功能；但反过来，对大众文化的政治功能的肯定也不应当连它的负面性也加以肯定或掩饰"。①

从关于人文精神的大讨论这段历史中，我们看到了文化精英对文化发展的重要作用。历史唯物主义认为，社会生活的本质是实践的，所以从根本意义上看，社会历史是在人的实践活动中展开和实现的，而人的实践活动在现实活动中难免出现错误，由此可以断言，社会历史在试错和纠偏的过程中进行应该是其常态。文化精英作为思想敏锐的观念人，对实践中的偏向与错误最能作出理性反映，那么思想史成为一个试错和纠偏的历史，也就具有了一定的必然性，显然，关于人文精神的大讨论，就是人文知识分子关于中国社会发展由计划性到市场性，政治上由独断性的到民主性的，人的观念由准神圣的到世俗化的，文化上由一元化到多元化的转型时期，认识从片面到相对全面的转化过程，也是正确认识的逐渐形成过程，尽管关于人文精神的统一说也存在着一些有待解答的问题，比如大众文化的历史评价和价值评价两种尺度的地位是永恒不变或是具有历史性的问题等（这不仅是一个理论问题，也是一个实践问题，中西方关于大众文化评价的巨大差异就证明了这一点。这些问题的存在给后来者留下了想象空间，成为后来者运思的起点，这本身也是一种贡献），但它毕竟属于这场大讨论中各种观点中相对最完满的一种。若从纵向上看，把人文精神说看作讨论的"正"阶段的话，那么世俗精神说则是"反"阶段，而统一说无疑是处于"合"的阶段。无论从理论上还是从事实上看，统一说都是对人文精神说和世俗精神说的辩证否定或"扬弃"，是对后两者偏狭的克服、优长的保留，因而在对现时段中国社会文化状况的解释以及文化建设实践的论断上必定是优于它们的。但是，这三个阶段是一个不可分割的整体，三者之间相互联系形成的思想链条，共同构成穿越20世纪90年代的一条思想意识流，成为改

① 陶东风著：《社会转型与当代知识分子》，上海三联书店出版社1999年版，第201页。

革开放四十年精英文化发展过程的不可跨越的一个重要阶段，而绝非像一些人所认为的那样，把提倡人文精神当作人文知识分子闲来无事的无病呻吟，或者把讨论本身说成是一场毫无意义且结果不了了之的闹剧。

第三，重建知识分子公共性。在关于人文精神大讨论之后，许多学者开始从知识分子本身理性地探索精英文化的拯救途径，其中关于知识分子公共性的重建、培育知识分子的公共意识或公共知识分子的理论，不失为世俗化和多元化的中国社会中知识分子独特作用的发挥和价值的呈现的良好建议，是新时期重振知识分子雄风的必要选择。

改革开放后的中国，随着经济建设在人们实践领域的中心化，科学技术的发展和教育的现代化成为社会的主要诉求，当市场经济作为一种体制确立之后，又进一步强化了这种诉求，人们把对经济发展和财富增殖的希望寄托在科技和教育体制的改革和进步上。因此，中国在20世纪90年代也遇到了西方发达国家知识分子专业化和职业化的问题。在80年代的中国文化反思与检讨过程中，当知识分子把社会现代化等同于文化现代化的新启蒙意识流行时，也把自己当作社会改革的精英对待，认为自己肩负着引导现代化发展的重大使命，大有舍我其谁的豪情壮志，于是，知识分子的使命感、知识分子在现代化建设中的功能和作用等话语，成为当时人们热衷的主题。然而，20世纪90年代初的市场化潮流，以强大的政治和经济冲击力改变着中国知识分子的生存环境，同时也使他们对自己的社会地位和作用的认识发生转折，"岗位"意识应运而生，他们把"先天下之忧而忧，后天下之乐而乐"的情怀转变为具体行动，把以往"社会历史进程的引导者""民众思想的启蒙者"的形而上理想实现于切实的形而下操作。所以，多数知识分子在90年代逐渐产生一种学术关怀意识，认为知识分子应脱离政治系统，回归学术本身，以学术促文化。这几乎就是一场关于知识分子命运的大转折，有人认为，这一转折的意义可与20世纪初的科举制废除的意义相媲美。但是，任何事物的发展都无法逃避辩证法的法则：只要有所得必然有所失。当20世纪90年代初中国知识分子通过国学热和重建学术规范的思考开始学院化而进入现代的知识体制时，他们也许尚未料到随之而来的是知识分子历史责任感和使命感的淡化甚至在一部分人身上的消失。（其实，知识分子知识化是其本质使然，就像食应充饥水该解渴一样自然而然。但要知识分子与社会任务和历史使命之间建立联系，必需一种自觉干预，这种干预既可以是内在的也可以是外在的，内在者乃知识分子时刻保持的自觉意识，即本人的人文修养；外在者谓社会对知识分子有意识施加的影响，即社会对人文关怀的一贯倡导。但无论是内在者还是外在者，本质内涵只有一个，那就是对社会历史使命的责任担当。一个原子能研究者，他熟知核能机理具有必然性，但他却不必然成为一个反对核战争的和平主义者，要使后者成为现实，学者自觉的人文及道德修养和社会人文关怀的自觉倡导都不可或缺。）

针对知识分子社会历史使命感和责任感的异动，中国人文社会科学界的学者们掀起了重建知识分子公共性的大讨论。"重建"意味着通过人为的努力达到恢复的目的，因此知识分子公共性重建的实质是精英文化的拯救。在20世纪90年代末期一直持续到21世纪初的这次大讨论中，人们对什么样的知识分子是具有公共性或是公共知识分子这一问题，看法基本一致，但在中国是否需要公共知识分子这一问题上，看法却出现严重分歧。

持肯定态度的人认为，中国的专业知识分子为数不少，但具有公共性的知识分子却不多，特别缺乏敢于冲击旧思想、启发新思维、挑战陈规的思想者，所以，中国需要那些敢于以公众为对象、就政治和意识形态的公共问题发表意见的知识分子。不仅如此，持肯定态度的学者们还以事实为根据证明，当西方处于像波斯纳声称公共知识分子处于死亡阶段时，中国的公共知识分子正在再生：秦晖以"黄宗羲定律"为中国政治精英税费改革实践可能带来的社会不良后果提出了建设性的警示意见，这本身已经表示了作为学者的他对政治问题的密切关注和对所有平民百姓生存状况的关心。2003年，当年轻的大学毕业生孙志刚因无证件而遭收容并在收容过程中惨遭殴打致死时，中国的法学界知识分子拿起法律武器为当事人争取应有的权利，并取得重大胜利……这些重大案例向社会宣示了一个事实，中国公共知识分子是在的！

持肯定态度的学者不仅从经验层面证明公共知识分子在中国的实然性，还从理性层面对新的历史条件下如何重建知识分子的公共性出谋划策，著名学者、华东师范大学紫江特聘教授许纪霖就是这样一位突出代表。面对知识体制的日益完善以及由此带来的知识分子体制化生存趋势，许教授提出在现代知识体制内重建知识分子公共性的建议，当然这一建议的提出离不开西方公共知识分子的理论和实践的影响。

萨义德在对专业知识分子批判时认为，知识分子在本质上是业余的，也就是说，真正的知识分子不是为了某种利益而存在的，而是为了某种兴趣而存在，业余性是他的根本属性，它意味着知识分子的动力来自兴趣以及普遍的关怀。从事实上看，萨义德是自己思想的实践者：作为一名大学教授，身处学院内部和知识体制之中，萨义德因自己深厚的学术素养获得了专家和知识权威的称号；同时，萨义德仰仗自己的学术功底对社会进行批判，他也因此被视为知识分子良知的象征，与语言学家乔姆斯基一道被公认为美国知识分子的牛虻。萨义德以实际行动给体制内的知识分子如何获得公共性提供了榜样。

正是出于对西方公共知识分子的了解，许纪霖教授认为重建中国知识分子的公共性是可能的。他认为，公共知识分子首先要具有专业知识，这是他立足社会的文化资本。除此之外，对于一个公共知识分子而言，深厚的专业知识之所以重要，是因为它是实现公共关怀的知识依据。公共问题既然没有一个普遍有效的真理，那么各种人都可以对某一问题发言。这种不同的多元回应，势必要借助不同的知识传统和专业知识。专业的知识对于公共知识分子而言，并不是累赘，而是原初的出发点。对于公共知识分子来说，既然要对公共问题发言，他的知识就不能仅仅是专业的。专业与业余的知识分子的冲突并没有想象的那么大，完全可以在两者之间建构起一种内在的联系。当然这两者会有一定的紧张关系，但对于一个公共知识分子来说，如果在两者之间保持一种合理张力的话，他完全有可能在自己的知识结构里面作出合理的安排，成为知识体制内部的公共知识分子。许教授还认为，除了深厚的学术素养和公共关怀两个基本前提条件之外，成就一位公共知识分子还必须具有一定的职业道德，即对自己个体以及群体利益的超越。也就是说，当他对公共问题发言并对之作出自己的事实分析和价值判断时，应该把知识的良知和理性而不是自身的或自己所属群体的利益作为出发点和目的。可见，公共知识分子是知识人和道德人的统一。

另外，许教授还建议，实现知识分子公共性的重建，必须克服学术和思想的分裂。针对讨论中有人提出"中国社会八十年代重思想，九十年代重学术"的观点，许教授认为，思想和学术绝非对立的两极，二者可以相互融合成为"有学术的思想"和"有思想的学术"。前者是指孕育于深厚学理的思想；后者是指充满深沉而厚重的历史、社会、人文关怀的知识系统。学术和思想是相互支持的：良好的学术既离不开专业知识的供养，更不能缺少深刻的公共关怀和忧患意识的滋补，博大的公共关怀为扩大知识背景提供要求，成为动力；深刻的思想当然无法与深厚的知识素养隔绝，只有在专业学术领域有深刻扎实的研究，思想才不至于简单、肤浅、轻浮、媚俗。像许多具有公共性的知识分子一样，许教授对中国知识分子公共性的重建怀有特别的信心。知识分子的存在没有一个固定模式，体制的规定不能抑制他追求自由、寻找批判、努力超越的精神，知识分子精神永恒！

持否定态度者态度虽然一致，但理由却不尽相同。一种理由认为，凡是主张有公共知识分子存在，就等于在知识分子与共产党、人民大众之间制造生分关系，或者说"公共知识分子"概念提出的实质就是离间党和人民与知识分子的关系。该观点坚持的是"皮毛论"的逻辑，认为知识分子是工人阶级的一部分，是人民大众的一分子，是共产党领导下的一个群体，它从来都不是一个独立的实体，只有依靠人民群众，才能够生存；只有依靠人民群众的实践，他们的理论创造才有认识的源泉。所以，"公共知识分子"的提倡者主张所谓公共性即独立性是根本不存在的，历史上本来就不存在不属于任何集团和阶级的知识分子。

同时，第二种否定理由认为，提倡知识分子的公共性意味着宣扬英雄史观。该观点指出，由于把公共知识分子定义为"公共意识和公共利益的看门者""正义和良知的守护人""大多数沉默民众的代言人"，似乎只有公共知识分子对社会的批判才是真理的准绳、发展的动力，这显然是无视人民群众历史创造者作用的表现，必然导致英雄史观。从以上所谓否定理由看，持这种否定观点的人对什么是公共知识分子以及公共知识分子的属性并非清楚了解，这是它与"公共知识分子"观念持有者不能对话的根本原因。

第三种否定理由是以警示的形式提出来的，它提醒人们警惕公共知识分子思潮。2004年12月14日的光明日报上，发表了广东省邓小平理论和"三个代表"重要思想研究中心的文章，题目为《警惕"公共知识分子"思潮》，文章颇具代表性，反映了当下一大批人对公共知识分子关心公共事务、对现实持强烈批判态度的不安和担心，他们害怕这种关心和批判偏离改革开放和现代化建设大局，从而成为反对改革开放事业的力量。与第二种否定观念遵循着相同的实然逻辑，即世上没有超越任何阶级和利益集团的知识分子，"公共知识分子"论把知识分子视为超阶级的、公共事务的介入者和公共利益的守护人，这种知识分子观与我党关于知识分子是工人阶级的一部分的论断，与知识分子是中国特色社会主义事业的建设者的定位，与马克思主义知识分子观不相符合。知识分子不可能成为独立于现实生活之外的社会群体，就像一个人不能拔着自己的头发离开地面一样，它也不可能成为任何阶级、阶层或意识形态之外的漂浮群体。现实社会中的经济、政治、文化等因素都要反映到知识分子的意识中，即使是知识分子中的每一个个体，也不能独立于民族国家、社会阶级或阶层之外存在，实际上，知识分子都自觉不自觉地从属于一种立场、一个群体和一个目标。[1]可见，第三种否定理由来自一种担忧，即公共知识分子对社会公共事务的关注和批判不利于中国社会发展的可能。该担忧出自这样一种考虑，当前，我国正在进行中国特色社会主义的伟大事业。尽管目前我们在前进中还存在这样那样的矛盾和问题，然而有民族意识和社会良知的知识分子应该也必须作出基本的价值判断：是拥护还是反对我们正在从事的伟大事业？所介入的"公共生活"，究竟是有利于中华民族伟大复兴的"公共生活"，还是妨碍民族团结、削弱民族凝聚力、有损国家统一的"公共生活"？如果"公共知识分子"的思想或政治倾向与国家和人民事业发展的大局并不相一致，那么，不管怎样标榜以"中立态度"或"公正立场"去批判社会，人民都会有理由对其表示反对。因为，这种公共知识分子的所谓独立性和批判性，其实质是要通过宣

---

[1] 见《光明日报》2004年12月14日，《警惕"公共知识分子"思潮》广东省邓小平理论和"三个代表"重要思想研究中心。

扬所谓的知识自主性来与我们党和国家争夺"话语权",不利于国家的改革发展和稳定。①

通过以上分析可见,关于培育公共知识分子或说重建知识分子的公共性问题,两种相反意见争论可谓激烈。我们认为,在知识分子日益专业化、职业化成为大趋势、且在较早受到这股潮流冲击的西方社会已经把这个问题作为重点关注的对象,并宣布旧的知识分子已死,新的知识分子正在诞生的背景下,否定公共知识分子在中国存在的必要性绝对不是一个明智之举,在科学技术决定生产力的时代、在知识经济主导的时代、在创意产业独领风骚的时代、在文化软实力成为一个社会和国家中流砥柱的时代,一个稳定的公共知识分子群体的存在是一个社会的福音,不能够把一种关于知识分子的概念作为绝对真理,并以它为准绳衡量一切关于知识分子的观念,这是真理观上的绝对主义和真理标准上的主观主义,是主观对客观施行的强制和暴力。在改革开放以前的中国社会,阶级斗争是各项工作的中心,那时,以阶级结构为坐标确定知识分子的地位,以阶级关系为导向评价知识分子的作用,是符合意识形态一元化要求的。而当社会进入以经济建设中心、利益多样化、文化思想多元化的阶段,知识分子地位、作用的肯定和评价应该以知识分子对经济建设的推动、利益关系的协调、文化矛盾的阐释、健康文化格局的建构及先进文化形态引导中的表现为标准。若能做到这些要求,那么结论只有一个:公共知识分子在当下中国的存在是必然的,也是必要的。就现实而言,在社会主义的中国,知识分子是工人阶级的一部分,是社会主义现代化的建设者,这一点谁都不能否认。但是,这并不意味着中国的知识分子不能超越工人阶级的利益发言,果真如此的话,未来的中国社会不敢说,起码过去几十年的社会主义革命和建设的历史是荒唐的。好在事实并非如此,在社会主义发展过程中,中国知识分子既以利益为依据发言,更以真、善、美为依据诉说;既维护工人阶级社会主义现代化建设主力军的地位,又努力追求社会各阶层利益的和谐共存以及社会的全面发展,

---

① 见《光明日报》2004年12月14日,《警惕"公共知识分子"思潮》广东省邓小平理论和"三个代表"重要思想研究中心。

这是中国公共知识分子必备的素质，也是他们重获社会信任和尊重的唯一途径。所以说坚持马克思主义的知识分子观与肯定中国公共知识分子的存在和作用并非绝对对立。

德国社会学家、知识社会学的创始人曼海姆（Mannheim，Karl）（1893—1947）对知识分子处理利益话语和公共话语的能力持肯定态度，他认为，知识分子能够超脱阶级观点，利用知识来促使不同利益群体之间达成妥协与谅解。知识分子从各种不同的社会地位发表的意见，符合与各层官员有着不同关系的社会各阶层的利益。现代新儒家学派的新生代学人、著名的哈佛大学教授杜维明曾就儒家文化与知识分子公共性培育的直接关系明确表示肯定，他认为，在儒家传统中，教育的中心目的是鼓励、发展人们对政治的关心和对社会的参与，以及对文化事物的敏感。中国的士大夫不仅有义务进行自我修养，而且对齐家、治国、平天下负有责任。他们在拥有权力、地位和影响的同时，也为其带来了作为社会网络的保护者的责任。他们具有一种共同信念，即人类生存条件的改造，以及世界大同、和平与繁荣的实现。

其实，我们并不反对对知识分子的作用进行利益分析，可以肯定地说这种分析有其合理性。因为在一定的社会经济结构中，无论哪个群体和个人都是处于一定的利益集团之中的，绝对独立于所有利益集团之上的人是抽象的。同样，利益也是具体的，抽象的利益根本就不存在，没有永恒对立或绝对对立的利益，在一定条件下，不同利益是可以达到统一的，比如说没有现代化在中国的发展，无论哪个群体都不可能享受到现代化的社会文明成果；没有民主法制的社会环境，公平与效率的统一就难以实现，社会和谐只能流于空想。所以社会发展与和谐即是全中国人的公共事务，成为知识分子公共性实现的客观舞台，这个舞台使得各个利益集团求同存异成为可能。正如国家是阶级统治的工具、代表一定阶级的利益，但国家也有公共职能，管理公共事务。在阶级社会中每个人都具有阶级性，但共同人性也是客观存在的。所以，知识分子为公共事务执言从而被赋予公共性是现实中存在公共问题需要解决的必然结果。

可以肯定，中国知识分子公共性的实现之日，也就是精英文化重振雄风之时。所以，关于这场一直持续至今尚无终结迹象的知识分子公共性的大讨论，是继人文精神大讨论之后中国知识分子对精英文化进行拯救活动的又一举措，它表现了我国文化精英对精英文化失落的不甘以及对精英文化再度繁荣的那种内心深处不曾泯灭的希望，并由此生发的乐观精神和信心，他们以实际行动为这种不甘、乐观和信心做了清晰的注解。

3. 全球化背景下中国科学文化建设路径

（1）发展科学文化教育

教育在科学文化建设中的作用，是其他任何方式都无法替代的。教育是使劳动者掌握科学技术的主要途径。教育是实现科学技术传承和创新的基本途径。教育是科学技术转变为现实生产力的中介。基于此，当今世界各国特别是发达国家都把大力发展教育放到非常突出的位置，以期取得科学技术的长足发展。

从全球范围看，科学文化教育出现新趋势。一是通才教育得到广泛认可。二是智能教育不断强化。智能教育日益引起人们的重视同现代社会知识量的急剧增长有密切关系。由于知识量的急剧增加，使大脑这个"仓库"难以包容。另外，脑科学的发展也为进一步开拓人类智能提供了依据。贮存知识只是大脑的功能之一，过分强调知识的贮存，必然导致大脑功能出现严重失衡，抑制大脑其他功能的发挥。这样，过去那种以记忆知识为主的教学模式受到了极大的挑战。于是，自20世纪中期以来，高等教育不再局限于单纯传授知识，而是在传授基本知识的同时，更加注重学生智能的培养，提高受教育者运用知识的才能，尤其是帮助受教育者掌握各种知识之间的联系，以提高他们的敏感力、想象力和联想力。简而言之，高等教育不仅要向学生传授本领，还要交学生掌握怎样学到这种本领的"钥匙"。三是管理教育得以大力发展。四是终身教育收到崇尚。以上四点也是中国科学文化发展新亮点，是中国科学文化健康发展的重要条件。

（2）提高民众科学素养

提高民众的科学素养首先应该注重青少年的培养。培养青少年的科学素养，学校、家庭和社会应着眼于促进每个学生的发展，以培养科学态度、情感与价值观为主导，以发展学生创新精神、形成独立思考和探索实践能力为重点，以适应学习化社会所需要的基础科学知识及技能的学习为基础，以理解科学与社会的关系为背景，在自主学习的过程中促进科学行为和习惯的养成。具体可分为以下相互联系的四个方面：科学知识与技能；科学探究能力；科学态度、情感与价值观；对科学、技术与社会的关系的理解。

其次应该重视科普工作。知识经济时代，国民科学素质的高低，是一个国家综合竞争力的重要表现。因此，不少发达国家已经把提高国民的科学素质列为国家发展的战略目标。我国于1996年3月颁布的《国民经济和社会发展"九五"计划和2010年远景目标纲要》中，明确提出要"大力普及科学知识，积极开展各种形式的科普活动，提高全民族的科学文化素质"。这意味着，我国政府已把科学普及工作列为科教兴国战略的重要组成部分，其基本目标就是"提高全民族的科学文化素质"。

（3）与时俱进，开创我国科普工作的新局面

做好新形势下的科普工作，提高广大人民群众的科学素质，就要与时俱进，不断创新，根据科普工作的时代性、现实性、针对性和科学性的具体要求，探索新的途径、形式和方法，实现从传统科普向现代科普的新跨越。当务之急，应解决好以下几方面基本问题：第一，面对知识经济的挑战，要更加重视科普工作的知识创新，激发广大科普工作者的创作热情。第二，面对市场经济的冲击，必须加大科普工作改革力度，建立和完善与社会主义市场经济相适应的管理体制和运行模式。第三，面对构建和谐社会，全面建设小康社会的宏伟蓝图，我们的科普工作更要做到"以人为本""有的放矢"，在满足群众需要上下功夫。科普工作必须因人而异，针对不同公众的具体需求，提供给他们相应的科普产品：面向领导干部的科普，面向青少年的科普，面向农村的科普，面向社区的科普，面向企业职工的科普。总之，只有提高科普工作的针对性，根据不同的科普对象的不同需求，开展相应的科普活动，才能收到良好的效果。

4.全球化语境下中国大众文化的建设

在中国近几十年来，文化转型问题在不同层面上和不同程度上都和大众文化的崛起联系在一起。大众文化已经成为中国主要的文化形态，成为中国现代化进程中一种重要的文化现象。因此，如何使大众文化在现代化进程中发挥

积极的作用，推动中国文化的转型，具有重要的价值。

中国大众文化在发展过程中的争议一直没有停止过，甚至在极端的情况下，大众文化被视为中国各种现实问题的罪魁祸首，这些观点和态度是需要改变的。为使中国大众文化的建设健康发展，我们应该持有辩证的态度。

（1）既要充分注意到中国大众文化的历史独特性，又必须把中国大众文化放到一个全球性的特定历史条件下来考察。

中国文化是一个包罗万象的复合体，而不是界限分明的单纯结构。首先，当代中国文化，从历时的角度说，表现为传统、现代、后现代的各种文化成分互相交错纠结和混杂。这是因为，中国社会发展的特殊背景，使得中国现代化与西方发达国家业已完成的现代化之间存在一个巨大的时代落差。这种历史错位使得原本以历时的形态更替的农业社会、工业社会和后工业社会及其基本的文化精神在中国的嬗变和演进，由于中国的特殊性而转化为共时的存在形态，各种成分并存就成为一个不可避免的客观现象。其次，中国是一个疆域辽阔、文化差别巨大的国度。不同的地区经济文化发展水平差距极大，有的地区已经进入小康，很多地区却仍处于相当落后的状态。这种地区差异，也使得各种文化因素的并存不可避免。因此，改革开放以来，中国人短短四十余年就走完了西方几个世纪的思想历程，传统、现代、后现代的时空巨变共存于当代中国，使人们承受了难以承受的冲击、震荡和裂变。一方面对现代性、工业化的热烈拥抱；另一方面，在工业化、全球化浪潮面前，又与西方发达国家对现代性的反思及后现代思潮暗合，使中国备受对现代化前景的渴望和对现代化负面效应的忧虑两种相互矛盾、相互冲突的文化心态的困扰。

（2）既要充分认识中国大众文化的复杂性，又要看到大众文化的发展主流和主导结构，以及对当代中国市场经济的发展、对中国文化现代化的推进作用。

对于文化转型期的中国文化，我们必须立足现实，以时代视野，予以大众文化实践一个准确的历史定位。社会转型期的中国文化呈现着非常复杂的情形，具有悠久历史的中国传统文化和农业文明在当代中国百姓生活中还有着相当大的影响，而从西方所传入的工业文明的文化价值观也日渐渗透到人们的文化生活中，当代西方的后现代主义文化思潮也正日益渗透到中国的精英文化和大众文化中。以上所列这种原本属于历时性的文化存在，而今却在当代中国表现为一种共时性的文化存在。这种多元文化的撞击、渗透也程度不同地反映到大众文化的实践中来，使目前的大众文化实践具有浓厚的中国特色。从这一角度说，目前中国社会文化生活所出现的种种弊端和问题如文化的感性化、平面化、庸俗化甚至诸多封建色彩的东西，也是由于社会转型时期文化整合不健全所造成的。在当前的社会转型中，各种文化话语都表现出一定存在的合理性与现实性，这一点也正好表现了中国文化的复杂性。然而我们必须认清，大众文化建设同以经济建设和社会发展为主体的现代化进程具有天然的亲和性，虽然它有其不成熟，甚至肤浅、平面、消解、颠覆、游戏、混杂的缺点和不足，但大众文化毕竟带有告别旧传统、探寻新生活方式与新体验的时代品性，与时代精神共存。因此，大众文化客观上承担了当代中国文化建设的开路先锋的角色。

大众文化之所以具有这种功能，是因为凸显后现代特征的大众文化已经广泛深入日常生活当中，推动了文化的普及与交流，文化艺术与日常生活的界限日益消弭。大众文化以前所未有的自由度和宽容度鼓励多元的需求、多元的生存样式、多元的价值观念。大众文化话语开始在消费文化、通俗文化的导引下相对独立地、自律地、多元地流动。大众文化作为市民阶层的文化实践形式，它最接近人们的日常生活领域，通过现代大众文化向日常生活原发状态（传统农业社会及其文明）的积极渗透，必将有助于更新原有的日常生活的内涵，使其增加与时代精神相符合的人文含量。例如，在当代生活中，随着现代传播媒介和复制技术的日益发达，大众艺术越来越多地渗透到日常生活领域，这不仅意味着文学艺术的普及化和大众化，更意味着人文精神的培育、主体文化素质的提高和现代人格的梳理，使个体成为有独立人格和个性意识的现代文化主体，从而实现"阳春白雪"与"下里巴人"并行不悖、相互补充。在大众文化的实践中，注意克服大众文化的负面表征，发展和强化其时代精神，把握大众文化的生成与走向，促进精英文化与大众文化的交汇与整合，形成有助于中国现代化的主导性的文化精神。

（3）大众文化是通俗文化、消费文化、商业文化的复合体，其内容是感性化的、人性化的、非理性化的。

大众文化的感性化、人性化、非理性化的特质，颠覆了理性、规范性，大众文化在某种程度上起到了弥合、沟通理性与感性之间分离的作用，使理性的人进入体验性、感受性的状态。因此，通过大众文化与中国当代文化精神的整合，有助于一种新的理性文化精神的培育与发展，推动中国文化的转型。因为，后现代主义从根本上是对现代性包含的文化矛盾，包括社会的异化、技术的异化、人的异化的反抗。不管是后现代主义所倡导的平面化的文化精神，还是全球化时代的文化整合所导致的文化景观，它们同现代工业文明的文化精神之间都没有形成一种彻底的文化断裂。换言之，工业文明的理性主义文化精神与后现代主义文化精神或全球化时代的新文化精神的基本文化要素并没有什么不同，它们本质上是一致的。所不同的是后现代文化精神或全球化时代的文化精神赋予理性文化精神以更合理和更完善的形态。

新的理性文化精神承认理性的有限性，承认理性的不完善性，从而以一种包容或承认非理性因素的理性概念取代传统的绝对理性。由此，把价值引入理性范畴，拓宽了理性概念的内涵。现代人不再把理性和技术简单视作实现人的本质力量的完全积极的要素，而是认识到，自律发展的理性和技术在一定条件下会转变为一种统治人、奴役人，甚至毁灭人类的力量。要摆脱这一困境，应当用包含着对人的存在的形而上学的和终极关怀的价值理性、艺术理性、批判理性来补充传统的科学理性、认知理性和技术理性。以功利目标和技术手段为本质特征的工具理性构成西方现代社会的主要文化特征，但它在导致物质文明飞速发展的同时，也引起西方社会普遍对人的情感和精神的忽视。

全球化时代的文化精神是对现代工业文明的理性主义文化精神的进一步发展和自我完善。文化精神发展的指向是消解理性的独断性，反对理性对人的异化和统治，不再把理性当作万能的、至善的、绝对的力量，确立以人的开放性为核心的新的历史观。而大众文化的平等的、平民化的、非神圣化的、非专断性的特征，在某种程度上为这种新的理性文化精神奠定了基础。

（4）对西方大众文化理论的借鉴和运用必须结合中国的实际和现实，确定符合中国大众文化发展需要的大众文化理论和研究范式。

中国大众文化的批判理论的出现同中国大众文化的发展是相吻合的，在不同的时期又表现为各自具体的特征和问题，其实每一种理论都存在各自适用的历史背景和语境，但是中国大众文化的多样性景观为各种理论的存在提供了现实的基础，这也就成为大众文化批判理论多元存在的前提和合法性。

20世纪90年代初期，西方大众文化的批判理论（特别是法兰克福批判理论）是被借鉴和运用最多的，这在后来立足人文精神、借用西方批判理论的大众文化研究中，基本上得到了延续。但是把批判理论范式引入中国大众文化批评并形成气候的，是"人文精神"的倡导者。20世纪90年代初期，中国本土大众文化以及当时关于"人文精神"的讨论，构成了大众文化批判理论流行的重要语境。与西方文艺复兴时期以世俗化为核心的"人文主义"相比，中国知识分子90年代提出的"人文精神"则是针对世俗化与大众文化的，其核心是以终极关怀、宗教精神拒斥世俗诉求，用道德理想主义与审美主义拒斥大众文化与文艺的市场化、实用化与商品化。这个精英主义、道德理想主义与审美主义的批判取向一直是中国大陆大众文化批判的主流，而它的西方理论资源则是法兰克福学派与存在主义、现代主义等。

这样的道德批判与审美批评体现了中国人文学者的使命感与忧患意识，中国大众文化发展过程中的问题甚至弊端的显现似乎显示了这种理论的正确性，但是联系和对比中国的大众文化实践，这种批判理论的政治与文化功能已经不同于20世纪70年代末和80年代前期，而且其自身也存在各种问题：1.机械套用西方的批判理论，特别是法兰克福的批判理论，而没有充分顾及中国本身的社会历史环境并从中提出问题、理解问题，缺乏历史的眼光。比如：中国大众文化的"负面效应"是否有更加特殊的原因，这些问题基本没有得到认真的考虑。2.以精英文化的标准来衡量大众文化，这样的批评实际上很难深入大众文化的文本特征内部去，常常只是重复精英文化的标准或者为大众文化增加不堪承受之重。我们无论如何评价大众文化，都不能希望它能表现出终极关怀或体现先锋艺术的那种独创性。3.抽象的道德批判与审美批判常常不能切入具体的社会历史语境，不能结合具体的中国语境分析中国大众文化的特殊政治功能。其中的批判主体是一个弘扬抽象的"人文精神"的、抽象大写的"人"（人类），而不是特定的阶级、时代、民族脉络里的人（小写）。

如果说用法兰克福学派的总体化意识形态的批判理论，来分析与解剖"文革"时期的革命群众文化是十分有效与犀利的武器，那么，用它来批评中国新时期的大众消费文化，特别是20世纪70年代末、80年代初出现的中国大众文化反而显得牵强。从20世纪80年代开始的中国社会的世俗化与商业化以及它的文化伴生物——大众文化与消费主义，正好出现于长期的思想禁锢与意识形态一体化驯化被松动与瓦解之时，而且它本身事实上也是作为对于这种意识形态一体化驯化的批判与否定力量出现的。

正是在与"人文精神"与"道德理想主义"的论争中，中国大众文化批判理论逐渐修正前期机械搬用批判理论的做法，开始从美学或伦理学转向社会理论。单纯从道德主义的立场、审美主义或宗教性价值的尺度完全否定世俗化与大众文化是不可取的，理解与评价世俗化与大众文化首先必须有一种历史主义的视角——此处的"历史主义"指的是立足于中国社会的历史转型来分析与审视当今社会文化问题的角度与方法，强调联系中国的历史，尤其是建国后30年的历史教训来确定中国文化的发展方向，即把大众消费文化放在中国社会转型的历史进程中来把握。世俗化/现代性的核心是祛魅与解神圣，在中国新时期的语境中，世俗化针对的主要是极左的思想。由于世俗化削弱、解构了人的此世存在、日常生活与"神圣"（不管宗教的还是意识形态的）之间的关系，人们不再需要寻求一种超越的精神资源为其日常生活诉求（包括与物质生活相关的各种欲望、享受、消遣、娱乐等等）进行"辩护"，所以它为大众文化的兴起提供了合法化的依据。从中国社会的历史变迁角度看，世俗化与大众消费文化（特别是改革开放初期的世俗大众文化）的发展，对推进文化的多元化、政治的民主化具有积极历史意义，而作为世俗时代文化主流的、以消遣娱乐为本位的大众文化，在中国特定的转型时期客观上具有消解政治文化与正统意识形态的功能。从大众消费文化的本质来看，消遣娱乐对它而言无疑是第一位的，我们不能要求它以精英文化的方式来对抗政治文化或者追求终极意义，否则无异取消了它的存在。当然，对于大众消费文化中人文精神缺失的问题应当加以批判，但历史主义地肯定其意义，恐怕是第一位的。

要在中国转型时期的特殊语境，特别是中国的特殊社会体制环境与思想文化环境中，来把握中国世俗化的消极面，不应当笼统地把道德滑坡归于市场经济或世俗化，更不要笼统地拒斥世俗精神或大众文化。"人文精神"论者与道德理想主义者在批判"世俗化"与大众消费文化的时候，常常笼统地把中国的大众文化与世俗化归入"后现代主义"的范畴，然后不加转化地将西方的批判理论用于批判中国的世俗化与大众文化，或者就是进行抽象的人性批判。这样，不但批判的准确性与力度大大削弱，而且忽视了世俗化与大众文化的进步意义。

新"左"派理论与中国大众文化研究。所谓新"左"派的大众文化研究，更加注重政治经济学分析与阶级分析而不是抽象的道德批判与审美批判，他们声称代表的是底层群体或弱势群体的立场。新"左"派理论认为大众文化就是中产阶级文化，是资本主义与资产阶级的意识形态。但这种浮华的中产阶级文化却掩盖了正在发生阶级急剧分化中的中国社会状况，中国的大众文化行使的是把中产阶级利益合法化并遮蔽中国两极分化的现实的"文化霸权"实践。它是以非意识形态的方式行使的意识形态霸权。"新左派"的大众文化批评比较深刻地抓住了大众文化的最新发展趋势，突出了政治经济学分析的优势。但同时也把大众文化简单化，似乎所有的大众文化均为中产阶级的意识形态，而没有看到大众文化构成的复杂性。

因此，依据世界历史进程和中国社会发展趋势，确定中国社会所需要的新的文化模式或文化精神，是中国现代化发展的必然趋势。确立转型期中国社会的主导文化精神，要以科学理性和人本精神为主要内涵，它突出地表现为理性的、科学的文化模式，主体性的、创造性的文化模式，同时吸纳后现代大众文化的多元与差异性文化要素，最终确立新的理性文化精神，从而不断推动中国的现代化转型与发展。

（5）应该重视中国大众文化的全球化发展趋势

在中国对外开放的形势下，中国不仅要引进国外的商品、资本和技术，中国的商品、企业也要走向世界。作为对经济发展起导向、调节和控制作用的文化必然相应的要走出国门。大众文化无疑起到先锋的作用，例如：李小龙的功夫片成为中国龙的象征，以章子怡为代表的新一代中国影星逐渐扩大中国在世界的影响力，中国政府和法国、俄罗斯的国家文化年，也是在政府推动下的中国文化走出国门，积极与世界文化交流的过程。当然，不同文化之间会产生冲突和排斥。历史证明文明、信息的流动不是对等的，它总是从先进的流向落后的。中国文化影响力的提高是中国经济日益强大的结果，同时又为中国经济的进一步发展提供精神动力和智力支持。任何民族的进步，都离不开世界文化的发展。中国文化是儒家文化的发源地，中国文化自古以来一直处在领先的地位，始终是先进文化的代表，具有文化上的优越感。随着西方工业化的崛起，中国文化在世界上的领先地位不复存在，原来先进的文化成为落后的文化。20世纪80年代开始的改革开放带来经济交流的同时，也带来了世界文化的相互融合。中国需要弘扬本土文化，中国的本土文化也需要吸纳外来文化中合理的、优秀的成分，丰富和完善中国的本土文化。中国已经加入WTO，规则要求中国必须保护知识产权，允许西方国家的文化产品进入国内市场。同时，政府对文化的管理方式由行政命令转向服务指导，由直接管理转向间接管理。在尊重主体意志的前提下，倡导理性主义的主导文化，唱响主旋律。这些都要求转换中国的文化管理方式，要求中国文化在文化全球化的趋势下走向成熟。可以说，作为全球文化的重要组成部分，中国文化在全球化时代如何发展不仅是中国文化本身的问题，也是世界文化变迁的重要问题。这不仅影响到中国民众的文化生活，而且影响到中国社会其他层面的发展，甚至在某种程度上影响到全球文化的发展。因此，中国文化要在文化全球化的大潮中，与世界先进文化相融合，在融合中成熟壮大。

文化产业化是中国大众文化全球化的重要途径。我国关于文化产业的界定，把文化娱乐业、新闻出版、广播影视、音像、网络及计算机服务、旅游、教育等都列在其中，同时也把广告、形象设计、博彩、会展、摄影、舞蹈等作为文化产业发展的重点领域。可见，大众文化是文化产业的主力军，是发展文化产业的关键环节，文化产业发展是大众文化发展的必然选择。大众文化的社会经济基础就是工业化和市场经济，其文化生产模式是市场经济模式的文化体现，实现大众文化的根本途径在于工业化和市场化，它的批量性生产特征要求它必须进行产业化经营，而其形式多样性和目的一致性更需要合作经营、产业化发展，低成本运作。从国内外的发展情况看，文化产业的发展越来越呈现出信息资源共享化、资源配置国际化、社会投入多元化、资产利用集团化、资源投入无形化的趋势，这些趋势正是大众文化发展的内在动力。作为成长中的经济大国，中国必须规划和建设发展中的文化大国和文化产业大国，重建"中国形象"和中国产业形象。发展中的经济大国必须辅之以新的文化形象与文化策略。中国需要全面重建文化，而在文化建设中，首先要推进国内文化经济与文化产业改革并做好外向产业发展的准备，使大众文化的产业化成为文化建设的重要部分。

应该注意的是，中国文化产业的发展要应对诸多严峻的挑战。首先，是观念上的挑战。我们必须转变大众文化无关国计民生的认识，全面调整对大众文化在社会转型与总体结构中位置及意义的认识。文化作为发展的手段很重要，我们不能仅仅满足于"文化搭台，经济唱戏"，因为未来世界的竞争，是文化和文化力的竞争。其次，我们必须把大众文化作为生产力来重新认识，探索发展先进文化生产力的道路。文化生产力观念表明，今天的文化作为一种大规模的社会生产，它就天然地具有社会生产的基本特征，具有流通、交换、消费等基本环节，参与市场条件下经济运作的全部过程。而文化生产力的重要特征就是"文化的经济化、科技化"和"经济、科技的文化化"，以及由之产生的当代文化经济科技的一体化趋势。我们必须重新认识文化的经济功能和经济、科技的文化含量。同时，文化作为先进生产力，文化产业在国家发展战略中具有重要意义。当代世界兴起的先进生产力是以高科技为基础的文化生产力。先进的社会生产力总是在先进文化的开启和引导下向前发展的。当代经济、科技与文化的一体化包含的两大趋势——经济的产业下游化与公民需求上游化、高级化，就是以人的不断变化提升的需求为根本的。所以，大众文化产业在当代表现为体验经济，眼球经济（注意力经济）为趋势的文化经济或新经济，将极大地促进国民经济的发展。

从世界范围看中国的文化产业发展，不能忽视其生存环境和生存制度的先天缺陷。目前，我国文化产业发展仍面临着严峻的困境。这主要表现为我国现有的文化产业基础十分薄弱，体制上延续计划经济的基本格局，仍然存在着的四大壁垒：所有制壁垒、部门壁垒、行业壁垒、地域壁垒；市场化程度很低；文化产业发展与主导意识形态的协调等众多问题。同时，目前我国经济体制改革与文化体制改革存在不对称或不平衡，经济发展进入新阶段，文化体制改革滞后或严重滞后，经济结构的战略性调整与文化产业之间不平衡，要求对文化产业结构进行战略性调整。而文化产业结构的战略性调整必然要求文化体制改革。文化体制的首要问题是计划体制与市场方式的矛盾，文化的市场改革将成为整个社会主义市场经济体系的一个重要的组成部分。文化体制改革应在社会主义市场经济的框架体系内思考和规划。稳步有序地向国内外各种所有制的经济实体放开文化市场准入限制；努力打造具有强大核心竞争力的市场主体——文化企业。政企分开、管办分开、现代企业制度等在经济改革中行之有效的改革实践应在文化领域积极推行和实践，经济、管理领域各个环节的成功经验和大量人才应全方位进入文化创新领域。

5. 全球化时代中国网络文化的建设对策

（1）中国网络文化建设的战略选择很重要

中国在进行网络文化建设时，应该选择以下文化发展战略：第一，重视理论研究的先行和对决策的支持。网络不仅是一个技术问题，也是一个文化问题。而且在最根本的层面上，将是文化而不是技术来决定网络发展的方向。我国互联网发展过程中普遍存在着技术至上和技术崇拜的倾向。某种程度上忽视了民族文化、生存方式、价值观、行为规范等对网络发展的推动和影响，忽视了网络对现实社会的政治和文化效应。美国学者理查德·斯皮内洛指出："社会和道德方面通常很难跟上技术革命的迅猛发展。而像中国这样的发展中国家，在抓住信息时代机遇的同时，却并不总是能意识到和密切关注各种风险，为迅猛的技术进步所付出的日渐增长的社会代价。"①第二，坚持以我为主，发掘传统文化资源中可以与网络发展互相促进的因素，确立中国网络文化发展的基调。一个国家的网络文化水平是其综合国力的重要标志之一，网络文化产业已成为许多国家经济的重要支柱产业。从某种意义上说，网络文化产业最高层次的竞争，就是文化资源的掌控和开发能力的竞争。特别是在开放的条件下，某一地域、某一国家的文化资源已不再为该地域、该国家所独有。国际化的生产方式不仅使物质资源的争夺全球化，也使文化资源的争夺全球化。因此，促进本民族文化的认同和保存现有文化的特质，是实现文化国际化的前提。第三，学习和创造性模仿西方网络文化建设和发展的经验。就文化存在的形态而言，中国目前正经历从传统文化向现代化的转型，或者说农业文化向工业文化和后工业文化发展的历程。我们既要尊重文化是一个有机体，与其他文化交流时关注自身文化的特性，也要尊重其他文化的精华，不把自己认为优越的东西指定为唯一的最高原则，而是实现与世界各种文化的相互理解和相互尊重，达到"和而不同"的境界。网络技术与网络文化有一个最基本的区别，前者是属于器物层面的东西，而后者则属于文化价值层面。器物层面的东西只要具备实用性，无论其是内生的还是外引的，在实践中都不会遇到太大的障碍。而文化价值层面的东西，如果是由外部引进的，则可能遭遇到本土文化价值观念的顽强抵抗。因此，非西方的其他国家，若要建立和维持网络上的秩序，就必须妥善解决网络文化的外在性问题。对此，最有效的"处方"，就是将西方的网络文化本土化，从本土文化中挖掘出有利于网络文化生长的合理因素，将其与西方网络文化中反映网络活动的客观规律与现实需要的成分有机地结合起来，构造出本土化的网络文化。第四，突出网络文化"软实力"，建构以网络为载体的文化强国。网络文化建设是一个国家文化战略的重要组成部分。从文化角度看，中国目前还没有让自己的"社会生活方式"显得具有世界性的"吸引力"，而这种吸引力是需要逐步建设的。全球

---

① 〔美〕理查德·A.斯皮内洛：《世纪道德：信息技术的伦理方面》，刘钢译，金吾伦校，中央编译出版社1999年版，第2页。

化进程越是深入，越能找到中国真正的软实力所在。传统文化价值倡导以人为本、可持续发展，和谐是文化价值观的集中体现。这是工业化完成之后，中国对世界做出的贡献。吸纳外来文化，改造自己的文化，恰恰是为了形成更有吸引力、感召力、凝聚力和影响力的文化认同。这种认同应该符合中华民族的民族利益和中国文化软实力发展的时代要求，具有自主性、开放性和创造性。

（2）中国网络文化建设要坚持正确的原则和方法

就原则而言，应该做到：第一，以人为本的原则。网络技术的发展不应以牺牲人的自主性、创造性和个性发展为代价。互联网是人与人的连接，互联网是现实社会的延伸，人们进入互联网是为了更好地实现自我发展。第二，遵循无害原则，这是和谐网络的最低原则。网络中的行为必须对社会、他人无害，这是最低的道德标准。人们应该尽可能避免网络信息给社会、他人的危害，根据网络行为的结果或可能引起的后果判定和衡量网络行为的正当与否，从而促进网络的和谐发展。第三，公正原则，这是和谐网络的基础原则。网络社会依然需要社会公正，网络媒体的话语权如果被滥用，其后果更严重。只有按照社会公正的原则行事，才能兼顾公平与效率，使网络文化呈现多元共生、健康发展的态势。第四，幸福原则，这是和谐网络的终极原则。网络幸福就是在网络空间中，在各种网络行为的过程中体验到的愉悦感、幸福感。与现实性幸福所不同的是，网络能够带给人们创造性的幸福。通过网络人们可以超越现实的束缚，在虚拟环境中获得现实不能体验的幸福。

就方法而言，应该做到：第一，借鉴中国传统文化的精髓。中国是一个有着悠久历史的文明古国，本土文化资源极为丰富且影响深远。只要我们认真探索网络活动的特殊规律，认清我们所处时代的基本特征，在此基础上从儒家文化中寻找一些有意义、有价值的因素，使之转化为适应网络时代要求的价值。第二，正确处理全球化与本土化的关系，实现跨文化交流中的文化整合。网络无国界，我们应基于文化多元论的基本立场，以一种不同文化之间平等对话的基调来思考和探讨和谐网络文化的构建问题。在全球性的网络交往活动中，必须形成对于网络文化的道德共识。这样，就有必要整合来自不同文化背景的网络文化，以便为不同国家的人们进行全球性的网络交往提供一种公认的文化规范系统。第三，构建具有中国特色的本土化网络文化。构建具有中国特色的又能代表先进文化前进方向的网络文化，建设体现民族精神的本土化的、和谐的网络文化，就要大力弘扬爱国主义精神，以社会主义核心价值体系，来引领全体网民的思想和行为，形成强有力的精神支柱和精神力量，从而激发网民对本土文化的认同感和自豪感，提高抵御网络文化帝国主义渗透的能力，确保我国优秀的传统文化在网络空间多元文化交流、碰撞中一枝独秀。第四，建立健全促进和谐网络文化发展的法律、法规，落实依法办网，文明上网。由于网络技术特性等多方面原因，网上淫秽、欺诈、赌博、暴力等违法内容屡禁不止，这与建设社会主义先进文化的要求格格不入，与构建和谐网络的要求背道而驰。当前，我国尚处在信息化社会建设的初期，网络文化发展过程中出现的各种问题，必须依靠法规制度的强有力支持给予解决。

第四章 推进政治文化发展

自20世纪80年代以来，政治文化研究在我国理论界一直方兴未艾。发展是当代中国的主题。不论是政治文化理论研究，还是中国传统政治文化和西方政治文化研究，其着眼点应该在于促进当代中国的政治文化发展。

第一节 当代中国政治文化发展的价值目标

推进当代中国政治文化发展，应该首先明确当代中国政治文化发展的价值目标。概括地说，当代中国政治文化发展的价值目标主要有生产力型政治文化、民主型政治文化和法治型政治文化。这三种政治文化发展的价值目标具有不同的内涵、内容和发展原则。

一、对政治文化内涵及发展价值目标相关学术观点的评析

关于政治文化的研究产生于20世纪50～60年代的美国。首倡者是政治学

家阿尔蒙德，其后便成为政治科学中的一个重要领域。

1.对政治文化内涵相关学术观点的评析

阿尔蒙德1956年在《比较政治体系》一文中首次提出政治文化概念。后来，他又进一步指出："政治文化是一个民族在特定时期流行的一套政治态度、信仰和感情。"①并把这种态度和倾向进一步分为政治认知性成分、政治情感性成分和政治评价性成分，强调政治文化是"指政治体系的心理方面。"②他还认为："政治文化是由认识上的、感情上的和价值上的因素组成的。它包括对政治现实的认识和意见，包括对政治和政治的价值观念的情感。"③政治文化的另一著名研究者路辛·派伊认为，政治文化是政治体系中的主观领域，它规范政治制度、确定人们的政治行为。④维伯指出，政治文化不是政治制度和机构，也不是政治行为模式，"它不是指正在政治领域中发生的事情，而是指人们对这些事情所抱的信念。"⑤

由此可见，西方政治文化研究者主要从社会心理方面来研究政治文化的，他们把政治文化视为描述社会文化与政治活动关系的一个范畴，它揭示的是一定社会文化对政治体系和公民政治行为的影响，它主要通过公民的政治认知、政治情感、政治价值、政治信仰、政治态度等来体现，是一定的社会历史文化长期作用于人们而形成的基本一致的社会心理。

苏联学者则强调政治文化的阶级性。他们认为，强调政治文化是主体的心理动因、主观态度的定义，尽管也包含着个别正确的因素，"但它们终究没有揭示出政治文化的本质，因为它们都忽视了阶级和阶级利益问题，忽视了社

---

① 〔美〕加布里埃尔·A.阿尔蒙德、小G.宾厄姆·鲍威尔：《比较政治学：体系、过程和政策》，曹沛霖等译，上海译文出版社1987年版，第29页。

② 〔美〕加布里埃尔·A.阿尔蒙德、小G.宾厄姆·鲍威尔：《比较政治学：体系、过程和政策》，曹沛霖等译，上海译文出版社1987年版，第15页。

③ 〔美〕G.阿尔蒙德：《政治文化研究的回顾与展望》，《国外社会科学》1988年第8期。

④ 引自王沪宁：《当代西方政治学分析》，四川人民出版社1988年版，第138页。

⑤ 引自〔美〕道森、普雷维特：《政治文化》，《现代外国哲学社会科学文摘》1986年第12期。

会的政治生活是由一定的经济关系和阶级利益所决定的。"①他们强调政治文化是社会精神文化的一个重要组成部分，属于社会上层建筑领域，具有鲜明的阶级性，它是建立在一定经济基础之上的，反映一定阶级的利益、愿望和要求。因此，政治文化首先表现为一定阶级的文化，是一定阶级的政治思想以及系统化了的政治观点和理论。这种政治思想体系在体现阶级利益的政党纲领中被具体化了，成为实际指导政治体系建设和运行的重要力量。由此他们认为，政治文化包括这样一些内容或层次：反映阶级和社会的根本利益，并在实践上予以实现（基础的层次）；政治知识和见解的总和（信息的层次）；政治知识变成信念（价值的层次）；公民参加社会政治生活，参加国家管理（实践层次）；政治思想物质化为政治生活和国家生活的准则和传统，固定为社会主义生活方式的制度（规范方面）。②

1980年前后，我国恢复了政治学学科，学者们也开始了对政治文化的研究。学者们尝试着将心理学、行为科学等领域的研究成果应用于政治学的研究，从不同的角度和侧面分析和阐述政治文化，发表了不少有见地的文章和专著，取得了可喜的收获。综观我国学者对政治文化内涵的理解，基本上可以分为三类：

第一类是宏观层次的政治文化定义，即认为政治文化不仅包括政治心理，还包括政治理论及政治制度。如孙正甲认为，政治文化"一般可解释为政治体系中的意识形态领域以及意识形态的可操作领域，其中，前一领域可涵容政治心理、政治价值、政治意识等具有强烈政治色彩的精神要素；而后一领域则可包括政治制度、政治过程、政治行为、政治表达方式等政治范畴"③，万高认为，"政治文化作为一种系统结构，包括实体性政治文化和观念性政治文化。实体性政治文化是以政治文化转化形态出现的政治制度，……观念性政治文化

---

① 〔苏〕B.ЛI安德里先科：《精神文化与人》，罗长海、陈爱荣编译，华东师范大学出版社1989年版，第79页。

② 〔苏〕H.凯捷洛夫：《社会利益与政治文化》，《国外政治学》1987年第4期。

③ 孙正甲：《政治文化模式分析》，《理论探讨》1990年第4期。

包括政治心理、政治思想和政治价值。"①

第二类是中观层次的政治文化定义，主张将政治文化视作与实体政治制度相对的观念性的东西，认为政治文化是政治理论和政治心理与价值的综合。例如徐大同认为，"所谓政治文化，主要是指人们在长期的社会生活和实践中所形成的各种政治理论、思想、价值观念的总积淀"；王沪宁认为，"政治文化是政治活动中的一种主观意识领域，包括了社会对政治活动的态度、信仰、情感，具体地说，包括政治意识、民族气质、民族精神、民族政治心理、政治思想、政治观念、政治道德等各个方面"；王惠岩认为，"政治文化既应该包括人们对政治生活非理性的情感认识因素，也应该包括人们对政治生活的理性认识因素。即政治文化既应该包括在政治生活中起着潜在作用的社会政治心理因素，同时还应该包括在政治生活中对人们政治行为起着规范和支配作用的政治思想。"②另外，戚珩认为，政治文化"主要有三部分组成：一是以理论形态出现的政治理论、政治意识，二是以感情、习俗等表现的政治心理，三是在上述两方面作用下形成的政治价值及判断。"③

第三类是微观层次的政治文化定义，它基本上赞成西方政治文化研究者的观点。如孙西克倾向于"接受国际政治学界对政治文化概念的限定，把政治文化作为'政治体系的心理方面'加以研究"。④马庆钰认为，"政治文化是从一定思想文化环境和社会经济制度中产生出来的、经过长期社会化过程而相对稳定地积淀于人们心理层面上的政治态度和政治价值取向，是政治系统及其运作的观念依托"⑤。

由此可见，国内学术界对政治文化概念内涵的理解，都把社会政治心理

---

① 万高：《简论"政治文化"》，中国人民大学书报复印资料《政治学》1995年第2期。

② 转引自徐大同：《政治文化民族性的几点思考》，《天津师大学报（社会科学版）》1998年第4期。

③ 戚珩：《政治文化结构剖析》，《政治学研究》1988年第4期。

④ 孙西克：《政治文化与政策选择》，《政治学研究》1988年第4期。

⑤ 马庆钰：《告别西西弗斯——中国政治文化的分析与展望》，中国社会科学出版社2002年版，第21页。

作为政治文化的内容，这是他们的共同点，理解的分歧点在于政治思想理论和政治制度该不该也看作政治文化的内容。主张把政治制度作为政治文化内容的学者，显然受到了文化学界对文化内容分类的影响。在文化学界，有一种观点认为，文化可以分为观念性文化和实体性文化。实体性文化是指承载和体现着一系列文化观念的制度体系，而观念性文化则包括思想意识、社会心理、价值观念等。笔者认为，不应该把政治制度作为政治文化的内容，这是因为，虽然政治制度是政治文化的"物质载体"，体现着一系列的政治文化价值，但是它毕竟不是政治文化本身。而且，这样一来，未免使政治文化的概念泛化，使政治文化研究和一般的政治学研究没有什么区别，不能突出政治文化研究的特殊性。因此，不宜把政治制度作为政治文化研究的内容。

关于政治理论和政治思想是否可以成为政治文化的内容，笔者倾向于把它们作为政治文化的内容。正如苏联学者所分析的那样，政治文化是社会精神文化的一个重要组成部分，属于社会上层建筑领域，具有鲜明的阶级性。它是建立在一定经济基础之上的，反映一定阶级的利益、愿望和要求。因此，政治文化首先表现为一定阶级的文化，而其核心和实质就是一定阶级的政治思想以及系统化了的政治观点和理论。因为无论是个体的认识情感、愿望要求、社会风俗、民族传统还是思想理论观点，都是社会的精神范畴，都是一定社会历史文化以及政治经济运行发展的结果，是建立在一定社会结构之上，反映不同阶级、阶层的利益要求的。因此，苏联学者对美国学者政治文化观的批评是合理的。一味强调政治文化中的心理动因、个体主观方面，是不全面的。当然，我们也不能过分地强调政治理论和思想在政治文化中的作用。因为如果这样，就不能从动态过程观察公民与政治体系的相互关系，也容易走向片面性。因此，适当的做法是，既要把政治文化作为"政治体系的心理方面"加以研究，又要把政治文化作为"对人们政治行为起着规范和支配作用的政治思想"来研究。因此，笔者在本章中采用的是中观层次的政治文化定义，即把政治文化作为与实体的政治制度相对立的政治观念体系，包括政治理论、政治思想和政治心理与价值的综合。

2.对我国学界关于政治文化发展目标相关观点的评析

目前学术界对当代中国政治文化发展目标的研究，主要从以下三个角度进行：

（1）总体性的目标设计

也就是说，他们不提出当代中国政治文化发展的具体目标模式，而是提出政治文化发展的"改革型""现代化""中国特色"等总体性目标。但是，透过他们的具体分析，我们仍然可以看到作者对当代中国政治文化发展具体目标的设定。例如，金太军、李善岳认为，当代中国政治文化发展的目标是实现现代化。"实践证明，作为一个国家，要实现经济、政治现代化必然遇到如何实现政治文化现代化的问题。换言之，政治的现代化或民主的现代化进程必然伴随着政治文化的现代化，没有现代民主的参与的公民政治文化的支撑，政治制度和政治生活的民主化也就难以实现和持续。"[①] 由此可见，在他们看来，实现中国政治文化发展的现代化，其目标应该建立"民主的参与的公民政治文化"；田雪峰，郭冬梅认为，中国特色社会主义政治文化的主要特征有以下几个方面：它是"依法治国"和"以德治国"相结合的法治型政治文化，是人民当家作主、公民自主参与型的政治文化。[②]

另外，有研究者根据建设社会主义和谐社会的要求，提出中国需发展"和谐政治文化"。例如有研究认为，和谐政治文化是根据中国的政治现状，在建设和谐社会的过程中，培育、构建一个主流政治信仰坚定，公民积极参与社会政治，民主法制意识明确，平等、文明之风盛行的政治文化。[③]再如，有学者把和谐文化作为中国政治文化发展与创新的表现，认为和谐文化是以追求和谐、崇尚和谐为价值取向，并对人们的思想认识、行为规范、社会风尚进行融合，是人们对构建和谐社会的总体理念和理想的心理与精神层面的反映。既指在和谐经济、和谐政治基础之上形成的一种和谐氛围，是人们对和谐经济与

---

① 金太军、李善岳：《论当代中国政治文化的现代化》，《人文杂志》1998年第6期。

② 田雪峰、郭冬梅：《论中国特色社会主义政治文化的建设》，《内蒙古大学学报（人文社会科学版）》2003年第3期。

③ 康晨：《构建社会主义和谐政治文化研究》，《西安外事学院学报》2007年第4期。

和谐政治的一种感受和认知，又指人们在文化生活中处于一种和谐的状态。[①]

由此可见，在这一类政治文化发展目标设定的研究中，虽然比较笼统和综合，但是透过学者的分析，我们仍然可以把握他们的具体目标定向：当代中国的政治文化，应该向着民主型和法治型的方向发展。即使是关于建设和谐政治文化的观点，其主要内容也是这样。但是从目前的研究来看，这一类的目标设定，因为作者的着力点主要还在于从总体上研究当代中国政治文化发展的价值目标，所以，限于篇幅，对他们在总体论证中提出的具体目标，就其内容、发展的路径、发展的原则和要求等问题，还欠深刻性和全面性的论述。

（2）法治型政治文化发展目标设计

改革开放以来，"依法治国，建设社会主义法治国家"观念越来越深入人心，成为一种获得广泛认可的政治文化发展的价值目标追求。学者们明确地提出了建设社会主义法治型政治文化的呼吁，开展了这方面的研究。除了散见在有关政治文化发展目标的总体性研究的论文和专著中的成果外，以下研究成果具有明确的法治型政治文化发展的目标定位。从专著方面看，比较有代表性的是，马庆钰明确提出："中国政治文化现代化的目标定位"之一，应该"走向法治的政治文化。"[②]从论文方面看，观点基本一致。例如，申群喜认为，社会主义的法治型政治文化是一种全新的政治文明，其主要特征可概括为以下几个方面：法律至上性、公众参与性、主体平等性、权力制约性、办事程序性、权利保障性。[③]

笔者也赞成法治型政治文化应该成为当代中国政治文化发展的目标之一。但是，笔者认为，对法治型政治文化的研究，要避免把法治型政治文化简单地等同于法治，把法治型政治文化的内容简单地等同于法治的内容的倾向，法治型政治文化毕竟是一种与法治有关的"政治文化"，而不单单是"法治"。另

[①] 张海鹏：《论当代我国政治文化的创新与发展：和谐文化》，《西安外事学院学报》2008年第1期。

[②] 马庆钰：《告别西西弗斯——中国政治文化分析与展望》，中国社会科学出版社2002年版，第317~348页。

[③] 申群喜：《建构社会主义法治型政治文化》，《社会主义研究》1999年第4期。

外，对当代中国发展法治型政治文化的任务，目前的学术界还鲜有探讨。笔者将在后文中对法治型政治文化独具的内容、特征等具体问题展开讨论。

（3）民主型政治文化发展目标设计

把当代中国政治文化发展的目标定位为民主型的政治文化，成为学者们共同的认识。这主要体现以下三个方面：首先，学者们对承载民主型政治文化价值理念的当代中国民主政治制度建设与发展等问题进行了不懈探讨，出现了大量的专著和论文。限于篇幅，这里不再一一列举。其次，在政治文化研究领域，专门研究民主型政治文化的专著和论文也大量涌现。一方面体现在对作为民主型政治文化核心内容的"民主"内涵的理解与把握。例如，吕元礼用"不是……而是"的对比句式结构，对民主的内涵做了揭示："民主不是为民求主、为民做主，而是人民做主；不是多数压制少数，而是多数尊重和保护少数；不是否定个人，而是弘扬个人；不是只讲权利，而是也讲义务；不是追求最优的求全机制，而是保证满意的纠错机制；不是一定能够实现最好，而是一般可以避免最坏。"[1]另一方面体现在明显地把民主型政治文化作为当代中国政治文化现代化发展的价值目标。例如，马庆钰认为，当代中国政治文化现代化的目标定位之一是"走向民主的政治文化"，并对"民主文化是否为最好选择""人类社会为什么追求民主""我们该如何选择"等问题进行了论证。[2]再次，学者们对民主型政治文化的研究，还从政治参与的角度发表了一些有价值的论著。参与型政治文化具有民主型政治文化的性质，是民主型政治文化的一种形式。对此，孙正甲认为，参与型政治文化的民主性质，在先天性自主人格设计中得以体现。自主人格系由该政治文化载体的公民的政治身份及"法制人"的社会身份所限定，并由民主性质的公民心理、公民理论等孕育而成。同时，它也在民主价值取向中得以体现。就政治内容而言，它主要取向于"输入目标"和"作为能动参与者的自我"；就载体而言，它囊括了阶级、阶层以

---

① 吕元礼：《政治文化：转型与整合》，江西人民出版社1999年版，第11页。

② 马庆钰：《告别西西弗斯——中国政治文化分析与展望》，中国社会科学出版社2002年版，第317～336页。

及利益群体；就生态环境而言，它与民主政治、市场经济、高科技息息相关。另外，它还在民主政体中得以体现。参与型政治文化是隐形民主政体，它以法治精神、民主型政治道德等指导并支配显形民主政体，决定民主政体的民主性质，其自身的民主性也在民主政体的整体运行中活化。[①]

笔者也把民主型政治文化作为当代中国政治文化发展的价值目标之一。但是笔者认为，在以后的研究中，以下两点需要注意：其一，学术界对我国传统政治文化中的民主资源、对古代某些具体制度和做法中所体现的民主精神的挖掘还不够。目前学界对传统政治文化中民主资源的挖掘，大多侧重于对"民本"思想的民主意蕴的挖掘。其实，在广大劳动人民中，尤其是在农民起义中，也体现着强烈的民主与平等思想，这些都应该进一步挖掘。其二，在马克思主义指导下，做好传统政治文化中民主资源的创造性转化与创新性发展工作。笔者将在后文中试图对这些问题进行探讨。

关于政治文化的发展，阿尔蒙德通过对政治文化的变化过程的研究，提出了"政治文化世俗化"的主张，他明确地将政治文化的世俗化视为衡量政治文化发展的尺度。他从系统分析的三个层次来分别考察了政治文化世俗化的一般性意义。首先，在体系层面上，"世俗化代表性意味着以习惯和超凡魅力为基础的合法性标准的削弱，而政府实际作为的重要性日益成为合法性的基础。"[②]其次，在过程层面上，"世俗化指对于政治机会有较强的意识及利用这些可能改变个人命运的政治机会的意愿。总的说来，世俗化意味着政治参与人数的大幅度增加"。[③]再次，在政策层面上，世俗化是人们对政策的观念，它包含着"把积极的政治干预作为达到个人和集团目标的途径这样一种意识"。[④]

---

① 孙正甲：《参与型政治文化民主性质论析》，《吉林大学社会科学学报》1996年第2期。

② 〔美〕加布里埃尔·A.阿尔蒙德、小G.宾厄姆·鲍威尔：《比较政治学：体系、过程和政策》，曹沛林等译，上海译文出版社1987年版，第58页。

③ 〔美〕加布里埃尔·A.阿尔蒙德、小G.宾厄姆·鲍威尔：《比较政治学：体系、过程和政策》，曹沛林等译，上海译文出版社1987年版，第57页。

④ 〔美〕加布里埃尔·A.阿尔蒙德、小G.宾厄姆·鲍威尔：《比较政治学：体系、过程和政策》，曹沛林等译，上海译文出版社1987年版，第57页。

对于当代中国政治文化发展的方向，笔者认为也应该朝着世俗化的方向发展。这是因为，当代中国的政治文化有了世俗化发展的现实基础和社会需求。

随着市场经济体制的建立和不断完善，当代中国社会生活的世俗化发展有了强劲的经济基础，铸就了政治文化世俗化发展的社会心理基础，对此，吴忠民教授分析认为：其一，市场经济导致了社会成员的现实性追求。市场经济体制导致了社会成员个性意识的觉醒，同时又使人们看重经济利益问题，于是造就了一种普遍的现实感。从社会成员的价值观念来看，已改变了以前只注重高远的目标的做法，代之以务实性的态度，即注重目标的现实性和可行性。从社会成员具体的行为取向来看，已改变了以往的禁欲主义的生活方式，开始注重日常生活，注重生活方式的多样性，注重生活质量的不断提高。这是加速我国政治文化世俗化的有利的社会土壤。其二，市场经济导致了社会成员理性化的行为取向。随着市场经济的发展，宽容、秩序、稳定、渐进的观念越来越得到人们的认同，在探索我国政治发展道路问题上更强调适合中国国情。在民主政治理念的引导下，人们也不再以某种想象中的超凡魅力来评价领导人，开始习惯从政府运作的效率和政治权威的领导能力来做评判。其三，市场经济导致了社会成员的政治参与诉求。市场经济体制所蕴含的平等与自主的精神、现代知识的传播以及教育的普及，容易使社会成员培育出一种自主参与社会事务的意愿与能力。[1]

上述市场经济体制所导致的人们的现实性、理性化、参与性，符合政治文化世俗化发展的要求，也为当代中国政治文化的世俗化发展造就了广泛的社会心理基础。因此，当代中国政治文化也应该朝着世俗化方向发展。但是，这样的目标模式未免过于笼统。笔者认为，应该把世俗化的发展目标进一步明确化。根据当代中国社会发展中社会成员现实性的心理需求以及"世俗化代表性意味着以习惯和超凡魅力为基础的合法性标准的削弱，而政府实际作为的重

---

[1]　吴忠民、赵慧珠：《世俗化：含义、标线、隐忧》，《理论与现代化》1996年第1期。

要性日益成为合法性的基础"①的要求，我们应该发展一种"生产力型政治文化"；根据政治文化世俗化在政治过程体系和政策体系方面的要求，以及"它是扬弃传统政治文化的基础上建构起来的民主化与法理化的政治文化"②的要求，我们应该着力发展"民主型政治文化"和"法治型政治文化"。总之，在世俗化的发展趋向下，我们应该把当代中国政治文化发展的价值目标具体化为"生产力型政治文化""民主型政治文化"和"法治型政治文化"。以下，笔者将对这三种政治文化发展价值目标的内涵、内容、发展路径等具体问题展开探讨。

二、发展生产力型政治文化

本来，生产力是一个经济学概念，与政治文化的关系不很直接。但是，由于在社会主义国家，发展生产力具有基础性地位，任何对生产力的不正确认知，尤其是执政党对生产力的不正确认知，有可能导致社会发展的严重失误。在改革开放和市场经济条件下，生产力的发展对人们的政治认同产生了深远的影响，对中国政治文化的发展也产生了深刻的影响。因此，发展生产力型政治文化，在当代中国政治文化的发展中，占有基础性地位。

1. 生产力型政治文化是当代中国的现实需要

许多关心社会主义前途和命运的有识之士，经常思考这样一个问题：马克思恩格斯所设想的社会主义是建立在资本主义生产力高度发展基础之上的，而现实的社会主义国家普遍建立在生产力落后的基础之上。按理说，现实的社会主义国家应该把"尽可能快地增加生产力的总量"作为自己的根本任务，促进社会主义的不断发展。可是，包括中国在内的现实的社会主义国家，大都有一个忽视甚至否定生产力发展而单纯强调生产关系变革的历史时期，从而严重阻碍了社会主义的发展。笔者认为，一个重要的原因，是这些社会主义国家的

---

① 〔美〕加布里埃尔·A.阿尔蒙德、小G.宾厄姆·鲍威尔：《比较政治学：体系、过程和政策》，曹沛林等译，上海译文出版社1987年版，58页。

② 李元书：《政治发展导论》，商务印书馆2001年版，第240页。

执政党没有把生产力的解放和发展作为根本的政治理念。有鉴于此，邓小平在我国改革开放之初，就深刻地指出发展生产力是中国最大的政治。这不是某些人所认为的"泛政治化"，而是从更深层次上揭示了把解放和发展生产力作为根本的政治理念的重要性。因此，我们应该发展"生产力型政治文化"。

（1）传统生产力观给社会主义的发展带来极大的消极作用。生产力是历史唯物主义和政治经济学的基本概念，它涉及对人与自然、人与人相互关系的基本认识。虽然现在人们对生产力问题的认识视野进一步扩大，但是总体看来，还没有从根本上突破传统生产力观念。

首先，从对生产力概念的解释方面看，长期流行的仍然是把生产力看作是人类改造和征服自然的能力。这种定义，将生产力只限于人与自然的关系，排除人与人的关系；在人与自然的关系中，认定人对自然的征服能力是生产力，而忽视人对自然的适应能力也是生产力；只界定人对自然的改造能力是生产力，而忽视人对自身的改造能力也是生产力。最严重的是，它把自然放在了人的对立面，从而导致了实践中错误的生产力发展决策，造成了环境的极大破坏。这充分体现了"征服自然"的敌对性行动所带来的严重后果。

其次，从对生产力要素的构成来看，存在着对生产力构成要素的错误理解，把自然排除出生产力构成要素。马克思曾经指出："大生产——应用机器的大规模协作——第一次使自然力……变成社会劳动的因素。"[1] 由此可见，马克思把自然力看作是生产力的一个要素。正是在调整和控制人和自然之间的物质变换的过程中，受到人类活动影响和作用的自然物，已不同于纯粹意义上的自然物了，马克思曾把这些自然物称为"人化自然"，它包含两方面的含义：一是人对自然的征服和改造，二是在征服和改造中达到人对自然的调节和改善，使自然界更适合于人类的生存和发展。前者突出了人与自然对立的一面，后者则寻求人与自然的和谐统一。可是在现实中，很多人依然把自然排除出生产力的要素范围。这种错误理解，必然造成人们对自然价值的忽视，造成生态环境的严重破坏。伴随着经济发展而来的环境污染问题，不能不说同对生

---

① 《马克思恩格斯文集》第8卷，人民出版社2009年版，第356页。

产力构成要素的错误理解有关。

再次，从对生产力发展水平的评判标准来看，存在着忽视生态环境因素的现象。生产力是一个开放系统，它的发展离不开外部自然环境。违背自然界的生态平衡规律，人类最终会受到自然界的报复。因此，生产力发展水平的标准中应包含生态标准。这就要求在发展生产力和保护环境之间寻求一种均衡与协调，在二者之间找到一个最适当的尺度，既使自然环境始终能为生产力的发展提供良好条件，又使生产力能高水平地发展而不损害自然环境。在发展生产力的同时注意维护生态潜力，把经济增长限制在生态环境允许的范围内。可是在许多人的观念中，并未把生态标准看作生产力发展的重要指标，在许多地方，生产力的发展是以自然生态环境的严重破坏为代价的，甚至认为自然环境的破坏是生产力发展的必然伴随物，环境保护应该为生产力发展让路。因此，强调生产力发展水平的生态标准，对于我国生产力的发展特别重要。

应该说，在传统的生产力观下，我国社会主义建设虽然取得了巨大的成就，但是付出的代价也是昂贵的。因此，正确的生产力观，不仅仅是个经济问题，也是一个严肃的政治问题。虽然随着改革开放的不断深入，人们对生产力概念的重新界定问题进行了深入探讨，也取得了一些成果，但是并没有在社会上形成共识。虽然有了把保护环境和经济发展联系在一起的政策设计，但是在真正的贯彻落实方面，还显得措施不够有力。尤其是在一些基层干部和政府的发展理念中，环境保护必须为经济建设让路的思想，还相当普遍。这已经严重地损害了我国人民长期的、未来的根本利益。因此，当代中国政治文化发展的一个重要方面，就是传统生产力观的变革。生产力的内涵，必须由传统向现代转换，生产力发展水平的判断标准，也必须从传统向现代转换。

（2）与传统生产力观相联系，传统的社会发展观也不利于中国社会的全面发展和进步，需要我们发展生产力型政治文化，为社会发展提供理论论证和价值支撑。传统发展观是一种以经济增长为核心的经济发展观，主要强调经济增长是一个国家发展的核心内容，工业化是其经济发展的中心环节，国内生产总值（GDP）是衡量一个国家经济发展的唯一标尺。这种片面强调经济增长的发展观具有以下缺陷：其一，片面强调经济增长，割裂了经济、社会等方面发展的协调性。人类的发展必须以经济、社会等方面的协调发展为前提；经济增长是发展的基础，但经济增长并不等同于发展。在社会发展的大系统中，存在着经济、政治、文化等若干相互协调的子系统，片面强调以物质财富增长为中心的经济发展，而忽视与社会其他方面的协调发展，必然会导致整个社会的畸形发展，也必然会削弱经济进一步发展的后劲。其二，传统发展观一味强调人对自然的征服，破坏了人与自然的和谐。它过分强调人自身需要的满足，一味地向自然界索取，不顾自然界的承载能力，从而导致资源匮乏、环境恶化和生态系统失衡。

我们应清醒地认识到，由于历史传统、经济基础和其他条件的限制，传统发展观和发展模式的影响在我国仍然存在。在发展中，经济增长的粗放型、外延式特征还比较明显，资源相对短缺而又浪费严重的现象依然存在，掠夺性开采和粗放型利用还比较普遍；城乡之间、区域之间发展不平衡，中西部地区与东部地区存在明显差距；一些地方、部门简单地把经济增长等同于发展，单纯追求数量的扩张和增长的速度，不重视质量和效益，忽视经济、政治和文化的协调发展，忽视人与自然的和谐相处。因此，历史的经验教训证明，贯彻新发展理念是促进经济社会协调发展的重要前提，缺乏对发展问题的全面科学理解，就会在发展思路和政策措施上出现偏差，就会出现增长失调，甚至制约发展、阻碍发展。

总之，传统发展观使我国的发展走了许多不该走的弯路，承受了许多不该承受的损失。当代中国政治文化的发展，必须服从和服务于生产力发展和经济建设这个中心任务和"最大政治"，这要求我们建设符合这个要求的"生产力型政治文化"，为摒弃传统社会发展观，贯彻新发展理念，提供理论论证和价值支撑。

（3）发展生产力型政治文化，有利于发挥马克思主义意识形态的生产力促进功能，为保持马克思主义意识形态的合法性奠定物质基础。意识形态作为论证政治合法性的方法与手段，其本身也存在合法性问题。所谓意识形态的合法性，是指意识形态所蕴含和倡导的价值观念符合并维护社会大多数人的利益和社会正义要求，符合社会发展的需要，并且随着社会的发展，意识形态也不断丰富和发展自身，从而能够合理准确地解释现实世界，有效地指导社会实践，因而得到了社会大多数成员的认同和接受。实践证明，人们在决定是否接受某种意识形态时，总是看这种意识形态能否满足自己的某种要求和愿望，能否给自己带来实际利益。由此可见，坚持以经济建设为中心，大力发展经济，发掘意识形态的经济功能，是意识形态获得认同、增强合法性的物质基础。①发展生产力型政治文化，对维护马克思主义作为我国主流意识形态的合法性，具有重要意义。一方面，发展生产力型政治文化，有利于促使我们对主流意识形态中生产力发展内容的挖掘，从而在实践中充分发挥主流意识形态的生产力发展促进功能。另一方面，生产力型政治文化所确定的一系列解放和发展生产力的原则和方法，有利于在实践中促进生产力的解放和发展，从而为主流意识形态的合法性奠定牢固的物质基础。

2.生产力型政治文化的内容

生产力型政治文化的基本内容包括：对生产力政治价值的正确认知、对"解放和发展生产力"理念的普遍认同、对促进人的全面发展价值目标的自觉秉持等基本内容。

（1）对生产力政治价值的正确认知

生产力的政治价值，主要体现在它对实现共产主义理想、推动社会主义发展、保持我们党的执政合法性等方面的重要价值和作用。

第一，生产力对于共产主义实现的价值。一方面，生产力的高度发展是实现共产主义的前提。这是因为"如果没有这种发展，那就只会有贫穷、极端贫困的普遍化；而在极端贫困的情况下，必须重新开始争取必需品的斗争，全部陈腐污浊的东西又要死灰复燃。"②由此可见，要实现共产主义，离开生产力的高度发展是不可能的。另一方面，生产力的高度发展，是实现共产主义的手段。迄今为止，人类社会经历了三种社会形态："人的依赖关系（起初完全是自然发生的），是最初的社会形态，在这种形态下，人的生产能力只是在

---

① 李春明:《意识形态的合法性问题》,《山东社会科学》2004年第9期。
② 《马克思恩格斯选集》第1卷，人民出版社2012年版，第166页。

狭窄的范围内和孤立的地点上发展着。以物的依赖性为基础的人的独立性，是第二大形态，在这种形态下，才形成普遍的社会物质变换，全面的关系，多方面的需求以及全面的能力的体系。建立在个人全面发展和他们共同的社会生产能力成为他们的社会财富这一基础上的自由个性，是第三个阶段。第二个阶段为第三个阶段创造条件。"[①]由此可见，没有第二种社会形态的生产力发展所提供的物质基础，人的全面发展是不可能的。生产力的高度发展，既是实现共产主义的前提，也是实现共产主义的手段。

第二，生产力对于中国特色社会主义发展的价值。首先，发展生产力是社会主义的基本原则。历史唯物主义认为，物质资料的生产是一切社会存在和发展的基础。为此，就必须发展生产力，社会主义也不能例外。对此，马克思和恩格斯曾经指出："工人革命的第一步就是使无产阶级上升为统治阶级，争得民主。"然后，无产阶级要"一步一步地夺取资产阶级的全部资本，把一切生产工具集中在国家即组织成为统治阶级的无产阶级手里，并且尽可能快地增加生产力的总量。"[②]由此可见，社会主义国家建立以后，必须"尽可能快地"发展生产力，这是社会主义的基本原则和根本任务。其次，生产力的快速发展是社会主义优越性的重要体现。邓小平认为，社会主义制度优越性的根本表现，就是能够允许社会生产力以旧社会所没有的速度迅速发展，使人民不断增长的物质文化生活需要能够逐步得到满足。[③]再次，解放和发展生产力，是解决新时代我国社会主要矛盾的重要手段，是实现社会主义本质的前提。在新时代，我国社会的主要矛盾，是人民日益增长的美好生活需要和不平衡不充分发展之间的矛盾。但这并不意味着解放和发展生产力不重要，而是对解放和发展生产力提出了更高的要求。解放和发展生产力依然是解决新时代我国社会主要矛盾的重要手段。同时，解放和发展生产力，是社会主义本质的重要内容，是最终实现社会主义本质的前提和基础。没有生产力的解放和发展，消灭剥削、

---

① 《马克思恩格斯全集》第30卷，人民出版社1995年版，第107页。
② 《马克思恩格斯选集》第1卷，人民出版社2012年版，第421页。
③ 《邓小平文选》第2卷，人民出版社1994年版，第128页。

消除两极分化、最终实现共同富裕是不可能的。

第三，生产力对于我们党执政合法性的价值。政党执政，必须证明和寻找自身执政以及让人民接受其执政的正当性，这种正当性，在政治学上称为合法性，也就是政党执政能否获得人们认同的问题。我们党的执政合法性与促进生产力发展，具有密切的关系。首先，发展生产力，提高执政有效性，是党的执政合法性的基础。有效性是指政治权力的实际作为，是指政治权力对社会进行政治管理或政治统治的实际业绩。利普塞特指出："如果一个政治制度长时期地缺乏有效性，也将危及合法制度的稳定。"① 在当代中国，有效性最根本的标志就是发展生产力，促进经济社会的发展，提高人们的生活水平。因此，发展生产力就成为我们党执政合法性的基础。其次，发展生产力的状况是评价我们党执政水平的重要标准。一方面，生产力是检验党的领导成果的标准之一。"正确的政治领导的成果，归根结底要表现在社会生产力的发展上，人民物质文化生活的改善上。"② 另一方面，生产力是衡量党领导下的国家制度好坏的重要标准之一。"我们进行社会主义现代化建设，是要在经济上赶上发达的资本主义国家，在政治上创造比资本主义国家的民主更高更切实的民主，并且造就比这些国家更多更优秀的人才……所以，党和国家的各种制度究竟好不好，完善不完善，必须用是否有利于实现这三条来检验。"③ 因此，生产力的发展状况，成为检验党及其领导下的国家制度好坏的重要标准之一。再次，发展生产力是保持党的先进性的物质基础。"中国一切政党的政策及其实践在中国人民中所表现的作用的好坏、大小，归根到底，看它对于中国人民的生产力的发展是否有帮助及其帮助之大小，看它是束缚生产力的，还是解放生产力的。"④ 因此，党的工作要符合生产力发展的规律，要体现推动先进生产力发展的要求。只有这样，才能获得人民群众的拥护，获得合法性，保持先进性。

---

① 〔美〕利普塞特：《政治人：政治的社会基础》，刘钢敏等译，商务印书馆1993年版，第53页。

② 《邓小平文选》第2卷，人民出版社1994年版，第128页。

③ 《邓小平文选》第2卷，人民出版社1994年版，第322～323页。

④ 《毛泽东选集》第3卷，人民出版社1991年版，第1079页。

（2）对"解放和发展生产力"理念的普遍认同

生产力型政治文化是一种对"解放和发展生产力"理念普遍认同的政治文化。改革开放以来，"解放和发展生产力"理念在我国政治生活中的认同度不断提高。但是不可否认，它在实践中仍会受到来自各个方面的干扰，"解放和发展生产力"要想成为人们的普遍共识，还有许多障碍要克服。

列宁在领导苏联社会主义建设过程中，面对在"革命"与"建设"、"政治"与"经济"问题上，有些人不顾时间、环境和客观形势的发展，片面夸大"革命性"的"左倾"论调，指出：要"少谈些政治""多谈些经济"①，因为"我们无疑学会了政治，这方面我们不会受人迷惑，这方面我们有基础。而经济方面的情况却不好。今后最好的政治就是少谈政治。"②显然，列宁主张的"少谈些政治"是指无产阶级夺取政权后，阶级矛盾已不是主要矛盾，主要矛盾是先进的社会制度与落后的生产力之间的矛盾，解决好这一矛盾就是最大的政治，根本办法是大力发展生产力。在解放和发展生产力方面，我们也面临错误思想的干扰。其中，"左"的错误在于把改革开放说成是引进和发展资本主义，认为"和平演变"的危险主要来自经济领域，从而否定经济建设这个最大的中心，这种思想观念在社会中还有土壤。同时，右的倾向也会阻碍"解放和发展生产力"的普遍认同。右的倾向是忽视经济建设和发展的社会主义方向，忽视经济建设中的政治斗争，忽视思想政治工作。这同样会干扰经济建设这个中心。邓小平多次提出，我们发展的生产力是社会主义性质的生产力。"我们在一个长时期里忽视了发展社会主义社会的生产力。"③邓小平多次使用"社会主义社会的生产力"的概念绝不是偶然的，这一概念严格地把当代中国所要发展的生产力限定在社会主义生产关系或社会主义社会形态之内，这就确定了我国发展生产力的性质是社会主义的。在当代中国，我们"解放和发展"的生产力，是"社会主义"的生产力。如果忽视经济建设和发展的社会主

---

① 《列宁全集》第35卷，人民出版社2017年版，第91～92页。
② 《列宁全集》第40卷，人民出版社2017年版，第157页。
③ 《邓小平文选》第3卷，人民出版社1993年版，第137页。

义方向，忽视经济建设中的政治斗争，忽视思想政治工作，生产力的发展也就失去了正确方向，违背了我们发展生产力的初衷。习近平总书记指出："中国是一个大国，决不能在根本性问题上出现颠覆性错误……我们要坚持改革开放正确方向……切实做到改革不停顿、开放不止步。"[1]这就明确无误地告诉人们，中国既要坚持改革开放，不断解放和发展生产力，又要坚持社会主义方向。

（3）以促进人的全面发展为价值目标

传统生产力观和传统社会发展观忽视甚至否定了人在生产力发展和社会发展中的价值目的和价值主体地位。因此，树立促进人的全面发展的价值目标，是发展生产力型政治文化的重要内容。

尊崇人的价值是马克思主义的基本主张。这主要体现在以下两方面：一方面，"现实的人"是马克思主义唯物史观考察社会历史发展出发点。马克思和恩格斯指出，唯物史观的出发点是从事实际活动的人，历史不过是追求着自己目的的人的活动而已。另一方面，满足人民群众的物质文化生活需要，追求人的全面发展和人类彻底解放，是马克思主义的鲜明立场和价值追求。马克思主义认为，生产剩余价值或榨取剩余劳动，是资本主义生产的目的，这必然造成少数资产者财富的积累和大多数无产者贫困的加剧。资本主义私有制的生产目的同人的价值是相背离的，因此应该以社会主义生产资料公有制取代资本主义生产资料私人占有制，并强调指出，未来公有制条件下的社会生产，应以满足全社会以及每一社会成员的需要为目的。列宁一再强调，社会主义社会生产和分配的目的是"使所有劳动者过最美好的、最幸福的生活。"[2]习近平总书记也指出："人民对美好生活的向往，就是我们的奋斗目标。"[3]因此，生产力型政治文化应该把人民的利益作为出发点和落脚点，不断促进人的全面发展，这是生产力型政治文化发展的根本价值目标。促进人的全面发展的价值目标，

---

① 《习近平谈治国理政》，外文出版社2014年版，第348页。
② 《列宁选集》第3卷，人民出版社2012年版，第546页。
③ 《习近平谈治国理政》，外文出版社2014年版，第4页。

在生产力型政治文化中的体现，就是要发展"人"的经济，这是经济发展的价值标准和追求。所谓"人"的经济，就是为了人的生存、发展、完善和福祉而去促进经济发展和积累财富。经济是人的生存、发展、完善的手段。在社会主义经济建设和改革发展过程中，我们应自觉以上述价值标准来指导经济行为，按照促进人的全面发展这一价值目标，来规划和设计经济建设。

3.生产力型政治文化的价值原则

为了保证当代中国生产力发展的正确价值方向，生产力型政治文化必须确立和坚持一系列价值原则，为生产力的发展戴上价值调控器和方向指示器，以保证生产力发展的正确方向。当代中国生产力型政治文化要坚持以下价值原则：

（1）尊重群众首创精神原则

群众的首创精神是中国改革开放的原动力，是生产力解放和发展的原动力。因此，必须把尊重群众首创精神作为生产力型政治文化发展的一个重要价值准则。

群众有解放和发展生产力的要求和愿望。例如，早在20世纪50年代合作化时期，中国农村的有些社队就进行过包工包产的试验；20世纪60年代三年困难时期，安徽省曾试行过联产到户的"责任田"，包产到队，定产到田，责任到人。总的来说，我国的改革获得如此迅速的进展，实际上是亿万人民解放和发展生产力的要求和强烈愿望所促成的。

群众有解放和发展生产力的智慧和经验。群众作为实践主体，身处改革与发展的第一线，对各种经济管理体制的优劣有切实的比较，对改革的必要性与紧迫性有深刻的认识，不断提出符合实际的改革新思路、新方案和新办法，成为党和政府制定改革方针、政策的重要素材。邓小平曾经深刻地指出：农村搞家庭联产承包，这个发明权是农民的。农村改革中的好东西，都是基层农民创造出来的，党和政府把它拿来加工提高作为全国的指导。习近平也指出："必须坚持以人为本，尊重人民主体地位，发挥群众首创精神，紧紧依靠人民推动改革。没有人民支持和参与，任何改革都不可能取得成功。"[①]

---

① 《十八大以来重要文献选编》（上），中央文献出版社2014年版，第554页。

群众有解放与发展生产力的决心和勇气。中国的改革开放是从农村开始的。而农村改革，得益于中国农民的伟大实践和探索，他们以敢为天下先的勇气，冲破阻碍生产力发展的旧体制的束缚，大胆涉足前人未涉及的全新的经济领域。1978年12月，安徽凤阳县20户农民订立了关于联产承包责任制的著名契约，上面写着："如不成，我们干部坐牢杀头也甘心，大家社员也保证把我们的小孩养活到18岁……"从而拉响了农村改革的号角，升起了实行联产承包责任制的第一颗启明星。①由此可见，群众有解放与发展生产力的要求和愿望、智慧和经验、信心和勇气，是解放与发展生产力主体和决定力量。我们应该充分尊重群众这种主体作用，充分尊重群众的首创精神。

（2）物质利益的保护与引导原则

基本物质生活的满足是人类生存与发展的全部基础。"人们为了能够'创造历史'，必须能够生活。但是为了生活，首先就需要吃喝住穿以及其他一些东西。因此第一个历史活动就是生产满足这些需要的资料，即生产物质生活本身。"②因此，我们必须实行物质利益原则，满足人的物质需求，这对当代中国生产力的解放和发展，具有重要的现实意义。现在，中国仍处于并将长期处于社会主义初级阶段，虽然人们的物质生活水平有了很大提高，但是从总体来看，人们的物质生活还处于从低需求性向高需求性转变过程中。"所谓低需求性，是指劳动者在现实发展阶段上，物质生活的需求、生活富裕的需求还是最为主要的。"③可以说，物质利益原则是生产力解放与发展的不竭原动力，如果人们都从切身利益上去关心生产力的发展，必然能充分发挥其潜能和创造天赋，从而使生产力的发展既获得了活力，也有了内在动力。但是同时，我们也应该摒弃人的物质需求无限的传统观点，引导人们确立科学的物质需求有限的观念，抑制不合理的、过度的物质需求，引导健康合理的物质需求。

---

① 杨宇立：《审视中国——现代化进程的政治经济分析》，中国发展出版社2000年版，第122～123页。

② 《马克思恩格斯选集》第1卷，人民出版社2012年版，第158页。

③ 方竹兰：《劳动者个人发展与公有制发展的关系》，《教学与研究》1999年第11期。

（3）生产力发展过程中的和谐共存原则

生产力型政治文化认为，在生产力发展过程中，要注意生产力发展与社会系统中的其他子系统的协调问题，同时，生产力发展内部系统的各种要素之间也应该和谐共存。它包括以下具体内容：其一，坚持人与自然的和谐共存原则。这是指人类在利用、改造自然的活动中，要保持自然按照自身规律正常有序地运转，使人与自然和睦相处、相互促进和共同发展。既要改造自然，又要保护自然。习近平总书记指出："要正确处理好经济发展同生态环境保护的关系，牢固树立保护生态环境就是保护生产力、改善生态环境就是发展生产力的理念，更加自觉地推动绿色发展、循环发展、低碳发展"①。其二，坚持经济发展的效率与公平和谐并存原则。经济和谐是整个社会和谐的基础。经济和谐原则的核心内容是正确处理效率与公平的关系问题，这也是生产力型政治文化发展所必须面对的一个重要课题。党的十八大提出：要"调整国民收入分配格局，加大再分配调节力度，着力解决收入分配差距较大问题，使发展成果更多更公平惠及全体人民，朝着共同富裕方向稳步前进。"②习近平总书记也明确指出，全面深化改革必须"以促进社会公平正义、增进人民福祉为出发点和落脚点。"③所以，我们必须处理好效率与公平的关系。在当代中国，在坚持效率的同时，要更加突出公平的要求。其三，当代人发展与子孙后代发展的和谐。当代人的发展不能牺牲后代人的发展，因此，必须"形成节约资源、保护环境的空间格局、产业结构、生产方式、生活方式，为子孙后代留下天蓝、地绿、水清的生产生活环境"④，从而有利于子孙后代的发展。

三、发展民主型政治文化

民主政治是人类社会进入工业化时代后政治发展的普遍趋势。在这一普遍趋势之下，各个国家走向民主政治的道路是多种多样的。我们要发展的是中

① 《习近平谈治国理政》，外文出版社2014年版，第209页。
② 《十八大以来重要文献选编》（上），中央文献出版社2014年版，第12页。
③ 《习近平谈治国理政》，外文出版社2014年版，第96页。
④ 《习近平谈治国理政》，外文出版社2014年版，第212页。

国特色的社会主义民主政治，这就要求我们发展中国特色的民主型政治文化，为中国特色民主政治的发展，提供思想理论支持、价值理念支撑以及合法性、合理性证明。

1.民主型政治文化是世情、国情的客观需要

民主是获得了普遍认同的一种人类共同价值。从历时性上来看，民主获得普遍认同的时间最早，早在19世纪30年代，托克维尔就敏锐地感觉到："民主即将在全世界范围内不可避免地和普遍地到来。"①从空间性上讲，民主得到认同的范围最广。亨廷顿引用联合国教科文组织1951年的一份报告说："在世界历史上，第一次没人再以反民主的面目提出一种主义。而且对反民主的行动和态度的指责常常是针对他人的。"②我们也应该把民主作为当代中国的价值追求，发展民主型政治文化，为当代中国的民主政治建设提供理论支撑和论证。

民主是马克思主义的基本理念，这需要我们建设民主型政治文化，进一步坚持和发展马克思主义民主理论。马克思主义认为，民主就是人民主权、人民意志的实现，就是人民自己创造、自己建立、自己规定国家制度，并运用这种国家制度决定自己的事务。不过，由于人民和人民当家作主都是历史的范畴，因而不同历史时期的民主就具有不同的本质和形式。民主在社会结构中属于上层建筑，是由经济基础决定的，而阶级斗争、政治斗争、思想文化、历史传统等因素，也对民主产生重大影响。在阶级社会中，民主的主体从来都是经济上占支配地位、政治上占统治地位的阶级，因而民主总是具有阶级性，总是一定阶级用来实现其统治的形式和手段。在此基础上，马克思主义论述了民主的阶级实质及其表现形式的多样性、民主和专政、民主的阶级性和社会性、民主的历史性和继承性、民主的目的性和手段性等问题。深刻理解和把握民主的阶级本质，同时认真总结和批判继承不同历史时期的人们在民主实践中创造的

---

① 〔法〕托克维尔：《论美国的民主》，董果良译，商务印书馆2003年版，第12版序第1页。

② 〔美〕塞缪尔·亨廷顿：《第三波：20世纪后期民主化浪潮》，刘军宁译，上海三联书店1998年版，第55~56页。

文明成果，是马克思主义对民主问题所持的基本态度。同时，马克思主义经常在不同层面上和不同领域中使用民主概念。在国家政治制度层面上，把民主理解为一种国家形态或国家形式，称作民主的政治制度或民主政体；在人民权利层面上，指广义的民主权利；在管理层面上，指组织管理的民主原则、民主体制；在思想观念层面上，指民主观念、民主精神；在行为方式层面上，指民主作风、民主方法。总之，民主既有基本的含义，又有拓展和延伸的含义，但作为人民权利和国家制度的民主是它的基本含义，是马克思主义民主理论研究的重点。[①]

我们在民主发展过程中曾一度存在对民主内涵的错误认知，需要发展民主型政治文化，以促进民主政治的健康发展。这些错误的认识包括：[②]（1）把民本思想和民主意识相混淆，不懂得民主的真正含义。就民本思想本身而言，其核心是"子民"意识和"圣贤"意识，确保君主主权；而民主意识的核心是主人翁意识和个人权利观念，本质是实现人民主权，两者是根本不同的。（2）把民主与法治相割裂，把民主的实现与极端民主化行为相混淆。（3）把建立领导权威和实行民主对立起来，不懂得民主与领导权威的辩证统一关系。（4）把实行民主与弘扬个性、尊重少数对立起来，不懂得弘扬个性，尊重少数是民主的应有之意。上述民主内涵的错误认知，阻碍了我国民主政治的健康发展，需要我们发展民主型政治文化，为我国民主政治的健康顺利发展提供理论论证和价值支持。

2.民主型政治文化的内容

当代中国民主型政治文化的内容十分丰富，概括起来，主要有以下几点：

（1）对社会主义民主内涵具有全面的认知

第一，社会主义民主是手段和目的的统一体。民主首先是一种国家制度。作为国家形态的民主，它属于上层建筑，不仅要受一定经济基础的制约，而且归根到底是为一定经济基础服务的。在这个意义上说，民主只是一种手段。在

---

① 李铁映：《关于民主理论的几个问题》，《中国社会科学》2001年第1期。

② 吕元礼：《政治文化：转型与整合》，江西人民出版社1999年版，第53页。

社会主义建设时期，民主作为上层建筑，是为巩固和发展社会主义经济基础服务的，是为社会主义经济建设服务的。但同时，民主也是我们的奋斗目标。恩格斯在论述无产阶级革命的进程时明确指出："首先无产阶级革命将建立民主的国家制度，从而直接或间接地建立无产阶级的政治统治。"①马克思恩格斯在《共产党宣言》中又重申了这一主张："工人革命的第一步就是使无产阶级上升为统治阶级，争得民主。"②习近平也明确指出："我们要坚定不移走中国特色社会主义政治发展道路，继续推进社会主义民主政治建设、发展社会主义政治文明。"③在这里，他们都是在目标层次上使用民主这一概念的。

因此，社会主义民主是手段和目的的统一体。作为手段，民主是为社会主义经济基础服务的，起着动员人民群众参加社会主义经济建设，发展、完善和巩固社会主义制度的重要作用。作为目的，民主是社会主义的本质要求和内在属性，是社会主义制度的重要组成部分和发展目标。我们对民主的认识，必须把目的性和手段性统一起来。

第二，社会主义民主是国家形态民主与非国家形态民主的统一体。马克思主义对国家形态的民主作了充分论述。马克思指出："民主制是作为类概念的国家制度"④，列宁提出，民主是国家形式，是国家形态的一种。⑤毛泽东在20世纪四五十年代回答"中国向何处去""中国应建立一个什么样的国家"等问题时，反复使用了"中华民主共和国"⑥"人民民主专政"⑦等概念，对作为国家形态的民主做了具有中国特色的诠释。上述马克思主义经典作家对民主在国家形态方面的含义的论述，成为我们理解民主的最基本的出发点。

社会主义民主除了包含国家形态的民主而外，还包含非国家形态的民主，

---

① 《马克思恩格斯选集》第1卷，人民出版社2012年版，第304页。

② 《马克思恩格斯选集》第1卷，人民出版社2012年版，第421页。

③ 《十八大以来重要文献选编》（中），中央文献出版社2016年版，第59页。

④ 《马克思恩格斯全集》第1卷，人民出版社1956年版，第280页。

⑤ 《列宁选集》第3卷，人民出版社2012年版，第201页。

⑥ 《毛泽东选集》第2卷，人民出版社1991年版，第675页。

⑦ 《毛泽东选集》第4卷，人民出版社1991年版，第1468页。

它是国家形态民主与非国家形态民主的统一，这也是马克思主义民主观的一个基本立场。马克思对民主发展的一般进程作了这样的论述：只有通过两次解放——"政治解放"（用"政治民主"代替封建专制）和"人类解放"（用与人民相统一的"人民民主"代替与人民相脱离的"政治民主"），人类才能获得自由。实现"政治解放"要靠资本主义政治革命。经过这种革命，"政治民主"就诞生了，"政治解放"就实现了。马克思进一步指出："政治解放本身还不是人类解放。"[①]因为"政治革命"虽然推翻了封建专制，但是，这一革命的领导阶级是资产阶级，它推行"政治民主"的目的，是维护生产资料的资本主义私有制。所以，马克思指出：人类要真正获得解放，还必须进行"人民革命"，消除"政治民主"与人民自身的对立——"只有当人认识到自己的'原有力量'并把这种力量组织成为社会力量因而不再把社会力量当作政治力量跟自己分开的时候，只有到了那个时候，人类解放才能完成。"[②]笔者认为，在这里，马克思是在国家形态民主与非国家形态民主统一的意义上使用民主概念的。通过"人民革命"消除了"政治革命"与人民自身的对立，必然要把民主扩展到社会生活的各个领域、各个方面，既包括国家形态的民主领域，也包括非国家形态的民主领域，实现人民在各个领域当家作主的权利，从而真正完成人类的解放。

中国共产党对民主的国家形态属性和非国家形态属性也有明确认识。邓小平指出：改革并完善党和国家的领导制度，"从制度上保证党和国家政治生活的民主化、经济管理的民主化、整个社会生活的民主化，促进现代化建设事业的顺利发展。"[③]习近平总书记也指出："要坚持和完善基层群众自治制度，发展基层民主，保障人民依法直接行使民主权利，切实防止出现人民形式上有权、实际上无权的现象。"[④]由此可见，社会主义民主的范围是很广泛的，它适用于人们生活的各个领域。人民群众管理国家的民主即政治生活的民主，属

① 《马克思恩格斯全集》第1卷，人民出版社1956年版，第435页。
② 《马克思恩格斯全集》第1卷，人民出版社1956年版，第443页。
③ 《邓小平文选》第2卷，人民出版社1994年版，第336页。
④ 《十八大以来重要文献选编》（中），中央文献出版社2016年版，第63页。

于国家形态的民主；人民群众管理经济、文化、社会事务即经济生活、文化生活和社会生活的民主，虽然这些领域的民主与国家形态的民主有着密切关系，但其本身属于非国家形态的民主。

这两种形态的民主不是彼此孤立存在的，而是密切联系、互为条件的。国家形态的民主为非国家形态的民主的充分实现提供了制度保障，而非国家形态的民主则为国家形态民主的巩固提供了稳定的社会基础，它们统一于社会主义的民主系统。

第三，当代中国的民主政治建设，是宏观领域建设和微观领域建设的统一体。民主存在于社会生活的各领域或层次之中。在当代中国，国家形态的民主处于主导地位。人民代表大会制度、共产党领导的多党合作和政治协商制度等这些国家形态的民主，是我国民主的主要表现形式，是我国政治生活的主导和主要方面，我们应该着力加强这些领域的民主建设，对此我们可以称之为宏观领域的民主建设。其他非国家形态的民主如企业民主、城乡基层组织的民主自治等则为微观领域的民主，这些方面的建设也不容忽视。

在很长一段时间里，我们对民主概念存在片面理解，忽略了民主建设上许多艰苦细致的工作，忽略了对不同层次民主问题的研究，这不利于中国特色民主理论体系的建立，也不利于人民具体民主权利的推进。对此，习近平总书记深刻地指出："要坚持和完善基层群众自治制度，发展基层民主，保障人民依法直接行使民主权利，切实防止出现人民形式上有权、实际上无权的现象。"[1]总之，发展微观领域的民主，人民直接参与国家和社会事务的管理，是人民民主权利得以实现的重要途径，它更能体现人民的民主主体的地位，体现社会主义民主的广泛性和真实性。我国的基本国情决定了我们在民主建设上应采取实事求是、循序渐进的态度，针对我国经济文化发展的实际，注重整个国家民主建设的层次性特点，根据我国城乡发展、区域发展、阶层发展的不同状况采取符合实际的民主形式。这是当前乃至今后相当长一段时间内，我国民主政治建设应当注意解决的问题。

---

① 《十八大以来重要文献选编》（中），中央文献出版社2016年版，第63页。

（2）对当代中国民主现实的客观理性认识

从存在状态上讲，民主包括理想的民主和现实的民主。理想状态的民主是对社会未来的一种希望和对未来结果的一种评价，是对民主的一种期望和追求。现实状态的民主是指民主政治的综合建设状况，包括民主政治制度、民主生活、民主作风、民主理论发展状况、人民的民主意识状况、民主程序、民主机制运行等多方面的内容。同样，社会主义民主既是一种理想民主，也是一种现实民主。作为理想民主，社会主义民主追求的最终目标和最终的目的，是人类幸福、自由、平等、和谐、公正。作为一种现实民主，它要求我们不断进行民主实践，不断向社会主义民主理想迈进。民主型政治文化必须对我国的社会主义民主现实给予正确的认识和把握。

第一，现阶段我国社会主义民主的实现方式具有合理性。社会主义民主的本质是人民当家作主，国家的一切权力属于人民。人民依法享有管理国家和社会事务的民主权利。在我国现阶段，人民的民主权利采取了"直接"与"间接"相结合的实现形式。我国现阶段民主权利的直接实现形式包括：以村民委员会的直接选举、村民议事、村务公开等为主要内容的农村基层民主，保证农民直接行使民主权利；以职工代表大会为基本形式的公有制企事业单位的民主管理制度，组织职工参与改革和管理，发挥工会和职工代表大会的积极作用，以切实维护职工的合法权益，保障职工的民主权利；各单位的民主生活会制度；不设区的市、市辖区、县、自治县、乡、民族乡、镇的人民代表，由选民直接选举。我国现阶段民主权利的间接实现形式，是人民代表大会制度，由人民代表来代表人民行使民主权利。

一方面，我国直接民主的范围和内容符合我国的国情。直接民主最早产生于古代希腊的城邦制度中。当时的古希腊，城邦国土狭小，公民不是很多，人口相对比较集中，人们相互之间比较熟悉，便于政务的处理。直接民主制度是指城邦的政治主权属于它的公民，公民们直接参与城邦的治理，而不是通过选举代表，组成议会或者代表大会来治理国家（即所谓代议制度）的那种制度。①韦伯在《经济与社会》中对直接民主制的存在条件做了高度概括：组织的区域性或社会成员数量的有限性、成员之间社会地位没有很大的差异、行政功能比较简单和相对稳定、对人员进行最低限度的培训等。②由此可见，要实行直接民主制，必须空间范围不能太大，人口相对集中，人口数量不宜太多，处理的事务比较简单，而且要有比较充裕的时间。上述我国直接民主的适用范围，既符合中国的国情，也符合中外专家分析的实行直接民主的环境条件。上述这几个领域的直接民主，所涉及空间范围不大，人数合适而且相对集中，处理的事务大多是与自己密切相关的身边事务，在时间上也能够保证。

另一方面，我国间接民主制也符合中国的历史和现实国情。中国共产党领导中国人民取得新民主主义革命胜利后，国家政权应该怎样组织，在什么样的制度模式下进行国家治理，这是关系国家前途、人民命运的根本性问题。经过长期实践探索和理论思考，中国共产党人找到了答案，那就是实行人民代表大会制度。习近平指出："在中国实行人民代表大会制度，是中国人民在人类政治制度史上的伟大创造，是深刻总结近代以后中国政治生活惨痛教训得出的基本结论，是中国社会一百多年激越变革、激荡发展的历史结果，是中国人民翻身作主、掌握自己命运的必然选择。"③

再一方面，社会主义协商民主是中国特色社会主义民主的重要形式。社会主义协商民主是在中国共产党领导下，人民内部各方面围绕改革发展稳定的重大问题和涉及群众切身利益的实际问题，在决策之前和决策实施之中开展广泛协商，努力形成共识的重要民主形式。"社会主义协商民主，是中国社会主义民主政治的特有形式和独特优势"④，"是中国共产党的群众路线在政治领域的重要体现"⑤，"中国社会主义协商民主，既坚持了中国共产党的领导，又发

---

① 引自《顾准文集》，贵州人民出版社1994年版，第72页。

② 引自〔英〕戴维·赫尔德：《民主的模式》，燕继荣等译，中央编译出版社1998年版，第206页。

③ 《十八大以来重要文献选编》（中），中央文献出版社2016年版，第53页。

④ 《十八大以来重要文献选编》（中），中央文献出版社2016年版，第72页。

⑤ 《十八大以来重要文献选编》（中），中央文献出版社2016年版，第75页。

挥了各方面的积极作用；既坚持了人民主体地位，又贯彻了民主集中制的领导制度和组织原则；既坚持了人民民主的原则，又贯彻了团结和谐的要求。所以说，中国社会主义协商民主丰富了民主的形式、拓展了民主的渠道、加深了民主的内涵。"①

总之，民主的实现形式必须符合本国的国情，不能把某种特定的民主实现形式作为判别是否民主或民主成熟水平的标准，更不能把它当作必须完全效仿的样板。正如习近平总书记所指出的那样："设计和发展国家政治制度，必须注重历史和现实、理论和实践、形式和内容有机统一。要坚持从国情出发、从实际出发，既要把握长期形成的历史传承，又要把握走过的发展道路、积累的政治经验、形成的政治原则，还要把握现实要求、着眼解决现实问题，不能割断历史，不能想象突然就搬来一座政治制度上的'飞来峰'。……在政治制度上，看到别的国家有而我们没有就简单认为有欠缺，要搬过来；或者，看到我们有而别的国家没有就简单认为是多余的，要去除掉。这两种观点都是简单化的、片面的，因而都是不正确的。"②

第二，目前的社会主义民主还需进一步完善和发展。我们的社会主义民主建设，正在一步步向着社会主义民主理想踏实前进。目前的社会主义民主还应该根据社会主义民主理想的要求，不断加以完善和发展。一方面，公民民主权利体系要进一步完善和发展。其一，需要对与市场经济发展密切相关的一些公民基本民主权利明确确立或者加以具体化。其二，需要根据社会发展变化所造成的新的民主需求，对我国公民民主权利增大保障范围。其三，还要根据我国民主建设所取得的成就，及时发展我国的公民民主权利规范，譬如提升隐私权，确立接受公正审判权和被法律救济权，等等。③另一方面，要不断完善我国社会主义民主的实现形式。其一，要不断完善人民代表大会制度。在更大范围和层次上实行差额选举，特别要对选举中的候选人提名制度和介绍制度进行

---

① 《十八大以来重要文献选编》（中），中央文献出版社2016年版，第75页。

② 《十八大以来重要文献选编》（中），中央文献出版社2016年版，第59～60页。

③ 武秀英、刘惊海:《论宪法是社会主义民主理想与民主现实的法律基础》,《广播电视大学学报》(哲学社会科学版)2003年第1期。

改革，让选举人有更多的时间和机会参与候选人的提名，确保整个提名工作符合公开、平等、竞争、择优的原则。同时，要创造条件，让选举人与候选人见面，确保选举人通过多种渠道了解候选人的个人品德、政治主张和从政能力。至于各级各类干部的选拔任用，凡是能选举的一律由选举产生，暂时不能选举的，在委任、聘任中也必须坚持群众公认的原则，通过民主推荐、民主测评、任前公示等形式，赋予群众更多的知情权、参与权、选择权、监督权。其二，要建立、健全、完善听证制度。听证制度是一种直接民主的制度方式，也是公民有序地直接参与政治的一种较好的活动方式。凡是与公民利益直接或间接相关的决策，都应该举行听证会，直接听取公民的意见，使决策民主化、科学化、公开化。其三，要完善公民对立法的参与制度。近几年我国在扩大公民对立法的参与方面做了不少尝试，其中最引起国内外关注的，一个是对法律草案的全民讨论，另一个是专家直接参与立法。我们应该认真总结经验，将全民参与立法的形式制度化。其四，健全和完善公民批评制度、建议制度、申诉制度、控告制度、检举制度、信访制度、监督制度等。要使这些制度成为公民有序参与政治的有效机制，发挥其应有的作用。

3.发展民主型政治文化的主要任务

当代中国民主型政治文化发展任务是要坚持服务于人的全面发展、服务于中国特色社会主义民主政治建设的原则。从这个原则出发，当代中国发展民主型政治文化，其主要任务有以下几方面：

（1）传授科学文化知识，提高公众的民主素质。民主型政治文化的发展与公众文化素质之间有着密切的关系。阿尔蒙德曾在考查美国、英国、意大利、墨西哥等国公众的基本政治态度时指出："正是那些受过教育的人，最有可能坚持参与的规范，而可能较少主张个人在其地方共同体有积极参与的责任的，则是那些只受过小学教育或更低的人。"[①]因此，我们应该通过科学文化知识的传授，来提高公众的民主素质。

---

① 〔美〕加布里埃尔·A.阿尔蒙德、西德尼·维伯：《公民文化——五个国家的政治态度和民主制》，徐湘林等译，华夏出版社1989年版，第201页。

科学文化知识对民主素质提高的作用，主要表现在以下两方面：一方面，科学文化知识的传授过程是科学精神的培育过程，而科学精神与民主素质的提高有着密切联系。美国学者巴纳德·巴伯认为，科学社会组织即科学共同体所拥有的理性信仰、批判精神、感情中立、公有性和无私利性等精神价值（这些精神价值在"纯"科学中表现得尤为突出），在一定意义上是民主社会精神的典型代表。①民主的基础是平等精神，而平等精神正是科学的内在秉性之一。"在科学中，所有人在理性知识的发现和拥有方面具有精神上的平等权利，正如在自由社会中所有人对于生活自由和幸福的追求具有平等的权利。"②科学文化知识正是通过科学精神和民主意识的内在相通性，通过渗透的方式，实现对社会民主意识的内在促进作用的。另一方面，文化教育是促进社会民主意识发展的有效手段。教育对民主发展的促进作用表现在知识传授和行为熏陶两个方面。学校教育能使学生获得关于民主政治的基础知识，培养民主管理能力的一般理论方法，形成对民主的价值认同。学校教育对社会民主意识的发展还有其间接作用，它在提高整个社会的知识文化水平的同时，也为社会民主意识的更好发展提供了可能。不仅如此，学校教育也可以成为在生活实践中培养民主意识的重要场合。学校教育可以通过引导学生参与学校事务管理的方式来使学生获得对民主的感性认识，培养学生的平等意识和宽容精神。

因此，我们必须注重提高公众的文化程度。从内容上看，除了进行思想道德教育和科学文化知识的传授外，民主型政治文化更应该把民主知识的传授作为自己的一项重要任务，这是形成正确的民主技能的知识基础。只有掌握了古今中外的民主知识，才能形成正确的民主思维能力，进行正确的判断及推理，做出正确的决定；才能形成正确的民主行为能力，使自己的行为符合民主精神，善于使用民主的方式表达自己的愿望。

（2）培养民主意识，提高公众的民主心理素质。当代美国哲学家卡尔·科

---

① 〔美〕伯纳德·巴伯：《科学与社会秩序》，顾昕等译，三联书店1991年版，第100～119页。

② 〔美〕伯纳德·巴伯：《科学与社会秩序》，顾昕等译，三联书店1991年版，第106页。

恩对公众的民主心理素质做了深入剖析。科恩将民主的心理条件或心理素质理解为社会成员实行民主时必须具有的性格特点和思想习惯。他甚至断言：在"民主的所有条件中，心理条件是最基本的""民主的其他条件主要取决于此""民主的机器是由其成员风格来润滑的"①。科恩对民主心理素质的论述主要有以下几个方面：其一，"相信错误难免"的观念。"在这个世界上，无需更多的经验即可认识到：即使在重大问题上以及在自己深信不疑的意见方面，人是多么容易出错。"②"相信错误难免"被科恩视为民主国家的公民所应具备的气质中最根本的前提条件。其二，对现存的民主制度的现实态度。人们对现存的民主制度既不求全，也不失望，而能在这二者之间找寻到一个平衡点。其三，学会容忍。要能容忍不守成规，容忍别人直接反对自己的意见。③其四，要有信心。"民主国家的公民必须相信他们的集体能力能管理自己"。④

当前，我国公众的民主心理素质还需要进一步提高。因此，民主型政治文化必须把提高公众的民主心理素质作为自己的重要任务。从提高公众的民主心理素质出发，目前应着重加强民主意识教育，它包括如下内容：

其一，权利意识教育。中国传统政治文化是义务本位的政治文化，公众的权利意识淡漠，不知道自己有权利，或者放弃自己的权利。因此，应把培养适应市场经济需要的权利意识，作为培养民主意识的重要内容。要进行权利来源教育，让人们知道权利的"属我性"，把权利看成是自己的"财产"，才能切实保护好自己的权利。要明了权利的内容和救济途径。要教育公众全面地看待和维护权利。既要重视自己的财产权利，又要重视政治权利和精神权利，正确处理权利之间的冲突。要明确权利对权力的功能和地位。权利对权力的功能和地位主要体现在权利对权力的授权性、监督制约性、上位性。⑤

其二，现实主义的"民主观"教育。科恩提出了公众民主心理素质方面的

① 〔美〕科恩：《论民主》，聂崇信、朱秀贤译，商务印书馆1988年版，第173页。

② 〔美〕科恩：《论民主》，聂崇信、朱秀贤译，商务印书馆1988年版，第175页。

③ 〔美〕科恩：《论民主》，聂崇信、朱秀贤译，商务印书馆1988年版，第188~191页。

④ 〔美〕科恩：《论民主》，聂崇信、朱秀贤译，商务印书馆1988年版，第192页。

⑤ 李春明：《法治人格及其培养》，《山东师大学报》（人文社科版）2001年第1期。

"对现存的民主制度的现实态度"。这一点对当代中国的民主发展是非常重要的。公众在民主观方面也必须采取现实主义的态度。首先，培养公众正确的民主价值目标。公众的民主目标应是追求个人利益与尊重其他主体利益的统一。不能将民主权利仅仅用来追求个人的利益，而不顾其他主体的利益，一旦实现不了个人的意愿和利益，就认为没有民主，从而抵触、反对甚至侵害别人、集体的民主权利。其次，培养公众正确处理民主权利的主观需求和民主实现条件的关系。民主愿望的实现受到社会条件的制约，公众不能一味地追求空而不实的民主权利，否则会造成社会混乱和动荡。再次，培养公众遵守"民主规则"的意识。民主是一种目标，也是一种手段。当公众运用民主手段时，应重视和遵守宪法和法律所规定的民主规则和程序。

其三，主体意识教育。如果公众缺乏主体意识，仅仅把自己作为客体，则必然盲从、盲信，形成奴性人格，缺乏独立思维。因此必须注重公众主体意识的培养。要培养公众的自主意识，增强独立性、自主性；要培养公众的能动意识，使主体主动地、积极地去掌握信息，选择实现目的的方式；要培养公众的创新意识，积极探索中国特色社会主义民主政治的发展路径。

（3）增强民主技能的训练，使民主成为公众的一种生活方式。我们发展民主型政治文化，必须强调实践观念，把民主实践引入政治文化发展中，使公众受到民主的熏陶和锻炼，提高民主实践能力。

其一，培养公众自主性的政治参与能力。我国公众的政治参与在一定程度上具有动员性特征，相当一部分公众政治参与的自觉性和主动性程度较低。因此，应该注重培养公众的自主性政治参与能力。所谓自主性政治参与即公众基于自身的利益和需要而自觉地以某种形式对政治过程施加影响的参与行为[①]，也就是说，公众进行政治参与是完全出自内在的心理驱动，而不是出自他人的物质、精神诱惑或迫于压力而涉入政治过程。只有自主地参与政治，才能促使公众关心与己有关的政治问题，并提出实现自己利益需求的方案。

其二，培养公众有序性的政治参与能力。无序的政治参与破坏民主的健

---

① 陶东明、陈明明：《当代中国政治参与》，浙江人民出版社1998年版，第128页。

康发展。我国民主政治建设所需要的是有序的政治参与，也就是公众以合法的形式、通过制度化的渠道、有秩序地参与政治生活和影响政治决策的过程。因此，我们必须培养公众有序政治参与的能力。首先，以维护我国的国家制度作为参与的前提。不论是以何种形式表达自己思想、要求和利益，必须以维护我国的国家制度为共同的原则前提。其次，以遵守法律法规作为政治参与的基本准则。要坚持参与渠道、方式、手段和后果的合法性，以合法性参与来追求自己的合法权益。最后，利用合法渠道进行政治参与，避免非法治化参与渠道。在实践中要增强利用合法渠道进行政治参与的力度。"要扩大人民民主，健全民主制度，丰富民主形式，拓宽民主渠道，从各层次各领域扩大公民有序政治参与，发展更加广泛、更加充分、更加健全的人民民主。"①

其三，把民主渗透到人们的日常生活领域，培养公众的基层自治和民主管理能力，建构民主化的生活方式。（1）要培养公众正确行使选举权利的能力。要教育公众依法行使选举权，了解、掌握、遵守民主选举的规则和程序，尊重他人的选举权，依法维护自己的选举权。（2）提高人民代表行使代表权的能力。加强对人民代表的培训工作，增强人民代表调查研究的能力，提高提案的质量，把对选民负责与对党负责、对国家负责统一起来。（3）培养公众的基层自治和民主管理能力。对普通公众来说，直接的参政议政主要就是参与基层自治，管理基层公共事务和公益事业。因此，应培养城市居民、农村村民的自治和民主管理能力。在企事业单位，培养和提高企事业单位职工的民主管理能力，充分发挥职工代表大会和其他民主管理制度的作用。

四、发展法治型政治文化

法治型政治文化是一种与法治理念密切相关的，法治的理念、原则和精神在政治领域中广泛体现的政治文化。在全球化背景下，法治也成为获得普遍认同的一种人类共同价值，渗透到社会生活的各个方面，这为我国发展法治型政治文化提出了时代要求。

---

① 《十八大以来重要文献选编》（中），中央文献出版社2016年版，第55页。

1.法治型政治文化是基于中国历史与现实的必然选择

我们选择法治型政治文化作为当代中国政治文化发展的价值目标之一，是总结我国历史和现实的经验教训而做出的理性选择。

首先，在全球化背景下，法治也是获得普遍认同的一种人类共同价值。法治理念的内涵十分丰富。1959年在印度召开了"国际法学家会议"并通过了《德里宣言》。这个宣言集中了各国法学家对于"法治"的一般看法，权威性地总结了有关法治的基本原则：根据"法治"原则，立法机关的职能就在于创设和维护使每个人保持"人类尊严"的各种条件。法治原则不仅要对制止行政权的滥用提供法律保障，而且要使政府能有效地维护法律秩序，借以保证人们享有充分的社会和经济生活条件。《牛津法律大辞典》认为，法治是"一个无比重要但未被定义，也不是随便就能定义的概念，它意指所有的权威机构、立法、行政、司法及其他机构都要服从于某些原则。这些原则一般被看作是表达了法律的各种特征，如正义的基本原则、道德原则、公平和合理诉讼程序的观念，它含有对个人的至高无上的价值观念和尊严的尊重。在任何法律制度中，法治的内容是：对立法权的限制；反对滥用行政权力的保护措施；获得法律的忠告、帮助和保护的大量的和平等的机会；对个人和团体各种权利和自由的正当保护；以及在法律面前人人平等……它不是强调政府要维护和执行法律及秩序；而是说政府本身要服从法律制度，而不能不顾法律或重新制定适应本身利益的法律。"《布莱克法律词典》对"法治"的解释是："法治是由最高权威认可颁布的并且通常以准则或逻辑命题形式出现的、具有普遍适用性的法律原则。""法治有时被称为'法律的最高原则'，它要求法官制定裁决（决定）时，只能依据现有的原则或法律而不得受随意性的干扰或阻碍。"①

上述权威专家对法治内涵的揭示和总结说明，虽然大家对法治内涵的理解不同，但是这并不妨碍法治成为人类共同价值。这种揭示和总结，正是为了让这一共同价值能够获得更为广泛的认同。因此，我们应该把上述法治的理

① 引自王人博、程燎原：《法治论》，山东人民出版社1998年版，第97～98页。

念、原则贯彻到政治文化的发展中，建设法治型的政治文化。

其次，建设法治国家，需要我们党树立法治化的执政理念。根据中国的国情，在我国的法治化进程中，党起着领导和推动作用，这就要求党首先树立法治观念，切实实行依法治国方略。可是目前还存有一些与法治精神和原则不相适应的现象，主要表现在以下几方面：

第一，促使党的各级组织、各级政府机关遵守、服从法律的体制机制还不够健全。习近平总书记指出："党领导人民制定宪法和法律，党领导人民执行宪法和法律，党自身必须在宪法和法律范围内活动，真正做到党领导立法、保证执法、带头守法。"[①] "依法治国，首先是依宪治国；依法执政，关键是依宪执政。"[②] 但是目前，我们在把上述要求转化为可操作的法律制度来促使党的各级组织和各级政府依法执政、依法行政方面，体制机制还不够健全完善，还有很多工作要做。

第二，存在狭隘的"工具性"法治观。其一，有些人将"法治"简单地理解为"国家治理的工具"，这实际上是对"法治"的片面理解。其二，有些人视法律为发展经济的工具，在经济利益的促动下不惜滥用法律、违反法律，而法律的正义、自由、平等、安全等价值目标被忽视。其三，有些人视法律为政策的工具，认为法律实施的目的在于贯彻政策，认为政策可以取代法律、否定法律。

第三，社会上还存在大量对法治的不认同现象。主要表现在以下方面：其一，有些人弃法律不用，在法律之外或凌驾于法律之上发号施令。即使确定了依法治国方略后，在不少领导干部的思想中还认为法只是治国的一种工具，想用就用，想不用就可不用。其二，"重政策轻法律"现象，有些人强调政策高于法律，或者不断制定新的政策去随意替代法律，以至将法律弃之不用。其三，有些人存在"长官意志"现象，习惯于行政指示、行政命令，忽视依照法律规定行使权力。

---

① 《习近平谈治国理政》，外文出版社2014年版，第142页。

② 《习近平谈治国理政》，外文出版社2014年版，第141页。

总之，上述不适应法治精神和原则的环节和方面，对依法治国方略的顺利实施，产生了一定负面影响。这就需要我们发展法治型政治文化，进一步宣传法治理念，推动依法执政、依法行政的顺利进行。

再次，中国传统的"法治"观念与现代法治理念不符，需要变革。法治的本义是以法律为最高、最终权威，在实践上表现为制定和实施依法治国的基本方略。它与个人独裁专治的人治是根本对立的。但是，中国传统的"法治"观念与现代法治理念有着不同的内涵和文化定位。中国古代的"法治"认为法律是统治者统治人民的手段，是为君主专制服务的。这种人治下的"法治"观念，作为中国传统法文化的一部分延绵至今，还根深蒂固地存在于某些人，尤其是某些公职人员的头脑中，成为法治发展的障碍。

所以，在全球化背景下，我们必须认同作为人类共同价值的法治，消除传统观念对依法治国的消极影响，进一步强化党和政府的法治意识和法治观念。这一切现实需求，都促使我们发展法治型政治文化。

2. 法治型政治文化的内容

根据人类政治文明的发展要求和中国的具体国情，法治型政治文化的内容主要体现在以下几个方面：

（1）政治权威认同的法理性标准。马克斯·韦伯提出了三种权威类型：其一，传统型权威。它是依靠"人们对古老传统的神圣性以及实施权威者的合法地位的牢固信念"[1]。它来自自古就流传下来的神圣传统，人们对此类权威的服从是遵循世代相传的、从祖先那里承继下来的神圣规则。这类权威主要存在于传统社会之中，它是社会结构分化程度不高，社会相对封闭，社会联结的纽带主要是血缘、宗法以及个人忠诚的社会中的产物。其二，卡里斯马型权威，即个人魅力型权威。它以领袖人物的非凡才能为基础。由于对此超凡力量和品质的认同，因而形成了对这种权威的自觉服从。其三，法理型权威。它是指建立在遵守正式制定的非个人专断的法规基础上的权威。它建立在如下信念

---

[1] 〔美〕D.P.约翰逊：《社会学理论》，南开大学社会学系译，国际文化出版公司1988年版，第282页。

之上:"权威运用者的制度体系,任职者之担任权威角色,命令(或规章)的内容和颁布方式都是符合某一或某些更一般的准则的。"①与前两种权威类型相比较,法理型权威要求所有人都要忠实于法律,它把合法性建立在非人格化的法治基础之上。前两种权威类型偏重于人治,法理型权威扬弃了它们的非理性,成为既稳定又合理的统治形式,它的合法性来自对理性法律的信仰。

法理型权威代表了权威发展的前景。传统型和卡里斯马型这两种权威认同方式,具有强烈的人治特征,与时代发展的要求不相符。因此,我们应该摒弃这两种权威认同方式,发展法理型权威认同。它要求政治权威的获得符合以下两个方面的要求:其一,以法律程序作为政治权力来源方式。它要求政治权力的获得要符合宪法和法律的规定,权力的存在、运用必须依据法律、符合法律、不与法律相抵触。其二,以理性化作为政策制定的基本要求。一方面,政策制定的程序要体现民众选择的价值。决策要尽可能获得最大多数人的"同意",因此政策制定应该坚持走群众路线,加强调查研究,更好地发扬民主,充分反映民意和集中民智,促进决策特别是重大事项决策的科学化、民主化和法治化。另一方面,政策只能在法律制度的框架内,在不违背法治的前提下,对社会生活中某些问题做出规定时才具有合法性。政策不能与现行成文法律相抵触,除非法律明显失去时效性。同时,为了规范政策的制定,还应该"为政策立法",通过法律来规范政策行为。虽然法律存在滞后性的劣势而政策具有灵活性优势,但这并不能成为政策代替法律的借口。我们要做的是尽快地把政策转化为法律,并根据实践经验,在充分调研的基础上,做到"超前立法"②,从而使法律具有前瞻性和广阔的适用性。

(2)政治运行机制建构的法治化原则。政治运行机制是政治主体的权力配置及其运行过程。政治主体是指政治权力由谁行使、属于谁。大体说来,政治主体有两类:第一类为政治权力的授权性主体。在我国,国家的社会主义性质

---

① 〔英〕邓肯·米切尔:《新社会学辞典》,蔡振扬等译,上海译文出版社1987年版,第22~23页。

② 占志刚:《公共政策的合法性探析》,《探索》2003年第6期。

决定了人民为授权性主体。第二类为政治权力的行使性主体。在许多情况下，人民并不是直接来行使政治权力，而是通过授权，由自己的代表来行使政治权力，这样就产生了政治权力的行使性主体，即各种国家权力机关。权力配置是指政治权力在政治主体中（主要是政治权力的行使性主体）如何分配。运行过程是指政治主体活动的发端、推进和实现的过程。[①]法治型政治文化要求政治运行机制的建构，要遵循法治化原则。

其一，从政治主体的角度来看，要树立人民主权思想。在当代中国，树立人民主权思想，要重点强调授权性主体的权利主体地位。因为在现实政治生活中，人们更多地看到的是权力的行使性主体，忽视甚至淡忘了权力的真正来源。尤其是在某些行使性主体中，权力来源意识淡漠。人民主权原则在理论上为国家政府权力提供了明确的服务对象，理清了人民与国家、人民与政府、权力与权利之间的关系。但是，应该以明确的法治化的手段来保障这种服务关系的真正实现。

其二，从政治权力运行的过程来看，要遵循合法化原则。权力的取得要合法化，必须得到人民的委托或认可，必须经由体现人民意志的法律予以规定和确认；国家权力要依法行使，服从法律，对法律负责。权力主体要对权力运行的后果负责并接受监督。对不履行法定权力和滥用、超越法定权力者，均需被追究责任。在权力运行过程中自觉接受相关部门的监督和制约；强化"党要守法"理念，重视党自身的法治建设，使党的决策水平、执政水平更具客观性、公正性和科学性。

（3）政治思维的权利性要求。法治必须是"良法之治"。实现"良法之治"，必须给"法"以"权利维护"的价值规范。这是因为："权利使法律本身更为道德，因为它可以防止政府和政治官员将制定、实施和运用法律用于自私或不正当的目的。权利给予我们法律'正当'的信心，这样说的含义是，法律会'正当的'公平对待他人，或使得人们遵守承诺。我们将更愿意明确地忠诚于法律，因为我们知道，如果一个特定的法律规则或者它的实施

___

① 施九青：《当代中国政治运行机制》，山东人民出版社1993年版，第4页。

是'不正当'的，我们的法律权利将阻止那一规则成为法律。这就是法律的有效性和享有特殊效力而其他形式的强制命令则不能的原因。权利给人们以保障，保障人们的法律受道德原则的指导，而不是受享有足够的政治权利的人的私利的指导。"①这就要求我们必须具备权利性的政治思维方式，在政治实践中，按照权利的逻辑和要求来观察问题、分析问题和解决问题。这种政治思维方式，具体体现在以下几对范畴中：其一，人的权利的平等性。其二，权利对义务的决定性。也就是说，承担和履行义务必须以享有权利为前提和条件。拥有权利是承担和履行义务的必要条件；当法律分配义务时，这些义务必须是从权利中合理地被引申出来的。凡不以权利为前提的义务都是不公正、不合理的，义务的合理性根源于保障权利的需要；对权利的限制必须建立在对该项权利的保障的基础上，既限制又保障，保障是前提，保障是基础。②其三，权利对权力的上位性。法治型政治文化的权利性政治思维，是一种权利本位的政治思维，它把权利放在权力的"上位"的位置，认为权力来源于权利、权力服务于权利、权力以权利为界限、权力必须受权利的制约。

3.发展法治型政治文化的主要任务

遵循把现代法治的理念和价值在实践中体现和落实的精神，当代中国法治型政治文化发展的主要任务，包括以下几个方面：

（1）指导良法制定，奠定法治基础。亚里士多德认为："相应于城邦政体的好坏，法律也有好坏，或者是合乎正义或者是不合于正义。"③也就是说，只有合于正义的法律才是好法、良法，而不合乎正义的法律就是恶法。在亚里士多德看来，合乎正义标准的良法有以下基本特征：一是以公共利益为依据。这是因为正义"以公共利益为依归"④、"以城邦整个利益以及全体公民的共同

---

① 〔美〕罗纳德·德沃金：《认真对待权利》，信春鹰、吴玉章译，中国大百科全书出版社1998年版，中文版序言第3～4页。

② 张文显、于宁：《当代中国法哲学研究范式的转换——从阶级斗争范式到权利本位范式》，《中国法学》2001年第1期。

③ 〔古希腊〕亚里士多德：《政治学》，吴寿彭译，商务印书馆1997年版，第448页。

④ 〔古希腊〕亚里士多德：《政治学》，吴寿彭译，商务印书馆1997年版，第148页。

善业为依据"①。二是必须保护公民的权利。法治的主要目的就是保护公民的权利。由此可见，良法就是合乎正义理念的法律。因此，制定合乎正义的法律，就成为实行法治的基础工程。根据良法的正义性要求，结合中国的实际，法治型政治文化应给予当代中国的良法制定以价值指导。其一，以"法律面前人人平等"作为制定良法的理念指导。"法律面前人人平等"肯定了社会成员权利的平等性，它对所有成员一视同仁，只有这样，才能制定出真正具有平等价值的法律。其二，以"程序公正"原则作为制定良法的规则要求。良法的制定既依赖于法律内容上的实质正义，还必须依靠程序公正。因为一部法律虽然具有实质正义，但是如果程序上不公正，也会导致侵害人的权利现象。其三，以"捍卫基本权利"信念作为良法制定的实践指引。我们既要发挥法律惩恶的基本功能，又要强调和落实法律捍卫基本权利的最终目的，制定出维护基本权利的良法。

（2）进行法治教育，变革法治观念。在中国，有些人尤其是一些领导干部，法律意识薄弱，对法律的看法和态度很不端正，缺乏遵守法律和依法办事的自觉。尤其严重的是，有些领导干部号召别人守法，却不以法律为准绳来约束自己的言行。要扫除这种法律思想蒙昧，改良这些阻碍法治的"土壤"，就必须在全社会进行法治教育，使公众养成尊重法律、遵守法律的觉悟，使领导干部奉公守法、依法办事。"变革法治观念"主要在于摒弃或改变各种传统的不利于推行法治的法律观念，树立符合法治要求的法律观念。在当前，要纠正重义务轻权利、重"官"轻民观念，改变重政策轻法律观念，改变法律工具论。

（3）促进法治化政治秩序的形成。政治秩序是指在政治社会中为调节和约束政治主体（政治实体）的行为而形成的由政治主体（政治实体）、社会规范、政治控制力等多种要素相结合的系统体系，以及这一体系发挥作用，使政治主体进行有序活动，对规范进行贯彻、实施和维护的动态过程，是静态结构与动

---

① 〔古希腊〕亚里士多德：《政治学》，吴寿彭译，商务印书馆1997年版，第153页。

态活动相统一的有序的稳定系统。[①]政治秩序按社会规范的主导作用不同可分为习俗化的政治秩序、道德化的政治秩序、政策化的政治秩序、法治化的政治秩序。依法治国、建设社会主义法治国家的治国方略和奋斗目标，要求我们建设法治化的政治秩序。在这种法治化政治秩序中，政治行为是基于对法律和政治规范的贯彻、实施和维护而展开的，从而保证了政治运行状态的稳定性、政治结构的均衡性和人们政治行为的规则性。

法治型政治文化在促进法治化政治秩序的形成方面，可以发挥以下作用：

第一，培养法治化政治秩序形成的心理共识。首先，保持社会成员对社会变革的理性心理。面对社会发展中所存在的弊端和缺陷，法治型政治文化应该培养人们渐进而理智地进行改革的政治思维，保持社会的稳定和谐。其次，形成对公共秩序存在必要性的广泛认知。要通过法治知识的传授和法治意识的培养，以及法律手段对社会秩序的维护，在社会上形成对公共秩序必要性的广泛认可。再次，培养社会成员处理利益矛盾的理性态度。应制定一系列规则和程序，使人们在秩序和法治的范围内，理性地解决利益矛盾问题，保持政治稳定。

第二，促进形成内生性的法治化政治秩序。法治内含着对主体价值选择的尊重。政治秩序的选择必须发挥主体的主动性，尊重主体的价值选择。这就要求我们发展一种"内生性"的法治化政治秩序。所谓内生性的法治化政治秩序，就是指这种政治秩序不是外力强加给政治系统成员的，而是基于他们共同的利益需求和价值共识而自觉选择的。在这种政治秩序中，他们自觉遵守以法律法规为主要载体的普遍规则，从而保证了政治系统在法治化的轨道上良性、稳定地运行。法治型政治文化对这种内生性政治秩序的促进作用主要表现在：首先，把政治秩序的选择权交给公众，追求公众的认同。只有与社会主导价值观念一致，并以社会大多数成员自愿合作和普遍承认为基础所形成的政治秩序，才能得到公众的认可，单纯依靠强制力来维系的政治秩序，不会获得真正的持久的认同。其次，提供内生性政治秩序形成和维护的法治化思路——

[①] 胡锐军：《论政治秩序的维护——政治冲突、政治整合为中心之分析》，《昆明理工大学学报》（社会科学版）2004年第2期。

社会主义民主与法治。也就是说，"必须使民主制度化、法律化，使这种制度和法律不因领导人的改变而改变，不因领导人的看法和注意力的改变而改变。"[①]再次，提供法治化政治秩序建设的方法论支持。在我国现阶段，对法治化政治秩序的追求是在坚持我国国家制度的前提下进行的。只有坚持了这个基本前提，法治化政治秩序的追求才具有根本的合法性。

第三，确定政治秩序运行的法治化原则。首先，公民的参政机制必须在法律秩序之中运行，从而既保证公民以主人翁责任感积极主动地参与国家和社会事务的管理，同时又保证社会的政治稳定。其次，权力监督制约机制必须在法律秩序中运行。既保证权力监督制约的顺利进行，又要把监督制约机制的运行限制在法治的框架内，依法进行制约和监督。再次，社会议政机制必须在法律秩序中运作。既要保证公民的基本权利，又要使公民权利的行使符合宪法和法律的规定。

第四，提供法治化政治秩序维护的法治化措施。一方面，教育社会成员自觉遵守法律，增强法律意识，履行法律义务，承担法律责任，保持社会的稳定和秩序。另一方面，惩罚与制裁社会成员的越轨行为。对无视法律，违法犯罪，侵犯国家、集体或个人安全和利益，破坏社会安定的少数人，必须追究他们的法律责任。

第二节　实现政治文化发展目标的路径安排

明确了当代中国政治文化发展的价值目标后，还需要根据全球化的要求和中国的国情，为发展目标的实现进行具体的路径安排。在第一部分中笔者已经指出，目前对当代中国政治文化发展路径的研究，大多侧重于从总体性安排的角度出发，这对政治文化发展目标的实现有一定推动作用，但是在针对性方面略显不足。因此，为了增强针对性，笔者试图针对政治文化发展的三个目标，分别进行路径设计。

---

① 《邓小平文选》第2卷，人民出版社1994年版，第146页。

一、生产力型政治文化发展的路径安排

生产力型政治文化突出强调"解放和发展生产力是当代中国最大的政治"这一价值认知，突出强调"促进人的全面发展"这一价值理念。因此，对生产力型政治文化发展的路径安排，要着眼于有利于生产力的解放和发展，有利于促进人的全面发展，有利于群众首创精神的发挥，有利于满足和引导人们合理的物质利益需求，有利于促进社会的和谐发展。

1.正确处理效率与公平的关系，目前应更加突出公平，推动共同富裕不断取得进展

在解放和发展生产力的过程中，如何处理效率与公平的关系？如何构建合理的效率与公平的关系模式？这是一个需要认真思考的问题。

（1）构建效率与公平关系模式的基本出发点。"共同富裕的构想是这样提出的：一部分地区有条件先发展起来，一部分地区发展慢点，先发展起来的地区带动后发展的地区，最终达到共同富裕。如果富的愈来愈富，穷的愈来愈穷，两极分化就会产生，而社会主义制度就应该而且能够避免两极分化。解决的办法之一，就是先富起来的地区多交点利税，支持贫困地区的发展。当然，太早这样办也不行，现在不能削弱发达地区的活力……在什么基础上提出和解决这个问题，要研究。可以设想，在本世纪末达到小康水平的时候，就要突出地提出和解决这个问题。到那个时候，发达地区要继续发展，并通过多交利税和技术转让等方式大力支持不发达地区。"①可以看出，邓小平完全是从服务于社会主义社会中人的全面发展和经济社会的全面进步、实现共同富裕的视角，来谈论公平与效率的关系问题的。我们也应该把效率与公平的关系，纳入实现共同富裕、促进人的全面发展和社会的全面进步中来。至于"效率优先"还是"公平优先"，这两者的价值选择，应该以我国社会主义发展、实现共同富裕和人的全面发展需要为指针。改革开放初期，面对我国落后的生产力发展状况和人们平均主义的思维定势，实行"效率优先，兼顾公平"的分配原则，

---

① 《邓小平文选》第3卷，人民出版社1993年版，第373～374页。

对我国社会主义现代化建设事业、对人的全面发展发挥了巨大的作用，其历史作用不容抹杀。但是目前，我们需要考虑"效率优先，兼顾公平"政策的改革完善问题。

（2）更加突出公平的价值选择，推动共同富裕不断取得进展。邓小平在1992年就曾经指出：对于共同富裕，"什么时候突出地提出和解决这个问题，在什么基础上提出和解决这个问题，要研究。可以设想，在本世纪末达到小康水平的时候，就要突出地提出和解决这个问题。到那个时候，发达地区要继续发展，并通过多交利税和技术转让等方式大力支持不发达地区。"[①]也就是说，他设想要在20世纪末"突出地提出和解决"共同富裕问题。现在，根据新的发展形势，我们应该毫不犹豫地"突出地提出和解决"公平问题和共同富裕问题。对此，习近平总书记指出："公平正义是中国特色社会主义的内在要求，所以必须在全体人民共同奋斗、经济社会发展的基础上，加紧建设对保障社会公平正义具有重大作用的制度，逐步建立社会公平保障体系。共同富裕是中国特色社会主义的根本原则，所以必须使发展成果更多更公平惠及全体人民，朝着共同富裕方向稳步前进。"[②]为了更加突出公平的价值选择，推动共同富裕的进展，我们应该以公平价值来调控效率追求。我们所追求的效率，是在公平价值调控下的效率，推动共同富裕的不断进展，推动经济发展更有效率、更加公平、更具有可持续性。

2. 按照"四个全面"战略布局要求，落实新发展理念

党的十九届五中全会提出了全面建设社会主义现代化国家、全面深化改革、全面依法治国、全面从严治党的战略布局。"四个全面"之间相辅相成、相互促进、相得益彰。其中，全面建设社会主义现代化国家作为战略目标，具有引领和统揽作用；全面深化改革作为强大动力，具有破障器和活力源作用；全面依法治国作为可靠保障，具有稳定器、压舱石作用；全面从严治党作为根本保证，具有指南针、精神支柱作用。"四个全面"内在统一，是战略目标、

---

① 《邓小平文选》第3卷，人民出版社1993年版，第374页。
② 《习近平谈治国理政》，外文出版社2014年版，第13页。

强大动力、可靠保障和根本保证"四位一体"的战略布局。①同时，我们要认真落实创新、协调、绿色、开放、共享的新发展理念。其中，创新是引领发展的第一动力，在国家发展全局中处于核心位置；协调是正确处理发展中的重大关系，不断增强发展整体性；绿色是永续发展的必要条件和人民对美好生活追求的重要体现，要坚定走生产发展、生活富裕、生态良好的文明发展道路；开放是国家繁荣发展的必由之路，我们要奉行互利共赢的开放战略，发展更高层次的开放型经济；共享是中国特色社会主义的本质要求，是坚持发展为了人民、发展依靠人民、发展成果由人民共享，朝着共同富裕方向稳步前进理念的体现。②这些战略布局和发展理念，需要我们在实践中不断推进和落实。

二、民主型政治文化发展的路径安排

民主型政治文化发展的路径安排，是为了保证社会主义民主的理念和价值能够充分实现。中国传统政治文化中含有丰富的民主资源，这需要我们加以挖掘，以寻求民主型政治文化发展的"本土资源"。为了提高公众的民主素质，民主型政治文化发展的路径，必须以最基础的"身边民主"式的"基础性"公民文化实践作为起点，使人们掌握一定的民主技能，养成良好的民主习惯，具有自觉的民主意识。在此基础上，我们应发展"理性—积极"的参与型公民文化，以此作为民主型政治文化发展的主体工程。

1.传统政治文化中民主资源的挖掘与创造性转化、创新性发展

我们要发展的民主型政治文化是中国特色的民主型政治文化。其"中国特色"的一个重要体现就是，当代中国民主型政治文化的发展，要到中国传统政治文化中寻找民主的"本土资源"，并实现其创造性转化和创新性发展。经过创造性转化和创新性发展后的传统政治文化中的民主资源，成为当代中国民主型政治文化建设的一个重要组成部分。

---

① 参见黄书进：《从"四个全面"战略布局到"五大发展理念"》，http://culture.gmw.cn/newspaper/2015-12/24/content_110349719_2.htm，访问时间：2016-11-22。

② 参见《十八大以来重要文献选编》(中)，中央文献出版社2016年版，第825~827页。

（1）充分认识挖掘中国传统政治文化中民主资源的现实意义

对当代中国的民主政治建设和民主型政治文化的发展，传统政治文化中的民主资源可以起到民族基础、历史前提、内容选择的重要作用。所谓民族基础，就是把传统政治文化中的民主资源作为中国人接受马克思主义民主理论的民族文化基础。所谓历史前提，是指传统政治文化中的民主资源是中国特色社会主义民主政治建设的必要的历史前提。例如，我国的社会主义民主政治要不断发展和完善，只有真正认识到"民为邦本"的人民的重要地位和作用，才能实行真正的、广泛的、为普通民众所享有的民主。因此可以说，民本思想是我国社会主义民主政治建设的必要历史前提，民主政治建设借助民本思想这一历史中介，可以更有效地得以实现。所谓内容选择，就是把传统政治文化中符合民主精神、具有民主价值的内容，作为当代中国民主型政治文化发展的重要内容，予以制度和体制的保障，促进其创新性发展，实现其价值。例如，民本思想虽然不符合现代民主观的第一层含义（国家是人民的国家，国家的一切权力归全体人民所有），但是却符合现代民主观的第二层含义（人民是国家的主体和根本，人民的力量和民心向背决定着政权的兴亡），那我们的民主政治建设就可以先从"立党为公，执政为民"的教育和实践入手，尊重民意，关心民利，把民意、民利作为一切政策和工作的出发点和归宿，采取制度化的措施，来逐步实践和实现人民的"国家的主体和根本"的价值地位，实现民本思想的创造性转化和创新性发展。这应该是符合中国国情的现实选择。当然在这个过程中，我们不能回避现代民主观第一层含义所要求的实践。

（2）抛弃先入为主的成见，全面挖掘传统政治文化中的民主资源

在当代中国政治文化发展的过程中，要抛弃一种"先入为主"的成见，即认为中国经历了长期的奴隶社会和封建社会，中国古代社会中缺乏民主思想、理念和精神。如果从政治制度的角度看，中国古代确实不存在民主的政治制度。但是，从政治文化的角度看，古代中国却存在着丰富的民主资源。笔者认为，对古代中国传统政治文化中民主资源的挖掘，涉及以下几个领域：

其一，对传统民本思想中的民主内涵的挖掘。"民为邦本"的思想在儒家

学说中有典型、集中的反映，是儒家政治理论的基石。孔子主张富民、教民（《论语·子路》），孟子大胆地指出："民为贵、社稷次之，君为轻"（《孟子·尽心下》），他强调政在得民，失民必定亡国灭身。"暴其民，甚则身弑国亡，不甚则身危国削"（《孟子·离娄上》），"得乎丘民而为天子"（《孟子·尽心下》），"桀纣之失天下也，失其民也；失其民者，失其心也。得天下有道；得其民，斯得天下矣"（《孟子·离娄上》）。荀子认为："用国者，得百姓之力者富，得百姓之死者强，得百姓之誉者荣，三得者具而天下归之，三得者亡而天下去之"（《荀子·王霸》），他提出的"君者，舟也；庶人者，水也。水则载舟，水则覆舟"（《荀子·王制》）的著名比喻，集中反映了其"民为邦本"的思想。汉唐时期，"民为邦本"的思想得到了进一步发展。贾谊认为："闻之于政也，民无不为本也。……故国以民为安危，君以民为威侮，吏以民为贵贱，此之谓民无不为本也。"（《新书·大政上》）。唐太宗李世民说："君依于国，国依于民，刻民以奉君，犹割肉以充腹，腹饱而身毙，君富而国亡"（《资治通鉴》卷一九二）。宋元明清时期，民本思想得到进一步强化。朱熹认为："天下之务莫大于恤民"（《宋史·朱熹传》）；明末清初的王夫之说："君以民为基……无民而君不立"（《周易外传》卷二）。总之，一些封建帝王和进步思想家从不同的政治视角出发得出了一个相同的结论：民心向背决定着政治兴衰和国之存亡。

有研究认为，虽然民本思想和民主思想不能混淆，但是它们之间有一定的相通性。首先，民本与民主均以人民为国家政治之本位。现代民主观的主要论点是人民主权论，它有两层含义：第一，国家是人民的国家，国家的一切权力归全体人民所有。第二，人民是国家的主体和根本，人民的力量和民心向背决定着政权的兴亡。上述第一层含义在民本思想中是不存在的，而第二层含义却在其身上得到了比较充分的论述和阐发。其次，民本与民主均以民意为政权之基础。现代民主观认为，多数人的意志是政权的基础。民本思想关于民众在国家中的作用的认识，与民意基础论还是比较接近的。再次，民本与民主均强调重民、爱民、保民思想。社会主义民主强调国家和政府要全心全意为人民服务，关心群众疾苦，解决群众困难，竭尽全力为人民谋利益，特别是要着眼于人民群众长远的根本利益，来推动经济发展和社会全面进步。①由此可见，民本与民主之间既不是等同的关系，也不是决然对立的关系，而是具有相通性。这种相通性，虽然已有学者做了深入研究。但是，仍有进一步研究的必要性，从而为建设中国特色社会主义民主政治，提供丰富的历史文化资源。

其二，对传统政治文化中符合民主的精神、原则和价值要求的内容的挖掘。自秦汉开始，古代中国实行政治上高度集权的皇帝专制统治，直至清末，没有国家制度方面的民主。但是，我国古代有丰富的民主思想的论述，有些具体制度和做法体现了民主思想。这些应该成为我们发展民主型政治文化的宝贵历史资源，值得认真吸收和借鉴。

传统政治文化中"法比权大"的思想，内含着"法律面前人人平等"的价值意蕴。《管子·任法》里说："君臣上下贵贱皆从法，此谓为大治"。《管子·君臣上》还说："有道之君者，善明设法而不以私妨者也。而无道之君，既已设法，则舍法而行私者也。"宋代叶适提出："人主之所恃者法出，固不任己而任法，以法御天下"（《水心别集·君德一》），强调应把法律置于权力之上，君主要守法。这在中国传统政治思想中是难能可贵的。

传统政治文化中"法比情重"的原则，与现代法律的"执法必严，违法必究"要求，具有极大的相通性，可以成为我们公正司法、严格执法的宝贵的精神资源，对于杜绝司法腐败，保证执法、司法公正，具有重要的启迪价值。《管子·七法》里说："不为爱亲危其社稷，故曰'社稷戚于亲'；不为爱人枉其法，故曰'法爱于人'"。汉代刘向也提出："当公法则不阿亲戚"（《说苑·至公》），这些思想精华，是我们进行司法公正建设的历史文化资源。

古代的监察制度和做法，与现代权力监督制约具有一定相通性，可以成为我国权力监督制约机制建设的有益资源。古代周公之时就创立了"以官制官"的监察制度。选拔优秀的官吏专习律令，负责纠弹百官，审理冤案，察贪惩逆，为周公制礼安邦起到了重要作用。秦汉之际监察制度更加受到重视并进

---

① 荣长海、孙月玲：《论社会主义初级阶段民本和民主的价值取向》，《道德与文明》2002年第3期。

一步发展、完善，监察官员享有特殊的地位与职权。监察御史地位可与宰相并列。而且从统治中心到地方部门，监察机构缜密、完备。统治中心设御史府，地方机构设刺史。魏晋南北朝时期，御史台成为直接受命于皇帝的重要机关。御史中丞、司隶校尉与尚书令合称"三独坐"，享有超越百官的待遇和无官不监、无职不察的巨大权力。隋唐时，监察机构日益严密，立法和监察手段更加周密细致，选择监察官员严肃审慎，出现了大批刚正不阿、忠于职守的监察官员。明清之际，不仅将地方官的监察权划入朝官系统，而且实行地方分区监察和统治中心依系统监察相结合，并倡导官员相互纠举，强化了监察机构职能。再如，我国古代的谏诤制度规定对皇帝进行规谏批评。这些体制性的做法，符合对政治权力进行制约监督、实现广泛参与、调动各阶层人员积极性的民主要旨。

古代"以民监官"的社会监督思想，与现代社会运用社会权利对权力进行监督制约具有极大的相通性，它看到了公众在维护政权稳定、消除吏治腐败方面的作用，在一定意义上承认了公众作为社会发展主体的历史地位。相传在尧舜时代，为了使当权者接受民众的监督，在堂前设立了"敢谏之鼓"和"诽谤之木"。谁对国家政治和官员有意见和建议，敲鼓击木便可得到召见。春秋后期，郑国普遍设立乡校。它既是贵族子弟读书的地方，也是乡人议论政事的公共场所。子产非常支持这种做法，他批评要毁掉乡校的作为，说："夫人朝夕退而游焉，以议执政之善否。其所善者，吾则行之；其所恶者，吾则改之，是吾师也，若之何毁之"（《左传·襄公三十一年·子产不毁乡校》）；孟子主张，君主在处理国家事务时，要充分听取百姓的意见，防止官员和君主的独断专行。"左右皆曰贤，未可也；诸大夫皆曰贤，未可也；国人皆曰贤，然后察之；见贤焉，然后用之。左右皆曰不可，勿听；诸大夫皆曰不可，勿听；国人皆曰不可，然后察之；见不可焉，然后去之。左右皆曰可杀，勿听；诸大夫皆曰可杀，勿听；国人皆曰可杀，然后察之；见可杀焉，然后杀之。故曰，国人杀之也。如此，然后可以为民父母。"（孟子·梁惠王下）上述"以民监官"的社会监督思想，与现代社会运用社会权利对权力进行监督制约有极大的相通性。由此可见，如果把古代"以民监官"的思想予以制度化、法治化，而不是仅仅出于个别统治者的道德良知和自觉，则完全可以成为我们今天以社会权利来监督制约权力的有用的体制资源。

其三，对中国历代农民起义所追求的民主与平等精神资源的挖掘。在中国漫长的封建社会里，农民阶级在反封建的过程中，曾经提出了自己朴素的民主愿望与要求，它集中反映了农民阶级政治上反对地主阶级的统治和压迫，经济上反对地主阶级的剥削和掠夺的民主要求，形成了农民政治上、经济上求平等的民主思想。这种思想作为封建专制的对立物，具有一定的历史进步性。因此，我们可以按照中国历史发展的朝代顺序，对农民起义中的民主思想进行挖掘。挖掘农民起义所体现的民主思想的根本目的在于，考虑到中国是一个农民占人口绝大多数的国家，农民是中国民主发展最大的主体力量。一方面，通过对中国历代农民起义所追求的民主与平等精神资源的挖掘，我们可以发现我国民众包括农民，蕴含着极大的民主热情，具有内在的民主追求，从而增强我国发展民主政治的社会支持力量。另一方面，也有利于我们对当代中国政治文化发展中存在的诸如"三农问题"、贫富差距问题、平均主义问题、效率与公平等问题的解决。

其四，对明清时期启蒙思想家的民主价值观的挖掘。明清之际的启蒙思想家在继承传统民本思想内涵的基础上，对君主专制主义进行了无情的批判，提出了一系列民主主张，尤其是黄宗羲的《明夷待访录》，它成为"中国古代民主思想的最高成就"[1]。总的看来，明清之际的思想启蒙家们的民主价值观主要体现在"天下为主，君为客"的人民主权思想、"天下为公"和"分君权"的权力制约思想、"学校议会"的言论自由思想和"议政民主"的政治参与思想。[2]这些思想，是反对封建政治文化的重要思想武器，是民主型政治文化发展重要的思想渊源。

如何对中国传统政治文化中的民主资源进行全方位探讨和挖掘，这不是本章研究的重点。这里只是从政治文化发展的角度提出问题。总之，我们应重

---

[1]　刘泽华主编：《中国政治思想史》，南开大学出版社1992版，第691页。

[2]　李光福：《明清之际民主价值观的展现》，《天津大学学报（社会科学版）》2003第1期。

视历史资源的挖掘，从而为民主型政治文化发展提供"本土资源"。

（3）做好传统政治文化中民主资源的创造性转化和创新性发展工作

挖掘中国传统政治文化中民主资源的目的，是实现其现代意义上的创造性转化和创新性发展，从而发挥它们的价值，保持我国政治文化发展的民族性特征。

其一，把传统民本思想转换成"执政为民"的新"民本主义"。传统民本思想符合现代民主的某些要求，但从理论基础看，它是以泛灵论和历史唯心论为哲学基础的，认为重民保民乃天意使然，倘有悖逆，天必降祸；贤德君子，为众生所期，故应体恤子民，兼济天下；从政治载体看，传统民本思想是以私有制条件下的国家政权为基础的。这种性质的政权，在本质上并不具有维护和实现人民利益的内在要求。从行为主体看，传统社会的政治体系是以帝王为中心，外加皇族、外戚、宠妃、宦党以及通过察举、科举、捐纳等途径遴选的官吏所组成的。这样一种主体成分和体系构成，在专制法统的规范下，其行为取向必然是维护统治阶级的利益。从终极目标来看，传统民本思想的目标模型，基本属于一种生存追求。尽管它执着于公平和公正，但也都是从生存保障意义上来进行的；尽管它在理论上有一些关于人的发展内容的零星火花，但限于物质技术条件和社会政治文化条件，缺乏科学的基底，在本质上没有对人的发展进行自觉追求的成分。[①]因此，为发挥传统民本思想的正面价值，需要对传统民本思想进行创造性转化和创新性发展，从而实现其在当代的价值。首先，实现哲学基础的转化，要把传统民本思想的唯心史观转变为唯物史观，自觉以人民为政治之本。其次，实现政治载体由私有制国家政权向公有制条件下的社会主义国家政权转化。再次，要实现行为主体向共产党人的转化，自觉维护和谋求人民的利益。最后，把传统民本思想的"生存需求"目标模式转化为追求人的全面发展的目标模式。这样就把传统的民本思想转化和发展为"执政为民"的新"民本主义"。

其二，充分利用中国传统政治文化中丰富的民主资源，为实现马克思主义

---

① 迟汗青：《关于新民本主义》，《天津社会科学》1997年第3期。

民主理论的中国化服务。马克思主义中国化是马克思主义在中国发展的客观规律和必然要求。因此，对当代中国的民主型政治文化发展而言，作为其指导思想的马克思主义民主理论，也必须中国化。实现中国化，要用中国化的语言来表达马克思主义的民主理论，符合中国人的语言习惯和思维方式，以获得中国人的接受和认同。在这方面，传统政治文化中的民主资源，有许多和马克思主义民主理论具有相通性的内容，经过创造性转化和创新性发展以后，可以成为中国化的马克思主义民主理论的表达形式。因此，如果认为当代中国的民主型政治文化发展，是在马克思主义民主理论的指导下进行的，已经没有必要再挖掘传统政治文化中的民主资源，这种认识是片面和不可取的。

其三，充分吸取和利用传统具体制度中某些体现民主精神和原则的制度资源，促进当代中国的民主政治建设。上面我们谈到，在中国的奴隶社会和封建社会中，虽然有丰富的民主思想，但由于缺乏根本制度的保障，而无法得以实现。但是，它们的某一些具体制度和做法，却体现了民主的精神，符合民主的要求，我们完全可以采取"拿来主义"的态度，做到"古为今用"。例如，我国古代的谏诤制度和监察制度，规定对皇帝进行规谏批评，监察官员对官吏的不法行为进行弹劾。这符合对政治权力进行制约监督的民主要旨，如果把监督的主体由官员创造性转化为全体公民，则完全可以成为我们今天监督监察制度建设的有用制度资源。

2. "身边民主式"的"基础性"公民文化建设是起点工程

公民文化亦即公民政治文化，是指政治系统内的个人和社会各利益诉求主体，对于该系统的态度取向，包括对整个政治体系、体系的输入与输出功能以及自我政治角色的认知、情感和评价。阿尔蒙德根据一个国家的人口的态度在政治取向诸方面不同的频率分布，划分了三种基本的政治文化类型：村民文化、臣民文化、参与者文化。这三种政治文化的类型，从逻辑上说是政治文化的纯粹形式，而现实中所有的政治文化都是混合的。按照阿尔蒙德等人的界定，所谓"公民文化"是由这三种类型政治文化交汇而成的。"在这种文化中，许多个人在政治中是积极的，但也有许多人充当较消极的臣民角色，更重要的是，甚至在扮演积极的公民角色的那些人当中，也没有排除臣民角色和村民角色。参与者角色是对臣民角色和村民角色的叠加。"①由此可见，这种"叠加"的公民文化，是一种以"参与型"为主导，另两种类型为补充的复合型政治文化。

笔者认为，公民文化实际上就是民主型政治文化的一种表现形式。公民文化的发展实际上意味着民主型政治文化的发展。我们可以从自治性的"身边民主"做起，加强公民民主意识的培养和民主技能的锻炼，发展"身边民主"式的"基础性"公民文化，以此作为民主型政治文化发展的起点。

"身边民主"式的"基础性"公民文化的起点选择，是由我国的历史和现实决定的。长期以来以儒家政治思想为主线的传统政治文化，在中国民众中形成了"权威崇拜""清官企盼"等复杂的以小农意识为主体的政治意识和政治思想，至今还深刻地影响着人们的政治观念和政治行为。因此，我们必须以最基本的民主锻炼为起点，经过长期的民主实践，从人们的意识结构中剔除这些根深蒂固的政治意识和政治思维。

中国市场经济的发展决定了以基层自治为表现形式的"身边民主"刻不容缓。市场经济的利益最大化原则，激发了人们的权利意识和自主意识；市场经济的自由、等价交换原则催生了人们的权利意识、自主意识、程序规则意识，由此引导出参政、议政、督政意识，这些意识所指向的客体，最主要的还是与切身利益密切相关的身边之事。由此可见，在市场经济条件下，通过自治性的"身边民主"，关注人们普遍关心和要求迫切的事情，参与与人们日常生活密切相关的公共事务的管理，可以将民主由抽象的理念转变为日常生活方式，使人们获得当家作主的感觉，体会到民主的价值，从而为民主政治的发展构筑牢固的社会根基。

发展"身边民主"式的"基础性"公民文化，对当代中国民主政治的发展，具有重要的意义。阿尔蒙德通过调查，发现志愿团体成员的身份与其政治态度有着高度的相关性。团体中相互作用的经历、参与团体决策的机会以及

---

① 〔美〕加布里埃尔·A.阿尔蒙德、西德尼·维伯：《公民文化——五个国家的政治态度和民主制》，徐湘林等译，华夏出版社1989年版，第519页。

在各种社团活动中获致的阅历与经验，所有这些都可以增加个人参政的能力。"与非团体成员相比，团体成员可能认为他更有资格作一个公民，更为积极地参与政治活动，更了解和关心政治"，"最为突出的发现是，（社团的）任何成员，消极的成员或非政治性团体的成员，对政治能力都有影响，即使个人不认为成员身份与政治有关，即使这个身份并不牵涉到他的积极参与，也会导致他的民主制度下较有能力的公民身份。"①由此可见，正是在这些看似微不足道的"身边民主"中，民主型政治文化得以生成、积淀并日渐深入人心。我国的村民自治就是典型一例，而且它对更高层次的政治民主具有重要影响。"没有群众自治，没有基层直接民主，村民、居民的公共事务和公益事业不由他们直接当家作主办理，我们的社会主义民主就还缺乏一个侧面，还缺乏全面的巩固的群众基础。""至于说到群众的议政能力，这也要通过实践来锻炼、提高嘛。有了村民委员会，农民群众按照民主集中制的原则，实行直接民主，要办什么，不办什么，先办什么，后办什么，都由群众自己依法决定，这是最广泛的民主实践。他们把一个村的事情管好了，逐渐就会管一个乡的事情；把一个乡的事情管好了，逐渐就会管一个县的事情，逐步锻炼提高议政能力。八亿农民实行自治，自我管理、自我教育、自我服务，真正当家作主，是一件很了不起的事情。"②可见，发展自治性的"身边民主"对民主型政治文化发展的意义，主要体现在锻炼民主能力和培养民主意识两个方面。在上述"身边民主"的实践过程中，人们在民主选举、民主管理、民主监督活动中学会了怎样参与、如何行使自己的权利等民主生活中必须具备的能力。同时，在"身边民主"的民主生活中，人们认识到在平等的基础上以民主的方式进行管理，可以使利益相对最大化，从而认识到民主的必要性和重要性，并逐步养成民主习惯。当具有民主意识并拥有民主能力的公民进入国家生活领域时，就会熟悉民主的操作程序、要求，能够以民主的方式来处理国家生活，即实现国家形态民主。这种

---

　　①〔美〕加布里埃尔·A.阿尔蒙德、西德尼·维伯：《公民文化——五个国家的政治态度和民主制》，徐湘林等译，华夏出版1989年版，第353页。
　　②《彭真文选》，人民出版社1991年版，第608页。

"身边民主"式的公民文化，可以成为我国民主型政治文化建设的起点，为民主制度的确立培养社会根基，为民主型政治文化的进一步发展奠定社会基础。为此，我们必须进一步坚持并完善诸如村民自治、公有制企事业单位民主管理、社团的民主管理等"身边民主"形式。

3. "理性—积极"的参与型公民文化建设是主体工程

通过"身边民主"的实践与锻炼，为公民参与国家事务的管理提供了基本的主体条件。但是，政治参与有理性与非理性、有序与无序、过度与适度之分。实践证明，非理性的、无序的、过度的政治参与，不利于政治发展。因此，我们应该发展一种"理性—积极"的参与型公民政治文化，作为民主型政治文化发展的主体工程。这种公民文化要求公民的政治参与符合以下几点要求：

（1）政治参与要遵循建设性的参与原则。它包括以下内容：首先，坚持参与取向的认同性。也就是说，在这种公民文化中，政治参与的基本前提是认同我国的国家制度。人们的参与行为是在我国国家制度的框架内进行的。这是我们发展"理性—积极"的参与型公民政治文化的基本前提。其次，注重参与手段与途径的合法性。一方面，政治参与要以现行的法律法规为依据和基础。改革开放以来，我国已经建立了符合市场经济要求的法律体系，这对规范和引导公民进行合法的政治参与提供了制度化保障。另一方面，政治参与的渠道要合法。目前，我国公民政治参与的渠道主要有：选举，向党政机关提出建议、意见、申诉、控告和检举，通过工会、妇联、青年团等社会团体表达自己的见解和态度，向人民代表和政协委员反映问题并经过其向特定国家机关提出，等等。这些合法的渠道，为公民的政治参与、维护公民的合法权利提供了重要平台。我们应该不断改革和完善现有的政治参与渠道，充分发挥其功能。还要不断拓展新的政治参与渠道，为公民政治参与提供更广阔的平台。再次，注重参与目的的现实性。在市场经济条件下，公民成为独立的利益主体，为了维护自己的利益，他们具有政治参与的内在要求和积极性。但是，"理性—积极"的参与型公民文化是一种现实性的政治文化，而不是超越现实可能的政治文化。因此，我们应该引导公民的政治参与符合现实性的发展要求。一方面，政治参与要以我国经济、政治、文化的基本国情所能提供的现实可能为基本限度，不能超越我国处于并将长期处于社会主义初级阶段的现实，在设定参与目标时，既要考虑自己的参与目标与现实社会的经济、政治和文化发展为实现参与目标所提供的条件是否相一致，还要考虑经过党和政府的利益整合后，自己的愿望、要求和其他利益主体的相关度，要摒弃那种超越现实可能和忽视甚至否定其他主体利益的理想化目标，追求一种相对的利益满足状态。另一方面，现实性的政治参与以尊重和承认其他利益主体的利益为道德底线，对自己权利的主张必须以尊重他人的权利为条件。因此，人们应该坚持个人权利主张与社会利益、他人利益维护相统一的标准。应树立整合的利益观念，意识到最终的利益结果可能是各种利益综合与整合的结果，而不仅仅是自己利益的实现。

（2）政治参与要体现主动性的参与动机。"理性—积极"的参与型公民文化应该是一种主动性的政治文化。它要求公民的政治参与行为符合以下要求：其一，内生性要求。公民参与政治是出于维护自己合法利益的强烈动机，而不是受到别人的鼓动和宣传。其二，自主性要求。现代公民作为一个有自主意识和自主能力的人，有选择参与和不参与的权利，有选择以何种合法方式参与政治的权利，不受他人和团体的干涉。其三，理性化要求。公民能够正确认识和行使自己的民主权利，尊重别人的参与权利，依法维护自己的合法权益。

（3）政治参与要具备理性化的参与行为。"理性—积极"的参与型公民文化要求公民的政治参与行为，既要符合法律法规的规定，也要符合民主与法治的原则精神。一方面，要做到追求自由与理性自律的统一。民主赋予公民选择自己生活方式的自由，但是也赋予公民正确使用法律赋予个人权利与自由的义务，不能损害他人的利益。正如孟德斯鸠指出："在一个有法律的社会里，自由仅仅是：一个人能够做他应该做的事情，而不被迫做他不应该做的事情。"[1]另一方面，要做到追求政治参与平等权与承认差别的统一。平等观念是现代政治观念的核心内容之一，在政治参与中，它首先要求任何人不得有超出宪法和法律的特权，不得因为民族、种族、性别、职业等不同而蔑视人的尊严和人的价值，应建立平等的政治生活方式。但是，应该看到，在政治参与中

---

① 〔法〕孟德斯鸠：《论法的精神》（上册），张雁深译，商务印书馆1967年版，第154页。

并不存在"绝对的平等"。由于人们所处的社会阶层、受教育程度、经济条件等的差别，也存在着政治参与的不平等。我国目前的政治参与，虽然"它不承认任何阶级差别……但是它默认不同等的个人天赋，因而也就默认不同等的工作能力是天然特权。所以就它的内容来讲，它像一切权利一样是一种不平等的权利。"①因此，对在政治参与中因为个人的禀赋、能力等带来的差别，要理性对待，并应该通过自己的努力来消除这种不平等。

三、法治型政治文化发展的路径安排

法治型政治文化发展路径的安排，首先要采取合适的法治发展战略，把法治型政治文化的发展寓于其中，从而保证法治思想和理念能够冲破传统政治文化的阻力，在中国生根发芽。同时要做好法治型政治文化的社会化工作，使法治不仅成为社会精英，也成为普通公众的一种理念和信仰。

1.落实依法治国方略，为法治型政治文化发展创造良好的法治环境

第一，在国家政治生活中真正确立起宪法和法律的至高权威。法治国家的显著特征之一，就是在国家的政治生活中，宪法和法律必须具有至高的地位和权威，各政党、团体、一切国家机关和个人，都必须在宪法和法律的范围内活动，严格依法办事，维护宪法和法律的权威。

第二，从制度上确立和完善依法治国的领导体制。在这里，关键的问题是处理好党的领导与依法治国的关系。依法治国离不开党的领导，但党的领导并不是在法律之外或法律之上的领导，而是通过把党的意志转化为国家意志来实现的。党在依法治国中应发挥表率作用，党的各级组织要带头遵守宪法和法律，维护宪法和法律的至高权威。

第三，完善和强化权力监督制约机制。完善的权力监督制约机制是法治国家的重要特征。实现依法治国，需要建立结构合理、配置科学、程序严密、监督制约有效的权力运行机制，从决策和执行等各环节加强对权力的监督制约，把权力关进制度的笼子里，保证把人民赋予的权力真正用来为人民谋利益。

---

① 《马克思恩格斯全集》第19卷，人民出版社1963年版，第22页。

2.强化法治意识，提升法治理念

在中国法治建设过程中，有一个基础性的工作必须要做，那就是强化全社会的法治意识。笔者认为，应从提高党的法治意识、政府的法治意识和普通公众的法治意识入手。

就我们党来讲，应重点强化依法执政意识。一方面，要强化"依章治党"意识。在当代中国，没有党规党法，国法就很难保障。因此，依章治党是依法治国的前提和保障。"党章是党的总章程，集中体现了党的性质和宗旨、党的理论和路线方针政策、党的重要主张，规定了党的重要制度和体制机制，是全党必须共同遵守的根本行为规范。没有规矩，不成方圆。党章就是党的根本大法，是全党必须遵循的总规矩。"①同时，还要进一步促进党内民主的制度化建设。要按照党的十八届六中全会公报要求的那样："党内民主是党的生命，是党内政治生活积极健康的重要基础。党内决策、执行、监督等工作必须执行党章党规确定的民主原则和程序，任何党组织和个人都不得压制党内民主、破坏党内民主……必须尊重党员主体地位、保障党员民主权利，落实党员知情权、参与权、选举权、监督权，保障全体党员平等享有党章规定的党员权利、履行党章规定的党员义务，坚持党内民主平等的同志关系，任何党组织和党员不得侵害党员民主权利。畅通党员参与讨论党内事务的途径，拓宽党员表达意见渠道，营造党内民主讨论的政治氛围。"②另一方面，党要做守法的表率，党要遵循宪法和其他法律法规。"党领导人民制定宪法和法律，党领导人民执行宪法和法律，党自身必须在宪法和法律范围内活动，真正做到党领导立法、保证执法、带头守法。"③

就政府来讲，应重点强调依法行政意识。首先，树立严守法律观念。行政机关的一切活动都必须以法律为依据，受法律约束，不得与法律相违背；行政法规、地方性法规、规章以及其他规范性文件都不得与宪法和法律相抵触

---

① 习近平：《认真学习党章　严格遵守党章》，《求是》2012年第23期。

② 《中国共产党第十八届中央委员会第六次全体会议公报》，《人民日报》2016年10月28日，第1版。

③ 《习近平谈治国理政》，外文出版社2014年版，第142页。

或冲突。"行政机关是实施法律法规的重要主体，要带头严格执法，维护公共利益、人民权益和社会秩序。执法者必须忠实于法律。"①其次，树立程序公开意识。做到行政行为、行政过程、行政结果公开和行政行为中涉及的文件、资料、信息公开。再次，遵循权力监督制约原则。必须对行政权力设置相应的监督制约措施，使其沿着有利于公民权益保护的轨道运行。最后，树立法律救济理念。建立必要的法律救济机制，使公民、法人及其他社会组织的合法权益受到损害时，能够及时得到补偿。

就普通公众来讲，应提升他们的主体意识，实现子民意识向民主意识的转变；提升他们的权利意识，认识到自己享有各种政治、经济和社会权利，懂得自我权利的正当性和可行性，实现义务意识向权利意识转换；提升他们的"独立平等、诚实信用、意思自治"的契约意识，抛弃传统政治文化中的宗法意识，为实现法律面前人人平等创造主体条件。

3.做好法治型政治文化的社会化工作②

阿尔蒙德认为："政治社会化是政治文化形成、维持和改变的过程"③，"政治社会化形成并传送一个国家的政治文化……维持、改变和创造——这些就是政治社会化为政治文化所作的工作。"④由此我们可以认为，所谓法治型政治文化的社会化，就是法治型政治文化在社会上传播，使法治型政治文化的价值理念获得广泛认同和接受的过程。

（1）优化法治型政治文化传播的渠道。政治社会化的主要渠道有：家庭、学校、新闻媒体等。上述渠道在实施政治社会化，培养合格的社会政治主体方面，发挥了重要作用。法治型政治文化的社会化，也必须借助这些渠道来进

---

① 《习近平谈治国理政》，外文出版社2014年版，第145页。

② 本部分的主要内容以《当代中国的法治社会化：缺失与建构》为题，发表于《齐鲁学刊》2004年第6期。

③ 〔美〕加布里埃尔·A.阿尔蒙德、小G.宾厄姆·鲍威尔：《比较政治学：体系、过程和政策》，曹沛林等译，上海译文出版社1987年版，第91页。

④ 〔美〕阿尔蒙德、小鲍威尔主编：《当代比较政治学——世界展望》，朱曾汶、林铮译，商务印书馆1993年版，第42页。

行。不容忽视的是，上述传播渠道存在着一些弊端，影响和阻碍了法治型政治文化的传播。因此我们必须进一步优化这些传播渠道，促使法治型政治文化的早日社会化。

第一，改善家庭法治教育，培养青少年的法治理念和法治精神。家庭是法治型政治文化社会化的首要渠道。可是，目前的家庭教育中存在的缺陷制约了法治型政治文化的社会化，因此必须改善家庭法治教育。首先，改变家庭教育中的不平等现象，培养青少年平等精神。目前，家庭教育中的不平等现象，仍然相当程度地存在着。法治型政治文化的社会化，要求法治精神的社会化。法治追求平等与自由，崇尚尊重与和谐。它要求家庭教育中应当塑造和谐民主的气氛，提倡人人平等的基本价值观，父母应该把孩子看作一个有自己权利、有自己心理和生理需求的个体。我们应从最基本的社会单位——家庭开始，培养法治所需要的基本精神。其次，改变家庭教育中的"两面性"现象，培养孩子的健全人格和对法律的信仰。所谓家庭教育的两面性是指，家长对孩子所实施的教育内容既有正面引导又有负面影响，相互矛盾，呈现明显的不一致性。具体表现为：言教行教不一、此时彼时不一致、家内家外不一致、对人对己不一致。这种家庭教育的两面性，破坏了未成年人所受教育的系统性，使未成年人经常处于矛盾交织、左右为难的境地，难以形成健康心理。而大多数人尤其是未成年人走上违法犯罪道路都是受不健康的心理驱使。家庭教育的两面性还违犯了道德教育的要求，难以使未成年人形成良好的道德素养。而未成年人违法犯罪除少数具有突发性外，大多数都具有较明显的蜕变过程，从兴趣爱好发生不良变化到思想意识上出现一些不健康或错误的东西，进一步发展到形成不良品德，从而表现出一些不道德行为、违纪行为、违法行为，最后触犯法律，走上犯罪道路。再次，在家庭法治教育中，既要注重对孩子的"畏法"教育，又要注重对孩子的"亲法"教育，使青少年对法律产生归属感和亲切感。必备的畏法意识教育是应该的，它有利于减少青少年违法犯罪。但是在家庭教育中，过分注重对"畏法"意识的教育，使青少年对法律不能产生亲切感，反而产生了过多的畏惧感和疏离感。把对青少年的培养仅仅局限在不违法犯罪方面，这仅仅是法治型政治文化社会化的初级层面的工作。

第二，改革传媒的法治宣传的内容和方式，促进法治型政治文化社会化的顺利开展。传媒是法治型政治文化社会化的重要渠道之一。但是，从总体上看，传媒在法治宣传的内容和形式方面还存在不少问题，影响了法治型政治文化社会化工作的顺利开展，必须加以改善。一方面，传媒本身要加强法律知识的学习，要用严肃的态度来对待法治信息的传播和法律知识的普及，维护法律的神圣性。一些传媒在进行法治宣传时，存在态度不认真、随意现象。例如中央电视台《综艺大观》现场回答节目，曾有这样一道题目：一名驾驶员遇到红灯径直闯了过去，而执法交警却没有难为他，请问这是为什么？中央电视台《综艺大观》正确答案却是：这名驾驶员闯红灯时没有开车，他是行人。这个正确答案让人感到纳闷：难道行人可以不受红灯的制约？显然，央视的"正确答案"是错误的，至少是与法律规定相悖的。[1]此外，在司法的新闻监督中，某些大众传播媒介对司法的不当、过度介入，较为严重地影响了法治原则的实施。[2]这些都对法治型政治文化的社会化工作带来严重的负面影响。另一方面，加强对传媒的管理，杜绝传媒中的暴力行为对违法犯罪的诱导。目前有些传媒中存在着过分渲染暴力的现象，这非常不利于法治型政治文化的传播工作。传媒对暴力的过分渲染和过度报道，使得人们对社会的真实面目产生错觉，使得人们对暴力习以为常、麻木不仁，甚至认为暴力是可以接受的，对暴力受害者也缺乏最起码的关心和帮助；还使得人们对暴力的性质产生错觉，似乎暴力代表着正义。法治型政治文化社会化最基本的要求是进行守法意识教育和守法习惯的养成。可是，某些传媒传递的有关信息恰恰是对违法的淡视甚至是有意或无意地鼓励。因此，必须加强对传媒的管理。

第三，树立尊重和平等意识，改善学校法治教育。法治型政治文化在学校的传播，关键在于教师。可是在现行的教育体制中，在学校教师的思想意识

---

① 严吉茂：《如此"普法"怎行》，《人民公安》2000年第20期。
② 张文显、李步云：《法理学论丛》(1)，法律出版社1999年版，第1页。

中，存在着一些不符合法治型政治文化要求的缺陷，必须加以改善。首先，在思想认识上，要改变重视一般意义上的政治社会化而对法治型政治文化社会化重视不够的现象。在现行的学校教育体制中，比较重视一般意义上的政治社会化工作，形成了一套比较完整的政治社会化机制。可是对法治型政治文化社会化问题，还没有引起足够的重视，没有作为学校的一项经常性的独立工作常抓不懈，或者仅仅作为一般意义上的政治社会化的一个附属工作。有的学校虽然有比较明确的法制教育思路，但是仅仅局限于法律知识的宣传教育与预防青少年违法犯罪方面，没有上升到培养法律信仰、传播法治型政治文化的高度。其次，要加强对教师的法治教育，强调依法执教。现在，有些学校中程度不同地存在着教师不依法执教、体罚学生的现象，这是对法治型政治文化权利维护原则的违反。体罚不但恶化教学环境，激化师生关系，影响学生的身心健康，同时也是严重的违法行为，它侵犯了学生的受教育权、人身自由权、身体健康权、人格尊严权、休息权等基本权利。在这样的环境下，受到体罚的学生，不可能形成法律信仰。再次，强调尊重学生的意识。有些学校存在对学生的"精神虐待"现象。例如：对那些调皮、不听话或犯了错误的学生，不是进行耐心细致的教育，而是施以威胁恐吓；有意冷落那些能力较差、不太听话或者家长爱提意见的学生；采用贬低压抑的方式发泄对那些成绩不好、调皮捣蛋或爱惹是生非的学生的不满，等等。在这种环境中生活的学生，容易形成对自我权利的压抑心理，难以形成独立自尊的人格、坚强自信的性格，容易形成冷漠的个性，对周围世界以及他人也会产生冷漠情绪。因此，必须加强对教师的教育，强调尊重和平等意识，把学生看作一个与自己平等的主体。只有这样，才能培养学生对法律的亲近感和平等感。

（2）改革、完善普法教育的内容和形式。法治意识的培育是法治型政治文化发展的一个重要任务和要求，也是一个国家法治发展不可逾越的阶段。我国自1985年始在全国推行大规模的"把法律交给人民"的普法运动，对公众法治意识的培养发挥了重要作用。但是，反思我们以前的"普法运动"以及正在进行普法活动，存在着对公民法治意识培养重视程度不够的缺陷，从而不利于法治型政治文化的社会化工作，必须加以改善。

第一，既要重视现代法律意识培育，又要重视对传统法律文化的批判。目前，很多民众中浓厚的传统法意识依然存在，而现代法意识比较缺乏。视法为刑、法律恐惧、厌讼心理等传统法律意识，还相当程度地存在着，干扰着法治建设。

第二，既要重视守法教育，培育民众的守法意识、义务意识，又要重视用法教育，培养公众的用法意识和权利意识。在内容上既注重对刑法、治安管理处罚法等禁止性法律的普法宣传，又重视对宪法、民法、经济法等权利性法律的宣传教育，杜绝法律教育的"单面化"现象。

第三，既要注重对具体条文的灌输、法律知识的普及，又要重视法律精神的培养、法律意志的锻炼、法律信仰的树立等方面的教育。只注重对具体条文的灌输、法律知识的普及，容易导致民众消极的守法意识，人们之所以守法，主要是受到国家强制力的约束。而"一个只靠国家强制力才能贯彻下去的法律，即使理论上再公正，也肯定会失败。"①如果公众遵守法律不是出于对法律的真诚信仰，而是出于对法律惩罚的畏惧，那么，公众永远不会产生对法治的亲和力，法治建设也就不能取得理想的效果。

（3）重视法治产品的示范引导。所谓法治产品是指在法治建设过程中，能够表达法治精神和理念、体现法治宗旨和价值的法治事件和法治实践。不可否认，在我们现实生活中一定程度上存在着法治产品短缺现象，从而影响了公众对法治的信任和对法律的亲近，导致很多公众缺乏参与法治建设的积极性。因此，我们必须重视法治产品的产出，发挥示范和引导作用。

第一，大力宣传"自然"的法治产品。笔者把内含着法治精神、表达着法治理念、体现着法治信仰的法治事件和法治实践，称为自然的法治产品。作为自然的法治产品载体的法治事件和法治实践，能够在社会上产生巨大的感召力和动员力，促使人们的行为朝着法治化方向发展，从根本上有利于国家的法治建设，应该大力宣传。

第二，谨慎宣传"事后补办"的法治产品。所谓"事后补办"的法治产

---

① 苏力：《法治及其本土资源》，中国政法大学出版社1996年版，第10页。

品，是指社会主体的行为，尤其是司法、执法主体的行为，不是出于法律信仰而自觉履行自己的法定职责，而是因为受到了强大的外部压力，不得已做出的符合法治精神和原则要求的法律行为。例如，有些单位和部门，因为《焦点访谈》《今日说法》等节目披露了自己领域的阴暗面，才在舆论的强大压力下，或者改正自己的错误，或者履行自己的法定职责。这种"亡羊补牢"式的法治行为，应该说带有一定的普遍性。它虽然也取得了一定的法治宣传效果，向社会传递了一定的正面法治信息，但是，这毕竟属于"亡羊补牢"，人们不仅担心：如果没有外界的舆论监督，那又会是什么情形？"事后补办"的法治产品让人感觉到，似乎法治是一种无奈的选择。很多人在这种法治信息下产生的不是对法律尊严的敬畏和信赖，而是心理上的侥幸。因此，对"事后补办"的法治产品的宣传，应该持慎重态度。即使要宣传，也应该考虑把它的负面作用降到最低。

第三，坚决杜绝"非法治产品"。目前在中国的法治领域，存在这样几个"非法治产品"制造主体：司法"非法治产品"制造主体、官员"非法治产品"制造主体和普通民众"非法治产品"制造主体。司法"非法治产品"制造主体违反法治的精神与原则要求，做出了违反法定角色规范要求的行为，民间流传的"吃了原告吃被告"即勾勒出这部分人的丑恶嘴脸。这些人对法治的破坏，正如英国哲学家培根所言："一次不公的司法判案比多次不公的其他举动为祸尤烈。因为这些不公的举动不过是脏了水流，而不公的判决则把水源败坏了"①；官员"非法治产品"制造主体直接地将手中的权力作为利益交换手段，他们漠视法律，为了捞取不当利益不惜铤而走险，以身试法。官员"非法治产品"制造主体严重影响了法治在人们心中的合法性；普通民众"非法治产品"制造主体所追求的生活目标与现实存在相当大的差距，用正当手段难以达到他们的生活目标，他们往往不惜牺牲别人、损害别人。普通民众"非法治产品"制造主体的行为，在社会上产生极大的反面的相互效仿的效果。总之，这些"非法治产品"制造主体，尤其是司法"非法

---

① 〔英〕弗·培根：《培根论说文集》，水同天译，商务印书馆1983年版，第193页。

治产品"制造主体、官员"非法治产品"制造主体以及他们制造的"非法治产品",严重干扰了法治型政治文化的社会化工作,使人们对法治敬而远之,退避三舍。这几种非法治产品,必须严厉打击,坚决拒绝。

第四,尽量避免"法治瑕疵品"的出现。目前存在着两类"法治瑕疵品",一类是国家供给的法治产品与公众的法治需求存在着一定程度的脱节,兼容性不够,不符合公众内心的法治需求和心理习惯。它包括三种情形:"第一类是有供给无需求,这是法律的'虚假繁荣',导致法律无用;第二类是有需求无供给,这是法律不到位,法律失职;第三类是有供给有需求,但没市场,这就是供给和需求之间有梗塞和路径不畅。这三种情况都可能造成国家法不被人们习惯。"[1]另一类是由于立法环节上的缺陷而制造出的"法治瑕疵品"。主要表现在忽视立法质量。法律的原则性强,弹性过大,操作性差,有的甚至无法操作;不同层级的立法权限冲突,部门主义严重,等等。因此,对第一类"法治瑕疵品",我们必须加强立法调研,使国家制定法能够最大限度地符合公众内心的法治需求和心理习惯,增强国家法与民间风俗习惯的良性互动,使国家法获得广泛的认同。对于第二种"法治瑕疵品",我们必须加大立法改革的力度,注重立法的质量和可操作性,拉近法律与公众的距离,使法律真正成为保护合法权益的武器。

第三节　当代中国政治文化发展的着力点

我们确立了政治文化发展的价值目标,设计了实现这一目标的路径。但是这些工作还是比较笼统的。当代中国政治文化的发展,要求我们做深入细致的工作,选择好政治文化发展的着力点。笔者认为,当前中国政治文化的发展,应该选择两项工作:政治认同的获得和维持、主流意识形态的合法性建设,来作为当代中国政治文化发展的着力点。

---

[1]　田成有:《国家法在乡土社会中取得成功的条件与保证》,《江苏行政学院学报》2001年第3期。

一、政治认同的获得与维持

政治认同是人们在社会政治生活中产生的一种感情和意识上的归属感，它与人们的心理活动有密切关系。人们在一定社会中生活，总要在一定的社会联系中确定自己的身份，如把自己看作是某一国家的公民、某一政党的党员、某一阶级的成员、某一政治过程的参与者或某一政治信念的追求者，等等，并自觉地以其组织及过程的要求来规范自己的政治行为。这种现象就是政治认同。[①]

经济全球化对当代中国的政治认同，既带来了机遇，也带来了挑战。对此，已有学者分析了当代中国可能出现（有的已经出现）的政治认同问题。因此，我们必须高度重视政治认同建设，把全球化背景下政治认同的获得和维持，作为当代中国政治文化发展的着力点之一。

1.三元一体的政治认同基础体系及其建设

一个执政党和政府为保持自己的政治合法性，总是借助各种途径和手段，来争取获得人们的政治认同。笔者认为，单纯依靠一种维护合法性的手段，很难获得自觉、持久的政治认同。为此，必须建立多元一体的政治认同的基础体系，这是当代中国政治文化发展的一项重要内容。

（1）政治认同的绩效基础及其建设。不断发展生产力，寻求来自经济增长及其绩效所产生的合法性，这是获得公众政治认同的物质基础。依靠较理想的经济发展绩效来保持政治体系的合法性和稳定性，是很多国家在现代化过程中的普遍做法和经验总结。在政治实践中，民众对一个政党认同与否，最基本、最直观的判断标准，是看它在实现自己利益方面的实际作用，能否满足自己的某种需求和愿望，能否给自己带来实际利益。实践证明，持续的经济增长和人民生活水平的不断提高，巩固了中国共产党的执政合法性地位，目前这一效应仍在持续，并且在很长一段时间内仍将继续下去。因此，我们要继续加强政治认同的绩效基础建设。正如习近平总书记指出的那样："人民对美好生活的向

---

① 吕远礼：《政治文化：转型与创新》，江西人民出版社1999年版，第3～6页。

往，就是我们的奋斗目标。……我们的责任，就是要团结带领全党全国各族人民，继续解放思想，坚持改革开放，不断解放和发展社会生产力，努力解决群众的生产生活困难，坚定不移走共同富裕的道路。"①

（2）政治认同的意识形态基础及其建设。意识形态是党和政府获得政治认同的一个重要手段，在当代中国的政治文化发展中，我们应该继续发挥它在维护政治认同方面的重要作用。对任何一个政党而言，政治认同的获得在更为深层的意义上依赖于意识形态的支持、依赖于人们对其制度和价值理念的内心认同和信仰。一个执政党要维护自己的执政地位，必须对民众提供一套适应社会发展的价值观。因此，我们必须更加重视意识形态的建设工作。十八大以来，习近平总书记进一步强调意识形态工作是"一项极端重要的工作"②，"宣传思想工作就是要巩固马克思主义在意识形态领域的指导地位，巩固全党全国人民团结奋斗的共同思想基础。"③这对新时代政治认同的意识形态基础建设，提出了新的要求。政治认同的意识形态基础建设就是要巩固马克思主义的指导地位，维护和提升中国共产党执政的合法性，维护中国共产党领导人民进行改革开放的合法性、走中国特色社会主义道路的合法性。

（3）政治认同的法理型基础及其建设。政治认同的法理型基础是指建立在遵守正式制定的非个人专断的法律法规基础上的政治认同。它建立在这样一种信念之上："权威运用者的制度体系，任职者之担任权威角色，命令（或规章）的内容和颁布方式都是符合某一或某些更一般的准则的"。④法理型权威要求所有人都要忠实于法律，它把政治认同建立在非人格化的法治基础之上。法理型认同基础要求树立法律的最高权威地位，在法律面前人人平等。它既规范公民的行为，更制约政府的行为。亨廷顿指出，现代政治权威的有效建立，需要做到"政府是人的产物而不是自然或上帝的产物，秩序井然的社会必须有

① 《习近平谈治国理政》，外文出版社2014年版，第4页。
② 《习近平谈治国理政》，外文出版社2014年版，第153页。
③ 《习近平谈治国理政》，外文出版社2014年版，第153页。
④ 邓肯·米切尔：《新社会学辞典》，蔡振扬等译，上海译文出版社1987年版，第22～23页。

一个明确的、来源于人民的最高权威，对现存法律的服从优先于履行其他任何职责。"①纵观世界，政府和政治权威建立在法律和规则基础上的国家，一般政局稳定，经济发展，社会进步，相反容易走向社会动荡。笔者认为，我国建立法理型政治认同基础的路径，是坚决贯彻依法治国方略，建设社会主义法治国家，并且做好法治型政治文化的社会化工作，获得人们对法治型政治文化理念与价值的普遍认同。

总之，根据当代中国的国情，我们需要建立绩效型基础、意识形态基础、法理型基础三位一体的政治认同基础体系，从而使我们党和政府获得稳固的、持久的、全方位的政治认同。

2.社会阶层分化形势下政治认同的获得与维护

随着市场经济的发展，我国出现了社会阶层分化现象。工人阶级、农民阶级和知识分子阶层内部不断发生着分化，而且出现了农民工、非公有制经济人士、新的社会阶层人士等不同阶层或群体。其中，新的社会阶层人士主要包括私营企业和外资企业的管理技术人员、中介组织和社会组织从业人员、自由职业人员、新媒体从业人员，等等。这说明，当代中国的政治认同主体也发生了阶层化的分野。各阶层除了有共同的政治认同标准外，还具有不同的政治认同的内容、标准和倾向性。我们必须适应这种变化，满足不同需求，取得各个阶层的政治认同。

（1）社会各阶层共同的政治认同标准及我们该做的工作。在社会阶层化形势下，各阶层既有共同的认同标准，也有重点性的不同的认同标准。"致富"性认同标准和"利益维护"性认同标准，是社会各阶层共同的政治认同标准。为此，我们必须根据这两个共同的政治认同标准，做好相关的工作，来获得社会各阶层的政治认同。

其一，"致富"性认同标准。"共同富裕"是当代中国人共同的价值追求。适应这种政治认同的标准，我们必须大力发展生产力，不断满足人们对美好生

---

① 〔美〕塞缪尔·P.亨廷顿：《变动社会中的政治秩序》，张岱云译，上海译文出版社1989年版，第6页。

活的向往。但是，通过发展生产力，取得经济建设绩效，也不是必然会带来政治认同，它取决于以下几个重要因素：首先，要实现经济发展的公正性，经济增长的成果在分配上必须公平公正。为此，我们要切实处理好公平与效率的关系，效率的发展不能牺牲公平，经济发展的成果应该惠及全体人民。其次，要实现经济发展的可持续性。随着社会的不断发展，人们在评价经济效绩时会更多地增加人文指标、资源指标、环境指标，这就要求经济增长必须与可持续发展相一致，实现"绿色"GDP。再次，要注重协调性。在促进经济增长、为政治认同提供物质基础的同时，也要促进政治、文化、社会的协调发展，实现人们各方面的利益需要，最大限度地拓宽政治认同基础。因此，这种"致富"性认同标准，给生产力的发展戴上了价值调控器，它提示我们，必须发展"人的经济"，要按照人的发展这一价值目标，来规划和设计经济建设。

其二，"利益满足"性认同标准。利益是人类一切社会活动的最终动因。"任何政治统治的稳固，都必须以民众的认同与支持为基础。……这种认同不仅出于一定的观念、文化的影响，而且必然以民众对政治统治实际行为的认识为基础，也就是说以被统治者对政权履行职能的效率、对公共利益的维护和民众个人利益的满足为基础，即以国家的政治产品满足社会需要的程度为基础。"[①]这是获得政治认同的关键所在。因此，只有对人们正当合理的利益要求予以尊重和满足，这种政治体系才能获得人们的认同。围绕着这种利益满足性的标准，要获得社会各阶层的政治认同，我们必须做好以下工作：第一，加强党的自身建设，树立利益代表的形象。我们党是执政党，是全国各族人民利益的代表，是最广大人民根本利益的代表。各级政权机构的形象是群众借以判断党的性质的直接渠道，因此，党员干部应牢固树立以人民为中心的发展思想，不忘初心，全心全意为人民服务。第二，实现公平的利益分配。要让人民有利益分配的公正公平感，实际感受到国家的分配制度体现社会主义的本质要求，反映着最广大人民的根本利益。第三，重视政治利益有序合理分配问题。

---

① 龙太江、王邦佐：《经济增长与合法性的"政绩困局"——兼论中国政治的合法性基础》，《复旦学报》2005年第3期。

随着市场经济的不断发展，人们对政治利益的认知水平日益提高，政治利益对经济利益的作用越来越被人们认识到。因此，应把政治利益视为决定我们党政治生命的重要利益，加以规范生产和有序分配，以此换取人们的信赖和支持。

（2）社会各阶层政治认同标准的侧重点及我们该做的工作。除了上述共同的认同标准外，社会各阶层的政治认同标准的侧重也有所不同。适应这种情况，我们必须采取有针对性的措施，才能获得他们的广泛认同。

其一，把新社会阶层的政治身份定位为"中国特色社会主义事业的建设者"，是获得这一阶层政治认同的首要标准。新社会阶层作为改革开放的新生事物，对他们身份地位的正确认识与否，直接关系到能否获得他们的政治认同。过去我们对新社会阶层的认识，存在着一些盲点和误区。如过分注重社会阶层的政治成分，虽然鼓励和允许发展个体经济、私营经济，但是在很多人的思想认识中仍把个体户、私营企业主等看作剥削者阶层，等等。这虽然在一定程度上调动了这些社会成员的积极性，但是并没有使他们的积极性充分发挥。因此，这一新兴社会阶层的政治认同标准，首要的一点是如何看待他们的身份和地位以及在实践中采取的政策。另一方面，面对新社会阶层大量存在的实际，我们的政策措施如果不考虑这些社会阶层的认同问题，执行中会遇到极大的阻力。因此，身份定位问题就成为新兴社会阶层政治认同的首要的标准问题。

新社会阶层中的绝大多数人拥护党的路线方针政策和社会主义制度，积极投身改革开放和社会主义现代化建设事业，他们爱国、敬业、守法，得到了社会的认可。他们是中国特色社会主义事业的贡献者、改革开放政策的实践者、解放思想的探索者、先进生产力发展的推动者。因此，党的十六大把新社会阶层的身份定位为"中国特色社会主义事业的建设者"，正是充分考虑了新兴社会阶层在改革开放和社会主义现代化建设中的作用。这一论断获得了新兴社会阶层的极大拥护，从而也进一步加强了党的政治认同。

其二，对工人的主人翁地位的维护，是工人阶级政治认同的重点标准。虽然在宪法中，一直强调和坚持工人阶级作为领导阶级的政治地位（通过中国共产党领导），强调维护工人阶级的主人翁地位。但是现实中，工人阶级中的一些人对此存有疑问，尤其是在改革过程中出现的工人"下岗"、失业现象，加深了人们的这种疑虑。现在，在私营企业就业的工人越来越多，他们的主人翁地位问题，也是人们的疑问之一。因此，维护工人阶级的主人翁地位，就成了获得工人阶级政治认同的重点标准。为此，应该做好以下工作：第一，努力实现、维护和满足工人阶级的经济、政治和文化需求。要通过各种民主渠道，反映广大职工的愿望和要求，落实工人阶级管理国家、管理经济和社会事务，参与企事业单位的民主决策、民主管理和民主监督的权利，保障工人阶级物质生活水平随着社会经济的发展不断提高。要帮助职工不断提高科学文化技术素质，增强竞争能力。第二，努力实现保障工人阶级主人翁地位相关规定的制度化、法制化。应进一步落实《宪法》《劳动法》和《工会法》等法律法规赋予职工群众的各项权利，并尽快制定其他确保职工群众当家作主的政治权利、保障职工经济利益的一系列法律法规。第三，切实加大维护困难职工群体合法权益的工作力度。把帮扶困难职工群体的工作放在突出位置，抓紧抓好。建立健全社会保障制度，多渠道、多形式帮助困难和失业职工再就业，落实好政府关于促进再就业的各项政策措施，切实帮助困难职工解决面临的各种实际问题。

其三，营造民主的社会氛围和发展环境，是获得知识分子政治认同的重点标准。知识分子是社会的精英和科学技术的载体，没有他们的参与，中国的现代化建设是难以向前推进的。知识分子追求独立性，具有对自由的强烈向往，因此，除了上述共同的政治认同标准外，民主的社会发展环境，是获得他们认同的重要标准。

因此，我们必须创造民主的社会文化环境，充分发挥知识分子的聪明才智。为此，要处理好以下两个方面的关系：第一，处理好学术自由与坚持马克思主义指导的关系。在当代中国，马克思主义是学术自由必须遵循的指导思想。第二，处理好坚持学术自由与坚持"二为"方向的关系。知识分子只有充分意识到自身对国家、社会、公众的责任，其追求的学术自由才有现实价值。在当代中国，我们应该把坚持学术自由与坚持"为人民服务、为社会主义服务"的方向统一起来。

其四，适应农民的平等权诉求，保护农民的平等权益，是获得农民政治认同的重点标准。农民在中国革命和建设中做出了重要贡献。但是不容忽视的是，在当代中国社会，农民从总体上仍然处于弱势地位，在很多方面受到不平等待遇。因此，除了共同的致富性认同和利益满足性认同标准外，维护农民的平等权利，成为当代中国农民政治认同的重要标准。我们必须充分认识到这一点，采取有力的法律、政策措施，保证农民的平等权，以获得农民的政治认同。应该强化以下意识：第一，树立农民参与意识。要破除两种观念，一是认为农民是二等公民，这显然不对；二是认为农民素质低、参政能力差，这也不符合事实。第二，树立农民平等意识。农民和其他社会阶层一样，都是平等的国家公民，农民仅仅表明职业的不同，不表明身份的差别。第三，树立农民组织意识。应当鼓励和支持农民建立各种合作组织，维护自己的具体利益。

在实践中，我们可以采取以下措施：第一，充分发挥农民参政议政的积极性。对关系农民切实利益的税费改革、减轻农民负担等问题，让农民参与政策制定，从源头上保护农民的平等权。第二，废除不合理的政策法规，破除二元社会结构，彻底改革现行的户籍制度；建立健全城乡统筹的就业制度和全国统一的劳动力市场；建立健全涵盖农民与市民在内的全国统一的社会保障制度，等等，确保农民在经济、政治、法律、科教、文化和社会生活等各个领域都不受歧视，第三，扩大基层民主，加强基层法治。党和政府要支持和帮助农民建立维护自己合法权利的各种组织，提高农民的组织化程度，提高农民素质，使居于弱势地位的农民能够借助组织的力量，增强维护自身利益的能力。[①]

3.更加重视通过输入方式获得政治认同

政治系统分析理论认为，政治系统是一个由环境包裹着的行为系统。这个行为系统在环境的影响下产生并反过来影响环境。政治系统通过"输入"和"输出"来维持自己的生存与稳定。输入包括要求和支持。输出是指政治系统以某种方式影响环境的活动，主要有权威性的决定、法令和政策，等等。

传统社会的政治认同的获取，一般是通过政治输出的方式。在传统社会

---

① 张英红：《给农民以宪法关怀》，《乡镇论坛》2004年第2期。

中，公众是只有服从义务、缺乏政治权利的臣民甚至是子民，不可能提出对统治者的政治要求，政治系统不是通过公众投票选举、参政议政等"输入"来取得自己的合法性，而是通过实行专制、愚民政策和所谓的"仁政""德治"等"输出"来取得政治认同。在现代化进程中，随着人们民主意识、参政议政热情的提高，仅仅通过"输出"已不足以获得公众的完全认同。只有逐步开通"输入"渠道，不断增加公众参政议政的机会，政治系统才能取得足够的合法性，从而获得公众的政治认同。

（1）重视通过输入方式来获得政治认同的客观必然性

通过输入的方式来获得政治认同，随着当代中国的社会发展，越来越显示出其必要性。强调这种政治认同的获得方式，具有重要的现实意义。

强调政治认同获得上的输入方式，适用了社会分层形势下人们强烈的利益表达和利益维护的政治参与需求，符合人们的"利益满足"性认同标准，有助于培养民主型政治文化。伊斯顿把进入政治体系的输入分为两类：要求和支持。对于要求，就是公众基于自己的利益而向政治体系提出的各种希望。他列举了六种要求的类型：关于产品和服务分配的要求、关于行为管制的要求、关于增税减税以及对其他形式资源提取的要求、关于传递信息的要求、关于参与政治过程的要求或关于各社会集团的代表权更为平等的要求、关于加强社会安定和秩序以减少暴力和冲突的要求，或者另外一种形式，要求政治体系对新的价值、挑战和机会积极地加以适应和做出反应。[①]由此可见，以上几种要求的提出，是人们基于自身的利益需求而积极参与政治的活动，它符合现代民主的价值理念，是一种民主型的政治文化。中国社会阶层构成的多元化，使社会阶层利益格局多元化趋势增强，推动着社会阶层政治参与意识的增强。在这种形势下，如果我们不重视公众的利益表达愿望，不开通和扩大公众的利益表达渠道，会严重影响党和政府的政治认同。在这种背景下，仅仅通过输出来获得政治认同已经不符合社会发展需求，因为它没有体现或者很少体现公众的利益表

① 引自〔美〕加布里埃尔·A.阿尔蒙德、小G.宾厄姆·鲍威尔：《比较政治学：体系、过程和政策》，曹沛林等译，上海译文出版社1987年版，第11～12页。

达和利益要求。

强调政治认同上的输入方式，能够极大推动法理型认同基础的建设，从而使政治系统获得牢固、稳定、持久、理性的认同。一方面，阶层利益的多元化促使社会成员更多地依靠法律和规章制度来保护自己，不再寻求身份保护、单位保护和部门保护，这样人们的法治意识会不断增强，法治能力会不断提高。通过这些组织化、制度化的输入方式，把人们的政治要求及时传入政治体系中，从而促进了法理型认同基础的发展。另一方面，社会阶层分化已经并将继续影响当代中国的政治权力结构，进一步促使中国向民主化和法治化方向发展。近年来，一些个体劳动者和工商界人士相继进入各级人大和政协，一些优秀知识分子进入高层决策圈。这种变化对于克服权力过度集中的痼疾、推进我国民主化和法治化进程、建设社会主义法治国家，有着积极意义。他们通过上述输入渠道，表达着民主与法治诉求，不断地强化着中国政治认同的法理型基础。

强调政治认同的输入方式，有利于加强党的执政能力建设，强化党和政府的政治认同。"当然，我们并不想给人留下这样的印象：输入仅仅来自社会……输入还代表性地来自政治体系内部的精英人物，如君主、总统、部长、医院和法官等。"[1]这种情况在我国也存在。中国的政治输入，在很大程度上是一种"内部输入"，也就是说，在当代中国，国家的社会主义性质，以及中国共产党长期执政的特性和它的全心全意为人民服务的政治品性，决定了党组织和政府在对社会利益表达的认定和利益综合方面显得更为重要。在政策输入过程中，利益要求主要不是由政策制定系统外部的社会利益群体输入到政策制定系统中去，而主要是由党组织和政府官员们主动进行利益要求的认定和利益综合的输入。[2]同时，随着我国社会的阶层化发展，人们的利益诉求更多地表现为一些具体利益，这些具体利益有时并不完全一致，在一

---

① 〔美〕加布里埃尔·A.阿尔蒙德、小G.宾厄姆·鲍威尔：《比较政治学：体系、过程和政策》，曹沛林等译，上海译文出版社1987年版，第13页。
② 李杰、杨荣军：《我国公共政策输入机制探析》，《社会科学研究》2005年第5期。

定条件下甚至是对立的。这就要求党及其领导下的政府与代表社会具体群体利益的"第三部门",在利益表达的认定和综合方面加强互动。这样,强调政治认同的输入方式,就给党和政府提出了三个极具挑战性的现实问题:如何做好利益代表、如何做好利益整合、如何处理党和政府与代表公众具体利益的各种机构团体的关系。这三个问题,是对我们党执政能力的考验,也是加强执政能力建设的重要动力。可见,强调政治认同的输入方式,是提高党的执政能力的强大外部激励力量。一方面,强调政治认同的输入方式,扩大了党和政府决策资源的提取范围,增强了利益整合功能,从而使党的路线方针政策能够反映最大多数人的意志,能更好地协调社会各种利益关系,从而增加社会公众的认同感;另一方面,强调政治认同的输入方式,满足了公众参政议政的心理需求,增强了他们的政治功效感、影响感和尊严感,可以使党的路线方针政策更易于被社会公众接受和认同。

强调政治认同的输入方式,启示党和政府应该建立双向的政治支持机制,从而获得持久的政治认同。政治认同的输入方式,从内容上讲,除了要求这一类型外,还有一种类型:支持。支持可以分为两大类:一类是政治资源的支持。人们积极参政,以此作为支持目前正在从事制定政策的,或者正在谋求公职以便制定公共政策的领袖和集团。参加投票、参加竞选活动以及为某个政治派别而战斗均属此类[1]。第二大类即所谓顺从者支持或服从性支持:遵守合法的政治体系所制定的权威政策,提供金钱或物品和各种服务。[2]这两种类型的支持,是任何一个政治体系所必需的,对中国来讲也是这样。这就启示我们,当代中国的政治支持不是单方面的,它是一种党和政府与人民群众在政治生活中双向支持的权利义务关系。一方面,党和政府相信人民群众,依靠人民群众,保证和支持人民当家作主,始终代表并努力实现最广大人民的根本利益;另一方面,社会公众对党和政府积极支持、充分信任和紧密合作。建立这样一

---

① 〔美〕加布里埃尔·A.阿尔蒙德、小G.宾厄姆·鲍威尔:《比较政治学:体系、过程和政策》,曹沛林等译,上海译文出版社1987年版,第12页。

② 〔美〕加布里埃尔·A.阿尔蒙德、小G.宾厄姆·鲍威尔:《比较政治学:体系、过程和政策》,曹沛林等译,上海译文出版社1987年版,第13页。

种政治生活的双向支持系统，有利于政治生活的上下一致、齐心协力、共存共赢。可见，强调政治认同获得的输入方式，有利于建立这样一种双向的政治支持体系。对党和政府来讲，能够促使其时刻牢记初心和使命。而对公众来讲，要获得来自党和政府的支持，也必须履行自己应尽的支持义务。这样容易保持社会的政治稳定，从而为更进一步的发展创造良好的社会环境，从根本上讲有利于党和政府获得政治认同。

（2）加强和完善输入渠道建设

通过输入方式获得政治认同，是现实的必然要求，具有重要意义。因此，我们必须加强和完善输入渠道建设，为通过输入方式获得政治认同提供必要的社会条件。

一方面，要完善现有的制度化、组织化输入渠道，充分发挥它们的作用。一是进一步发挥人民代表大会制度在公民政治参与中的作用。要完善人民代表的提名、确定候选人等制度，尊重选举人的意愿，落实选民对代表的罢免权利等。二是处理好共产党与各民主党派的关系，民主党派要广泛了解民意特别是要了解并表达自己所代表的社会利益群体、阶层成员的利益要求和建议，充分发挥好自身在国家政治生活中参政议政的职能作用。三是进一步完善村民委员会、居民委员会和职工代表大会等基层群众自治组织制度，落实我国宪法和村民委员会组织法、居民委员会组织条例的规定，使之真正成为基层群众性自治组织。

另一方面，健全和完善人民团体和各种社会专业性群众组织，充分发挥它们的输入作用。一般而言，公众以团体组织为中介来表达自己的利益要求，要比分散的个人行为更能达到目的。对党和政府而言，与合法的组织进行磋商，更有利于掌握和了解公众的意愿，而且其政治效率要大于同千差万别的个人之间的艰难沟通。随着我国社会阶层多样化发展，我们一方面要积极支持新的社会阶层组建自己的团体组织，另一方面要处理好党和政府与各群众团体以及一些专业群众组织之间的关系，增强它们的民主性、群众性，使之真正成为各阶层公众参与国家政治生活的有效渠道。

二、我国主流意识形态的合法性建设①

在当代中国，我们仍然应该强调政治认同的意识形态基础。但是，意识形态本身也存在合法性问题。前文指出，所谓意识形态的合法性，是指意识形态所蕴含和倡导的价值观符合并维护社会大多数人的利益和社会正义要求，符合社会发展的需要，并且随着社会的发展，意识形态也不断丰富和发展自身，从而能够合理准确地解释现实世界，有效地指导实践，因而得到了大多数社会成员的认同和接受。意识形态的合法性问题，是一个具有重要理论意义和现实意义的"真"问题。因此，我们应该积极探索我国主流意识形态合法性的获得与维持问题。

1.主流意识形态合法性获得的方式与途径

回顾我国主流意识形态的发展历史，总结世界社会主义运动的经验教训，笔者认为，我国主流意识形态的合法性，其获得的途径与方式，主要有以下几种：

（1）革命替代式。这主要是指在新的社会形态建立过程中，不同性质的、敌对的意识形态争取合法性的方式。任何一种先进社会制度的建立，都伴随着新的、先进的意识形态代替旧的、落后的意识形态从而获得合法性的斗争。在革命战争年代以及在新中国成立初期，马克思主义主流意识形态在我国取得合法性，主要依靠的就是这种方式。马克思主义主流意识形态在我国的巩固，也离不开这种形式。这是因为，落后的意识形态及其所反映的落后的生产力和生产关系，不会甘心退出历史舞台，总是寻找机会向先进意识形态的合法性地位挑战。尤其是随着新社会制度的建立，一种先进的意识形态在一国之内获得了合法性，而该国又被旧意识形态占统治地位的国家所包围时，新的社会制度和新的意识形态就面临着严峻的挑战。敌对势力要么采用直接武装干涉的方式，推翻新的社会制度，恢复旧的社会制度，从而使旧意识形态重新取得统治地

① 本部分主要内容已经以《意识形态的合法性问题》为题，发表于《山东社会科学》2004年第9期。

位，要么采取"和平演变"的策略，进行没有硝烟的战争，使新的社会制度发生性质变化，恢复旧的意识形态。当然，在这种情况下，并不是说新的社会制度及其主流意识形态不具有先进性和科学性，只是说明新的社会制度和先进意识形态合法性的获得，是一个长期的复杂过程。它也警示我们不能用僵化、教条的态度对待先进意识形态的合法性问题，必须重视生产力的发展和生产关系的变革这些使意识形态获得和保持自身合法性的决定因素。这对我们保持马克思主义主流意识形态的合法性，具有重要的启迪意义。

（2）比较吸收式。这也是不同性质的意识形态获取合法性的一种方式，即通过比较吸收来维护自己的合法性。这种方式主要体现在两个方面：一是学习、借鉴对方意识形态中对本方意识形态有用的部分，丰富、发展本方意识形态。二是在学习、借鉴的同时，对于对方意识形态的本质特性，与本方意识形态相对立的部分，必须抵制、批判，更加坚定和发展本方意识形态。因此，比较吸收式是不同性质意识形态在合法性发展变迁过程中，所坚持的一种既学习借鉴，又批判斗争的发展方式。在比较中，吸收对方的长处，克服自己的不足，使本方意识形态保持广泛的适应性和较强的包容性，维持并不断增强合法性。在当代中国，我们必须大胆吸收人类创造的一切优秀文化成果，来促进马克思主义的发展；同时，必须坚持马克思主义的立场、观点和方法，毫不动摇。

（3）创新发展式。这种途径主要适用于同一种意识形态，尤其是同一种社会主流意识形态，其合法性的获得与维持。要做好以下工作：第一，继承性与超越性相统一。主流意识形态的发展是在继承优良文化传统基础上的发展。同时，主流意识形态更要不断实现对自身的超越，根据社会不断出现的新情况、新问题，创造新的理论，根据人的发展需要，不断调整内容和结构，拓展功能与作用。第二，协调性与综合性相结合。主流意识形态既不能脱离社会政治、经济制度和生产力水平孤立发展，又要对经济基础和上层建筑的发展给予指导和保证。因此，主流意识形态只有与社会的经济基础、上层建筑协调一致地发展，才能保持自己的合法性。第三，中心发展与边缘补充相结合。意识形态是一个丰富的、具有层次性的思想体系，在这个体系中，有中心部分或核心部分（即主流意识形态），也有相对边缘的内容。中心部分制约、指导边缘内容，边缘内容丰富、维护中心部分。中心发展是主导性发展，是核心和重点，边缘发展是多样性发展，是丰富和补充。中心发展指导、统领边缘发展，边缘发展服从、服务于中心发展。

2.主流意识形态合法性建设与维护的路径

马克思主义主流意识形态的合法性，重在建设，重在维护。只有加强建设和维护，它才能不断获得合法性的生命力之源。

（1）发展经济，发挥主流意识形态的经济功能，是增强主流意识形态合法性的经济基础。坚持以经济建设为中心，大力发展经济是主流意识形态获得认同、增强合法性的基础。实践证明，人们在决定是否接受某种意识形态时，总是看这种意识形态能否满足自己的某种要求和愿望，能否给自己带来实际利益。历史经验也一再证明：如果一个国家的经济建设没搞好，人民往往会怀疑甚至抛弃现有的意识形态。

因此，我国的主流意识形态要保持自己的合法性，就要正确处理与经济建设的关系，发挥好主流意识形态的经济功能。一方面，主流意识形态应该为经济发展提供规范和秩序。经济活动要合乎社会的价值取向，符合广大人民群众的根本利益，合乎社会的伦理，遵循一定的道德规范和法纪规范。因此，主流意识形态建设应建构经济伦理、法纪体系，用以规范经济行为，避免因缺乏经济伦理、法纪规范而导致社会混乱。另一方面，主流意识形态应该为经济发展开辟新领域提供必要保证。经济进一步发展和积极作用发挥，需要符合其发展特点的规范和秩序来把握和驾驭。因此，探索竞争道德与规则，研究新领域的伦理、规则与价值取向，是经济发展向主流意识形态提出的前沿性发展要求。主流意识形态如果忽视这些新的领域，会使自身丧失发展机遇，从而影响合法性的保持。

（2）注重理论创新，正确合理地解释现实，是保持主流意识形态自身合法性的关键。只有坚持理论创新，才能为主流意识形态获得人们的接受和认同注入新的活力。也只有富有生命力的理论，才能真正说服人，获得认同。纵观世界上一些政党失去政权的历史教训，大都是因为它们自身的指导理论落后于时代发展，失去了合法性，从而被历史所淘汰。只有那些随着时代发展不断创新、努力寻求认同、具有先进性和广泛代表性的意识形态，才能为人民群众所信赖，从而获得合法性。当然，对社会主义国家来讲，理论创新并不是不讲原则，更不是否定马克思主义意识形态。而是说要在坚持中发展马克思主义，在发展中坚持马克思主义。我们应随着时代的发展和实践的要求不断地发展马克思主义意识形态，让其更好地发挥宣传、解释功能，为党和政府赢得坚实的合法性基础。

（3）制导社会心理，实现主流意识形态向社会心理的转换，是增强主流意识形态自身合法性的社会心理基础。急剧变化发展的社会导致社会心理千变万化，容易催生出与主流意识形态不相一致的政治心理和道德心理等，向主流意识形态的合法性提出了挑战。因此，主流意识形态必须面对社会心理领域，实现向社会心理的转换，从而保持合法性。第一，掌握社会舆情，引导社会心理。我们必须高度重视社会心理领域，对社会心理领域的发展动向及时了解、掌握，并针对不同性质、不同特点的社会舆情进行引导，发挥主流意识形态的主导作用。第二，根据社会发展需要，实现主流意识形态向社会心理的转化。在进行主流意识形态的宣传、教育时，要抛弃过去那种墨守成规的思维定式、居高临下的说教口吻、生硬呆板的叙述方式，必须根据社会发展和个体发展的需要，把主流意识形态理论转化为社会心理，如通过讲清主流意识形态理论的现实性、价值性，激发人们接受主流意识形态理论的热情和愿望；通过主流意识形态理论与其他意识形态理论的多角度、多侧面比较，帮助人们在反复辨别、评价中进行正确选择；通过有效地运用理论分析、解决问题的活动，使人们接受主流意识形态理论的科学性。总之，只有把抽象的主流意识形态理论转化为人们可以接受的情感、意志和行为，主流意识形态的宣传、教育才能真正有效，从而切实增强主流意识形态的吸引力和影响力，使主流意识形态的价值观深入人心。

第五章　实现传统文化现代转换

　　中国传统文化是中华民族的血脉和精神家园。中华民族经过几千年的生产实践创造出丰富而又灿烂的优秀传统文化，为世界文明进程做出了巨大贡献。近代以降，文明中国在社会发展上逐渐落后于西方的步伐；伴随着"西学东渐"、社会革新和改革开放，中国传统文化便开启了顺应全球化趋势、进行现代转换的艰难历程。进入21世纪，随着中国特色社会主义伟大事业不断推进，建设中国特色社会主义文化强国的任务提上日程，增强国家文化软实力更加迫切。党的十八大报告在论及"扎实推进社会主义文化强国建设"时明确提出要"建设优秀传统文化传承体系，弘扬中华优秀传统文化"[①]。2013年底，习近平同志在中共中央政治局第十二次集体学习中强调："提高国家文化软实力，要努力展示中华文化独特魅力。在5000多年文明发展进程中，中华民族创造了博大精深

　　[①]　胡锦涛：《坚定不移沿着中国特色社会主义道路前进为全面建成小康社会而奋斗——在中国共产党第十八次全国代表大会上的报告》，载《人民日报》2012年11月18日。

的灿烂文化，要使中华民族最基本的文化基因与当代文化相适应、与现代社会相协调"[①]。2014年2月24日，他在主持中共中央政治局第十三次集体学习时又郑重提出，"要认真汲取中华优秀传统文化的思想精华和道德精髓……要处理好继承和创造性发展的关系，重点做好创造性转化和创新性发展"[②]。创造性转化和创新性发展的实质就是实现中国传统文化的现代转换。中国传统文化现代转换就是要在全球化的视野下，根据时代特点，立足实践需要，对传统文化中仍有借鉴价值的优秀文化形式和内涵进行现代转换，并赋予其新的表达形式和时代内涵，激活其生命力，增强其感召力，扩大其影响力，构建出中国特色社会主义新文化。不忘本来才能开辟未来，善于继承才能更好创新。党的十八大以来，习近平同志从经济全球化和文化多元化、从实现中华民族伟大复兴和建设中国特色社会主义伟大事业的战略高度出发，在系列重要讲话中对中国传统文化的现代转换进行了深入系统地论阐，不仅形成了当代中国的社会主义文化观，而且提出了中国传统文化的创造性转化和创新性发展的迫切任务。这也就表明，中国传统文化的现代转换不仅是不可逆转的历史趋势，也是民族复兴、社会发展和国家富强的时代诉求。如此，在全球化趋势日益加强的时代背景下，中国传统文化现代转换何以可能？在转换中又面临着怎样的现实问题？其对策和解决路径又该如何？这些问题都是需要我们在全球化的视野中认真探赜和深入思索的。

第一节　中国传统文化现代转换的历史必然性和现实可能性

在五千多年文明发展进程中，我国各族人民在生活实践中共同铸造出源远流长、博大精深的中国传统文化，它是民族的文化基因和自我标识，是民族精神和灵魂的内在支撑。中华民族的伟大复兴，呼唤着中国传统文化现代转换。

---

① 习近平：《建设社会主义文化强国　着力提高国家文化软实力》，载《人民日报》2014年1月1日。

② 中共中央文献研究室：《习近平总书记重要讲话文章选编》，中央文献出版社、党建读物出版社2016年版，第120页。

一、中国传统文化现代转换的历史必然性

一个伟大民族延续、发展和振兴离不开自身的文化传统。激烈的反传统思潮、全盘西化的主张以及现代人精神贫困，都严重阻滞了社会发展和民族进步；"抛弃传统、丢掉根本，就等于割断了自己的精神命脉。"[①]历史的发展也召唤着中国传统文化进行现代转换。

1.激烈的反传统思潮产生的负面影响

从19世纪末20世纪初的维新派、革命派到"五四"健将们，他们的思想方法论在不同程度上具有单向直线式的进化论色彩，在很多时候表现为激烈的反传统。尤其在陈独秀、胡适那里，西方与中国、传统与现代两者之间，往往是非此即彼，只能择其一。郭湛波在20世纪30年代中期撰写的《近五十年中国思想史》中指出，当时的思想冲突，是工业资本社会思想与农业宗法封建思想的冲突。陈、胡等所做的主要工作是"一方面破坏中国农业社会旧有思想，一方面输入西洋工业资本社会之新思想"。"中国农业宗法封建社会思想的代表，就是孔子……自从工业资本社会思想来到中国，所以首先攻击这笼罩两千余年的孔子学说思想"[②]。

中国向现代的迈进经历了这一痛苦的反传统阶段，付出了高昂的代价。林毓生指出："五四"激烈的反传统是"全盘性的"或"总体论的"，"就我们所了解的社会和文化变迁而言，这种反崇拜偶像要求彻底摧毁过去一切的思想，在很多方面都是一种空前的历史现象"[③]。为什么会出现这种现象呢？一些学者认为，除了启蒙思想家无力在总体上拒斥中国传统的影响外，主要的思想原因是他们信仰进化论，执定中西、新旧的二元对峙和非此即彼的思维方式。

激烈的反传统，造成了中国的民族精神的危机和传统价值观念的严重缺失。"五四"新文化运动的矛头无疑是封建礼教和宗法观念，但是在批判封建

---

① 中共中央文献研究室：《习近平总书记重要讲话文章选编》，中央文献出版社、党建读物出版社2016年版，第119～120页。

② 郭湛波：《近五十年中国思想史》，山东人民出版社1997年版，第80、78页。

③ 林毓生：《中国意识的危机》，贵州人民出版社1988年版，第6页。

礼教和宗法观念的同时，个别人矫枉过正，把孔子乃至整个中国传统文化也当成了批判的对象。这在客观上冲击了中国传统文化，使其元气大伤。

2.全盘西化的主张造成了巨大冲击

实际上，文化与文化的进化是非常复杂的，各种文明发展的道路不可能都一样，且进化本身亦涵盖了反复与跳跃、离异与回归，不可能那么笔直。限于当时的境况，"五四"时期的许多思想家以西方近代文化的发展作为参照，以单线进化论的眼光和方法，以急躁、激进和功利的心态面对复杂多样的文化问题，把传统与现代、中国与西方绝对对立起来，以"落后—进步"的二分法，将东西之分视为古今之变，消解了中国文化与中国社会的特殊性，对本土诸文化精神资源在很多时候采取了激烈拒斥的立场，在这样的背景下，对中国传统文化就很难做冷静、细致的分疏和转化工作。受到新文化运动影响的冯友兰，晚年写《三松堂自序》的时候说："在五四运动时期，我对于东西文化问题，也感觉兴趣。后来逐渐认识到这不是一个东西的问题，而是一个古今的问题。一般人所说的东西之分，其实不过是古今之异，至于一般人所说的西洋文化，实际上是近代文化。所谓西化，应该说是近代化。"[1]古代之于近代，自然是落后的，理应遭淘汰的。但对于东方与西方问题，却是太过片面和绝对了。

以陈序经、胡适为代表的全盘西化派，不能担负起中国传统文化现代转换的使命，同样无视时代进步发展的文化保守主义者也不可能真正解决中国传统文化的现代转换问题。1935年1月，萨孟武、何炳松等十位教授在《文化建设月刊》发表了《中国本位文化建设宣言》，宣言站在文化保守主义的立场上，喊出了谈中国本位文化建设的口号，因而受到胡适和陈序经等人的激烈批判。胡适肯定自己是主张全盘西化论的，但他认为全盘西化是一种策略，通过全盘西化可以在中西文化之间实现一种折中。与胡适不同，陈序经不满意的恰恰就是这种折中的倾向。他要坚持的是彻底的全盘西化，因为过去和当今的中国，事事都落后，样样不如人，只有彻底的全盘西化，才能与西洋并驾齐驱。

---

① 冯友兰：《三松堂自序》，三联书店1984年版，第256页。

他认为，全盘西化是中国救亡的必由之路。与胡适有策略的全盘西化不同，陈氏彻底的全盘西化就是以西方社会为榜样，全面学习西方，精华糟粕兼收并蓄，彻底地否定中国传统文化。陈序经竭力提倡西方文化的个人主义，认为"救治目前中国的危亡，我们不得不要全盘西洋化。但是彻底的全盘西洋化，是要彻底的打破中国的传统思想的垄断而给个性以尽量发展其所能的机会。但是要尽量去发展个性的所能，以为改变文化的张本，则我们不得不提倡我们所觉得西洋近代文化的主力的：个人主义"①。不能否认，陈序经的出发点是想使中华民族走向复兴和强盛，企图为中国的救亡图存找到一条出路，但是这种理论否定了文化的民族性和历史承续性，因此，在本质上是难以实现的，客观上造成了民族精神与民族价值的严重缺失。

更严重的是，20世纪60～70年代的"文化大革命"把"五四"时期胡适、陈序经的极端思想和行为进一步推广扩大，用破"四旧"和砸烂一切"牛鬼蛇神"的极端手段，使儒学遭到空前的劫难。极"左"思潮导致了理论领域的混乱，非马克思主义，甚至是反马克思主义思想粉墨登场，这在"四人帮"控制和插手的许多领域，尤其是在"批林批孔"运动中表现得淋漓尽致。遗憾的是，十年浩劫的消极影响在"文化大革命"结束后，并没有得到完全清除，个别人在思想方法上依然很难摆脱"文化大革命"极"左"思想的影响。

有学者曾概括了中国文化转型的多重悖论和困惑。悖论之一：当代中国文化与传统文化一样，是以人文精神为核心的，但在这一文化中，恰恰又缺乏个人的地位。悖论之二：在当代中国文化的建设中，亟须发展科学技术方面的知识，但又必须从理论上遏制科学主义思潮的泛滥。悖论之三：当代中国文化在理论上是反实用主义的，但在实践上却顽强地表现出实用主义的倾向。悖论之四：当代中国文化从意识的层面上看，具有强烈的反传统的倾向，但从无意识的层面上看，又常常与传统认同，不自主地站在维护传统的立场上。这几点悖论不仅事实上存在着，而且也正是中国文化转型中的难点。中国现代化的完成在于人格的现代化，社会的进步有赖于人文因素的发育完善。然而，中国文

---

① 《走出东方——陈序经文化论著辑要》，中国广播电视出版社1995年版，第139页。

化在现实运行中确有重实用轻理论、重传统和权威轻创新和理性的现象，这些都是与中国社会的现代化发展不相适应。

3.现代社会的文化危机和价值缺失

在中国社会和人的现代化进程中，一个早已存在的症结已从一种文化隐患表现为成长中的痼疾，即现代社会异化造成了人的精神贫困。它的表现是多层次的，首先是人的文化素质整体偏低；继而表现为人的道德修养的匮乏。它在表层体现为人们文化生活的单一乏味和浅层次消费，在深层呈现出现代人精神支柱的缺失。人们在社会转型中缺乏科学稳定的世界观、人生观和价值观支撑，现实社会中的一些消极现象又容易使人淡化信念和信仰。在滚滚商潮中，青春期的浪漫情怀一次次幻灭，人的发展和人生目标日渐显得可有可无、若有若无……这一恶疾抑制了现代人人格的健康成长，导致了"糟践自己与潇洒贬值""玩迷信"既感到"累"又处处寻求"刺激"等一系列"世纪末"心态的出现。①同时，这一痼疾也构成前述的文化转型中若干悖论成立的深刻原因，正是人们信念的迷失、大众行为短期化，导致了人文精神的忽略，导致了实用主义以及功利主义的流行；并且也正是"当内在的权威发生深切危机的时候，有些人发生一种情绪的冲动，自己传统的崩溃使他内心很烦躁，常用并不能言之成理的办法来维护自己的传统"②。

通过考察现代中国文化的变迁过程，我们要在肯定文化现代化发展的积极方面、维护其正在生长着的新因素的同时，正视变革中的文化冲突，努力克服和减少其负面效应。在中国的土地上，中国传统文化在任何时候都不可能也不能被全盘否定，它永远是我们进行文化建设的资源。新文化的建立，当务之急是要强化文化主体的建设——现代人素质的全面提高和人文精神的充实振奋，要在发展每个人自身潜力的基础上促进人的个性的丰富和完善。美籍华裔文化学者林毓生教授说："人性最大的光辉是：我们有天生的道德资质，以及在思想上经由反省而能自我改进的理知能力。今后中国有识之士，必须以这两

① 参见吴明《世情百态——"世纪末"心态剖析》，中国人民大学出版社1993年版，第2页。
② 林毓生：《中国意识的危机》，贵州人民出版社1988年版，第366页。

种内在的资源为基础，从认清我们自己特殊而具体的重大问题出发，重建中国的人文。"①

中国传统文化有着无比深厚的底蕴，但在现代化大潮的拍击下亟须创新性，从中派生出能够有力推动社会进步的新时代人文精神。中国文化的转型与创新所面临的背景是多重的，诸如：经济变革中从计划体制向市场体制的转换，要求培育出具有市场意识、重视开拓创新和价值实现的人文精神；政治变革中从权威型结构、家庭型管理向民主化社会、科学化管理的转换，要求培育具有现代法治意识和平等观念的人文精神；社区结构转型中城市化以及城乡一体化时代的到来将消除长期存在的城乡二元界限，要求塑造新一代开放型、平民型、公民性的人文精神；社会结构转型中各种职业阶层的分化细化，助长了现代人追求自我价值实现的多元化途径，要求培育与之相应的互相尊重、相互协作的新人文精神。为此，我们急需根据现代化社会发展的需要，继往开来，创造出面向21世纪的全新文化形态，其中既包括由新型的人际关系、道德风尚、生活方式等构成的新的民风民俗，也包括要构筑能展现各地健康向上的精神风貌、文化情趣、艺术水准的文化设施和人文景观。

4.文化民族性和主体性的回归与坚守

一种文化区别于另一种文化的根本标识在于民族性和主体性。文化的民族性和主体性是文化软实力的根基，是民族延续、发展和强大的内在性根据和决定性前提。习近平同志在2013年11月考察山东时强调指出，"一个国家、一个民族的强盛，总是以文化兴盛为支撑的，中华民族伟大复兴需要以中华文化发展繁荣为条件"②。这需要我们重新审视文化激进主义与文化保守主义两者之间的论争，并在其中探索出一条适合中国传统文化现代转换的文化主张。"对待传统文化，既不能片面地讲厚古薄今，也不能片面地讲厚今薄古，更不能采

---

① 林毓生：《中国意识的危机》，贵州人民出版社1988年版，第424页。
② 习近平：《认真贯彻党的十八届三中全会精神　汇聚起全面深化改革的强大正能量》，载《人民日报》2013年11月29日。

取全盘接受或者全盘抛弃绝对主义态度。"①

季羡林先生曾感叹说:"从19世纪末叶以来,我们就走了西化的道路……从中国社会发展的需要来看,从全世界文化交流的规律来看,这都是不可避免的。近几百年以来,西方文化,也就是资本主义文化,垄断了世界。资本主义同一世界市场的形成,把世界上一切国家都或先或后地吸收过去。这影响表现在各个方面。不但在政治、经济方面到处都打上了西方的印记,在文学方面也形成了'世界文学',从文学创作的形式上统一了全世界。在科学、技术、哲学、艺术等等方面,莫不皆然。中国从前清末叶到现在,中间经历了许多惊涛骇浪,帝国统治、辛亥革命、洪宪窃国、军阀混战、国民党统治、抗日战争、解放战争,一直到中华人民共和国建立后的社会主义初级阶段,我们西化的程度日趋深入。到了今天,我们的衣、食、住、行,从头到脚,从里到外,试问哪一件能离开西方现代的东西? 我们中国固有的东西究竟还留下了多少? 我看,除了我们的一部分思想感情之外,我们在物质生活方面真可以说有相当多的成分是'西化'了。"②季羡林先生这一说法体现了一个文化保守主义者的忧虑。

与季先生相反,孙立平先生认为,民族主义往往会片面夸大本民族某些特质的优越性,并以这样的优越性来拒斥其他民族文化中的有益的东西,其结果会使这个民族的现代化走向歧途,甚至会走向现代化的反面。他进而呼吁中国进一步汇入世界主流文明,即西方文明。他认为:"选择这样的一种世界主流文明,并不仅仅是出于主观的偏好,尽管不可否认有这方面的因素,因为这种人类社会的主流文明代表了一种文明的一个更高的层次;更重要的是,在中国社会进一步发展的过程中,将会再次遇到主流文明行程中所曾经遇到过的那些问题……可以说,迄今为止,还没有另外一种文明能够为我们解决这些问题

① 中共中央宣传部:《习近平总书记系列重要讲话读本》,学习出版社、人民出版社2016年版,第202页。
② 季羡林:《从宏观上看中国文化》,载《中华书局成立八十周年纪念论文集》,中华书局1992年版,第2页。

提供更为成功的系统经验和制度框架。"①孙立平的上述言论代表了一个文化激进主义者的思想主旨。

文化激进主义与文化保守主义是贯穿中国近代历史的两大思潮。两种文化观点截然相反。纵观近代以来的中国历史可以发现，三种情境孕育了文化激进主义与保守主义。其一，来自外部的挑战，主要是来自西方强国的侵略、打压、遏制和示范压力。其二，国内的危机，包括政治、经济、社会和文化危机，如社会失序、道德沦丧、腐败、不平等和贫困等等。其三，对外部世界缺陷的发现，如对资本主义的弊端和激进改革的弊端的认识和宣扬。

文化激进主义者认为，中西文化的差异是时代的差异，西方文化是"先进"的，中国文化是"落后"的，为了解决危机，赢得民族的生存与发展，必须抛弃传统，"全盘西化"。对于西方的弊端，他们要么视而不见，要么认为可以等到将来再说，先发展，再纠偏，现在则不必考虑。

文化保守主义者则认为，中西文化的差异是地域和历史的差异，二者无所谓优劣，都有其存在的价值。文化发展具有连续性，不可能被割断，也不应该被割断，因此，必须在变革与继承之间寻求一种平衡，在革新的过程中保持那种使本民族成其为本民族的东西。

毫无疑问，文化民族主义属于保守主义范畴。但是，文化民族主义不是抱残守缺、故步自封、夜郎自大的同义语。特别是在21世纪的今天，在一个全球化的时代，文化民族主义所倡导的是一种积极的或开明的保守主义。这种保守主义所关注的恰恰就是如何实现社会变迁。只不过它主张保持社会的连续性，以求得渐进的、稳健的变革。它不反对变革，但反对中断历史的激进变革。在文化上，它要求把改造与继承结合起来，在改造的同时保持民族精神，以使经历巨变的文化仍然保持固有的灵魂。对文化传统的尊重，并不意味着对旧政体的维护，"谁也没有声称中国应该继承秦汉之制"。对文化传统的继承，并不意味着要固守一切旧教条，而是要有所批判，有所取舍。否定"全盘西

---

① 孙立平：《汇入世界主流文明》，载《知识分子立场——民族主义与转型期中国的命运》，时代文艺出版社2000年版，第379～380页。

化"，并不意味着拒绝一切外来的文化，而是要在吸收的同时保持民族的真精神。例如，康有为之所以戮力发展儒学、倡导孔教，不是为了排外和守旧，而是为了传播西学、托古改制、抵制洋教。对于他来说，儒教仅仅是宗教，而不是社会生活和政治制度的蓝图。他要求根据时代的变化重新解释儒家教义。他强调："孔子尚虑后世之泥于一端，而不能尽于事变，故曰'书不尽言，言不尽意'；又曰'观其会通以行其典礼'、'穷则变，变则通'，故为运世之道。"[①]

需要指出的是，与民族主义一样，文化民族主义并没有固定的政治性格。它可以与任何一种现代意识形态和政治体制结合，如自由主义、社会主义、集权主义、专制主义、保守主义、军国主义、法西斯主义等等。儒家文化过去支持过专制主义，保守主义者也曾高举过儒家文化的旗帜，但是我们并不能因此推导出当代的儒家文化的推崇者都是专制主义者，都在为专制主义鸣锣开道。因此，如果非要给文化民族主义加以政治的趋向，说文化民族主义必然支持政治专制主义，这是缺乏根据的，是片面的。

文化民族主义者之所以坚守中国传统文化这一阵地，不仅仅是出于民族感情和文化自信，更重要的是，出于对现代性本身的理性认知、对本民族文化现代化的建设性思考。张汝伦指出："中国现代的民族认同，就是在中西文化交流碰撞这个大背景下，中国人维护自己的个性，给自己和自己的前途定位……文化民族主义者在构建民族性或民族精神时，实际上既要确定民族性格，又要确定国家理想……文化民族主义也就不仅仅有一种抵抗强势文化挤压的心理功能，而更有其深层存在理由——为民族的发展方向和生活原则提供合法性依据。"[②]针对西方现代性存在的种种弊病，文化民族主义者以诠释传统的方式提出了自己的批判。对西方文化越了解，这种批判就越自觉，越深刻。但是，批判现代性不等于拒绝现代性，不等于要回到过去，而是要探索一个更符合人性发展规律的未来。"在这种历史经验中形成的人类良知、价值判断和理想，与产生它们的社会条件不是一回事。后者有其时间性或时代性，而前者

---

① 《康有为政论集》，中华书局1981年版，第736页。

② 张汝伦：《现代中国思想研究》，上海人民出版社2001年版，第180页。

却完全可以超越产生它们的时代。""我们当然也有理由问，为什么人类的一些永久理想不能用来批判现代性，尽管它们可能产生于现代前？"①

其实，激进主义和保守主义都有存在的价值。没有激进主义，就无法冲破积淀已久的巨大历史惰性；没有保守主义，在这个西方主宰的世界上，就无法保持一个东方民族的灵魂。事实上，文化激进主义者和文化保守主义者的忧虑都是多余的。在开放的时代，文化是不可能一成不变的，而具有五千年历史的文化也不可能被彻底毁灭。文化不是一件可以随意丢弃的衣服，更何况中国文化还有许多值得坚守的东西。我们完全可以既要现代化，又要中国化。但实现的方式不是你死我活、非此即彼，不是消灭这两种流派中的某一个，而是相互融合，互相促进，共同发展，维持一种健康的平衡，最终达于"中西合璧"的和谐境界。

二、中国传统文化现代转换的现实可能性

以往，不少学者以阻滞还是促进中国现代化作为评估中国传统文化价值的根本尺度，这固然有其合理性，但仍有失片面。今天，站在21世纪的时代高度，我们理应以历史与现实、当今与未来、中国与世界的宽广视野来审视和评估中国传统文化的价值。习近平同志在十八届中央政治局第十三次集体学习时指出："博大精深的中华优秀传统文化是我们在世界文化激荡中站稳脚跟的根基。中华文化源远流长，积淀着中华民族最深层的精神追求，代表着中华民族独特的精神标识，为中华民族生生不息、发展壮大提供了丰厚滋养。"②笔者在吸纳已有的中国传统文化研究成果的基础上，试图从"四维时空"的视阈来衡定中国传统文化作为一种文化精神的恒久价值。即：着眼于人类发展的共性，观照中国传统文化的普世价值；着眼于中国传统文化发生演化的特定语境，观照中国传统文化的历史价值；着眼于现代化的需求，观照中国传统文化

---

① 张汝伦：《现代中国思想研究》，上海人民出版社2001年版，第179页。

② 中共中央文献研究室：《习近平总书记重要讲话文章选编》，中央文献出版社、党建读物出版社2016年版，第120页。

的现代价值；着眼于后现代社会的发展趋向，观照中国传统文化的后现代价值。需要说明的是，所谓中国传统文化的恒久价值，只是相对的分梳，实际上它们之间有些是交叉重叠的，有些是相互排斥对立的。

1.中国传统文化能够实现现代转换的原由

中国传统文化之所以能够实现现代转换，主要是由它所具有的以下四个方面的特点决定的：

第一，超时代性。任何真正意义上的人类思想文化体系，都具有时代性和超时代性。思想文化中的超时代性，根源于人类面临的生存环境和生存方式的共同性，根源于人类对超越自然、实现人性的共性追求。它是人类道德价值的底线，是人类生活的共同准则。中国传统文化作为世界上一种源远流长、博大精深的思想文化体系，蕴涵有不少超时代性内容。比如，中国传统文化所倡导的"己所不欲，勿施于人""己欲立而立人，己欲达而达人"等道德律令，仁、义、礼、智、信，忠、孝、宽、勇、和等道德范畴，均兼有时代性和超时代性双重属性。对我们来说，剔除这些文化形式中的与当代社会发展不相适应的具体历史内涵，保留其超越时空的思想形式，并赋予当代生活和实践的内涵，是当前文化建设的重要任务。正是基于此，著名哲学家冯友兰先生提出了"抽象继承法"。

第二，开放性。开放性是中国传统文化能够发展到今天，并在现代社会发生作用的一个基本前提。但传统文化或儒学的开放性还有它特定的意义，那就是主张每一个体对于他所生活于其中的社会、国家的开放性，强调个人对社会、国家具有参与的职责。中国文化所讲的参与，重在参与的过程，而不是结果。在这一思想情感的熏陶支配下，人们往往能够勇于面对过程中的艰难困苦，孜孜不倦地努力工作，这可以说是推进中国现代化的重要文化动力。

在科学已经成为群体和社会取向的氛围下，在群体的要求下接受和追求科学也就成为了约束自己行为的道德自律的真实内容。修身养性的自我品格锻炼可以转化为树立、培养和坚守对科学文明的向往和信念。在某种意义上，当代中国对科学的热情前所未有的高涨，在一定程度上折射出了伦理在促成和助长这一趋势过程中的积极作用。而且，中国传统文化主张求变，如《周易》

讲："穷则变，变则通，通则久。"可以说中国文化的现代价值最突出的一点就是：它大张旗鼓地宣扬通过变革以求发展的精神。可以说，在当今中国改革开放的现代化实践中，变革与发展的互动表现得最为突出。

就人生价值来说，传统文化突出地强调了人的精神需求的重要性，而当"鱼"（生命）和"熊掌"（道义）不可得兼时，舍生取义便成为了人的自觉选择。如此的"正气"塑造出了坚韧不拔的民族精神，维系着绵延不绝的文化传统。但传统文化并非不重视物质生命的价值。以物质生命承传为基础的孝道思想，使承载于生命的道德意识和自然知识的传播推广受到重视，不论是为功名、为财富、为声望，它都鼓励人的积极努力。尽管这个"为"的有意识追求本身在宋明以后变成了"人欲"，但作为一种内在的动力机制，它实际上支配着人的日常生活实践和价值追求。正因为如此，德国思想家马克斯·韦伯认为儒学与现代化无缘的绝对化的观点是不能成立的。

中国传统文化的核心范畴和中国人追求的终极价值理想就是"闻道"。孔子说："朝闻道，夕死可矣。"（《论语·里仁》）而儒、道诸家共同尊奉的经典《周易》提出的"一阴一阳之谓道"的思想则最为全面深刻地反映了中国传统文化的精华所在。它既是传统的，迄今已有几千年的历史；同时又是现代的，甚至与后现代文化也可以相容。一阴一阳和合而成"道"，是"和而不同"思维传统的产物。无论是阴是阳，任何一性自身都不是完善的，而不完善就需要向完善化方向发展，就需要异性的补充，就需要外来之性与自性的亲和与转化。这一点可以说是中国传统文化为中西互补提供的最为重要的理论依据。

就流行的以天人分合模式来看待中西文化及其价值的观点来说，中国文化既非典型的天人二分，也不是简单的天人合一，而是有合有分，分合互补。天人合一缘起于人与自然的原始亲和关系，道家的天人合一是建立在自然无为基础上的人与自然关系的和谐，儒家的天人合一则主要是作为道德理想和精神境界发生作用，是儒家学者以伦理为本位建构自己的世界图景的产物。认识人与自然的差别并进行合理的调节，考虑和尊重人的价值，并使人的作用得到最充分的发挥，是天人有分思想最为重要的特点。正因为中国哲学是"合一"与"有分"的统一，所以它并不缺乏作为哲学基础的主体性的观念。相信人本身的力量，相信主体能够把握客体，既是天人关系思辨的最合理内容，也为今天中国的现代化所必需。

第三，现代性。现代化是当今中国的主题，发展是当今世界的潮流。以现代化为参照系来评价和探求中国传统文化的现代价值，这是中国传统文化研究的核心课题之一。对中国传统文化进行全面观照，我们会发现，中国传统文化与现代化既有同构契合性，也有异质冲突性。就契合性而言，中国传统文化刚健有为、自强不息的进取精神，可以成为现代化的内在动力；诚信为本的价值观念，可以与市场经济信誉至上的伦理要求相融相通；敬业尽职、"宁俭勿奢"的自律意识，可以成为经济发展的加速器；"推己及人""礼尚往来"的道德规范，可以与商品互利交换原则挂钩对接，如此等等。就冲突性而言，中国传统文化"重道轻器"的伦理中心主义，表现出对科学技术的忽略；"重农轻商""崇本抑末"的治国主张，暴露出对工商业重要性的漠视；"内圣外王"的人治模式，与现代法治精神相悖离；尊卑有序的等级观念，与现代的平等原则相冲突。凡此种种，都是阻碍现代化的精神因素。通过现代性的参照，我们也就找到了传统文化转换的取舍标尺。

第四，后现代性。20 世纪之后，在西方发生的一系列政治、经济、军事危机已经昭示着西方文化的危机。西方启蒙思潮所鼓吹的人类中心主义、个人本位主义、物质主义，使人与自然、人与群体之间关系紧张，物质与精神相分裂，价值理性为工具理性所淹没。由是，在后工业社会的新的历史语境中，后现代主义应运而生，福柯、德里达、利奥塔等著名思想家对于由启蒙思潮嬗变而来的现代性进行了深刻的反思和批判。而这种对于现代性的反思和批判，恰恰在思想内涵、理论形态等方面表现出与中国传统文化在某种程度上奇妙的暗合和惊人的近似。正是基于现代西方社会的种种危机和后现代社会发展的要求，西方人才发出这样的世纪宣言："人类要在 21 世纪生存下去，必须回首 2500 多年前，去汲取孔子的智慧。"而在中国，原本在西方相继问世的"前现代""现代"与"后现代"却被挤压在同一时空，前现代、现代、后现代思想同时交织存在。科学地整合传统文化、现代性思想和后现代主义，应当成为当代中国文化建设的基本内容。由此，中国人也和西方人一样，需要到中国传统文化那里去寻找后现代主义的精神养料。如中国传统文化敬畏天命的"天人合一"思想、克己爱人的社群观念、仁为己任的责任意识、"以理制欲"的人生旨趣等等，虽属"前现代"文化，具有顺从自然、群体本位、压抑个性等理论缺失和历史局限，但经过创造性转换，却可以融入后现代主义，弥补现代性之不足。至于中国传统文化"天下为公"的大同理想、"协和万邦"的世界观念、"民胞物与"的博爱情怀，则更是人类对未来理想社会境界和崇高精神境界的一种憧憬。

在全球化时代，人们越来越倾向于承认人类面临着一种以往任何时代都无法比拟的"生存风险"（有人干脆称现代社会为"风险社会"）。因此，人类的"共生"从来没有显得如此重要，也从来没有像现在这样需要对"共生"作出富有创新性的安排。

究竟发生了什么事令我们如此忧虑不安？只要稍微回顾一下20世纪出现的各种危机、灾难和留下的后果，我们就不会再对人类未来将要遇到强大的生存风险有所怀疑。就目前甚至今后相当长的时间而言，人类所赖以生存的自然环境，恰恰是由于人类自身的行为而被破坏到了严重威胁到人类生存的程度；在"种族主义""民族主义"等各种旗号之下发生的冲突乃至战争，使无数的人失去了"生存权"；由于"全球化"所引致的"命运共同体"，使人类在最大限度地"共享"资源的同时，也增加了"全球风险"效应，等等。这些也从另一方面给我们敲响了警钟。

正如莎士比亚在《哈姆雷特》中所说："是生存还是毁灭，这是我们必须思考的问题。""共生"，简单地说就是"共同生存"，它强调人类的和谐、合作和兼容，但又不排斥多样性和差异性。和谐本身是在多种异质因素并存的前提之下所达到的兼容和融洽秩序。"共生"还有互助、互动和广泛意义上的合作等特性。可以这样说，"共生"是在人类所依托的自然能够持续承受之下人类通过多样性方式达到和谐生存或存在的一种状态。在此，我们假定了自然对人类生存具有持续承载性的前提。但人类得以生存的自然基础绝不是既定不变和永远都是现成可用的。人类的"共生"，首先要以"人与自然"的共生为前提。因此，我们不能再对自然采取霸权行为，我们必须谦逊地对待自然，也要对自然承担责任和义务。

中国儒学特别强调"万物一体""万物和谐""天人合一"等"共生"思想。按照这种思想，宇宙间的一切事物，有形的、无形的，有机的、无机的，有生命的、无生命的，都具有共同的本源，并密不可分地联结在一起。这种思想被称为"整体主义"或"自然有机主义"。与此相连的"天人合一"思想，特别强调了自然与人的相通、相类和统一。人以智慧、思维和道德把自己从自然中突出出来，但人仍然是自然的一部分，人与自然是统一的，人不能离开自然，犹如人离不开空气那样。既然"万物"是"一体"的，是相互关联和相互依存的；既然人与自然是相通的，人不能离开自然，只能在自然中生存，那么，万物、天人就是一种"共生""共存"的关系。在儒学看来，"万物一体"不仅意味着人与人的"一体"，而且意味着人与物、人与自然的"一体"。由此出发，人对人不仅要善处、善待，共生共存；人对于万物和自然，也要善待、善处，共生共存。特别是对于处在生态和环境危机中的现代社会来说，儒学"万物一体""天人合一"的"共生"思想，无疑是一剂有效的良方。

2.中国传统文化可以实现现代转换的内容

中国传统文化是中华民族历经千年沧桑和不辍实践积淀下来的思想精华和精神追求，是中华民族得以永续生存和绵延发展的文化沃土，是建设中国特色社会主义伟大事业丰厚的思想资源和强大的精神力量。"2000多年前，中国就出现了诸子百家的盛况，老子、孔子、墨子等思想家上究天文、下穷地理，广泛探讨人与人、人与社会、人与自然关系的真谛，提出了博大精深的思想体系。他们提出的很多理念，如孝悌忠信、礼义廉耻、仁者爱人、与人为善、天人合一、道法自然、自强不息等，至今仍然深深影响着中国人的生活。中国人看待世界、看待社会、看待人生，有自己独特的价值体系。"[1]中国传统文化的核心就在于深深蕴藏在其中的内在精神和价值体系。我们把这些精神在形式载体和思想内容上都具有积极借鉴意义的部分概括为如下几个方面：

第一，自强不息的奋斗精神。世界上每一个民族都有其赖以生存和发展

---

[1]　习近平：《习近平在比利时欧洲学院的演讲》，载《人民日报》2014年4月2日。

的民族精神，它在一定程度上作为一种内驱力推动了这个民族的发展，维系了这个民族的存在。一个民族如果没有了基本精神，这个民族也就要临近灭亡了。那么，我们的民族精神是什么？张岱年先生最早用"自强不息"来概括中华民族的优良传统和民族精神。《周易·象传上》曰："天行健，君子以自强不息。"意谓天道刚健，君子效法天道，以顽强的奋斗精神来实现自己不息的宏愿。这种不靠天不靠地只靠自己努力奋斗的精神，在《墨经》中也有所体现。墨子尚力，认为"强必治，不强必乱；强必饱，不强必饥"，"强必富，不强必贫；强必暖，不强必寒"。《墨子·非命》提出："赖其力则生，不赖其力则不生。"《淮南子》也说："墨子服役者百八十人，皆可使赴火蹈刃，死不还踵。"孔子为了实现自己的政治主张，孜孜不倦，颠沛一生，乃至发愤忘食，乐以忘忧，也是这种自强不息精神的显现。

第二，厚德载物的仁爱精神。自强不息是强调我们民族精神中的阳刚一面，厚德载物则是强调我们民族精神中的博大的仁爱宽容精神。"仁"是儒家伦理思想的核心。"仁"的本义是把人当作人，所以，樊迟问"仁"时，孔子回答说："爱人"。《中庸》云："仁者，人也。"孟子亦云："仁也者，人也。"朱熹对"仁"的解释最为精当，他说："仁也者，人之所以为人之理也。"因此，用"仁"来规定人，把"仁"视为人之为人的根本，乃儒者之通见。儒家认为，一个人要想做到"仁"，就应当有宽厚爱人之心。《周易·象传上》云："地势坤，君子厚德载物。"意谓地的运行是极其柔顺的，君子效法地势，就应当以宽厚之德爱人利物。张载说："民吾同胞，物吾与也。"也是要求人们以厚德载物的博大胸襟，视人类为胞，以万物为朋友，"尊高年，所以长其长；慈孤弱，所以幼其幼"[①]。张岱年先生把《周易·象传》中提出的"天行健，君子以自强不息。地势坤，君子以厚德载物"合起来，统称为中华民族的根本精神。"自强不息"倡导的是一种阳刚向上的奋斗和拼搏精神，厚德载物则提倡一种阴柔宽容、兼收并蓄、恢宏宽厚的精神，二者刚柔相济，阴阳互补，由此形成我们的中华民族精神。

① 张载:《西铭》。

第三，爱国爱民的集体主义精神。在中国传统文化的视野中，国、家和个人是紧密联系在一起的一个整体，其利益具有一致性。孟子讲："人有恒言，皆曰：'天下国家。'天下之本在国，国之本在家，家之本在身。"①《大学》中提及"八条目"：格物、致知、诚意、正心、修身、齐家、治国、平天下。其云："大学之道，在明明德，在亲民，在止于至善。""古之欲明明德于天下者，先治其国；欲治其国者，先齐其家；欲齐其家者，先修其身；欲修其身者，先正其心；欲正其心者，先诚其意；欲诚其意者，先致其知；致知在格物。物格而后知至，知至而后意诚，意诚而后心正；心正而后身修，身修而后家齐，家齐而后国治，国治而后天下平。"从这里，我们不仅可以看到格物、致知、诚意、正心、修身、齐家是国治天下平的前提条件，而且，还可以看到国治天下平是正心、修身的目的和归宿。因此，二者相互联系，密不可分，故孟子云："君子之守，修其身而天下平。"②由此我们可以看到，在儒家文化中凸显着一种身、家、国、天下一体的整体意识，体现出一种为实现治国平天下的伟大理想而不惜牺牲身家的集体主义精神。汉儒董仲舒有一句名言，叫作："国而忘家，公而忘私。"宋儒范仲淹曾说："先天下之忧而忧，后天下之乐而乐。"清儒顾炎武曾言："天下兴亡，匹夫有责。"凡此等等，都是中国传统文化中爱国忧民的集体主义精神的显现。宋明理学家"严义利之辨"，倡导"存天理，灭人欲"，但是，若透过其为封建统治辩护的外壳，我们仍可发现其中"与众同利"（二程语）、"公天下之利"（张载语）所体现的注重国家和民族利益的集体主义精神。这种为天下、国家之义理、公利而不惜牺牲个人私欲、小利的思想，如果剔除了其为封建统治阶级辩护的外壳，即便是在我们建设社会主义市场经济的今天，也依然闪烁着集体主义的光辉。

第四，明道正义的治功途径。有一种流行的看法认为，儒家文化在道德评价问题上具有重义轻利的思想倾向，并且正是这一点阻遏了中国社会的发展。这实在是一个莫大的误会。实际上，儒家文化不但讲利，而且是在更高的

---

① 《孟子·离娄上》。

② 《孟子·尽心下》。

层次上即义利统一的高度上讲利，它要求社会的全面发展，而不像西方传统文化那样使社会经济走上畸形发展的道路。

儒家思想的实质和核心是治国平天下的社会实践。《大学》讲"三纲领""八条目"，其最终落脚点就是"治国""平天下"。有人说，儒家所言治国、平天下主要以仁义礼智为基本内容，而很少包含物质利益的内容，这是缺乏根据的。《论语·子路》载："子适卫，冉有仆。子曰：'庶矣哉！'冉有曰：'既庶，矣，又何加焉？'曰：'富之。'曰：'既富矣，又何加焉？'曰：'教之。'"从"庶矣"到"富之"，再到"教之"的基本思路表明，孔子的仁义礼智，是以物质文明为前提条件的。因此，孔子治国不仅注重仁义礼智等精神文明方面的内容，而且尤为关注"庶矣""富之"的物质文明方面的内容，主张"因民之所利而利之"①。以治国平天下的社会实践为思想核心与归宿的儒家文化，如果摒弃了物质利益，无论如何是讲不通的。

但是，孔子的确说过"义以为质"②、"君子喻于义，小人喻于利""放于利而行，多怨"③一类的话，孟子也说过："王何必曰利，亦有仁义而已矣！"④"大人者，言不必信，行不必果，惟义所在。"⑤对此又当如何解释呢？我们认为，在儒家两千多年思想的发展中，孔子、孟子、朱熹等人的确说过"重义"的话，但对这些话我们要做具体分析，要注意他们讲话的背景，更要注意从整体上把握他们的本义，决不可断章取义。细察他们有关义利关系的各种言论，凡是他们轻"利"的时候，这个"利"都是个人私利，而对于国家、群体之公利，他们不但不轻，反而予以褒扬。因此，如果说儒家贵义则可，但要讲到轻利则须区别对待，或者说为儒家所轻贱的从来都是一己之私利，他们从来就没有反对社会和群体的物质利益。

① 《论语·尧曰》。
② 《论语·卫灵公》。
③ 《论语·里仁》。
④ 《孟子·梁惠王》。
⑤ 《孟子·离娄》。

　　孔子固然主张"义以为上"①，但孔子赋予"义"的实质则是"因民之所利而利之"。孔子评价子产，说他"其养民也惠，其使民也义"②，这里"惠""义"对举，而且，二者同为子产的四种美德（恭、敬、惠、义），表明"惠民""养民"都是孔子所倡导的，也就是说，孔子并不排斥物质利益。不仅如此，孔子甚至还说："义以生利，利以平民。"③表明他看到了义、利之间的统一关系。

　　孟子见梁惠王曰："王何必曰利，亦有仁义而已矣！"论者据此认为孟子只言义，不言利，实大谬也。孟子要求梁王不讲利，只是不"讲"，但并非真的不"求"利，正如他自己所说，若国王皆曰"何以利吾国"，大夫皆曰"何以利吾家"，士庶人皆曰"何以利吾身"，如此就会出现"上下交征利而国危矣"的局面。因此，孟子认为，对梁国而言，应当先义而后利，"苟为后义而先利"，则会出现"不夺不厌"的混乱局面，基于此，孟子告诫梁王："未有仁而遗其亲者也，未有义而后其君者也。"由此可见，仁义之中不是自有其利吗？为什么非要把"利"挂在嘴边上不可呢？因此，孟子最后的结论是"王亦曰仁义而已矣，何必曰利？"

　　荀子也不排斥"利"，他说："义与利者，人之所以两有者，虽尧舜不能去民之欲利。"④但是，荀子主张"利"应受到"义"的调节和控制，即所谓以义制利、以义胜利，反对以利克义，他说："能使欲利不克其好义也。……故义胜利为治世，利克义者为乱世。"⑤"国者巨用之则大，小用之则小。巨用之者，先义而后利；小用之者，先利而后义。"⑥可见，荀子认为义、利乃是对立统一的两个方面，人不能随意去掉任何一方，正确的态度应当是以义制利、先义后利。因此，荀子事实上也看到了义与利的统一关系。

① 《论语·阳货》。
② 《论语·公冶长》。
③ 《左传·成公二年》。
④ 《荀子·大略》。
⑤ 《荀子·大略》。
⑥ 《荀子·王霸》。

　　董仲舒也尤为注重义与利的统一。论者多据董氏《春秋繁露·身之养莫重于义》认为董氏尚义而轻利，因为他在此文中说"义之生养人，大于利"，"夫人有义者，虽贫能自乐也；而大无义者，虽富莫能自存。吾以此实义之养生人大于利而厚于财也"。但是，应注意的是，此处所言之利是指用以"养其体"的私利。因此董子所轻之利，实私利也。至于"为天下兴利"之公利，董颇为注重，并认为这一意义上的利与义是完全统一的。他说："天常以爱利为意，以养长为事，春秋冬夏皆其用也。王者亦常以爱利天下为意，以安乐一世为事，好恶喜怒而备用也……人主出此四者义则世治，不义则世乱。"[①]董子认为，圣人君子"爱利天下"则谓之义；否则，谓之不义。因此，"义"与"利"在董子那里绝非是一对立排斥的范畴。

　　值得注意的是，即便是谈到"私利"与"义"的关系，董子也从未把他们全然对立起来。他说："天之生人也，使人生义与利。利以养其体，义以养其心。心不得义不能乐，体不得利不能安。义者心之养也，利者体之养也。体莫贵于心，故养莫重于义。义之养生人，大于利。"[②]虽然董子认为"心"之养重于"利"之养，但正如"心"与"体"紧密统一、不可分开一样，义之与利亦然。

　　还有论者多以董子"正其谊不谋其利，明其道不计其功"之语而认定董子贵义而轻利。但此语出自《汉书·董仲舒传》，而见诸《春秋繁露·对胶西王越大夫不得为仁》的记载则为"正其道不谋其利，修其理不急其功"，此处"不急其功"与"不计其功"语意轻重相去甚远。这一点张岱年先生早有明言："《春秋繁露》所载，乃董子原语，而《汉书》所记，乃经班固修润者。惟'不谋其利'一语，乃二书所同，此利乃指私利。"[③]正是在这一意义上，张先生认为，董子所轻之利，乃私利也。为天下兴利，乃公利也，公利也就是义，也就是"心之养"。

---

① 《春秋繁露·王道通三》。
② 《春秋繁露·身之养莫重于义》。
③ 《张岱年全集》，河北人民出版社1996年版，第422页。

晋人傅玄也强调道德仁义与利益关系的统一。他说："昔者圣人之崇仁也，将以兴天下之利也。利或不兴，须仁以济。天下有不得其所，若己推而委之于沟壑。"又说："仁人在位，常为天下所归者，无他也，善为天下兴利而已矣。"①可见，在傅子那里，利是道德评价的根本。也有人根据傅玄所讲的"丈夫重义如泰山，轻利如鸿毛，可谓仁义也"，断言傅子重义轻利。但事实上，傅玄此处所轻之利乃私利也，其思想主旨仍是要求人们以兴天下之利为务。

张载提出"义，公天下之利"②，以义规定利，把公利视为义，坚持了儒家的一贯立场和基本精神。程颐论义利虽有轻重之偏颇，但从根本上看，他并不排斥利。他认为利有两种，一种是与义相合的利，一种是与义相背的利。他说："夫利和义者善也；其害义者，不善也。"③所谓和义之利，亦即天下之公利，所以他又说："苟公其心，不失其正理，则与众同利。"④

南宋哲学家叶适虽然兼重义利，但他以利论义，似有夸大利的地位和作用的偏颇。他在分析董仲舒《春秋繁露》中的两句话时说："正谊不谋利，明道不计功，初看极好，细看全疏阔。古人以利与人，而不自居其功，故道义光明。既无功利，则道义乃无用之虚语耳。"⑤意谓道义寓于功利之中，离开功利便无道义。

把义利关系讲得最好的，应算清代的颜元。他说："以义为利，圣贤平正道理也。……利者，义之和也……义中之利，君子所贵也。后儒乃云正其谊不谋其利，过矣……予尝矫其偏，改云：正其谊以谋其利，明其道而计其功。"⑥在他看来，义与利的关系可以概括为两个方面：一方面义中自有其利，这是把利归结为义；另一方面，正谊是为了谋利，明道是为了计功，这

① 《傅子》。
② 《正蒙·大易》。
③ 《语录》一九。
④ 《程氏易传·益卦》。
⑤ 《习学记言》。
⑥ 《四书正误》。

是让义落脚于利。为了进一步说明这一关系，他又说："世有耕种而不谋收获者乎？世有荷网持钩而不计得鱼者乎？抑将恭而不忘其不侮，宽而不计其得众乎？这不谋不计两个字，便是老无释空之根……盖正谊便谋利，明道便计功，是欲速，是助长；全不谋利计功，是空寂，是腐儒。"[①]可见，颜元较为系统地阐述了道德与经济的关系，很好地解决了中国传统伦理思想中的道德评价问题。

综上所述，我们认为，"义利双行"（陈亮语）是儒家的一贯主张，重利轻义不符合儒家思想本意。由此可见，中国文化是一种义利双行的文化，它把"利"置于"义"的调节控制之下，用"义"来规范"利"，既讲"博施于民而能济众"（孔子语），"制民之产"（孟子语），又讲"以仁安人，以义正我"（董仲舒语），要求物质文明与精神文明的协调发展。因此，我们认为，中国文化是在更高层次上对社会经济发展的观照，是架通物质文明与精神文明、市场经济与道德进步的桥梁。正是在此意义上，我们说，以"义利双行"为基本特征的中国文化为市场经济条件下社会主义新道德的建构，提供了丰厚的文化土壤，它是社会主义新道德的形式和载体。

第五，信以待人的处世原则。《易经》被看作是中国文化的源头。班固著《汉书·艺文志》，把《易经》置于六经之首，称《易经》为大道之原，而"信"是《易经》基本精神之一。《易经》六十四卦中有十几处讲到"信"（孚），由此可以窥见《易经》作者对"信"之为德的高度重视。尤有可言者，《易经》中还有论"信"的专卦——《中孚》。何谓中孚？《释文》曰："中，本亦作忠。"《尔雅·释诂》曰："孚，信也。"因此，中孚即忠信之谓也。《中孚》之卦辞云："中孚，豚鱼吉。利涉大川，利贞。"王引之《经义述闻》在解释这句话时说："豚鱼，士庶人之礼也，然苟有忠信之德，则人感其诚而神降其福。"《萃·六二》《升·九五》皆云："孚乃利用禴。"意谓只要内心信诚，就可以薄礼祭天。《既济·九五》云："东邻杀牛，不如西邻之禴祭，实受其福。"意谓商部落杀牛祭天，还不如周部落以薄礼祭天能祈得上天的福祉。这其中的

---

① 《言行录》。

原因和奥妙就在于"祭祀之盛，莫盛修德"，也就是说精神上的信诚和内心的仁德是周部落比商部落更能祈得上天福祉的根本原因所在。

有鉴于"信"之于人的重要意义，孔子说："人而无信，不知其可也。大车无輗，小车无軏，其何以行之哉？"①意谓做人而不讲信用，不知道那怎么可以呢？就好像牛车没有了套牛的器具，马车没有了套马的器具，又如何能行走呢？晋人傅玄更明确地警示人们："以信待人，不信思信。不信待人，信思不信。"从此出发，他要求君主应当"以信训其臣"，因为假若"君不以信御臣"，那么，臣也就"不信以奉君"，如是则势必造成"君臣相疑于朝""祸莫大焉"的局面。②中国文化所倡导的这种言而有信、以信待人的传统，在我们发展社会主义市场经济和建设社会主义新文化的今天，无论从内容上看，还是从形式上看，都具有积极的意义。

第六，推己及人的忠恕之道。"忠恕"是孔子思想中"一以贯之"的核心，也是儒家达"仁"的基本方法。所谓"忠"，就是"己欲立而立人，己欲达而达人"。所谓"恕"，就是"己所不欲，勿施于人"。简言之，"忠恕"就是一种推己及人的达仁方法，它要求人们应当以己之心度人之心。自己喜欢什么，同时就应想到别人也会喜欢什么；自己不喜欢的事情，也不要勉强别人去做。这也就是子贡所说的："我不欲人之加诸我，吾亦欲无加诸人。"

儒家所讲的这种达"仁"的方法，在具体操作和实施的过程中，可以由亲及疏，由近及远。所以，孟子说："老吾老，以及人之老；幼吾幼，以及人之幼，天下可运于掌。"③既然每个人都爱自己的父母子女，同时也希望别人能够爱自己的父母子女，那么，每个人就应当首先去爱别人和别人的父母子女。这也就是《国语》中明确指出的"欲人之爱己，必先爱人；欲人之从己，必先从人"④。一个人如果能够把这种"爱己""爱亲"的感情推广、施及远者、疏

---

① 《论语·为政》。

② 《傅子·义信》。

③ 《孟子·梁惠王上》。

④ 《国语·晋语四》。

者身上，那么，他也就做到了"爱人""达人"。如果能够把这种"爱己""爱亲""亲亲"的感情影响、施及政治上去，也就是参与了政治，即"孝乎惟孝，友于兄弟，施于有政。是亦为政，奚其为为政？"①儒家文化中的这种推己及人的忠恕之道，是中国传统文化中的优秀遗产，也是我们建构社会主义新道德应当吸取的有益形式和内容。

第七，乐行忧违的人生境界。与西方文化相比，中国传统文化尤为注重道德的存养和理想人格的完善，把树立远大的志向和追求崇高的理想作为人生的最高境界和需要。因此，为了实现自己的人生理想，就可以舍生取义，杀身成仁。孔子讲："朝闻道，夕死可矣。"②把道德理想看得比生命还要重要。因为在中国文化的视野下，"道"是人之为人的根本，丢弃了它，虽生犹死；得到了它，虽死犹生。所以，孔子又说："志士仁人，有杀身以成仁，无求生以害仁。"③孟子也讲："生，我所欲也；义，亦我所欲也。二者不可得兼，舍生而取义者也。"④从此出发，儒家主张，君子生于天地之间，就应当践履自己的政治主张，实现自己远大理想和志向，"行天下之大道"，"得志，与民由之；不得志，独行其道"，"富贵不能淫，贫贱不能移，威武不能屈"⑤，"天下有道则见，无道则隐"，"天下有道，以道殉身；天下无道，以身殉道"⑥。即使是在自己的政治理想和远大抱负无法实现时，亦不坠青云之志，"不易乎世，不成乎名。遁世无闷，不见是而无闷。乐则行之，忧则违之"⑦。中国传统文化所特有的这种对思想道德的关注和对人生最高境界的追求，是构成新时期社会主义思想文化建设的重要内容，也是我们进行社会主义新文化建设可资借鉴的重要形式。

---

① 《论语·为政》。

② 《论语·里仁》。

③ 《论语·卫灵公》。

④ 《孟子·告子上》。

⑤ 《孟子·滕文公下》。

⑥ 《论语·泰伯》。

⑦ 《易传·文言》。

第二节 中国传统文化现代转换中面临的现实问题

全球化已成为当今世界发展不可抗拒的趋势。在这个大趋势下，中国传统文化的发展面临着五个方面的迫切问题和现实压力。

一、保持中国传统文化的主体性

从人类文明发展的历史看，不同文化在发展中既相互碰撞、相互冲突，也在相互交流中相互吸取，向相互融合的方向发展。从长远的历史过程看，后一种趋势是主要的。可以预期，随着经济和信息交流的日趋全球化，这一趋势还将进一步加强。就文化的时代性而言，处于同一历史发展时期的不同民族的文化，有其共同的时代性，反映时代要求的文化因素有全球化的趋势。比如，大家都承认民主与科学是现代社会所要求的普遍的价值，在世界走向现代化的过程中，民主和科学也成为全球发展的趋势。在当前经济全球化过程中，经济、科技领域与国际接轨也要求在文化上有相应的改革和发展。只有适应时代发展的趋势，吸取其他民族的先进文化成果，与世界接轨，中国才能永葆民族文化的青春。

然而，文化发展还有其另一面，即显著的民族性特点。各民族文化的民族性，是使一个民族区别于其他民族、自立于世界民族之林的根基；没有了民族文化，也就没有了民族的独立存在。同时民族文化的多样性也丰富了人类文明，是人类文化之所以如此丰富多彩的源泉和基础。因此，文化发展的全球化趋势与经济发展中的全球化趋势有很大的不同。它不能通过一种文化取代其他文化的形式来实现，而只能在充分发挥各民族文化优势的基础上，通过各民族文化的发展、交流、融合来逐步实现；全球化共同的、普遍的价值，也要通过不同的民族形式来体现。全球化的文化存在于多元的民族文化之中，通过多样性得以表现。民族文化的融合要以承认文化的民族主体性、充分尊重各民族文化的发展为前提；而民族文化的发展，也只有通过努力吸取各民族先进文化，使自己融入时代潮流中才能实现。为了建立统一的全球文化体系而要保护和大力发展民族文化，为了全球化而要提倡民族主体性，这就是文化发展的辩证法。尤其在当今，面对跨国公司和发达国家挟其强大的经济实力推行文化殖民政策的情况，对世界而言，坚持文化的民族主体性，是在全球化过程中保持民族独立地位的重要条件。对中国推进社会主义新文化建设而言，这是中国特色之所在。而对祖国的统一来说，这是维系两岸同胞的联系、实现统一大业的文化基石。极少数主张台独的人，竭力宣扬所谓本土化，就是处心积虑地要挖掉中华文化这一民族和国家统一的基础。

二、适应现代市场经济社会的要求

市场经济与中国传统文化的冲突，首先表现在基本价值观念的不同上。市场经济的基本原则是对利益的追求和竞争。面对竞争，人们经常面临这样的境遇："竞争你死我活，体育竞赛冠军只有一个，如何能够己所不欲，勿施于人？""求职竞争需要的是表现自己，争取别人的了解，推销自己，而不是谦虚；谦虚只能导致竞争的失败。"传统文化的一些基本价值追求，因此受到了严峻的挑战。正确认识和处理这个矛盾、冲突，是传统文化适应市场经济、发挥其作用的关键之一。

事实上，市场竞争原则与推己及人原则并非水火不容。竞争是市场经济的一个基本原则，但不是社会生活的唯一原则。我们的社会生活有广阔的领域，在经济领域之外，在家庭、邻里、社区以及各种公共生活领域里，人们之间关系的基本原则不是竞争，而是互敬、互爱、互助，需要的正是推己及人的原则和精神。就是在经济和竞技体育及其他竞争中，也需要推己及人的精神。竞争要正常进行，它本身也需要道德的制约，不能不择手段，不守规则。经济竞争中造假欺诈，不正当竞争；体育竞赛中吹黑哨、踢假球，故意伤人，甚至雇用打手伤害竞争对手；学术领域剽窃作假，垄断数据，甚至将图书馆的公共数据窃为己有等等：这些背离公平竞争规则的事层出不穷。如此种种，都破坏了竞争的正常进行。要克服此等现象，保证竞争的公平进行，正需要提倡中国传统文化中推己及人的精神。所以，推己及人不仅可以与竞争并行不悖，而且还是保证竞争公平进行不可缺少的重要原则：竞争不仅没有否定这种原则的意义，而且正是因为竞争激烈而更需要推己及人的精神。现在我们看到的许多不正常现象，其产生的原因之一正在于人们对竞争原则的认识存在偏差，把竞争看成是绝对的、唯一的。

传统的"以义制利"原则也需要适应市场经济的要求。对利益的追求是市场经济发展的主要动力，但应该肯定"以义制利"原则仍然是基本原则：在任何一个社会中，对私利的追求都不能不受道德的制约。认为"以义制利"原则不适用于市场经济的看法是没有根据的。前几年，安然公司、安达信公司等一批国际知名的大公司接连曝出会计丑闻，根本问题正在于贪婪追求私利而使企业失去了道德的制约。对于这些大公司的腐败，国际评论普遍认为，部分公司的道德准则已经丧失，失去了企业作为一个社会单元对于社会公平与正义起码的责任。当一个社会组织不能履行其必须履行的道德和社会责任时，它就已经丧失了在现代社会中的生存权。从另一方面来看，这也正说明中国传统文化"以义制利"原则是不可缺失的。

市场经济下的利益关系远比古代社会复杂，经济活动中人们将不断遇到新的伦理问题、道德要求，义的具体内容、义与不义的界限也与古代有根本不同。要使传统的"以义制利"原则能在市场经济下发挥其应有的作用，就需要认真研究市场经济的要求，以具体规定市场经济下"义"的要求。可见，中国传统文化的现代转换还需要结合市场经济运行的体制机制，积极推进文化体制的改革和创新。因此，党的十八届三中全会在对全面深化改革的做出重大部署中，把"推进文化体制机制创新"作为深化改革的重要内容之一，明确提出"坚持以人民为中心的工作导向，坚持把社会效益放在首位、社会效益和经济效益相统一，以激发全民族文化创造活力为中心环节，进一步深化文化体制改革"①，为传统文化现代转换提供更加有利的社会环境。

再说诚信问题。诚信是人类社会生活应该遵循的永恒的普遍准则。中国传统文化对此有着深刻的认识和阐述，自不必赘述。《大学》把"诚意正心"作为修养的重要环节，提出"慎独"，要求个人在独处、无人知晓、无人监督

① 《中共中央关于全面深化改革若干重大问题的决定》，载《人民日报》2013年11月16日。

的情况下自觉做到真实无欺，把诚信落实到自觉修养的基础之上。无疑，这些思想在市场经济下也有着极为重要的意义。同时不能不看到，诚信在市场经济下的落实，也需要有新的发展和变化。在古代以小农为基础的农业经济条件下，人们活动范围狭小，交往简单，诚信可以主要建立在人们自觉的基础上。而在市场经济条件下，这就远远不够了。市场经济下的一切经济活动都以契约为基础，也就是都要建立在信用的基础上；而且经济活动、经济联系的范围扩及全国以至全球，这就需要有完备的信用体制来保证。这种体制要求将全社会所有经济主体有关信用的信息记录在案，并且可为所有需要者了解和利用。有了这样的体制，才可能保证建立社会的诚信。一些发达国家无不建立起这样的体制。像我们这样的由传统社会转型而来的国家，这方面的建设明显落后了。

现代市场经济社会要求法治，这与中国传统文化的礼治传统也存在矛盾和冲突。现代社会是法治社会，我国的治国方略是依法治国，法制无疑是社会规范体系的核心和主干。但是在此情况下，如何发挥道德的作用？如何认识和处理法、礼、德三者的关系，使它们相成相济，以维护社会和谐？这都是值得研究的问题。"礼"是随着人们的社会关系的变化而变化的。近代以来，"礼"的状况已经发生了深刻、巨大的变化。如何适应社会的变化来进行"礼"的建设，如何适应新的需要建立新时代的"礼"的规范？如何在新时代"礼"的规范中体现传统精神？这都需要研究、创造。

三、走向世界，走向全球化

中国正在迅速成为世界经济、政治、文化发展中的重要力量。"作为一股上升的经济、政治和军事力量，中国是重建世界新秩序的最重要的参与者。……中国的经济和政治已经是一个更广大世界的有机组成部分，因此'中国向何处去？'这个区域的和国家的问题就具有了地区和全球的深切意味。"①中国传统文化应该也可以对人类文明发展做出更大的贡献。作为中国

① 杜维明：《儒家人文主义的生态转向：对中国和世界的启示》，载《中国哲学史》2002年第2期。

的知识分子，要自觉地担当起这个责任，努力把中国传统文化推向世界，使之超越国家和地区的局限，成为世界性的、全球化的文化思想，成为人类文化多元发展中的重要的一元、整个人类文化的重要的有机组成部分。为此，我们要关注和研究全球性的共同问题；要研究、了解其他文明，吸取他人之长；要加强与其他文明的对话、交流。

中华文化大踏步"走出去"的时代已经到来，我们应该满怀信心地"走出去"。只有"走出去"，才能加快中外文化之间的互鉴和融合，通过自觉的文化批判和文化选择，使中华文化根深叶茂，永葆青春。"走出去"是向世界全面展示中华民族优秀文化的最好途径，即在新的历史条件下和不断创新的基础上，把中华文化全面推向世界，用实际行动促进不同文明之间的对话，共同推动世界文化的多样化发展。在这一方面，我们无疑是很欠缺的。

在当前文化发展上，我们既面临良好机遇，也面临严峻挑战。从某种意义上说，中华文化"走出去"比"引进来"更加重要。美国等西方大国国际文化战略的核心内容是凭借其经济、科技的强势地位，推行文化霸权。中华文化走向世界，与世界文化进行平等的对话、交流，是一种不可逆转的趋势。中华文化只有"走出去"，并不断提高"走出去"的能力和实力，才能回应日益激烈的国际文化竞争所提出的严峻挑战。因此，我们既要善于"引进来"，更要善于"走出去"；"以人们喜闻乐见、具有广泛参与性的方式推广开来，把跨越时空、超越国度、富有永恒魅力、具有当代价值的文化精神弘扬起来，把继承传统优秀文化又弘扬时代精神、立足本国又面向世界的当代中国文化创新成果传播出去。……要以理服人，以文服人，以德服人，提高对外文化交流水平，完善人文交流机制，创新人文交流方式，综合运用大众传播、群体传播、人际传播等多种方式展示中华文化魅力"[①]。

"走出去"，既要重视推介中华民族的传统文化，更要重视推介中国的新文化。中国是一个历史悠久的文明古国，拥有在人类历史上不可替代的光辉灿

---

① 习近平：《建设社会主义文化强国　着力提高国家文化软实力》，载《人民日报》2014年1月1日。

烂的民族文化。中华文化在世界文明史上的重要地位，是其"走出去"的深厚的文化基础。但是，如何"走出去"也是一个需要认真探讨的问题。我们不仅要推荐中华民族的传统文化，弘扬中华文化的优秀传统，让世界领略到源远流长的中国传统文化的恒久魅力，更要重视介绍日新月异的中国新文化，树立改革开放、和平发展的当代中国形象，使世界人民更加全面了解中华文化的历史和现实，进而了解当代中国的真实面貌。这一方面关系到在世界多极化和经济全球化大趋势下如何在全球文化格局中确立中华文化地位的问题；另一方面，必将进一步加深中华民族对中华文化的血脉认同，加快传统文化的现代转化，在继承、发扬优秀传统文化的同时，努力发展社会主义先进文化，使中华文化更加显示出无限生机和独特魅力。

四、中西方文化的互斥互补

中西方文化有着不同的历史渊源和认知方式，反映了双方在价值观念上互斥互补的显著特征。

先看文化历史渊源。在西方现代性的价值取向中，自由、人权、平等、民主和法制等观念是其内核所在，也是为公众所认可的主要的现代价值，但这些价值不是西方某位思想家灵感忽至的真理性发现，而是其文明发展长期演变的结果。现代西方的民主观念可以上溯至古希腊的城邦政治，后来在西方的发展与罗马的律法以及希伯来的宗教都有密切关系。它不仅是通过文艺复兴、启蒙运动对人的自由与理性的倡导，才发展成今天的民主，而且即使是在欧洲中世纪所谓的"黑暗时代"，也存在着促使西方民主进一步发展的思想动力与渊源，即"上帝面前人人平等"和"个人主义"的观念，这与传统中国以家庭和宗族为基本的社会单位，从而更为注重群体的意识有着明显的区别。还有法制观念的由来，源自希伯来文明的西方基督教文化，有一个强烈的超越且外在的上帝观点，即上帝是"全知、全能、全在"的，除此之外，任何人、任何组织在上帝面前都没有合法性，都可以改变。另外，基督教强调人的罪恶感和人的不可自我完善的内在因素，这就使人与人之间有着极大的怀疑和不安全感，就要彼此进行各种限制。在这种限制的观念下，西方非常重视法律、规约和外在的约束。而中国传统文化尤其是儒家文化，则站在肯定人的立场发展出了一套社会伦理。儒家也看到了人性的种种缺陷，但却采取了积极的态度，认定人通过"为己之学"的自我开掘和修养，可以获得真正的超越而不必借助上帝等外在的力量。这样一来，人与人之间就有一种差别，而判别标准是对自我心性的开掘与修养程度的深浅，其中最高等级的人被称为"圣人"，以圣为王就是这种理论发展的自然结果。它更重视"礼"的教化作用，正所谓"道之以政，齐之以刑，民免而无耻。道之以德，齐之以礼，有耻且格"[①]。

在这种纵深向度的比较性论述中，我们可以很明显地看到中西文化在观念形成上的重要差异，即对人性理解上的不同认定：人性究竟是善是恶？人是可以自我提升和超越的吗？人必须借助外在的力量才能和平共处并得到超越吗？西方文化从对人性的否定性把握中发展出强调"限制"的法制和民主，中国儒家则从对人性的肯定性认识中发展出"仁""礼"互动的道德哲学。这是两种相反方向的哲学思维，两种极为不同的精神取向，而它们又各自成为本民族价值形成的历史性前提和思想规范。这正体现了文化生成上的民族性和不可替代性。我们不能否认，文化传统一旦形成，它对厘定民族价值取向的方向性具有一种长久的恒定性。而由于各自的生产方式、社会结构、民族特性和地理环境等条件不同，任何思想、价值都具有各自的局限和失误。当然，作为人类共性的思想价值对自我存在及其相关的各种联系形式的一种理性追问与反思，其超越性也是自身的主要特性，或者说本性之一；它对一般规律和普遍性的追求，使其具有超越历史局限的内在动力与可能。但应当指出的是，这种超越只能是对一定阶段的历史的超越，而绝不是对无限发展着的全部人类历史的总超越。这样一来，任何一种已形成的思想或价值体系就都具有了一种本质上的悖论：它是"历史"的，但它同时具有普遍性的意义；反过来说，它是普遍意义的真理性把握，但这种把握又永远在"历史"中。

就西方文化而言，从西方民主、法制观念的形成过程可以看到，这些现代价值的观念化都有其基本而深厚的历史性前提，即古希腊、罗马文化的历史

---

① 《论语·为政》。

传承和基督教教义的精神内在化，而对于这种价值形成的历史前提，即使西方的代表性哲学家也没有在理论上予以有说服力的辩护，其中一个主要原因就在于人文价值的判别标准明显有别于科学价值。任何一种人文价值的前提预设都历史地包含着人的主观立场和主观情感，因而，对人文价值的评判除了"真"的标准以外，还有一个"善"的标准。如果说"真"的标准是判定一种价值是否真实地反映了人的本性与人的存在状态，那么"善"的标准就是对人的生存需求与情感需求的最佳选择和判断。而"真"与"善"能否辩证地统一，又如何达到这种辩证的统一，是我们今天所面临的共同问题和挑战。在此之前，不同倾向的人文价值的判定标准，使得不同文化的前提预设缺少一种完全可比的统一的依据，我们不能说这种文明是好的、优秀的，而那种文明是差的、低劣的，其基本的理由就在于，任何一种有历史传承的文明都是一个民族发展与进步的历史见证，是推动一个民族从低级走向高级的内在动力的真实体现。儒学作为中国的主流文化，它的衰落只是近百年的事情，而即使是最狭隘的西方学者也承认，中国文化曾创造出灿烂的文明，"宋代都市化的出现、科技发展的成功、国际贸易一直到阿拉伯……文学、艺术、宗教等都有令人瞩目的发展。而当时的西方还在中世纪"[①]。尽管中国后来出现了停滞不前的状态，但"从横向来看，18世纪中叶的中国和当时的欧洲在很多方面是可以相提并论的"[②]。这也从一种角度说明（事实上也已有不少学者认识到），文明的发展是一个曲折的波浪式的演变过程，它既有发展的高峰，也有衰落的低谷。因此，对在不同文明演进中产生的价值的评判也要有一种历史的和发展的眼光，而价值从产生之初就具有的差异性、特殊性或者说多元性就不仅是历史的客观存在，而且也将是未来的合理存在。

再来看看中西文化价值观念在认知方式上的不同。所谓文化价值是一种对认识成果的观念化，不同的文化价值有不同的认知方式。西方现代性的思想价值体系，其形成是西方启蒙运动以来认识论大变革的结果。西方启蒙的重

---

① 杜维明：《东亚价值与多元现代性》，中国社会科学出版社2001年版，第82页。

② 杜维明：《东亚价值与多元现代性》，中国社会科学出版社2001年版，第82页。

要议题之一是，人是世界的创造者，人的理性由此达到的知识领域以及个人的情感因素等组成主体的人文世界，这个人文世界与自然主义所描述的天地万物，以及各种精神领域如宗教所描述的神圣世界是对立的。这是启蒙以来的大思潮。人类中心主义是西方启蒙心态的另一个特色。启蒙运动的价值取向，首先是反对宗教的，另外还反对任何无法由理性来掌握的现象，甚至反对跟自然保持和谐，把人提到最中心的地位，所以，就有了"征服自然"的说法。这种观念当然是体现现代精神的重要观念，也是一种有进步意义的观念。但是，这种观念也为人类带来了灾害，造成了人和自然之间的冲突矛盾。

那么，就东西方文化价值来说，其认知方式有何不同？

自启蒙运动以来，西方哲学界以笛卡尔、休谟、康德、维特根斯坦等重要哲学家为代表，对传统认识论进行了全面的变革，这场变革最重要的成果就是所谓认识论中的"不可知论"。以波普尔的"三个世界"学说来讲，所谓知识的范围只是限于物理的现实的世界，即能够以实验被反驳的命题这个领域，而关于道德与本体的"世界"，则只有"心理的一些立场"，而没有客观知识，因此，有关道德和本体的认识就只能是一种无法判断真实与否的猜想或假设而已。这样一来，知识或价值的获得就被限制在一个非常狭小的范围之内。但实际的情形是：人类社会在发展变化的过程中，不仅需要以知识为工具去改造世界，满足自身的种种需求，而且始终也遵循着某种共同的行为准则和道德取向（当然，这种行为准则和道德取向在不同的国家或民族有着明显的差异），否则人类就不可能走到现代化的今天，这是人作为人所特有的物质与精神共为一体的存在的体现。显然，其中已然历史地形成和蕴涵了许多真实的道德知识与价值。

从西方模式的认知方式来看，知识应是人的主观认识与客观存在的真实的统一，或者说人的理性与存在的本真的合一，它强调"客观性、公允性，提倡价值、道德中立，甚至认为越把自己的价值观、信仰卷入研究之中就越不能成学"[1]。因此知识是不包含人的情感意志因素的，唯有如此，才能获得某种

---

　① 　杜维明：《东亚价值与多元现代性》，中国社会科学出版社2001年版，第64页。

真实的价值，才能对人的实践活动产生正确而有效的指导意义。对这种价值，我们姑且称之为"知识价值"；但这种认知方式一个潜在的失误在于，它过分强调了理性的认知功能而否定了"后思辨的直觉的可能性"[①]，过分强调知识的客观性以及它的恒常性而忽视了人性自身的变动不居和它同样作为认识对象的客观性。而中国传统儒家思想的一个重要特色在于，它是强调身心性命之主体性的学问，也是关注人之为人和人的种种现实关系的实践的学问，是人在对自我的价值反思，对人与人、人与社会和人与宇宙自然的关系的实际体验中领悟到的知识。如果说第一种价值是一种对象性的认识结果，并且认识对象不会主动参与到人的认识当中，那么第二种价值就是"不把任何东西对象化"的自我的体验，或者说是一种认识者与被认识者互为对象的认识的结果。与知识价值相对，我们把它称之为"体验价值"。这也是儒家思想的主要的认知方式。宋儒张载说："大其心则能体天下之物。"程颢说："仁者以天地万物为一体。"对此，杜维明总结说："我们可以说张载判定人的心量可以体知天下之物即是程颢所谓的一体之仁。'体知'在这一语境中可以规定为人心固有的感性觉情。正因为这种人同此心、心同此理的感性觉情不把任何东西'对象化'，它才能包融天地万物，让一切都在其关注之中而成为人心中无对象的内容。"[②]

由此可以看出，就价值形成而言，除了以主体理性获取客观价值的"闻见之知"以外，还有重在以实践和体悟为途径的"体证之知"。这两种认知方式在东西方价值观念形成中得到了显著的体现。从纵深处理解，可以说，闻见之知不必体之于身，而体证之知必须有所受用，也就是说，体证之知必须有体之于身的实践意义。如果这样理解，我们可以用现代术语来表达：体证之知是从事道德实践必备的自我意识。或者说，闻见之知是经验知识，而体证之知是一种体验、一种体知，不能离开经验知识但也不等同于经验知识。两者的根本性区别其实就在于是否加入了人的主观、情感立场，是否加入了对无法确切定

[①] 墨子刻：《道统：中国与世界》，载郑家栋《断裂中的传统》一书附录，中国社会科学出版社2003年版，第586页。

[②] 杜维明：《东亚价值与多元现代性》，中国社会科学出版社2001年版，第57页。

义的人性的体验。

　　既然如此，虽然我们不能认定"体证之知"是超越"闻见之知"的认识方法，但它从"闻见之知"的缺失入手，反证了西方模式的现代思维方式并不具有最高的地位和唯一的性质。启蒙运动以来的认识论思想主要倡导了人的主体理性的作用（虽然西方哲学在后康德的发展中，也有不少学者肯认思辨的直觉在认识真理上的作用，但西方现代性思想与价值的形成，基本仍是依据主体理性把握客观存在的可靠性这种认知方式），并在这一思想的导引下，结合近代科学技术的飞速发展，形成了"物质主义""进化思想""人对自然的征服"等充满"工具理性"的现代观念。我们当然承认这些现代观念对人类发展的巨大的推动作用，但问题是：一方面理性本身就是一种自我定义的有限性的东西，它内在地具有片面性、不完整性、阶段性等特点，因而它与存在的统一只能是无限的趋向，而不会是完全的达成；另一方面，现代性观念对知识价值的真实性的信奉和对体验价值的主观性的怀疑，也使其对人本身、人的生存的种种关系的认识缺少真正的全面的观照，对这一域界的真理性价值缺少持续探寻的内在动力。从这个角度讲，东西方文化不同的认知方式或可互为补充、互为启迪，弥补个中存在的个人认知偏差和价值观念的缺失，这也为全球化背景下正在进行现代转换的中国传统文化增强了提升民族自信、挖掘自身精华的源动力。

五、中国传统文化与现代化之间的冲突问题

1.道德至上的价值取向与科学价值观的冲突

　　道德理性是中国传统文化的一个重要特征。与这一特征紧密相连的是中国以德治国的传统。重视道德可以维护社会的和谐与稳定，崇尚道德使中国获得了"礼仪之邦"的美誉。但是，首先，以伦理原则为绝对价值尺度，以它作为衡量一切事物、行为的第一标准，与唯物史观的生产力标准相冲突。其次，重视人伦道德，若推向极致，就会影响人们对自然界的科学探讨，妨碍科技的发展。再次，将道德尺度绝对化，极易使人们走向重人治、轻法治一途。最后，这种道德意识"越位""扩张"的结果使中国文化带有一定程度的封闭性、

僵化性和仅向道德方面着力的单向性；而随着国际交流和交往范围的扩大，每个国家、社会群体和个人都处于开放状态之下，人们不再盲目地追随某一先验的文化模式而要求打破某一文化一统天下的刻板局面，呈现出多元化的价值取向。如此种种说明，不改造这种道德至上的观念，就不会有中国文化的现代化。道德至上的价值取向要与科学价值观之间的进行有效融合，才能促进中国传统文化的现代转换。

2.整体直观思维方式与现代科学知识论的冲突

思维方式问题是处于中国文化深层结构中的核心问题。就整个文化发展过程来看，西方文化中那种重视逻辑分析的思维方式，在中国文化中表现得很不充分。中国传统的思维方式注重从整体角度把握事物，重视事物之间的联系和统一，并且崇尚以经验为基础的、整体直观的思维方法。这表现于主客体关系上，是主体对客体的认识在于体悟，而不是明晰的逻辑把握。

中国古代传统的整体直观思维只是一种朴素的辩证思维，具有直观性和模糊性。它虽然强调对自然界、人类社会作总体性的把握，但这种整体性认识不以对整体各个细节的清楚认识为基础，所依靠的只是人的直观能力。结果，虽然认识到事物的普遍联系，但不能较正确地把握具体事物的性质和事物间具体的联系方式，不重视对事物本身进行深入细致的分析和研究，因而也就不可能真正把握世界的总体。从科学发展来看，没有科学的实证精神是不可能真正把握事物的整体的。不经过"点"的分析而去把握事物的全体，总带有猜测、独断的色彩，对对象的认识模糊而不明确，其结论有很大的或然性。

我们应该看到"东方思维方式"诸多的优点，但是也不能回避它在现代科学研究中的局限性。这种局限性在一定程度上也是造成中国近代科学发展落后的原因。中国传统文化中科学精神的相对欠缺，给我们民族发展带来的后果早已显现。中国近代的洋务思潮、维新思潮、资产阶级民主革命思潮、五四运动后的西化思潮，一次又一次地激荡着中国人的心灵，树立国人的科学意识、科学精神、科学方法，成为传统文化现代转型的重要内容。尽管科学精神对传统文化价值观会产生冲击，但我们依靠科学精神的力量，依然可以在传统文化的基础上重建某些新的文化价值观，而这些渗透着科学精神的新的文化价值观，将对进一步增强中国文化的力量产生巨大的影响。

3.缺乏民主的传统与现代民主精神的冲突

中国传统文化中为什么没有民主传统？这也是一个值得深思的问题。传统文化典籍中关于"民本""人本"思想异常丰富，但由于长期的封建主义禁锢，这些思想精华在历史上常常遭受湮没的命运。比起西方，中国古代的封建制度得到了较充分的发展，系统的惯性显得特别大，走向民主的道路也格外漫长。

首先，封建经济为封建王朝提供了维持其庞大的国家机器的雄厚的物质基础，在这样一块土地上，市民自治政体生长的空间不断地被挤压。其次，中国封建君主专制的中央集权所仰仗的力量——军队、法庭、官僚机构等物质力量和哲学、宗教、伦理道德等精神力量是高度统一的，统治者主宰着思想文化，形成了具有强大力量的占统治地位的意识形态，这就给民主力量的形成和发展造成了巨大障碍。最后，也是最重要的一点，封建专制主义坚强有力的统治和沉重的剥削阻碍了市民阶级经济实力的增长。总之，充分发达的封建专制制度为封建主义提供了物质、制度、思想文化等各方面的有力支持，阻碍了民主力量的发展。它的突出表现包括：家长制传统；尊官贵长的权威主义传统；人治传统。缺乏民主的传统使得中国传统文化现代化的进程更加缓慢。

其次，中国传统民族精神的集体主义主张，无疑是我们民族文化的瑰宝，但是当这一思想发展到极致或被封建统治者利用时，就逐渐演变成了对个体的压抑。集体主义的价值取向是中国精英文化的主题之一，比如儒学，儒学对中国政治结构影响至深至远，其所推崇的家族观念以及"移孝作忠"而形成的家国一体观，使得中国文化重视家族、民族和国家的整体性，所以，在中国的传统中，对统一性和整体意识的诉求非常突出。中国政治文化的另一起源——法家思想也是如此。以《商君书》为例，《商君书》中"尚公"的思想在政治思想上表现出一种整体主义。它将民众个体所属的社会组织作为一个完全的整体，并赋予这个整体共同的立场和利益，加强民众对整体的归属感和依赖感，使他们同心协力维护封建社会整体的利益。但同时，它在强调整体利益的基础上，崇贵重君，以君主为该整体的利益代表，视民众为政治统治之工具，民众必须服从封建统治者的统一意志，服从所属集体的整体利益。因为这个整体社会组织的意志代表是高高在上的君主，所以君主自上而下的专权也就不可避免，中国古代政治制度也由此而创设，其行政集权、君主专制的色彩自然难以消除，个体的权利和自由也就无法保障。因此，《商君书》中的"公"，绝非天下之"公"，而是封建帝王为实现一家之私利而害天下之公益的"公"。[①]这样的"公"，这样的"整体意识"，也需要同个人利益相协调、相统筹。

4.一些不良的国民品性与现代人格的冲突

中国哲学是人的哲学，其关注点是教人如何成为一个人，是教人如何自处，如何与自然、社会和他人相处的学问。儒学所提倡的"仁、义、礼、智、信"，立意点就是人与人的道德情感、协作关系和约束机制；法家所主张的"法、术、势"，着眼点虽不同于儒学，但其探讨的核心问题如何"治人"同样是人与人之间的关系。20世纪20年代以来，"国民性"问题是中国文化问题讨论中的热门话题。其中，鲁迅先生以小说的形式对国民劣根性进行揭露。在鲁迅笔下，那个集懒惰、怯懦、散漫、迟缓、守旧、屈服于旧势力等不良习惯于一身的阿Q成了某些中国人的典型写照。梁漱溟在《中国文化要义》一书中，综合国内外学者的研究，提出了中国民族品性方面的十个特点：自私自利、勤俭、爱讲礼貌、和平文弱、知足自得、守旧、马虎、坚忍与残忍、韧性与弹性、圆熟老道。他认为这些特点大多是由民族文化陶铸而成。台湾学者柏杨更是以"恨铁不成钢"的态度，强烈批判中国人的"脏、乱、吵""窝里斗""不能团结""死不认错"等特性，指出中国传统文化有一种滤过性疾病使我们的子子孙孙受感染，到今天也不能痊愈，直白地道出了中国人的种种劣根与丑陋。[②]从20世纪20年代到当代，人们所说的国民劣根性，大都可归为两个方面：一是小农经济养成的不良习惯，如愚昧、守旧、怯懦、盲从、散漫、迟缓、安土重迁、没有时间观念、没有效率观念，等等。二是封建专制主义压迫

---

① 参见夏增民：《商君书的"尚公"思想与整体主义政治观》，载《秦文化论丛》第12辑，三秦出版社2005年版。

② 参见柏杨：《丑陋的中国人》，古吴轩出版社2004年版，第3页。

下形成的不良习惯，例如，重亲亲，讲裙带，尊官贵长，等等。

　　以上这些安于现状、因循守旧、不思进取、因循常规的懒惰心理，若不能克服和打破，就会对中国社会主义现代化建设带来严重的影响。这就要求我们在全球化的语境下，继承中国传统文化的优良传统，而克服其消极的内容，努力实现中国传统文化的现代转换。

第三节　中国传统文化现代转换的对策

　　目前，中华民族正处于建设社会主义初级阶段的新时期，推进中国传统文化的现代转换，直接的目标是建立起具有中国特色、与社会主义初级阶段的社会建设实践相适应的社会主义新文化。可以说，推进全球化背景下的中国传统文化现代转换，与社会主义初级阶段文化建设是一个问题的两个方面，或者说，是一而二、二而一的问题。我们认为，全球化背景下中国传统文化的现代转换，应当以马克思列宁主义、毛泽东思想、邓小平理论、"三个代表"重要思想、科学发展观、习近平新时代中国特色社会主义思想为指导，以中国特色社会主义实践为传统文化现代转换的母体和根本立足点，最大限度地满足当下的社会历史实践。可以说，中国传统文化能够满足现实需要的程度直接决定了现代转换的深度与广度。

一、中国传统文化现代转换的根本立足点

　　1.中国特色社会主义实践是中国传统文化现代转换的根本立足点和不竭动力源泉

　　关于什么是新文化建设的源泉，有人倡导文化的"自然延续论"，认为社会主义新文化应当是中国传统文化的自然延续，因此，中国传统文化应该是当代文化的母体来源和源泉动力。同时，由于中国传统文化的主流是儒家文化，因此，当代文化的重建应当依赖于儒家文化，应当在儒家文化中寻找中国当代文化发展的各种"基因"，进而发扬光大。按照这种观点，社会主义思想文化发展的源泉不是中国特色社会主义建设的实践，而是中国传统文化本身，因

此，中国传统文化是当代文化建设与发展的源泉和动力。这一观点的实质就是观念自己产生自己，而不是从社会的物质生活实践中寻找观念产生和发展的动力，因此，是唯心主义的。[①]海外一些新儒家的代表人物在对待当代文化建设的态度上大多因循这样一种思维路数。

任何真正的哲学都是自己时代精神的精华。哲学离不开自己的时代，思想文化也是一样。"我们开辟了中国特色社会主义道路不是偶然的，是我国历史传承和文化传统决定的。"[②]那么，中国特色社会主义道路的伟大实践又将成为我国文化传统得以延续和发展的新基点和新源泉。中国传统文化现代转换的必须要立足于中国特色社会主义的伟大实践，必须致力于发展和繁荣中国特色社会主义新文化，"善于把弘扬优秀传统文化和发展现实文化有机统一起来"[③]。按照马克思主义的基本观点，一切认识都来源于实践。因为人类认识的任务就是要获得关于客观事物的正确认识，从而透过客观事物的现象，以把握其本质。然而，客观存在着的事物和现象是不会自动反映到人的头脑中来的，客观事物只有在成为人们的实践对象时，才能成为人们的认识对象，为人们所认识。从人类认识的历史来看，任何认识的产生，从最终意义上说，都来自实践。正如毛泽东所说："如果要直接地认识某种或某些事物，便只有亲身参加到变革现实、变革某种或某些事物的实践的斗争中，才能触到那种或那些事物的现象，也只有在亲身参加变革现实的实践的斗争中，才能暴露那种或那些事物的本质而理解它们。"[④]

历史上无数事实也表明，一个人一旦脱离实践，即使是天才也不可能获得真正的知识。牛顿从生活实践出发，发现了力学三定律，奠定了经典力学的

---

① 参见刘奔、曹明德：《从观念的历史叙述到现实的历史叙述》，载《哲学研究》1999年第1期。

② 习近平：《牢记历史经验历史教训历史警示 为国家治理能力现代化提供有益借鉴》，载《人民日报》2014年10月14日。

③ 习近平：《在纪念孔子诞辰2565周年国际学术研讨会暨国际儒学联合会第五届会员大会开幕会上的讲话》，载《人民日报》2014年9月25日。

④ 《毛泽东选集》第1卷，人民出版社1991年版，第287页。

基础。但在晚年，由于脱离实践，热衷于宗教，他在科学上不再有新的建树。而且，由于他脱离实践去冥想第一推动力，最终陷入了宗教唯心主义的窠臼，完全陶醉于对上帝的崇拜。如前所述，马克思和恩格斯给予费尔巴哈以高度评价，但同时提出，就是这样一个伟大的哲学家，由于他"不能找到从他自己所极端憎恶的抽象王国通向活生生的现实世界的道路"，也就是说由于他脱离实践，不能从实践出发理解自然界和人，没有把物质世界视为改造的对象，因此，他虽然"紧紧地抓住自然界和人；但是，在他那里，自然界和人都只是空话。无论关于现实的自然界或关于现实的人，他都不能对我们说出任何确定的东西"①。马克思和恩格斯之所以能够创立一种崭新的科学的世界观，之所以能够把费尔巴哈的抽象的人转到现实的人、把抽象的自然界转到现实的自然界，就在于马克思和恩格斯立足于实践，把自然界和人置于实践的视阈，从实践出发去改造和认识物质世界。

从历史上考察，无产阶级的思想、社会主义的文化最初产生于无产阶级反对资产阶级斗争的实践，后来又在社会主义实践中不断地得到发展。不能讳言，社会主义文化的建立离不开历史上优秀的传统文化。但是，仅仅依靠传统文化，社会主义文化是建立不起来的。这一方面是因为人类历史上的文化遗产，且不说其所具有的糟粕性内容，即便是传统文化中的精华，也往往与一些消极落后的思想内容紧紧地纠缠一起。例如，封建时代的爱国主义往往与忠君思想相联系，集体主义往往与压抑个性相联系，讲道德人性往往与封建主义的伦理观念和人性思想相联系，讲稳定和谐又往往与因循守旧相联系。因此，即便是对于传统文化中的精华，我们也不能直接搬用，而必须予以改造，剔除旧时代的思想内容，注入当代实践的新鲜血液。

另一方面，人类文化尽管有历史继承性，但是，归根到底要受到当前社会存在及其历史发展的制约。任何一个社会对以往文化的继承，都不可能是原封不动地兼容并蓄，而是经过一番加工改造和熔旧铸新的工作后，才能予以吸取。因此，当代社会主义新文化的主要内容，只能来自中国特色社会主义的实

_____

① 《马克思恩格斯选集》第4卷，人民出版社2012年版，第247页。

践，而不能仅仅从旧的传统观念的母体中孕育生长出来。中国特色社会主义伟大实践是有中国特色社会主义文化的真正动力和源泉。

2.中国传统文化现代转换必须满足人的全面发展需要。

社会和人是统一的。中国传统文化的现代转换必须立足于中国特色社会主义的伟大实践，必须满足中国人民全面发展的需要。《管子》云："仓廪实则知礼节，衣食足则知荣辱。"但是，"仓廪实"了以后，真的就"知礼节"了吗？"衣食足"了以后，真的就"知荣辱"了吗？根据相关统计，现在很多中国人生活已很富裕，照理说"衣食"已经"足"了，但是，"礼节"和"荣辱"依然不能适应现代社会发展的需要，依然是摆在我们面前的一个急待解决的重大问题。因此，实现中国传统文化的现代转换，需要从书斋里走出来，把我们的眼光转向现实社会，转向现实的人，密切关注社会发展的需要，认真思考我们究竟需要什么样的人？我们究竟应该成为什么样的人？这是中国传统文化现代转换中首先要考虑的问题。基于这一视角，我们认为，在中国传统文化的现代转换过程中，应该在以下几个方面用力。

第一，培养人的健全人格。健全的人格是社会进步和发展的需要。2001年《国务院关于基础教育改革与发展的决定》提出："端正教育思想，转变教育观念，加强学生思想品德教育，重视培养学生的创新精神和实践能力，为学生全面发展和终身发展奠定基础。"使人成为一个真正意义上的"人"，成为"全面发展和终身发展"的人，这是新时代教育发展的要求。中国传统文化在这方面具有其他文化难以企及的优势。中国文化始终围绕的核心问题就是使人成为真正的人。中国传统文化的现代转换也应该围绕这一目标来进行，"努力用中华民族创造的一切精神财富来以文化人、以文育人"①。

第二，涵养人的仁德品质。仁德是中国传统美德的内核，是仁爱善良的道德意愿和道德情感的汇聚，是仁爱之心在主体人格中的呈现。2013年11月，习近平在山东考察时表示，"国无德不兴，人无德不立。必须加强全社会的思

---

① 中共中央文献研究室：《习近平总书记重要讲话文章选编》，中央文献出版社、党建读物出版社2016年版，第120页。

想道德建设，激发人们形成善良的道德意愿、道德情感，培育正确的道德判断和道德责任，提高道德实践能力尤其是自觉践行能力，引导人们向往和追求讲道德、尊道德、守道德的生活，形成向上的力量、向善的力量。只要中华民族一代接着一代追求美好崇高的道德境界，我们的民族就永远充满希望"。①一个有爱心的人，才是一个真正生活得幸福的人。一个有爱心的社会，才会是和谐的社会。走不出自我的狭隘天地，永远不可能拥有真正的幸福。"爱"是具体的，也是有层次的。爱我们的家人，爱我们的朋友，爱我们的事业，爱我们的祖国，爱我们的世界——把这几个方面统一起来的爱，正是我们的社会所倡导的"大爱"。中国传统文化所讲的爱是从"孝悌""亲亲"开始的，把对自己的父母兄弟的爱推广到家国天下，是儒家哲学的基本思维路数。但在今天，我们讲爱，更要在爱人爱己的基础上，推及热爱祖国，热爱人民，热爱中国共产党，热爱中国特色社会主义。中国传统文化的现代转换应该围绕这一要求进行。

第三，培养人的劳动观念。劳动是人的存在方式，劳动着的人才是真正意义上的人。我们常说，劳动是快乐的，因为劳动的过程也就是人实现自己本质的过程。按马克思主义观点，人的本质不是人所具有的自然属性，在其现实性上，它是一切社会关系的总和。以社会关系和社会属性为本质内容所形成的人的精神世界，只有在劳动中才能实现。人在劳动中自由地彰显和发挥自己的智力和体力、自己的意志和情感，从而肯定和证明了自己，实现了人之为人的本质。人生价值只有在改造世界的劳动和奉献社会的行动中，才能真正实现。人能够创造价值，这是人的价值所在。劳动既是物质财富的源泉，更是心灵幸福的根源。勤奋工作和追求梦想的人是幸福的，因为只有在工作中，在为社会做贡献的劳动中，人才能创造价值。一个人创造的价值越多、越大，他自身的价值就越大，他的幸福感也就越强。"人世间的美好梦想，只有通过诚实劳动才能实现；发展中的各种难

---

① 习近平：《认真贯彻党的十八届三中全会精神 汇聚起全面深化改革的强大正能量》，载《人民日报》2013年11月29日。

题，只有通过诚实劳动才能破解；生命里的一切辉煌，只有通过诚实劳动才能铸就。劳动创造了中华民族，造就了中华民族的辉煌历史，也必将创造出中华民族的光明未来。"[①]中国传统文化思想中蕴含着丰富的勤劳奉献的思想，比如"千里之行始于足下""功崇惟志，业广惟勤""行百里者半九十""宝剑锋从磨砺出，梅花香自苦寒来"等等脍炙人口的箴言警句，都是激励人们通过自己努力劳动和辛勤付出来实现个人的生命意义和人生价值。中国传统文化的现代转换，中国特色社会主义文化的时代建构，应当立足于劳动观念的培养。

第四，增强人的法治观念。中国传统文化中的"礼"具有多层含义，有礼仪道德含义，也有法制律令的含义，《礼记》说："礼者，天地之序也。"这里的"礼"已经被提升为涵盖宇宙人生最一般本质和最普遍规律的哲学范畴。孔子曾经问他的儿子伯鱼："学礼乎？"并意味深长地说："不学礼，无以立。"不学礼，就不能立足于社会。孔子这里说的"礼"，就既有礼仪道德含义，也有法制律令的含义。道德和法律是互相补充的。中国传统文化的现代转换应该围绕中国特色社会主义的法治建设和道德建设来进行。党的十八届四中全会也明确要求："建立健全坚持社会主义先进文化前进方向、遵循文化发展规律、有利于激发文化创造活力、保障人民基本文化权益的文化法律制度"[②]。

第五，培育人的价值观念。不同的民族文化具有不同的价值观念，不同的价值观念又会造就不同的文化生态。习近平同志指出："中华文明绵延数千年，有其独特的价值体系。中华优秀传统文化已经成为中华民族的基因，植根在中国人内心，潜移默化影响着中国人的思想方式和行为方式"[③]。价值观念是一个民族文化的内核，是一个国家文化软实力的集中体现；它会在潜移默化中渗入人的精神世界、形塑着人的价值观念、引导着人的行为举止、影响着社会

---

① 中共中央宣传部：《习近平总书记系列重要讲话读本》，学习出版社、人民出版社2016年版，第14页。

② 《中共中央关于全面推进依法治国若干重大问题的决定》，人民出版社2014年版，第13页。

③ 习近平：《习近平谈治国理政》，外文出版社2014年版，第170页。

的稳定和谐。任何一个社会都存在着多元化的价值取向和价值观念，社会力量的凝聚依赖于一套适应当前经济基础的、具有广泛社会共识的核心价值观。核心价值观乃是社会文化之枢机，是决定思想观念、文化性质和内涵的最深层次要素，是社会进步的重要稳定器，是国家发展的内在陀螺仪。习近平同志特别强调："人类社会发展的历史表明，对一个民族、一个国家来说，最持久、最深层的力量是全社会共同认可的核心价值观。"[①]如果没有广泛认同的核心价值观，一个人、一个民族、一个社会乃至一个国家都将会心无所向、神无所归、魂无所驻、行无所依。

牢固的核心价值观并不是凭空而生，一定有其清澈的源泉和固有的根本，一定是在文化传统基础上结合时代发展凝练而成的。"要认真汲取中华优秀传统文化的思想精华和道德精髓，大力弘扬以爱国主义为核心的民族精神和以改革创新为核心的时代精神，深入挖掘和阐发中华优秀传统文化讲仁爱、重民本、守诚信、崇正义、尚和合、求大同的时代价值，使中华优秀传统文化成为涵养社会主义核心价值观的重要源泉。"[②]中华优秀传统文化德韵深厚、文韵绵长。习近平同志提及的"讲仁爱、重民本、守诚信、崇正义、尚和合、求大同"六个方面，基本涵括了中华传统文化的社会公德、为政理念、社会理想和民族精神的根本特质，也是中国传统社会核心价值观的集中体现。这一论述也表明了中华优秀传统文化对于培育和践行社会主义核心价值观的重要作用和基础地位。习近平同志指出："中国传统文化博大精深，学习和掌握其中的各种思想精华，对树立正确的世界观、人生观、价值观很有益处"[③]。社会主义核心价值观不能离开中国特色社会主义的伟大实践，更不可能离开中华优秀传统文化的思想资源；否则，离开了优秀传统文化的根源，社会主义核心价值观就

---

① 中共中央宣传部：《习近平总书记系列重要讲话读本》，学习出版社、人民出版社2016年版，第189页。

② 习近平：《把培育和弘扬社会主义核心价值观作为凝魂聚气强基固本的基础工程》，载《人民日报》2014年2月26日。

③ 中共中央文献研究室：《习近平总书记重要讲话文章选编》，中央文献出版社、党建读物出版社2016年版，第35页。

会成为无源之水、无本之木，就"等于割断了自己的精神命脉"，中华民族的伟大复兴也就无从谈起。不忘本源才能开创未来，善于继承才能发展创新。因此，要在中国传统文化现代转换中积极地培育和弘扬社会主义核心价值观，将核心价值观真正在人们心中落地生根、发芽生长。就培育个人价值观念而言，全社会要在落细、落小、落实上狠下功夫。习近平同志在同中央党校县委书记研修班学员座谈时着重强调，"注重解决好世界观、人生观、价值观这个'总开关'问题"①；还曾指出要使社会主义核心价值观的影响"像空气一样无所不在、无时不有"。在人们的日常生活实践中，感知、认知、认同和体认社会主义核心价值观的蕴涵和魅力，达到"百姓日用而不知"的程度，使之成为人们日常工作、学习生活、生产实践的基本遵循，真正做到内化于心、外化于行。

第六，强化人的自我反思，在自我反思的基础上有针对性地开展批评与自我批评。这也是中国传统文化现代转换中应当予以考虑的问题。我们党一直以来都有批评与自我批评的优良传统；中国传统文化本身就具有自我反思、自我反省的优秀特质。《论语·学而》载，"曾子曰：吾日三省吾身；为人谋而不忠乎？与朋友交而不信乎？传不习乎？"②《孟子·离娄上》亦有载，"爱人不亲，反其仁；治人不治，反其智；礼人不答，反其敬。行有不得者，皆反求诸己，其身正而天下归之"③；《老子》有言："知人者智，自知者明"。传统文化中浓厚的反省反思气氛，也为我们生活中开展批评和自我批评提供了有益镜鉴。但是，现实生活中，许多人还缺乏自我反省和自我批评的能力。我们之所以缺少宽容、缺少开放的心灵，都跟我们缺少自我批评的能力有关。在中国，培养这种能力的传统资源非常丰富。儒家、道家和佛学在这方面都有一套系统的理论和方法。苏格拉底曾经说过："没有经过思考和内省的生活，是不值得过的。"孔子的弟子曾子也说要"吾日三省吾身"。省思的能力非常重要，一个人能改过、能知道自己的过失，就是靠自省能力。一个有自省能力的人，一

① 习近平：《做焦裕禄式的县委书记心中有党心中有民心中有责心中有戒》，载《人民日报》2015年1月13日。

② 《论语·学而》。

③ 《孟子·离娄上》。

定会犯错比较少；一个缺少自省能力、缺少自我批判的人，会形成一种很坏的习惯，常常把错误推到别人身上。因此，一个人的进步和发展需要具备自我反思的能力，一个社会、一个政党的发展与进步也是如此。

新加坡在道德建设方面是很值得肯定的。新加坡百分之七八十都是华人，治理得非常好。同样是华人为主，新加坡之所以能够把国家治理得那么好，有三个明显的要件：第一个是重罚，罚得非常严，而且绝对执行；第二个是政府的公益事业做得非常多，使老百姓充分的获得感；第三是政府不但是一个很负责任的政府，更是一个崇尚法治的政府。因此，一个政府在要求人民守法的时候，首先应该使人民感受到必要的公益，这样他们才满意。当人民感觉到守法不是惩罚我，而是对我有好处的时候，守法的可行性才会大大增加。

总之，我们既要用现代化来批判传统，也要用传统来助推现代化。传统和现代化在这样的互动中，才能比较好地互相利用，为我们能够拥有更好的生存环境和更和谐美好的生活做出贡献。

3.中国传统文化现代转换必须满足中国特色社会主义和谐文化建设需要

正如习近平同志在纪念孔子诞辰2565周年国际学术研讨会上所说，"传统文化在其形成和发展过程中，不可避免会受到当时人们的认识水平、时代条件、社会制度的局限性的制约和影响，因而也不可避免会存在陈旧过时或已成为糟粕性的东西。这就要求人们在学习、研究、应用传统文化时坚持古为今用、推陈出新，结合新的实践和时代要求进行正确取舍，而不能一股脑儿都拿到今天来照套照用"[1]。中国传统文化的现代转换也需要结合中国特色社会主义伟大建设的实践需要，对传统文化进行正确取舍，积极吸收中国传统文化中的优秀质素和有益养分。和谐是中国传统文化的基本精神之一，也是我们中国特色社会主义建设的重要目标。中国传统文化的现代转换应该围绕这一目标进行。"和"的要义是差别和对立。"和"是以承认无限多样和丰富多彩的事物

---

[1]　习近平：《在纪念孔子诞辰2565周年国际学术研讨会暨国际儒学联合会第五届会员大会开幕会上的讲话》，载《人民日报》2014年9月25日。

的存在为前提。《国语》记载了史伯对"和"的解释，可谓深得"和"之真意。他说"以他平他谓之和"，"若以同裨同，尽乃弃矣"，就是说互斥者方能互补，不同的两个事物在一起相互作用，相互影响，这就是"和"；相同的两个事物在一起，什么都不会产生，这不能称为"和"。所以，史伯的结论是："夫和实生物，同则不继。""和"才会产生万物，"同"就会因失去了差别和对立从而什么也产生不了。

和谐文化以崇尚和谐、追求和谐为价值取向，融思想观念、思维方式、行为规范、社会风尚为一体，反映着人们对和谐社会的总体认识、基本理念和理想追求，是中国特色社会主义文化的重要组成部分。和谐文化既是和谐社会的重要特征，也是实现社会和谐的文化源泉和精神动力。无论是经济社会的协调发展、人与自然的和谐相处，还是人与人的团结和睦，乃至人自身的心理和谐，都离不开和谐文化的支撑。没有和谐文化，就没有社会和谐的思想根基，也就不可能有建设和谐社会的实践追求。构建社会主义和谐社会，不仅是内在的需要，而且必将催生出与之相适应的和谐文化。这也是中国传统文化现代化转换必须承担的新任务。

建设和谐文化的根本，是构建社会主义核心价值体系，积极培育和践行社会主义核心价值观。核心价值体系以及核心价值观，是社会意识的本质体现，决定着社会意识的性质和方向。任何社会都有自己的核心价值观。社会主义核心价值观是社会主义制度的内在精神之魂，在所有社会主义价值目标中处于统摄和支配的地位。这一价值观的培育必须是以马克思主义为指导，体现中国特色社会主义的共同理想，其根本主旨是培育和谐精神，倡导和谐理念。从中国文化传统来看，"和"是中国文化的内在精神和显著特征，"和谐"是中国文化的价值目标和最高追求。中国传统文化中包含着许多关于融合、和谐、和睦、平和的思想和观念，如天人合一的宇宙观、和实生物的辩证法、和而不同的价值观、以和为贵的处世哲学，等等。

当今时代和世界都发生了空前剧烈的变化，我们所面临的问题和危机，归根结底是一种文化的危机，即文化观念的偏差导致人与自然、人与社会、人与自我三种关系失调造成的危机。以孔孟为代表的儒家思想是中国传统文化的主流，老庄的道家学说、佛家学说等与儒家学说相互渗透，相辅相成。天人合一、贵和持中、刚柔相济的哲学睿智，弥合了自然与人、社会与人、理想与现实的矛盾，涵养了中国人温柔敦厚的情感世界。以孔孟为代表的儒家学派提倡"仁义"，以墨子为代表的墨家学派提倡"兼爱"，以老庄为代表的道家学派提倡"无为"，都是为了实现"和"。庄周更有独到的发挥，针对人与自然的冲突提倡"天和"，针对人与人的冲突提倡"人和"，针对人自身的冲突提倡"心和"。这些思想在当今时代仍然具有重要价值，当然它也要随着社会的发展不断增加新的时代内涵，"使中华民族最基本的文化基因与当代文化相适应、与现代社会相协调，以人们喜闻乐见、具有广泛参与性的方式推广开来"[①]。

从当代中国实践来看，我们还应确立以下和谐的文化理念：一是以人为本。坚持以人为本，就是要以实现人的全面发展为目标，关注人的切实利益和价值需求，保障人的合法权益，包括经济、政治、文化和社会及人之为人的各项权益。二是公平正义。公平与正义是构建社会主义和谐社会的前提，是构建社会主义和谐社会的基本价值取向。尤其在当前，要更加注重社会公平，更加关注弱势群体，建立以权利公平、机会公平、规则公平、分配公平为主要内容的社会保障体系。三是利益协调。随着改革的深化，我国社会呈现出了利益主体多元化、利益来源多样化、利益差别扩大化、利益关系复杂化、利益表达公开化、利益冲突尖锐化的局面。面对利益矛盾冲突的新格局，必须十分注意妥善协调各方面的利益关系，形成能够全面表达社会利益、有效平衡社会利益、科学调整社会利益的利益协调机制。四是共建共享。社会主义和谐社会是人民群众共建共享的社会，要把一切积极因素充分调动起来，使一切创造活力被充分激发出来，一切有利于社会进步的创造愿望得到尊重，创造活动得到支持，创造才能得到发挥，创造成果得到肯定。此外，还必须尊重差异，包容多样。伴随着全球化、网络化、数字化、信息化、市场经济、商业社会、消费社会、资讯社会的盛行，人们思想活动和价值判断的独立性、选择性、差异性和多样

---

① 习近平：《习近平谈治国理政》，外文出版社2014年版，第161页。

性进一步增强，因此格外需要尊重差异，包容多样，用交流、疏导、讨论、说服的方法解决思想认识问题，把不同阶层、不同人群凝聚起来，在尊重差异中扩大社会认同，在包容多样中形成思想共识，从而汇聚成促进社会和谐的强大合力。

与此同时，建设和谐文化，还必须正确处理好与先进文化、传统文化之间的关系。一方面要坚持先进文化的引导性作用。先进文化是健康的、科学的、向上的，是代表未来发展方向、推动社会前进的文化。它是人类文明进步的结晶，影响人的精神和灵魂，渗透于社会生活各个方面。是否拥有先进文化，决定着国家和民族的素质、能力和兴衰。在当代中国，发展先进文化，就是以马克思主义为指导，以培养现代公民为目标，发展面向世界、面向未来、面向现代化的民族的科学的大众的社会主义文化，以不断丰富人们的精神世界，增强人们的精神力量。当今世界激烈的综合国力竞争，不仅包括经济实力、科技实力、国防实力等方面的竞争，也包括文化方面的竞争。世界多极化、经济全球化的深入发展，引起世界各种思想文化历史的和现实的、外来的和本土的、进步的和落后的、积极的和颓废的激荡，有吸纳又有排斥，有融合又有斗争，有渗透又有抵御。坚持先进文化的前进方向，对于保持和发展本民族文化的优良传统，大力弘扬民族精神，积极吸取世界其他民族的优秀文化成果，实现文化的与时俱进，具有至关重要的意义。

另一方面，要重视传统文化的资源性作用。建设和谐文化，不仅需要民族性的形式，也需要民族性的内容，需要内在的文化基因和文化链接，需要重视传统文化的资源性作用。中国文化的强大生命力，不仅在于它的兼容性和柔韧度，而且在于它的开放性和现代性，从科学发展观强调的"以人为本"，到构建和谐社会体现的"以和为贵"，都渗透着中国文化传统的思想精华。文化是一个民族的灵魂和血脉，是一个民族的精神记忆和精神家园，体现了民族的认同感、归属感，反映了民族的生命力、凝聚力。失去了民族文化传统，就如同浮萍，没有了根。对于中国传统文化，百年来经历的历程大体是：五四时期是"看不起"，知识精英大都以反传统的面貌出现；极"左"和"文革"时期是"看不到"，传统文化等同于封建主义，而划入"封资修"之列；现在的情况则是"看不懂",近来出版了不少中国传统文化典籍,但青年人以及许多中年人读起来都很困难,远不如对西学熟悉。这不能不使一些有识之士担忧。文化传统是民族的血脉和灵魂,如果几千年的文化传统不能在我们的手中一代代地继续传承,那真是对前对不起先人,对后对不起后人,对内对不起国人,对外对不起世人。贺麟先生在《儒家思想的新开展》里强调,儒家思想的新开展落实在生活修养方面就在于"使每个中国人都有典型的中国气味,都能代表一点纯粹的中国文化,也就是希望每个人都有一点儒者气象"①。钱穆在《国史大纲》中呼吁:"任何一国的国民,对其本国以往的历史应该略有所知,尤必附随一种对其本国以往历史之温情和敬意。"②可见文化传承对于民族生存和发展的重要意义。今天讲文化传承,还必须以开放的意识和创新的精神,不断赋予传统以现代性和时代性的丰富内涵。

另外,全球化使评判先进文化的标准更加复杂,更难以把握。这其中既有国家与民族的观念立场问题,又有意识形态方面的问题,更受全球与地域之间繁杂的交互关系影响。但是,无论如何,先进的终究是最有生命力和最有竞争力的,如果片面地站在国家与民族利益角度设定评判先进文化的标准,短时间内或可保护本民族利益,长远来讲,可能使被保护的先进文化逐步走向落后的位置。同时,如果片面地在意识形态的影响下设定评判先进文化的标准,而无视世界先进文明的发展进程,长此下去,其坚守的意识形态或许就逐步落到世界主流文明的后面了。

4.中国传统文化现代转换必须满足国家文化安全需要

国家文化安全语境中的"文化"是指与不同民族、国家和制度相对应的"个性文化"。国家的文化利益与文化主权表现在对这种"个性文化"健康发展的维护上。国家文化安全关切的就是国家文化利益是否受到损害,国家文化主权是否受到侵犯,即这种"个性文化"是否得到独立自主的健康发展,是否在国际文化交流中具有现实的平等地位。如果"个性文化"由于不平等的国际

---

① 《贺麟选集》,吉林人民出版社2005年版,第135页。

② 钱穆:《国史大纲》,商务印书馆1996年版,扉页。

文化交流而存在丧失其独立个性的危险，则国家文化安全受到威胁；反之，国家文化利益处于安全状态。对一个文明绵延五千年的中华民族而言，传统文化是经久沉淀、深入骨髓的"精神基因"和文化标识；就国家文化安全而言，不能轻易割断中国传统文化的精神血脉，不能在急遽全球化过程中丧失中国传统文化的独特品性，而是应在马克思主义理论指导下实现中国传统文化的现代转换，利用好中国传统文化优质基因建构、涵养和丰富"中国特色"的精神内蕴；"历史条件的多样性，决定了各国选择发展道路的多样性。人类历史上，没有一个民族、没有一个国家可以通过依赖外部力量、跟在他人后面亦步亦趋实现强大和振兴。那样做的结果，不是必然遭遇失败，就是必然成为他人的附庸"①，国家文化安全和文化利益也必将遭受不可挽回的重大损失。国际文化环境中的不平等交流主要体现为文化扩张与文化霸权，因此，文化安全也是一个与文化扩张与文化霸权相对应的概念。

全球化使国家文化安全问题进一步凸显。不同利益主体参与全球化的基本单元是民族国家，全球化既是各民族国家合作与融合的过程，也是各民族国家利益矛盾展示的过程。全球化既是全球协作，也是全球竞争。各民族国家都希望在全球化进程中增进而不是损害自己的利益。当今世界，国际竞争已经远远超出了传统的军事力量角逐，而代之以综合国力的较量。在综合国力构成中，文化力具有至关重要的战略地位。一切经济与军事的竞争都是人的竞争，一切技术、手段与方法都需要人去掌握，一切社会资源的利用与开发都取决于人的作用，而人是受到政治和文化因素影响的社会主体。文化的功能，也恰恰在于对人的塑造。文化并不是虚无缥缈的纯精神力量，而是像凝结剂一样渗透到经济组织和社会结构中，发挥动员、调动、组织国力的作用。"如果我们的人民不能坚持在我国大地上形成和发展起来的道德价值，而不加区分、盲目地成为西方道德价值的应声虫，那就真正要提出我们的国家和民族会不会失去自己的精神独立性的问题了。如果没有自己的精神独立性，那政

---

① 习近平：《习近平谈治国理政》，外文出版社2014年版，第29页。

治、思想、文化、制度等方面的独立性就会被釜底抽薪"①。可见，文化力之于综合国力，国家文化利益之于国家利益、国家安全的战略地位。有鉴于此，美国学者约瑟夫·奈意味深长地将文化、意识形态、社会制度等称为"软实力"，认为它是与军事和经济实力等"硬实力"相对应的重要力量。

全球化还不断推动着国际竞争和产业重心的转移以及社会形态的变迁，国家利益和国际竞争也随着这种变革而富有新的内涵。在农业社会，土地是立国之本，民族与国家间的利益矛盾首先表现为对土地资源的争夺，国家利益安全主要表现为对土地资源的占有和维护。在工业社会，对石油、矿产等工业资源的开发与控制，特别是市场的占有与拓展在国家利益中具有中心地位，国际竞争实际上最终是"商品力"的较量。而在全球化推动下的以知识经济为基础的信息时代，知识成为最重要的资源，对知识与信息的占有和控制以文化力的形式反映在国际竞争中。由于其中的共性文化具有共享的特征，所以最终能增强国家利益核心竞争力的是个性文化的维护扩张能力与传播能力。物质形态利益的实现形式与最终归属决定于精神文化与价值观念。全球化时代的物质形态利益已经很难进行非你即我的区分，更多的是"你中有我，我中有你"。约瑟夫·奈认为单靠传统的经济制裁、军事打击等强制性手段就会"用导弹打自己的投资"；相比之下，依靠文化、意识形态、社会制度等"软权力"，尤其是利用其中的文化传播之类的无形力量，利用大量制造的文化产品和现代传播工具，从观念上、感情上、心理上去影响别国人民，则是另一种代价小而收获明显的软力量资源。这种无形的力量没有导弹驱逐舰护卫下的货轮那样气势汹汹，但是，它却能够散布在全球性的广阔空间，影响千百万人的思想感情，从而最终改变导弹和货轮的归属。②

当前，我国国家文化安全面临的挑战，除了以美国为主的西方资本主义意识形态扩张和文化霸权之外，还有我们自身的因素。这主要表现在，马克思

---

①　中共中央文献研究室：《习近平关于全面深化改革论述摘编》，中央文献出版社2014年版，第88页。

②　〔美〕约瑟夫·奈：《美国定能独霸世界吗？》，军事译文出版社1992年版，第160页。

主义作为一种意识形态的影响力还需要加强。作为一种"外来文化",马克思主义尽管在相当程度上已融入中国民族文化之中,在相当程度上也塑造和改变了中国人的文化性格,但是马克思主义大众化的任务还相当艰巨,在这方面我们还有许多工作要做。

改革开放以来,我们党在思想理论上取得的最大成果就是中国特色社会主义理论体系。除此之外,我们能够称得上创新并引起世界关注的思想理论成果和艺术作品还不够多。在当今世界对一些重大现实问题的关切与思考中,"中国学派"的声音需要提高。一个时期以来,学术理论界所谓的前沿问题,许多都是西方学术话语的翻版。"自80年代以来的文艺思潮,被称为创新的部分,几乎全是对西方现代主义及后现代主义种种形式、手法的袭用,从意识流、朦胧诗到泛性论表现,叙述主体的介入,无不如此。文艺批语的话题,从存在主义、接受美学、后结构主义、女权主义、后殖民主义,一直到这里所说的全球化,全是西方话语,在这方面,中国最好的批评家也只是复述西方的话语而也。"[1] "言必称现代主义和后现代主义,已经成为中国传统文化界的一种新的思想僵化和文化僵化,正是这种新的思想僵化和文化僵化,造成了当下中国传统文化原创能力的深层弱化,使中国传统文化的现代化失去了文化原创的应有动力。"[2]我们必须充分认识到一种危机,这就是:在当代新文化建设中,一方面,中国传统文化创新力尚待挖掘;另一方面,大量西方文化、学说、思潮和影视大片的引进又压制了这种挖掘,中国传统文化创新力亟待培育与加强。

在当今世界的国际环境中,维护中国的国家文化安全成为一个突出重要的课题。因此,形成增强国家文化安全意识和反对文化霸权的全民文化自觉,是我们在中国传统文化的现代转换中必须予以考虑的问题。

首先,进一步推动马克思主义中国化,将主流意识形态融入民族文化之

---

① 《中国文艺理论回顾与展望》,载《光明日报》1999年7月22日。

② 胡惠林:《文化产业发展与国家文化安全——全球化背景下中国文化产业发展问题思考》,载《上海社会科学院学术季刊》2000年第2期。

中，积蓄文化势能。在国家文化力的构成中，文化势能是特定的"文化基因"稳定性的决定力量，文化势能越大，改变该文化特性所需的外力就越大。积蓄文化势能有两个并存的有效途径：一是通过意识形态和民族文化各自的创新与传播不断积蓄文化势能；二是将意识形态融入民族文化之中。两股文化势能汇集在一起，将大大增强总的文化势能。不断推动马克思主义的中国化一直是八十多年来中国共产党人努力奋斗的目标。马克思主义在与中国革命和社会主义建设实践的结合过程中产生了毛泽东思想、邓小平理论、"三个代表"重要思想、科学发展观、习近平新时代中国特色社会主义思想，并指导中国革命和建设取得了历史性的伟大胜利，从这个意义来说马克思主义中国化取得了巨大的成功。但这仅仅只是完成了马克思主义在政治层面的中国化。[①]而马克思主义在文化层面的中国化却成效不大，马克思主义并没有全面渗入民族文化的观念、认知、价值、素养、心理等层面，从而内化为中国人处世、行世、立世的行为习惯。作为意识形态是有阶级性的，但离开深厚的民族土壤片面强调其阶级性必然会丧失其文化根基，致使意识形态只有政策内涵而缺少文化底蕴，只有领袖的创造而缺少学者的思考，只有"官方"的灌输而无"民间"的自觉。意识形态与民族文化两种重要的国家战略资源长期的"分离"状态大大削弱了中国在国际文化博弈中的整体战略力量。因此，应努力推动马克思主义中国化，特别是在文化层面的中国化，将主流意识形态融入民族文化之中，用民族文化解读马克思主义，也用马克思主义改造民族文化。在大力培育和弘扬民族文化精神的过程中融入马克思主义的文化精髓，同时也在马克思主义的传播和发展过程中打上民族文化精神的烙印，从而使两种文化势能汇集在一起，这是提高文化势能、增强国家文化力、维护国家文化安全的一个战略制高点。

其次，不断促进文化创新，保持文化先进性。创新力是增强文化力的根本，是积蓄文化势能、扩大文化传播的发动机。增强文化创新力，关键在于

---

①　参见许全兴：《马克思主义中国化的政治层面和学术层面区分》，载《理论前沿》2003年第18期。

始终保持文化的先进性。回顾中国文化的发展历程，每一次文化危机都是因为先进性丧失和创新力萎缩，而危机中的每一次飞跃都是源于先进性的追回和创新力的突破。19世纪下半叶，中国文化由于封闭和僵化而遭遇空前危机，面对"三千年未有之变局"，在经历了以民主与科学精神为核心的"五四"新文化运动的文化改造以及马克思主义作为一种"外来文化"的传入后，中国文化才获得了先进性，才重新焕发了创新的活力。中国文化并不是一个固定和僵死的模式，而是一个不断在世界文化的激荡中发展的过程，也是在中外文化的相互交融与激荡中保持先进性和创新力的过程。一个多世纪以来的中国文化史，"东西之争""华夷之辨"一直是几代文化人挥之不去的文化情结。全球化的加速冲击着我们循环着的文化思维，只有"超越东与西"，立足当代中国文化实践，以一种全球化的视野、全球化的胸襟和全球化的勇气在全球范围内吸纳当代先进文化成果，始终保持文化的先进性，才能不断焕发中国传统文化的创新活力。当然，全球化的背景下，我们应反对和警惕残酷野蛮的"文化侵略"、恃强凌弱的"文化霸权"、包藏祸心的"文化渗透"，但是我们不能反对"文化"，特别是先进和优秀的文化，唯其如此，中国文化才会有真正的先进性，才会有鲜活的创新力，也才会有真正的安全。

最后，以文化建设引领文化产业发展，增强文化传播力。随着科学技术的飞速发展和全球化进程的加快，文化传播呈现全球化趋势，文化产业的发展状况将在最大程度上决定国家文化传播力的大小。不能仅仅将文化产业的发展看成一个新的经济增长点，更重要的是要作为加强文化建设、扩大文化传播的手段和途径来认识。一般来说，文化产业的核心部分是传统意义上的艺术创作，包括音乐、舞蹈、戏剧、文学、观赏艺术、工艺品，也可以包括新兴的影视艺术表演、计算机与多媒体艺术等等。这些艺术形式各自形成一种产业，但它包括比艺术生产范围更大的延伸产业。文化从非产业化的社会活动向产业化转化，文化成为一种经济资源，这是现代社会进步的一个重要特征，对整个经济计划和管理提出了新的问题。作为世贸组织的新成员，我国政府应将自己放在全面的文化开放平台上，按照世贸规则调整和重构中国的交往理念、制度形态和法律文化，提高中国文化的核心竞争力；用竞争促发展的眼光和文化生态主义的思想范式充分发挥"后发现代化国家"的后发优势，为经济全球化下的中国特色社会主义文化建设与中国文化产业的健康发展提供强大的原动力。

二、中国传统文化现代转换的基本路径

中国传统文化的现代转换是一个充满了反抗、调适、整合和重建的过程。从整个历史进程来看，论者关于其调适和重建方式林林总总、异彩纷呈，主要有"西学中源""中体西用""中西互释""中西会通""接续主义""全盘西化"（或"充分世界化"）"本位文化""中国本位"（或"民族本位"）"西体中用""创造性转化""抽象继承""综合创新"等十几种。在"现代化共识"形成①和"新儒家"问世以前，中国传统文化（主要是儒家）重建的总体架构先是"体用论"（"中体西用"），而后是"创化论"（"创造性转化"）。前者尚没有完全脱离"夷夏之辨"的陈腐观念和盲目自大的虚骄心理，后者则开始从世界历史视野出发自觉发挥中华民族的主体创造性。

上述中国传统文化转型的前三种方式，即"西学中源""中体西用""中西互释"，基本上属于"体用论"的分析框架，偏重于"中学"思维，对"中学"与"西学"的认识较为模糊，认识不到二者的本质区别。尤其是他们在分析中国传统文化现代化历程时，对于"中学"的体是什么，并未能够给予确切的回答。在近代以来的一个半世纪里，"中学"几乎是处于一种"苟全性命于乱世"的状态，在主动与被动适应现代化与全球化的历史演进中，始终与历史前进的步伐慢半个甚至一个节拍，甚至到全球化时代的今天，仍难以适应社会实践发展的要求。以此作"体"，难以构建中国特色社会主义新文化的大厦。但是，我们对其历史功绩也不可小视，它们是儒家重建的先声，对引进西方文化、改造中国文化、推进中国现代化进程做出了贡献。

中国传统文化转型的后七种方式，即"中西会通""接续主义""全盘西

---

① 通常认为，从1919年前后的新文化运动到1935年前后的中国本位文化建设运动期间，通过"西化"派与"本位"派的长期论战，基本上形成了"现代化共识"，即认为中国发展问题的要害既不是"全盘西化"，也不是"泥古不化"，而是"现代化"。

化"（"充分世界化"）、"本位文化""中国本位"（"民族本位"）、"西体中用""创造性转化"，基本上属于"创化论"的分析框架，对"中学"与"西学"有了更深刻的认识，逐渐走出了简单生硬的"中学""西学"二元对立的思维，"现代化共识"的形成就是一个突出的证据。当然，采取什么样的重建方式是与中国当时代的现代化境遇息息相关的。历史地看，这些方式总体上把握住了中国传统文化现代化的大致趋势，即：第一，由以农业社会立论过渡到以工业社会立论；第二，由绝对地拒绝现代化到主张实现接续传统的现代化；第三，由西化与现代化混为一谈到能够分梳西化与现代化；第四，由简单地接受物质的现代化到认识到制度与文化现代化的重要性；第五，由对"中体"的感性或感情认识过渡到理性认识，逐渐意识到经过"创造性转化"的传统不但不是现代化的阻力，反而可以成为现代化的动力和助力，起到社会整合、民族凝聚、文化认同的作用。但是，我们必须看到，"西体中用""充分世界化"等方式，其实质是把西方文化作为中国文化建设的本体，历史证明，这无疑是空中楼阁。"本位文化""创造性转化"等方式要么成为当政者一时的政治性"文化宣言"，要么远离中国具体生动的社会实践，附会者多，实践者少，操作性更是差强人意。

中国传统文化的现代转换究竟应该遵循什么样的路径？我们认为，坚持"多元并存、共同发展"的文化观，是我们实现转换的思想前提，批判继承法是实现中国传统文化现代转换的根本方法，实践超越法是实现中国传统文化现代转换的关键方法，综合创新法是实现转换的具体方法。下面，我们分而述之。

1.多元并存、共同发展是实现传统文化现代转换的思想前提

越是民族的越是世界的。在全球化形势下，我们承认中国传统文化的"合法性"存在，也承认世界上其他民族文化的"合法性"存在。这是实现传统文化现代转换的前提。

（1）多元共存、共同发展是我们对待文化发展和文化转换的基本态度。经济全球化的影响虽然给现有的各种文明增添了一些共同性的成分，带来了诸如全球性文化市场和文化产业那样的新事物，但是并不能从根本上消除各种文明之间的差异。相反，在经济全球化的进程中所呈现出的是强劲有力的文化多元化发展趋势，文明的多样性并不会因为经济全球化而消失。各种文明应该在全球化进程中获取新的发展动力，创造新的文化形态。整个人类历史包括文学史、艺术史、建筑史都证明，所有文明的地位都是平等的，各种文明都是相互渗透、相互促进的。各种文明在实现自身发展中，都为社会的进步做出了自己的贡献。当然，并不是所有文明都以相同的节奏发展，但是它们都继续存活在人类的记忆之中，并以平等的身份成为人类文明、社会进步的组成部分。既然世界文明具有多样性和平等性的特点，那么，文明多元并存正是人类基于文化自觉而形成的理性选择。

文明多样性的根源在于文明的差异性。在漫长的历史发展过程中，不同民族、国家由于地域、历史、传统的不同以及各种现实因素的影响，不同的人类社会共同体总是在社会的生产方式、生活方式和思维方式，以及相应的语言、哲学、科学、文学艺术、伦理、宗教、政治、法律、技术等文化体系方面，表现出不同程度的独特性，形成不同的文明类型。正是有了这种差异性，才产生了相互对话、交流、借鉴和学习的必要性和可能性。人类文明正是在这种多样性的交流、融汇中不断前进的。不同类型的文明既有其独特的内容和表现形式，又有许多人类共同本质和特征。经过长期的交流，这类共同的成分越来越多，从而构成人类文明共同的精神财富，这就是文明发展的同质化现象。在多样性中形成普遍性，这可以说是人类文明发展的一个基本规律。与此同时，不同类型的文明在发展中也可能出现更大的差异性，甚至发生摩擦和冲突，这就是文明发展的异质化现象。人类历史上不同部落、民族、国家、地区之间曾经发生过无数的战争和暴力冲突。如果从其社会历史根源来分析，无疑包括不同程度的文化冲突因素在内。但这只是各种文明类型相互关系的一个方面，而不是其全部和主流。我们既要看到各种文明之间差异、矛盾、冲突的一面，也要看到它们统一、共存、互通的一面。我们对待文明多样性的根本出发点，应该是促进各种文明的相互理解、相互尊重、相互学习、相互吸收，在交流互鉴中实现共同发展、共同繁荣。

诚然，在全球化条件下，信息革命和资本的全球性流动为文明广泛而迅速的传播提供了载体、工具和渠道，促进了各民族文化的交流、学习与借鉴；能源、环境、恐怖活动等全球性问题的凸显，迫使人们从人类整体利益考虑问题，承认人类文明的某些共同性，于是产生了某种意义上的"全球伦理""全球意识"等新的文化观念。但是，由于旧的国际经济秩序和文明秩序依然存在，使得现实的文明交流具有极大的不平等性；不同类型的文明总是在走向世界和相互交流、碰撞、整合、创新的过程中保持自己的民族特色，显示出自己的价值和生命；再加上每一种文明类型或文化资源对经济发展和社会进步的作用都具有独特性、不可替代性等特点，全球化不可能消除各种文明之间的差异，也不可能消除文明的多样性。

在全球化背景下，不同文明之间的共同性与差异性的关系集中表现为文化全球化与文化本土化的关系。文化全球化并不排斥各民族文化的兴盛，而各民族文化的繁荣也有利于推进文化全球化。撇开本土化来强调全球化或撇开全球化来强调本土化，都不是科学的态度。文化全球化意味着多种文化交流、沟通、互补、融合机会的增多和文化共性的增多，但它并不排斥民族本土化文化价值观的多样性存在。这正是世界文化"和而不同"、各民族文化互异其趣的根本原因。中国传统文化历经五千年，形成了相对独立的价值理念和体系，曾一度是世界文明中的强势文化，影响渗透至三分之一的世界人口。在现代转换中，中国传统文化无疑仍然属于全球文化的重要一元，中国传统文化必须从当今世界文明多元并存、共同发展的事实出发，在与不同文化的交流对话和整合创新中，为构建国际文明新秩序、推进构建人类命运共同体做出贡献。同时，根据自己的客观实际，对原有文化和外来文化进行客观、科学、实事求是的分析和总结，取长补短，去劣存优，融合创新，不断发展和完善自己的民族文化体系，主动参与全球化进程，在激烈的文化竞争立于不败之地。

与全球文化的多元化趋势相类似，中国文化的内生结构也呈现出多元化特点。现代社会发展的重要趋向是多元的，中国社会和文化的发展也必然走向多元化。站在多元性文化体系的立场，重要的问题并不在于某一个思想体系的取向，而在于系统相互作用的诸多要素的综合效应。以一个简单的受力系统为例，物体同时受到不同方向、不同大小的力，影响物体运动状态的不是某一个力的方向和强度，而是力的合成结果。文化的现代化不是以决裂传统为途径，其关键可能在于配置合理的文化元素和获得一个良性的结构。在这样一个结构中，多元文化系统的合成指向一个较为理想的方向，而不是强求系统中每一元素都指向同一方向。质言之，如果我们能够建立一个这样的文化结构，中国传统文化要置于多元互动的整个中国文化现代建构中综合地设计它的发展，而不是就中国传统文化本身孤立地思考其进一步发展的途径和方式。

我们常常要求中国传统文化必须要包容科学、民主这些现代西方价值观念，并要求它为现代化过程提供直接的功利性精神动源，必须兼容东方与西方、古代与近代，甚至还有现代。诚然，我们对于传统文化有一种"爱之深故责之也切"的良好企望；另一方面，这里似乎也仍然有着一种不自觉的"一元化"的文化思想方式[1]我们常常设想一个一元化的文化思想提供给我们一切必须的价值。因此，我们总是要求把中国传统文化改造成一个包罗所有现代社会需要的价值的体系，要求其为现代化的一切层面提供价值动力。我们应当改变那种"求全责备"的心态，在文化多元互动的立场上来理解中国传统文化的现代转换，这和我们在理解中给现代或未来的传统文化的角色定位直接相关。毫无疑问，无论从制度结构，还是从思想意识，中国的现代化必须要进一步发展民主、科学、法治以及人权等，但这不等于说应当由传统文化提供所有这一切，这也不能构成传统文化恢复其生存及影响的基本条件。一方面，从多元文化的角度积极促成传统文化的进一步发展绝非意味着要恢复它在近代以前的一统地位；另一方面，科学、民主已逐步确立了自己独立的价值地位，在现代教育和科学已有完善建构的今天，我们完全可以赋予中国传统文化以鲜明的实践特色、民族特色和时代特色，赋予中国传统文化以民主和科学的内容，在此基础上，恢复其影响力，对科学发展自然不会有什么不利。

诚如此，新的文化建构应当是一种文化多因子共同作用的结果，是一种文化的多因子共同体。作为一种状态，这种文化多因子共同体所显示的是文化

---

[1]　参见林毓生：《中国意识的危机》，贵州人民出版社1986年版。

的活力和文化的多样性及丰富性，它立足于中华民族本土各个地域而创造出的文化精神、真理和价值，而且成为整个民族共同认同的信念和信仰。在这一文化建构的过程中，不但有民主、科学等制度化内容，以及形式合理性的经济结构及为其所提供的人的利益动机，而且，应使中国传统文化主体仍然成为中国人价值来源之一，其他的因子则提供中国传统文化所不能具备或无法承载的价值因素。

中国传统文化提供中国人做人的道理、人生的意义及处世的原则规范，及对宇宙、自然、社会、人类命运的基本态度。在低限度的层次和初级阶段，应当恢复中国传统文化作为道德教育体系的影响，并结合现代生活加以阐释和调整，使其基本原则和德性培育的功能在现代社会生活中得以保持。就中国传统文化的既定传统而言，其基本点不但通过个体表现为强烈的道德主义、积极的社会关切、稳健的中庸精神、严肃的自我修养，而且表现为人道主义、理性态度、忧患意识的整体性格、在哲学上强调阴阳互补和谐与永久变易的自然主义以及天人合一的宇宙观念。它的实践精神体现为士君子人格的挺立与培养，其社会功能基本上是建立和维护价值理性。

（2）坚持多元并存、共同发展必须树立开放平等的文化观。西方优秀文化成果（主要是指包含西方传统文化在内的西方现代文化）是西方社会在其资本主义市场经济发展的基础上所凝聚的历史文明和人类智慧的结晶。西方优秀的文化成果，是世界全人类文化发展重要组成部分，是人类文化进步发展的重要基础之一。西方文化为人类文化做出了巨大贡献，可为其他文化提供有借鉴价值的经验、教训。马克思和恩格斯指出："资产阶级，由于开拓了世界市场，使一切国家的生产和消费都成为世界性的了。……物质生产是如此，精神的生产也是如此。各民族的精神产品成了公共的财产。"①

中国传统文化与西方文化是体系、性质很不相同的两种文化。粗略而言，西方文化是一种注重科学主义的"工具理性"文化，是一种注重追求自我价值的"知性"文化；中国传统文化则是一种强调人文精神、伦理道德、

---

① 《马克思恩格斯选集》第1卷，人民出版社2012年版，第404页。

中庸和谐关系的"道德理性"文化，是一种强调集体主义、克己复礼的"德性"文化。应该说，这两种文化各有所长，也各有所短，并且是相辅相成、相依相存的。中国传统的人文精神、道德理性正是西方世界进入后现代化社会所迫切需要的；而西方文化中的科学技术、创新精神也正是中国由落后的农业经济迈向工业经济、知识经济，即迈向现代化进程中所极为需要的。实际上，科学技术与工具理性、人文精神与道德理性本应是完美文化中紧密融合的两个方面。因此，在21世纪，以工具理性为特征的西方文化和以道德理性为特征的中国传统文化应该是走到一起，互相交叉、互相渗透、互相融合的时候了。

中国传统文化必须与"他者"文化确立起一种建设性的积极互动的良性"对话"关系。习近平同志指出："各国各民族都应该虚心学习、积极借鉴别国别民族思想文化的长处和精华，这是增强本国本民族思想文化自尊、自信、自立的重要条件"[1]。从历史上看，自近代以来，中国文化就处在弱势地位。由于这一历史原因，我们往往被自卑情结所困扰，用一种虚妄的自大自负方式期待中国文化的统治地位，甚至表现出"东方中心论"式的偏执。从根本上说，这种思维方式并没有真正摆脱"主奴关系"模式的束缚和羁绊，它所反映的不过只是统治关系的颠倒而已。不同的文化之间应建立一种平等的关系，其所采取的方式是一种"对话"关系，对话关系的特点在于以下几方面：

首先，必须坚持世界文化发展的多元性。未来的世界绝不可能是由单一的文化来主宰的世界，而只能是由不同的文化在多元互补的关系中，通过共同参与而形成的世界。因为人类已经意识到，文化多样性的存在对于人类社会的发展和优化具有前提意义。众所周知在自然界中，生物多样性对于生物物种的保存和发展具有决定性的意义。因为生物遗传性状和遗传基因如果是单一的话，一旦遇到环境的挑战，生物物种就难以适应不利的环境而得以保存和延续。与此相类似，文化的多样性也有助于每一种文化应对环境的挑战，因为多

---

[1]　习近平：《在纪念孔子诞辰2565周年国际学术研讨会暨国际儒学联合会第五届会员大会开幕会上的讲话》，载《人民日报》2014年9月25日。

样性的文化所拥有的全面性，足以使各种文化积极地适应外部环境的变迁，而且为它的新创造提供必要的可能性空间。

其次，世界诸文化的对话必须以对话诸方各自地位的独立和对等为前提，因而它们是平等的关系，一方不能把自己的文化模式强加于另一方，这就拒绝了"文化霸权"和"文化帝国主义"。在21世纪，"西方中心论"的文化偏见已经过时了；同样，"东方文化拯救论"恐怕也是一厢情愿式的"乌托邦"。不论未来世纪究竟是"文明的冲突"，还是"文明的融合"，都需要每一种文化传统以"主体"的姿态建构自身，从而使自己成为"多极"世界中的"一极"。

最后，通过对话，所有文化都参与了意义的生成和创造，从而在"文化视阈的融合"中肯定各种文化的价值和意义；并且，通过对话实现不同文化的相互参照，在互为中介的建构中实现不同文化各自的发展和更新。

对于中国传统文化而言，应"发扬吾固有之文化，且吸收世界之文化而光大之，以期与诸民族并驱于世界"[①]。对此，我们应立足于全球化的社会发展实践，抛弃疑虑和偏见，加大吸取西方文化积极因素的力度，面向世界，博采众善，广泛吸收人类所创造的一切优秀文化成果，用以克服中国传统文化中的消极因素和弥补中国传统文化中的欠缺。在中国传统文化中，"儒家思想和中国历史上存在的其他学说都是与时迁移、应物变化的，都是顺应中国社会发展和时代前进的要求而不断发展更新的，因而具有长久的生命力"[②]。只有"会通中西"，融贯古今，互为体用，以开放的胸襟，从中国现代化建设的实际需要出发，批判地借鉴古今中外一切有价值的文化成果，经过辩证地扬弃达到现代融合，才能创造既批判地继承历史传统又充分体现时代精神、既立足本国又面向世界的新文化，才能开创新局面，创造新辉煌。

要超越中西古今之争，必须进行充分的对话。历史本来就是现在与过去

---

① 《孙中山全集》第7卷，中华书局1985年版，第60页。

② 习近平：《在纪念孔子诞辰2565周年国际学术研讨会暨国际儒学联合会第五届会员大会开幕会上的讲话》，载《人民日报》2014年9月25日。

的对话，当前的文化整合就是一场跨时代的对话：尽管我们立足于当代视野，但又必须穿越历史的时间隧道，走进中国历史传统，并与传统观念展开对话，与传统观念的维护者和反对者展开对话。这也是一场跨国界的对话：尽管我们立足于当代中国，但又必须以宝贵的学术良知清除中西之间的空间障碍和文化阻力，在积极的文化交往中寻觅一个共同的文化话语，营造一个和谐的对话语境，走向统一时空中的文化对话。这又是一场严肃的对话：若是我们还想以自己传统观念的民族特色为骄傲的话，传统观念就必须在当今人类共同的课题上做出自己的贡献来，并借助对话检测一下我们"中国智慧"的分量。因此，能不能认真地开展这场对话，已经成为对中国人的一次绝妙的考验。而展现传统与当代、中国与西方之间广阔的对话前景，必须对历史上的中国传统价值观念本身的复杂性进行多维透视。因为只有知道了历史，现实才比较容易定位。传统价值观念反映了我们曾经达到的自我意识的程度，它在沿袭传承中凝结为牢固的社会心理定势，甚至成为根深蒂固的集体无意识。在一定意义上说，它制约、规范和铸造着一个民族、一个社会特有的生活方式、行为方式和思维方式，因此传统价值观念是了解一个民族、一个社会的指示器。通过对传统价值观念进行多维透视，我们可以找到中国文化的源头活水。

与此同时，我们还必须警惕文化的民族主义情绪，不能妄自尊大地宣扬所谓中国的文化"输出主义"或"送去主义"，更不能人为制造一个虚幻中的"中国文化中心主义"。有一种说法叫作"21世纪将是中国的世纪"、将是"东方的世纪和东方文化的世纪"，听起来很振奋人心，但这恰恰是一种弱势文化的不健康心理的反映。为大家熟知的"三十年河东，三十年河西"的文化主张，其实是需要分析的。如果以此来强调中国传统文化中的某些价值观念所具有的普世性价值和对于世界文明的恒久性贡献，是可以理解的。但是，如果以此将世界文明的发展引入所谓的"文化循环论"，则是不足取的。因为在非此即彼的思维中，西方文化的优秀成果将被扔在一边，如此一来，中国传统文化现代转型的任务，就会因我们丧失了海纳百川的文化包容精神，就会因为我们的偏执和狭隘而无法完成。

2.批判继承法是实现中国传统文化现代转换的根本方法

批判继承法，是毛泽东在《新民主主义论》中提出的，即对外来文化和传统文化要有所分析，取其精华，去其糟粕，有批判地继承，而不能无批判地兼收并蓄。抽象继承法，则是冯友兰先生1957年提出的。习近平在2013年11月考察山东时也曾谈到，"对历史文化特别是先人传承下来的道德规范，要坚持古为今用、推陈出新，有鉴别地加以对待，有扬弃地予以继承"①。可见，批判继承法是实现中国传统文化现代转换的根本方法。

要不要继承中国传统文化，如何继承中国传统文化，可以说是"五四"以来一直困扰着中国学人的问题。在"五四"及其以后的文化论争中，文化激进主义一度占了上风，成为主导。因而在"五四"新文化运动时期，就有人提出过废除汉字、扔掉线装书等极端的主张。"文化大革命"中，所谓"破四旧"，使中国传统文化遭到空前的荡涤和摧残。这种"左"的影响与表现，实际上在20世纪50年代已见端倪。针对当时哲学界简单否定中国传统哲学的价值，对中国古代哲学遗产批判过多、不讲继承的倾向，冯友兰先生在1956年10月23日《人民日报》上发表题为《关于中国哲学史研究的两个问题》一文，指出："我们近年来的哲学史工作大概用的是形而上学唯物主义的方法，把哲学史中唯物主义和唯心主义的斗争简单化、庸俗化了，使本来内容丰富的哲学史变得贫乏、呆板。"1957年1月8日，他又在《光明日报》上发表《中国哲学遗产的继承问题》一文，认为"我们近几年来，在中国哲学史的教学中，对中国古代哲学似乎是否定的太多了一些，否定的多了，可以继承的遗产也就少了。我觉得我们应该对中国的哲学思想作更全面的了解"。他强调，对中国哲学史中的命题，应当注意到两方面的意义：一是抽象的意义，一是具体的意义。历史上的哲学命题，它的抽象意义是可以继承的，具体意义是不可以继承的。他举例说："论语中子曰'学而时习之，不亦说乎'，从具体意义上看，孔子教人学的是诗书、礼乐等传统的东西，从这方面去了解，这句话对现在就没有多大用

---

① 习近平：《认真贯彻党的十八届三中全会精神 汇聚起全面深化改革的强大正能量》，载《人民日报》2013年11月29日。

处，不需要继承它，因为我们现在所学的不是这些东西。但是如果从这句话的抽象意义上看，这句话就是说无论学什么东西，学了之后，都要及时的经常的温习和实习，这些都是很快乐的事。这样的了解，这句话到现在还是正确的，对我们现在还是有用的。"

对中国古代的哲学命题，应当区分其具体意义和抽象意义，抽象意义是可以继承的，具体意义是不能继承的。冯友兰先生的这些见解，回答了对中国哲学继承什么和怎样继承的问题。后来，他把"抽象"和"具体"这对范畴改换成"一般"和"特殊"，一般即共相，特殊即殊相。冯友兰的新理学强调"实际世界"（"现象界"）是变化的，而"真际世界"（"理世界"）则是不变的。从"理"到"共相"，再到"抽象继承"，冯友兰先生的思想是一贯的、一致的。

作为一个学术问题，无论是抽象继承法本身，还是它同批判继承法的关系，长期以来一直存在争议。文化遗产的继承，毛泽东的标准是精华与糟粕，冯友兰的标准是抽象与具体。从理论上看，应当说前者更具有合理性。因为一般来说，凡精华都应该取，凡糟粕都应该去；但不能说凡抽象都要继承，凡具体都要抛弃。因为抽象并不等于精华，具体也不一定都是糟粕。问题是从历史上看，讲批判继承，结果往往是只有批判，没有继承。讲抽象继承，又往往不加分析，对民主性的精华与封建性的糟粕不能作出具体分析。

20世纪50年代至70年代通行批判继承法，拒斥抽象继承法。80年代抽象继承法强势反弹，长期盛行的批判继承法则被搁置一边。90年代有人重提批判继承法，指出抽象继承法的不足。比如，针对90年代前半期的国学热和传统文化的回归，有的论者提出了不同意见，认为批判继承法不能否定，抽象继承法则有严重缺陷，指出："关于'仁义'、'天道'、'天人合一'之类'一般'概念的'现代意义'之发现……这种把古代社会作为统治阶级进行思想统治工具的概念做超历史、超时代、超阶级的理解，是不是一种科学的理解？"并批评有人"把对传统应持的'弃除糟粕，吸取精华'的批判态度，变成了一种特定的抽象继承法，即把某一命题所包含的只适应封建制度的具体内容淘汰掉，仅仅从命题的字面意义去发现命题的现代价值，并以之为弘扬传统的一种途径"①。该文涉及并突出了两个长期以来争论的关键问题，这就是如何看待批判继承法、如何看待抽象继承法的问题。

对于批判继承法，有研究者指出，"'批判继承法'重在批判，这种方法运用的实际后果是传统文化在社会中几乎被人遗忘；'抽象继承法'则重在继承，其抽象性不过是达到继承的一种手段，这种方法的提倡为传统文化的研究和弘扬争得了一定的地位"②。而有的研究者则进一步指出，人们在反省以往那段历史时，往往以为是批判什么、继承什么的问题没有解决，"而实际问题的症结不在于此，因为上述两个问题一开始就非常明确，这就是唯物唯心的划界和阶级分析法。应当说，在几十年中起作用的并不是作为一般性原则的'批判继承'，而是唯物唯心的划界和阶级分析法，它们是批判继承原则的具体化。……建国后的三十年，'批判继承'之所以完全成为一句空话，不是由于此一原则太抽象，而恰恰是由于此一原则太具体（通过唯物唯心和阶级分析）"③。学界逐渐认为，批判继承法作为一个对传统文化进行改造的基本原则，操作性并不太强。其中"封建性的糟粕""民主性的精华"尚无明确的界定尺度，如何认定、由谁认定都是问题。"因此这种判断难免带有主观性和不确定性。过去曾被认为是精华的，今天可能被认为是糟粕，这一个人或这一部分人认为是精华的，另一个人或另一部分人可能认为是糟粕。"④新中国成立后，这一原则曾长期作为一个重要的操作标准和原则，但从实际结果来看，却也出现了所谓"划分标准"难以判断致使产生了忽"左"忽"右"的情形。

对于抽象继承法，有研究者指出："肯定有某种一般性的道德，也就是肯定人与人之间的共通性，肯定某些文化价值的超越性和普遍性。根本否定这一前提，所谓'继承'也就只能是一句空话。冯友兰先生提出的'抽象继承法'

① 朱德生、李登贵：《从思想世界降到现实世界》，载《哲学研究》1995年第11期。
② 朱宝信：《论研究和弘扬传统文化的两种态度——朱德生、李登贵先生〈从思想世界降到现实世界〉献疑》，载《青海社会科学》2003年第1期。
③ 郑家栋：《断裂中的传统——信念与理性之间》，中国社会科学出版社2001年版，第340～341页。
④ 钱逊：《找出继承中的普遍性因素》，载1987年10月6日《文汇报》。

的意义就在于此。"①针对有人对抽象继承法的批评，认为抽象继承法"已不是传统内容的继承，而是使现代精神附着于传统命题的语言外壳，甚至给古代观念贴上'人道主义'、'人本主义'等现代标签，希望通过这种语言外壳的'民族化'、'普适性'和'历史性'，达到历史与现实的交融"②，有的论者回应说："这段话确切地道出了抽象继承法的实质，但这不是它的缺点，而恰恰是它的优点。……真正地继承只能是以现代精神去改造传统命题，这种改造自然少不了'附着'的做法。同时还要以现代精神赋予这些命题以现代意义，这种赋予也并不完全排除贴标签的做法。而且，正是由于抽象继承法能够伸张语言的民族性、普适性和历史性，传统文化才能走进当代中国，即达到历史与现实的交融。而按照……批判继承法，传统的内容只能（绝大部分地）被拒于当代中国之外。"③

对于批判继承法和抽象继承法的论辩，对当代中国的学术研究和文化建设具有重要意义。批判继承也好，抽象继承也好，落脚点都是继承；其最终目的就是"要讲清楚中华优秀传统文化的历史渊源、发展脉络、基本走向，讲清楚中华文化的独特创造、价值理念、鲜明特色，增强文化自信和价值观自信"④。党的十六大报告上提出"发扬民族文化的优秀传统"和"坚持弘扬和培育民族精神"；党的十七大报告中提出"弘扬中华文化，建设中华民族共有精神家园"；党的十八大报告进一步强调"建设优秀传统文化传承体系，弘扬中华优秀传统文化"，标志着我们党深刻认识到中国传统文化在中国特色社会主义文化建设中的重要地位。这三份党的重要报告都强调了弘扬中国传统文化精髓的重要意义和必要性，指出必须把大力弘扬和培育民族精神作为文化建设极

---

① 郑家栋：《断裂中的传统——信念与理性之间》，中国社会科学出版社2001年版，第343页。

② 朱德生、李登贵：《从思想世界降到现实世界》，载《哲学研究》1995年第11期。

③ 朱宝信：《论研究和弘扬传统文化的两种态度——朱德生、李登贵先生〈从思想世界降到现实世界〉献疑》，载《青海社会科学》2003年第1期。

④ 中共中央文献研究室：《习近平总书记重要讲话文章选编》，中央文献出版社、党建读物出版社2016年版，第120页。

为重要的任务，纳入精神文明建设和国民教育的全过程。为了在全球化进程中建设当代中国新文化，尽快在传统文化的研究和弘扬上取得共识，是中国学术界面临的重要而紧迫的课题。

3.实践超越法是实现中国传统文化现代转换的关键方法

就"实践"作为本体的原初性范畴而言，正是"实践"通过隐而不现的方式使得一切可能的存在者"是其所是"。"实践开启了一切可能的存在者之存在。就此而言，它成为存在者之存在的召唤者。一切存在者的'是其所是'，皆成就于实践境遇的开显之中。在实践这一原初性范畴的展开中，一切可能的存在者'是其所是'，即显示并证成自身。实践的开启性和建构性即在此被成就"①。那么，实践的开启性和建构性就合力组成实践的超越性；但实践并非外在于存在者的施动者，而是始源性地成为了存在者的内生前提。这也就使得实践本然地具有"生产性"。在本体论面向上，"生产"不能单纯地理解为一般词典中给出的"人们创造物质财富的过程"②的界定；而应该还理解为精神或文化的生产，正如马克思在《德意志意识形态》中论及："人们是自己的观念、思想等等的生产者"③。因此，从本体论意义上，实践的原初范畴所具有的生产性和建构性，要求中国传统文化作为一个"存在者"在实践中实现"是其所是"的现代转换。

从现实社会生活实践层面来说，中国传统文化现代转换成果倘若离开了实践的基础，就将丧失其应有的生机活力。正是将转化成果措置于日常生活实践中，一方面成全了传统文化的创造性转化成果，因为它可以在实践中突破自身并被赋予新的时代内涵；另一方面也成全了生活实践，因为优秀传统文化基因丰富了我们的交往世界和精神生活。"一旦脱离了实践语境，无论是物质还是精神都不可能逃避被抽象化的命运"④，中国传统文化现代转换的成果就成为了空中楼阁。在此意义上，中国传统文化的真正生命力只能通过人们在自己参

---

① 何中华:《重读马克思》,山东人民出版社2009年版,第198页。
② 《简明社会科学词典》,上海辞书出版社1982年版,第239页。
③ 《马克思恩格斯选集》第1卷,人民出版社2012年版,第152页。
④ 何中华:《重读马克思》,山东人民出版社2009年版,第199页。

与的社会生活实践中不断建构而彰显出来。在中国传统文化现代转换过程中，不能着眼于优秀传统典籍中的经典词句，或者把传统文化抽象归纳为几种精神和几个范畴，甚至将传统文化中的只言片语到处套用，中国传统文化基因似乎就融入我们生活了，传统文化的现代转换或许就实现了。殊不知，即便是将文化典籍倒背如流，没有真正将思想精华融入社会实践中来指导我们的行动，创造性转化也是难见成效的。我们需要在实践中借助于传统，又要超越传统，这样才能完成中国传统文化现代转换的历史使命。文化不能与实践隔离开来，中国优秀传统文化的精神要义只有与日常生活世界相结合才能迸发活力。在日常生活世界中通过实践及其历史展开寻找扬弃异化、获得主体自由的具体路径，这成为中国传统文化现代转换的基调和诉求。"我们看到，理论的对立本身的解决，只有通过实践方式，只有借助于人的实践力量，才是可能的；因此，这种对立的解决绝对不只是认识的任务，而是现实生活的任务"①。中国传统文化现代转换的成果需要融入人民群众的日常生活世界和社会实践行动中，成为人们的自觉意识和自觉行为，达到"百姓日用而不知"的合一状态，这一转换才具有实质性意义；中国传统文化也才能在群众生活实践中实现现代转换。

中国传统文化现代转换需要在历时性的实践中，借助传统文化的优秀基因在现时代形成中华民族的独立主张和时代精神，而不是做长久的西方文明的从属者和追随者。我们始终需要在马克思主义科学的世界观和方法论指导下，主动推进传统文化现代转换的历史进程。任何一种传统文化的现代转换都没有一个程式化的路径和标准化的模板。我们可以通过追溯历史的遗迹和追踪时代的坐标，以从中探寻和搜罗出具有启发意义的事件，进而总结出文化转化中的具有必然性的规律和可能性方式，以期给我们传统文化转换叙事进行定位。在全球化时代背景下，在多元文化的交锋与交融中，我们需要在马克思主义的理论指导下，结合时代主题和发展任务，积极开掘中国传统文化优秀质素，在改革开放实践中、在群众生活实际中推进中国传统文化现代转换。

———————
① 《马克思恩格斯文集》第1卷，人民出版社2009年版，第192页。

4.综合创新法是实现中国传统文化现代转换的具体方法

毛泽东在谈论文化问题时，多次表述了既继承历史遗产，又不兼收并蓄，既吸收外来文化，又不全盘西化的思想。徐特立曾把毛泽东这一辩证的文化观表述为"古今中外法"。他说："毛泽东同志提出的古今中外法，就是说我们古代的也要，现在的也要，外国的也要，中国的也要。把古代的变为自己的，和现代的结合起来。把外国的变为自己的，和中国的结合起来。这样看问题才是马列主义的方法。……古今中外法，把古今结合，中外结合，变成我的。像吃牛肉也好，狗肉也好，吃下去了，把它变成我的肉，这就对了，绝不是说吃了狗肉我就变成了狗肉。"[①]这一表述，形象地说明了以毛泽东为代表的中国共产党人对待传统文化和外来文化的基本态度。当然，至于在文化工作中"左"的错误，特别是"文化大革命"中的错误，那完全是对"古今中外法"的背离，应另当别论。

张岱年先生继承发展了毛泽东"批判继承"和"古今中外"的基本方法，提出了综合创新的转化路径。中国传统文化是中国的固有文化，源远流长；鸦片战争以后西学东进，西方文化输入中国；十月革命给中国送来了马克思主义，马克思主义传入中国。那么，"中""西""马"这三大文化的关系应当如何处理呢？张申府先生（张岱年先生之兄）提出要孔子、罗素、列宁三位一体；张岱年先生提出将唯物、理想、解析综合于一，即"综合创新"。20世纪末以来，人们不时运用19世纪欧洲三足鼎立的保守主义、自由主义和激进主义三种不同倾向和框架来观察20世纪中国思想文化和政治生活的状态。在一个多世纪之中，围绕中国社会和思想文化的进路而设立的种种模式，具有很强的"两极性"和"单向度性"，这就是拒斥外来文化的传统主义和抛弃传统的西化主义。张岱年先生确立了超越于两极性和单向度性的这种"文化综合创新"范式，是作为两极性立场的对立者而出现的。

张岱年先生和他的学生程宜山合著的《中国文化与文化论争》（中国人民大学出版社1990年版），可以说是一本全面系统地论述综合创新的文化学专

---

① 《徐特立教育文集》，人民教育出版社1986年版，第122~123页。

著。特别是该书的最后一章"我们的文化主张——综合创造论",从理论上对综合创新之所以必要和可能作了深刻的分析和精辟的阐述。在谈到综合创新之所以可能的根据时,该书提到两点:一是文化系统的可解析性和可重构性;二是文化要素之间的可离性和可相容性。这两点都强调对具体问题进行具体分析,而不是提出某种可供套用的抽象公式。这些理论观点能不能成立,根据是不是充分,都还可以讨论,但是这些探索确实从理论上深化了对综合创新论的研究,对我们很有启发。综合创新的文化主张,大致包含以下几个要点:

第一,古今中外人类文明一切有价值的成果,我们都要学习、借鉴、继承、吸收,这就是古代的也要,现代的也要,外国的也要,中国的也要。"对我国传统文化,对国外的东西,要坚持古为今用、洋为中用,去粗取精、去伪存真,经过科学的扬弃后使之为我所用。"①就学习、继承的对象来说,不是像全盘西化论者那样,只要西方的,不要中国的;也不是像国粹派、儒学复兴论者那样,只要中国古代的,只要儒学,固执华夏中心主义。我们学习、借鉴古今中外的文化成果,在时间和空间上都是全方位开放的,是全面的历史主义的态度。

第二,继承中国传统文化和学习借鉴西方文化,都是立足于民族进步的实际、立足于社会发展的实践、立足于中国今天的现实,都是为了推动中国文化和整个中国社会的现代化。早在1943年,中共中央就曾明确指出:"中国共产党人是我们民族一切文化、思想、道德的最优秀传统的继承者,把一切优秀的传统看成和自己血肉相联的东西,而且将继续加以发扬光大"②。当前,习近平同志指出:"在带领中国人民进行革命、建设、改革的长期历史实践中,中国共产党人始终是中国优秀传统文化的忠实继承者和弘扬者,从孔夫子到孙中山,我们都注意汲取其中积极的养分"③。这就是以我为主,为我所用,确立民

---

① 习近平:《习近平谈治国理政》,外文出版社2014年版,第156页。

② 中央档案馆:《中共中央文件选集》(第12卷),中共中央党校出版社1986年版,第201页。

③ 习近平:《在纪念孔子诞辰2565周年国际学术研讨会暨国际儒学联合会第五届会员大会开幕会上的讲话》,载《人民日报》2014年9月25日。

族文化的主体性原则。继承、选择的目的和标准，是为了满足主体的需要。对中国今天的现代化建设有用、有利的就继承，无用、有害的就不继承。

第三，学习、借鉴、继承、选择中国古代文化和外域文化的方法，是辩证的批判继承法，而不是形而上学的抽象继承法。不是原封不动地拿过来，而是要经过咀嚼、消化，经过由此及彼、由表及里、去粗取精、去伪存真的具体分析过程，吸收有益的营养，摒弃无用的糟粕。在继承中有肯定，同时也包含批判、否定于其中。把握黑格尔所说的"扬弃"这个概念，就能了解"批判继承"的实质。

第四，分析与综合相结合，综合与创新相结合。中国的也要，外国的也要，古代的也要，现代的也要，但必须经过辩证的综合。辩证的分析与综合是统一的。把各种不同成分的东西吃进去，经过咀嚼、消化，都变成我的营养，这是一个既有分析又有综合的过程。文化系统的解构与重构，也是既有分析、分解又有综合。各种不同的成分、要素的重新组合、有机合成，就创造出一个新东西。所以综合本身就是创造，就是创新。主体按照自身的需要，吸收各种不同的文化要素，就可以改变自己，创造一个新的文化形态。例如，中国的原始儒学在吸收了外来的佛教和本土的道教、道家思想之后，就改变了自己的形态，创造出了宋明的新儒学。可见，综合创新也是文化发展的规律。

张岱年先生关于文化综合创新的主张，是一种极有价值的探索，也是一种颇有影响的学说。早在20世纪30年代的文化讨论中，他就既反对"东方文化优越论"，又反对"全盘西化论"，主张兼取中西文化之长而创造新的中国文化。在20世纪80年代的"文化热"中，他指出无论是"中体西用"还是"西体中用"，无论是国粹主义还是全盘西化，都走不通，只有辩证的综合创造，才是中华民族文化复兴的坦途。

方克立先生接受和赞赏张岱年先生关于"辩证的综合创新"，即文化综合创新论的主张，并运用毛泽东关于"古今中外"和"批判继承"的思想加以发挥，指出"综合创新论是经过现代人总结和概括地表述出来的。我们可以用'古为今用，洋为中用，批判继承，综合创新'四句话简要地表述这种文化观的基本内容，这就是我们对古今中西问题的比较全面的完整的回答"①。从张岱年先生到方克立先生，综合创新论在内容上不断丰富，形式上逐步完善，影响上日趋广泛，受到学术界的普遍关注与重视。同时，由于这"十六字诀"的前十二个字都是毛泽东的原话，因此，毛泽东的文化观与综合创新文化观的联系是显而易见的，也产生了深远的影响。

综合创新的大思路无疑是对的，并且为当代中国的文化建设指明了一个正确的方向。但是，综合创新论也面临不少挑战，其无论在宏观把握和微观操作上都存在一些问题。这里的问题主要有两个：

一是中国文化与西方文化（即"中学"与"西学"）的关系。有的学者在发表的著作中指出："这个模式表面上包罗万象，但又在事实上回避了问题的核心。就是说，在命题中，人们看不出中西文化关系的基本矛盾是什么，也看不出论者的基本立场是什么，充其量也只能理解为'一切都要好的'这样一个立意。……看来，回避中体西用，只讲抽象的'综合创新'，尽管有着全面性的外表，但由于不得要领，难以使人们找到明晰的真正出路。"②

二是中国传统文化与马克思主义的关系。在笔者看来，这个问题比上一个问题更重要、更关键，处理起来难度也更大。张岱年先生曾经指出："马克思主义与中国文化优秀传统的结合，应是中国文化发展的主导方向。"③这当然没有错，但是接着还要再问：在这个文化中，马克思主义和中国文化优秀传统谁又占主导呢？这个问题不解决，综合创新恐怕很难进行。有人认为这个问题并不存在，在他们看来，马克思主义的中国化就是中国文化的现代化，马克思主义哲学的中国化就是中国哲学的现代化，两者是一回事。其实，问题并没有这么简单。有学者就指出，在中国文化发展方向和前景问题上，"可以有两个提法，一个是发展出一个适合现代化要求的中国化的马克思主义；一个是发展出一个适合现代化要求的、吸收了马克思主义的中国文化。……这两个前

① 方克立：《现代新儒学与中国现代化》，天津人民出版社1997年版，第490页。
② 黄力之：《先进文化论》，上海三联书店2002年版，第79~80页。
③ 《张岱年全集》第7卷，河北人民出版社1997年版，第433页。

景，也许是一回事，也许不是”①。

提出“综合创新论”面临的问题与困难，不是要否定它，恰恰相反，正是为了使之更加丰富和完善。笔者觉得，国内外学术界新近提出的“文化自觉”和“文明对话”两个概念，就对“综合创新论”的丰富与完善具有重要意义。文化自觉是实现综合创新的前提，文明对话则是达到综合创新的途径。世界上的各种文化，如果都能自觉到自己的长处与不足，积极地与其他文化进行交流与对话，那么，在这个基础上的多元文化综合创新就是有可能的。

1997年，费孝通先生在《反思·对话·文化自觉》中论述了“文化自觉”的问题，指出“当代中国文化必须经过文化自觉的艰巨过程，才能在这个已经在形成中的多元文化的世界里确立自己的位置，经过自主的适应，和其他文化一起取长补短，共同建立一个有共同认可的基本秩序和一套各种文化能和平共处、各舒所长、联手发展的共处守则”。1998年，费孝通先生关于北京大学一百周年校庆的纪念文章的题目就是《完成“文化自觉”使命，创造中华现代文化》，从而进一步强调了文化自觉的重要性。费孝通先生指出：“文化自觉是指生活在一定文化中的人对其文化有‘自知之明’，明白它的来历、形成过程，所具的特色和它发展的趋向，不带任何‘文化回归’的意思，不是要‘复归’，同时也不主张‘全盘西化’或‘全盘他化’。”②2002年12月17～20日，“21世纪中华文化世界论坛：文化自觉与社会发展学术研讨会”在香港召开。会议的主题就是“文化自觉”问题，表明这一极富前瞻性的概念和命题已得到海内外学者的高度重视与普遍认同。费孝通先生因身体原因未出席会议，他提交的论文指出，在经济全球一体化后，中国文化怎么办是社会发展提出的现实问题，也是谈论文化自觉首先要面临的问题。我们一方面要承认我们中国文化里面的好东西，进一步用现代科学的方法研究历史，以实现我们的“文化自觉”的使命，努力创造现代的中华文化；另一方面也要了解和认识

---

① 薛涌：《追求新的文化目标——访北京大学哲学系汤一介教授》，载《书林》1986年第6期。

② 费孝通：《经济全球化与中国“三级两跳”中的文化思考》，载《光明日报》2000年11月7日。

这世界上其他人的文化，学会解决处理文化接触的问题，为全人类的明天做出贡献。①

　　在世纪之交费孝通先生为什么要一再论述"文化自觉"的问题呢？这显然与这一时期学术界的文化讨论和文化动向，特别是国内外新文化保守主义思潮的兴起有关。回首20世纪的百年文化历程，我们会发现这样一种尴尬：20世纪初是以批孔学开始的，20世纪末是以国学热、儒学成为"显学"结束的。这一历史现象，令人玩味和深思。美国学者艾恺就认定，21世纪的世界文化将会演变成儒家文化，今日世界的种种变动显示，中国的儒家文化将会取代西方的物质科技文化，梁漱溟八十年前的预言，今日证明是确实不虚的金玉良言。无独有偶，汤因比也指出："将来统一世界的大概不是西欧国家，也不是西欧化的国家，而是中国。"又说："对现代人类社会的危机来说，把对'天下万物'的义务和对亲密的家庭关系的义务同等看待的儒家立场，是合乎需要的。现代人应当采取此种意义上的儒家立场。"②对这样的议论乃至溢美之词应当怎么看，保持清醒的"文化自觉"十分重要。实际上，无论是汤因比对儒学的推崇，海德格尔对禅宗的认同，还是荣格对《周易》的心仪，一方面存有一定程度的认同，另一方面，这或许也反映了一种病急乱投医的心理，即把救治西方文化危机的希望寄托在中国传统文化身上。

　　"文化自觉"是人类对自身前途命运理性的认识和把握。这是因为，人是文化的生成，人的文化背景、价值观念、思维方式、道德追求，使人的活动从本质上说来是一种文化活动。在社会发展变革时期，"文化自觉"具体表现为文化价值选择和构建过程中人们的一种价值取向，它要求将人的价值观建立在理性的基础之上，所以，"文化自觉"就是人的自觉、理性的自觉。

　　通过回顾以上文化建设思想，笔者认为，在全球化时代，应从以下两方面探讨中国传统文化的现代转换：

---

　　①　参见《人民日报》（海外版）2002年12月23日。

　　②　《展望二十一世纪——汤因比与池田大作对话录》，国际文化出版公司1985年版，第289页。

在指导思想上，我们特别强调马克思列宁主义的指导地位，重点是坚持马克思主义的世界观和方法论。同时必须指出，马克思主义的指导地位之充分发挥作用，必须以实现马克思主义的充分中国化为先决条件。由此，中国传统文化的现代转换才不会偏离科学的发展方向，才能更加符合并服务于中国当下的社会实践。西方文化以及所有世界先进文明的优秀成果都应成为中国新文化建设的重要补充，也是中国传统文化现代转换重要的外部促进力量，但前提是，吸收世界先进文明，不是简单的"拿来主义"、囫囵吞枣，而必须是经由马克思主义为指导的中国化。

在路径选择上，应坚持"文化多元并存"的文化观，进一步分析和掌握当代世界文化的多元性、综合性、相互交融性，丰富和发展"文化综合创新"的范式，构建中国特色社会主义的新文化。这是促进传统文化现代转换的可行性选择。

5. 综合创新的具体实现方式

文化综合创新是文化的生命和存续发展的不竭动力。文化的综合与创新密切相联、互为辩证。张岱年先生界定说："创造的综合即对旧事物加以'拔夺'而生成的新事物。一面否定了旧事物，一面又保持旧事物中好的东西，且不惟保持之，而且提高之，举扬之；同时更有所新创，以新的姿态出现。凡创造的综合，都不只综合，而是否定了旧事物后而出现的新整体。"[①]从创新来说，它又是"综合"的创新，这里的"综合"具有为创造提供基础和条件的意义。张岱年先生提出"综合"的创新，一个重要的意旨是通过复杂的综合工作而走向创新。张岱年先生早年曾指出："我所以于创造之外又言综合，因为创造不能凭空，必有所根据，我们可以根据东西两方文化的贡献，作为发展之基础。所谓创造的综合，即不止于合二者之长而已，却更要根据两方之长加以新的发展，完全成一个新的事物。"[②]到了晚年，他仍强调："我们主张综合中西文化之长以创新文化，并不是说对于中西文化可以东取一点、西取一点，勉强

---

① 《张岱年全集》第1卷，河北人民出版社1997年版，第257页。

② 《张岱年全集》第1卷，河北人民出版社1997年版，第244页。

拼凑起来：综合的过程也即是批判、改造的过程，也就是创建新的文化体系的过程。"①根据这一方法论原则，张岱年先生亲身进行了不懈的实践努力。20世纪30年代，他通过对中西文化特别是中国文化进行辩证的、理性的分析和识别，写就《中国哲学大纲》，以理性的尺度明确区分了中国哲学中死的东西和活的东西。到80年代及以后，他不断挖掘和阐发中国哲学及文化的精义和精神，从许多角度和方面来转化中国哲学和文化。因此，综合创新的方法是张先生一贯坚持的文化建设和文化发展的重要方法。

今天，在推进全球化新时期文化建设和中国传统文化现代转换的过程中，我们坚持和发扬文化的综合创新，更应根据发展变化的新形势，正确处理好古今、中西的关系。"综合"是一种全面的、比较的、分析的、鉴别的综合，是与创新紧密结合的一种综合。"创新"是一种在综合基础上的新的创造，是根据社会发展、历史进步和时代要求所进行的一种崭新的文化建设。一方面，在研究中国古代的文化时，对中国古代的传统文化决不能从一派一家出发，要综合各个时代、各个学派的思想（如儒、墨、道、法等）认真加以综合和研究，从而创造出适应今天要求的新思想。另一方面，在中西文化的研究中，要审慎地加以研究和比较，要把握东西方文化的不同特点，坚持从我国国情出发，坚持以我为主、为我所用、辩证取舍、择善而从，积极吸收借鉴国外文化发展的有益成果，注意综合中国和西方文化思想的成果，并根据时代的要求，进行创新的努力。

那么，在建设中国特色社会主义文化强国的新时代，文化建设的综合与创新将沿着什么方向和思路呢？概言之，有以下方面：

（1）将中国传统文化不断融入解释学视野中进行创造性的解读。把传统文化融入解释学视野中进行创造性解读，传统文化才能够成为一个与时俱进、并向未来敞开着的开放系统，在历史的延续中永葆其生命活力。中国文化自古以来就有生生不息、刚健进取的精神气质。被称作"六经"之首的《易经》就是谈"变易"的文化经典。《大学》上说："苟日新，日日新，又日新。"从

---

① 《张岱年全集》第7卷，河北人民出版社1997年版，第63页。

"体"的层面上说，应该使中国文化命脉和文化原型作为道统得到不断的复制和再现。中华民族自我意识的一个突出特点是把"文化"作为民族自我及其自觉的内在规定和本质内容。在中国文化看来，"民族"这个概念既不是一个人种学概念，也不是一个地域学概念，而是一个文化学概念。因此，对于一个民族来说，文化就带有本体的意义。特定民族的文化认同不仅表现在空间意义上的"统"（即横向上的自我同一性的确认），而且体现为时间意义上的"传"（即纵向上的自我同一性的确认）。在此意义上，中国传统文化特别强调向文化始源性的复归，所谓"祖述尧舜""述而不作，信而好古"。

从"用"的层面上说，中国文化又强调"损益"和"权变"，以便使中国文化得以在不断变迁的内外环境中能够适应变化了的种种条件，在不断的变革中与时代同行。正因为此，中国文化才能是既古老又年轻的，在历史的长河中表现出永恒的魅力和长久的生命力。在现代化的进程中，我们必须站在当代的历史高度，以辩证扬弃的态度，重新解读和评价传统文化这一"文本"，舍弃其中与时代及未来发展不相适应的成分，激活并强化那些与时代及未来发展相吻合、且有助于时代健全发展的内容。这样，才能使中国传统文化在创造性的解读中得到维系；同时，使不断走向现代化的我们通过传统文化的滋养而实现健康发展的目标。

创造性解读，要坚持历史观点，站在历史的时间点上看待中国传统文化和评价历史人物。因为一切传统文化都是历史的产物，纵然是优秀的传统文化也必然有着历史的烙印及其局限。鉴于此，要尊重历史，实事求是，既不颂古非今，也不以今非古。只有尊重历史的辩证发展，才能正确认识传统文化，而不会以主观片面的标准去评判传统文化，把传统文化看成是一堆陈旧过时、不合时宜的历史包袱。

创造性解读，更要站在现代的时间点上，用现代的科学观来考察传统文化，将历史的和现代的两种视角贯通、结合起来。只有很好地做到这种贯通、结合，才能对传统文化作出客观科学的评判与选择。如果脱离了历史的视角，就难以给历史遗产以恰如其分的评价；而如果抛弃了今天的科学思想，就无法做到以发展的动态的眼光看待文化遗产和古为今用。

　　弘扬优秀的传统文化不是机械的复古，继承优秀文化遗产并非盲目的照搬，而必须根据新世纪新实践的需求，进行合理的吸收、改造、创新和发展。例如，孙中山针对古人的"忠孝节义"，根据民国初期的时代特征，创造性地提出了"忠孝仁爱信义和平"八德，并两相对应地作了具体分析："忠君可以不要，'忠'字是不能不要的。""古时所讲的忠是忠于皇帝，我们在民国之内，照道理说还是要尽忠，不忠于君，要忠于国，要忠于民，要为四万万人去效忠，比较为一人效忠，要高尚得多。"①孙中山先生的这一论断，就点石成金地使传统的对君王的愚忠，一变为充满新思想、具有时代活力的积极向上的忠国忠民之德。孙中山先生认为孔子标榜的"仁"和墨子推崇的"兼爱"，与耶稣所讲的"博爱"意义相同，而孙中山先生则进一步提出"公爱"与"私爱"的分别，认为只有"公爱"才是真正的"仁"。这就创造性地发展了"仁"的思想。所以，对传统文化决不能泥古唯古、食古不化，而必须站立在现代的时间点上审视传统文化，坚持古为今用。

　　（2）实现中国传统文化的现代转换要有明确的主体意识。正如其他文明形态的现代变革一样，中国文化的现代化也必然是一方面要面向具有世界普遍意义的文化发展模式，另一方面又有其特殊要求。因此，我们首先应该明确中国文化的主体意识，并将其作为驾驭普遍模式和特殊要求的核心观念，否则，所谓变革就会丧失相应的价值支持和引导。20世纪探寻中国文化出路的历史经验和教训已经证明，要使中国文化走上健康发展的道路，就不能割离自身的传统。相反，对于传统不仅要正面面对，而且要发掘传统资源以明确文化主体意识，作为我们前进的原动力。中国传统文化的现代转换，就是要建立对中华文化中优秀传统的文化自觉，树立起高度的文化自信，激发起文化中内在主体意识，向世界"讲好中国故事，传播好中国声音，阐释好中国特色"②，实现中华文化魅力的异彩绽放。

---

　　①　转引自黄济：《关于传统教育现代化的几点思考》，载《北京师范大学学报》1995年第5期。

　　②　习近平：《习近平谈治国理政》，外文出版社2014年版，第162页。

近代以来文化观点众说纷纭，都是因为失去了这个主体性以后不知所从。"中体西用"在理路上就是试图确立这个主体性，但是当时的"体"已经是被掏空的"游魂"，不但与社会制度剥离了，而且与民族生命失去了联系，所以这一理论没有办法落实。今天，我们的文化建设应该出于"对传统、民族的一种生命式的理解，强调人这个主体在传统/现实、先贤用心/历史文本之中的转轴作用"。"我们今天的责任，就是要从文化与民族的内在关联中，从中国历史的一贯性和民族的内在性出发，重建一种能够反映、把握和调整民族意志、需要的话语系统，在此过程中的接纳现代性、融入全球化，都不是消泯而是丰富、高扬了自己的文化主体性。作为中华文化主体的儒学，其在当今的理论形态与实践落实，也必须以实现这一目标为最高旨归。"[1]

关于主体性，杜维明曾这样论述：中国文化基本上是一个性格独具、结构完整的系统。中华民族的再生，不仅表现在经济上、政治上，也应该表现在文化上。中国传统的文化信息，必须靠中国社会内部的知识分子，也就是那些能够对中国社会内部进行深刻反思的知识分子本身，来陈述它的希望、它的期待和它自己的理念。所以现在大家谈的就是应该有一种"文化的主体性"，这种文化主体性与原来所谓的"中国文化本位"是有所不同的，"文化的主体性"不只是一个立场的问题，而是一种自我意识，费孝通先生就特别强调"文化自觉"及文化的自我意识。"主体性"意味着以下几个方面的特点；首先，主体性绝对是开放的，这种开放性意味着不仅是政府，企业、媒体、学术机构各个不同领域都能够参与这种建构的工作；其次，它的民间性比较强，不是从上到下；再次，它是发展的，是一个动态的发展过程；最后，它一定与传统资源的开发、发展有密切的关系，不是站在反传统的立场上把外来的价值嫁接进来。[2]这也就是说，要完成这一整合，必须确立民族文化的主体性，而中华民族文化的发展历史是以儒家为主体的，而儒家思想学说又是最重视儒者的道德人格主体性的。这样，我们就有了层层递进、密切联系的三重主体性：第一，

---

① 陈明主编：《原道》第11辑，北京大学出版社2005年版，第98页。
② 参见陈壁生：《杜维明访谈：儒家与文化保守主义》，载《博览群书》2005年第3期。

中华民族在与世界多元文明交流融会的过程中，要确立中国文化的主体性，强调和而不同、和平共处。第二，在当今中国文化内部多元思潮和思想观念、学术流派纷杂的情况下，要确立马克思主义的主体性地位。第三，在中国传统文化的现代转换中，要凸显和弘扬中国传统文化的主体性意识。这三重主体性是环环相扣、层层推展的。进入21世纪，儒学在现代社会中的地位日益凸显，出现了诸多儒者。之所以称他们为儒者就是因为他们除了掌握、探研学理之外，更有价值的承担、儒家的实践。在这种情况下，儒者的道德人格问题开始成为令人关注的根本性问题。如果一个人基本的道德人格不能确立，那么就很难说他是真正的"儒者"，也很难说是什么"儒学大师"、新儒家等等。

（3）努力构建中国特色社会主义的新文化。

构建中国特色社会主义和谐文化要求我们努力把中国优秀文化传统和中国革命的优良传统结合起来。

中国传统文化中蕴藏着无限丰富的人文资源，"古人所说的'先天下之忧而忧，后天下之乐而乐'的政治抱负，'位卑未敢忘忧国'、'苟利国家生死以，岂因祸福避趋之'的报国情怀，'富贵不能淫，贫贱不能移，威武不能屈'的浩然正气，'人生自古谁无死，留取丹心照汗青'、'鞠躬尽瘁，死而后已'的献身精神等，都体现了中华民族的优秀传统文化和民族精神，我们都应该继承和发扬"①，这有助于匡正西方资本主义现代化中的精神匮乏。中国共产党人在艰苦卓绝的长期斗争中，从"五四"精神、井冈山精神、长征精神、延安精神，到新中国壮丽日出中的新民主主义精神，一直到改革开放中的中国特色社会主义精神，创立了优秀的新文化传统。因而，我们有理由坚信，在中国特色社会主义的常青大树上，将会融合创新出中国特色社会主义的新文化。

构建中国特色社会主义和谐文化要求我们认真汲取中国文化中"和为贵"的和谐价值观，同时也吸取西方现代化进程造成全球问题和人类困境的深刻历史教训，以普遍和谐的四大关系为基点，来建构中国特色社会主义的新型价值

---

① 中共中央文献研究室：《习近平总书记重要讲话文章选编》，中央文献出版社、党建读物出版社2016年版，第35页。

观体系：

一是在人与自然的能动关系中，更加注重天人和谐，以寻求天人合一，持续发展；二是在人与人的社会关系上，更加注重人际和谐，以求共同富裕和共同发展；三是在国与国的相互关系上，更加注重国际和谐，以便反对霸权主义，粉碎西方分化阴谋，力争永久和平，共同发展；四是在身与心的内在关系上，更加注重身心和谐，寻求人的身心健康，全面发展。这四种和谐并不排除必然存在的矛盾和一定范围内的斗争，有时甚至是尖锐激烈的斗争；和谐是对立统一规律的特殊表现形式，意在强调矛盾共同体诸方面的对立统一、协调一致、共同发展。这种谋求普遍和谐、共同发展的新型价值观，乃是建设中国特色社会主义理论的一大创新，它必将为21世纪人类价值理性提供新的思想资源，有助于解决西方现代化过程中工具理性与价值理性之间的深刻矛盾，有助于整个人类走出困境，构建起人类命运共同体。

民族精神乃是民族文化、民族智慧、民族心理和民族情感的集中表现，是一个民族价值目标、共同理想、思维法则和文化规范的最高体现。民族精神与时代精神又是紧密联系、休戚相关的，因而可以区分出古代传统的民族精神与现代改革创新的时代精神。二者之间既有一以贯之的文脉联系，又有非常明显的时代差异。如果说《周易》中贯穿的"自强不息，厚德载物"的思想红线是古代中华民族精神的集中体现，那么，近代以来一直孕育着一种现代革新的中华民族精神，其鲜明的时代特征就是力求把振兴中华的民族自信意识，与忧国忧民的民族忧患意识有机地结合在一起，其核心内容就是国家的经济起飞、国家统一、文化复兴，这是推动中华民族走向现代腾飞的巨大精神源泉！

构建中国特色社会主义和谐文化，要求我们创造富有时代精神的东方合和智慧。

中华文明的现代崛起，代表一种融会了东西方科学文化，而又富有东方神韵的思维方式、哲学智慧。中国传统文化的现代转换成为中华文明现代崛起和中华民族伟大复兴的必要条件，是我们实现中国特色社会主义文化大发展大繁荣的历史前提。习近平同志指出："一个国家、一个民族的强盛，总是以文化兴盛为支撑的，中华民族伟大复兴需要以中华文化发展繁荣为条件"①。只有进行中国传统文化的现代转换，才能建成中国特色社会主义文化强国，才能为中国文化软实力提供强大的内核支撑；"建设社会主义文化强国，关键是增强全民族文化创造活力"②，激发全国人民的智慧去认识传统文化、传播传统文化、吸收传统文化，构建新型的社会主义文化。这就要求把中国传统文化中的大智慧、西方最新科学发展中的新智慧和马克思列宁主义的活智慧，都综合起来，构成现代新型方法论——智慧合和。

尽管中国近代化萌芽超前、起飞滞后，但厚积薄发的后发优势，却有可能使中国广泛吸收世界文化的丰富营养以及西方现代化的最新文明成果，从而使中国现代化起飞表现出势头最强劲、发展最持久的前景，使中国现代文化成为融会东西、综合创新、后来居上的全球文化大熔炉。

公元前1000年的《诗经》就说："周虽旧邦，其命维新。"公元前500年的老子《道德经》又讲："大方无隅，大器晚成，大音希声，大象无形；道隐无名。夫唯道，善贷（始）且成。"或许，这就是中华文明定型期间，中华文化元典对中国之道的伟大预言，就是中国命运的哲学写照。

构建中国特色社会主义和谐文化要求我们创造现代新型个性主体，以熔铸21世纪新型世界文明。

西方近现代文明的深层核心观念，是个人本位、自我中心和外在征服型的主体性观念。这既是西方近现代资本主义市场经济、民主政治、科学文化在一段历史时期内高度发达的精神支柱和思想动力，又是20世纪70年代后逐渐暴露的全球问题、人类困境的思想根源和文化根源。所谓生态危机、环境危机和资源危机，本质上乃是西方资本主义近代化和现代化模式的危机、西方近现代文化的危机、西方近现代人的主体性观念的危机。西方的法制手段虽然强制性地缓解了上述矛盾，但却难以使西方社会从根本上摆脱困境。

---

① 习近平：《认真贯彻党的十八届三中全会精神　汇聚起全面深化改革的强大正能量》，载《人民日报》2013年11月29日。

② 胡锦涛：《坚定不移沿着中国特色社会主义道路前进为全面建成小康社会而奋斗——在中国共产党第十八次全国代表大会上的报告》，人民出版社2012年版，第31页。

　　与之形成鲜明对照的是，中国传统文化的主体性思想，强调人与人之间关系的协调，因而大大超越了个人本位、自我中心的西方主体性现象。孔子仁学的一个重要观念就是强调人与人之间关系的协调，如"己所不欲，勿施于人""夫仁者，己欲立而立人，己欲达而达人"就是这一思想的体现。墨子的"兼相爱、交相利"学说，核心思想也是关注人与人之间关系的协调。他说："以兼相爱、交相利之法易之"，"视人之国若视其国，视人之家若视其家，视人之身若视其身"，等等，都是这一思想的体现。自古以来，中华民族共同认可和追求的理想，就是"天下太平""天下为公"的"大同世界"。

　　由此看来，21世纪世界文化的主潮既不是西方压倒东方的绝对西方化，也不是东方压倒西方的绝对东方化。未来世界格局、世界文化的发展过程，固然少不了风云激荡的对立冲突和竞争，但世界新型文明的主要潮流，却是东西方文明的交流对话、综合创新，从而创造多元化与一体化并存的世界新型文明、世界性与民族性共荣的世界新型文明、超越西方近现代主体性观念并确立新型主体性观念的世界新型文明。持久和平——永续发展——新型文明，这是21世纪进步人类上下求索的共同理想与价值目标。中国特色社会主义新型文明，必将带着新型的主体性观念和价值观念，走向21世纪的世界文明，成为创造世界新型文明的源头活水。

　　全球化已经是一个逐渐浮出海面的现实，但它绝不意味着人类理想的达成和历史的终结。人类文明仍将向前行进，资本的统治逻辑终将为新的统治逻辑所代替。按马克思的设想，这一新的逻辑便是社会主义、共产主义的逻辑。从世界历史的发展阶段来看，在一体化阶段之后肯定会进入一个同质化的发展阶段，它将使全球化的社会逐渐呈现出较为均匀的性质和面貌，遵循大致相同的规则和逻辑。当然，这大约要在人类具备极为丰富的物质财富和极为美善的精神财富之后才能达到。

　　陈来先生在论及中国传统文化的时代发展时表示，"中国传统文化价值如何，这是'理'的问题，其能否发展则有'势'的因素参与决定"①。中国传

---

　　① 陈来：《传统与现代——人文主义的视界》，北京大学出版社2006年版，第20页。

统文化能否对当代中国大众产生吸引力，在很大程度上不是决定于中国传统文化自身的人文价值，而更多地决定于它的客观功效，即能否对中国当前的问题做出直接的贡献，对危机的挑战作出积极的回应。如果仅从"理"而不是"势"来看，要求以价值理性为主体的中国传统文化为当前的经济改革做出具体贡献是一种苛求，因为价值传统并不因为它不能提出具体改革方案便失去自己的内在价值。中国传统文化在改革与现代化过程中所能发挥的作用，不在于能否为改革提出具体设计，而在于提出某些可接受的与现代化改革相配合、相补充的伦理价值与人文观念，丰富和发展当代中国人的精神世界。中国传统文化只有深刻地解答人在现实生活中遇到的根本问题，承担起回答人们普遍关切的人生价值、意义及各种社会诸问题的责任，才能焕发出无限的生机和活力。

今天，我们已经跨进了新千年的大门，回顾持续了一个多世纪的中国传统文化向现代转换的历程，我们已经获得了哪些经验，取得了哪些共识？展望未来，我们会不会或者能不能有更为宽阔的新的视野？

某种意义上说，近代以来的中国历史，就是一部中华民族追求现代化的历史，是中华民族在曲折中追求、奋进、走向光明的历史。20世纪中国传统文化的现代转换，正是与这一历史进程相伴始终。这其中，每一步的现代转换，都要经历对中国传统文化的批判、继承和反省，可以说此消彼长。

20世纪中国传统文化现代转换的过程不是孤立的，它是在世界现代性的发展中进行的。每一步都不可避免地与"如何认识西方文化"的问题相联系，而我们对西方文化的认识，总是受到世界政治、经济、文化的发展变化的影响。在"传统与现代"的问题上，可以说已经形成了一些共识，这就是：传统并不是我们可以随意丢弃摒除的东西，拒绝或抛弃传统是不可能的；传统是文化对于人的一种作用，而传统对于人的作用和意义，又有赖于人对传统的诠释、理解。因此，传统的意义更多地取决于我们如何在实践中利用它、创造性地传达其意义。中国传统文化虽然未能自发地引导中国社会走入近代化，但中国文化的价值传统并不必然与模拟、学习、同化既有的现代政治经济制度相冲突；战后东亚儒家文化圈的高速现代化和改革开放以来中国经济的迅猛发展，证明中华文化养育的中华民族完全有能力在开放的文化空间实现现代化，一个世纪以来的文化自卑感和民族自卑感被证明是完全错误的。另一方面，发达的、现代的市场经济与商业化趋势，使得道德规范和精神文明的要求更为凸显，传统的价值体系的继承和创新，将对建设具有中国文化特色和完备市场经济的社会主义发挥积极的作用。

人类已经迈进新的千年，中华民族也已经不再怀疑自己重新挺立于世界民族之林的能力，现代化对于中国人来说，不是能不能的问题，而是如何又好又快地实现的问题。经历了改革开放以来的社会经济和思想文化的发展，今天已很少再有人把现代化过程中出现的诸多问题归咎于我们祖先所创造的古代文化。与20世纪批判与启蒙的基调相比，我们迎来的是一个创造与振兴的新时代。在这个新时代里，传统与现代的矛盾可能不再突出，而文化融合、综合创新等适应中国社会发展新问题的讨论，昭示出的正是我们文化发展、理论创新和民族成熟的标志。

第六章　推进文化产业发展

现代文化产业发端于西方，要科学地研究我国文化产业，就要追根溯源，认真探析西方文化产业的发展历史和特点。而要使我国文化产业少走弯路，加速发展，就必须放眼全球，借鉴西方发达国家文化产业发展的成功经验。要准确认识自己，更好地发展自己，我国文化产业就必须自觉地融入全球化发展进程中。本章较为全面、系统地论析了"我国文化产业发展的成就与问题""我国文化产业发展的战略选择""我国文化产业发展的策略设计"等系列问题。

第一节　我国文化产业发展的成就与问题

在经济全球化、文化多元化、信息网络化的时代背景下，中国文化产业获得了蓬勃发展，无论是产业规模、运营水平，还是人才、技术等方面都得到了长足发展，已成为中国经济发展的新的增长点，在国民经济中日益发挥重要作用。当前，中国文化产业正处在勃兴时期，呈现出朝阳产业的灿烂发展图景。

一、我国文化产业发展的背景描述

自第二次世界大战以来，随着全球经济的不断扩展，我们迎来了一个真正的全球化时代，即以贸易、投资、金融和技术的跨境流动为形式的国际经济相互依赖和迅速增长的时代。经济全球化的迅猛发展意味着当代人类社会生活的活动空间正日益超越民族国家的主权版图界限，在世界范围内呈现出全方位的交流和互动。全球化表现或渗透在经济、政治、文化、社会生活乃至国际关系等各个方面或领域，形成一个具有多维性的系统整体。全球化包括交通全球化、信息全球化、市场经济全球化、知识技术全球化、文化全球化、国际性社会问题解决的全球化等方面。[①]现代文化产业就是诞生于全球化这一宏大的时代背景下。

现代文化产业概念是1947年由法兰克福学派的两位思想家阿多诺和霍克海默在其著作《启蒙的辩证法》中提出的。此后，随着科学技术的飞速发展和全球经济发展进程的不断加快，文化产业无论从理论还是实践上都得到了快速发展，并呈蔓延之势在世界各国蓬勃兴起。

文化产业作为在全球经济发展进程中新兴的一种朝阳产业，是经济与文化相互融合的必然产物。全球化作为当代世界发展的一种重要现存事实，给文化产业发展带来了重大影响，全球化背景下的时代条件推动了包括中国文化产业在内的全球文化产业的蓬勃发展，其中需要特别强调的是以下所阐述的几方面条件：

1.经济全球化浪潮推动了文化产业的广泛发展

作为一种过程和现实，经济全球化正以不可逆转之势存在和发展着。经济与文化间存在着相辅相成的辩证关系，任何一种文化都是某种生产方式、生活方式的观念符号的表达。如果一定的生产方式、生活方式被改变，那么，附着其上的文化也必然会改变。经济全球化促进了文化全球化。经济全球化所带

---

① 参见余晓菊：《论全球化问题与全球性问题的区别和联系》，载《南开学报》（哲学社会科学版）2003年第2期。

来的不仅是货物、服务、资本、人员等在国际范围的广泛流动，而且包括文化产品、文化资本和文化价值观在全球范围的自由流动，经济全球化导致了思想意识、价值观念、文学艺术、行为方式、生活方式在国际范围的交流、碰撞，促成了文化全球化。有学者这样界定文化全球化，它是指在世界范围内，不同生活方式、消费模式、观念意识的相互渗透、相互吸收和相互转化，从而在文化发展方面呈现出某种同一化趋势。①文化全球化的趋势已经鲜明地体现在我们的日常生活当中。在一个中国人家里，可能有美国电脑、日本电视机、德国电话、意大利冰箱、韩国空调、芬兰手机；西装、T恤、牛仔裤成为服饰消费时尚；喝可乐、吃肯德基、吃烧烤、吃牛排、品咖啡，成为城市新的饮食习惯；看好莱坞大片、听外国流行歌曲、欣赏交响音乐会和芭蕾舞及拳击争霸赛或NBA……这一切都真切地表明我们的生活方式、行为方式、审美取向日益全球化。

随着全球交通和传播技术的不断发展，各国的文化交往日益密切，文化贸易数量增大，导致了一种大量的文化交换和适应。一方面，文化全球化使不同的国家获得了许多优秀文化产品的消费，推进了社会观念的更新和文明的进步；另一方面，文化的传播也是良莠参半的。除了健康、美好、优秀的文化成果在各国家间传播外，一些与吸毒、犯罪和腐败相关的不良文化现象也在全球传播、蔓延。

文化全球化趋势的增长将不断促进世界范围内文化消费市场的形成，使各国文化消费种类、文化消费时尚、文化价值观念日趋国际化，这些文化情形的产生有利于各国文化产品在全球范围内的销售和传播，从根本上推动了文化产业的快速发展。在一些发达国家，文化产业已成为国民经济的支柱产业，创造出了可观的经济效益。美国成为全球文化产业的龙头，其他发达国家如日本、法国、德国、英国等国家的文化产业在国民经济中也占有相当大的比例，得到了快速发展。

---

① 参见侯长林：《文化全球化与中华民族文化的发展》，载《社科与经济信息》2002年第2期。

在文化全球化潮流的影响下，中国文化产业也必然地融入文化产业全球化的发展进程中。从客观上讲，中国文化产业是在文化全球化冲击过程中被动起步的。这种被动的局面意味着我们将面临外国文化产业的强势竞争和严峻挑战。正确认识这一发展背景，是我们发展文化产业的大前提。

2.加入WTO给中国文化产业带来了全面挑战和发展机遇

加入WTO标志着我国改革开放进入新的阶段，我国将在更大的范围内和更深的程度上参与经济全球化的进程，这为我国正在勃兴的文化产业带来了新的发展机遇和全面挑战。

WTO的三大基本职能是制定规则、开放市场、解决争端。我国在文化贸易方面对WTO作出了具体承诺，在音像制品、娱乐软件以及音像制品的租赁服务和分销服务方面，在书报刊的分销、广告服务、增值电信服务（包括互联网ICP/ISP的相关业务）等方面都准许外资进入。这些承诺表明我国的文化市场今后将更加开放，也表明我国的文化企业受到的政策保护比从前减少了。

加入WTO后我国的文化事业和文化产业面临怎样的机遇和挑战，这是我们在加入WTO前后都非常关注的现实问题。关于这个问题，学界的探讨很多。比如，关于加入WTO之后的机遇问题，有的学者认为这体现在三个方面：首先，由于加入WTO，市场机制、竞争机制、商品观念被引进了文化事业，这将改变我国文化市场资源配置混乱和管理体制不顺的状况，加速文化的产业化、市场化进程。其次，加入WTO将带来一些新的文化娱乐方式，人们会从歌舞厅、音乐茶座等向电脑艺术、网络休闲等更新颖的娱乐方式转换，大众文化生活和休闲形式将更加丰富多彩。再者，由于加入WTO，我国与世界各国在文化领域的交流日益广泛，相互学习借鉴的机会和途径越来越多，有利于我们在更大的文化范围内汲取精华，使中外文化相互影响，取长补短，从而创造出具有时代特征和中国特色的社会主义文化。[①]以上观点从几个层面表述了加入WTO后我国文化产业面临的机遇，但这样表述还不够全面。笔者认为，加入WTO对于我国文化产业的根本意义在于我国文化产业的发展真正融

---

① 参见欧阳友权：《论入世后的中国文化建设》，载《桂海论丛》2002年第3期。

入了世界文化产业发展进程之中，我国文化产业发展拥有了一种世界性的发展模式、发展水平和发展高度的对比和参照，使我们更加清楚地认识到我国文化产业的发展现状及未来的发展前景。加入WTO将有利于推动我国文化产业竞争力、国际化水平的提升，使我国文化产业的发展充满生机和活力，获得"双赢"的效果。

关于加入WTO后我国文化产业遭遇的挑战，有的学者认为这种挑战体现在五个方面：一是我国文化产品不仅生产能力弱，而且质量偏低，品类不全，难以在国际文化市场拥有竞争力和市场份额。二是我国文化产业的融资水平较低，文化产业资金严重短缺。发达国家凭借资金的优势和开放市场的机会，迅速抢占我国市场。三是西方文化产品讲究艺术性、商业性，制作手法新，懂得用新颖的创意和理念展示自己的文化，这就潜移默化地影响着中国观众，特别是青少年一代的文化价值观，这给思想道德建设带来挑战。四是发达国家强势文化对发展中国家弱势文化的渗透和控制构成了对国家文化安全的威胁。五是为了适应WTO规则的要求，我国文化管理体制改革有待继续深化。[①]应该说，这种概括是比较全面的。

加入WTO后，我国文化产业面临的挑战是全方位的，也是深层次的。特别值得加以强调的：一是发达国家强势文化对我国国家文化安全的威胁。如何在应对外来文化挑战的过程中尽快增强中国文化产业的国际竞争力，成为我们要解决的重大战略问题。二是我国文化管理体制和文化产业运营机制尽快与WTO规则接轨问题。中国加入WTO，是当代中国正在发生的一场深刻革命，它将深刻地影响着中国经济体制改革的历史进程和未来走向，影响和推动着中国全面的制度创新、路径改革和价值重建。按照WTO的游戏规则办事，使中国的经济融于世界经济的整体进程中，是我们加入WTO后一个时期内要面临的艰巨任务。相对于经济贸易而言，文化贸易领域适应WTO规则的问题显得将更加复杂和困难。因为，文化贸易与国家的意识形态有着密切的联系。但

---

① 参见戴维新：《加入WTO后中国文化产业面临的机遇与挑战》，载《中共福建省委党校学报》2002年第8期。

是，我们既然已经成为WTO的成员国之一，就必须遵守这个一百多个国家都必须遵守的规则。加入WTO，扩大文化市场的准入范围，允许国外文化资本和文化艺术产品进入，都已经是必须面对的事实。这对我国社会主义价值观念和优秀的文化传统，对于政府的管理职能和管理方式，都将带来既现实又深远的影响和挑战。

3.高新技术的迅猛发展拉动了文化产业的飞跃式发展

知识经济时代和全球化浪潮深刻地影响了整个世界。在知识经济时代，高新技术的发展使知识和技术的风暴席卷所有行业，文化产业也不可能例外。科学技术是文化和生产力发展的直接动力，每一次科学技术的重大飞跃都带来文化和生产力的巨大发展。从技术层面上看，科学技术为文化艺术的发展提供了更多的展示手段和更广泛的表现空间。综观历史，人类文化艺术的发展总是与科技发展相互促进、结伴而行的，每一个时代的艺术都是与当时科学技术相结合的产物。有了青铜冶炼技术，才有了青铜艺术；有了摄影机，才有了电影艺术；有了电脑，才有了电脑音乐、电脑美术。这一切说明科技无时无刻不在影响和改变着文化艺术。集科学家与艺术家于一身的达·芬奇曾经说过：艺术借助科技的翅膀才能高飞。科技的进步改变着文化艺术的创作方式、生产方式、传播方式和消费方式。

现代高科技越来越广泛地渗透到文化领域，文化产品和文化服务的高科技含量越来越高。当今时代，导致当代全球文化交流与文化互动的新技术包括：信息和图像的数字化、卫星广播和远程电话系统、新电缆和光纤技术以及计算机与通信网络的联合。正如美国微软公司总裁比尔·盖茨所说："信息高速公路将打破国界，并可能推动一种世界文化的发展，或至少推动一种文化活动、文化价值观的共享。"[①]

信息技术与文化产业结合形成的IC（Information Culture）产业是文化产业中非常具有发展前景的一个领域。该领域将先进的信息传播手段与强大的文

---

① 花建：《软权力之争：全球化视野下的文化竞争潮流》，上海社会科学院出版社2001年版，第261页。

化内容生产能力结合起来，采用先进的技术手段整合文化资源。实践证明，IC
产业已经在文化产业中占据了很大的份额，最令人瞩目的就是目前正在蓬勃
发展的网络游戏产业了。高新技术的运用，不仅带来了文化作品本身的成功，
而且也创造了巨大的经济价值。以美国为例，20世纪90年代，图书出版公司、
音像出版公司就开始把网络技术应用于图书销售，极大地方便了读者的选购，
从而推动了图书和音像出版业的发展。美国的《星球大战》和《侏罗纪公园》
等科幻片利用高科技制作和传播，实现了高新技术和表演艺术的完美结合，赢
得了世界声誉和巨大的经济价值。美国迪斯尼公司把高新技术应用于文化娱乐
业，其风靡全球的动画片也赚取了巨额利润。随着文化产业的深入发展，当代
高新技术必将广泛应用于文化产业的各个领域，极大地促进了文化产品生产的
发展和创新。近年来，我国文化产业发展之所以取得长足进步，其关键也在于
充分利用了先进的科学技术，借助现代科学技术整合我国丰富的文化资源，充
分展现了中华文化绚丽多彩的风姿和魅力。因此，文化产业赖以快速发展的高
科技背景，是我们在规划和发展我国文化产业过程中必须高度重视的一个方
面。不能深刻地认识这一点，我们就会丧失借助高科技实现文化产业突破性发
展的重要机遇。

4.世界范围内市场经济的拓展促进了文化产业的有序发展

在现代社会，文化和经济日益交融，呈现出彼此依存、相互促进和共同
发展的趋势。文化影响、制约产业发展的方向、结构和水平，文化被广泛运用
于生活、管理、营销、服务等经济生活的一切领域，现代商品中的文化附加值
越来越高，文化成为人们行为的出发点和归宿。文化与经济出现了相互促进、
同步发展的态势。随着经济全球化势头的日益迅猛，市场经济在全球范围内得
到了广阔发展。市场经济作为一种生产方式对世界各国的影响和辐射越来越
大。随着我国改革开放的深入也建立并逐渐完善了社会主义市场经济体制。

我国社会主义市场经济体制的确立为文化产业的发展奠定了制度基础。
在此之前，我们比较忽略文化的经济价值，而着重强调文化的意识形态属性。
同其他生产一样，文化生产也必须遵循社会主义市场经济规律，适应市场经济
要求，让某些文化产品的生产、交换、分配、消费等各个环节都要融入市场经

济的大循环中去。再者，市场经济追逐利润最大化的经济特性也刺激着文化产业的快速发展，因为文化产业是投入少而利润丰厚的产业。在市场经济条件下，不断追逐利润的资本本性促使着资本拥有者把手中的资本投向利润更为丰厚的文化产业，从而使文化产业拥有较好的融资环境。我国社会主义市场经济体制的不断改革和完善将进一步改善文化产业发展的体制环境、政策环境和市场环境，文化产业的发展将不断获得新的推动力。

5. 可持续发展的时代要求促进了文化产业的健康发展

像其他产业要坚持可持续发展一样，文化产业也要坚持可持续发展。可持续发展观的环保要求从客观上需要文化产业这类低能耗、少污染的新型经济形态，可以说，追求人与社会、人与自然和谐相处的时代要求促进了文化产业的发展，致使许多国家都想把文化产业发展成为国民经济的支柱产业。

可持续发展理论的产生是人类发展思想史上的一次革命，它使人们在对待人与自然的关系、人与社会的关系的认识方面发生了深刻变化，保护环境、珍惜资源，实现可持续发展是人类文明的理智选择。实施可持续发展战略，已成为世界各国经济社会协调发展的共识，是我国现代化建设的必由之路。

可持续发展观是一种正视人类与环境关系的发展观，是一种追求物质、环境、文化多元价值观的发展观。按照可持续发展观，任何产业发展都必须考虑生态环境问题。相对第一、二产业的发展，第三产业的发展一般不会造成对空气、土地、水源和物种的污染，而且，有些文化产业的发展如旅游文化业的发展，还有利于达到自然资源和文化资源的开发、升级和保护目的。从这个意义上说，大力发展文化产业不仅可以减轻对环境的污染，而且有利于对环境的保护和净化。可以说，文化产业是创造绿色产品的阳光产业。

为了促进经济社会的可持续发展，世界经济结构正在发生根本性的调整。正是由于文化产业的优良经济特性使得文化产业成为社会经济发展新的动力引擎，受到了各国政府的高度重视，在各国经济发展中具有越来越重要的战略地位，文化产业将为人类发展作出重要贡献。

文化产业的文化特性使它的产品和服务内含着一种人文关怀，而这种人文关怀是现代快节奏社会中人们所需要的。在高科技、数字化的条件下，物质需求和精神需求的平衡已成为人类社会生存和发展的必要条件。实际上，物质生活与精神生活的失衡，已经成为当代社会面临的重大危机。在这种情况下，发展文化产业，以更丰富的精神文化产品来满足人们越来越紧迫的精神需求和文化需求，已经成为人类社会生存和发展的重要条件，成为可持续发展战略中的一个重要内容。如果我们在极端重视发展高新技术产业的同时，没有给予发展文化产业以足够的重视，那么我们的国民经济和社会生活就可能出现畸形，从而为我们民族的生存和发展带来严重的危机。因此，大力发展文化产业是满足人们精神需求的可持续发展战略举措。可持续发展的时代背景和理念，应该成为我们发展文化产业的一个重要视角和出发点。在可持续发展视角下，我们应该达成这样的共识：一是发展文化产业是为了满足当代人日益强烈的精神文化需求，从精神层面促进人类的可持续发展；二是发展文化产业是为了减少环境污染，加强环境保护；三是在发展文化产业过程中要合理利用文化资源，避免文化资源的损耗和破坏。

6. 文化消费需求的日益增长刺激了文化产业的大力发展

众所周知，生产决定消费，消费也影响、刺激生产。随着经济发展和社会进步，世界范围内文化消费需求正在不断增长，这是文化产业迅速发展的内在动力。实践表明，经济越发达的国家，对文化产品的消费需求也越高，消费量也越大。

由于社会主义市场经济的深入发展，我国经济社会发展水平越来越高。随着人们物质生活水平的不断提高，人们对精神文化生活的需求也日益强烈，文化消费的市场需求不断增长，城乡居民的消费结构发生了很大变化，用于文化教育、文化消费的支出越来越多，文化消费呈现出多元化。

加入世贸组织后，随着居民生活水平的不断提高和市场经济的不断完善，我国消费者在食品、衣着和家用电器方面的开支将日益减少，而通信、娱乐、旅游和文化教育方面的消费将与日俱增。由此可见，我国潜在的文化消费能力是巨大的，这将为文化产业发展提供巨大的市场空间。

相对于人民群众日益增长的精神文化需求和2020年全面建设小康社会的目标而言，我国文化产品的供给已经形成战略性短缺，这直接关系到建设社会主义市场经济的良好文化环境，关系到国家经济安全和文化安全，所以加快我国文化产业的发展步伐是极为紧迫的现实问题。党的十六大报告指出，"发展文化产业是市场经济条件下繁荣社会主义文化、满足人民群众精神文化需求的重要途径"。我国文化消费市场潜力巨大，这是我们发展文化产业必须关注的市场风向标。

7.制度改革和创新促进了文化产业的快速发展

在世界文化产业发展的进程中，一个新的世界性趋势就是以制度创新适应新兴产业的发展需要。对世界各国传媒体制现状和发展趋势的研究表明，自20世纪90年代以来，西方一些发达国家已经基本上解除了通信业、传媒业、信息业之间传统的行业管理壁垒，完成了适应传媒手段交互汇流的制度创新。

我国文化产业的发展是在改革开放的大环境中进行的，因此它也突出地表现了改革体制、制度性启动的特点，我国文化体制的改革起步较晚些。在我国实施了国民经济"八五"和"九五"计划，营造社会主义市场经济的总体环境和推动全方位对外开放基本格局形成的同时，在20世纪80年代对原国有文化事业单位的改革已经开始启动，这些渐进式的重要改革举措成为今天我国文化体制深化改革的前奏，对我国文化产业随后像雨后春笋般蓬勃发展起来起了决定性作用。近年来，我国文化体制改革开始呈现深化、拓展的全方位改革趋势。新闻出版业、广播影视业的改革正在进行，报刊业"治散""治乱"和行业归口管理改革启动了文化产业的宏观产业结构调整，跨地域、跨行业、跨所有制组建报业集团、出版集团、广播影视集团则标志着文化产业微观产业组织的创新。

我国20多年的持续经济增长、收入水平的提高、消费需求结构的变化、科学技术革命的推动、全球化浪潮的拉动，为我国文化产业发展积蓄了巨大的内在发展冲动，在此基础上文化体制的制度性改革和创新就为我国文化产业的起步发展打开了释放能量的出口，使我国文化产业的发展呈现蓬勃之势，迅速汇入国民经济发展的洪流中。

综上所述，我国文化产业是在宏阔的全球化时代背景下起步的，得益于时代赋予的多种有利条件而蓬勃发展起来。文化产业集中代表了现代经济、文化发展日益融为一体的全球性趋势，在我国的蓬勃兴起有其客观必然性。尽管关于文化产业的发展背景在其他书刊中已有不同层面的论述，但是在这里笔者还是作了更为全面和深刻的阐述。之所以如此强调文化产业发展的时代背景，是因为这是我们发展文化产业的大前提、总基础。任何事物的产生都有个来龙去脉，不知文化产业从何而来，也就将不知文化产业去往何处。上述七个方面的问题构成了文化产业发展的宏阔时代背景，其中任何一个方面的问题都会对文化产业的发展产生重大而深远的影响。这就是我们关注和强调文化产业发展的时代背景的意义所在。

大力发展我国文化产业具有重大的政治、经济、文化和社会意义。孙家正在《为什么要大力发展我国文化产业》一文中明确阐述了发展文化产业的重大意义。他指出，发展文化产业是满足人民群众日益增长的精神文化需求的重要渠道，是贯彻科学发展观、转变经济增长方式的重要途径，是提高党建设社会主义先进文化能力的具体体现，是深化文化体制改革、解放和发展文化生产力的重要目标，是维护国家文化安全、增强国家整体实力的迫切需要。[①]借助于时代赋予的有利条件和良好机遇，我国文化产业在其发展的20多年里取得了长足的进步，显示出蓬勃发展的强劲势头。进入21世纪以来，特别是我国加入WTO后我国文化产业更是紧紧抓住发展的重要机遇期，乘势而上，进入了快速增长时期，在国民经济中日益发挥重要作用。

二、我国文化产业发展的历程回顾

文化产业作为一种新兴产业形态，其发展历史并不长。追本溯源，世界文化产业至今也只有近百年的实践历程，而现代文化产业理论概念诞生于20世纪40年代末，只有几十年的历史。综观世界文化强国发展文化产业的历程，其大致经历了三个阶段：观念转变阶段、政策调整阶段、发展扩张阶段。[②]在

---

① 参见孙家正：《大力发展我国文化产业》，载2005年2月5日《经济日报》。
② 参见刘小蓓、石应平：《世界文化强国文化产业发展的经验与借鉴》，载《中华文化论坛》2003年第2期。

观念转变阶段，发达国家对文化产业重要意义的认识逐步加深，他们认识到文化事业也可以转化成为文化产业，能够带来直接的经济效益，于是为发展本国的文化产业改革了原来的文化政策，制定了一系列法律来保障文化产业顺利发展。从20世纪30年代到战前，美国和西方一些发达国家初步形成了发展文化产业的基础和框架；在政策调整阶段，为了快速发展文化产业，逐步调整文化产业政策及其自身结构。在这个阶段，西方许多国家已具有了比较完备的文化法律体系，能够依靠法律手段有效地调整社会的文化关系，规范人们的文化行为。良好的政策环境以及各项法律法规的保障促进了这些国家文化产业发展。在发展扩张阶段，西方发达国家的文化产业迅猛发展，逐渐成为国民经济的支柱产业，开始将文化产业向外扩张，在世界范围内产生广泛影响。他们不仅向外输出文化产品，获得高额利润，还将本国的意识形态、价值观念向其他国家渗透、传播。西方国家文化产业经过了较长时间的探索和发展，在资金实力、科技水平、市场运作能力、创新能力和市场竞争能力等方面已经形成了一整套成熟高效的运作模式。

回顾、分析世界文化产业发展历程，我们可以看到一条明晰的发展线索：认识、观念——政策、法律——发展、扩张，即：在深刻认识到文化的产业属性后，关于文化的一系列观念发生了根本变化。因此，制定、建立了一系列有关促进文化产业发展的政策、法律，在政策法律的保证下，发达国家把文化产业做大做强，并从国内扩张到了国外。这样的发展线索看起来很清楚、很简略，但是其具体的发展过程并非如此简单。

在回顾、分析了世界文化产业发展历程之后，我们也来审视和反思一下我国文化产业发展历程。笔者将从实践层面和政策层面两个视角来审视我国文化产业的发展过程，或许从中能得到一些有价值的启示，为今后我国文化产业发展开启更为广阔的发展思路。

1.我国文化产业发展的实践历程

我国文化产业实践是在改革开放后逐渐展开的。1978年党的十一届三中全会后，随着全面拨乱反正、改革开放政策的确立，我国国民经济逐渐得到恢复和发展。与此同时，我国民众在精神上也开始冲破"左"的思想的束缚，渴望了解新生活、新知识和新观念，在此宏观背景下，这一时期我国的文化消费领域也获得了一定程度的恢复性发展，尤其是娱乐业逐渐地从无到有，开始起步。我国文化产业发展历程大致可分为三个阶段，这已成为学界共识。

第一个阶段，1985年之前是中国文化产业发展的起步阶段。自1978年党的十一届三中全会实行改革开放政策以后，国门打开，西方思想文化通过书籍、报刊、广播、电影、电视等传媒，以及麦当劳、肯德基、可口可乐、喇叭裤、太阳镜等餐饮服饰，大量涌进中国。这一现象立即在中国文化领域中引起了不同的反响。有人说：文化交流好得很；有人则惊呼：谨防"精神污染"，反对"全盘西化"。两种对立观点各不相让，争论不休，在学界和社会上便形成了一股"文化热"。争论的焦点是传统文化与现代化、西方文化与中国现代化、东方文化与西方文化等问题上。这一时期我国文化领域出现的各种文化争鸣和文化思潮，给人们的思想观念带来了革命性的变化。人们逐渐开始意识到，文化不仅仅只是政治宣传，只具有教化功能，它也可以成为一种娱乐品，具有经济属性，可以获得经济利润。通俗地说，文化行业不是只会花钱，而且还能赚钱。

在这一阶段，部分文化娱乐消费开始兴起。由于改革开放，国外一些文化娱乐产品开始流入国内。比如20世纪70年代末，国外盒式录音带和录音机开始涌入我国，深受消费者的欢迎。80年代初，我国开始建立录音制品出版社，海外录像机和录像带大量传入我国。1983年，上海市和广州市在全国城市中首先进行录像的生产和经营，由此开始，音像业在中国城市中迅速地得到发展。与此同时，其他形式的文化产品也相继产生。1984年，出现了第一家营业性的卡拉OK厅，以后又出现了第一家音乐茶座、第一家营业性舞厅等，建立了最早的演出公司，恢复了外国音乐的广播节目，使群众的文化消费市场逐步得到恢复。[①]尽管由于当时文化生产和流通机制还没有从计划经济体制束缚中解放出来，文化商品无论在数量和质量上，都远远不能满足公众的需求，

---

① 参见尹继左主编：《2000年上海文化发展蓝皮书》，上海社会科学院出版社2000年版，第87页。

基本处于求大于供的状态，但这一时期我国文化领域的实践，无疑有力地冲击了我国民众原有的价值观念和思维方式，人们对文化的价值有了更全面和丰富的认识。

第二阶段，1985年到1992年是我国文化产业实践逐步展开阶段。在这一时期，随着改革开放的全面展开，我国文化领域开始积极探索改革的路子，文化工作者的生存意识、商品意识、竞争意识等日益增强，逐步摸索出了"以文补文""多业助文"等多种经营模式；为克服文化领域普遍存在的政企不分、政文不分、效率低下等问题，进行了文化企业和事业单位领导建制的转换试验，如在剧团实行院长、团长负责制，在报社、出版社实行社长负责制等；许多城市文化单位开始在实践中寻求改革"大锅饭"分配模式的途径。诸如此类的改革举措，使我国文化领域在新的历史时期呈现出锐意进取的态势。同时，在这一时期，随着改革开放的全面展开，我国居民的生活水平大幅度提高，文化需求也日益增长。在这一时期，出现了各种形式的以盈利为宗旨的文化企业和广告公司，文化产业取得了相当程度的发展。据不完全统计，1978年我国已有图书出版社200多家，出版图书品种1.5万种，总印数33.74亿册。到1986年，出版社增加到446家，比1978年增长了1倍以上，出书品种5.2万种，总印数52.03亿册，与1978年相比均有了大幅度的增长。①

与此同时，1985年以后我国文化领域出现的一个突出现象，就是我国公众的文化消费特征越来越朝着娱乐型、多样化、可参与性的方向发展，在中国社会公众中产生重大影响的文化形态，几乎都是娱乐型的、消遣性的消费文化。顺应我国城镇居民消费性的文化需求，1985年以后，另一引人注目的现象则是各种文化娱乐设施如雨后春笋般地出现。据不完全统计，截至1990年，京、津、沪、黑、吉、辽、皖、苏、浙、闽、川、粤等19个省、市、自治区的城镇有歌厅、舞厅、卡拉OK厅共6966家，台球厅37201家，电子游戏厅

---

① 参见陈立旭：《当代中国文化产业发展历程审视》，载《中共宁波市委党校学报》2003年第3期。

17039家。1992年，单是上海市就有娱乐场所2000多家。[①]

第三阶段，1992年以后是我国文化产业的蓬勃发展阶段。这一时期，中共中央确立了建立社会主义市场经济体制改革目标。在这个宏观背景下，我国文化体制改革的步伐明显加快，开始从"直接管理"向"间接管理"、从"办文化"向"管文化"、从"小文化"向"大文化"等转变。以上海为例，上海市在1997～2000年的新一轮改革中，根据国际化大都市发展的要求，对市属艺术院团布局结构和管理模式进行重新定位，把它们分为政府重点投入院团、政府部分资助院团、社会办团、民间职业剧团等四个层面，在文化生态上形成自上而下的金字塔状结构，并在确保重点院团的前提下，鼓励社会办团，规范并发展民间职业剧团。在探索城市文化经济宏观管理新路子的同时，一些城市也大刀阔斧地对文化机构及其队伍进行精简。如上海、哈尔滨、沈阳、天津等城市通过合并、撤销等方式对多余的剧团进行了精简。上海市文化局从1992年开始在各艺术院团实行全员聘任制的改革，即在对全体演职人员进行全面考核的基础上，确定各个工作岗位，自主安排演职人员上岗或待岗下岗，自1997年以来，上海市文化局又开始新一轮的艺术剧团体制改革，中心内容是实施全员聘任合同制，改国家用工为单位用工。这一改革是全员聘任制的发展，为解决人员能进能出问题迈出了坚实的一步。[②]

这时期，在文化体制改革的推动下，社会力量和外资参与我国文化经济发展的新格局开始形成。这尤其集中地体现在社会各界对文化产业的大量投入上。以文化艺术、娱乐、音像书刊发展为例，1997年国有文化部门创办的文化经营单位只占整个文化经营单位的10％，而非国有文化部门创办的已占88.6％。[③]

随着文化体制改革的逐步深入和文化产业的迅速发展，1992年以来，我国文化市场也出现了空前繁荣的局面。按照文化经济学理论，现代文化市场一般包括文化产品市场、文化服务市场、文化要素市场三大部分，它们是连接

---

①　参见王蒙：《文化市场一议》，载《星光》1994年第4期。

②③　参见程恩富主编：《文化经济学通论》，上海财经大学出版社1999年版，第328～329页。

文化产业和居民文化消费的桥梁和纽带。1992年之前，在文化面向市场的背景下，文化市场中的文化产品市场、文化服务市场已经在中国取得了相当程度的发展，但是文化要素市场如文化资金市场、文化中介市场、文化产权市场、版权市场等的成长却一直十分迟缓。1992年以来，在我国一些中心城市，不仅文化市场中的文化产品市场和文化服务市场在原有基础上取得了进一步的发展，而且在前阶段发展滞后的文化要素市场也开始逐渐地孕育和生长。

进入20世纪90年代中期以来，文化产业已被一些城市，特别是一些中心城市列入发展战略和规划之中。1996年，北京市提出要"重新认识文化产业的潜力，迅速壮大北京的文化产业"，"使其成为北京的支柱产业，使北京成为全国重要的文化产业基地"。1999年，上海市提出的文化产业发展目标：体现上海高档次、多样化、开放型的文化发展水平，形成以高新技术为支撑的多元化的产业格局，成为增强上海中心城市功能的重要支柱和推进文明城市建设的强大动力。在政府的大力支持下，这一时期不仅中国文化产业化的浪潮，从多种所有制进一步扩展到了国有大型骨干文化单位，而且文化产业也逐渐由流通业向制造业、服务业扩展并出现了文化企业集团化的浪潮。比如，上海的文汇新民联合报业集团、北京紫禁城影视公司、上海东方明珠股份有限公司、湖南广播电视中心等等，都是中国文化企业集团化过程中的产物。

1992年以来，在我国全面推进社会主义市场经济体制的进程中，我国文化产业的总体格局发生了根本性变化。广播电视业、报刊业、旅游业、音像业、网络业等诸多文化产业行业的市场化进程不断加快，呈现出勃兴之态势。审视我国文化产业的发展历程，我们可以清晰地看出，我国文化产业是在经济体制改革的进程中逐渐展开的，在一些中心大城市起步早、发展快，随后逐渐蔓延、扩展到其他城市。

2.我国文化产业发展的政策演变过程

实践是理论的基础，是制定政策的依据。随着我国文化产业发展实践的不断推进，我们对文化产业的理论认识也不断深化，党和国家在政策层面对文化产业的发展也逐渐给予认同、肯定和支持。我国文化产业发展的政策演变历程充分确证了这一点。

相对于文化产业实践而言，我国有关文化产业政策的制定具有相对滞后性。文化产业在我国的兴起，记录了一系列文化政策的演变过程。

虽然从20世纪70年代末80年代初，我国文化产业实践活动已经逐步展开，但是由于当时只有文化事业、没有文化产业之说，因此，所有的文化产品和服务都归属于文化事业名下，有关文化发展的政策和措施，都使用文化事业的字眼表述，看不到文化产业的提法。尽管如此，有关文化发展的政策还是不断出现在党和国家的重要文件里。1985年，《中共中央关于制定国民经济和社会发展第七个五年计划的建议》中提出"进一步发展新闻出版、广播电视、文学艺术等各项文化事业"。1990年，《中共中央关于制定国民经济和社会发展十年规划和"八五"计划的建议》中提出"新闻出版、广播电视、文学艺术等各项文化事业在社会主义现代化建设中具有重要作用。坚持贯彻为人民服务、为社会主义服务的方针，进一步繁荣文化事业"。1995年，《中共中央关于制定国民经济和社会发展"九五"计划和2010年远景目标的建议》中提出"大力发展各项文化教育和社会福利事业，加强公共文化和福利设施建设；加强新闻、出版、广播电视等方面的工作。"从以上三次"建议"中我们可以看出，在当时文化只是和事业、工作联系在一起的，这反映了当时我们对文化问题的认识。[①]

当代中国文化产业的起步可以追溯到改革开放之初的20世纪70年代末。1979年，广州东方宾馆开设了国内第一家音乐茶座。随即，营业性舞厅等经营文化活动场所在各大城市争相开业，我国第一次出现了文化市场。70年代末营业性舞会刚出现，政府部门当时的第一反应竟然是出台了禁止举办营业性舞会的文件。[②]这反映了我国文化主管部门对文化娱乐业的抵触性认识。文化市场初始阶段的法制盲区直到1987年才被打破。1987年2月，文化部、公安

---

① 参见江蓝生、谢绳武：《2001—2002年：中国文化产业发展报告》，社会科学文献出版社2002年版，第69页。

② 参见杜英姿：《我国文化市场法制建设巡礼》，载1999年4月28日《人民日报》。

部、国家工商总局联合发出了《关于改进营业性舞会管理的通知》，第一次明确了举办营业性舞会的合法性质，文化经营活动正式成为我国社会主义文化事业的合法组成部分，至此才解除了对于营业性舞会的禁令，与此相近的文化经营活动也第一次得到政府的认可。1988年，文化部、国家工商总局又联合发布了《关于加强文化市场管理工作的通知》，不仅在政府文件中首次出现了"文化市场"的字眼，而且对文化市场管理的范围、管理原则和任务等作了界定，从而结束了文化市场管理无章可循的局面，走上规范化管理的道路。1988年，《关于加强文化市场管理工作的通知》这个文件，被称作文化市场管理政策的里程碑。

这一时期，虽然没有关于文化产业的明确提法，但是关于文化可能具有的"产业"性质，关于"文化产业"与国民经济和社会发展的关系等，一直被我国有关部门所关注。1985年，国务院转发了国家统计局《关于建立第三产业统计的报告》，把文化艺术作为第三产业的一个组成部分列入国民生产统计项目中，这实际上确认了文化艺术可能具有的"产业"性质。1991年，国务院批转《文化部关于文化事业若干经济政策意见的报告》，正式提出了"文化经济"的概念。1992年，江泽民在十四大报告中明确提到要"完善文化经济政策"。同年，《中共中央国务院关于加快发展第三产业的决定》把"文化卫生事业"当作了加快第三产业发展的重点。1993年12月8日，《中国文化报》以一个整版的篇幅发表了当时文化部领导的讲话，提出"在改革开放中发展文化产业"，这是我国政府文化行政部门领导人首次全面阐述对于文化产业的政策性意见。

随着国民经济"九五"计划的顺利完成，我国经济告别了"短缺时代"，进入了全新的发展时期，对文化产业的政策进一步明朗化。1999年，国务院发展计划委员会主任曾培炎在《关于1998年国民经济和社会发展计划执行情况与1999年国民经济和社会发展计划草案报告》中，明确提出要"推进文化、教育、非义务教育和基本医疗保健的产业化"，文化产业第一次被正式纳入国家发展计划的政策视野。1999年1月，"全国文化产业发展研讨会"在大连召开；5月，文化部与欧亚基金会共同举办的"亚欧文化产业问题和文化发展国际会议"在京召开，这是我国召开的第一个关于文化产业问题的政府间国际会议。随后，文化部文化产业司与北京市社会科学院首都文化研究中心于2000年10月22日在北京召开了"首届大城市文化产业研讨会"。国家文化产业创新与发展研究基地在上海交通大学召开了"21世纪中国文化产业论坛首届年会"。[①] 中共中央十五届五中全会前后召开的这几次重要会议，积极配合党中央关于发展我国文化产业的重大战略决策，起到了舆论准备和学习宣传的重要作用。

2000年10月，中共中央十五届五中全会通过的《关于制定"十五"国民经济和社会发展计划的建议》，令人瞩目地提出，要"完善文化产业政策，加强文化市场建设和管理，推动有关文化产业发展"，第一次将"文化产业"写入中央文件。上海交通大学、国家文化产业创新与发展研究基地主任谢绳武认为，有关文化产业决策的出台是"在国家战略需求层面上，第一次把先进生产力的要求、先进文化的前进方向和最广大人民的根本利益统一在一个具有广泛的产业关联性的产业战略形态上，这就使得这一决策在未来中国进入文化发展的历史进程中，具有里程碑式的重要意义"[②]。2000年11月，国家颁布《文化产业发展第十个五年计划纲要》（文政法〔2001〕44号），对"十五"期间文化产业发展作出了具体规划和部署，对加快发展文化产业，使之成为国民经济新的增长点，具有重大现实意义。

2001年3月，这一建议为九届人大四次会议所采纳，并正式被纳入全国"十五"规划纲要。于是，"文化产业"这个近年来频频出现于报端的概念，第一次正式进入了党和国家政策性、法规性文件，赋予"文化产业"以合法地位，发展文化产业成为中国下一个阶段国民经济和社会发展战略的重要组成部分，它标志着文化产业正在中国迅速崛起。2001年，中国加入WTO，标志着中国的改革开放从此进入了一个新阶段，我国将在更深入的程度上参与经济全

---

① 参见江蓝生、谢绳武：《2001—2002年：中国文化产业发展报告》，社会科学文献出版社2002年版，第2页。

② 江蓝生、谢绳武：《2001—2002年：中国文化产业发展报告》，社会科学文献出版社2002年版，序言（三）。

球化的进程，文化市场将更加开放、对外文化贸易将更加活跃。

2002年，党的十六大突出强调了文化建设的重要地位和作用，对文化建设和文化体制改革提出了一系列新的要求。十六大报告提出："文化建设和文化体制改革的主要任务是：牢牢把握文化的先进方向；坚持弘扬和培育民族精神；切实加强思想道德建设；大力发展教育和科学事业；积极发展文化事业和文化产业；继续深化文化体制改革。"十六大第一次将文化区分为文化事业和文化产业两部分。

2003年，党的十六届三中全会，提出要"促进文化事业和文化产业的协调发展"，明确把文化体制改革作为完善社会主义市场经济体制的重要任务，进一步确定了深化文化体制改革的总体思路和目标。2003年6月，中央召开文化体制改革试点工作会议，确定北京、上海、广东、浙江等9省市为综合性试点地区，35家新闻出版、公益性文化事业、文艺创作演出、文化企业单位具体承担试点任务，以此为起点，我国文化体制改革转入试点先行的摸索阶段。2003年8月12日，胡锦涛同志在中共中央政治局进行的第七次集体学习上强调：大力发展社会主义文化，建设社会主义精神文明，是贯彻落实"三个代表"重要思想的必然要求，是全面建设小康社会的必然要求，也是促进经济社会协调发展和人的全面发展的必然要求。我们必须从全面建设小康社会的全局和实现中华民族伟大复兴的高度，深刻认识加强文化建设的战略意义，在推进社会主义物质文明和政治文明建设的同时，更加自觉地推进社会主义文化建设。2003年9月4日，文化部颁布《关于支持和促进文化产业发展的若干意见》，这是进一步推动我国文化产业发展的重要文件，表明了党和国家大力发展文化产业的决心。2003年，国家文化部先后在上海交通大学、北京大学设立"国家文化产业创新与发展研究基地"，胡惠林教授和叶朗教授分别担任两个基地的学术负责人。

2004年召开的十六届四中全会，把不断提高建设社会主义先进文化的能力，作为加强党的执政能力建设的一项重要任务，明确提出深化文化体制改革，解放和发展文化生产力，这是中央正式文件中第一次出现"解放和发展文化生产力"的提法。

2005年，党的十六届五中全会强调要构建公共文化服务体系，积极发展文化事业和文化产业，创造更多更好适应人民群众需求的优秀文化产品。2005年8月3日至8日，新华社连续播发《国务院关于非公有资本进入文化产业的若干决定》，中宣部等六部门《关于加强文化产品进口管理的办法》，文化部等五部门《关于文化领域引进外资的若干意见》等法规或文件，标志着文化产业、文化市场、文化生产力良好体制环境与政策环境的初步形成。

2006年1月，中共中央、国务院发布了《关于深化文化体制改革的若干意见》，以邓小平理论和"三个代表"重要思想为指导，全面落实科学发展观，深入贯彻党的十六大和十六届三中、四中、五中全会精神，全面提出了深化文化体制改革的指导思想、原则要求和目标任务，是指导今后一个时期深化文化体制改革、繁荣发展社会主义先进文化的纲领性文件。2006年3月，中共中央政治局常委李长春在2006年3月28日至30日召开的全国文化体制改革工作会议上指出：深化文化体制改革是以胡锦涛为总书记的中共中央作出的一项关系社会主义现代化建设全局的重大决策，是全面落实科学发展观，构建社会主义和谐社会，建立完善社会主义市场经济体制，满足人民群众日益增长的精神文化需求，推动中华文化走向世界的必然要求。中共十六大以来，文化体制改革试点工作取得重大突破，为进一步深化文化体制改革提供了经验，奠定了基础。要认真总结文化体制改革试点工作经验，加强典型示范，为全面推开改革提供有益借鉴。2006年9月，中共中央办公厅、国务院办公厅印发《国家"十一五"时期文化发展规划纲要》，这是一个时期内指导我国文化产业和文化事业发展的战略性文件，描绘了我国文化产业发展的前景和蓝图。2006年10月11日，中共十六届六中全会通过公报，对中国当前和今后一个时期构建社会主义和谐社会作出五方面具体部署，其中第一条重点强调要"加快发展文化事业和文化产业，加强环境治理保护"。

2007年4月，文化部办公厅下发《关于奖励优秀出口文化企业、文化产品和服务项目的通知》。为实施文化走出去战略，鼓励中国文化企业和文化产品走出国门，走向世界，提高中国文化产品的国际竞争力，扩大中华优秀文化的国际影响力，改变我国文化产品进出口严重不平衡的局面，文化部决定对部分优秀出口文化企业、文化产品和服务项目给予奖励。2007年8月，文化部印发《文化标准化中长期发展规划（2007—2020）》，对文化领域的标准化建设作出部署。文化领域的标准化是促进文化艺术与现代科技紧密结合、推动文化创新的重要技术保障，是繁荣文化事业和发展文化产业的重要基础性工作。这一产业政策的出台必将对我国文化事业和文化产业产生重大而深远的影响。2007年10月，党的十七大报告提出了"推动社会主义文化大发展大繁荣"的重大战略。报告强调指出，"要坚持社会主义先进文化前进方向，兴起社会主义文化建设新高潮"。同时，对文化事业和文化产业的未来发展提出了更新、更高的要求。

综上所述，从我国文化产业发展的政策历程可以看出，在2000年以前，我们侧重于在实践中不断深化对文化产业的理性认识，针对文化产业发展实践中出现的新情况、新问题，及时出台各种行之有效的政策，并且这些政策和措施都包含在发展文化事业的各种文件中。到2000年文化产业合法化地位确定后，党和国家有关文化产业的政策相继出台，几乎每年都有关于发展文化产业的重要政策出台，时间比较密集，而且都是具有战略性、全局性、针对性的重大政策，对于推动和加快我国文化产业发展发挥了重要指导作用。

三、我国文化产业发展取得的阶段性成就

我国文化产业的发展相对于发达国家的文化产业而言起步较晚。但是尽管这样，我国的文化产业发展无论从理论上还是实践上都经历了一个不断渐进、蓬勃发展的过程，特别是进入21世纪以来得到快速发展，文化产业在我国国民经济中的比重不断增大，文化产业作为新的经济增长点的趋势日益凸显，在实现经济、社会、文化协调发展中的作用日益突出。在经济、文化日益全球化的背景下，我们必须以开放的胸怀在全球化的背景下宏观地把握我国文化产业的发展进程，以宽阔的世界眼光和国际水准客观地分析和衡量我国文化产业发展的基本状况和水平，只有适时了解和把握了我国文化产业发展的基本动态，才能更有效地推进文化产业的持续、健康发展，才能使我国文化产业更好地融入文化产业的全球化进程中。

我国文化产业伴随着改革开放的不断深入逐步发展，并随着社会主义市场经济体制目标的确立和国家大力推进第三产业发展而迅速壮大起来。改革初期，一些文化单位率先进入市场开展经营活动，使文化产品和服务的社会生产属性逐步显现。进入20世纪90年代，党和政府明确提出建立社会主义市场经济体制，大力发展包括文化产业在内的第三产业，文化领域面向市场的改革步伐明显加快。进入21世纪以来，随着我国文化体制改革的深化和拓展，国家支持和发展文化产业一系列宏观政策和战略举措的不断出台，使我国文化产业呈现出持续增长的发展态势，文化产业进入了快速发展时期。经过20多年的探索、发展，我国文化产业已经取得了令人欣喜的阶段性成就。

1.我国文化产业呈现蓬勃发展之势，已经成为国民经济发展的新增长点

在我国，文化产业作为一种新兴的朝阳产业多年来呈现出一种全方位增长态势，这其中包括投入的增长、消费的增长和收益的增长。

"九五"期间，全国文化、文物、广播电影电视和新闻出版事业财政经费投入大幅增长，其中：文化事业费财政拨款年均增长14.96%，至2000年达到67.03亿元；文物事业费财政拨款年均增长9.91%，至2000年达到11.70亿元；广播电影电视事业费财政拨款年均增长6.39%，至2000年达到49.57亿元；出版事业费财政拨款年均增长23.09%，至2000年达到3.39亿元。1990～1998年，全国文化系统文化产业的增加值由12.1亿元增加到83.7亿元，增长了6倍；文化产业机构由6.8万个增加到9.2万个，增长了35%；从业人员由49.5万人增加到72.1万人，增长了46%。与此同时，社会所办的文化产业发展更加迅猛。1990年社会所办的文化产业在总量上还远远小于文化系统，但到1998年，社会所办的文化产业的机构总数已经是文化系统的2.7倍，从业人员为1.5倍，所创增加值为1.5倍。[1]包括文艺演出市场、电影电视市场、音像市场、文化娱乐市场、文化旅游市场、艺术培训市场、艺术品市场等在内的文化市场体系初步建立。

---

[1]　参见江蓝生、谢绳武：《2001—2002年：中国文化产业发展报告》，社会科学文献出版社2002版，第100页。

　　"十五"期间，是我国文化产业发展的重要时期，也是文化产业快速增长时期。"十五"期间，我国文化产业增长势头强劲，对国民经济的促进作用日益凸显。2001年国内生产总值（GDP）为97314.8亿元，比上年增加8.8%，而2001年的教育、文化艺术及广播电影电视业增加值为2768.7亿元，比上年增加15.8%，可见我国文化产业发展迅速，增速是GDP的近两倍。[①]2003年我国文化及相关产业所创造的增加值3577亿元，占GDP的3.1%。2003年我国文化及相关产业有从业人员1274万人，占全部从业人员（7.44亿人）的1.7%。[②]根据新闻出版总署2003年统计，我国出版、报业集团中有31家进入我国企业500强，年收入几十亿元的出版集团14个，年收入10亿元以上的报业集团9个，年收入10亿元以上的发行企业、印刷企业已有数十家，单品种发行上千万册以上图书，百万份以上报纸，三百万份以上期刊，百万张以上光盘的企业已经有相当数量。[③]据统计，截至2006年10月，我国经营性文化产业机构已达20.8万家，并初步形成了由娱乐业、演出业、音像业、网络文化业、文化旅游业、文物和艺术品业等组成的文化产业体系。2006年我国文化及相关产业实现增加值5123亿元，比2005年增长17.1%。2006年文化产业增加值占GDP的比重为2.45%，比2004年提高了0.3个百分点。文化产业从业人员达1132万人，人均创造增加值4.52万元。[④]这种全面的增长势头雄辩地说明，在我国，文化产业是极具发展潜力和增值潜力的朝阳产业。

　　我国文化产业已经成为地区发展新的经济增长点。文化产业的发展在沿海经济发达地区，特别是大城市尤为迅猛。20世纪90年代中期以来，文化产业已被一些城市，特别是中心城市列入发展战略和规划之中。在这些省、市，由于具有发展文化产业的天然优势，加上非常重视文化产业的规划和运作，目

---

① 参见许慧宏、吴声怡：《我国文化产业发展的分析》，载《科技和产业》2005年第3期。

② 参见张晓明等主编：《2005年：中国文化产业发展报告》，社会科学文献出版社2005年版，第6页。

③ 参见张晓明等主编：《2004年：中国文化产业发展报告》，社会科学文献出版社2004年版，第6页。

④ 参见丁伟：《厚积薄发：文化产业五年快速发展》，中国文化产业网2007年9月28日。

前已取得明显成效，产业发展初具规模。1996年，北京市鲜明地提出"要充分利用北京丰富的文化资源和人才资源，大力发展北京文化产业，使其成为北京的支柱产业之一，使北京成为全国重要的文化产业基地"的发展思路；1999年，上海市提出的文化产业发展目标是体现上海高档层、多样化、开放型的文化发展水平，形成以高新技术为支撑的多元化的产业格局，成为增强上海中心城市功能的重要支柱和推进文明城市建设的强大动力。①上海还积极探索文化体制改革的路子，建立了上海永乐股份有限公司、东方明珠股份有限公司、文汇新民联合报业集团、世纪出版集团等一大批新型的文化产业，整合组建的文化产业集团其竞争实力明显增强；湖南省加大投资力度，先后完成了湖南新闻大厦、出版大厦、毛泽东文学院、湖南大剧院、图书城等12项重点工程，文化产业获得极大发展。多年来，北京、上海、长沙等城市，其文化产业增加值占全市GDP的比重不断增长，已显现成为支柱产业的势头。②各地文化产业发展势头良好，许多地方文化产业的增长速度高于国民经济的整体增长速度，成为提供就业机会的重要行业、产业结构优化的朝阳行业和经济增长的支柱产业。

可以预见，随着我国文化产业不断融入全球化的发展进程，其发展势头会更加勇猛，在不久的将来我国文化产业一定会在国民经济中发挥支柱产业的作用。

2.传统文化产业通过产业升级实现现代转型

现代文化产业从时间角度来说，包括传统文化产业和新兴文化产业两部分。传统文化产业主要包括新闻出版、广播影视、文艺演出业、音像业、文化娱乐业等。新兴文化产业包括改革开放以来发展起来的文化旅游业、网络游戏产业、手机内容产业、广告、会展等。在高科技为文化产业发展插上翅膀的大好时期，我国传统文化产业和新兴文化产业都乘势而上，呈现出良好

① 参见陈立旭:《当代中国文化产业发展历程审视》，载《中共宁波市委党校学报》2003年第3期。
② 参见江蓝生、谢绳武:《2001—2002年：中国文化产业发展报告》，社会科学文献出版社2002年版，第7页。

的发展态势。

　　新闻出版业是我们传统文化产业的重要组成部分，也是文化体制改革的关键领域。我国新闻出版业通过体制和机制改革激发了自身活力，在资本运作、人才聘用、整合资源、联合发展等方面都表现出强烈的改革意识、发展意识，不断创新发展举措，不断拓展发展空间。新闻出版业深化改革的一个重要成果就是各地相继建立了一批强强联合的新闻、出版集团。如，2001年12月6日，我国规模最大的新闻传媒集团——中国广播电影电视集团在北京正式成立。中国广播影视集团的主要成员单位有中央电视台、中央人民广播电台、中国国际广播电台、中国电影集团公司、中国广播电视传输网和中国广播电视互联网等。2002年1月25日，我国第一家期刊集团——家庭期刊集团在广州成立。2002年4月9日，中国出版集团在北京成立，成员包括人民出版社、人民文学出版社、商务印书馆、中华书局、中国大百科全书出版社、中国美术出版社、人民音乐出版社、生活·读书·新知三联书店、东方出版中心、中国对外翻译出版公司和新华书店总店、中国出版对外贸易总公司、中国图书进口（集团）总公司等13家大型企事业单位。这些新闻出版、广播影视集团力图通过整合资源、强强联合，努力实现做大做强我国文化产业的宏伟目标。

　　与此同时，新闻出版业还积极加强同信息网络技术的结合，使传统的新闻出版业实现了产业升级。现在的新闻、出版不仅保留了纸质的形式，还新增了网络新闻、网络期刊、网络图书等文化新载体，最大限度地扩充了新闻、出版的文化信息容量，传统新闻、出版业通过与高技术结合实现了现代转型，呈现出广阔的发展前景。新闻、出版业在向信息产业迅速靠拢中，借助于信息高科技来不断创新文化产业的内容和形式。近年来，信息技术产业与传统文化产业的日益融合，在我国的文化产业中造成了引人注目的产业关联效应。2000年，信息化突入传媒领域，引发"传媒热"，新闻出版、广播电影电视等传统大众传媒部门迅速"触网"，出现了信息产业与文化产业"大汇流"的壮观景象，推动了产业结构重组和优化升级。1995年，由教育部（当时国家教委）主管主办的《神州学人》成为首家上网的电子报刊；同年《中国贸易报》成为国内第一家电子日报。2000年5月25日，首都9大媒体联手推出"千龙新闻网"，定位于首都，提供全方面信息服务的国家级重点新闻网络传播平台。[1]2001年8月，国务院新闻办公室在上海召开新闻网站发展工作座谈会。会议肯定了以千龙网、北方网、东方网、南方网、东北网等为代表的地方重点新闻宣传网站已成为中国网民获取新闻信息的重要来源以及国外人士了解中国的有效渠道。此外，由全国知名综合媒体推出的人民网、新华网、光明网、中青在线、大洋网等新闻媒体网站也纷纷亮相，在网络空间拓展自身的影响力和知名度。

据统计，从1990～2002年，我国的报纸由1576种增至2111种，增长34%，总印数达351亿份；各种报刊由6078种增至8899种，增长了46%；图书从74973种增长到154526种，全国建成了一批大型书城，各种形式的连锁店4000多家，图书网点7万多个，图书销售增长了12倍。[2]这样的发展业绩是前所未有的，充分显示了文化体制改革对于解放和发展文化生产力的巨大作用。

广播影视业是计划体制下我国文化事业的重要组成部分，因其承担社会舆论宣传、教化的使命，曾是社会公众接受各种信息、生活娱乐的主要渠道。但是，随着国家的改革开放和科技的进步，社会进入信息化、网络化时代，人们获得信息和进行娱乐的渠道增多了，广播、影视不再是人们获得信息和生活娱乐的主要渠道，在一个时期内出现了一定程度的不景气状况。比如，中国电影业的体制，是20世纪50年代模仿苏联建立的，其基本特点是电影生产和发行放映政企合一、按指令性计划指标生产和发行电影。这种行政性和非市场化的运营机制，经过了计划经济年代在全国实行普及放映的辉煌后，其弊端随着改革开放的深入，也逐渐显现出来。在由计划经济体制向市场经济体制转型的过程中，电影业一度出现了萧条局面。有统计表明，我国电影的生产在1993～1998年间一直在走下坡路。1995年生产146部，1996年生产110部，

---

① 参见范新宇：《网络信息业的兴起和发展》，载江蓝生、谢绳武：《2001—2002年：中国文化产业发展报告》，社会科学文献出版社2002年版，第132页。

② 参见张晓明等主编：《2005年：中国文化产业发展报告》，社会科学文献出版社2005年版，第25～26页。

1997年生产88部，1998年只剩下82部。①

近年来，我国电影业认真贯彻落实中央关于文化体制改革的意见，推进电影产业化进程，积极探索电影产业公有制的多种有效实现形式，加强宏观调控力度，搞活微观竞争机制，充分调动行业内和社会力量办电影的积极性，充分遵循电影艺术规律和电影市场规律，实现社会效益和经济效益相统一，不断满足广大人民群众的精神文化需求。通过近年来的探索、努力，培育和重塑了一批有活力、有竞争力的新型电影市场主体，使电影生产能力和经营能力大大提高，电影市场又开始走向繁荣，既涌现出了像《云水谣》《东京审判》《暖春》等主旋律影片，又出现了像《英雄》《十面埋伏》《满城尽带黄金甲》《天下无贼》《夜宴》等商业大片。国产电影从《英雄》起到《无极》《黄金甲》《赤壁》，投资额都达几千万美元。这些商业大片开辟了国产电影生存发展的另一条道路——引进风险投资，以高投入博取高产出；以规模效应将影片推向国际市场，极大地提高了国产电影在世界影坛的商业地位。自张艺谋执导《英雄》在世界各地创下票房佳绩后（为国产片之最），既成为国产大片在国内市场的分账比例和票价与国外大片相一致，又为国产影片在海外版权的销售提高了价码。随着《十面埋伏》《无极》《夜宴》《功夫》等国产大片的运营成功，中国电影人制作大型国际化商业电影的经验逐渐丰富。对于中国电影市场来说，这些商业大片无疑是激活低迷电影市场的催化剂。同时高投入使制片方有机会聚合华语影坛一线制作阵容和演员阵容，有机会尝试电影制作领域中世界最先进的技术成果，有机会扩大电影后产品的产业规模，以绝对优势赢得媒体和观众极大关注，并吸引大量的观众走进电影院。国产商业电影不断刷新本土票房纪录，积极巩固并开拓亚洲市场，这也生动地反映我国电影业加快体制改革、转型所获得的初步成果。

2004年中国电影业取得的成绩充分说明了这一点。2004年，是中国电影即将跨入百年华诞的前一年，也是加入世贸组织后中国电影享受保护期的最后

---

① 参见江蓝生、谢绳武：《2001—2002年：中国文化产业发展报告》，社会科学文献出版社2002年版，第13页。

一年，同时还是2003年中国推出一系列电影产业改革举措以后的第一年。据统计，2004年电影产量创历史新高，截至2004年9月份，中国国产的胶片电影已经达到170部，已经远远超过2003年的140部的全年产量；社会资本、民营资本、商业资金、境外资本对电影业的投资热情增加，电影生产的国有企业投资比例已降到50％，境外资本、民营资本联合拍摄的影片达到80％；电影发行和电影院线继续向集约化方向发展，现代电影院的兴建和改造方兴未艾；电影票房收入明显增加：2004年上半年全国不完全统计的票房达到5.3亿元，2003年同期为3.9亿元，增长了32％；以电视播出、海外销售、音像发行为主的电影版权交易量明显增加：电影片、电视电影等节目在CCTV6、上影、长影和西影电影频道播出的广告收入达到5亿元。《手机》开创了音像版权交易的高价先河；《英雄》显示了中国电影海外市场的竞争力；地方电影频道的开办和付费电视频道的出现为电影放映开辟了新渠道。[①]

我国的广播电视业也在改革中不断发展壮大。据统计，从1990～2002年，广播电视播出机构从1000个增加到1988个，广播节目套数由645套增加到1777套，电视节目套数由512套增加到1047套，广播和电视的人口覆盖率分别从73％和80％增加到90％以上。有线电视从无到有，全国用户达到9000多万。2001年中国音像市场销售总额达到200多亿元，比改革开放初期增长了1000倍。[②]

3.新兴文化产业发展势头迅猛，发挥引领产业发展的龙头作用

从世界范围来看，现代文化产业发展的一个显著特点就是与高新技术日益融合，特别是与信息产业相互关联，已成为世界性潮流。自20世纪90年代以来，在信息技术全球化浪潮的推动下，我国的数字化信息技术产业成为国民经济发展中令人瞩目的增长点。信息技术产业的发展为大批与文化产业相关的新兴产业群的生长提供了新的技术基础。在我国文化产业领域，与信息、网络

[①]　参见张晓明等主编：《2005年：中国文化产业发展报告》，社会科学文献出版社2005年版，第120页。

[②]　参见张晓明等主编：《2005年：中国文化产业发展报告》，社会科学文献出版社2005年版，第25～26页。

等高新技术密切相关的网络内容产业、手机短信业等作为新兴文化产业，因为体制约束较小，市场化程度高，产业发展空间大，起到了引领产业发展的龙头作用。

信息产业与文化产业关联运动引人注目，产业格局出现大范围重组，网络内容产业浮出水面。网络文化产业（又被称为"信息内容产业"，与信息技术产业相对应），目前涵盖了网络游戏产业、手机内容产业等内容。2003年6月5日，文化部正式批准10家单位筹建全国性互联网上网服务营业场所连锁经营单位，成为这个产业浮出水面的标志性事件。10月，首届中国国际网络文化博览会在北京举行，首次对这一产业进行了集中展示。

在信息技术的强力支撑下，网络游戏产业近年来发展极为迅速。2001年，中国网络游戏用户为400万，市场规模约3亿元人民币。2002年，中国网络游戏用户达到800万，市场规模达到了10亿元人民币，超过了电影业。手机内容产业的发展速度更令人吃惊。中国的短信在2000年的时候还只有5～10亿条，占全世界总量的1%；2001年达到189亿条，占全世界总量的7%；2002年达到900亿条，占全世界总量的20%。在短信业务获得成功的基础上，2002年10月，中国移动又率先推出了彩信业务。彩信业务实现图像、动画、贺卡、照片等实时传送，具有更完善的表现形式和更广泛的应用空间。[1]

2006年我国网络游戏市场规模达到65.4亿元人民币，与2005年相比，发展增速高达73.5%，中国网络游戏市场已经成为全球最具发展潜力的市场。近几年，我国国产动画片产量几乎每年翻一番。2003年我国动画片总产量仅为1.2万分钟，2004年达到2.2万分钟，2005年增长到4.3万分钟，2006年超过8.1万分钟。[2]

信息技术产业对我国文化产业的巨大关联效应将越来越凸现出来。我国文化产业，特别是文化娱乐业将出现"在线文化娱乐业"和"离线文化娱乐

---

[1] 参见张晓明等主编：《2004年：中国文化产业发展报告》，社会科学文献出版社2004年版，第9页。

[2] 参见丁伟：《厚积薄发：文化产业五年快速发展》，中国文化产业网2007年9月28日。

业"的新的产业分野。歌厅、舞厅、游戏厅等传统主流文化产业类别将让位于数字电视、数码电影、宽带接入、视频点播、在线游戏等新型文化产业群。

据统计，目前，以传统意义上的文化产业如新闻、出版、广电和文化艺术等为主构成的"核心层"有从业人员223万人，实现增加值884亿元；以改革开放以来发展起来的新兴文化产业如网络文化、休闲娱乐、文化旅游、广告及会展等为主构成的"外围层"有从业人员422万人，实现增加值835亿元。新兴文化产业的从业人员已超出传统文化行业近1倍，创造的价值已接近传统的几个产业部门。从事文化用品、设备及相关文化产品生产、销售的"相关层"有从业人员629万人，实现增加值1858亿元，其发展规模在整个文化产业发展中占据了一半。[1]

作为改革开放后发展起来的新兴文化产业，文化旅游业可以说是中国文化产业领域市场化程度最高，开放时间最早的行业。进入21世纪以来，随着改革开放的深化和居民生活水平的提高，旅游业得到迅猛发展。"五一""十一"等黄金周旅游热一浪高过一浪，外国人到中国旅游的越来越多，中国丰富的人文和地理旅游资源成为推动旅游业蓬勃发展的内在动力，使我国旅游业保持了连年增长的态势。据国家统计局统计公报显示，2001年我国全年旅游外汇收入达178亿美元，比上年增长97%；国内旅游人数达7.84亿人次（城镇居民出游率达95%），国内旅游收入达3522亿元人民币，比上年增长10.9%，旅游业总收入达到4995亿元。2002年单是春节、"五一""十一"三个黄金周全国就共接待旅游者2.1939亿人，旅游收入达865亿元人民币，约占全年总收入的1/5。有些省份的旅游业收入对当地GDP的贡献甚至超过了10%。[2]

更令人可喜的是，我国旅游业由于居民消费需求旺盛，市场化起步早，程度高，已经形成了比较完整的产业链条和比较强的带动作用，因而对加入WTO后的市场冲击没有惧怕。旅游业面对国际竞争，现在的问题只是如何做

---

① 参见张晓明等主编：《2005年：中国文化产业发展报告》，社会科学文献出版社2005年版，第6页。

② 参见江蓝生、谢绳武：《2003年：中国文化产业发展报告》，社会科学文献出版社2003年版，第10页。

大做强，形成以我为主的垂直分工体系，拿到"高端"利润。近年来国家实施西部开发战略，西部各省由于具有独具特色的民族文化及历史资源，纷纷将旅游业作为支柱产业，文化资源产业化速度加快。继云南省提出创建"民族文化大省"战略之后，山西省也形成了"建设文化强省"的发展思路。①旅游业成为我国中西部各省实现现代化建设第三步战略目标的实施重点。

体育产业蓬勃兴起。改革开放以来，体育产业化问题一直备受关注，在2001年7月北京获得2008年"奥运会"主办权后，人们在体育产业化问题上取得了共识。重大体育赛事带动会展业和相关传媒业，成为拓宽我国新兴文化产业领域的最大亮点。

目前专家理解的体育产业大概可分为两个部分：一是核心体育产业，包括健身娱乐产业和竞赛表演产业。二是连带体育产业，包括体育彩票、体育媒体、体育中介、运动器械及体育用品等行业，这是体育与其他产业结合的部分。事实上，体育产业具有极强的产业关联度，与其相关度较高的有旅游、服装、通信、机械制造等行业；此外，娱乐业、广告业、博彩业、媒体业等也与体育产业有着千丝万缕的联系。有专家估计，我国体育产业的产值近年来急剧提高，2001年达到1400亿元左右，相当于GDP的0.2%左右。专家估计体育产业的上升趋势将一直延续到2008年奥运会以后。②北京作为2008年奥运会的举办城市，体育产业发展尤其明显。据北京市统计局统计，2001年全市体育产业已实现经营收入106.4亿元，实现增加值约为45.5亿元，占全市GDP的1.6%。据预测，北京市体育产业产值还将以每年10%以上的速度增长。③作为"体育支柱"产业的体育彩票，在我国的认知程度不断提高，发行额度逐年递增：1994～1995年发行10亿元，1996年为12亿元，1997年为15亿元，1998年

---

① 参见江蓝生、谢绳武：《2003年：中国文化产业发展报告》，社会科学文献出版社2003年版，第11页。

② 参见江蓝生、谢绳武：《2003年：中国文化产业发展报告》，社会科学文献出版社2003年版，第11页。

③ 参见江蓝生、谢绳武：《2003年：中国文化产业发展报告》，社会科学文献出版社2003年版，第12页。

为25亿元，1999年达到40亿元，2000年增至90.7亿元，2001年突破100亿元大关，上升到149亿元。体育彩票已成为体育产业中的重要组成部分。[①]

据统计，2003年以传统意义上的文化产业如新闻、出版、广电和文化艺术等为主构成的"核心层"有从业人员226万人，实现增加值884亿元；以改革开放以来发展起来的新兴文化产业如网络文化、休闲娱乐、文化旅游、广告及会展等为主构成的"外围层"有从业人员422万人，实现增加值835亿元。新兴文化产业的从业人员已超出传统文化产业行业近1倍，创造的价值已接近传统的几个产业部门。从事文化用品、设备及相关文化产品生产、销售的"相关层"有从业人员629万人，实现增加值1858亿元，其发展规模在整个文化产业发展中占据了一半。[②]这些统计数字表明：我国新兴文化产业的规模已经超过传统文化产业部门，整个文化产业的带动作用已经非常明显。

4.我国文化体制改革日渐深化，有力地推进文化产业的发展进程

我国文化产业是在文化体制不断改革中逐步发展的，文化体制改革一直是我国文化产业发展的重要动因。

我国传统的文化体制是适应计划经济的需要建立的，实行的是计划管理模式。传统的文化管理体制只强调了文化的意识形态属性，忽视乃至排斥了文化作为消费产品的经济属性，忽视乃至排斥文化产业在发展现代经济，以至于发展现代文化中的积极作用。这种体制就是所谓"事业单位制"，其运行模式是"财政支持型"。因此它的诸多方面已经不适合社会主义市场经济条件下文化产业的发展要求，特别是无法与WTO框架下的世界文化产业发展接轨。因此，近年来，加快文化体制改革，已成为解放和发展文化生产力的当务之急。

近几年来，我国文化体制改革继续加大力度、加快速度、加深程度，充分体现了党和国家对文化体制改革战略意义的重视。2000年10月，党的十五届五中全会通过《中共中央关于制定国民经济和社会发展第十个五年计划的

① 参见江蓝生、谢绳武：《2003年：中国文化产业发展报告》，社会科学文献出版社2003年版，第12页。

② 参见张晓明等主编：《2005年：中国文化产业发展报告》，社会科学文献出版社2005年版，第6页。

建议》，其中第一次在中央正式文件里提出了"文化产业"这一概念，要求完善文化产业政策，加强文化市场建设和管理，推动有关文化产业发展。"文化产业"概念的提出，标志着我国对文化产业的承认和对其地位的认可，具有重要意义，特别是对于文化体制改革具有决定性的作用。

2001年，中共中央批转了中宣部、国家广电总局、新闻出版总署《关于深化新闻出版广播影视业改革的若干意见》。《意见》总结了近些年来文化体制改革的经验教训，提出文化体制改革要以发展为主体，结构调整为主线，以集团化建设为重点和突破口，着重在宏观管理体制、微观运行机制、政策法律体系、市场环境、开放格局五个方面积极进行探索创新，以进一步壮大实力，增强活力，提高竞争力。

2002年，党的十六大报告关于文化体制改革的理论进一步深化，方向进一步明确，方法和步骤更加具体细致，十六大第一次将文化事业和文化产业作了明确区分，强调要积极发展文化事业和文化产业，明确了整个文化体制改革的方向和目标，根据社会主义精神文明建设的特点和规律，适应社会主义市场经济发展的要求，推进文化体制改革。十六大还提出了要"抓紧制定文化体制改革的总体方案"。

2003年，党的十六届三中全会通过的中共中央《关于完善社会主义市场经济体制若干问题的决定》又将文化体制改革的目标进一步深化和明确。《决定》明确提出了文化体制改革的总目标是按照社会主义精神文明建设的特点和规律，适应社会主义市场经济发展的要求，逐步建立党委领导、政府管理、行业自律、企事业单位依法运营的文化管理体制。《决定》分别提出了文化事业和文化产业的改革方向和目标：公益性文化事业单位要深化劳动人事、收入分配和社会保障制度改革，加大国家投入，增强活力，改善服务。经营性文化产业单位要创新体制，转换机制，面向市场，壮大实力。健全文化市场体系，建立富有活力的文化产品生产经营体制。《决定》第一次明确提出文化体制改革要形成一批大型文化企业集团。

2004年，党的十六届四中全会通过的《中共中央关于加强党的执政能力建设的决定》提出了"深化文化体制改革，解放和发展文化生产力"这一重要论断，这也是中央正式文件中第一次出现"解放和发展文化生产力"的提法，它反映了我们党对文化体制改革的认识更加深入。《决定》还具体要求加强文化发展战略研究，抓紧制定文化发展纲要和文化体制改革总体方案。

2006年1月，中共中央、国务院发出《关于深化文化体制改革的若干意见》。《意见》要求从全面落实科学发展观、构建社会主义和谐社会的高度，从巩固马克思主义在意识形态领域指导地位的高度，从加强党的执政能力建设的高度，充分认识文化体制改革的重要性和紧迫性，增强责任感和使命感，抓住重要战略机遇，深化改革，加快发展，为建设社会主义先进文化注入强大动力。可以说，党和国家把文化体制改革的重要性和紧迫性提到了空前的高度来认识。

随着文化体制改革一系列政策的相继出台，文化体制改革实践也逐渐展开。从2003年初，开始文化体制改革试点调研。6月，召开了文化体制改革试点工作会议，改革试点随后在全国展开。目前中央确定的改革试点行业遍及新闻媒体、出版单位、图书馆、博物馆、文化馆、文艺院团、影视制作企业、印刷、发行、放映公司等等。试点工作对文化单位进行公益性事业和经营性产业的分类，在试点工作的推动下原有国有文化企业提高了市场竞争力，壮大了产业规模，取得了较好的发展成效。

我国文化体制改革的不断深入、拓展，全面、有力地推进了我国文化产业发展的总体进程，文化体制改革产生的直接结果体现为：

从根本上促进了文化生产和服务的体制和机制改革，将文化产业从文化事业中剥离出来，两者并举发展，增强了文化发展的生机和活力，有利于我国文化事业的繁荣；培育了社会主义文化市场，规范市场行为，完善运行机制，促进文化市场繁荣健康、活跃有序地发展，初步建立了比较完备的文化市场体系；加快了文化法制建设，制定了一系列促进了文化产业各行业发展的法律法规，加强了文化事业和文化产业的法治化管理，为推动文化产业大发展营造良好的法制环境；推动了文化产业的规模化、集约化、专业化发展，建设了一批具有较强竞争力、影响力的文化产业集团；改善了文化产业的融资环境。文化部门陆续出台的多项鼓励投资文化产业的政策措施，调动了社会办文化的积极性，多元化的融资机制正在形成。

总之，我国文化体制改革的不断深入，从根本上解放和发展了文化生产力，使文化事业和文化产业的发展充满生机和活力。

5.我国居民文化消费逐年增长，文化产业市场潜力巨大

能现实地表征我国文化产业发展状况的一个重要方面就是文化市场表现出的居民文化消费能力。改革开放以来，我国居民的经济生活水平不断提高，进入20世纪90年代以来，人们的文化消费需求日益增长，文化消费类支出稳定增长。文化消费是指消费主体在文学、艺术、教育、科学、娱乐等方面的支出和消费活动。

文化旅游、教育培训和数字娱乐消费成为当今文化消费的热点领域。在全球化、信息化的时代背景下，我国文化消费内容不断丰富，等级不断提高，方式不断创新。

我国居民文化消费主要集中体现在教育培训、休闲娱乐和文化旅游等方面。从20世纪90年代以来，家庭的教育支出以平均每年29.3%的速度增长，明显快于家庭收入增长，也快于国内生产总值的增长。[1]这表明，现代城市居民的文化消费都已转向重视子女智力开发和成人自身素质的提高。休闲娱乐是现代人在紧张工作之余进行身心放松的重要途径。因此，它是近年来文化消费的重要组成部分。

数字娱乐消费不只是人们通常所说的电脑游戏，它覆盖了以数字技术向人们"制造快乐"的各个领域：提供视听享受的音乐、DVD、VCD、交互电视；重在体验的电脑电子网络游戏；陆续开发出的新式娱乐产品MP3、数码摄像机等。体育消费市场有待扩展，潜力巨大。体育消费作为文化消费的一部分，目前在我国日渐兴起，体育彩票、体育广告、体育场馆经营等相关产业正处于发展阶段。旅游需求旺盛，期望省外旅游。据国家旅游局统计，1989年，我国国内旅游人数只有2.4亿人次，2000年达到7.8亿人次；20世纪90年代初，

---

① 参见李康化：《中国文化消费现状及趋势报告》，国家文化产业创新与发展研究基地网站，http://cciidi.sjtu.edu.cn 2007年9月23日。

中国出境人数只有300万人次，到2003年年底已经达到2022万人次，2003年，城镇居民人均旅游支出比1995年增长了167%。2004年1～8月，我国旅游业呈现出全面增长的态势。[1]

6.我国文化产业发展的总体格局基本形成

党的十六大以来，在党和国家发展文化产业宏观政策和战略的支持和引导下，随着我国经济社会的持续快速发展，人民群众的物质生活水平明显提高，对文化产品和服务的需求更加迫切。文化产业的快速发展，打破了计划经济体制下国办文化的单一局面，调动了社会办文化的积极性，形成了多门类、多层次、多样化的文化生产和服务体系。数量众多、遍布城乡、各种类型的文化企业和丰富多彩的文化产品和服务，较好地满足了广大人民群众日益增长的多元化、多层次的精神文化需求，促进了社会文化生活的繁荣和发展。

一批大型文化企业和企业集团正逐渐显示出较强实力、竞争力、影响力和自主创新能力。

多年来，通过深化文化体制改革，全国各地涌现出许多像中国对外文化集团公司、北京儿童艺术剧院股份有限公司等大中型国有或国有控股文化企业以及上海盛大网络发展有限公司、云南丽水金沙演艺有限公司、北京麦乐迪餐饮娱乐管理有限公司、浙江宋城集团控股有限公司等一大批民营龙头文化企业。2004年和2006年，文化部先后两批命名了78家国家文化产业示范基地。另外，内蒙古、辽宁、江苏、浙江、安徽、福建、河南、广东、深圳、广西、四川、陕西、甘肃、青海、宁夏15个省、自治区、市分别命名了各自的文化产业示范基地。[2]目前，这些示范基地绝大多数发展状况良好，在促进文化产业发展方面发挥了很好的示范带头作用，大大增强了我国文化产业的整体实力和竞争力。在做强做大的同时，文化企业的创新能力得到明显提高。特别是中央提出走中国特色自主创新道路、建设创新型国家的目标以来，我

---

[1] 参见张晓明等主编：《2005年：中国文化产业发展报告》，社会科学文献出版社2005年版，第50页。

[2] 参见丁伟：《厚积薄发：文化产业五年快速发展》，中国文化产业网2007年9月28日。

国文化企业的创新意识大大增强，面向市场、面向消费者，走出了一片文化创新的新天地。

文化产业多元化投资格局开始形成，非公有资本和外资在文化产业投资中比重大幅提升。近年来，我国努力为非公有资本和外资投资文化产业创造有利条件，大大调动了社会力量发展文化产业的积极性。目前，民营文化企业已成为发展文化产业一支不可缺少的重要力量。据不完全统计，2006年，我国拥有民营文化企业约29万个，从业人员320万人，分别是国有文化企业（单位）的5倍和5.5倍。民营文化企业所创造的文化产业增加值也大大超过国有文化企业（单位）。以艺术表演团体为例，目前全国有国有艺术院团2886个，而民营文艺表演团体已超过7000家。[①]此外，外资进入我国文化产业领域的势头也十分看好。

文化产业的规模化、集约化、专业化水平不断提高。近年来，我国文化产业集群化发展趋势日益明显，产业聚集效应初步显现。如西安曲江新区管委会挖掘历史文化资源，突出盛唐文化主题，打造了中国最大的唐文化展示区。

区域规划是我国"十一五"经济社会发展规划的一个重点，《国家"十一五"时期文化发展规划纲要》中提出的优化文化产业布局和结构的设想是：以建设文化创意产业中心城市为核心，加快产业整合，形成长江三角洲、珠江三角洲和环渤海地区三大文化产业带；积极发展我国西南、西北地区等具有鲜明地域和民族特色的文化产业群；推进科学技术在文化领域的应用，加快文化产业优化升级，促进我国文化产业加入国际文化产业分工体系，不断提高国际化水平。这些设想已经粗具雏形。

中国文化"走出去"初见成效，推出一批影响较大的出口文化品牌。近年来，我国一批有实力的文化企业积极开拓国际文化市场，取得可喜成绩。出口文化产品和服务项目不仅种类日益增多，而且培育推出一批具有民族特色、自主知识产权和原创性的知名文化品牌。境外演出收入大大提高，有的剧节目已接近或达到国际演艺产品的价格水平。

---

① 参见丁伟：《厚积薄发：文化产业五年快速发展》，中国文化产业网2007年9月28日。

四、我国文化产业发展面临的突出问题

我国文化产业经过多年持续发展，取得了令人瞩目的成就，其潜力与活力也日益彰显出来。但是，如果在全球化背景下审视我国文化产业的发展现状，我们就会看到实实在在的明显差距。之所以有差距是与我国文化产业发展面临许多短缺条件有关的，比如，我国文化产业政策体系和法律法规不够系统、规范，文化产业管理体制缺乏活力，文化企业发展规模小，产业组织集约化程度不高、运行机制不够灵活高效，文化产业各类人才严重缺乏，文化产业资金投入不足，等等。这些条件的短缺严重制约了我国文化产业的快速发展。客观地说，我国文化产业发展的基础条件是优势与劣势并存。在这种情形下，我们就要发挥利用优势条件，补充完善短缺条件。下面我们对我国文化产业发展实践中存在的一些问题进行了比较集中的梳理和分析，这些问题存在文化产业发展现实中，只是问题的程度不一。直面问题是为了解决问题。

1.文化产业政策和法规系统有待进一步健全和完善

世界文化产业强国发展的实践表明，发达国家的文化产业之所以得以快速发展，其中一个主要原因是各国根据自己的实际情况制定了一套比较完备的用于支持和保护文化产业发展的政策法规体系。

我国文化产业政策法规随着文化产业的不断发展而逐渐制定和完善起来。特别是20世纪90年代以来，我国出台了一系列文化产业政策法规，极大地促进了我国文化产业的发展。但其政策法规体系也暴露出一些问题，在一定程度上制约了我国文化产业的发展。这些问题体现在五个方面：一是不规范。2001年，我国加入WTO，这意味着我国国际贸易要接受一种新的法律文化、秩序形态和政策系统。文化产业属于国际服务贸易范畴，已经列入WTO中国承诺的条款。而我国在2001年之前制定的文化产业政策法规有许多是与WTO规制不相适应的。这种不规范会给我国的文化贸易造成许多麻烦，必须尽快使我国的文化产业政策与WTO国际规范相对接。二是不健全。相比发达国家完备的文化产业政策法规系统，我国文化产业还有许多政策法规不健全。由于我国文化产业发展时间短，文化产业兼具意识形态属性，加之文化产业本身涉及的行

业众多，在发展中又不断出现新问题、新情况，因此，文化产业政策法规的制定难度较大，一项文化产业政策法规的出台要经过调研、分析等许多环节，要建立健全我国文化产业政策法规体系确实不是指日可待的，要经历一个较长的过程。三是不系统。文化产业本身是一个涉及诸多行业的产业系统。文化产业的政策法规也应是一个完整的系统。但是现实情况是我国文化产业有关部门制定政策法规常常是在实践中出现了问题和矛盾时才头疼医头地制定相关政策法规，因此，在这种思维方式下制定的政策法规就显得比较零散，从总体上说，缺乏系统性。四是不细致。众所周知，西方发达国家的法律系统不仅完备，而且还相当细致。相比之下，我国政策法规的制定就比较粗放化，只制定政策法规的大致框架，法律条文解释的空间较大，使一些人容易钻政策法规的空子，"打擦边球"，给政策法规的实际操作造成不便。五是不稳定。在我国文化产业政策的不稳定缘于我国有关部门制定政策时缺乏前瞻性，往往根据当下情况而制定，没有适当地预见可能出现的情况。往往是政策刚刚出台，文化产业实践中又出现了新情况，因此，不得不重新制定新的政策。

2.文化体制改革贯彻落实不够彻底、到位

文化体制改革是促进文化产业发展的动力。20世纪90年代以来，我国文化体制改革的步伐加快，特别是党的十六大将文化事业与文化产业区分开来，大力发展经营性文化产业已成为社会各界的共识。2006年1月，中共中央、国务院颁布的《关于深化文化体制改革的若干意见》成为深化文化体制改革的指导性纲领，为文化体制改革指明了方向、目标和要求。应该说，我国文化体制改革取得了初步性成果，如文化行政部门职能由办文化向管文化转变；文化企业的所有制形式趋向多样化，既有国有文化企业，也有民营文化企业等。但是，我国文化体制改革仍然存在许多问题：

一是文化体制改革的有关方针政策落实不到位。我国的文化体制改革政策只具有指导性，不具备强制性。因此，文化体制改革经常出现有政策没执行的情形。二是我国文化体制改革的某些关键环节的改革有待继续深化。例如，关于文化事业单位转制问题，各种政策文件倡导了多年，但是在实践中，许多单位都是被动改革，缺乏改革的主动意识、彻底的决心。改革的难度来自事业

单位内部。由于在体制内占据优越地位，握有垄断权力，这些单位已在多年商业运作中形成了既得利益，因此缺乏改革的内在动力。不脱离体制内优越地位，同时尽可能在市场中获得商业利益，将事业和产业两种好处兼收并取，往往成为他们在"双轨制"条件下最为现实的选择。

3.文化产业总体上集约化、专业化水平不高

在计划经济体制下，我国文化事业单位的总体格局是单位众多，资源分散、不讲效益，产业集约化程度低。在建立市场经济体制后，我们力图通过改革尽快改变我国文化产业"散、弱、小"的状况，但是经过多年的探索改革，总体情况并没有较大的改观。这种经营单位众多、规模小、效益低的情形在我国文化产业各个行业还普遍存在。尽管近年来通过文化体制改革，我们也组建了新闻、出版、广播影视等方面的文化企业集团，但这只是一种框架性的文化集团，在竞争力、影响力等方面还不具备文化企业集团的实力和内涵。我们的出版行业还没有出现像美国蓝登书屋、德国贝塔斯曼那样真正意义上的出版集团；新闻行业还没有出现像美国CNN那样掌控全球大部分新闻的新闻集团；音像行业还没有出现像时代华纳、索尼那样的音像集团。上海最大报业集团文汇新民联合报业集团2000年销售收入为14.73亿元人民币，约合2亿美元。1999年《财富》排名全球500强第31位的日本索尼公司，年营业额为371亿美元；名列第150位的美国沃尔特·迪斯尼公司，年营业额为229.76亿美元；名列第333位的新闻集团，年营业额为129.94亿美元。[①]由此可见，我国的文化产业集团与世界强国的文化集团的差距有多大。

4.文化原创力不强

创新是文化发展的不竭动力。文化产业作为一个具有较强文化属性的产业，创新对于文化产业的发展具有更为重要的意义。文化产业的生产极具创造性和个性。文化产品的产生是具有自主知识产权的原创性研究和发明的过程。每一件文化产品之间都具有不可重复性、不可替代性和不可再生产性。文化产

---

① 参见花建：《以文化产业提升大都市的综合竞争力》，载江蓝生、谢绳武：《2001—2002年：中国文化产业发展报告》，社会科学文献出版社2002年版，第210页。

业是通过创造供给来培育和创造消费需求的。

综观世界文化产业强国，他们在文化创新方面都各具特色。如美国好莱坞大片引领世界电影业潮流；日本动画片创造出了许多栩栩如生、令人喜爱的动画形象；近年来滚滚而来的"韩流"，令人耳目一新，新颖时尚。他们文化产品取胜的法宝就是不断创新。回顾我国文化产业的发展历程，虽有较大成就，但是具有原创性的文化新品牌并不多见。有专家指出，无论是在市场化程度高的产业领域，还是在市场化程度低的产业领域，文化内容与文化原创都成为最引人注目的薄弱环节。①

优秀的文化产品离不开文化创意。没有好的文化创意，文化产品就缺乏感染力、吸引力。当前，整个社会表现出的文化创造力萎缩，其根本原因在于文化创作心态的浮躁。在市场经济条件下，从某种意义上讲，速度就是效益，因此，一种急功近利的浮躁心态不断蔓延，文化企业也往往满足于小打小闹和速成效益；再者，有了好的文化创意由于文化产品总体运营的专业化水平不高，难以形成具有规模效应的产业链，从而导致一个呕心沥血、"十年磨一剑"的文化创意没有取得应有的效果，也影响了创作者潜心创作的积极性。

5.文化产业人才短缺严重

文化产业的产业范围相当宽泛，包括广电传媒、报刊出版、网络游戏、演艺娱乐、艺术品市场、文化贸易与投资、文博、文化旅游、广告传播等。来自各方面的信息显示，几乎文化产业的每个领域都存在人才严重短缺问题。当我们面临很好的发展机遇时由于缺乏人才而痛失良机，当我们面对丰富的文化资源时却由于缺乏高超的策划创意人才而难为有米之炊。就像其他经济领域的竞争其核心是人才竞争一样，文化产业领域的竞争，其核心也是人才竞争。要把我国的文化产业做大做强，也就必须把我们的文化产业人才队伍做大做强。我国文化产业人才短缺已经是不争的事实。但文化产业人才需求问题缺乏定性定量的分析研究，文化产业领域到底缺乏哪类人才、缺口有多大，没有一个动

---

① 参见江蓝生、谢绳武主编：《2003年：中国文化产业发展报告》，社会科学文献出版社2003年版，第17页。

态、翔实、确定的市场信息调研系统。

在对相关资料进行分析研究后，笔者认为，我国文化产业从业人员整体素质不高，高素质的管理人才、经营人才、创意人才等创造性、复合型人才尤为短缺。

（1）缺乏高素质管理人员。我国文化产业从业人员知识结构和能力结构单一的现象比较突出，管理人员或缺乏经济和管理常识，或缺乏文化艺术的鉴赏修养和文化消费趋势的判断能力，整体缺乏既懂经济又精通文化娱乐业特点的复合型高素质经营管理人才。

（2）缺乏新兴行业的专业人员。文化产业领域有许多新兴行业，如网络游戏业、动画制作业等，这些新兴行业里专业人才十分缺乏。我国游戏研发人才匮乏，特别是中高级人才奇缺的情况，已成为严重制约网络游戏产业持续发展的"瓶颈"。另外，以数字媒体为基础的动画产业成为迅猛发展的朝阳产业。有关机构测定，目前全国对数字媒体人才需求的缺口在15万人左右。[①]动画业正在全球文化产业中扮演着越来越重要的角色，我们要抓住这个难得的发展机遇，就必须有一批动画业优秀人才来支撑动画产业这个发展的新平台。

（3）缺乏复合型人才。文化产业包括诸多行业，而这些行业之间又具有互通性，因此，需要大量复合型人才，既以某专业为主，又兼通其他相关领域知识。

（4）缺乏创意型人才。文化产业是极具创造性的产业。一个包含巧妙的创意的文化产品最受市场欢迎。创意是文化产品成功的关键，人才是创意产业发展的核心资源，目前我国文化创意人才总量、结构、素质还不能适应文化创意产业快速发展的要求。统计资料显示，纽约文化创意产业人才占劳动力人口总数的12%，伦敦是14%，东京是15%。我国改革开放以后，虽然涌现了一批高素质的知识型和技术型创意设计人才，但与发达国家相比差距还比较大，如创意产业较为发达的上海，其创意产业从业人员占总就业人口的比例还不到千

---

① 参见劳国强：《九月浙大首开"游戏"必修课》，杭州网2004年4月21日。

分之一。[①]

6.我国文化市场存在战略性短缺

随着我国经济的持续快速增长，人民群众生活水平的迅速提高，居民的精神文化需求日益增长。由于我国文化产业发展时间短，规模小，生产出的文化产品无论从数量上还是从质量上都难以满足我国的文化市场需求。有关研究结果表明，我国文化产品的供给相对于人民群众日益增长的精神文化产品需要和2020年全面建设小康社会的目标而言，已经形成战略性短缺。[②]有资料显示，我国每年对动漫产品需求约22万小时，但现在只能提供1万小时；中国人均动画片拥有量仅为0.0012秒，而日本的人均拥有量是300～480秒；在我国青少年每月对动漫游戏及其衍生产品的消费额中，80%都花在国外产品上。[③]

文化消费市场不同于物质产品消费市场的硬性特点，是它具有弹性伸缩的特点，即有相应的对自己有价值的文化产品时消费需求就弹出，若没有适合自己需求的文化产品时就萎缩。比如，我国电影市场就经常呈现出伸缩的弹性特点。我们国产的电影有一大部分可能票房号召力不强，但是有影响的好莱坞巨片总能极大地刺激我国电影市场的需求。如《泰坦尼克号》《蜘蛛侠》《哈利·波特》系列在我国都取得了相当不错的票房。为什么有时市场需求暴涨，有时市场需求跌落了。其根本原因在于文化产品是否有市场号召力。当前，我国文化市场一方面存在战略性短缺，一方面由于文化产品的市场号召力不强，造成了一定程度的市场需求萎缩。

7.文化资源保护不力

文化资源是文化产业赖以生存发展的基础。我国历史悠久，幅员辽阔，民族众多，自然地理资源和人文资源等都十分丰富，在文化资源方面独占优势。但是，文化资源大国并不意味着就是文化产业强国。怎样由文化资源大国

---

① 参见郑晓钰：《创意人才急需有创意的培训》，载2008年3月31日《新京报》。

② 参见张晓明等主编：《2004年：中国文化产业发展报告》，社会科学文献出版社2004年版，第12页。

③ 参见张晓明等主编：《2005年：中国文化产业发展报告》，社会科学文献出版社2005年版，第8页。

变成文化产业强国这是需要我们认真研究和解决的战略问题。在我们利用和管理文化资源方面存在着许多不合理的问题。

一是不能科学地认知文化资源的价值，造成文化资源的流失和消亡。比如，中国的传统节日端午节在被韩国抢先申报世界文化遗产后我们才意识到这一传统习俗的文化价值。再如，木兰从军作为中国古代的一个经典故事，我们只从传统文化的角度去诠释木兰的孝道精神，而美国根据这一传统故事打造的现代动画版花木兰则赋予了木兰现代精神和时尚元素，结果取得上亿美元的票房。如果我们不能提高对文化资源的价值认知能力，我们的文化资源要么束之高阁，要么被别人信手拈来、为他人所用。另外，由于我们不能认知文化资源的价值，有些不易保存的文化资源很可能因为我们的忽略随岁月而消逝。二是不能理性地开发利用文化资源，造成资源的浪费和破坏。在当前的文化资源开发中，一哄而起、竭泽而渔的过度开发，重文化形式轻文化内涵，只求表面风光的浅层开发，急功近利的所谓"保护性"开发，随处可见。文化资源开发中这种缺乏特色、缺乏创新、缺乏互动、缺乏长远性和整体性考虑的粗、散、滥现象，以及开发内容的片面性、利用形式的单一性、资源配置的封闭性等，必然会造成文化短视和文化扁平化，可能造成难以弥补的损失和破坏。三是文化资源的管理不到位、措施不得力。实话实说，文化资源是我们发展文化产业的家底。我们必须对自己的资源家底摸得清、摸得透，否则就会出现守着金碗要饭吃的尴尬局面。在对文化资源的管理上各地都存在着"粗、乱、差"的现象，对文化资源保护和管理没有提高到保护民族文化的战略高度上来认识，存在着我的地盘我愿怎么管就怎么管的狭隘的地方意识，这对文化资源的保护和管理极为不利。

8.文化产业融资渠道不够多元化

资本投入是促进文化产业发展的催化剂。发达国家的文化产业发展迅速得益于他们拥有雄厚的资金支持和多元化的融资体制。如，在加拿大文化产业发展过程中，全社会的参与和支持功不可没。社会参与主要包括：私人企业、民间组织和志愿者。

相比之下，我国文化产业的资金来源还主要是国家财政。尽管随着文化体制改革的深化，文化产业市场主体的所有制性质有所改变，不再是单一的公有制，民营资本也开始进入文化产业领域。但是，我国社会还存有大量的闲置资本没有投资趋向，还有一些人把资本投入市场疯狂炒股。在我国文化资金短缺的情况下，国家应出台政策和措施吸引社会资本进入文化产业领域。我国出台了鼓励非公有资本进入政策许可的文化产业领域的文件。尽管如此，由于我国文化产业的意识形态属性，我们对社会资本进入文化产业领域还是有着种种限制，因此，在我国目前情况下，社会资本进入文化企业的比例还是相对较少，这不利于我们文化产业的融资。由于资金的缺乏使得文化产业难以进行大策划、大设计、大制作。

9.支撑文化产业发展的技术力量不足

现代高新技术是推动文化产业飞跃式发展的动力引擎。如网络游戏中Flash动画就是在图形技术、仿真技术与网络技术等技术紧密结合的基础上发展起来的。发展文化创意产业必须依靠现代科学技术的发展，不断运用现代科技和先进实用技术提升文化创意产业的内在张力和外在传播力，加快数字、网络等现代信息技术在文化产品创作、生产、传播等各个环节中的应用，加强科技与文化创意产品的高度交融。

现代电子技术、网络技术等在文化产业领域的广泛应用，既促进了新兴文化产业的快速发展，也促进了传统文化产业的现代转型和产业升级。美国在文化产业发展中就十分注重加大科技投入。以影视业为例，每一项对影视产业的创制与传播可能产生影响的科技成果，几乎都会同步运用于电影电视制作中。我国文化产业的发展过程中也十分重视对高新技术的应用，但是我们的技术力量还十分不足，对高新技术的应用还不够及时、快速。

10.文化产业商业运作能力不强

商业运作力与科技推动力、文化创新力一并被称为发展现代文化产业的三大动力机制，由此可见，商业运作力在文化产业发展中的重要作用。发达国家特别是美国的文化产业运作能力非常强大。美国好莱坞大片之所以风靡全球是与其高超的商业运作能力密切相关的。美国迪斯尼集团其前身是创立于1922年的迪斯尼兄弟工作室，专门从事动画制作，经过多年的发展成为一个成功的跨国集团，其业务涉及电影、主题公园、房地产以及其他娱乐事业等多个领域。迪斯尼集团的成功集中体现了商业运作力在文化产业发展中的重要作用。

文化创意产业的产品和服务不同于传统的制造产品，其企业运作模式也区别于传统模式，不再以生产制造为中心，而是更加强调创意活动、强调宣传推广活动、强调新的营销运营模式。美国迪斯尼公司是文化创意产业发展中的一个成功的商业化运作典范。美国迪斯尼乐园给全世界一种全新的经营理念"创意＋科技＋资本"，即以非凡的创意为基点，通过科技手段将创意理念转化为产品，再依靠高度产业化的运营模式，拓展全球市场。相比之下，我国文化产业各个行业的商业运作能力都比较差。以我国电影业为例，我国的电影企业很少事先研究市场、进行市场细分和定位。电影拍摄后的促销也很不够。

综上所述，我国文化产业发展中存在的问题就是制约我国文化产业迅速发展的短板，我们只有尽快提升短板的总体高度，才能真正提升我国文化产业的整体水平。面对这些问题，我们既不要漠然视之，任其长存，也不要气馁悲观，丧失干劲，要实事求是地分析和解决问题，在科学发展观的正确指导下，探寻到行之有效的解决问题的对策和措施。

第二节　我国文化产业发展的战略选择

文化产业作为现代经济发展进程中的朝阳产业自它诞生以来，其广阔的发展前景和巨大的经济、社会价值越来越被认可。世界各国特别是发达国家高度重视和关注文化产业发展，为了加快文化产业发展，纷纷出台了一系列支持和保护文化产业发展的政策和法律，采取了一系列战略性的宏观举措，从而保证文化产业的快速、健康发展。我们的亚洲近邻日本、韩国相继确立文化立国的战略，以全方位、系统性的战略举措，推进文化产业的发展，现都已跻身世界文化产业强国行列。

在我国，自2000年十五届五中全会《中共中央关于制定国民经济和社会发展第十个五年计划的建议》中提出大力发展文化产业、正式确立了文化产业的合法地位后，我国文化产业发展问题受到国家、地方各级政府的高度重视。国家已把发展文化产业作为全面建设小康社会、维护国家文化安全的重大战略。各级地方政府也纷纷把文化产业作为地方国民经济和社会发展的重大战略。文化产业所涉及各行业为了加快文化产业发展步伐，也相继制定适应本行业发展的战略举措。国家文化产业发展战略、区域文化产业发展战略、各行业文化产业发展战略，这三个不同层面的文化产业发展战略共同构成我国发展文化产业的总体战略，这三者之间相互依存、相互促进，构成一个缺一不可的统一体。

一、国家文化产业发展战略

文化产业作为我国国民经济新的增长点，进入21世纪以来，得到了党和国家的高度重视和大力支持。在我国发展文化产业具有重要的战略意义，发展文化产业可以扩大社会就业，实现经济社会的可持续发展，更好地满足人民群众日益增长的文化需求，推动建设以人为本的社会主义和谐社会。深刻认识发展文化产业的战略意义已经成为社会共识。近年来，党和国家相继出台的关于促进文化和文化产业发展的一系列重大政策更加确定了文化产业的战略地位。

1.党和国家关于文化产业发展战略的重要阐述及其意义

2000年10月，中共中央十五届五中全会通过的《中共中央关于制定国民经济和社会发展第十个五年计划的建议》中提出，"完善文化产业政策，加强文化市场建设和管理，推动有关文化产业发展"，有关文化产业的提法达六处之多，"文化产业"这一名词，第一次正式进入了党和国家政策性、法规性文件，这标志着文化产业合法地位的正式确立。这对于文化产业发展历程而言，是具有重大历史意义的理论阐述。2001年3月，这一建议为九届人大四次会议所采纳，被正式纳入全国"十五"规划纲要，发展文化产业成为中国21世纪国民经济和社会发展战略的重要组成部分。我国文化产业宏观政策的历史性出台，是我国对文化产业发展在当今世界新经济发展趋势中所处地位的一种积极反应，也是我国应对世界性新技术革命浪潮和产业结构升级运动、转变经济增长方式、实现跨越式发展的重要战略选择。

2002年，党的十六大进一步确定了文化产业的战略地位，首次把文化事业和文化产业区分开来。十六大报告系统地阐述了积极发展文化事业和文化产业的有关问题。"发展各类文化事业和文化产业都要贯彻发展先进文化的要求，始终把社会效益放在首位。""发展文化产业是市场经济条件下繁荣社会主义文化、满足人民群众精神文化需求的重要途径。完善文化产业政策，支持文化产业发展，增强我国文化产业的整体实力和竞争力。"在这里，十六大文件提出了一个重要命题，即发展文化产业是我国市场经济条件下繁荣社会主义文化、满足人民群众精神文化需求的重要途径，对文化产业的地位作了具体的定性表述。

随后，党的十六届三中全会通过的《中共中央关于完善社会主义市场经济体制若干问题的决定》在深化文化体制改革部分中具体阐述了怎样推进文化事业和文化产业改革，明确提出了文化管理体制的目标模式是党委领导、政府管理、行业自律、企事业单位依法运营。明确、具体的阐述为文化事业和文化产业的改革发展指明了方向。

党的十六届四中全会通过的《中共中央关于加强党的执政能力建设的决定》中向全党提出了不断提高建设社会主义先进文化的能力，解放和发展文化生产力的要求。相对于以前的有关文件，《决定》里有几个提法值得特别关注和重视。第一点是"深化文化体制改革，解放和发展文化生产力"。文化生产力首次出现在中央正式文件里，表明我们党对文化的经济意义的深刻认知。第二点是"进一步革除制约文化发展的体制性障碍"。这表明我们的文化体制改革仍然需要继续深化，任重而道远。第三点是"加强文化发展战略研究，抓紧制定文化发展纲要和文化体制改革总体方案"。表达了中央对加强文化事业和文化产业宏观管理的高度重视。

党的十六届五中全会通过的《国民经济和社会发展第十一个五年规划纲要》中指出，丰富人民群众精神文化生活，积极发展文化事业和文化产业，创造更多更好适应人民群众需求的优秀文化产品。加大政府对文化事业的投入，逐步形成覆盖全社会的比较完备的公共文化服务体系。推进文化创新，实施精品战略，繁荣艺术创作，提高文化艺术产品质量。加强文化自然遗产和民族民间文化保护。扩大广播影视覆盖范围，发展数字广播影视，确保播出安全。繁荣新闻事业。发展现代出版发行业，积极发展数字出版，重视网络媒体建设。大力推广普通话。扩大国际文化交流，积极开拓国际文化市场，推动中华文化走向世界。办好上海世博会。《纲要》对"十一五"期间文化事业和文化产业的发展提出了更高的目标和要求。

十六届六中全会通过的《中共中央关于构建社会主义和谐社会若干重大问题的决定》提出了构建和谐文化的重要任务。决定指出："构建和谐文化，是构建社会主义和谐社会的重要任务。"

2007年，党的十七大报告提出了"推动社会主义文化大发展大繁荣"的重大战略。报告强调指出，"要坚持社会主义先进文化前进方向，兴起社会主义文化建设新高潮"。"大发展""大繁荣""新高潮"等这些鼓舞人心字眼的使用，充分彰显了党和国家加快发展社会主义文化的坚定决心。报告还着重阐述了"推进文化创新，增强文化发展活力"。报告从不同角度阐述了文化事业和文化产业发展的若干重大战略问题。

2012年，党的十八大报告提出了"扎实推进社会主义文化强国建设"的重要战略。报告指出，建设社会主义文化强国，必须走中国特色社会主义文化发展道路，坚持为人民服务、为社会主义服务的方向，坚持百花齐放、百家争鸣的方针，坚持贴近实际、贴近生活、贴近群众的原则，推动社会主义精神文明和物质文明全面发展，建设面向现代化、面向世界、面向未来的，民族的科学的大众的社会主义文化。建设社会主义文化强国，关键是增强全民族文化创造活力。报告鼓舞大家我们一定要坚持社会主义先进文化前进方向，树立高度的文化自觉和文化自信，向着建设社会主义文化强国宏伟目标阔步前进。

综上所述，十六大以来的历次中央重要会议和十七大和十八大报告都对文化事业和文化产业发展问题给予了高度重视和宏观部署。从把文化事业和文化产业区别开来，到提出文化管理体制的具体目标模式，到提出解放和发展文化生产力，到提出构建和谐文化，再到提出推动社会主义文化大发展大繁荣，步步深入，层层递进，党和国家关于发展文化产业的政策越来越具体、细致、科学，所确定的文化产业发展目标越来越高，越来越清晰。关于发展文化产业的宏观战略框架已经基本确立。

　　除了党的历次重要会议上阐述的有关文化产业发展政策以外，国家有关部门也相继推出了关于支持和促进文化产业发展的重要政策。2001年10月，文化部颁发了《文化事业发展第十个五年计划纲要》和《文化产业发展第十个五年计划纲要》（文政法〔2001〕44号）；2003年9月，文化部颁发了《关于支持和促进文化产业发展的意见》（文产发〔2003〕38号）；2006年3月，中共中央、国务院颁布《关于深化文化体制改革的若干意见》；2006年9月，颁布《国家"十一五"时期文化发展规划纲要》；2007年8月，文化部印发《文化标准化中长期发展规划（2007—2020）》。这些重大政策和重要文件的出台，对于文化产业具有战略指导意义，它们分别从不同的角度和层面对文化产业发展的相关问题作出了战略规划和部署，引领着文化产业发展的方向和道路。《文化产业发展第十个五年计划纲要》对于发展文化产业的重要意义、基本方针、主要目标、基本任务、主要措施等进行了充分阐述。《关于支持和促进文化产业发展的意见》对于文化产业发展的战略意义作了进一步阐述，意见还阐述了文化产业发展的指导思想、发展目标和基本思路。《关于深化文化体制改革的若干意见》指出了文化体制改革的目标任务。《国家"十一五"时期文化发展规划纲要》第五部分着重阐述了发展文化产业问题。《文化标准化中长期发展规划（2007—2020）》的颁布是党和国家发展文化事业和文化产业的一个重要战略举措。

　　此外，除了上述出台的关于文化产业的重大政策以外，国家有关部门还出台了其他促进文化产业发展的针对性较强的若干文件。如，《国务院关于非公有资本进入文化产业的若干决定》、文化部办公厅《关于奖励优秀出口文化企业、文化产品和服务项目的通知》、国务院办公厅《关于进一步加强古籍保护工作的意见》、文化部《关于网络音乐发展和管理的若干意见》等。

　　总之，自党的十六大以来，党和国家出台的重要文件中都强调了发展文化事业和文化产业的问题，对文化事业和文化产业发展提出的目标越来越明确，要求越来越高。这充分说明，党和国家把文化产业纳入了国家发展战略的规划之中，确立了文化产业在国民经济和社会发展中的战略地位。党的十六大以来的短短几年内，在党和国家出台的重要文件里已经基本勾勒出我国发展文化产业的战略蓝图。国家文化产业发展战略具有全局性、前瞻性、政策性和可持续性等特点，这些重大战略决策的出台，从根本上解决了这样一个十分现实的问题：我国为什么要发展文化产业，怎样发展文化产业。这是我国在较长时期中发展文化产业的指导性纲领。

2.推动我国文化产业持续、健康、快速发展的战略构想

"十五"时期是我国文化产业被正式纳入国民经济社会发展战略的一个重要时期。几年来，国家始终把文化产业放在整个文化建设的全局来加以谋划，置于整个国民经济结构调整和产业结构升级换代的战略高度来加以研究，既考虑到满足群众多元化、多层次、多样性精神文化的需求，又兼顾到国家推进经济结构调整和增长方式扭转的需要，坚持不懈，狠抓不放，使文化产业取得长足发展，为国民经济发展培育了新的增长点。"十五"期间，国家先后出台了一系列促进文化产业快速发展的战略举措。目前，一批国有、民营龙头文化企业迅速成长，以公有制为主体、多种所有制共同发展的文化产业格局正在初步形成。这些都为今后我国文化产业持续、健康、快速发展奠定了坚实的基础。"十一五"期间，我国文化产业发展站在了一个时代的新起点上，我国文化产业将出现大发展、大繁荣的新局面。

我国文化产业现在的发展形势喜人、令人振奋，面临着历史性的发展机遇、极为广阔的发展空间和巨大的发展潜力，但是它也面临来自各方面的严峻挑战。在这种情势下，放眼世界，立足本土，根据全球文化产业发展趋势和我国文化产业的发展实际实施适合自我发展、自主创新的文化产业发展战略是极为必要和紧迫的。通过对近年来党和国家关于文化产业发展重大政策的系统而具体的解读，我们认为，为加快我国文化产业发展进程，就我国文化产业发展可以进行以下几方面的具体战略构想：

（1）实施深化文化体制改革战略，进一步解放和发展文化生产力

文化体制改革是我国文化产业发展的直接推动力，我国文化体制改革始终伴随着文化产业发展的总体进程。可以说，没有体制改革和制度创新，我国文化产业难以深入发展，走向强大，也难以步入文化产业国际化发展轨道。尽

管近年来国家几乎连年出台各种文化体制改革政策法规，但是现行的文化体制还没有完成整体性的转换，还不能完全适应市场经济和WTO框架下对文化产业发展的基本要求。要大力发展文化产业，仍然要继续坚持深化文化体制改革。不继续推进文化体制改革，文化产业发展就缺乏动力和活力，难以实现产业发展的专业化、规范化、市场化。2006年1月，中共中央、国务院颁布《关于深化文化体制改革的若干意见》，把文化体制改革的重要性和紧迫性提到了空前的高度来认识，成为我国文化体制改革进程中又一重要战略举措。《意见》具体、明确地阐述了我国文化体制改革的指导思想、原则要求和目标任务，是今后一个时期内我国深化文化体制改革的纲领性文件。

我国现行的文化体制与我国社会经济发展和世界经济科技发展趋势仍有许多不相适应的地方，主要表现在五个方面：与社会主义市场经济体制逐步完善不相适应；与大力发展社会主义先进文化和全面建设小康社会奋斗目标的要求不相适应；与人民群众日益增长的精神文化需求不相适应；与我国加入WTO后对外开放的新形势、新环境不相适应；与世界高科技发展态势不相适应。①由此可见，我国文化体制改革的任务仍然很艰巨、很紧迫。特别需要指出的是，我国文化体制改革过程中出现了一些难点问题。如，文化产业各行业改革如何全面深化和彻底到位；我国文化市场的法律和法规如何逐步与国际规则相衔接；如何以产权结构与产权关系的深层改革带动综合文化产业集团发展，等等，这些将成为我国下一步文化产业体制改革中的瓶颈和难点。可以说，我国文化体制改革进入了关键性制度创新的攻坚阶段。

在实施文化体制改革战略过程中，需着力抓好以下几个重点问题：

第一，深化文化体制改革必须从推进国有经营性文化单位转企改制入手，积极调整结构，培育市场主体，增强微观活力，发展一批自主经营、自负盈亏、自我发展、自我约束、有竞争力、有影响力的大型国有或国有控股文化企业和企业集团，构建产业发展的基础。长期以来，我国把进行文化生产和服务

① 参见张晓明等主编：《2004年：中国文化产业发展报告》，社会科学文献出版社2004年版，第46页。

工作的单位定性为文化事业单位，限制了文化发展的活力。党的十六大从根本上把文化事业和文化产业区分开来，在文化工作领域进行转企改制成为我们深化文化体制改革最基础和最艰难的问题。可以说，能否把文化事业和文化产业在实践中彻底分离成功决定着我国文化体制改革的成功与否。可以说，如果我国文化事业向文化企业的改制不彻底，就难以真正培育具有市场竞争力和影响力的文化产业主体。

第二，改革投融资体制，拓宽融资渠道。融资问题是制约我国文化产业发展的重要因素。一些重大文化产业项目如果没有充足的资金，是根本无法实施的。仅就好莱坞电影大片而言，其投入动辄上千万、上亿美元，在资金缺乏的我国是不可想象的。我国要解决发展文化产业资金短缺问题，就要从投融资体制改革着手。我们在深化文化体制改革过程中要强调吸收多种所有制经济的资金进入文化产业领域，鼓励、支持和引导非公有制经济发展文化事业和文化产业，逐步形成以国有文化企业为主导、多种所有制经济共同参与、投资主体多元化、融资渠道社会化、投资方式多样化、项目建设市场化的文化产业发展新格局。2005年，国务院出台了《关于非公有资本进入文化产业的若干决定》，这有利于文化产业的广泛融资。

第三，继续深化文化产业集团改革，有效地解决文化产业集团整合重组后出现的管理上的新情况、新问题，认真探索文化产业集团的管理方式和运营模式，逐渐建立"党委领导、政府监管、行业自律、文化企事业单位依法运营的有效管理模式"，为文化产业发展提供体制和机制上的有效保障。做大做强文化产业集团是我们文化体制改革进程中的重点工作，这是一个以点带面的工作，具有带动和辐射效应。党和国家的多个重要文件中都强调了要建设一批具有国际竞争力和影响力的文化产业集团。

第四，改革我国的文化外贸体制，建立新的文化外贸制度，以适应新的世界文化格局变动后对文化传播提出的新要求。当前，我国依然存在较为严重的文化贸易逆差，这是关涉到民族文化价值取向和国家文化安全的重大问题。因此，必须尽快推动文化外贸体制和制度创新，鼓励文化企业面向国际市场，充分利用国际国内两个市场、两种资源发展外向型文化产业，以利于我国出口优秀的、具有民族特色的文化艺术产品，提高我国文化产业和服务在国际文化市场的竞争力，从根本上扭转文化贸易逆差。

依法治国是我们的基本国策。在文化产业领域，我们同样坚持依法治文。随着我国文化体制的深化改革，事关文化产业发展的一系列法律法规也要尽快建立健全，文化立法的重要性和紧迫性也日益凸现出来。这种紧迫性主要表现在：随着文化体制改革，从原来的"办文化"到现在的"管文化"，政府职能发生了重大转变，依法行政势在必行；随着改革的进一步深化，一批文艺团体面临转制，从事业单位转为企业，如果没有相关的法律法规保障，转企改制工作将十分艰难；对于公益性文化事业来说，如果没有法律依据，相关投入就得不到保障；对文艺作品的准入与禁入，也要用法律来规范，既要依法保证文艺工作者的创作自由，又要依法进行审查和监督。目前急需制定的法律主要涉及公益性文化事业、文化产业、文艺演出、文艺创作、非物质文化遗产保护、社会资金捐赠或投入、文化基金设立、知识产权执行机制、扶持民族民间文化以及电影电视等诸多领域。只有不断推出深化文化体制改革的战略举措，才能为文化产业发展创造规范、有序的制度和法律环境，通过制度创新来推动文化产业健康发展。

总之，改制、融资体制、文化产业集团、文化外贸、文化立法等关键问题，是下一个阶段我国文化体制改革中必须着力解决的重要课题。

（2）实施文化产业集约化发展战略，提高文化产业的专业化运营能力和水平

我国文化产业起步晚，基础薄弱，集约化和规模化水平低下是制约我国文化产业发展的根本原因。由于受传统体制的制约，我国文化产业的产业组织形式还处于小规模分散化状态，这是不可能适应市场经济发展要求的，也是无法适应文化产业的全球化发展趋势的。"十五"期间，尽管国家加快了文化体制改革步伐，通过整合资源、兼并重组等建立一批强强联合的文化企业集团。但是，就我国文化企业总体情况而言，依然处于规模小、集约化水平低的境况。我国文化产业已经蓬勃发展了20多年，但是放眼望去，在全国范围内又有多少具有强大市场竞争力和文化影响力的文化产业集团，更不要说与时代华纳、索尼、迪斯尼等跨国文化产业集团相抗衡的了。因此，实施文化产业集约

化发展战略是我国文化产业面向市场、面对竞争、面临挑战的必然选择。

文化产业是个行业关联度极高的新产业形态。就其主管部门而言，在我国就涉及文化部、中宣部、广电总局、新闻出版总署、信息产业部、国家旅游局等多个中央级单位。一个文化产业项目或者一种文化产业可能涉及多个行业领域，因此，小规模、分散化的产业组织形式制约了文化产业的大发展。实施集约化发展战略是做大做强文化产业的根本举措。集约化和规模化的核心就是通过重组、兼并、破产等形式，整合资源，盘活存量，提高抗击市场风险的能力，争取规模效益。走规模化、集约化之路是文化产业做大做强的根本途径，这已为发达国家发展文化产业的具体实践所证实。文化企业如果不走集约化经营之道，就难以获得良好效益和竞争优势，只有规模经营才能降低成本，才能使资本产生更大的增值弹性。现代经济领域的激烈竞争表明，谁拥有产业规模，谁就拥有市场的主动权；谁失去产业规模，谁就会被市场所淘汰。

我国文化产业集团的出现和发展是文化产业发展到一定阶段的客观需要，有其内在的必然性。1996年1月，全国首家报业集团《广州日报》报业集团宣告成立，随后，《羊城晚报》《南方日报》报业集团相继成立。"集团化"使广东的传媒业充满活力、迅速成长，成为规模日益庞大、分工逐渐细化、产业功能更加完备的新型产业。1999年，全国首家出版集团——上海世纪出版集团成立，下属13家出版单位。近几年来，山东、湖北、四川等省先后组织了地方性出版集团。2001年8月，中共中央办公厅发布了《中央宣传部、国家广电总局、新闻出版署关于深化新闻出版广播影视业改革的若干意见的通知》（简称17号文件）。"17号文件"总结了近年来文化体制改革的经验教训，提出文化体制改革要以发展为主题，以结构调整为主线，以集团化建设为重点和突破口进行探索创新。"17号文件"颁布后，在政府行政力量的推动下，文化产业集团如雨后春笋般涌现。到2002年初，全国共组建了包括中国广电集团和中国出版集团在内的文化产业集团70多家。①2003年，党的十六届三中全会

---

① 参见张晓明等主编：《2005年：中国文化产业发展报告》，社会科学文献出版社2005年版，第75页。

通过的中共中央《关于完善社会主义市场经济体制若干问题的决定》中明确指出，"形成一批大型文化企业集团，增强文化产业的整体实力和国际竞争力"。此后，我国文化企业一直在改革中不断探索文化产业集团的发展模式和运营机制。

组建文化产业集团的根本目的是提高我国文化产业的集约化、规模化发展能力。因此，我国文化产业集团在实施集约化发展战略过程中要注意以下几方面的问题：

第一，鼓励规模经营和专业化协作，促进文化产业各行业形成适合自身特点的组织结构。《文化产业发展第十个五年计划纲要》指出，要按照现代企业制度的要求，规范文化生产单位的组织形式，形成科学合理的法人治理结构和经营管理制度，建立开放性的创新发展机制。要鼓励打破地区、部门分割，通过兼并、联合、重组等形式，形成一批跨地区、跨部门、跨所有制乃至跨国经营的大型文化企业集团。国家集中培育几个具有导向性、规模化、拥有自主知识产权、主业突出、核心能力强的文化企业集团，如演出集团、音像集团、影视集团、文化旅游集团、艺术品经营集团等。对专业化或个性化强的行业或产品，应形成中、小企业乃至个体私营企业合理分工协作、规模适当且企业数目较多的竞争性市场结构。充分调动各方面积极性，大力发展各类"专、精、特、新"的中小型文化服务企业。

第二，组建文化产业集团要注重资源的有效整合，加强优势互补，不能搞牵强附会的硬联合。就目前而言，我国组建的文化产业集团大多是以行政力量整合而成的，不是市场进行资源整合重组的产物，因此，文化产业集团化完成的只是外在形式的改造，集团的实体性质、功能作用、目标定位依然模糊，产业化意识、资本运营的理念、市场开拓的能力、企业管理的水平并未从根本上产生质的变化，集团还停留在合并式重组的阶段。这些问题都要在进一步的深化改革中加以解决，要按照市场配置资源的原则来实现文化产业集团的内在整合重组，否则表面上的硬联合无法提高文化产业集团的集约化水平。文化产业集团要实现集约化发展，就要扩大对某一行业、某一类产品的生产和销售规模，使其掌控尽可能大的市场空间，在市场竞争中占据能左右市场风云的绝对优势地位。

第三，要善于研究和借鉴发达国家文化产业集团发展的成功经验和运营模式，来不断改进和优化我国文化产业集团的发展模式。西方发达国家大都拥有集约化、规模化水平很高的强大文化产业集团，如美国的时代华纳、迪斯尼公司，德国的贝塔斯曼等。这些强大的文化产业集团有着非常成熟、成功的管理经验和运营模式，尤值得我们学习和借鉴。现阶段，我国文化产业集团发展整体还处于试验探索阶段，主要不是体现在数量的扩张上，而是体现在内部机制的深入改革上，要通过深化改革将国有文化企业塑造成为具有自主经营、自负盈亏、自主创新能力的市场竞争主体。当我国文化产业集团探索出了一套较为成熟、完善的运营模式后，我们再继续扩大文化产业集团的数量，从而全面提高我国文化产业的集约化水平。

（3）实施高科技带动文化产业发展战略，提升文化产品的科技含量

在当代文化产业发展中，高新技术是其快速发展的动力引擎。现代科技的飞速发展及其对文化领域的广泛渗透，给文化产业带来了一场新的革命。应用高新技术武装、改造、提升文化产品，带动了文化产业的技术升级和结构重组，形成了具有高科技含量的文化产业群。高新技术进入文化产业，使得文化产品在传播速度、覆盖面和对公众的影响力上达到了前人难以想象的程度。西方发达国家文化产业发展的成功实践证明，只有将文化产业与高新技术有效结合，才能实现文化产业的跨越式发展。因此，我们要做大做强文化产业，就要实施文化产业与高科技融合发展的战略举措。

现代科技发展的突飞猛进，使信息产业和文化产业的密切结合成为一种世界潮流。信息技术和网络技术更为广泛、深入地用于文化产品的开发和传播，数字化趋势正在给文化产业的存在形态和发展趋势带来革命性的变化。美国迪斯尼公司把高新技术应用到文化娱乐业，1993年的销售额为85亿美元。到1997年，仅4年时间就提高到225亿美元。①我们要充分注意高新技术在文化

---

① 参见江蓝生、谢绳武：《2003年：中国文化产业发展报告》，社会科学出版社2003年版，第25页。

产业中的应用，加强技术引进和自主开发；着力用高新技术手段改造传统文化，开发新兴文化产业；努力提高文化产品的科技含量，提升企业的市场竞争力。要善于运用现代市场经济信息和营销方式，促进艺术产品的流通。要用高新技术加快改造文化产业基础设施。加强文化产业和文化资源数字化、网络化建设，实现我国文化产业的跨越式发展。

发展高新技术、实施科教兴国战略是我国进行现代化建设的重大举措。近年来，在党的十六届三中全会通过的中共中央《关于完善社会主义市场经济若干问题的决定》中提出了"加快国家创新体系建设，促进全社会科技资源高效配置和综合集成，提高科技创新能力，实现科技和经济社会发展紧密结合"。2006年1月9日，在全国科技大会上胡锦涛作了《坚持走中国特色自主创新道路为建设创新型国家而努力奋斗》的重要讲话。增强自主创新能力、努力建设创新型国家是事关社会主义现代化建设全局的重大战略决策，对我国经济社会发展将产生重大而持久的影响，在建设创新型国家的进程中我国科学技术水平必将得到极大提高。在这重要的发展机遇期中，我国文化产业将借助高新技术的强劲力量实现跨越式发展。

当代文化产业的发展实践表明，我国文化产业实现跨越式发展是可能的。当今时代，高新技术更新很快，发展中国家有可能充分利用已有的科技新成果，跨越某些技术阶段，从而与发达国家在技术竞争上处于同一起跑线上。我国的科技创新与发达国家存在较大差距，必须走以引进、消化、吸收、模仿、创新的"开放式"科技跨越的路子。目前，我国已确定在科学技术一体化程度高、技术更新快、周期短、市场化强的高新技术战略领域实施科技跨越。高新技术产业的跨越发展，为整个文化产业提供了更为先进和有效的技术手段和条件，从而可以实现文化产业的规模化发展。

我国文化产业与高新技术结合要注意把握以下几方面的问题：

第一，要广泛运用现代自然科学技术和管理科学技术开发各类文化资源，改造和提高传统文化产业结构升级，把现代科学技术成果引入艺术生产、经营、管理与服务的各个环节。要注意把握高新技术和文化产业结合所产生的各种产业形态，在瞬息万变的现代社会中，高新技术和文化产业的结合能催生出许多新兴产业形态。要做到这一点，必须具备开拓创新意识，还要具备敏锐而精准的文化眼光，我国文化产业应当逐步积累这方面的经验，主动出击，由模仿学习向创造的方向转变，以推动文化产业的新发展。还要注意跟踪国际上的最新科技成果，加大引进的力度，缩小与国际先进水平之间的差距，紧跟世界文化产业发展步伐。

第二，继续大力发展以信息文化产业为代表的高新文化产业。电脑、互联网、卫星等现代技术将成为文化产业发展的重要基础设施。这一变化无疑将大大提升文化产业的经济地位，加速文化产业的资本积累和经济规模升级，从而为这一产业的大发展奠定重要的基础。以数字化、网络化和多媒体化为代表的当代信息革命，给社会带来了崭新的文化形态——数字文化和网络文化。文化产业一旦与信息数字化、现代通信技术等高科技结合起来，势必如虎添翼。对于我国来说，虽然在文化上网方面已经取得了巨大成就，不过与西方发达国家相比依然存在巨大的数字鸿沟。因此，我们仍然需要继续加强文化产业与信息技术产业的融合。

第三，以提高创新能力实现文化产业的跨越式发展。当今世界，各国间经济和文化的竞争日益激烈，各国各地区为了在竞争中把握主动，纷纷把创新作为一个关键性因素认真谋划。文化乃国脉之所系，创新乃国家兴衰之所在。在知识经济时代，强调建设国家文化创新体系、形成整体优势，已成为时代潮流。在世界各国日益追逐创新潮流的大背景下，我国要改变文化自主创新能力不强的现状，就必须致力于提高自主创新能力，真正创造出无愧于当代中华文化的新概念、新艺术、新理论，全面实现中华民族文化创新力的伟大复兴。在政策取向上，要建设国家文化创新系统，努力营造文化创新的政策制度和人文环境，最大限度地融合并发挥各创新要素的潜能，形成以国家整体利益为总目标的协调统一和相互支持的文化创新的体制优势，促进国家整体文化的创新和赶超能力。

第四，建立科技与文化的对应沟通机制。文化部门和科技部门要加强协调，为文化产业发展提供及时有效的技术支持。要注意建立科研单位与文化企业之间的联系，掌握科技成果转化利用的先机，加快科技成果的转化利用。

（4）实施文化产业品牌化发展战略，打造一批具有国际影响力和知名度的文化精品

文化产业是生产文化产品和提供文化服务的行业，它具有社会教化功能，因此，文化产业自身的属性决定了社会对文化产业的高标准要求，粗制滥造的文化产品和服务不仅不能产生良好的社会效益，而且还会给社会带来恶劣影响。因此，对于文化产业尤其需要精工细作，切忌粗放式经营。我们要提升我国文化产业的发展水平，缩小与发达国家的差距，就要坚持走品牌化发展之路。只有生产出精品，才能积累和赢得品牌效应，才能提升市场竞争力。要让我国优秀的文化产品进入国际市场，必须要拥有一批具有国际知名度的"中华牌"文化精品。从某种意义上来说，文化品牌是文化企业的无形资产，也是安身立命之本。

在实施文化产业品牌化发展战略过程中应特别注意以下三点：

第一，在发展理念上将中国文化产业作为一个整体品牌，围绕这一目标精心打造文化产业各支柱行业、特色城市品牌。中华文化是东方文化的主要代表，历史悠久，博大精深，其丰富的文化内涵别具魅力，与西方文化有着显著的差异。文化上的差异就是优势，就是特色，我们要以现代眼光来审视和认知我国文化的独特价值，将中华文化中具有民族独特性和人类共享性的文化资源区分开来，要敏锐地洞察文化发展和消费的国际潮流和趋势，灵活地捕捉国际文化消费市场的需求信息，根据市场需要既打造具有民族文化独特性的文化品牌，又打造具有人类共享性的文化品牌，不断拓展中华文化的影响力和辐射力。要铸造世界级知名品牌，就要在众多文化品牌的基础上，选择有发展潜力的品牌，将其打造成为具有国际影响力的世界级品牌。品牌的战略延伸分横向延伸和纵向延伸。横向延伸是以名牌原有产业为基础，对其他行业进行横向整合，扩大品牌的覆盖范围和综合市场份额。纵向延伸是根据消费市场的需求链，建立以名牌为导向的产品供应链，使产业链趋于完备，将企业成本降至最低。以品牌推动文化产业跨行业、跨地区发展，纵横结合，大大提高文化产业的综合竞争能力。

第二，充分发挥地域文化资源特色，精心打造独具特色的文化精品。"中

华民族有着五千年悠久的历史和灿烂的文化，有着多民族创造、兼容和共构一个伟大的文化共同体的辉煌。其文化累积之丰厚、文化形态之多样和文化哲学之深刻，是世界上其他国家少有的，这是一笔怎么估价也不过分的宝贵的文化资源，是我们得天独厚的优势。对于中国新兴的文化产业来说，启动并整合、包装这些文化资源，就可能形成具有中国特色的文化产业，并在全球市场的激烈竞争中占有可观的优势"[1]。在我国辽阔广大的土地上，可以说，每一个区域都拥有各种各样独特的文化资源，这些丰富多样的文化资源是我们创造品牌文化产品的灵感源泉和原始材料。要打造特色文化精品，就要首先对本区域的文化资源的特色、优势进行科学定位，凸现其独一无二的特质，切忌类同和边缘化。其次，要对本区域的文化资源进行一次高层次的调研，进行全面摸底，厘清哪些是可开发的，哪些是现时不能开发的，从而做好文化资源开发的科学、合理规划。开发本区域文化资源要有宏阔的大视野、大角度，避免狭隘的小地方意识。要确保文化资源开发的一次成功率，一次失败的开发是对文化资源的极大损害，会严重影响文化资源的后续开发。在区域文化资源开发方面，有的省市做得有声有色，已凸显其优势。如北京、上海、深圳、云南等省市的文化产业发展已彰显其各自的区域特色，一些文化产业品牌在国内外都产生了广泛影响。

第三，认真借鉴发达国家文化产业集团打造品牌文化产品的经验和模式。发达国家文化产业发展得比较成熟、成功，制作出了一些举世闻名的文化品牌，我们耳熟能详的美国好莱坞电影大片、日本动画、意大利歌剧等都是响当当的文化品牌。走打造文化品牌之路，是国际文化产业集团做大做强的必由之路。沃尔特·迪斯尼公司作为全球知名的娱乐文化业巨头，它的高速发展使其成为美国文化企业的一个成功样板。总结迪斯尼公司的发展历程，其成功成名靠的也是打造品牌。迪斯尼品牌在经过了近80年的经营后早已家喻户晓，而迪斯尼公司也在这个品牌基础上从一个手工动画作坊发展成为一个集影视制

---

[1]　江蓝生、谢绳武：《2001—2002年：中国文化产业发展报告》，社会科学文献出版社2002年版，序言。

作、媒体网络、主题公园和消费产品开发于一体的庞大娱乐和商业帝国。自由的创作空间、宽松的商业环境固然是一个娱乐文化企业成功的必要的宏观因素，但是从微观方面来讲，迪斯尼公司的成功经验可以归纳为：精益求精打造品牌，然后在品牌基础上建立一条完整的产业链，通过多元化商业经营来实现其品牌价值的最大化。迪斯尼在1928年自创了一个卡通老鼠形象"米奇"。这个能说会道、能歌善舞、幽默有趣的卡通精灵已成为迪斯尼公司最主要的品牌和代表形象。在米老鼠走红之后，围绕着它，迪斯尼继续创作了其他一些可爱的卡通形象，它们组成了一个迪斯尼动画大家族。迪斯尼公司的巨大成功的确给人很多启示和借鉴。

（5）实施文化产业国际化发展战略，增强我国文化产业的国际竞争力

国际化是文化产业发展不以人的意志为转移的客观过程。在经济全球化和我国加入世贸组织的背景下，文化产业不仅要立足本国，而且还必须面向世界。实施文化产业国际化发展战略，表明了我们以积极主动的态度和意识，放眼世界，将我国文化产业发展自觉地融入文化产业的全球化发展进程中去。

由于我国文化产业国际竞争力较弱，我国存在巨大的文化贸易逆差。据国家版权局2001年的不完全统计，2001年中国图书、报纸、期刊出口额为1764万美元（比上年增长5.5％），而进口额为6904万美元（比上年增长19％），进口是出口的4倍。而音像制品、电子出版物的进口额为出口的14倍。[①]在文化电子产品贸易中，由于缺乏自主知识产权，我国尚未拥有自己的核心标准和主打产品。国家文化产品的进出口贸易出现逆差，不仅会造成本国大量外汇的流失，给国家的文化产业发展带来制约性的影响，而且还由于这种逆差所造成外来文化产品大量挤占本国文化市场后，会给一个国家原有的文化传统、价值观念、审美情趣和信仰取向带来严重的冲击。因此，坚持走文化产业国际化发展之路，不仅是由当前国际文化产业发展趋势所决定，而且是由我国国家发展的整体利益、由全球经济和文化发展所决定的。近年来，党和国家出台的有关文化产业发展政策和措施多次强调文化产业"走出去"的外向型发

---

① 参见胡惠林：《论中国文化产业发展的"走出去"战略》，载《思想战线》2004年第3期。

展战略。

第一，发展文化产业要有国际化的市场理念。我国要实施走出去战略，就要积极利用国内、国外两种资源，培育开发国内和国外两个市场，努力开拓文化产品和文化服务的出口工作。要充分利用我国丰富的民族文化资源，加快发展自己的特色文化产业，主动参与国际竞争，在竞争中变得强大起来。

第二，采取国际化的文化产品制作、传播方式，精心打造中国气派、中国风格的文化品牌产品。在面临激烈的文化产品竞争中，中国文化产业的发展要在打造民族文化品牌上下大力气，多创作生产一些像《云南映象》《印象刘三姐》《丽水金沙》等既有艺术品位又有市场卖点的文化产品。要扶持众多有发展潜力的大中企业，做大做强一批对外交流的文化品牌，把反映中华民族特色与当代中国风貌的文化产品及服务尽可能多地推介到国际市场和世界范围内的文化交流中。

第三，要打造一批有能力参与国际竞争的跨国文化公司。应充分利用经济领域走出去已经积累起来的市场和经验，大力支持文化企业走出去参与国际竞争。按照法制统一、非歧视性、公开透明的原则，规范政府行为，为文化企业创造更加公平、透明的市场环境，建立支持各类文化企业开拓国际市场的促进体系，有力地实施"走出去"发展战略。

第四，积极开展国际合作与交流。我国虽然是资源大国，但在文化产品的出口方面却远远落后于发达国家。要改变这种情况，就要积极推动我国与美国、欧洲各国、日本、韩国等发达国家的沟通，加强文化产业方面的交流与合作，使我国的文化产业尽快适应国际市场的竞争环境，使中华文化不断扩大在世界的影响力。我们不仅要认真研究国外市场的文化需求以及人们的消费心理，还要在文化产品的原创和开辟市场上，积极与国际的运行机制和经营模式接轨，大力鼓励支持民族文化产品的对外输出，缩小文化产品进出口的贸易逆差，逐步使我国由文化产品输入国变为文化产品出口大国。此外，还要引导和鼓励有条件的文化企业积极进行海外投资，直接进入国际文化市场。要在相关部门的支持和配合下，对出口型文化产品和文化服务给予优惠，在金融、保险、外贸、财税、人才、法律、信息服务、出入境管理等方面，为文化企业开拓国际市场、扩大市场份额、提高国际竞争力创造条件。

第五，根据加入WTO后我国对外开放的整体战略需求重建我国文化外贸的政策系统和法律体系，改革我国的文化外贸体制，建立新的国家文化外贸制度，大力鼓励文化产品出口，充分利用WTO提供的全球文化市场平台，积极参与国际文化贸易竞争。充分借鉴我国外贸体制改革取得的成功经验和已经实施的灵活、宽松、自由的外贸政策，放宽文化产品出口的审批权，简化出口手续，更好地便利文化产品出口。

（6）实施文化产业可持续发展战略，有效地保护和利用我国宝贵的文化资源

实施文化产业可持续发展战略是我国文化产业发展中的又一重大选择。产业的生命力不仅在于规模、效益和品牌，而且还在于能否实现可持续发展。可持续发展在本质上要求文化产业的各构成要素及文化产业与其他产业之间保持协调的发展关系，从而实现产业发展及产品生产的连续性和渐进性。在文化产业发展过程中，靠拼资源、拼消耗，急功近利、竭泽而渔的做法不符合可持续发展的原则。文化产业要成为巨人产业、支柱产业，首先要成为可持续发展型产业。

我国历史悠久，疆域辽阔，民族众多，文化资源广博丰厚。对这些文化资源如何进行开发和利用，是一个关系国家与民族全局利益和长远发展的根本性、战略性问题。文化资源必须开发，只有开发才能转化为文化生产力。从拥有文化资源到形成现实文化生产力，特别是形成高附加值的先进文化生产力，要走很长的转化之路。文化资源的存量不论有多大，都不能直接带来文化产品的丰富，也不能直接促成文化的繁荣和文化实力的增强。因此，大力开发文化资源，增强文化实力，以提高国际竞争力，已成为人们的广泛共识。文化资源开发必须坚持可持续性原则，走可持续发展之路，盲目的杀鸡取卵式的开发是不可取的。应该说，文化产业要实施可持续发展战略，就必须在文化资源的开发利用中坚持可持续性原则和科学发展观。

第一，要对各类文化资源进行系统调研，科学认知我国文化资源的产业价值。要在全国范围内对各类文化资源的产业价值进行系统调研、科学定位。历史文化资源、地理文化资源、民俗民风文化资源等不同的资源具有不同价

值。有的文化资源只具有单一的产业价值，而有的文化资源则可能具有多重文化价值。只有科学地界定文化资源的产业价值，才能在进行产业化开发时，统筹规划，联动开发，不至于造成对文化资源的乱砍滥伐。文化产业行业众多，不同的行业需要不同的文化资源，对文化资源的价值界定要充分显示出行业类别。自然文化资源和历史文化资源根据有关规定可进行级别审定。只有对文化资源的价值进行细化分类，才能更好地把握和发掘它的价值。

第二，要认真保护好我国丰富的文化资源。我国文化资源丰富多彩、特色鲜明，是发展文化产业的资源条件。增强对文化资源的保护意识是由文化资源的特点决定的。我们必须认真分析和研究文化资源的各种特性，以此区别对待文化资源的利用和保护问题。文化资源具有流失性。一些历史文化资源、民俗民风文化资源等具有一定的流失性。如历史建筑这类文化资源，如果不被维护，就会被岁月所风蚀。民俗民风等文化资源如果不被传承弘扬下来，也会断代消失。对于具有流失性特点的文化资源，我们要采取有效措施加以保护。文化资源具有传承性。有些文化资源尤其是历史文化资源具有一定的传承性，将这种文化资源发扬光大，代代相传，它就会作为人类文化的永恒财富保留下去。如果不加以保护、传播，就会随岁月而失。对于这类文化资源，我们要在传播、运用中永葆其生命活力。文化资源具有共享性。文化资源具有地域归属性，但从欣赏和享用的消费视角来看，它具有人类的共享性。作为人类文化资源宝库中的一部分，任何文化资源的被认知和被欣赏都不具有排他性。如，美国迪斯尼公司根据中国传统民间故事创作了动画片《花木兰》并取得了文化和商业方面的巨大成功，《花木兰》已经向我们敲响了警钟，中国文化资源已经国际传媒资本之手转化为文化产品。这些情况表明，发达国家已经借助经济和技术双重优势，开始谋求对我国文化资源的开发利用。由此可见，呼吁保护我国文化资源并非杞人忧天。

第三，全方位整合文化资源，提高文化资源集约化经营水平。我国文化资源丰富而独特，是发展文化产业的基础条件。但是，由于我国的文化产业刚刚起步，无论是文化产业的经营理念、策划经营能力，还是资源整合能力，都不够成熟和强大。面对丰富的文化资源，我们却无法制作出精美的文化产品，只能让某些资源暂时闲置，或者即便利用资源也只制作出比较粗糙的产品，没能取得最佳社会效益和经济效益。文化资源是一种客观存在，只有我们充分发挥智慧力、创造力、想象力，提高对文化资源的开采能力，潜在的文化资源才能为我所用。在当今文化产业发展全球化趋势日益凸显的时代背景下，我们必须尽快全面提升发掘、整合、开采文化资源的能力，把丰富多彩的文化资源做成文化大餐以飨世人，不辜负我国文化资源大国的美名。必须增强有效整合文化资源的紧迫感和竞争意识。一些发达国家的文化产业集团已经盯上中国丰富的文化资源，有的想与我们进行某些文化资源的联合开发。如果我们不尽快提高我们的文化资源开发能力，就可能拱手把资源让给别人来开发，这样就会既流失资源，又任人摆布。

（7）实施全面、系统的人才培养战略，为文化产业快速发展搭建人才支撑平台

文化产业所固有的文化属性决定了其对人才文化素质、能力的高要求。同时，由于我国文化产业发展历史较短，在人才培养和储备方面都存在短缺现象。因此，一方面，文化产业作为知识和智力密集型产业对专门人才与能力结构的构成有着很高要求；另一方面，在我国文化产业方兴未艾、蓬勃发展之际，人才需求的迫切性和人才危机已经表现出来。为了保证文化产业的快速、健康、持续发展，实施文化产业发展的人才支撑战略是极为必要的。文化产业人才问题将成为夺取文化产业未来制高点的决胜因素。

当前，我国文化产业的人才现状不容乐观，无论从数量上还是从质量上，我国文化产业人才短缺现象都十分严重。就数量而言，我国文化产业缺乏大批具有良好文化素质的从事文化产品生产和服务的劳动者，这直接影响着我国文化产业发展的规模和水平；就质量而言，我们缺乏具有自主创新能力的原创性高端人才，无法适应以创意为根本宗旨的文化产业对人才创作力、想象力的高要求，这直接影响着我国文化产业发展的高度和质量。

要做大做强文化产业，就必须重视人才培养，打造一支素质高、能力强的人才队伍，才能在激烈竞争的世界文化产业市场上纵横驰骋。关于发展文化产业的人才问题，党和国家文件中有过多次阐述，充分表明了人才对于我国文

化产业发展的重要意义。第一，要根据文化产业发展的要求，科学制定文化产业各类人才的培养计划。第二，要完善人才激励机制，拓宽人才选拔途径，创造人才脱颖而出的环境，有效地促进文化产业领域人才的自我成长。第三，有计划、有针对性地引进和配置一批海外优秀文化产业人才，充实和优化当下的文化产业人才队伍。第四，充分利用高校培养高素质人才的教育优势，有计划地培养文化产业领域所需要的高素质人才。第五，根据市场需要，有针对性地开展多渠道、多层次的人才培训，加大文化产业人才培训的广度和力度。

作为智力密集型的文化产业，人才的因素在其发展中起着重要作用。要将文化产业做大做强，实现我国文化产业的跨越式发展，就必须清醒地认识我国文化产业人才匮乏的严峻现实，有计划、有目的、分层次地培养和培训文化产业领域各行业所需人才。要立足我国，放眼世界，更新理念，准确把握世界文化产业发展趋势和世界文化市场流行潮流，以国际眼光、国际理念、国际模式、国际标准全面打造我国文化产业人才队伍，为我国文化产业的可持续发展提供坚实、强大的人才平台。

综上所述，要充分发挥文化产业在我国国民经济和社会发展中的战略作用，就必须在国家宏观决策层面上制定和实施能够真正推进文化产业持续、健康、快速发展的战略举措。深化文化体制改革战略、集约化发展战略、高科技战略、品牌化战略、国际化战略、可持续发展战略、人才支撑战略等七大战略能够多层面、全方位、立体化地推进我国文化产业的全面、快速发展，使中国文化产业走向强大，使中华文化走向繁荣昌盛。

二、区域文化产业发展战略

区域文化产业发展战略是相对国家文化产业发展战略而言的，区域文化产业战略的制定和实施受国家文化产业发展战略的总体指导和调控，同时又有相对的独立性和自主性。随着国家文化产业发展战略的确立和实施，我国地方各级政府也深刻认识到文化产业作为经济发展新的增长点的重要意义和价值，20世纪90年代中期以来特别是党的十六大以来，把发展文化产业纳入了各地国民经济和社会发展规划之中。《文化产业发展第十个五年计划纲要》中对区域文化产业发展提出了明确要求，关于区域文化产业发展的重要阐述为各地文化产业发展指明了方向，阐明了我国文化产业发展从沿海发达地区到内陆和少数民族地区不同的发展目标、发展特点。

1. **区域文化产业发展战略的制定和实施推动了各地文化产业快速发展**

随着文化产业这一朝阳产业发展空间的不断扩展和其产业关联度的不断提高，文化产业在国民经济和社会发展中的重要作用日益凸显，受到各地政府的高度重视，在本区域产业结构调整中努力转变经济增长方式，把经济发展的重点开始转移到加快文化产业发展上来，通过制定和实施本区域文化产业发展战略，已经取得了显著成效。东部沿海地区和一部分中心城市文化产业发展势头强劲，前景广阔。以下我们择取几个城市和省份，分析其文化产业发展概况，从中或许可以看出他们各自的特点，以获得有价值的启示。

（1）北京文化产业发展彰显首都气派

北京是我国的首都，是我国政治、经济、文化中心，是世界历史文化名城。北京发展文化产业具有众所周知的资源优势、人才优势、科技优势和市场优势等得天独厚的条件。

北京文化产业大发展经历了一个渐进过程。1995年前后，中央多次强调北京的城市性质和功能地位应是全国的政治中心和文化中心。为落实中央指示精神，强化北京"全国文化中心"功能，北京市委于1995年批准北京市社会科学院启动"首都文化发展战略研究"课题。1996年12月正式颁布了《中共北京市委、北京市人民政府关于加快北京文化发展的若干意见》，这是北京市第一个有关文化发展战略的专门文件。1997~1999年，在《若干意见》的推动下，北京文化产业有了长足发展。主要体现在：一是市委、市政府正式将"大力发展北京文化产业"作为重大战略决策加以推动，发展北京文化产业正式列为市长课题。二是通过资产重组等方式，先后组建了北京歌华文化发展集团、北京日报社报业集团、紫禁城影业公司等大型文化集团，推动可经营性的文化资产逐步纳入文化产业运作轨道，培育北京文化产业的主体力量。三是北京文化产业1997~1999年间得到了迅猛发展。文化产业已成为首都经济中与科技产业一样引人注目的新的增长点。

2000年，北京市起草了《2001—2005年北京文化建设发展纲要》，通过主办全国首届"大城市文化产业研讨会"，初步规划了新世纪初期北京文化产业的发展。2000年10月北京市委颁布的《关于北京市国民经济与社会发展十五计划建议》中，确立了两个重要的提法：其一是定位了"文化产业是首都经济的重要组成部分，要适度优先发展"；其二是确立了"文化产业园区"概念，提出了要在北京"推动文化产业园区的规划与建设"。

2001年5月，由北京电视台、北京有线电视台、北京广播电台、歌华文化发展集团、北京歌华网络股份有限公司、紫禁城影业公司等组建的北京广播影视集团正式成立，从而成功打造了拥有50亿元以上资产的北京文化产业巨舰。2001年7月，北京申办奥运成功。北京根据新形势，调整文化产业发展规划，与《2008年奥运行动纲领》一起，重新设计2008年前的北京文化产业发展蓝图。

2005年1月，中共北京市委、北京市人民政府关于印发《人文奥运行动计划实施意见》的通知。随后制定了《2004—2008年北京市文化产业发展规划》。

2007年，北京市出台了《北京市"十一五"时期文化创意产业发展规划》，到2010年，北京市将力争认定30个重点文化创意产业集聚区，并对集聚区的基础建设和公共服务配套继续给予大力支持。北京市从确立"发展文化创意产业，打造创意之都"发展战略，到出台一系列相关政策和设立专项资金支持，文化创意产业逐步进入了大发展大繁荣时期。截至2008年3月底，北京市已经相继认定了21个文化创意产业集聚区，其良好的辐射带动效应，对全市的文化创意产业发展起到了积极的引导、促进和示范作用，扩大了首都文化的国际影响力，拓展了文化交流的平台。①

2008年，北京奥运会的成功举办进一步促进了北京文化产业整体实力和水平的提升，使北京拥有了向全世界展现其文化产业发展水平和文化产品魅力

① 参见北京经济技术开发区产业投资促进局：《北京经济技术开发区：寻求发展有特色的文化创意产业》，载《投资北京》2008年第8期。

的绝佳机遇，必将对北京文化产业的未来发展产生深远影响。

通过多年来的发展，北京文化产业已经形成了以文艺演出、新闻出版、广播影视、文化汇展、古玩艺术品交易等优势行业为主体的产业结构，培育了一批龙头企业，打造了一些著名文化品牌，诸如，相约北京、北京国际音乐节、北京图书节等。北京现有的国家大剧院、水立方、鸟巢等现代化文化基础设施已成为展示各种文化的重要舞台，成为北京最亮丽的文化名片。北京文化产业的特点是起步早、定位准、门类多，具有发展文化产业得天独厚的条件和优势。北京文化产业融合了传统文化和现代文化、中国文化和世界文化的特质，呈现出厚重、大气、现代、时尚的首都文化气派。

（2）上海文化产业发展凸显海派化风格

上海是中国近代文化产业发展的摇篮。作为19世纪末到20世纪上半叶东亚的金融和经济中心，上海所具有的制造业优势、流通优势和以市民为主体的文化消费市场成为文化产业发展的技术支撑和市场空间，并且率先沟通了国外文化产品和国内文化市场的联系。正因如此，中国的近代报刊业、印刷业、广播业、唱片业、电影业、出版业、娱乐业等产业正是在上海孕育起来的。因此，可以说，上海有着发展文化产业的良好基础。我国改革开放以来，特别是20世纪90年代以来，上海文化产业得到了快速发展。

上海根据走向21世纪国际大都市的战略目标，遵循产业结构调整和两个文明建设的方向，以文化体制和机制改革为突破口，以活跃文化市场为基本空间，逐步形成具有中国特色、时代特点、上海特征的文化产业。经过多年来的发展，上海文化产业取得显著成就，积累了一些可贵的经验。首先，以体制和机制改革为突破口，形成产业化的主体。其次，推动资源的优化配置，建设产业大集团。再次，活跃文化市场，拓展文化产业的发展空间。[①]上海文化产业中有很多行业、企业、产品都在全国占优势地位。

上海文化产业发展势头迅猛。2005年，上海市文化主管部门发布一系列

---

① 参见江蓝生、谢绳武：《2001—2002：年中国文化产业发展报告》，社会科学文献出版社2002年版，第208～209页。

鼓励非公有经济发展文化产业的政策，文化市场进一步开放，民营资本呈现出旺盛的投资热情。文化产业在上海总体经济格局中占据着越来越重要的地位。

2006年，上海文化创意产业、文化信息服务业、文化休闲娱乐业、新闻出版业、文化贸易服务业及广播电影电视业均取得较快增长。民营文化服务业发展呈现的良好势头，是前几年未曾出现的。上海文化产业总产出达到了2349.51亿元，比上年增长12.9%。文化服务业增加值的增幅首次超过了文化相关行业，增长达15.1%，占文化产业增加值的比重达61.6%。而在增长的背后，有形的高科技技术发展和无形人才创意力量的发挥是实现整体增长的两大要素。①

上海社会科学院撰写的《2006年文化产业发展蓝皮书》收录了《上海文化产业"十一五"发展研究》（以下称《研究》）。《研究》认为，"十一五"时期是上海文化产业发展的战略性机遇期，从纽约、伦敦、巴黎、东京、悉尼等国际化大都市的发展情况看，文化产业均是其最重要的支柱产业之一。而2010年世博会的筹备和举办，将为上海文化产业的发展不断开拓政策、资源、市场等方面的空间，直接促进上海文化产业的总体提升。

"十一五"期间，上海把文化产业作为支柱产业重点培植，明确了重点发展休闲娱乐业、文化信息业和文化创意业三大文化产业，实施了文化产业空间布局规划，建立了为文化创意产业提供担保的文化创意基金，每年政府拨出相当数量的专项资金支持文化产业发展。与此同时，上海市还积极创新投资管理体制，推进公共文化服务体系建设，通过推进社区文化、行政事务和卫生三个服务中心建设，满足了最广大人民群众特别是弱势群体、青少年以及"农民工"的文化消费需求，为上海和谐社会建设作出了积极贡献。

上海正规划和启动新一轮文化设施建设。从现在到2010年，将投资建设的功能性文化设施主要有：世博会场馆、上海历史博物馆、现代艺术博物馆、环球影城主题公园、文化广场改造、大世界改造、佘山影视制作基地、多媒体

---

① 参见程奕、陈辉楠：《总产出2349.51亿　上海文化产业锁定创意和科技》，载2007年9月13日《东方早报》。

电视综艺中心、上海图书馆二期工程、少儿图书馆、北外滩摩天轮、浦东视觉艺术公园、张江文化创意产业园区……公益性文化设施项目主要有：百个博物馆、百个社区文化活动中心、百个剧场、百座城市景观雕塑……这些新的文化设施的兴建，将进一步拓展上海文化产业的发展空间，并构筑起具有上海城市特点的文化线、文化圈、文化街。如建设黄浦江、苏州河的沿岸文化风景线；如形成汇集众多文化景观的人民广场核心文化圈；如建设徐家汇、五角场等以及11个新城的区域文化圈；如建设福州路、绍兴路、多伦路、泰康路、衡山路等文化特色街区。这些文化设施，将会带来上海文化产业新的腾飞。①

上海文化产业呈现出重点产业增长迅速、民营文化服务业发展势头良好、创意产业带动作用突出、进出口逆差有所缓解、品牌特色企业的作用更加突出等特点。②当然，上海文化产业发展也存在一些薄弱环节，部分行业存在管理运营成本增加、行业效益递减的情况。上海文化企业对国内外市场的开拓进度也比较缓慢，今后需要积极发挥在新兴媒体、出版、文化高科技、创意产业、演艺等方面的产业优势，大力拓展国内和海外市场。

（3）云南文化产业发展呈现民族特色

云南是偏远地区发展文化产业起步较早的地区之一。近年来，由于云南省政府的高度重视，全省繁荣民族文化、发展文化产业、建设文化大省工作取得显著成绩，从全面建设小康社会的战略高度，从贯彻落实科学发展观和正确政绩观的战略高度，把繁荣民族文化、发展文化产业提高到了前所未有的位置。由此，云南省相继出台的关于加快文化产业发展的一系列政策措施，为发展文化产业提供了政策保障。

2003年以来，云南省积极探求文化发展创新和制度建设创新，试点工作、基地建设、政策制定、精品创作等各项工作呈现出新局面。相继建立了5个影视拍摄基地，省内外40多部影视剧在云南省拍摄。鹤庆新华村正在建设西南

① 参见俞亮：《满城新景扑面来——上海文化产业发展天地宽广》，载2004年9月14日《新民晚报》。

② 参见唐玮婕、樊丽萍：《上海文化产业健康快速发展》，载2007年9月14日《文汇报》。

地区最大的民族民间工艺品交易市场及制作基地；红河州民族服饰制作基地正加紧建设；继北京、上海之后的第三大文物艺术品拍卖基地正在昆明构建。20多台文艺演出项目通过市场化运作方式取得很好的经济和社会效益。①美术、摄影、书法、曲艺、杂技、文艺图书等各门类也不断推出新作，呈现出一派生机勃勃的良好态势。

　　云南文化产业的发展状况表现了突出的西部特征：一方面，文化、广播电视、新闻出版、体育等领域国营文化产业的发展还相对滞后；另一方面，旅游业凭借丰富的民族文学艺术迅速壮大，并拉动了城乡民营文化产业的发展，显出了独特优势。云南有独特神奇的民族文化环境、悠久灿烂的民族历史文物、丰富深邃的民族文献典籍、绚丽夺目的民族文学艺术、多姿多彩的民族民俗风情，正是民族文化多样性的资源优势赋予云南旅游业神奇魅力，同时旅游业也为遍布城乡的民营文化产业搭建了发展平台。文化旅游业无疑是云南文化产业最明显的优势所在。

　　云南文化产业的发展与云南丰富的旅游资源是分不开的。云南是一个资源异常丰富的省份，素有"动物王国""植物王国""有色金属王国""民族文化聚宝盆"等诸多美誉。文化资源则是云南最重要、最可宝贵的资源。可以说，云南是一个文化资源富矿，而且这些丰富而独特的资源蕴藏着极高的经济价值，是云南省塑造巨大的文化力和全新的形象力的无穷宝藏和财富。今天，丽江古城红军曾经走过的青石板路上，世界各地游客纷至沓来；当年红军长征途中的雪山草地，已成了海内外游人向往的"香格里拉"。为了保护和合理开发旅游资源，促进旅游业更加健康地发展，云南省十届人大常委会第十六次会议审议通过了《云南省旅游条例》，并从2005年8月1日起正式施行。同时制定于1997年的《云南省旅游业管理条例》被废止。②凭借丰富的文化资源，旅游业已经成为云南的支柱产业之一。云南文化产业的特点非常突出，就是充分

---

① 参见谭晶纯：《省文化体制改革和文化产业发展领导小组召开会议》，载2004年8月31日《云南日报》。

② 参见屈明志、李曦：《云南立法推进旅游业健康发展》，新华网云南频道2005年6月2日。

扬长避短，利用当地独特的地理文化资源和民俗文化资源，打造富于浓郁民族特色的文化旅游品牌。

（4）深圳文化产业发展显示超常规速度

深圳是一个新兴的现代化城市，建市时间短、文化积淀浅，深圳文化产业的发展更具有典型意义。实施"文化立市"战略以来，短短几年时间，深圳这个曾经被视为"文化沙漠"的城市，在开拓探索中创造出了一片"文化绿洲"。文化展会、新闻出版、影视制作、演艺娱乐、节庆旅游……在一批骨干产业带动下，深圳文化项目的数量、文化产业的产值逐年翻番，增速已经超过GDP的平均增长数。深圳文化产业大餐年年都有新花样、新创意、新活动，创新成果层出不穷，文化发展的规模化、产业化势头日益显现。深圳文化产业的发展就像当年深圳从一个小渔村崛起为现代化的城市一样，深圳的文化产业向世人展示了深圳速度。

深圳在推动文化发展过程中，敢于创新，善用奇招。从"读书月"到"市民文化大讲堂"，再到"创意十二月"，一系列活动营造出浓厚文化氛围。深圳人爱读书全国闻名，连续17年人均购书量居全国榜首。市民积极参与文化活动，给相关产业发展也注入了活力。在扶持文化产业发展和建设公共文化设施方面，深圳不断推出有效举措。市政府专门设立了扶持文化产业发展的专项资金，在"十一五"期间投入3亿元，支持资助文化产业发展。为给广大市民提供最舒适的文化活动场所，市政府先后投资50多亿元，用于30多个城市文化新设施建设。据统计，深圳现已拥有19个博物馆，58个文化馆，520个公共图书馆，160个公共文化广场，极大扩展了市民的文化活动范围和空间。①

深圳的文化产业表现出以下特点：第一，放眼世界，紧跟世界文化产业发展潮流。从起步始，深圳就面向世界，注重学习国外文化产业经验，紧跟时代潮流。在20世纪80年代末，深圳华侨城集团推出的第一批主题公园——"锦绣中华""中国民俗文化村"标志着深圳现代文化产业的开端。深

① 参见《深圳文化产业雄起》，载《深圳商报》2007年3月11日。

圳建设几大主题公园直接是受荷兰"小人国"和美国迪斯尼乐园的启发，赶上了世界第三代旅游产品的发展步伐。第二，扬长避短，率先进行跨地域的文化资源开发与整合。深圳缺乏传统的本土文化资源，因此，深圳文化产业的开发从一开始就走面向全国、面向世界的文化资源路径。深圳文化资源项目的运作无一不借用外力，对全国乃至全世界文化资源进行整合、创新。第三，紧盯市场，快速培育文化产业主体。深圳文化企业大多没有经过以文化事业单位为基本特征的初期发展阶段和以事业单位企业管理为基本特征的探索阶段。深圳主要的文化产业集团都已经或正在迅速建立现代企业制度。华侨城控股有限公司、特区报业集团、深圳书城等公司的综合实力均名列全国同行业前列。

相对于深圳文化资源的贫乏和文化家底的薄弱，深圳文化产业的发展速度是惊人的，文化产业的发展成就是可喜的。最近几年是深圳文化产业发展速度最快的时期，在深圳，文化产业跑赢了GDP，2007年深圳文化产业增加值占全市GDP比重上升到6.88%，深圳的动漫游戏产业、数字内容产业、高清媒体产业迅猛发展，腾讯QQ、华世传媒、A8音乐等国内新兴文化领域当中，依然保持着行业领先的地位。据不完全统计，深圳的动漫游戏行业年营业收入超过10亿元，动漫游戏类企业近400家，以中国深圳国际文化产业博览交易会为窗口，深圳把文化和高科技的先天优势嫁接起来，取得了联动的综合效应。深圳市将为文化产业发展再提速，争取到2020年文化产业增加值占GDP的11%左右，成为举足轻重的支柱产业。①由于深圳在文化产业发展过程中的杰出表现，深圳市于2008年11月19日经联合国教科文组织批准加入全球创意城市网络，获"设计之都"称号。

（5）其他省份文化产业发展各具特色。除此之外，我国各省、直辖市、自治区都开始认识到文化产业在拉动经济增长中的重要作用，纷纷制定文化产业发展战略，采取有效举措，大力推进文化产业快速发展。譬如，山西省具有丰厚的文化资源，省委省政府十分重视发展文化产业，提出"建设文化强省"

①　参见孙松涛、李强、赵国立：《深圳文化产业发展再提速》，中广网2008年6月26日。

的战略规划，积极探索整合文化资源、加速产业化发展的道路。[1]江苏于1996年提出文化大省建设，2001年制定并由省委、省政府下发的《江苏省2001—2010年文化大省建设纲要》中提出了发展江苏省文化产业的规划。随后，江苏省省级的文化管理体制首先进行了改革，将部分文化事业实体从政府序列中彻底分离出来，组建了省级的五大文化产业集团。这标志着江苏省的文化产业进入到整体规划、体制改革、集团化发展和全面融入国民经济发展总体战略中的新时期。[2]陕西是文化资源大省，有丰厚的历史文化、灿烂的革命文化、特色鲜明的民俗文化和一定实力的现代文化。改革开放以来，陕西文化产业有了较快的发展，初步形成了一定的产业规模，文化产业的增加值在国民经济中的比重有了明显提高。为充分发挥陕西省的文化资源优势，推动文化产业的跨越式发展，努力实现建设文化强省的战略目标，2005年6月制定了《陕西省文化产业发展纲要》。《纲要》指出，从现在开始到2010年，全省文化产业的产值、税收、从业人数明显提高，增长速度要高于全省GDP的增速。到2020年，实现陕西省文化产业增加值翻一番，使文化产业成为陕西国民经济新的增长点和重要支柱。

综上所述，我国各地文化产业发展战略的制定和实施，有力地推进了各地文化产业的快速发展。但是，相对于发达国家文化产业的发达程度，我国各地文化产业的发展还有很大的局限性和差距。比如，过度依赖资源发展，文化的原创力不强，文化产业的国际化程度低。文化产业国际化水平的高低标志着该地文化产业的发展水平。

相比而言，世界著名城市文化产业发展都表现出高度的国际化水平和规模化强势。例如，伦敦的文化战略目标是：建设强调文化多样性的世界都市。[3]纽约是举世闻名的国际化大都市，有很多世界著名的文化设施，如百老

---

① 参见江蓝生、谢绳武：《2003年：中国文化产业发展报告》，社会科学文献出版社2003年版，第209页。

② 王国生：《江苏文化产业发展报告》序言，http://www.jscnt.gov.cn.2006年2月17日。

③ 参见江蓝生、谢绳武：《2003年：中国文化产业发展报告》，社会科学文献出版社2003年版，第274页。

汇、林肯艺术表演中心、美国大都会博物馆、美国自然历史博物馆等，影视业的发展为纽约市提供了可观的地方税收。新加坡2000年制定的新世纪文化发展战略——《文艺复兴报告》中提出，新加坡将发展"成为一个充满动感与魅力的世界级艺术城市"，目标是"21世纪的文艺复兴城市，即国际文化中心城市之一"①。

综上所述，我国区域文化产业的发展与世界发达国家一些地区和城市文化产业发展水平还有很大的差距，我们要放眼世界，以他山之石可以攻玉的理性态度，认真学习借鉴国外的成功经验，努力把我国区域文化产业做大做强。

2. 区域文化产业发展战略的确立原则

制定好文化产业发展规划，是推动文化产业发展的基础工作。在我国，文化产业是一个全新的产业形态，国外的做法不能照抄照搬，前人又无成功的经验可以借鉴。要为我国文化产业打下一个良好的基础，使之发展成为国民经济的支柱产业，必须以创新的精神，制定好各地的文化产业发展规划。要从各地的实际出发，因地制宜地研究制定规划，不搞"一刀切"，不强求一律，不提过高的不切合实际的指标要求。制定规划必须在各级党委和政府的领导下，并取得有关部门特别是政府综合部门的大力支持。同时，还必须充分挖掘利用当地的文化资源，搞好文化产业布局，找准发展文化产业的"切入点"。

区域文化资源的多样性决定了区域文化产业模式的多样性。北京大学哲学系陈少峰教授在第三届中国文化产业论坛上的发言中总结区域文化产业发展模式有七类：活动经济型，产业积聚规模型，综合娱乐型，项目带动型，综合项目型，项目拓展型，企业驱动型。各地方、各行业应该充分挖掘自身文化资源优势，因地制宜、因时制宜地将文化产业与区域经济发展有机结合起来。②自中共中央将文化产业的发展提到国务院议事日程后，中部地区的六省都提出了文化强省战略。河南以洛阳、开封、安阳三大古都为基点，积极开发中原历

---

① 江蓝生、谢绳武：《2003年：中国文化产业发展报告》，社会科学文献出版社2003年版，第277页。

② 参见杨玉彬：《大力探寻区域文化产业的多元发展模式》，人民网2006年1月11日。

史文化特色品牌；江西以秀丽山水、红色摇篮、陶瓷艺术和道教文化四大特色，推进旅游休闲后花园建设；湖南以纪念抗日战争为契机，开展独树一帜的红色旅游等文化旅游活动，文化产业正以强劲的发展势头，成为各地经济发展新的增长点。[①]

如何确定战略规划与发展模式。任何区域在开展文化产业建设时，首先需要进行产业规划和项目规划定位，也就是一般发展战略和具体项目两个层次的定位，主要内容包括方向、目标、构成要素、商业模式和实施路径等几个环节。[②]首先，需要进行区域文化资源的评估与规划。该规划的重点是确认已经具有比较优势的产业或产业项目，以及寻找新的产业增长点，特别是创意内容项目和大型活动。其次，要寻找可行的发展模式及可以落实到企业实际操作的商业模式。发展模式的选择，是区域文化产业战略和品牌化项目的纽带。在发展模式的选择中要确定重点，而这些重点包括能够实现具有产业链结构的规模化、利润率高和品牌化的部分。在此基础上，企业可以进入商业模式的分析和论证，最后落实到商业模式的层面并予以执行。区域发展模式能够被企业所追捧，是发展模式有效性的必要途径。再次，发展模式中的重点、品牌化进程必须与整体战略相一致，同时需要保障实施过程中的完整与细致。例如，与民间结合发挥民营企业的力量，像《云南映像》就是一个成功的合作项目。

区域文化产业发展战略是一个区域关于文化产业短期目标和长期目标的总体设计和规划。文化产业发展战略是否科学、合理，直接决定了该区域文化产业发展的水平和层次。因此，能否制定出好的发展战略是至关重要的。在考察和分析了各地文化产业发展概况的基础上，我们认为，制定区域文化产业发展战略应遵循以下几个原则：

（1）一致性原则。区域文化产业发展战略是在国家文化产业发展政策和法规的指导下制定的，从根本上说，它要与国家文化产业发展的总体战略规划相一致，任何与国家文化产业发展总体战略相悖离或相冲突的地方行为都是不允

---

① 参见杨玉彬：《大力探寻区域文化产业的多元化发展模式》，人民网 2006 年 1 月 11 日。
② 参见陈少峰：《区域文化产业品牌如何打造》，载《人民论坛》2006 年第 19 期。

许的。因为文化产业毕竟不同于其他产业，它的意识形态属性决定了它的发展必须受国家意志的宏观调控，任何的随意妄为都会造成文化上的混乱。

（2）现实性原则。区域文化产业发展战略总体上是在国家宏观政策和法规指导下，但它也有很强的独立性和自主性。按照马克思主义原理，处理任何事情都要一切从实际出发，因地制宜。区域文化产业的发展必须立足当地实际，在充分认识本地发展文化产业的条件和优势的基础上，梳理出符合当地实际、具有现实可行性的发展思路。有什么样的条件做什么样的规划；有多少文化原料，就做多少文化大餐。

（3）特色原则。我国幅员辽阔，民族众多，可以说，30多个省市、自治区、直辖市和56个民族，都各自具有风格独特、色彩缤纷的区域文化。文化产业是创意产业，创意强调的就是新颖、独特。特色就是个性、就是与众不同，我们只有理解了文化产业的本质内涵，才能在制定文化产业战略时坚持挖掘特色、保持特色、创造特色，以特色的文化产品和文化服务开拓文化产业的发展出路。

（4）优势原则。区域文化产业发展战略的制定必须遵循的一个重要原则就是要扬长避短，强化优势。任何一个区域的地理人文资源都不可能是十全十美的，总是利弊兼备。各地发展文化产业过程中就要善于抓住当地的文化资源优势，哪怕是一点，以此为核心把它做大做强。要从资源禀赋、要素储备角度，做好文化产业区域战略规划。要着重考虑以下两个方面的问题。一是了解区域内的文化资源禀赋特点，为制定区域文化产业发展战略提供依据；二是围绕不同的文化要素储备进行科学规划、布局，形成特色突出的文化产业区域战略。

（5）关联原则。文化产业是个产业关联度极高的新形态产业，它的外延十分广泛，涉及诸多行业领域。搞文化产业不是孤立地单打独斗，而是要协同发展。因此，制定区域文化产业发展战略，必须坚持关联原则。运作一个文化产业项目时，要以该项目为核心，不断向外拓展产业链，产业链越长，项目产生的社会经济价值越大。

（6）品牌原则。当今时代，"品牌"一词已成为最广泛应用、最引人注目、最有号召力的词汇之一，各行各业都在创精品、创品牌。区域文化产业发展也必须实施品牌化战略，这不是盲目跟风，而是文化产业发展的客观需要。一个区域的文化品牌就是该区域的文化名片，只有拥有众所周知的文化名片，才能在市场营销、文化消费、吸引资金等方面占得先机。

（7）可持续原则。可持续原则也是制定和实施区域文化产业发展战略不可忽视的重要原则。区域文化产业发展战略的制定要根据本地区的地理环境、历史背景、经济状况、文化消费能力、产业特点等多种元素，长远考虑、全面规划、科学设计，要避免短视目光、短期行为。对于本区域的文化资源要在可持续发展理念指导下合理、有效地开发，坚决阻止滥开发、浅开发、乱开发，以免造成文化资源的浪费和破坏。

三、行业文化产业发展战略

文化产业是个涉及诸多行业的产业群。2004年，国家统计局发布了《文化及相关产业分类》标准，将"文化及相关产业"界定为：为社会公众提供文化、娱乐产品和服务的活动，以及与这些活动有关联的活动的集合。"文化及相关产业"统计范围包括提供文化产品、文化传播服务和文化休闲娱乐等活动，及与之有直接关联的用品、设备的生产和销售活动。文化产业统计根据"国民经济行业分类GB/T4754-2002"标准，按照文化活动的重要性分为文化服务和相关文化服务两大部分，根据部门管理需要、文化活动特点及产业链细分为：新闻服务，出版发行和版权服务，广播、电视、电影服务，文化艺术服务，网络文化服务，文化休闲娱乐服务，其他文化服务，文化用品、设备及相关文化产品的生产，文化用品、设备及相关文化产品的销售9个大类，再分为24个中类、80个小类。

由于文化产业各行业的差异性，因此发展文化产业的模式不能一刀切，必须凸显行业特点，遵循行业特点和发展规律，因行业而宜制定适应不同行业特点的文化产业各行业发展战略。我国文化产业发展以来，文化产业各行业根据自身的行业特点所确立的发展战略，有力地促进了文化产业各行业的发展。

1.文化产业各行业发展战略促进了文化产业各行业的蓬勃发展

改革开放以来，在国家文化发展宏观政策的指导下，我国文化产业各行业根据自身特点不断深化改革，通过制定和实施不同阶段的文化产业发展战略来推进文化产业发展，取得了显著成效。下面仅以新闻传媒业、出版业、旅游业、体育产业、会展业为例来大致描述一下我们文化产业各行业发展的基本概况，透析文化产业各行业发展的内在规律。

（1）新闻传媒业领先行业发展。在我国文化产业发展历程中，新闻传媒业是改革较早、发展较快的行业之一。在此期间，新闻传媒业有过两次较大的发展战略调整。第一次是1978年以后进行的"事业单位企业化管理"改革，国家逐步减少对新闻单位的财政拨款，绝大多数新闻单位通过媒体广告等经营创收实现自收自支。第二次是1996年以后进行的媒体"集团化"改革战略，广州日报等几十家大型新闻单位组建起传媒集团。"集团化"改革战略，是新闻媒体发展到一定规模面对社会信息化和传媒全球化的新形势所作出的必然选择。通过这两次中国新闻传媒业发展历程前所未有的改革和战略调整，使新闻传媒业迅速成长为一个充满活力的新兴产业。

（2）出版业国际化水平有待提高。我国新闻出版业近年来以满足人民群众精神文化需求为目标，在多出好书、办好报刊、多出精品、引导文化潮流等方面做了大量工作；出版发行体制改革不断深化，出版产业发展日益充满活力。一批出版集团发展强劲，发行、印刷等领域的多元投资格局也已初步形成；"走出去"战略的实施强力推动了我国新闻出版业和中华文明走向世界。近年来，我国版权贸易结构逐年改善，进出口比例逐渐缩小，实物出口总量逐年增加，"走出去"的渠道日渐多元化，实力日益增强，印刷加工贸易出口增长迅猛，成效显著。同时，我国新闻出版业积极参加境外大型国际书展，努力打造北京国际图书博览会等展会平台，使其成为"走出去"的助推器。随着形势的发展，我国出台了8项鼓励"走出去"相关政策，有些措施仍在继续完善。实施保护知识产业战略，不断开展打击盗版盗印、走私光盘和非法光盘生产线特别行动。新闻出版总署近年来发挥主动性，掌握主动权，打好主动仗，坚持行政处罚和依法打击并重，全力封堵和查缴各种非法出版物、查缴淫秽色情出版物，"反盗版百日行动""反盗版天天行动"网上"扫黄打非"等一系列专项行动和集中行动，切实把非法出版物和文化垃圾的影响降到最低程度，国际反响良好。应该说，我国出版业发展速度不慢，但是，由于语言的障碍，我国出版业的国际化水平不高，难以抵挡世界跨国出版巨头的强势竞争。

（3）旅游业倚重资源发展。我国旅游业在改革开放之前以外事接待为主，只具备产业雏形，不完全属于产业范畴。1978年之后，我国旅游业领改革开放之先，借改革开放之力快速发展，已成为我国国民经济中的重要产业和国际旅游大舞台上异常活跃的新生力量。回顾我国旅游业20多年来的发展历程，其发展过程呈现出如下特点：领导重视，政策到位，发展速度快，市场化程度高，竞争力较强。改革开放以来，邓小平同志十分重视旅游业发展。1978年10月至1979年7月，他先后5次专门讲话要求加快发展旅游业。2000年3月，《邓小平论旅游》正式出版，为进一步促进旅游业发展，实现向世界旅游强国迈进指明了方向，成为旅游行业的纲领性文件。为了促进旅游业的快速发展，国家相继出台了一系列发展旅游业的政策。改革开放以来，全国各地大力推进旅游投融资的社会化、市场化，积极发挥市场机制的导向作用，开创出全社会办旅游的工作局面，形成了以公有制为主体、多种所有制成分为重要补充的多种所有制形式。与此同时，我国实现了由旅游资源大国向亚洲旅游大国的历史性跨越，旅游生产力得到全面快速发展。旅游住宿设施不断改善，旅行社业务规模日益壮大，旅游交通形成体系，旅游产品的开发建设取得长足发展。旅游产品结构有一般观光、单纯观光向主题观光、参与性观光发展，开始了度假产品、专项产品的开发。一万多个景区点涵盖了自然景观、历史古迹、社会生活等各个方面，一批旅游产品已拥有世界知名度。由于我国独特的文化资源，部分旅游产品具有垄断性。相对于文化产业其他行业而言，我国旅游业的市场竞争力比较强。

（4）体育产业发展潜力巨大。我国体育产业的出现是国家经济体制改革不断深化的必然结果，将体育推向市场是中国体育发展的必由之路。体育在我国长期被视为公益性事业，尤其竞技体育的发展更是得到了政府资金的强力支持。近年来，我国体育产业发展迅猛，以"三大球"为代表的职业体育竞赛表演产业发展势头强劲，以健身娱乐中心为代表的健身娱乐产业发展潜力巨大。作为体育支柱产业的体育彩票在我国的认知程度不断提高，发行额度也逐年递增。体育彩票已成为体育产业中的重要组成部分。2008年，北京奥运会的成功举办更加全方位地提升了我国体育产业的整体水平。

（5）会展业蓬勃兴起。会展经济是会议经济和展览经济的总称。会展经济通过举办各类会议、展览会带来直接或间接的经济效益和社会效益。会展经济是市场经济条件下的产物，是一条集商贸、交通、运输、宾馆、餐饮、购物、旅游、信息等为一体的经济消费链。它具有促进相关产业如房地产业、宾馆业、餐饮业、交通业、商业、旅游业、信息产业等蓬勃发展，促进经济贸易合作，起到加速城市建设的作用。

改革开放以来，会展业在我国逐渐发展起来。近年来，我国采取一系列战略措施，有力推动了会展业的发展。国家相继出台了一系列规范会展业市场的法律法规，进一步优化了我国会展业市场的法制环境，对推动中国会展业健康有序地发展发挥了积极作用。加强对会展业发展的定位，打造知名会展品牌。政府通过对所在地优势分析，对其会展进行准确的定位，使当地地名与会展紧密联系在一块。如广州的广交会、深圳的高交会、陕西的东西部贸易洽谈会、云南的昆交会、新疆的乌洽会、内蒙古的约洽会等等。出版的《中国会展中心城市发展蓝皮书》中认为，中国已初步形成四大会展经济带：以广州为中心、香港为龙头的珠江三角洲会展经济带，以上海为中心、沿江沿海为两翼的长三角会展经济带，以北京为中心、天津为边翼的京津会展经济带，以大连为龙头、边贸为支撑的东北会展经济带。[①]随着我国对外开放的不断扩大和我国国际影响力的日益提升，我国会展业发展前景广阔。

2. 文化产业行业发展战略的确立原则

文化产业国家发展战略和区域发展战略的最终落脚点还是文化产业各行业发展战略。因此，制定和实施好文化产业行业发展战略对文化产业发展而言是基础性、根本性的工作。我国颁布的有关文化产业发展的有关政策和法规都突出了文化产业的行业特点，对文化产业各行业的发展提出了具体目标和要求。确立文化产业行业发展战略应遵循以下原则：

---

① 参见王唤明：《对我国会展业发展的思考》，价值中国网2005年10月13日。

（1）把握行业特点。文化产业所包括的新闻出版业、广播影视业、音像业、文化旅游业、体育业、文化会展业、动漫游戏业等诸行业都各自有鲜明的行业特点，其发展规律、运营模式都有很大差异。因此，文化产业的行业发展战略必须依据各行业的特点和规律来制定，只有从根本上反映行业规律和特征的行业发展战略才是具有科学性和合理性的，才能有利于推进该行业的快速发展。

（2）加强行业关联。行业关联度是指行业与行业之间通过产品供需而形成的互相关联、互为存在前提条件的内在联系。这种联系主要表现在两个方面：在产品的供需方面，任何一个行业的生产以及任何一种产品，都会为其他或其他行业的生产作为其生产的投入要素（除最终消费品的生产外）。同时，它也会以其他产品或其他行业的生产作为其生产的投入要素；在行业的技术供给方面，一个行业的生产，需要其他产业为其提供技术水平层次相当的生产手段，同时，它的发展也推动了其他相互关联行业的技术进步，从而使整个产业的技术水平不断向更高层次推进。文化产业领域的许多行业都具有较高的产业关联度。例如，文化旅游业的发展将带动交通业、餐饮业、旅店业、礼品业等相关行业的发展，促进相关产业如房地产业、宾馆业、餐饮业、交通业、商业、旅游业、信息产业等的蓬勃发展。一部好的文学作品，可以以图书、影视、广播、网络等多种载体来表现。因此，文化产业各行业发展战略的制定和实施不能单一地只考虑一个行业的发展，要全方位地考虑发展一个行业时将要关联到的其他行业，要做好其他行业配套设施的建设，以便以某个行业为主导形成一个有机结合的产业链，增加文化产业的附加值。

（3）强化行业优势。虽然在一定程度上，我国文化产业与世界发达国家文化产业发展水平还有很大差距，但是我国文化产业某些行业仍然具有很强的发展优势。比如，旅游业，在改革开放后，我们首先大力发展旅游业，到1999年我国旅游创汇已由1978年的位居世界第四十位上升至世界第七位。[1]我国由

---

[1]　参见江蓝生、谢绳武：《2001—2002年：中国文化产业发展报告》，社会科学文献出版社2002年版，第111页。

于人口众多，手机内容产业的发展速度更令人吃惊。中国的短信在2000年的时候还只有5亿～10亿条，占全世界总量的1%；2001年达到189亿条，占全世界总量的7%；2002年达到900亿条，占全世界总量的20%。[①]我国旅游业和手机内容产业仍有很大的发展空间。只要我们认真分析文化产业各行业的特点，我们定会找出某些具有比较优势的行业，并在原来良好基础上加快发展，做大做强。

（4）与高科技融合。世界文化产业发展的经验和我国文化产业发展的现实都确证着高新技术对文化产业的巨大推动作用。我们在制定和实施文化产业各行业发展战略时一定不能忽视与高科技的嫁接和融合。如果认识不到这一点，就会延迟文化产业的发展进程。网络游戏、影视制作、演出业、旅游业、文物保护等要与现代高科技相结合，才能不断推陈出新，大放异彩。

（5）提升国际化水平。综观我国文化产业发展的历程，我国文化产业与改革开放前相比，已经有了非常大的发展。但是，我国文化产业各行业的发展指标和运行能力和世界发达国家的文化产业相比，还有相当大的差距。因此，我们一方面要看到我国文化产业发展所取得的成就，另一方面还要看到我们与世界发达国家存在的巨大差距。要尽快缩小差距，就必须让我们的文化产业发展面向世界，敢于与世界高水平相比，敢于向高水平学习、看齐。为此我们制定文化产业各行业发展战略时，要瞄准该行业的世界水平，要在现实发展的基础上在发展规划、运营策略、管理模式等方面与世界标准接轨。

（6）打造知名品牌。在现代社会，品牌成了最流行的时代词汇之一。似乎全世界都在谈论品牌、关注品牌。品牌蕴涵企业及其商品或服务的品质和声誉，品牌既是企业对消费者的质量承诺又是企业所获得的消费者的信任水平。发展文化产业、提供文化产品和服务，同样离不开品牌。就文化产品和服务的本质而言，它比物质产品更需要品牌的支撑。因为相对于文化产品而言，物质产品具有更为现实的使用价值，消费者在购买物质产品时一方面考虑品牌，另

---

① 参见张晓明等主编：《2004年：中国文化产业发展报告》，社会科学文献出版社2004年版，第9页。

一方面也要考虑产品的实用性和价格比，他未必一定要购买和消费品牌知名度高、价格也高的产品。但是文化产品的消费却具有追求完美的特性。对于消费者而言，对于文化产品的消费要的是宁缺毋滥，文化产品的品牌价值直接影响着消费者的消费心理和行为。因此，对于文化产品而言，品牌具有非常重要的价值。在制定和实施文化产业各行业发展战略时必须坚持打造品牌原则。一个行业有无品牌，直接决定着这个行业的发展水平和层次。比如，我们一谈到世界电影，就会想到了美国的好莱坞大片；一谈到中国电影，就会自然而然地想到张艺谋导演的电影。这就是品牌的效应。

总之，我国文化产业的行业发展必须在客观分析各行业特点的基础上因业制宜地制定各自的发展战略，努力遵循各行业规律，强化行业优势，加强行业间的关联，全力提升文化产业各行业的科技水平和国际化水平，争取尽快打造出一批国内外知名的文化品牌，把各行业的文化产业做大做强。

第三节　我国文化产业发展的策略设计

中国文化产业经过三十余年的探索和发展，已经成为中国经济发展新的增长点，正面临着喜人的发展前景和形势。但如果在全球化背景下审视我国文化产业的发展现状，我们就会看到，比起西方发达国家来，我国文化产业在产业结构优化升级、组建大型产业集团、增强投融资能力、培育知名品牌、加强文化产业法制建设、开发利用人力资源等方面都还处于明显的弱势状态。因此，结合我国文化产业发展实际，探求中国特色的文化产业发展路径，已经成为当代中国文化产业实现快速发展的必然要求。笔者认为，要实现当代中国文化产业快速发展，就要在借鉴吸收西方发达国家发展文化产业丰富经验的基础上，围绕产业结构优化升级、组建大型产业集团、增强文化产业投融资能力、培育文化产业知名品牌、加强文化产业法制建设、开发利用好文化产业人力资源来进一步设计当代中国文化产业发展的未来图景，提高我国文化产业竞争力和影响力。

一、推动文化产业结构优化升级

提高文化产业发展质量和效益，必须积极调整优化文化产业结构。合理的产业结构是保障产业间协调发展的基础。《我国国民经济和社会发展第十三个五年规划纲要》中指出："加快发展网络视听、移动多媒体、数字出版、动漫游戏等新兴产业，推动出版发行、影视制作、工艺美术等传统产业转型升级。"①结合我国文化产业发展实际，推动文化产业结构优化，实现文化产业资源的合理高效配置，应着重抓好以下几个方面的工作：

1.调整产业结构，优化产业布局

调整产业结构，优化产业布局，是当代中国文化产业结构优化的必然选择。文化产业结构的调整实质上就是文化资源在全社会范围内的各文化产业之间进行重新配置的过程。目的在于通过重新配置文化资源，实现我国文化产业的集约型增长。

（1）在行业结构上，实行侧重点转移，培育文化产业新的增长点。结合目前我国文化市场的需求状况，应重点培育文化信息开发、精品文化旅游、多样化继续教育、文化体育、软件开发、休闲娱乐等文化产业，尤其应重视发展新兴媒体产业，开拓付费电视、网络游戏、数字电影、电子音像等新兴领域，推动传统媒体与互联网、移动通信的互动融合，促进文化产业与教育、科技、信息、体育、旅游、休闲等产业的联动发展，与工业设计、城市建设等经济活动相结合，积极支持文化企业充分利用自有知识产权和品牌优势，向相关产业延伸发展，开发多种形式的衍生产品等。②

（2）在产品结构上，要使产品结构与需求结构相适应。发展文化产业应切实做到以市场为导向，面向市场，面向需求，以需求拉动生产，开发产品种类，增加服务品种的设计，努力使产品结构与需求结构相适应；应加快建立

---

① 《中华人民共和国国民经济和社会发展第十三个五年规划纲要》，新华网2016年3月18日。

② 参见吴宏放：《我国文化产业发展面临的问题及对策探讨》，载《中共四川省委党校学报》2006年第1期。

有利于文化发展面向群众、面向市场，文化工作者各尽其才、各得其所，优秀文化产品不断涌现的体制机制，最大限度地激发文化发展的活力，激励广大文化工作者创作和生产出更多反映人民主体地位和现实生活、群众喜闻乐见的优秀精神文化产品，使文化发展的成果惠及全体人民。同时，要积极抢占文化与科技、文化与金融、文化与相关产业融合发展的制高点，大力推进文化科技创新，改造提升传统文化产业。

（3）在组织结构上，鼓励规模经营、集约发展和专业化协作，引导文化产业进行深度整合。要通过产业结构调整，围绕增强企业核心竞争力，通过跨地区跨行业跨所有制兼并重组，重点培育和发展一大批骨干文化企业和创意文化产业，培育新型文化业态，努力构建结构合理、门类齐全、科技含量高、富有创意、竞争力强的现代文化产业体系。同时，扶持中小微文化企业发展。

（4）在人才结构上，推进文化人才资源配置的市场化步伐，促进人才合理流动。现实情况是，我国文化产业领域人才结构还不太合理，这成为制约我国文化产业快速发展的一个显著瓶颈。从专业结构来看，文化产业从业人员主要集中在生产、销售领域，文化管理和经营人才严重缺乏，没有形成一个产业人才集群；从人才的利用来看，人才浪费和人才缺乏并存，一方面文化人才短缺，另一方面，由于机制问题，现有人才难以发挥作用，造成"有用人才引不进，拔尖人才留不住，过剩人才流不出"的局面。因此，促进人力资源在文化产业领域内的合理流动，形成一个文化产业人才集群，已经成为当代中国文化产业发展需要解决的重要课题。

（5）在产业布局上，要形成一批实力雄厚的区域性特色文化产业群。要实现文化产业的科学布局，必须在充分尊重我国国情的基础上，在遵循文化产业形成和发展的客观规律的前提下，着眼于我国区域发展的现实状况，进行统筹规划，形成一批实力雄厚的区域性特色文化产业群。

（6）在所有制结构上，要努力形成以公有制为主体、多种所有制共同发展，社会多方力量共同参与的文化产业格局。尽快出台文化领域的市场准入标准、准入程序及管理监督办法，降低文化产业准入的门槛，积极鼓励和引导各种资本进入文化产业，鼓励和带动社会力量兴办文化事业和文化产业。

2.整合资源，优化配置，推动文化产业集约化发展

要使我国文化产业真正适应市场经济的发展要求，能够在国际市场上具有较强的竞争力，就必须以需求为导向，以资本为纽带，打破地区、部门、行业、所有制界限，重新整合文化资源，提高产业集中度，推动文化产业集约化发展。

（1）加快培育有竞争力的骨干文化企业。我国文化产业的发展应以培育有竞争力的骨干文化企业为重点，加快文化产业结构调整和资产重组，引导文化信息、文体赛事、文娱演出、新闻传媒、图书音像、美术工艺等行业进行深度整合，实现跨地区、跨行业、跨所有制的规模扩张，打造一批规模化、集约化、专业化的骨干文化企业和符合现代物流要求、覆盖全国的连锁经营企业，形成文化产业群和文化产业链，从而提高文化产业发展的集中度和集约化的经营水平。

（2）打破地域分割，促进文化产业跨地区经营，形成我国文化产业东西合作、优势互补、互动发展的区域文化产业发展格局。区域文化产业发展格局有利于企业竞争从无序走向有序，从分散走向集中，变过度竞争为适度竞争，实现规模经济，优化产业结构。打破地方和地方之间的市场壁垒，实现企业之间的有效、公平竞争，鼓励国有文化资产之间兼并、重组，提高整合速度，迅速产生一批跨行业、跨媒体，具有品牌竞争力和战略投资力的产业集团，提高文化市场的集中度和资源配置的高效率，已经成为做大做强做优我国文化产业的必由之路。

3.加快文化产业园区和基地建设

文化产业园是产业簇群的一种表现形式，产业簇群是指一群具有竞争性、互补性或互相依赖性的企业或行业在空间上的聚集，其外部形态表现为由一大群特定领域的企业与企业间、政府机构与企业间、科研院校与企业间、社区机构与企业间的各种组织所形成的具有一定规模的产业群落。[①]文化产业园区和

---

① 参见杨吉华：《我国文化产业园发展现状、存在问题及对策》，载《北京市经济管理干部学院学报》2006年第3期。

基地的建设能有效地促进资源整合，通过企业间激烈的竞争和频繁的合作，有利于企业间相互切磋，取长补短，共同提高。另外，文化产业园区的建设也有利于小企业的发展，因为文化产业园是建立在专业化分工的基础上，通过参与专业分工，中小文化企业走"专、尖、特、新"的道路而获得竞争优势，从而改变过去"大而全""小而全"的状况，有利于形成以龙头企业为主导、大中小企业在专业分工基础上共同发展的格局。实施重大文化产业项目带动战略，加快文化产业园区和基地建设，使之成为文化产业的孵化器，已成为我国文化产业结构优化的重要选择。

　　加快文化产业园区建设一方面需要政府的政策扶持，另一方面需要文化产业园区建设的相关人才。政策扶持是各地发展创意产业、加快文化产业园区建设的有力保障，因此，各地政府需要出台相关政策以保障创意产业的发展。人才是创意产业起飞的前提。据有关专家介绍，目前发展我国创意产业最缺乏的就是人才和氛围。其中急需两大类人才：既通晓创意产业内容又擅长经营管理的管理者；灵感迸发、创意迭现的创作者。而"氛围"则在于创立一套激励全民创意的机制及评判标准。加快文化创意人才的培养和引进成为我国发展文化产业园区的客观需要和必然要求。

　　4.加快制度创新和技术创新，推动文化产业结构升级

　　通过制度创新和技术创新来推动文化产业结构升级，从而优化产业结构，已经成为当代中国文化产业发展一个亟待解决的课题。其中制度创新是基础，是促进文化产业与其他产业融合的必然条件；技术创新是关键，是促进文化产业结构优化和升级的助推器。

　　（1）制度创新。"实施文化产业管理制度的创新，是在统一的市场经济环境下，将公益性文化产业与经营性文化产业适度剥离。根据市场与意识形态相关制度的不同，对文化企业进行科学和实事求是的区分，然后分类指导，并分步骤实施创新性的体制。"[①]一是文化管理部门要切实转变政府职能，逐步实现由办文化向管文化转变，由管微观向管宏观转变，由主要面对直属单

---

　　① 孙安民：《文化产业理论与实践》，北京出版社2005年版，第202页。

位转为面向全社会，实行政企分开、政事分开；二是在推进国有经营性文化单位转企改制基础上，加快公司制、股份制改造，完善现代企业制度，打造一批有实力、有竞争力和影响力的国有或国有控股的文化企业和企业集团，使之成为文化市场上的主导力量和文化产业的战略投资者；三是鼓励和引导各种经济成分投入文化产业，建立多元的文化投资主体，形成多种经济成分并存、多元投资主体、平等竞争的文化产业新格局；四是人事制度方面，要通过管理制度的创新和改革，继续推进干部和职工的全员竞聘制度、搞活用人机制，形成"人尽其才"的局面，使优秀的人才能够脱颖而出，实现文化队伍的"破壁"，实现人才的全面发展。[①]另外，要大力推进文化产业发展和管理的信息化，使之成为文化产业发展的"推动剂"；依法保护知识产权，制定公平竞争的文化市场规则，把文化生产经营活动纳入法制化发展轨道等。

（2）技术创新。现代高新技术越来越广泛地渗入到文化领域，文化产品和文化服务的科技含量越来越高，飞速发展的电子、数字通信和信息技术给当代社会产业结构带来了革命性的影响，文化市场发生了急剧变化。比如，现在市场上的音像制品的发展，从录音带到录像带，从VCD到DVD，不断创新扩容，而对于音像市场，现在由于互联网的迅速普及，消费者可以通过网上音像租赁店在计算机上直接租看。现代高新技术的发展使得"不仅文化艺术领域内部发生了行业内的大调整、大改组，新的艺术传播媒介如电视、卫星电视及网络文化的发展，使得像电影这样一些昔日文化艺术界的'龙头老大'风光不再，转而成为电视业、音像业的补充，而且网络文化从根本上为人类创造了新的数字化生存的新方式"[②]。现代传媒高新技术革命对人类当代文化的发展和艺术文化生态格局正在产生着巨大影响，因此，要充分利用现代高新科技来有效促进文化产业升级，加快对现有文化资源的调整和整合，以适应当代文化产业结构调整所面临的新形势和新任务。

---

① 参见孙安民:《文化产业理论与实践》，北京出版社2005年版，第202页。
② 金元浦:《新技术革命与文化产业》，载《瞭望》2004年第21期。

二、组建大型产业集团

企业是市场经济的主体，发展壮大文化产业，必须培育组建一批有实力的大型文化产业集团。从发达国家文化产业发展的成功经验来看，具有雄厚的资本、技术和人才实力的大型文化产业集团，在参与国际文化产业竞争和带动国内文化产业发展方面具有重要的作用。

1.组建大型产业集团的客观要求和必然选择

（1）组建大型文化产业集团是我国参与国际竞争并在竞争中立足取胜的客观要求

虽然近年来我国经济发达地区相继崛起了一批文化集团，如广州日报报业集团、羊城晚报报业集团、南方日报报业集团、北京歌华集团、上海文汇新民联合报业集团、世纪出版集团等，其中年经营收入最高的是广州日报报业集团，目前约为17亿元人民币。但相比之下，名列1999年全球500强第151位的沃尔特迪斯尼公司年收入为229.76亿美元，列第282位的时代华纳公司年收入145.82亿美元。[①]又如音像业，我国音像业的几大巨头如中国唱片总公司、上海声像出版社、北京文化艺术音像出版社的资产均不超过5000万元，而国际五大唱片公司之一的BMG音乐集团旗下的美国Arista唱片公司就拥有50亿美元资产。会展业方面，据美国展览研究中心统计，2000年美国举办了13000个展览会，直接收入约120亿美元，与展览会相关的社会综合消费约1250亿美元，展览会的经济带动比例为1：10。同期我国举办会展总数为1684个，直接会展收入为40亿元人民币，举办会展总数仅为美国的1/7左右，会展收入仅为美国的1/25。[②]较为弱小的文化产业规模严重影响着我国文化产业在国内外市场上的竞争力，实行多媒体兼营、跨行业综合发展、构建大型综合产业集团已成为我国文化产业应对国际竞争的必然选择。

---

① 参见罗雷：《关于加快培育我国文化产业集团的思考——从美国等西方现代大型传媒集团看我国文化产业的发展》，载《中国出版》2002年第9期。

② 参见李芳：《解析文化产业发展的制约因素及对策与建议》，载《甘肃科技纵横》2006年第3期。

（2）组建大型文化产业集团是我国加快产业结构调整并促进产业更新升级的内在要求

产业结构不合理是我国文化产业发展中的突出问题，通过建立综合性的大型文化产业集团，实现全国文化产业资源的战略性整合，有利于促进加快文化产业界改革步伐，打破地区分割，建立适应现代文化产业发展需要的大文化产业框架和运行机制，从体制、机制、效益上增强发展后劲和整体竞争实力。如，上海文化产业发展走集约化发展之路，以机制和体制改革为突破口，形成产业化的主体，优化资源配置，通过建设产业大集团实现了产业结构的整合和升级。1996～1997年，上海广播电视局和上海电影局"影视合流"，形成充分发挥政府推动和市场导向作用，调动各类社会资源，形成影视发展的巨大合力。1998年7月，有60年历史的《文汇报》和有69年历史的《新民晚报》联合起来，成立了文汇新民联合报业集团，从而拉开了上海新闻媒体业重组的序幕。集团成立后，突出了以广告、发行、印刷、信息服务为经营主体的重点，逐步创办各类经济实体，扩大经营规模，提高专业化程度，最终实现了人、财、物等资源的共享和优势互补。1999年上海世纪出版集团成立，2000年5月上海文化广播电影电视集团成立，6月上海新华发行集团成立。[①]这些文化大集团的成立，使上海参与国际文化竞争的实力大大增强，初步形成了以影视广播业、出版印刷业、文化娱乐业为主导的文化产业结构。

（3）组建大型文化产业集团是弘扬传承我国优秀文化的客观需要

深厚悠久的文化传统和丰富的文化历史资源使得我国具有发展文化产业的广阔前景，但随着改革开放的逐步深入，西方一些发达国家在向我国输出文化产品的同时对我国文化领域进行渗透，尤其是我国加入世界贸易组织之后，我国政府的直接行政保护政策在逐步减少。在这种情况下，只有尽快建立一批综合性文化产业集团，发挥其在传播手段、技术创新、资金、人才以及市场覆盖能力等方面单媒体经营所不能相比的文化传播优势，才能更好地承担起建设

---

① 参见孙安民：《文化产业理论与实践》，北京出版社2005年版，第367～368页。

和保护民族优秀文化和发展社会主义文化事业的重任。[①]而且，面对全球化文化产业的激烈竞争，中国的文化产业必须走向世界，只有这样，才能让世界更多地了解中国的文化；只有了解，才能在一定程度上给予接受；只有被他国人民接受，中国的优秀文化才能在世界上具有一定的影响力。中华民族曾经为人类文明的进步与发展作出了巨大贡献，在文化产业全球发展的今天，我国应该更有能力为世界文明的进步与发展继续作出新的更大的贡献。大型文化产业集团的组建，则为我国优秀文化走向世界提供了一个可能发展的支柱和平台，通过这个支柱和平台，我国可以积极地参与国际文化交流，向世界各国传播我国的优秀文化，扩大我国优秀文化在世界上的影响，使我国的优秀文化不断地走向未来，走向世界，从而使我国的文化产业集团能够切实担负起弘扬和发展优秀民族文化的重任。

2.组建大型产业集团的路径选择

（1）加快国有文化企业公司制改造，组建一批大型国有或国有控股文化产业集团

王晓晖在《推动文化产业成为国民经济支柱性产业》一文中指出，"要在推进国有经营性文化单位转企改制基础上，加快公司制、股份制改造，完善现代企业制度，加强对国有重点文化企业的扶持，鼓励符合条件的国有文化企业上市融资，加快培育一批核心竞争力强的国有或国有控股大型文化企业或企业集团，使之成为发展产业和繁荣市场的主导力量。"[②]只有加快国有文化企业公司制改造，才能为大型国有或国有控股文化产业集团的组建提供一定的条件和环境。在国有文化产业集团组建方面，我国很多省市已经尝试组建了一些文化集团，并产生了很好的效益。比如，2000年以来，浙江省共组建了报业、广电、出版等8家国有文化集团。这些集团建立后，新闻宣传得到强化，事业发展不断加快，产业经营逐步拓展，经济实力有所增强。据统计，截至2005

---

① 参见罗雷：《关于加快培育我国文化产业集团的思考——从美国等西方现代大型传媒集团看我国文化产业的发展》，载《中国出版》2002年第9期。

② 《中共中央关于制定国民经济和社会发展第十三个五年规划的建议》辅导读本，人民出版社2015年版，第163~164页。

年底，8家文化集团资产总值达146亿元。2005年，8家文化集团全年总收入超过80亿元，共创造利润7.58亿元、上缴税收6.41亿元。①

（2）组建一批大型民营文化企业集团，培育文化产业发展新亮点

民办文化作为社会主义文化的一个重要组成部分，已经成为我国文化产业发展的新亮点。我国文化产业在发展过程中要坚持以公有制经济为主体，同时要大力发展多种所有制经济，而民营经济则日益成为推动我国经济发展的重要力量，发达的民营经济已经成为我国某些省市发展文化产业的独特优势。因此，在有条件的省市适时组建和培育一批大型民营文化企业集团，已经成为我国文化产业发展的一大趋势。在这一方面，浙江省文化产业发展的经验值得借鉴。经过发展，浙江已经形成一批在全省或全国同行业具有较大影响的民营文化龙头企业，如华新影视公司、宋城集团、开元旅业集团、横店影视拍摄基地、温州天龙网球公司等。以投资开发浙江第一个主题公园——杭州宋城为起点的杭州宋城集团，经过六年多的滚动发展，成为以旅游休闲业为主，同时涉及房地产开发、文化传播、高等教育、电子商务等领域的大型综合性投资集团。②

（3）通过重组、兼并、联合等方式，加快在全国范围内组建跨地区、跨部门、跨行业和跨所有制的，一业为主、兼营相关产业的综合性文化产业集团

随着我国文化产业的逐步发展，国内很多省市，如上海、广州、湖南等适应加入WTO的形势，已经组建了一批大型文化产业集团，实施了相应的体制改革。在这方面，广东省起步较早，发展也较为成熟。在传媒领域，广东省在全国最早组建了以南方报业集团为代表的四大报业集团，由此带动了全省报业的飞速发展。下一步我国的文化产业要以机制和体制改革为突破口，增强市场配置资源的程度，适应加入世贸组织的新形势，按照现代企业制度的要求，

---

① 参见陈俊宏、张群生、黄健全：《共生共进求发展——浙江文化产业发展调查》，载《求是》2007年第12期。

② 参见张晓明等主编：《2004年：中国文化产业发展报告》，社会科学文献出版社2004年版，第219~220页。

形成产业化的主体，抓紧时机继续组建一批在全国范围内规模较大的文化产业大型集团，使我国的新闻、出版、广播、电视、电影、演艺、娱乐、展览等产业都有支柱型的大集团，形成具有各方面包容性的资产组合结构，成为中国加入世贸组织后迎接全球化文化市场挑战的中坚。

（4）以大集团带动大产业发展

以大集团带动大产业可以更有效地形成规模优势，加大整合优势资源的力度，体现集约化发展，从而进一步促进跨国文化产业大集团的形成。在实践中，四川逐渐形成以大集团带大产业的发展思路。目前，全省共组建了八大文化集团：四川日报报业集团、四川广播电视集团、四川新华发行集团、四川出版集团、峨眉电影集团、四川党建期刊集团、成都日报报业集团、四川博文集团（筹建中）。八个集团资产总和、年总收入均超过100亿元。其中四川日报报业集团、四川广播电视集团、四川新华发行集团、四川出版集团、成都日报报业集团等五个集团资产均超过10亿元。四川新华发行集团、四川出版集团、成都日报报业集团等三个集团年纳税额超过亿元。其中成都日报报业集团经过整合《成都日报》《成都商报》和《成都晚报》，并兼营其他实业，总资产增至25亿元，净资产增至12.7亿元，年收入12.25亿元，是西部最早拥有上市公司的报业集团，也是中国西部地区唯一进入报业十强的报业集团。①

（5）积极拓展对外合作，形成大型文化产业集团的运营优势

在组建大型文化产业集团过程中，优势文化企业不但要和行业内的强手联合，而且要勇于和电子、通信、生物工程、计算机等科技含量高、资产增值快的系统外企业集团联手，勇于和邻近省份的强手联合，进一步打破地域壁垒，实行跨地区、跨国界的产业运作，允许和吸引大批非文化产业的投资实体特别是相关的高科技产业进入。手段高科技化、运营集约化是国际媒体产业发展的主要特点。中国文化产业要加快发展，就必须努力开

---

① 参见张晓明等主编：《2007年：中国文化产业发展报告》，社会科学文献出版社2007年版，第306～307页。

拓国际文化市场，通过合作利用外部资源，加快集团的成长步伐，参与国际文化交流与竞争，做大做强做优国际文化贸易，更好地推动中华文化走向世界。

（6）积极创造组建大型文化产业集团的政策环境和市场环境

在组建大型文化产业集团过程中，要提升对文化的事业属性和产业功能的认识水平，在管理理念和体制上不断探索创新；建立和完善国内统一的文化大市场，实现文化产业集团的规模效益和资源的最佳配置；根据我国文化产业发展实际，按照市场经济规则，加快文化产业集团化建设步伐。

三、增强文化产业投融资能力

文化产业投融资是文化产业发展的重要推动力量，建立高效的文化产业投融资方式，加大文化产业投融资力度，增强文化产业的投融资能力，应当成为今后我国进行精神文化生产的重要内容。

1.进一步加强政府对文化产业投资的扶持力度

政府投资是直接推动文化产业发展的基本保证。政府可以根据国家的基本制度对符合国家政治原则的文化活动进行支持，并在资金上给予扶持；特别是对诸如公益性文化、高雅艺术和严肃的学术研究等等，只能由政府予以保护性投入和管理。政府投资文化产业除了直接拨款之外，还可以把税收和企业上缴的利润中的一部分用来进行文化投资，采取相关政策等。

（1）进一步加强政府在文化产业投资中的地位和作用

第一，实行普遍支持与重点扶持相结合，在财力有限的情况下，进行重点扶持。第二，积极引导投资方向，调整投资结构，运用市场机制，以资本为纽带，重点培育和发展一批实力雄厚的国有或国有控股大型文化企业和企业集团，使之成为文化市场的主导力量和文化产业的战略投资者。第三，出台相关的文化投资法规、章程、实施细则以及相关配套的政策和措施，制定合理的准入法规，确立不同投融资主体平等的法律地位，完善知识产权保护政策，通过监督实施形成一整套行之有效的规范文化投资的法律法规体系。第四，政府与文化企业合股共同投资，不但为企业等投资主体分摊风险，同时也在客观上减轻了政府在文化产业投资方面的压力。①营造改善投资环境,"投资环境的改善既是政府一项长期的任务与工作,也是促进文化产业发展的重要保障。"②

(2)把握好政府在对文化产业投资方面的定位

进一步加强政府在文化产业投资中的地位和作用,需要注意的是,"政府在扩大文化投资方面的定位,主要不是'投资',即节衣缩食地为某一个大型项目找资金;而是'融资',即建立良好的社会信用系统和服务平台,规范文化投资市场,让富有市场潜力的文化项目与国内外的优质资本'亲密接触'"③。浙江省政府很注意提高对文化产业的融资能力,众所周知,浙江人办节日是名副其实的"文化搭台,社会投资,政府主导,各方受益"。拿"新安江之夏"来说,"新安江之夏"举办十年来,地方政府基本上没有花钱,只是搭建起一座平台,并对此进行良好的市场环境建设和服务工作。在台上唱戏的是众多的企业,各承办单位为了获益,都想办法吸引海内外宾客到来,不断提高服务质量。由于节庆内容丰富多彩,海内外游客也愿意花钱消费,当地百姓也能过一个热热闹闹的节日,政府也获得了发展地方经济和社会的良好动力。企业、宾客和当地百姓都能得到实惠,参与办节的积极性越来越高,此节也就成为当地固定的节日。据统计,浙江各地近年来每年举办的节庆活动超过一百个,而且大多收入远远高于投入。杭州市的"西湖博览会"有个专门的机构——节庆办,它虽由市政府牵头,起到的却是中介机构的作用:策划设计活动项目,征集各类活动方案,通过招投标确定项目承办单位,向海内外发布各种活动信息等。④这样一来,投资者就会觉得空间越来越大,环境越来越好。

---

① 参见杜广中:《文化产业的投融资体制研究——兼论福建省文化产业投融资问题》,载《东南传播》2008年第9期。

② 彭礼堂、周亮:《试论文化产业投资不足问题之克服》,载《广东财经职业学院学报》2004年第6期。

③ 花建:《发展两种文化形态推动多元文化投资——政府在文化产业建设中的定位和作用》,载《学习月刊》2004年第11期。

④ 参见花建:《发展两种文化形态推动多元文化投资——政府在文化产业建设中的定位和作用》,载《学习月刊》2004年第11期。

2.加大文化产业引进外资的力度

当代中国文化产业要真正做大做强，必须面对国内和国外两个市场，仅仅开拓国内市场，文化产业是不会得到充分发展的。尤其是当前国外市场的开拓，使我国文化产业发展面临新的机遇和挑战。只有积极引进外资，才能提升我国文化产业资源配置的国际化程度，才能充分吸收国外发达国家在文化产业经营管理方面的先进经验，从而推动中国文化真正走向世界。

2003年我国文化部出台的《关于支持和促进文化产业发展的若干意见》就已经指出："积极吸引外资参与艺术品经营、音像制品分销、大众娱乐项目的经营以及文化设施的建设、改造和经营。探索与外资合作办文艺院团和演出中介机构，搞好试点，取得经验。凡鼓励和允许外资进入的文化领域，均鼓励和支持国内资本，特别是民营资本以独资、合资、合作、联营、参股、特许经营等方式进入，鼓励和允许上市公司以资产重组或增发新股方式进入。"[①]可见，我们国家在制定文化产业政策过程中，已经把引进外资作为重点予以考虑。

加大文化产业引进外资的力度，可采取以下几个方面的措施：

（1）采取先易后难、逐步引进的方针。考虑到文化产品的意识形态属性，可先从文化产业的流通、制造、服务等行业开始，谨慎积极地进行中外合资试点。

（2）通过项目合资进行技术合作。通过有项目、有技术、有期限的合资经营，来提升我国目前迫切需要改造的基础设施的技术升级，达到带动社会就业和相关产业发展的目的，同时为我国文化产品进入世界文化市场开辟新的途径。

（3）根据世贸组织原则，制定和完善外资进入文化产业的政策和法规，并积极做好牵线搭桥工作，为外资进入提供便捷、高效的服务。

（4）大胆引进境外高品位的资本资源并将其与中华民族独特的文化资源结合成为新的产业优势；同时引进新的文化要素和文化样式，激活我们自己的文化创造，特别是催生具有高科技含量的文化样式。

---

① 《文化部关于支持和促进文化产业发展的若干意见》，中华人民共和国文化部网站2008年7月21日。

广东省在发展文化产业引进外资方面积累了经验。广东向外资开放文化产业投资新领域，扩大文化产业吸引外资的规模，从国家允许的、市场准入度高的文化产业入手，加大吸引外资的力度，同时在文化产业引进外资方面探索新的方式，其中包括以境外电视频道有限落地的方式引进外资，目前凤凰卫视中文台和电影台、美国新闻集团的星空卫视、美国在线—时代华纳的华娱电视等已进入广东有线电视网；以合作的方式引进外资出版集团的中文版，以及合作出版中文刊物；在书友会、网上书店、专业咨询、物流服务和信息技术等下游产品和服务方面开展广泛的合作；引导大型报业集团、出版集团和门户网站到国外证券交易所上市；借鉴国外的经验开辟租赁业务对文化产业进行融资等。广东目前文化产业吸引外商直接投资项目累计270个，合同金额6.22亿美元，实际利用外资2.44亿美元。吸收外资方式以中外合作企业为主。①

3. 充分调动民间资本投资文化产业

目前，我国文化产业进入壁垒还比较高，民间投资进入的深度明显不足。但也已经有一部分省市在调动民间资本投资文化产业方面取得了成就。

浙江省就十分注重引导民间资本投向文化产业，其民营文化产业的投资规模越来越大，经营领域越来越宽，成为文化产业一支新的生力军。据不完全统计，全省目前共有民营文化企业4万余家，投资总规模达到230亿元以上，涉及影视、印刷、演艺娱乐、艺术品经营、旅游、广告、会展等10多个行业。民营文化企业总收入300亿元以上，从业人员达50余万人。其中，广厦文化传媒集团积极参与国有文化单位改革，已与多家省级文化单位开展合作，共同建立规范的股份公司，联合发展影视业、演艺业等。横店集团依托影视拍摄基地优势，重点参与开发浙江横店影视产业实验区，先后成功举办了八届中国国际儿童电影节和2004年中国横店影视博览会。②四川省大力发展多种所有制的文化经济，民间和社会资本参与文化产业发展的积极性明显提高。四川民营资本

---

① 参见《投资多元化：文化产业扩张的引擎》，中国旅游标志网2007年10月1日。
② 参见陈俊宏、张群生、黄健全：《共生共进求发展——浙江文化产业发展调查》，载《求是》2007年第12期。

以直接投资、间接投资、项目融资等多种方式进入出版物分销、影视制作、影院改造和电影放映、文艺演出、娱乐及动漫、游戏制作等领域。民营文化企业快速发展，各种广告公司、印务公司、文化中介公司、文化工作室、文化发展中心、影视制作中心、演艺团体以及艺术培训、娱乐休闲、古玩字画等经营性机构积极拓展市场空间，呈现出强劲的成长势头。[1]可见，只要我们具备与时俱进的胆略，以开放的姿态不断探索中国特色的文化投资战略和方式，就一定能为当代中国文化的发展注入更多的活力。

在充分调动民间资金投资文化产业的积极性和参与性方面，政府有着义不容辞的责任和义务。政府应当为民间资本进入文化产业创造条件，搭建平台，营造公平竞争环境，在政策上允许和鼓励集体、家庭和个人以参股、购股、合伙经营的方式申办或参与各类中小型文化企业，鼓励和引导民营企业参与或兴办国家政策许可的文化企业，以推动文化产业的发展；积极构建众多的民间投资主体，进一步明确投资主体的分工和投资责任；真正确定企业是基本的投资主体地位，尽快减少竞争性项目的投资，集中力量进行大型的基础性、公益性项目的投资，将竞争性项目的投资主要让位于民间投资；通过制定相关税收政策，鼓励个人和团体对文化事业的投资与捐赠，鼓励工商企业和社会人士对文化产业的赞助等等。

4.强化资本市场在文化产业发展中的作用

我国文化产业的发展必须加大金融介入的力度，因为良好的金融环境是文化产业健康发展的基础，只有金融的全方位介入，文化才可能真正形成产业规模。但从目前情况看，由于文化产业的特殊性（如投资期限长，受政治因素影响大）和文化产品的特殊性（如许多产品属于无形的知识和信息等），使金融业在文化产业的投融资问题上仍然滞后，文化产业的成长缺乏强有力的金融支持，成为影响我国文化产业发展的一大瓶颈。

资本市场是实现文化产业跨越式发展的助推器，是扩大文化投资的一个

---

① 参见张晓明等主编：《2007年：中国文化产业发展报告》，社会科学文献出版社2007年版，第310页。

重要途径。随着以信用交易为主要内容的金融业的迅速发展，文化产业的成长可以通过发行股票、债券或者进行社会集资等直接的融资方式，也可以通过流动资金的贷款、固定资产贷款、房地产开发贷款、联营股本贷款、循环贷款、产权市场上的溢价转让和拍卖、项目贷款、国际银团、出口信贷等许多间接融资手段解决资本短缺的问题。①在这方面，中国文化产业有着融资和集资的广阔利用空间。从目前我国现实情况来看，资本市场已经介入了文化产业，并取得了相当好的效果。沪深股市已经有了不少文化产业上市公司，如：媒体业的电广传媒、中视股份、歌华有线、东方明珠等已经在资本市场上尝到了甜头，其中电广传媒这几年的快速崛起很能说明资本市场对文化产业的助推器作用。②尽管如此，从总体来看，我国文化企业上市的数量比例和直接融资的规模仍然较少，上市企业的结构也还不尽合理。由于种种原因，一批具有竞争优势的国有大型文化企业集团和民营文化企业至今尚未实现上市。我们有必要而且应该进一步强化资本市场在文化产业发展中的作用。

鉴于目前我国的现实情况，我们可以将文化企业的上市融资列入工作规划，有计划、有步骤地安排一批市场化程度较高、具有较强竞争优势的国有和以国有资本为主体的混合经济的大型文化企业，通过股份制改造，争取股票直接上市。对于大型民营文化企业可以借助资本市场兼并收购扩张壮大；对于创业型文化企业可以吸收风险资本，利用国内外市场培育壮大；对于成熟文化企业可以进入境外市场融资，有利于引入国外的先进经验，提高文化企业治理水平，有利于提高我国文化产业的国际竞争力；推动文化企业债券融资。为了更好地发挥资本市场在文化产业投融资中的作用，使上述措施具有更强的操作性，我们还应该为文化企业创造良好的上市环境：修改和完善相关法律法规，鼓励更多的优质文化企业在境内上市；努力推进交易所的国际化进程，使交易所成为国际性的资本汇聚中心；进一步完善上市发行制度，并增强上市过程的透明度和效率；四是逐步建立多层次资本市场，以满足更多文化企业在发展过

---

① 参见花建：《探索有中国特色的文化投资战略》，载《探索与争鸣》2002年第12期。
② 参见谭震：《我国文化产业融资方式的创新研究》，载《现代管理科学》2003年第9期。

程中的上市需求。①

5.完善投融资手段，拓宽投融资渠道

从世界范围看，文化投融资可以有许多形式，有的直接建立产业基地，购置房产和设备，形成规模化的生产能力；有的投资大型文化项目，通过大量的文化产品销售来获得回报（如北京"三高音乐会"和上海"红楼梦"项目公司）；有的进行资本运作和产权交易，对文化企业进行购并和控股（如时代华纳公司和美国在线公司合并）；有的建立贸易伙伴关系，共享扩大了的市场资源（比如羊城晚报报业集团和香港上市公司TOM.COM互换股权，建立新的伙伴联盟）；也有的建立投资基金，委托代理公司进行操作；有买断形象和产品的版权，利用不断增值的无形资产来实现资本回报，等等②。不管采用哪种形式的投融资，关键在于根据具体的投资对象和投资条件加以灵活运用。

当代中国发展文化产业应该借鉴发达国家的做法，确立"谁投资，谁受益"的基本原则，完善投融资手段，拓宽投融资渠道，逐步形成投资主体多元化、融资渠道社会化的文化产业发展机制。除了上面介绍的国有资本、社会民间资本、境外资本共同投资外，我国可以根据文化产业发展实际，尝试采取以下几个方面的措施：

（1）积极发挥财政资金的引导作用，在整合现有文化资金的基础上设立文化产业发展专项资金，采取补助、奖励、贴息等方式，扶持重点文化产业项目，带动社会资金投资文化产业。同时，组建文化产业基金和创业投资基金，用于对有市场发展前景的文化资源项目进行产业化开发和中小科技型文化企业创业投资的专项资金支持。

（2）制定相关税收政策，鼓励团体和个人对文化事业进行捐赠，鼓励社会人士和工商企业对文化产业进行赞助。对赞助者采取多种方式给予回报，包括广告、冠名、庆典演出以及给予捐赠者一定的精神鼓励等。

---

① 参见张伟、周鲁柱：《我国文化产业投融资存在的问题及基本对策》，载《现代传播》2006年第4期。

② 参见花建：《中国文化产业投资战略的思考》，载《上海社会科学院学术季刊》2002年第2期。

（3）发行文化彩票，募集社会资金支持文化产业。发行文化彩票，利用其募集的资金助文化产业一臂之力，投入到那些迫切需要资金支持的公益性文化产业中去，必将促进文化产业更健全地发展。

（4）开发无形资本的融资功能。文化产业的竞争不再是单纯的物质资本的竞争，也是人才、技术、品牌等无形资本的竞争，是文化企业物质资本与无形资本综合实力的竞争。文化产业的融资范围亦不应局限于物质资本，还应扩展到更为广阔的空间，即物质资本与无形资本的融通。[①]我国文化产业应该尽快与高新技术结合，使居民能够真正享受到新技术所带来的新视觉、新感受。

四、培育文化产业知名品牌

产业发展依赖产品，产品的竞争力依赖名牌，文化产业的发展也不例外。文化产业发展的历史昭示我们，要使文化产业强盛起来，必须要有自己的知名文化名牌。文化品牌价值越大，在市场上的竞争力就越强，知名的文化品牌不仅能创造巨大的经济价值，而且能为国家带来不可估量的社会效益。而且，今天的市场经济已经进入"品牌时代"。因此，要大力弘扬中华文化，推动我国优秀文化产品进入国际市场，必须要拥有一批具有国际知名度的文化品牌。

1.弘扬中华文化，培育民族特色文化品牌

西方发达国家文化产业发展取得辉煌成就，不仅仅是因为他们有产业"巨无霸"，而且他们有像美国的迪斯尼和时代华纳、日本的索尼、德国的贝塔斯曼等一批称雄世界的品牌。我国文化产业要想跻身于世界文化产业发展前列，必须努力培育自己的民族特色品牌。

我国文化发展实践表明，越是中华民族文化的东西，就越能打开国际市场。"无论是'中国京剧欧洲行'、昆曲、古琴被联合国列入'人类非物质文化遗产'名录，还是《卧虎藏龙》获奥斯卡奖项，其所吸引世界目光的地方正

---

① 参见张伟、周鲁柱:《我国文化产业投融资存在的问题及基本对策》，载《现代传播》2006年第4期。

在于它的民族文化的独特性和不可取代性"①。培育中华民族特色文化品牌,已经而且应该成为当代中国发展文化产业所追求的目标。

(1)培育中华民族特色文化品牌要求我们把丰富的文化资源转化成文化产品。我们要充分认识我国发展文化产业的资源条件,重视对文化资源的开发和利用,启动文化资源转化为文化产品的有效机制,启动文化市场管理的新机制,提高文化产品的转化率,从而将我国丰富的文化资源转化成文化产品,形成具有中国特色的知名文化品牌,以适应经济全球化时代的市场竞争。只有这样,才能为培育中华民族特色品牌提供机制支撑,才能使我国的优秀文化在国际文化体系中占有一个与大国相称的地位,才能以先进的文化为世界所瞩目。

(2)培育中华民族特色文化品牌要求我们积极实施"走出去"发展战略。我们应将全国对外文化资源纳入一个整体,形成中央与地方、官方与民间、国内与国外整体联动的工作网络和战略布局,提高对外文化交流水平,打造中华文化优秀品牌,发挥国家营销的整体优势。要充分研究世界贸易组织的游戏规则,广泛了解西方国家推动文化产品出口的政策措施,通过政府的政策引导,建立起中国特色的文化产品对外贸易服务体系和政策体系,在推动中国文化产品出口的同时,宣传中国的国家形象,努力获取文化产品出口的外贸利润,逐步缩小文化贸易逆差,使我国从文化进口大国转变成为文化出口大国。

(3)培育中华民族特色文化品牌要立足于中华民族自身传统文化的丰富积淀。在5000多年文明发展进程中,中华民族创造了博大精深的灿烂文化。优秀的民族传统文化是塑造品牌的无形资产和宝贵资源,是打造特色品牌的内在源泉。我们在培育中华民族特色文化品牌时要力求在保留、传承民族文化传统特色的前提下,来进一步弘扬和发展中华民族文化。"要使中华民族最基本的文化基因与当代文化相适应、与现代社会相协调,以人们喜闻乐见、具有广泛参与性的方式推广开来,把跨越时空、跨越国度、富有永恒魅力、具有当代价值的文化精神弘扬起来,把继承传统优秀文化又弘扬时代精神、立足本国又面

---

① 胡惠林:《论中国文化产业发展的"走出去"战略》,载《思想战线》2004年第3期。

向世界的当代中国文化创新成果传播出去。要系统梳理传统文化资源，让收藏在禁宫里的文物、陈列在广阔大地上的遗产、书写在古籍里的文字都活起来。"①

2.充分利用地域文化资源，打造区域特色文化品牌

在我国辽阔广大的土地上，可以说，每一个区域都拥有各种各样独特的文化资源，这些丰富多样的文化资源是我们创造品牌文化产品的灵感源泉和原始材料。北京的"京都文化"、上海的"海派文化"、深圳的"特区文化"、湖北省的"荆楚文化"、重庆市的"红岩文化"、广西的"民歌文化"、内蒙古的"草原文化"，包括山西省的一些地区打出的"大院文化""关公文化""根祖文化""晋商文化"等等，都是各省市依托自己的文化资源优势，打造出的地域文化品牌。

上海文化产业发展以创新精神整合历史文化资源，打造区域文化特色品牌的经验值得其他省市借鉴。如，上海市虹口区文化建设的主要特点在于它以独到的眼光，打造出区域文化特色——多伦路文化名人街。目前，多伦路已成为虹口区对外的一张名片、一个窗口、沪上一道新的旅游景观。作为有着2500多年建城史和灿烂文化的太原大力推出了以谢涛为代表的晋剧品牌，并已初见成效。在区域文化资源开发方面，云南省更是做得有声有色，并已凸现其优势。近年来，云南省加快文化体制改革，采取多种形式大力发展文化产业，努力建设民族文化大省。正是由于云南挖掘了其特有的文化资源优势，打造了云南独有的文化品牌，才展示了云南民族文化的丰富性和多样性，从而在文化产业界形成了独特的"云南现象"。丽江的《丽江金沙》，杨丽萍的《云南映象》，大理的《风花雪月》歌舞演出，都是云南文化产业发展过程中精心打造的在全国颇具影响力的知名品牌。

充分利用丰富多彩的民族与历史文化资源，努力打造区域特色文化品牌，需要注意以下几个方面的问题：

（1）要对本区域的文化资源的特色、优势进行科学定位，凸现其独一无二

① 《习近平谈治国理政》，外文出版社2014年版，第161页。

的特质，切忌类同和边缘化。目前，从国内文化产业的发展来看，走的都是特色之路。

（2）应对本区域的文化资源进行全面调查和评估，厘清哪些是可开发的，哪些是现时不能开发的，从而做好区域文化资源开发的科学、合理规划。

（3）要从实际出发，发展独具特色的优势文化企业，实施优势特色文化产业发展战略，扶持若干具有品牌效应的文化企业，创新文化品牌。另外，打造区域特色文化品牌，开发本区域文化资源时要确保文化资源开发的一次性成功率，一次失败的开发是对文化资源的极大损害，会严重影响文化资源的后续开发。

3.适应市场需求，开发培育新兴文化产业知名品牌

随着高新技术的飞速发展和社会消费水平的提高以及消费的多样化需求，网络产业、动漫产业作为全球迅速发展的新兴产业，同时由于其具有的独特文化传播功能，日益受到世界各主要国家的重视。我国顺应世界文化发展新潮流，积极迎接全球文化产业发展新挑战，网络产业和动漫产业等新兴产业也逐渐发展起来，但要想在世界上占有一席发展之地，增强其在国际上的竞争力和影响力，必须努力开发培育一批网络产业、动漫产业等新兴文化产业知名品牌。

网络产业的竞争主要体现在以品牌为主的软力量的竞争层面上。面对网络，企业原有的规模、资产、地理位置的优势都失去了其应有的价值，所有的企业全都变成了消费者浏览中的一张张网页，在网络上消费者对网站的知名度、美誉度、认知度成为决定企业胜败的关键性因素，也就是在网络空间中，企业的"大""小"的意义发生了本质上的变化，不再是以拥有多少员工，拥有多少固定资产为衡量标准，而是以市场占有空间、知名度、品牌等软指标为衡量的标准。[1]我国文化部信息产业部《关于网络游戏发展和管理的若干意见》中提出，要立足长远，支持民族原创网络游戏产业的发展，打造一批具有中国

---

① 参见孙安民：《文化产业理论与实践》，北京出版社2005年版，第248页。

风格和国际影响的民族原创网络游戏品牌。①以网络游戏为例，上海盛大网络发展有限公司作为网络游戏企业旨在打造以品牌为中心的游戏文化。网络游戏企业打造以品牌为中心的游戏文化，这种策略最成功的例子莫过于迪斯尼，迪斯尼涉足主题公园、旅店、电影、玩具、快餐食品、书籍、录像、录音制品、杂志、服装等等，这所有的产品与其背后的创意性努力有机地融合在一起，从而产生了比它们简单相加要多得多的能量和效益，这就是品牌。②网络游戏企业要形成自己的知名品牌，必须在更大的范围里满足用户的体验需求，并将其上升到一种理念和文化。盛大网络已经提出要建立网络迪斯尼的构想，游戏及其周边产品的融合并产生品牌效应，是该计划成功的基础。我国以网络游戏为题材的邮票、小说、广告、卡通片先后出现，类似国外游戏企业投拍影视剧，建设主题公园等也可能是近年的事，通过一系列游戏文化产品来巩固游戏用户的忠诚度，并吸引新用户，说明中国网络游戏企业将进入塑造游戏文化品牌的新时期。③

　　动漫产业作为近年来全球迅速发展的新兴产业，日益受到世界各主要国家的重视。网络上 Flash 小人一动一闪，憨态可掬；背包上斯鲁比成了孩子们形影不离的小帅哥；钥匙链坠着的米老鼠更是女孩子争相宠爱的小宝贝；还有电视、电影里千奇百怪的高科技动画、漫画和游戏。这些被人称作"动漫"的产品，成了现代高科技的童话世界。史努比、唐老鸭、Kitty 猫、皮卡丘和机器猫等，更是已经成为人们耳熟能详的"品牌"。④在我国，发展动漫产业具有充分的市场条件和发展空间。近年来我国连续出台了一系列鼓励与扶持中国原创动漫产业发展的政策，为我国发展动漫产业提供了一个良好的发展环境和空

---

　　①　参见文化部信息产业部：《关于网络游戏发展和管理的若干意见》，中国文化产业网 2006 年 10 月 17 日。

　　②　参见张晓明等主编：《2004 年：中国文化产业发展报告》，社会科学文献出版社 2004 年版，第 311 页。

　　③　参见张晓明等主编：《2004 年：中国文化产业发展报告》，社会科学文献出版社 2004 年版，第 311～312 页。

　　④　参见黄坚、黎明芳：《广州动漫产业发展的现状与对策初探》，载《商业经济文荟》 2006 年第 3 期。

间。《国家"十一五"时期文化发展规划纲要》中把国产动漫振兴工程作为国家重大文化产业推进项目之一，该项工程的目标是建设国家动漫产业基地和教学研究基地，建立动漫技术设备和公共技术平台支撑服务体系共享机制，增强国产动漫的原创制作能力和衍生产品开发能力，培育一批充满活力、专业性强的中小型动漫企业和具有中国风格、国际影响的动漫品牌。[①]近年来，随着各项政策的出台，我国各地许多动漫公司也纷纷浮出水面。广州关键中国有限公司投资3000万元，率先推出以2006年美国"火星生物重力计划"为故事背景的26集原创动画片《宇航鼠》。此外，《宇航鼠》还将授权开发图书、音像、玩具、服装、文具、儿童用品等一系列衍生产品，逐步开发主题专卖店、主题游乐园以及电子游戏、电讯商务等相关产业，参与国际竞争。据说，此举已吸引国内众多相关产业制造商和世界动漫巨头——美国迪士尼集团的合作兴趣。"宇航鼠"作为我国的一个新品牌，在市场上也将会与"唐老鸭"一拼上下。[②]为使我国的动漫产品跻身于世界动漫产品发展前列，我国必须推出更多的具有中国风格和国际影响的动漫产品和品牌，因为只有这样，才能在世界动漫产业行列中占有一席之地，才能提高我国动漫产业在世界上的竞争力和影响力。

4.培育文化产业知名品牌需要注意的其他几项事宜

培育我国文化产业的知名品牌，除了上面笔者提到的要立足于本民族的传统文化土壤、实施"走出去"发展战略等之外，还应注意以下几项事宜：

（1）加大文化产业品牌所蕴含的科技含量，注意吸收人类社会创造的一切先进文明成果，包括一切先进的外国文化成果。资本主义经过几百年发展，各国人民在资本主义制度下所发展的科学和技术，积累了各种有益的知识和经验，这些知识和经验都值得我们继承和学习。我国的许多企业在打造品牌时，应注意不断汲取外来先进的文化，利用高科技改造自己的传统品牌。如，中国一汽"红旗"轿车是1958年问世的老牌子，是党和国家三代领导人进行重大国事活动的国车，是迎接外宾的迎宾车。从第一辆红旗CA72型轿车到现在的

---

① 参见《国家"十一五"时期文化发展规划纲要》，新华网2006年9月13日。

② 参见范建：《中国动漫产业千亿元发展空间解析》，载2005年3月15日《科技日报》。

"红旗"系列产品，红旗走过了一条不断学习、借鉴外来先进文化的路程。红旗轿车品牌成为中国唯一拥有全部知识产权的民族品牌轿车。"红旗"被意大利设计师誉为"东方艺术与现代化汽车技术完美结合的典范"①。

（2）品牌的定位要本土化，要注意弘扬我国的先进文化。目前我国的一些省份在创建文化大省时，坚持文化的"二为"方向，满足人民群众日益增长的精神需求，创造特色品牌。如，四川省甘孜州将其代表藏族文化结晶的英雄史诗《格萨尔王传》打造为文化品牌，被称为东方的《伊利亚特》；湖北省的旅游巧打"隆中文化生态牌"也很有特色。②在培育知名品牌的时候要注意将本土文化无形资产有形化，将我们多民族文化优势化为产业优势，把民族题材中很多积极向上的东西挖掘出来，创造扎根沃土的知名品牌。

（3）要注意运用法律对文化品牌实施保护。由于缺乏品牌保护的法律意识，近年来，我国许多知名商标作为域名在国外被抢注，抢先注册是以合法形式掩盖的驰名商标域外侵权的主要形式。据不完全统计，我国已有150多个知名商标在澳大利亚被抢注，100多个在日本被抢注，48个在印度尼西亚被抢注。③国内抢注事件也屡见不鲜。对此，我们一方面要不断开发和培育这些文化品牌，挖掘和提升其文化和市场价值，塑造世界级的文化品牌；另一方面要注意运用法律手段保护我国的文化品牌，对我国的文化品牌加强商标注册管理。

（4）要从内容、形式、艺术、市场等几个方面去努力。文化名牌的内容应具有民族性、更应具有世界性。使反映和体现人类共同特性的文化产品转化为名牌，离不开市场运作。装潢美化、广告推介、专家评说都可以形成社会热点，同时可以引导人们从最佳的角度和层面欣赏文化制品，使制作者的意图渗入到市场中去，扩大市场占有率和人们的满意度，形成名牌效应。同时，文化名牌可以是多方面、多领域、多种类的，演艺、影视、软件、出版等等都可成

---

①② 参见蒋朝莉：《打造特色文化品牌 弘扬我国先进文化》，载《理论探索》2003年第4期。

③ 参见陈忱主编：《中国民族文化产业的现状与未来——走出去战略》，国际文化出版公司2006年版，第264页。

为名牌。特别要重视的是，文化名牌可以延伸放大，形成系列文化名牌产品，围绕名牌可以开发电影、图书、光盘、画册、卡片、游戏、软件等。随着不同形式的文化产品的研究开发和生产，围绕一个文化名牌可以形成庞大的文化产业集群[①]，从而成为文化产业发展的助推器和催化剂。

五、加强文化产业法制建设

文化产业管理的法制化是西方发达国家文化产业发展的成功经验。就西方发达国家来看，其文化体制较为健全，文化产业管理模式也相当完善，各国各自有一整套行之有效的文化产业管理方面的法律制度与管理方式，他们对文化产业几乎完全依靠法律和经济相结合的手段在政策上进行制约和推动其发展。相对于西方发达国家而言，我国目前的文化产业法制建设还处于初级阶段，尤其是在中外文化交流日益频繁的今天以及中国加入WTO后面临的紧迫课题，迫切要求我国文化产业法制建设纳入国际通行的规范化和法制化的轨道，加快文化产业立法，完善文化法律法规建设，依法促进我国文化产业的快速发展。文化产业的发展只有纳入法制轨道，才能持续、高效、健康、稳定地发展。

1.加强文化产业法制建设的必然要求和现实意义

（1）加强文化产业法制建设是中国加入世贸组织融入国际经济体系的必然要求。世界贸易组织作为当今世界多边贸易体制的法律基础和组织基础，规定了各成员在国际贸易领域的基本行为准则，形成了较为广泛有效的约束机制。中国加入世贸组织凸显了文化行业的商业属性，加入世贸组织后，中国承诺在音像、电影、广告、书刊发行等行业有条件开放，允许国外力量和资本参与一些文化项目与活动，这样，中国文化产业面临着来自国外文化产品、文化资本以及文化价值观的挑战，面临着更大范围的国际文化交流和更加激烈的文化竞争。在这样的情形下，如果没有完备的法制体系保障，就无法保护国内外当事人的合法权益，更无法与国外文化产品进行竞争，这就不得不要求通过立法

---

① 参见王晓英：《我国文化产业及其发展对策初探》，载《学习月刊》2006年第5期。

来维护国家文化主权，依法对允许进入国内的国外文化产品、文化资本等进行规范管理，同时运用法律手段来保障和促进我国文化产业的发展，提高我国文化的竞争力。而且，加入世贸组织后，我们必须按照世贸规则的要求调整、修改及废除中国原有的关于文化产业的法律与政策中不合理的部分，重构中国文化产业运动方式和市场体系，建立公平透明、非歧视的文化市场准入机制和公平、公正、自由竞争的文化产业生态环境，按照市场经济原则，建立文化产业的现代企业制度，实行法人治理，抢占文化产业发展的制高点等。

（2）文化产业的发展和文化体制改革的深入必然提出法律和制度保障体系建设的要求。依法治国是我国的基本国策，大力推进文化法制建设，也是我国文化事业发展的根本措施。改革开放以来，尤其是党的十三届四中全会以来，我国出台和修订了《电影管理条例》《广播电视管理条例》等一批重要法规，文化产业立法工作取得明显进展，为保障和促进文化产业健康有序发展提供了一定的法制基础。国家还出台了一系列文件和政策，如《关于深化经济体制改革的决定》《关于加快投融资体制改革的决定》《关于文化体制改革试点单位的若干经济政策》等等。如此集中出台这么多文化产业政策，"它一方面说明了我国文化产业发展和文化市场开放的不断走向成熟，另一方面也体现了国家致力于依法管理文化市场推进文化产业发展的决心"[1]。与此同时，我国文化产业法制建设面临着好的发展时机和环境。2002年11月，中共十六大报告明确提出："完善文化产业政策，支持文化产业发展"[2]，在执政党的全国代表大会中第一次明确提出了发展文化产业的理念，为文化产业立法提供了重要政策依据。2004年3月，国家统计局按照十六大报告的要求，制定了《文化及相关产业分类》，明确提出文化及相关产业活动的主要内容，"这既为建立科学、系统、可行的文化产业统计体系提供了框架，也为文化产业立法厘清了概念和范围"[3]。加快我国文化产业立法的条件已经成熟，环境也非常有利。加大文化产

---

[1] 胡惠林：《当前我国文化产业发展的特点与趋势》，载《开发研究》2006年第1期。

[2] 《十六大以来重要文献选编》（上），中央文献出版社2005年版，第31~32页。

[3] 明立志：《加强我国文化产业立法的几点思考与建议》，载《今日中国论坛》2005年第12期。

业立法力度，加快文化产业立法进程，这既是文化产业法制建设自身的迫切需要，也是当代中国文化产业发展的必然要求。

（3）目前我国文化产业法制建设中存在的一些问题迫切需要进一步加强文化产业法制建设，确保文化产业健康有序发展。第一，立法滞后。我国文化产业立法进程还跟不上文化产业发展的实践需要，现行法规数量少，涵盖面不够；一些新兴的文化产业如网络游戏业、数字文化产业等，还有一些文化产业和高新技术的发展孕育产生的新的文化业态，如手机短信、网络视听点播等，立法空白点较多。第二，立法层次低。电影法、广播电视法、演出法等这些文化产业的基本法律，在我国目前仍然停留在行政法规或者是部门规章的层次，直接影响了管理的权威性和有效性；一些管理规范尚停留在政策文件管理层次上，一些行之有效的政策尚未以法律法规的形式加以确定。第三，重审批管理、轻保障发展。有些文化产业法规还带有计划经济体制的痕迹，偏重于管理、限制、义务和处罚内容的设定，权利意识薄弱，发展、保障和服务的思想体现得还不够。第四，部门利益造成有些法规规章相互交叉。有些部门偏重于通过立法为本部门设定甚至超范围设定各种审批权、管理权、处罚权，带来多头审批、多头执法、交叉处罚等问题。①第五，认识不足，没有得到落实。在实际的文化产业法制建设中，人们对文化法制建设、以法治文、依法行政认识不足；有些文化权利虽然在文化法律法规中有所规定，但只停留在一般宣言中，并没有得到法律上的真正落实。另外，随着文化体制改革向纵深发展，文化产业界出现了一些不容忽视的其他问题。加强文化法制建设，是彻底解决上述问题，确保文化产业健康有序发展的根本途径。

2.加强文化产业法制建设的策略

（1）提高对文化产业法制建设重要性的认识，强化依法管理文化产业的意识。法制环境是文化产业发展的基本生态要素，如何通过国家法律来扶持、促进文化产业的发展，有效维护文化市场管理秩序，保障公民的文化权利，是新

---

① 参见明立志：《加强我国文化产业立法的几点思考与建议》，载《今日中国论坛》2005年第12期。

形势下对文化立法工作提出的迫切要求。从西方发达国家和地区发展文化产业的情况来看，构建良好的法制环境是促进文化产业健康发展的先决条件，是实现经济社会协调发展的基本要求；世界范围的由政府用行政手段直接管理文化向运用法律法规间接管理文化转变的趋势日益明显。政府的职能就是文化执法，凡是违法的政府有权给予取缔，而对侵犯知识产权的行为更应该严惩不贷。也就是说，文化产业发展的外部环境越来越宽松，法律保障则越来越严密。随着以体制机制创新为突破口的文化体制改革的不断深化，外资、社会民营资本办文化产业的机会增多，文化产业的社会化程度越来越高，政府管理将由内部的系统管理转向社会管理，这就要求将改革的成果、经验用法规的形式予以确认和巩固，逐步做到从以行政手段为主，转向以法律手段为主，辅之以必要的行政手段，实行依法管理；同时，要继续加大对全社会的法制宣传教育力度，使更多的人了解有关文化产业的法律法规，重视并支持文化法制工作，加快促进文化法制建设的良好社会环境。

（2）加强文化产业重点领域的法制建设。第一，加强文化遗产保护方面的法制建设。加强文化遗产保护，是建设社会主义先进文化、贯彻落实科学发展观和构建社会主义和谐社会的必然要求。我们应加快文化遗产保护法制建设，加大执法力度，推进文化遗产保护的法制化、制度化和规范化；抓紧制定和起草与文物保护法相配套的部门规章和地方性法规；抓紧研究制定保护文化遗产知识产权的有关规定；严格依照保护文化遗产的法律、行政法规办事，任何单位或者个人都不得作出与法律、行政法规相抵触的决定；严厉打击破坏文化遗产的各类违法犯罪行为，重点追究因决策失误、玩忽职守，造成文化遗产破坏、被盗或流失的责任人的法律责任。充实文化遗产保护执法力量，加大执法力度，做到执法必严，违法必究。①

第二，加强知识产权保护方面的法制建设。知识产权制度是促进人类经济发展、社会进步、科技创新、文化繁荣的基本法律制度。自20世纪80年代初至今，我国先后颁布了《中华人民共和国著作权法》《中华人民共和国专利

---

① 参见《国务院关于加强文化遗产保护的通知》，山东文化产业网2007年7月14日。

法》等涵盖知识产权保护主要内容的法律法规，并颁布了一系列相关的实施细则和司法解释，使中国知识产权保护的法律法规体系不断趋于完善，极大地提高了知识产权的保护水平，同时也加大了知识产权保护的行政执法力度。但不可否认，我国的这些法律法规与已经加入和准备加入的国际通行规则还有一定的差距；与此同时，目前在中国部分地区和领域侵犯知识产权的行为依然存在，甚至还相当突出；而且由于我国缺乏保护驰名商标的意识，我国许多知名商标在国外被抢注，加强驰名商标的域外保护也成为我国的当务之急。因此，我国政府应进一步加强文化产业知识产权方面的法制建设，建立健全协调、高效的工作体系和执法机制，加大立法和执法力度，以更加开放的姿态，加强与世界各国和国际组织的合作，共同推动在世界范围内建立知识产权保护的良好制度和环境。

第三，加强新兴文化产业领域的法制建设。我国文化产业立法要顺应文化产业的发展趋势，尽快出台急需法规，以保证文化产业的有序发展。如，网络游戏产业近几年在我国迅速崛起，但我国的网络游戏市场还处于发展的初期，还不够成熟并存在许多不容忽视的问题，尤其是我国网络游戏的崛起和我国未成年人沉迷网络游戏问题交织在一起，由此引发了一系列社会问题。另外，中国网络游戏产业发展的外部环境还使该行业隐含着不少的曲折和风险。因此，我们既要清醒地认识到网络游戏存在的问题，采取措施、加强监管，努力解决现存的问题，加强网络文化建设和管理，为广大未成年人营造和谐的网络文化环境；又要充分重视网络游戏的积极作用和产业价值，立足长远，支持民族原创网络游戏产业的发展，使内容健康向上、形式丰富多彩的网络游戏产品居于国内市场的主流，民族原创网络游戏产品尽快占据国内市场主导地位，适时进入国际市场，网络游戏市场经营行为得到有效规范，知识产权得到普遍尊重，法制管理体系基本完备。

（3）加强文化产业法制人才建设，建立政令统一的综合文化执法队伍。加强文化产业法制建设，需要顺应时代的发展培养一批既懂文化产业发展又懂法律且能很好地执行法律的高层次人才；同时加大对文化产业执法人员的培训工作，立法、执法，司法各部门特别是担负文化业行政执法的市场稽查、版权、工商、公安、海关等部门，都应结合职权及业务特点，有针对性地对工作人员进行培训，并把培训考核结果存入档案，提高其职业道德和对法纪的掌握程度。此外，各地可因地制宜，建立文化综合执法大队。如，上海市组建文化综合执法大队，统一管理辖区内文化市场，查处违规案件，扭转了以往广电、出版、文化工商等行政机关职权重叠、效率低下的态势，消除了因管理上的条块分割及地方保护主义、部门保护主义的干扰，取得了明显成效。因此，在文化产业的行政管理与执法中，应充分借鉴成功省份的实践经验，努力提高文化业依法管理、文明执法的水平。此外，要加快整合现有文化、广播影视、新闻出版行政执法队伍，形成统一高效的文化市场综合执法体系。

（4）加强文化产业法制建设要结合我国的现实国情，同时要注意借鉴国外文化产业法制建设的有益经验。第一，我国的文化产业法制建设要和我国文化体制改革紧密联系起来，以文化产业法制建设引导和保障文化体制改革和机制的创新，不断满足人民群众日益增长的多方面、多层次、多样化的精神文化需求，把创新的成果用法律法规的形式予以确立；通过改革创新推动和促进文化产业立法，使文化产业法制建设得到进一步完善。第二，要针对文化领域立法相对滞后的状况，结合我国各地文化产业发展不平衡的实际，坚持重点突破、先易后难、整体推进的原则，制定文化立法规则，支持和鼓励在文化产业立法条件比较成熟的地方，先出台地方性法规和政府规章，为制定全国性的文化产业法规提供具体范例和有益尝试。第三，要加强文化法制的理论研究。目前我国的文化法制理论研究还很薄弱，大学和学术机构很少有这方面的研究课题和研究人员，政府内部的政策法规机构也不够健全，我们要加强立法机关、文化、政府部门和学术研究机构的协作，集中力量有重点地把工作向前推进。第四，要注意借鉴国外发达国家以法保障和促进文化产业发展的有益经验，为我所用。国家可建立立法机关和有关研究机构就此进行专题研究，为我国文化产业立法提供可资借鉴的依据；建立健全与文化产业相关的外贸政策和法律体系，充分利用全球文化市场平台，借鉴我国其他产业外贸体制的成功经验，进一步改革我国的文化外贸体制，为我国文化产业"走出去"创造良好的法制环境。

（5）创造公平规范的文化产业法制环境。加强文化产业法制建设需要创造一个公平规范的文化产业法制环境，因为良好的政策法律环境是文化产业发展的重要保障。我们要按照世界贸易组织的要求，清理与世贸规则不相一致的法规，坚持市场准入的对等原则，重新审视我国现有的文化产业政策，推出实质性的法律文件，真正使文化产业有法可依、有法必依。[①]同时，要建立健全和文化产业相关领域法制建设，在文化管理体制、文化体制改革、文化市场、加强公共文化服务体系建设、文化环境立法等方面都要建立相应的法律法规，尤其在文化环境立法方面，要把党和政府的有关文化建设方面的成熟政策上升为法律、法规，使之具有法律约束力，以便规范文化活动经营主体的行为，保证文化的社会主义方向和为人民服务的宗旨。有些方面的立法还比较薄弱，如在文化市场立法方面，目前对文化市场管理方面只有一个国务院颁布的《文化市场管理条例》作为指导，需要在此基础上，研究制定出操作性更强的文化分市场管理方面的法律法规，比如演出市场、娱乐市场、图书市场、文化旅游市场及艺术培训市场管理办法等。对文艺作品的准入和禁入，也要用法律来规范，既要依法保证文艺工作者的创作自由，又要依法进行审查和监督。[②]

综上所述，我们要加快完善文化经济政策体系和法规体系，为文化产业发展创造更好环境。要适应经济发展新常态，把落实和完善文化经济政策摆到更加重要的位置。要继续执行推动经营性文化事业单位转企和文化企业发展的有关政策，完善政府采购和资助办法，完善各级文化产业发展专项资金使用管理，加大对社会效益突出的文化项目扶持力度。要加快完善和实施有利于文化企业兼并重组、文化科技创新、文化走出去等的政策措施，出台鼓励社会资本以多种形式投资文化产业的政策和支持创新型文化企业及小微文化企业发展的政策，统筹研究有利于文化内容创意、非物质文化遗产项目经营等方面的税收优惠政策，完善加强知识产权保护、体现文化创新权益的政策措施，更好地引

---

① 参见周朔：《经济全球化对中国文化产业发展的影响及思考》，载《特区经济》2005年第4期。

② 参见金正新：《以文化立法促进文化发展》，载2007年3月18日《中国艺术报》。

导文化产业发展。要适应全面依法治国的要求，加快文化领域立法步伐，及时将成熟的文化经济政策上升为法律法规，进一步健全文化法规体系，提高文化领域依法管理水平，为文化产业健康发展提供有力法治保障。[①]

六、开发利用文化产业人力资源

文化产业的发展离不开人的发展，文化产业发展得好与坏、文化产品质量的高与低，归根结底取决于文化队伍的水平与质量。国际经验表明，发展文化产业需要有一大批高素质的文化创作、生产和经营人才。这些人才不仅需要对文化和经济、管理有相当的造诣，而且更需要对文化产业这一特殊产业类型的特点、发展脉络有自己的理解，同时对文化产业下的不同行业领域也要有深刻的认识，在与消费者的互动中，不断产生优秀的创意，真正把文化产业变成一种"以创意为中心"的经济。文化产业人才问题将成为夺取文化产业未来制高点的决胜因素。[②]目前我国文化产业人力资源严重存在着短缺现象，尤其缺乏高素质的管理人才、新兴文化产业的专业人才、科技创新人才以及文化国际合作人才等。因此，为保证当代中国文化产业的快速、健康、可持续发展，必须开发利用文化产业各类人力资源。

1.培养引进高素质管理人才，提升文化产业管理水平

由于我国文化产业人员知识结构和能力结构单一现象比较突出，文化产业管理人员或缺乏经济和管理常识，或缺乏艺术鉴赏能力及文化消费趋势判断能力。而受我国传统文化体制影响，从事文化事业管理人员尤其缺乏市场管理能力，竞争意识不强。因此，抓紧培养引进一大批出类拔萃、德艺双馨，既熟悉艺术又懂得市场运作、善于管理的文化产业人才，已成为发展我国文化产业的必然要求和客观需要。《文化部关于支持和促进文化产业发展的若干意见》明确指出："鼓励支持国家文化产业创新与发展研究基地以及有条件的综合性

① 《中共中央关于制定国民经济和社会发展第十三个五年规划的建议》辅导读本，人民出版社2015年版，第165页。

② 参见赵彦云、余毅、马文涛：《中国文化产业竞争力评价和分析》，载《中国人民大学学报》2006年第4期。

大学，参与文化产业人才的培养、培训工作，为文化产业可持续发展积蓄人力资本。"①

（1）充分利用和发挥高等院校培养高素质人才的教育优势，培养造就文化产业所急需的高素质管理人才。目前，全国许多高校已敏锐地把握了人才需求的市场趋势，自觉承担起了培养文化产业人才的重任。北京大学、上海交通大学等高校还成立了国家级文化产业人才培养基地，一些综合性大学开设了文化产业管理专业，致力于培养复合型产业人才，以满足市场需求。下一步，我们应该进一步重视发挥我国高等院校培养高素质人才的教育优势，鼓励支持国家文化产业创新与发展研究基地以及有条件的院校机构参与文化产业人才的培育工作，实现我国文化产业的可持续发展。

（2）加大文化产业人才培训的广度和力度，根据市场需求，有针对性地开展多渠道、多层次的人才培训。面对人才匮乏已成为制约我国文化产业发展"瓶颈"的严峻现实，各级政府解放思想，大胆创新，全力推出了一些加强文化产业人才培养的有效举措。如，为了加快我国文化产业人才培养步伐，文化部命名上海交通大学和北京大学为"国家文化产业创新与发展研究基地"。此后，文化部又积极拓宽人才培训渠道，利用社会力量加大文化产业人才培养力度，引进民间资本，建立了第一个"国家文化产业人才培训基地"，2005年4月26日，该培训基地在民营学校北京卓达经济管理研修学院揭牌。培训基地的建立，使政府行政力量与社会民间资本优势互补，形成双赢。各地政府根据本地的实际情况，也纷纷出台了一系列措施来加强文化产业的人才培训工作等。②

（3）积极实施人才吸引战略，有计划、有针对性地引进和配置一批海外和国内优秀文化产业管理人才。引进和配置一批海外和国内优秀文化产业管理人才旨在发挥这类人才作为文化产业发展领军人物的作用，学习并掌握他们关于文化产业发展的前沿管理理念、创意思路、运营模式等新知识和新观念来影响

---

① 《文化部关于支持和促进文化产业发展的若干意见》，中华人民共和国文化部网站2008年7月24日。

② 参见张彩凤：《人才短缺：制约我国文化产业发展的核心因素》，载《中共济南市委党校学报》2006年第1期。

和带动现有的文化产业人才队伍，使现有的文化产业人才水平和素质能够在较短的时间内尽快地提升起来。

（4）管理好文化产业人才，努力营造良好的人才创业和成长环境，使一切创造愿望得到尊重、创造活动得到支持、创造才能得到发挥、创造成果得到肯定。随着当今文化市场人才流动的频繁性，文化产业"留住人才"的机制比"吸引人才"的能力更具有战略意义，这就要求文化产业要把人才管理和人才服务工作做到位，实行合理的文化产业人才利用制度，实行按劳分配和按生产要素分配相结合，做到一流人才，一流贡献，一流报酬的良好用人环境；通过文化体制改革，在制度上切实体现和保证公平和公正；同时开展各种宣传，展示文化产品的社会价值，展现文化产业人才的精神风貌，改善和提升他们的社会印象。此外，要对文化产业人才劳动成果进行尊重和保护，完善并坚决执行文化劳动成果保护制度等等。

2.培养引进科技创新人才，坚持走文化产业与高科技融合之路

当今时代，高新技术已经成为社会生产力发展的火车头，它进入文化产业，使得文化产品在传播速度、覆盖面和对公众的影响力上达到了前人难以想象的程度。在各个文化产业领域，无论是挖掘、创作、展示还是传播文化，新的科学技术工具和方法都得以充分运用；影视作品、艺术表演、文化娱乐、博物馆、会馆展示、考古发掘与文物保护、体育项目、旅游业、信息服务行业等，无不运用了先进的科技手段。无论是新的科学技术工具和方法的运用，还是先进科技手段的使用，其主体都是人，都属于人的创造。因此，发展文化产业要特别注重培养引进一大批掌握科学技术的专业人才，推动文化与科技相融合。

（1）加快文化领域核心技术研究人才的培养，积极引进国外具有先进经营管理理念和先进生产、制作技术人员。要瞄准世界文化科技发展的战略前沿，加强培养数字技术、数字内容等核心技术的研究人才，提高其运用科学技术的水平。国外特别是西方发达国家在充分利用高新科技发展文化产业过程中积累了丰富的经验，他们以科学技术为支撑，不断创新文化产品的内容和形式，其先进的文化产业经营管理理念和先进的文化生产、制作技术尤其值得我们借鉴。我国文化产业在发展过程中应当逐步积累这方面的经验，要具备开拓创新意识和敏锐而准确的文化眼光，主动出击，由模仿学习向创造的方向转变，注意跟踪国际上的最新科技成果，加大人才引进的力度，以推动文化产业的新发展。

（2）提升传统文化产业从业人员水平，培养新兴文化产业专业人员。要站在科技发展的最前沿，充分利用先进技术手段武装传统文化产业从业人员，以全面推进广播影视制作、传输、发射、播映、存储、交换以及影视和演艺后产品开发等领域从业人员的数字化能力建设；加快传统出版发行行业人员向现代出版发行业人员的技术转换，不断提升传统文化产业从业人员的整体技术水平和竞争实力；鼓励发展文化创意、文化旅游、文化会展、动漫游戏、多媒体技术等新兴文化产业的专业人员，以支撑新兴文化产业发展的新平台，满足市场需求。

（3）采取积极的产业政策，鼓励文化产业人员促进文化产业发展由数量扩张型向质量效益型转变，同时鼓励扶持以数字化信息技术为标志的新兴文化产业专业人员建设。要推出优惠政策，从投资、财税、经营准入许可、文化产品流通等各方面给予文化生产人员在经营过程中开发、研制、引进、使用现代高新技术的政策优惠，鼓励文化产品生产经营者采用现代网络技术、三维动画制作技术、数码影音技术、数码照排印刷技术、宽带信息媒体传输技术等，促进文化产业与教育、信息、体育、旅游、广告、会展等相关产业联动发展，提高文化产业及文化产品的技术含量和质量，增强市场竞争力。[①]同时要注意把握时机，以知识为先导、品牌为核心、高科技为手段、相关产业为基础，培养网络文化娱乐、广播电视、影视、动画等产业专业人员，建设在国际上具有竞争力的综合型文化产业人才队伍。

3.致力于人力创新，满足人民群众日益增长的精神文化需求

"文化产业是最重视内容和最具有原创力的产业，具体表现在每一件文化产品或服务都是建立在本民族的文化立场、文化传统和文化资源之上，并具有

①　参见范富：《做大做强文化产业加快建设文化强市——太原市文化产业发展现状及对策调研报告》，载《中共太原市委党校学报》2006年第4期。

自身的文化内涵和创意，无法进行简单的模仿。"① 人民群众的广泛需求是文化产业发展的巨大市场，而要不断满足人民群众日益增长的精神文化需求必须实现文化产业人力创新，使之不断开发和创作出为我国人民群众所喜闻乐见的新的文化产品，不断提高我国文化的创新能力。

从人类的发展进程来看，继农业经济、工业经济之后，知识经济已经以不可阻挡的趋势进入当今社会经济生活。知识经济的本质是以追求知识价值的不断创新为目标的经济。这种经济形态，使得创新意识和创新能力日益成为一个国家能否在这场世界竞争中掌握主动权的关键性因素，成为一个国家综合国力和国际竞争力的关键性因素。同样，创新也是文化竞争力的灵魂，是一个直接关系到文化的经济价值能否持久发挥的核心概念。② "创新思维是一个民族发展的不竭动力。在发达国家，很多的企业、院校，为了不断创新，他们将整个营业额的3％～5％投入到开发和创新中去。"③ 而目前我国文化创新能力还远不如发达国家，在我国文化产业走向国际的过程中，我们还鲜有称得上是"创新"并引起世界关注的艺术作品问世，中国文化的原创能力还有待于进一步提高。出现诸类现象的重要原因之一就是我国文化产业领域缺乏具有创造性的创意型人才。因此，必须加快实现我国文化产业人力创新，使之以独立之精神和创新之思维，开发和创作出为我国人民群众所喜闻乐见的文化产品，提高人民群众对文化产品的消费能力，从而提高我国文化产业的竞争力。

随着我国经济社会的不断发展和物质生活水平的提高，人民群众的精神文化需求迅速增长，消费能力大大增强，鉴赏水平不断提高，呈现出多层次、多方面、多样性的特点，审美情趣、欣赏习惯、评价标准等与过去相比有了很大不同。这既为文化建设注入新的动力，也使文化产品的供需矛盾更加突出。我们能够提供的文化产品和文化服务，不论数量上还是质量上都还不能满足人

---

① 赵彦云、余毅、马文涛：《中国文化产业竞争力评价和分析》，载《中国人民大学学报》2006年第4期。

② 参见宁晓菊：《试论当前我国文化产业面临的挑战及应对策略》，载《江西省团校学报》2002年第4期。

③ 孙安民：《文化产业理论与实践》，北京出版社2005年版，第205页。

民群众日益增长的精神文化需求。因此，我们必须准确把握社会文化生活的新特点和人民群众的新期待，注重推进文化产业领域人力创新，使其大力推进文化内容形式创新，不断创造新的文化样式，以增强文化的吸引力和感染力。加快建立有利于文化发展面向群众、面向市场，文化工作者各尽其才、各得其所，优秀文化产品不断涌现的体制机制，最大限度地激发文化发展的活力，激励广大文化工作者创作和生产出深受人民群众喜爱的精神文化产品，使文化发展的成果惠及全体人民，提高我国文化的消费竞争力。

4.培育具有国际合作能力的文化产业人才，增强国际竞争力

在经济全球化和国际竞争日趋激烈的背景下，我国文化产业发展不仅要立足本国，而且必须面向世界，在参与国际竞争中寻求合作与发展。这就要求我国文化产业发展必须实施"走出去"战略，积极培育具有国际合作能力的文化产业人才，以更好地参与国际合作与竞争。我们要培育的具有国际合作能力的文化产业人才需要具备以下几个方面的素质：

（1）具有国际化的市场理念。在经济全球化背景下，我们所说的市场不仅是指国内市场，而且还包括国际市场；文化产业发展不仅要有内需的拉动，而且也要有外需的拉动。用外需来拉动内需推动内需的增长，用外需来影响国内市场的国际竞争，这已经成为一些国家文化产业发展战略的重要选择。因此，我们要培育的具有国际合作能力的文化产业人才应该树立现代营销理念，掌握国际市场规则，大力实施"走出去"战略，积极用好国际、国内两种资源，在占领国内市场的同时积极开拓国际市场，在参与国际合作与竞争中提升自己的能力与水平。

（2）具备复合型人才的各种素质。文化产业是一个具有诸多行业的系统工程，由此决定了文化产业的发展需要大量的复合型人才，既以某专业为主，又兼通其他相关领域知识。尤其是在我国加入WTO、国际竞争日趋激烈的今天，具备复合型人才的各种素质对文化产业的发展更具有现实意义。这就要求我国文化产业人员不仅要学习借鉴发达国家先进的管理理念与运营模式，而且还要懂得国际文化市场的基本规则，需要既懂艺术又懂外语，同时具备文化艺术专业素质和市场经济素质等等。因为只有具备了以上种种素质，才能使我国

文化产业在参与国际合作与竞争中如鱼得水；同时也只有这样，才能把国际化的文化产品制作、传播方式吸纳进来，致力于提高我国文化资源的利用率和转化率，打造具有中国特色、中国风格、中国气派的艺术精品，充分展示中华民族优秀传统文化和社会主义的风采，从而抢占国际文化市场。

（3）具有开展对外文化交流的能力。党的十七大、十八大和十九大报告中都明确提出了加强对外文化交流的要求。我国文化产业人员要充分利用各类国际性文化博览会、影视节、出版物展销活动等平台，加强与国际上其他国家的文化交流。在对外文化交流方面，中国文化部与韩国、日本的相关部门联合举办了六届中韩日文化产业论坛，文化部还协调其他政府部门筹备举办了中国（深圳）国际文化产业博览交易会等[①]，有力地推动了中国文化产业的发展。此外，我国文化产业人员要充分挖掘我国民间文化的独特优势，大力加强与外国政府或民间文化组织的合作，坚持"走出去"与"请进来"相结合，通过举办各类艺术节、艺术周、展览、演出、博览会，努力促进全方位、多层次、宽领域的对外文化交流新格局的形成，进一步增强中华文化的国际竞争力和影响力。

综上所述，当代中国文化产业的发展离不开产业结构的优化升级、大型产业集团的组建、产业投融资能力的增强、知名品牌的培育、法制建设以及人力资源的开发和利用。此外，当代中国文化产业要实现快速、健康、持续发展，还要求我们继续深化文化体制改革，进一步解放和发展文化生产力；积极发展现代文化产品流通组织和流通方式；积极实施中华文化"走出去"战略，拓展对外文化交流和传播渠道等。这些措施相辅相成，相得益彰，在互动联动中共同促进中国文化产业竞争力的提高。

---

① 参见《文化部门六大举措助推我国文化产业稳步发展》，新华网2007年11月12日。

第七章　扩大跨文化交流

　　中国文化的发展靠的是内动力和外动力的共同推动。[①]跨文化交流是文化得以进步和发展的动力，在人类文明的历史进程中，各民族文化、各区域文化是在相互学习、相互借鉴、相互交融中得到发展和提高的。一个民族或区域的文化如果没有外来进步文化的融合、鲜活因素的补充，必然会出现停滞、落后的趋势。中西跨文化交流是中西文化进步和发展的动力。16世纪之前，中国文化曾借助阿拉伯人向西方传播，引发了中世纪西方的觉醒，成为西方启蒙运动的思想触媒；近代西方以先进的资本主义文化强劲地挑战中国古老封闭的农业文化，中国知识分子在努力学习西方文化的同时，仍在支撑着中国文化在欧风美雨中的艰难表达。当今，在全球化的背景下，中国实施了全方位、多角度、宽领域的对外开放，主动学习、吸收、借鉴西方优秀文化因素，作为中国

---

　　① 许嘉璐：《漫说"中华文化与跨文化交际"》，载北京师范大学人文宗教高等研究院编《"中华文化与传播"名家讲演录》，中国社会科学出版社2015年12月第1版，第27页。

文化进步、创新的因子。中西跨文化交流就是中国主流文化和西方主流文化之间的交往、传播和互动。当代中西跨文化交流就是从1978年改革开放至今的中国主流文化和西方主流文化之间的交往、传播和互动。本章旨在对于当代中西跨文化交流现状进行归纳和分析，着重提出当前存在的突出问题，梳理以中西跨文化交流推进当代中国文化建设的理论思考，据此提供在中西跨文化交流中构建走向世界的中国文化、推进中国文化建设的可操作性对策建议。

第一节　当代中西跨文化交流现状

　　恩格斯在《自然辩证法》中指出："科学的发展从此便大踏步地前进，这种发展可以说同从其出发点起的时间距离的平方成正比，仿佛要向世界表明，对于有机物最高精华的运动，即对于人的精神起作用的，是一种和无机物的运动规律正好相反的规律。"[①]当代文明发展的速度已经远非从前，全球化背景下的当代中西跨文化交流的发展也是如此。中共十八大报告指出，"这个世界，各国相互联系、相互依存的程度空前加深，人类生活在同一个地球村里，生活在历史和现实交汇的同一个时空里，越来越成为你中有我、我中有你的命运共同体。"[②]从世界范围看，全球通信、交通、网络高度发达，世界变得越来越小，距离变得越来越近，交流变得越来越容易。从当代中国来看，经历了"文革"的浩劫和解放思想的洗礼后，国人对改革开放的渴望、对西方文化的热情再次迸发，中国文化真正对西方文化伸出了橄榄枝，形成了大规模学习、吸收西方优秀文化的热潮。当代中西跨文化交流的发展是一个由封闭到开放的过程，不仅是一个国家门户开放的过程，而且更重要的是一个民族思想的开放、心理的开放，一个勇于直面世界、接纳异己、显示自我、表达自信的过程。所以，在当代中西跨文化交流中，可以划分为这样几个阶段：第一个阶段是1978年十一届三中全会之后到邓小平视察南方谈话之前，主要特征是

---

① 《马克思恩格斯选集》第3卷，人民出版社2012年版，第848页。
② 《习近平谈治国理政》第1卷，外文出版社2018年版，第272页。

在"姓资姓社"争论的同时，谨慎地引进西方物质文化——商品、技术、资金等；第二阶段是从邓小平视察南方谈话到中国入世之前，在解除了"姓资姓社"的后顾之忧后，大力引进西方物质文化、制度文化、适合中国国情的某些价值观念，并进一步融合之。第三阶段是从中国加入世界贸易组织到中共十八大召开之前，在引进、吸收、融合西方文化的同时，中国文化也开始迈出走向世界的步伐。第四个阶段是从中共十八大召开到今天，在引进、融合西方文化的同时，对于不适合学习的、不应该借鉴、不适应国情的文化因素进行排异后的再融合，坚定文化自信，增强文化软实力，加大中国文化走向世界的步伐和力度。

当代中西跨文化交流的四个阶段的演进与文化交流层次的演进规律是不谋而合的。从文化交流的三个层次看，第一，在物质层面上，积极引进西方资金、先进的技术和管理经验，开放了有形的商品贸易、无形的服务贸易、知识产权贸易等，西方物质层面的文化业已在中国经历了本土化的过程，逐渐融合到中国物质文化之中，成为不可缺少的组成部分。第二，在制度层面上，吸取戊戌变法和辛亥革命的教训，采用框架解构、部分借鉴、渐进吸收的步骤，逐步在政治文明、法制建设方面将西方制度中适合中国国情的部分进行本土化的尝试。第三，在心理和价值观层面上，中西跨国公司、跨国婚姻的高速发展，使当代中西跨文化交流已经深入到文化的核心层次，同时中国文化也开始走出国门、走向世界。"在经济全球化推动下，在全球各种文化的碰撞、交流、融合中，表层的物质文化与中层的功能性文化出现了'趋同'的趋势，这在当今的全球化变迁中是显而易见的。而深层的精神文化则没有显示出东西方一体化的征兆"[①]。第四，在文化融合过程中，由于中西双方存在着心理、价值观、意识形态的巨大差异，对于不适合学习的、不应该借鉴、不适应国情的文化因素进行排异，之后为我所用再融合，这方面的排异、交流、再融合只是一个开端，今后将任重而道远。全球化和改革开放已经完全打开了中国的大门，加之科技的发展，使中西跨文化交流已经无处不在，无时不在。西方文化的触角借

---

① 孙泽学：《社会主义初级阶段文化建设研究》，华中师范大学出版社2004年版，第254页。

助强大的经济推动力，已经伸展到了中国政治、经济、文化的各个方面。中国文化建设将面对中西跨文化交流中的"与狼共舞"。因此，中西文化的相互学习与吸纳，拒斥与融合，排异与再融合，挑战与回应构成了当代中西跨文化交流的一大世纪性景观。

一、当代中西跨文化交流的四个阶段

根据马克思主义的基本原理，经济是基础，文化是上层建筑，文化发展离不开经济发展的制约。所以，当代中西跨文化交流的发展始终不能离开中西经济交往和中西国际关系的进展。这是划分当代中西跨文化交流发展阶段的基本点。根据中西经济交往和中西国际关系以及文化交流层次递进的规律，当代中西跨文化交流可大体划分为四个阶段：第一个阶段是1978年十一届三中全会之后到邓小平视察南方谈话之前，主要特征是在"姓资姓社"争论的同时，谨慎地引进西方物质文化——商品、技术、资金等；第二阶段是从邓小平视察南方谈话到中国入世之前，在解除了"姓资姓社"的后顾之忧后，大力引进西方物质文化的同时，进而引进西方制度文化、适合中国国情的某些价值观念，并进一步融合之。第三阶段是从中国加入世界贸易组织到中共十八大召开之前，在全面引进、吸收、融合西方文化的同时，中国文化也开始迈出走向世界的勇敢无畏的步伐。第四个阶段是从中共十八大召开到今天，在引进、融合西方文化的同时，对于不适合学习的、不应该借鉴、不适应国情的文化因素进行排异，之后文化再次融合，为我所用，坚定文化自信，提高文化软实力，加大中国文化走向世界的步伐和力度。

当代中西跨文化交流四个阶段的划分依据。

（1）中西经济交往

当代中西跨文化交流的发展离不开中国经济融入全球化的进程，并且与它是息息相关的。

从现实来看，从1978年第十一届三中全会到今天，中西经济交往是不断扩大、不断发展的。第一，从1978年第十一届三中全会到南巡讲话之前，由于存在"姓资姓社"的顾虑，虽然对外开放、加强中西经济交往得到全国上下

的认可和共识，迈出了扎实、可贵的一步，但是这一步迈得并不大。1978年第十一届三中全会明确地提出了大力发展对外经济关系的问题，绝对不能囿于过去的狭小圈子里，把自力更生曲解为闭关自守、孤立奋斗；一定要在自力更生的基础上，把视野从国内范围扩展到国际范围，不但要放手地调动国内一切可以调动的积极因素，而且要放手地利用国外一切可以为我所用的因素，以天下之长，补一国之短。中国实施改革开放的第一步就是在经济上融入全球化。尽管在理论上存在着"姓社姓资"的分歧，但是中国经济融入世界的步伐依然迈出，中国与世界、与西方的经济交往有了一定的进展。这段时间主要以把资金、设备、技术"请进来"为主。1978年引进了西方22项成套设备。1981～1985年，不断扩大对外开放，积极发展对外经济技术交流与合作，进一步改变了过去的封闭半封闭状态，对外贸易有了很大发展。五年间引进西方先进技术和设备1万多项，用汇近100亿美元。利用外资取得显著成效，五年间使用国外贷款153.8亿美元，吸收外商直接投资87.8亿美元。[1]1986年，国务院出台了《关于鼓励外商投资的规定》，给予在中国境内举办中外合资经营企业、中外合作经营企业和外资企业的外国公司、企业和其他经济组织或者个人许多优惠政策。1991年，全年新增外商投资企业1.2万多家，外商直接投资协议金额120亿美元，实际投资43.7亿美元，签订了一大批大型对外合作项目。[2]

第二，邓小平视察南方谈话之后到中国入世之前。邓小平视察南方谈话为中国即将建立的市场经济体制解脱了"姓资姓社"的桎梏，中西经济交往更上一层楼，"请进来"与"接轨"并行，也就是在继续大力引进外资、设备、技术的同时，中国经济融入世界经济的步伐加大，而且中西文化的交流也提到政府工作的议程之中。1994年中共十四大决定建立社会主义市场经济体制，进一步深化了对外贸易体制改革，建立适应国际经济通行规则的运行机制。从1994年1月起，国家实行新的外汇管理体制，实行以市场供求为基础的、单一的、

---

① 李鹏：《政府工作报告》，第七届全国人民代表大会第一次会议，载《人民日报》1988年4月15日，第1版。

② 李鹏：《政府工作报告》，第七届全国人民代表大会第五次会议，载《人民日报》1992年4月5日，第1版。

有管理的人民币浮动汇率制。①改革外汇管理体制是创造外贸平等竞争环境、深化外贸体制改革的一项重要措施，这对中国与国际经济接轨、进一步对外开放、推动对外贸易持续发展具有重要意义。1994年，对外开放继续扩大。外商投资显著增加，投资领域拓宽，投资结构改善，直接投资达到258亿美元，是改革开放以来最多的一年。对外贸易全面发展，进出口贸易总额达到1958亿美元，比上年增长18.2%。对外科技合作与文化交流进一步扩大，国际旅游事业迅速发展，对外承包工程和劳务合作更加活跃。②1995～1999年，中西经济交往都是呈现上升态势，尤其是中西贸易、西方投资、国际旅游业增长很快。第三，从中国入世到中共十八大之前。与西方的经济关系，在继续"请进来"和"接轨"的同时，中国经济要对世界经济产生影响力。经过15年的艰苦努力，中国于2001年12月正式加入世界贸易组织，标志着中国对外开放进入了新阶段。加入世贸组织后，中国信守承诺，履行义务，行使权利，赢得较好声誉，促进了对外合作。坚持"引进来"与"走出去"相结合，全面提高对外开放水平，继续做好加入世贸组织过渡期的各项应对工作。2001年，外商直接投资468亿美元，增长14.9%。外贸进出口总额突破5000亿美元，其中出口2662亿美元，增长6.8%。国际收支状况良好，年末国家外汇储备达到2122亿美元，比2000年末增加466亿美元。认真履行加入世贸组织的承诺，从2002年1月1日起，中国关税总水平已由15.3%降到12%，涉及5300多个税目。继续深化外贸体制改革，继续积极、有效地利用外资，着重引进先进技术、现代管理经验和专门人才，支持国内企业与跨国公司进行多种形式的合作。③2003年，对外贸易得到大幅增长。进出口总额比上年增长37.1%，达到8512亿美元，上升到世界第四位。继续降低关税，扩大服务业对外开放，外贸经营权进

---

① 《国务院关于进一步深化对外贸易体制改革的决定》，1994年1月11日。

② 李鹏：《政府工作报告》，第八届全国人民代表大会第二次会议，载《人民日报》1994年3月23日，第4版。

③ 朱镕基：《2003年国务院政府工作报告》，第十届全国人民代表大会第一次会议，2003年3月5日，中央政府门户网站www.gov.cn，2006年2月16日，来源：新华社2021年9月3日。

一步放开，并加强了应对国外反倾销调查和解决贸易争端的工作。全年实际利用外商直接投资535亿美元。年底国家外汇储备达4033亿美元，比年初增加1168亿美元。适应新的形势，鼓励各类所有制企业采取多种形式到境外投资兴业，拓展国际市场。[1]2005年，进出口贸易总额1.15万亿美元，增长35.7%，由2004年居世界第四位上升为第三位；继续降低关税，扩大开放领域，贯彻修订后的对外贸易法，全面放开外贸经营权。实施"走出去"战略，参与区域经济合作。全年实际利用外商直接投资606亿美元。[2]2006年9月，中国与重要的西方国家之首——美国建立了尚属首例的高级别的"战略经济对话机制"，主要讨论两国共同感兴趣的双边和全球战略性的经济问题。[3]这个机制对于提升中美、中西经济交往、建立稳定成熟的经济关系，发挥了很大的作用。2008年，全年实际利用外商直接投资924亿美元，比2007年增长23.6%，全年非金融领域对外直接投资额407亿美元，比上年增长63.6%，对外投资大大高于吸收外资的速度。2011年，坚持出口和进口并重，利用外资和对外投资并举，全面提升开放型经济水平。全年货物进出口总额3.64万亿美元，增长22.5%。实际使用外商直接投资1160亿美元，服务业和中西部地区比重提高。企业"走出去"步伐加快，非金融类对外直接投资601亿美元。积极参与国际和区域经济合作，多边双边经贸关系继续深化。[4]第四，中共十八大召开至今。2013年，面对世界经济复苏艰难、国内经济下行压力加大、自然灾害频发、多重矛盾交织的复杂形势，推动开放向深度拓展。设立中国上海自由贸易试验

---

① 温家宝：《2004年国务院政府工作报告》，第十届全国人民代表大会第二次会议，2004年3月5日，中央政府门户网站www.gov.cn，2006年2月16日，来源：新华网2021年9月3日。

② 温家宝：《2006年国务院政府工作报告》，第十届全国人民代表大会第四次会议，2006年3月5日，中央政府门户网站www.gov.cn，2009年3月16日，来源：新华社2021年9月3日。

③ 《中美正式启动战略经济对话机制》，http:www.sina.com.cn，2006年9月20日22:24，来源：新华社2021年9月3日。

④ 温家宝：《温家宝在十一届全国人民代表大会五次会议上所作政府工作报告》，2012年3月5日，中央政府门户网站www.gov.cn，2012年3月15日，来源：新华社2021年9月3日。

区，探索准入前国民待遇加负面清单的管理模式；提出建设丝绸之路经济带、21 世纪海上丝绸之路的构想；打造中国—东盟自贸区升级版；与瑞士、冰岛签署自由贸易协定；实施稳定外贸增长的政策，改善海关、检验检疫等监管服务；成功应对光伏"双反"等重大贸易摩擦。推动高铁、核电等技术装备走出国门，对外投资大幅增加，出境旅游近亿人次。开放的持续推进，扩大了发展的新空间。[①]2015 年，坚持以开放促改革促发展。努力稳定对外贸易。外商投资限制性条目减少一半，95％以上实行备案管理，实际使用外资 1263 亿美元，增长 5.6％。非金融类对外直接投资 1180 亿美元，增长 14.7％。推广上海自贸试验区经验，新设广东、天津、福建自贸试验区。人民币加入国际货币基金组织特别提款权货币篮子；亚洲基础设施投资银行正式成立；丝路基金投入运营。签署中韩、中澳自贸协定和中国—东盟自贸区升级议定书。"一带一路"建设成效显现，国际产能合作步伐加快，高铁、核电等中国装备走出去取得突破性进展。[②]中国经济发展的成就、中西经济交往的历程，在 2016 杭州 G20 峰会上受到全世界瞩目和赞誉，期待中国经验对全球起到示范引领作用。

在理论上，关于中西经济交往，曾任英国诺丁汉大学中国研究所所长、现任新加坡国立大学东亚研究所所长、《中国》季刊主编郑永年是这样认为的：中国和全球资本主义体系的关系目前已经历了三个主要阶段。第一阶段，中国实行开放政策，"请进来"是这一段的重要特点。中国通过把全球资本主义"请进来"发展自己的经济。这一政策非常成功，很快就结束了中国的封闭状态。"请进来"的政策和全球资本主义没有任何冲突，是全球资本主义的全新市场，所以，包括美国、欧洲在内的资本主义国家都对中国的政策抱积极正面的态度。在第二阶段，和世界体系"接轨"，主要表现在两

---

① 李克强：《2015 年政府工作报告》，第十二届全国人民代表大会第三次会议，2015 年 3 月 5 日，中华人民共和国中央人民政府，www.gov.cn/guowuyuan/2015zfgzbg.htm。2021 年 9 月 3 日。

② 李克强：《2016 年政府工作报告》，第十二届全国人民代表大会第四次会议，2016 年 3 月 5 日，中华人民共和国中央人民政府，www.gov.cn/guowuyuan/2016zfgzbg.htm。2021 年 9 月 3 日。

个方面。一方面是中国改革各种机制来适应世界体系，另一方面是中国加入诸如世界贸易组织等国际经济组织。在不长的时间里，中国加入了几乎所有重要的国际和区域经济组织。而全球资本主义体系也是欢迎中国的"接轨"，因为能否顺利接轨影响到这个体系的正常运转，而且也符合西方的战略意图，通过把中国纳入现存世界体系来制约中国，当然对中国来说，"接轨"也是最理性的融入世界体系的战略。第三阶段就是中国经济走出去初级阶段，对于西方国家来说，中国影响力无论通过何种方式崛起，无疑都是一种挑战。这也是美欧一些西方国家近年来不断把企业并购等经济问题政治化，拼命通过政治手段，企图阻碍中国影响力外扩。"走出去"与其说是中国的既定政策，不如说是中国市场经济发展的必然逻辑。但经济影响力的走出去显然开始对全球资本主义体系产生相当的影响力，更是开始触动那些一直主导全球资本主义体系国家的政治和战略神经。外在的阻力是必然的，冲突也是在所难免。[①] 第四阶段，是中国经济全面走出去阶段。郑永年认为，十八大以来，西方对中国存在一些误区或者误读。比如，国际上的扩张政策，一些西方人认为，十八大以来中国已经完全放弃了邓小平时代所秉持的"韬光养晦"的外交政策，走上了一条国际扩张路线。他们所引用的证据包括东海、南中国海问题，和包括"一带一路"在内的中国外交政策。不过，西方对这些问题的看法显然是简单的意识形态问题和立场问题。说其是意识形态问题是因为美国和西方往往从自身的历史经验看中国，总以为中国崛起之后会像西方早期那样，走上对外扩张的帝国主义路线。西方一方面一直在抱怨中国"搭西方的便车"，没有能够承担足够的国际责任，但当中国创始"一带一路"等议程来承担区域和国际责任的时候，他们又担心中国会走他们的老路。至于东海、南中国海问题，中国并没有主动挑起事端，而直到其他国家挑起事端，中国才做出了反应。但中国的反应被西方认为是具有挑衅性甚至侵略性。这主要是美国的"盟友"政策所致，即美国选择了站在"盟友"这一边。同时，中国本身缺少国际话语权也是一个重要因素。西方对中

---

① 郑永年：《"接轨"背后的冲突》，载《人民周刊》2016年第15期，第48～49页。

国内政外交的反应表明，在今天的国际环境中，中国的内部建设和外部崛起都不容易。[①]本书基本同意上述分析，中西跨文化交流与中国改革开放一样，也是进入了"深水区"和"攻坚期"，中国文化要在外部围堵的不利情况下，壮大软实力，加快"突围"，加大走向世界、发挥影响的步伐。

（2）中西国际关系

中国进入全球化进程的主要合作者和竞争者是西方，当代中西跨文化交流随着中西国际关系的发展而发展，同样也离不开中西国际关系进展的制约。

中西国际关系进展的现实。第一，1978年党的十一届三中全会之后到邓小平南方视察谈话之前，中国与西方许多国家进入关系正常化和接触阶段。中国和美国在1979年建立了外交关系，两国经济、贸易、人员往来不断发展；1982年，中国表示赞赏和支持西欧各国加强联合，在国际事务中发挥积极的作用。1983年，中国和欧洲共同体（欧盟）实现全面建交，并建立起定期的政治磋商制度；中荷恢复了大使级关系；中英关于香港问题的谈判取得重大进展；同西欧和澳大利亚、新西兰、加拿大等发达国家在各个领域的合作都有所扩大。经过两国政府首脑互访，中美关系也有了新发展。1983～1988年中美关系大体平稳，双方保持着高层接触，经贸关系、科技交流和人员往来有进一步发展。同西欧各国和加拿大、澳大利亚、新西兰的关系良好，他们在许多重大国际问题上同中国有着一致或近似的看法，对于同中国发展经贸关系和科技交流采取积极的态度。[②]第二，从邓小平南巡讲话到中国入世之前，是中国与西方国际关系在正常化的基础上逐步加深的阶段。由于中国主动淡化与西方意识形态的分歧，中西国际关系进一步深化。1992年，中国加入《不扩散核武器条约》，为禁止化学武器和生物武器作出了努力；呼吁早日恢复中国关贸总协定缔约国的合法地位，有利于中国与世界各国发展互惠互利的贸易关系；对于人权问题，中国亮出了新态度，不能接受少数国家的人权标准和模式强加给

---

① 郑永年：《西方对中国内政外交的五大误读》，价值网，http//www.chinavalue.net/General/Blog/2016-4-14/1249863.aspx,2016-04-14 11:58。2021年9月3日。

② 李鹏：《1988年国务院政府工作报告》，第七届全国人民代表大会第一次会议，1988年3月25日，载《人民日报》1988年4月15日，第1版。

全世界各国，不能允许借口人权干涉别国内政，同意就人权问题进行正常的国际讨论。[①]1996年，中国同西方国家的关系得到普遍改善，同欧洲各国在许多领域的互利合作都取得积极成果，中美关系在经历较大的波折之后，出现改善与发展的势头。中国政府积极参加并推动了签署《全面禁止核试验条约》的进程。[②]2001年7月，北京申奥成功，足以证明世界认可了中国，也明智地选择了中国。第三，从中国加入世界贸易组织到中共十八大召开，是中国在与西方、与世界接触、融合之后，在中西国际关系中、在世界舞台上开始发挥建设性作用的阶段。2001年，中国同俄罗斯和中亚四国共同宣布建立"上海合作组织"；与西方国家美国、欧盟等关系得到发展和改善。2002年，中国积极参与国际反恐合作并发挥了建设性作用，上海申请举办世博会成功。近年来，中国参加了多项双边或多边国际条约，特别在解决伊朗核问题和朝鲜核问题方面，中国以一个负责任的大国形象与西方国家一道积极进行多边的外交努力。2008年中国成功举办奥运会，在亚丁湾派遣军舰护航等举措，使得中国在国际舞台上日益发挥着自己应有的作用。第四，中共十八大召开至今。2013年，推动对外开放和中西国际关系向深度拓展。设立中国上海自由贸易试验区，提出"一带一路"：建设丝绸之路经济带、21世纪海上丝绸之路的构想。2015年，人民币加入国际货币基金组织特别提款权货币篮子。亚洲基础设施投资银行正式成立，丝路基金投入运营。2013年3月，国家主席习近平访问俄罗斯，在莫斯科国际关系学院发表题为《顺应时代前进潮流 促进世界和平发展》的重要演讲，第一次提出了"人类命运共同体"，向全世界世界传递对人类文明走向的中国判断。两年多来，习近平62次谈到"人类命运共同体"，并对命运共同体不断阐释，把握人类利益和价值的通约性，在国与国关系中寻找最大公约数，这是一种超越民族国家和意识形态的崭新全球观。2016年9月4日，在全球瞩目的G20杭州峰会上，习近平主席向联合国递交了中国政府批准加入《巴

---

① 李鹏：《政府工作报告》，第七届全国人民代表大会第五次会议，1992年3月20日，载《人民日报》1992年4月5日，第1版。

② 参见李鹏：《政府工作报告》，第八届全国人民代表大会第五次会议，1997年3月1日，载《人民日报》1997年3月16日，第1版。

黎协定》文书。中国和美国是气候变化《巴黎协定》生效的关键所在，中国已经采取了许多积极举措进行减排，并承诺在2030年使二氧化碳排放达到峰值。对于中国率先向联合国秘书长潘基文交存中国气候变化《巴黎协定》批准文书，国际各大媒体、舆论给予高度赞赏，认为中国起到了表率作用，为《巴黎协定》早日生效铺平道路，体现了负责任的大国形象。

以上事实可以看出，中国与西方的国际关系，是一个从中国逐渐接近、融合西方，到负责任的中国得到认可、西方主动靠拢中国、中国和平崛起并在中西关系和其他国际事务中发挥建设性作用的过程。

理论家如是说。中国和美国，一个是世界最大的发展中国家，一个是世界最大的发达国家，两国在社会制度、发展水平、文化背景等方面存在差异。中美关系比较有代表性，可以看作中西关系的示例。有专家认为，中西国际关系，以美国为例，大体经历了"接触"——"融合"——"负责任的利益攸关方"几个阶段。接触战略大体涵盖冷战结束至20世纪末大约10年，以克林顿政府提出的对华"全面接触"战略为标志。通过中美交往引导中国发生有利于美国的演变。融合战略大体开始于2000～2001年间，标志性事件是：美国对华永久性正常贸易关系问题最终解决、中国加入世界贸易组织、北京申奥成功、"9·11"后美国将中国纳入国际反恐联盟同心圆中。"利益攸关方"大体以佐利克[①]在2005年9月21日的演讲中提出中国与美国互为"负责任的利益攸关方"为标志，认为中美不仅可以合作融合，而且期待逐步融合进来的中国主动发挥建设性作用，共同塑造对双方都利益攸关的国际体系。2011年时任国家主席胡锦涛访美期间反复指出，中美不仅仅是"利益攸关方"，而且"更应该成为建设性合作者"[②]。从2012年至今，随着中国经济、社会、文化、外交等各个领域的深入发展，中美关系进入了"新型大国关系"阶段。2012年2月，

---

① 罗伯特·佐利克，前美国副国务卿，2005年5月10日在题为《崛起的中国：是负责任的利益攸关方还是强大的对手？》的听证会上首次提出中国与美国互为"负责任的利益攸关方"的观点。

② 袁鹏：《中美交往进入"第三部曲"》，新浪新闻中心，http://www.sina.com.cn2006年05月26日环球时报。2021年9月3日。

时任国家副主席的习近平访美时提出要构建新型大国关系倡议；同年 11 月，中共十八大报告提出要"推动建立长期稳定健康发展的新型大国关系"；2012年 5 月，中美在北京召开战略与经济对话会议，双方将构建中美"新型大国关系"作为主题。2015 年 9 月，国家主席习近平成功访美，在美国西雅图出席欢迎宴会发表演讲，与奥巴马总统庄园会晤，都提出了在新起点上推进构建中美新型大国关系的倡议。2016 年 6 月，习近平出席第八轮中美战略与经济对话和第七轮中美人文交流高层磋商联合开幕式并发表题为《为构建中美新型大国关系而不懈努力》的重要讲话，强调中美要坚定方向、锲而不舍，推动中美新型大国关系建设得到更大发展，更好造福两国人民和各国人民。新型大国关系是以不冲突不对抗、相互尊重、合作共赢的合作伙伴关系为核心特征的大国关系，是崛起国和既成大国之间处理冲突和矛盾的新方式。构建中美新型大国关系是中国外交理念的一次重大变化，中国领导人积极倡导与美国建立新型大国关系，主动塑造未来中美关系走向，展现了负责任的大国担当。中美新型大国关系具有开拓性、创新性。作为世界第一和第二经济体的中美两个国家能否和平相处，将决定 21 世纪中美关系以及整个世界的未来走向。

可见，中西国际关系，经历了"接触"——"融合"——"负责任的利益攸关方"——"建设性合作者"的过程，目前进入了构建"新型大国关系"的崭新阶段。

（3）中国的客观存在形象和在西方人心目中的形象变迁

西方对中国形象的误读和偏见由来已久。西方知识分子和普通老百姓关于中国的印象，大多来源于他们所读到的书本和接触到的各类媒体，所以曲解和偏见在所难免。在西方人眼中，中国是一个拥有古老文明但是已经衰落的国家，各个方面都不如西方发达；中国像一头睡狮，一旦醒来将成为世界的威胁；中国人既神秘、令人向往、具有东方美德，又愚昧、懒惰，远未达到文明的程度等等说法，不一而足。特别是自近代以来，由于西方对中国的不了解、政治偏见、利益关系等，西方人眼中的中国形象变得更加复杂。中国不仅承受了西方的侵略，也承受了西方媒体最刻薄的批评和嘲讽，比较出名的有"黄祸论""东亚病夫"和"东方睡狮"等。近年来，中国的客观存在形象和在西方人心目中的形象有了一些变化。根据2006年6月中国国务院新闻办公室公布一组数字，美国三大报《纽约时报》《华盛顿邮报》《今日美国报》在十九世纪九十年代，妖魔化中国的报道占涉华报道总数的60％～70％。2005年，3家报刊共有报道中国的243篇，其中客观报道有1/4，偏见报道1/3，平衡报道比重是40％，因此，在倾向性上，中性报道占多数，负面略多于正面。①2008年以来，在西方媒体上，中国一直是一个热门话题。例如，英国《独立报》网站的一组文章，称中国是"世界上最新的超级大国"，全球第三大经济体、"需求量最大的消费国和经济增长的动力"；中国"经济贡献超过美国"；"中国拥有"将继"中国制造"之后开始发力，成为话题；中国的"创新文化"正在走向世界，等等。又如，美国《外交》双月刊2008年1～2月刊登了《中国崛起与西方未来》一文，称"中国的崛起将不可避免地终结美国一国独大的单极时代"，是"21世纪最伟大的事件之一"，"中国非凡的经济增长和积极的外交活动已经并仍在改变东亚地区的格局"，文章认为，美国的"单极时代"必会终结，但美国主导的国际体系因其"开放"和"自由"的性质更有生命力，可以通过中国的融入避免冲突和战争。此外，还有一些其他说法，如说中国是个"既富有又贫穷""既强盛又脆弱的超级大国"，等等。综合审视，西方媒体的"中国话题"，颇有"百花齐放"的多元倾向，"情绪化和道德自负的色彩有所减少，更多地把中国的发展作为一种客观现实予以评估，其中人言言殊，或高评，或低估，不妨以见仁见智视之"。②美国《时代》周刊2011年涉华报道内容大体是，在政治和人权领域，丑化和否定中国国家形象，在经济领域，"中国崩溃论"、"中国威胁论"及"中国崛起论"并存，在社会文化领域，以正面积极报道为主，但往往会掺入政治问题和解释。③应该看到，西方人对中国的传统看法乃至狭隘偏见

---

① 程刚等：《西方媒体如何写中国，妖魔化报道比例下降》，中国日报网站，环球在线，2021年9月3日。

② 黄晴：《从"热议中国"说起》，《人民日报》2021年9月3日。

③ 刘华：《从〈时代〉周刊看中国国家形象——以2011年涉华报道为例》，广西大学硕士学位论文，中国知网，2021年9月3日。

必将随着中国本身的日益强大而逐渐消失，随着中国经济高度发展，科技、教育、文化等全面进步，国民素质普遍提高，中国和中国人在西方人心目中的形象必定会随之改变或者改善，而随着现代传媒特别是互联网的推广与普及，中西交流的便利和加强，西方的中国观势必也会逐渐趋于客观、理性，更加贴近真实的中国和中国人。

可见，随着中西经济交往和中西关系的发展，中国的形象在西方民众和媒体之间不断得到清晰化、客观化，得到匡正和改善；同时，对于中国人而言，大可不必太在意西方的看法，而应坚持走自己的路，潜心努力发展自己，提升自己的综合实力和民族素质。一个民族或者国家，只有自己尊重自己，才能让他人尊重；只有自己形象努力做到完美，才能逐渐消除别人的傲慢、误解与偏见。

（4）华人在西方的影响力越来越大

在美国，华人、有中国文化背景的人在政坛崭露头角的日益增多。陈李琬若、骆家辉、赵小兰等早期旅美华人经过艰苦努力，进入美国高层从政，证明了华人在从政能力方面也不输西方人。近年来，西方世界华人从政越来越多。2000年5月，黄国鑫从中国大陆移民到澳大利亚，当选阿德莱德市市长，澳大利亚有了第一位华人市长；2001年7月，旧金山市长指派其特别助理吕丽美出任市长新闻办公室副主任，是旧金山历史上第一个得到市长新闻办公室副主任职位的华人；2007年11月，在美国麻省地方选举中，28岁华裔候选人黄素芬以第一高票率当选费奇堡市市长，成为该市243年来首位华裔市长；同月，中国律师张月姣于19日被任命为世界贸易组织（WTO）常设上诉机构七人小组中的一员，中国拥有了首位跻身WTO的最高裁决机构的法官。2007年11月，澳大利亚工党在选举中获胜，工党领袖陆克文任澳大利亚第26任总统。陆克文早年研读中文和中国历史，是首位会讲中文的西方领导人，在2007年9月APEC会议期间，他曾用中文向时任国家主席胡锦涛致欢迎词。1996年11月，骆家辉以58%的选票优势当选为华盛顿州第21任州长，是美国历史上第一位华裔州长，也是第一位在美洲大陆主政的亚裔州长，2009年2月被美国总统奥巴马提名为商务部长，2011年3月提名为新任驻华大使后致力于深化中美合作，为建立积极、合作及全面的中美关系做出了努力。在英国，据英国《金融时报》网站，两位来自中国大陆黑龙江和重庆的留学生在英国打拼十年后，以第一代移民身份，经过十个月英国保守党内初选，通过重重面试及考核，顺利闯关，成为2015年英国大选仅有的两位来自中国大陆的国会议员候选人。传统印象里，华人移民第一代大都学历不高，埋头苦干谋生活，第二代在英国出生长大受教育，没有语言文化障碍，才有资格迈入政界。而且，业界一直公认华人政治态度冷漠，移民父母多希望子女从事律师、牙医、会计师等既体面、收入又高的工作。这两名大陆留学生直接杀入政坛，是对这种陈旧认识的直接挑战。第一，英国华人大多数为十九世纪七十年代移入的香港移民，他们的下一代，即英国华人二代多生于七八十年代，已经成长并成为英国华人参政行为的主力，政治冷感开始解冻。英国保守党、工党及自由民主党均设立了华人支部。华人参政从一种零星式的个人行为，转变为在主流政党下有组织的集体行为。第二，中国经济上的崛起，则为来自中国大陆的华人从政增添了砝码，中国经济的持续健康高速发展也让大陆来的留学生成为政党渴望吸收的重要人群。[①]虽然英、美等西方发达国家政坛的华人面孔不多，但如果历史地纵向比较，会发现近年在欧美政坛里出现的中国面孔，总体上是增长的。无论这两名来自大陆的留学生在英国是否能够当选从政，都说明了中国大陆发展对于英国以及英国华人社群的影响，或潜在的影响是巨大的。据中英网称，2015年12月，英国萨里大学宣布，聘请中国材料化学专家逯高清教授担任校长。这是英国大学首次聘请华人担任校长，逯高清成为改革开放后中国留学生中首位出任英国排名前十大学的校长的杰出人士。[②]虽然，这一切并不能说明中国的分量到底有多重，但是至少有一点可以肯定，中国因素、中国分量、中国文化的影响正在逐步加重。

总之，经济发展和国际关系是文化交流的基础，由上述中西经济交往和

---

① 环球网：《两名中国大陆留学生成英国国会大选议员候选人》，来源：新华网2021年9月3日。

② 中英网：《英国大学首位华人校长，萨里大学校长曾任教昆士兰》，2021年9月3日。

国际关系发展演变阶段，可推演出当代中西跨文化交流的发展变迁阶段。当代中西跨文化交流的发展是由封闭多年到一朝开放的过程，不仅是一个国家门户开放的过程，而且更重要的是一个民族思想的开放、心理的开放，一个勇于直面世界、接纳异己、表达自我的过程。所以，在当代中西跨文化交流中，可以划分为这样四个阶段：第一个阶段是1978年党的十一届三中全会之后到邓小平视察南方谈话之前，主要特征是在"姓资姓社"争论的同时，谨慎地引进西方物质文化——商品、技术、资金、设备等。第二阶段是从邓小平视察南方谈话到中国入世之前，在解除了"姓资姓社"的后顾之忧后，大力引进西方物质文化、制度文化、适合中国国情的某些价值观念，并进一步融合之。第三阶段是从中国加入世界贸易组织到中共十八大召开之前，在全面引进、融合西方文化的同时，中国文化也开始迈出走向世界的勇敢无畏的第一步。第四个阶段是从中共十八大召开到今天，在引进、融合西方文化的同时，对于不适合学习的、不应该借鉴、不适应国情的文化因素进行排异，之后文化再次融合，为我所用，坚定文化自信，提高文化软实力，加大中国文化走向世界的步伐和力度。

二、当代中西跨文化交流的基本情况

当代中西跨文化交流在全球化的大背景下，在中国全面对外开放的政策感召下，在全球通信、交通、网络高度发达的基础上，出现了与以往不同的新面貌和新内容。主要表现是中国文化对于西方文化有所吸纳、有所拒斥、有所融合；表层文化的吸纳与深层文化的拒斥；戒心的淡化与底线的固守。根据文化交流的规律，文化的三个层次，由浅入深、由表及里分别是物质文化、制度文化、价值观（和意识形态）。越是处于文化表层的东西，越容易被人接受；越是文化深层的东西，越是不容易改变和接受。在当代中西跨文化交流中，西方物质文化已经本土化，制度文化也部分地被借鉴，而价值观（和意识形态）虽然潜移默化，但是存在着较多的矛盾。所以，在当代中西跨文化交流中，文化吸纳是全方位的和表层的，文化拒斥是局部的、核心的，文化再融合是很有前景的。

1. 对西方表层（物质）文化的大力吸纳

对于西方表层文化的大力吸纳，主要表现在对物质文化、科技、艺术等的学习吸收，再一次呈现"西学东渐"。

（1）百舸争流的西方跨国经营管理进入中国

冷战结束后，全球化席卷世界，人类迈进"地球村时代"。资源与劳动力的全球共享，物质生产和消费的国际化，技术革命特别是信息技术的突飞猛进，带来了全世界范围内的产业结构调整，促成了世界性大市场格局的建立。跨国公司无论从数量上还是规模上急剧扩展，最突出的是跨国集团间的兼并或合并。这些跨国公司大多属于发达国家，拥有雄厚物质基础，并且还有与此相适应的强势文化。[1]据统计，目前，世界上4.4万个跨国公司母公司，拥有28万个遍布世界的子公司和附属企业，形成了一个庞大的全球生产和销售体系。他们控制了全世界30%以上的生产，掌握了全世界70%的对外直接投资，60%以上的世界贸易，70%以上的专利和其他技术转让。[2]可见，跨国经营管理已经成为国际经济活动的一道风景线。

改革开放以来，西方国家在中国的跨国公司无论在数量上还是在规模上都有大幅增长。在中国几乎各个大城市，都可以看到跨国公司的"万国旗"。跨国公司进入中国其实只有10年左右的时间。在20世纪80年代，中国每年实际使用的外资不过二三十亿美元。1993年，肯德基第一家特许经营店在西安开业，宝洁在中国连续建立了九家公司、工厂；柯达赞助了在上海举行的第一届东亚运动会；花旗银行把中国区总部从香港搬到了上海等，中国已取代美国成为全球最大的外商直接投资接受国。截至2005年，世界500强跨国公司中，已有470家在华投资。来源于日本、德国、美国等国家和香港的跨国公司对华投资占500强跨国公司对华投资的比重分别为17%、13%、10%、10%，累计达到50%。世界500强在华投资主要集中在电子、计算机、

---

① 张骥：《国际政治文化学导论》，世界知识出版社2005年版，第92~94页。

② 丰子义、杨学功：《马克思"世界历史"理论与全球化》，人民出版社2002年版，第218页。

汽车、日用产品等行业。随着跨国公司对华投资的增加，中国在跨国公司全球战略中的地区日益上升。主要来自日本、美国和欧盟等发达国家的跨国公司在华设立的地区总部共40余家，大多集中在北京和上海，主要分布在电子、通信、机械和电器等资本和技术密集型行业。跨国公司在华设立研发机构累计超过750家，集中于电子及通信设备制造业、交通运输设备制造业、医药制造业、化学原料及化学制品制造业等高技术和中高技术密集型产业；从地域上看，更多地分布在北京、上海、广州、深圳、天津、苏州等科技、工业基础优厚，并且商业环境便利的东部大城市。有18家境外金融机构入股了16家中资银行。[①]据中国商务部统计，2012年，世界500强公司基本在华都有投资，已有约490家在中国投资，跨国公司在华设立的研发中心、地区总部等功能性机构已经达到1600余家。商务部副部长高虎城认为，自十九世纪七十年代末中国面向世界打开国门开始，跨国企业纷纷进入中国投资兴业，逐步成为中国经济社会发展的重要推动力量。同时，以跨国公司为代表的广大外商投资企业也从中国发展中获得了可观的利益。据初步测算，仅2010年外商投资企业在中国市场实现销售额就达到33万亿元人民币以上。国际金融危机期间，中国市场也成为众多跨国公司重要的避风港和利润源。2015年全球500强跨国公司继续在华投资新设企业或追加投资，充分体现了跨国公司依然看好中国市场和来华投资前景。其中，德国奥迪、大众、戴姆勒、汉莎航空，意大利菲亚特，瑞典沃尔沃，美国英特尔、克莱斯勒等跨国企业在其所领域投资或增资，单项金额均超过了1亿美元。跨国公司在华投资设立的地区总部、研发机构等高端功能性机构继续聚集，外商投资在华设立的研发机构超过2400家。

跨国公司给当代中西跨文化交流注入了新的内容，表现在对人们物质生活和价值观的影响和渗透。

首先，跨国公司产品已经成为中国人生活中习以为常的一部分。人们衣

---

① 顾策、吴传震、李小鸣：《2006年在华外商投资企业白皮书》，载《南方周末》2006年11月23日，第C21版。

食住行的方方面面都和跨国品牌有着千丝万缕的联系。2003年,《环球企业家》杂志联合AC尼尔森调查公司发现,有近1/4的国内受访者表示,在其消费过的品牌产品中,跨国公司的产品已超过国内公司的产品。有人认为跨国公司是民族工业的巨大威胁,有人认为对于跨国公司的产品应该提高警惕。但是它们确实给国人带来消费热情和品牌惯性,提高了大众的生活质量,并深深地融入了大众日常生活的每一天。

其次,跨国公司带来了新的思想和价值观。跨国公司要发展体现母国文化特色的企业文化,把企业价值观作为企业文化重要指标,"价值观是企业经营的目的、宗旨,是企业的灵魂。这就使企业格外注重文化建设,把母国文化嫁接到东道国,其政治思想、民主观念、科技文化、经营理念都深深地植根于母国文化的土壤中"[①]。跨国公司母国文化的价值观影响着驻中国子公司的价值认同。"在资本输出的同时,还输出了自己的思想意识、价值观念、文化和生活方式,极大地冲击了东道国的历史文化传统"[②]。所以,跨国公司在以尽可能本土化的产品满足市场的同时,也把西方的价值观、生活方式,把自己的意志极力渗透到中国劳工和消费者身上,中国原有的文化价值观、思想体系受到西方跨国公司文化的一定的侵蚀。

以上是跨国公司在中西跨文化交流中的一个重要方面,而与之相对的是中国的跨国企业"走出去"的情况。进入21世纪,中国开始实施"走出去"战略。根据商务部的统计,截至2013年,中国1.53万家境内投资者在境外设立了2.54万家对外直接投资企业,分布在全球184个国家和地区,中国企业"走出去"对外直接投资从2000年的不足10亿美元增长到2013年的1078.4亿美元,增长了100多倍。在工程承包和劳务合作领域,"走出去"的成效也极为显著,从2004年至2013年,中国对外劳务合作派出人员年均达22万人,年均增长率15%,中国劳务人员遍布世界180多个国家和地区,主要分布在制造业、建筑业、海洋运输业、IT业、农业、餐饮业、社会服务业等诸多领域。

---

① 韦云龙:《跨国公司文化传播的三大特点》,载《求实》2000年第12期,第34页。

② 王逸舟主编:《全球化时代的国际安全》,上海人民出版社1999年版,第204页。

近年来，中国企业国际化的方式不断创新，包括工业园、科技园和境外经贸合作区等形式正在兴起，中国企业国际化呈现出十分广阔的前景。刚刚起步，投资主要集中在发展中国家。近年来，虽然亚洲仍是中国对外直接投资的主要区域，但是，中国企业对美国投资增长迅速，美国高科技领域企业受中国投资者青睐。2013年以来，中国境内投资者共对全球156个国家和地区的5090家境外企业进行了直接投资，其中欧盟、澳大利亚、美国、日本等七个主要经济体为投资集中区域。同理，中国的跨国公司在以尽可能本土化的产品满足西方市场的同时，也把中国的价值观、生活方式、处世哲学等渗透到西方消费者身上，传播了中国的文化符号和文化价值观，促进了双向的交流互动。

（2）亦喜亦忧的中西文化艺术交流

随着全球化的全方位展开，随着互联网络等传播媒介的迅猛发展，中西跨文化交流在文化艺术活动中呈现出新的景观。正如汤姆林森所说："中西文化冲突有百年的历史了，但在最近的20多年时间里，这种冲突开始转向了，仿佛在一夜之间，人们感受不到冲突的存在了，而是感受到被同化了，而这种被同化的过程是以新的科学技术和娱乐为表征的，面对以好莱坞、麦当劳、可口可乐、迪斯尼为代表的新的外来（主要是美国的）文化的侵袭，人们津津乐道、乐在其中。"[1]作者认为，国人享受西方物质文化、艺术是无可厚非的，值得警惕的是物质文明背后隐藏的或者是潜在的东西，那就是西方某些腐朽、没落的价值观。

一方面，中国积极主动地与西方进行文化艺术交流。2008年，中国与145个国家签订了政府间的文化合作协定，对外文化交流形式日益多样，交流渠道更加宽广，民间交流占对外文化交流总项目90%以上；中国文化中心、中国海外孔子学院在许多国家建立；中国与欧盟15个成员国分别签订了文化合作协定或年度交流计划，欧盟10多个国家的文化部门负责人和欧盟委员会文化

---

① 〔英〕约翰·汤姆林森著，郭英剑译：《全球化与文化》译序，南京大学出版社2002年版，第6页。

与教育委员相继访华。①多边和区域文化合作进展明显，成功地举办了上海合作组织文化部长会议、欧亚文化与文明会议，举办了中华文化美国行、柏林亚太周、中法文化年等大型国际文化交流活动。"中国上海国际艺术节"、"相约北京"、北京国际音乐节、中国吴桥杂技艺术节等活动逐渐形成品牌②，2008年成功举办奥运会，全世界共享了中国的文化艺术。据统计，2013年，签订政府间文化合作协定增加到149个国家，每年有近800个年度文化交流执行计划，与上千个文化组织保持着密切的合作关系，并建立了中俄、中美、中英、中德、中欧、中阿、中非、上合等双边、多边人文合作机制，如"中法文化年""中欧文化对话年"、"中俄国家年"、中非合作论坛等50多项中国文化年、中国文化节、中国文化论坛等。截至2015年底，中国已在134个国家和地区建立了500所孔子学院、1000个中小学孔子课堂，学员总数达190万人。海外中国文化中心在法国、韩国、德国、日本、西班牙、墨西哥、丹麦、澳大利亚等25个国家和地区建成。海外中国文化中心在文化交流、文化外交上的桥梁和窗口作用持续凸显，日渐成为对外文化工作实现科学发展的着力点。海外中国文化中心在保持常态化文化交流节奏的同时，不断创新工作方法，统筹国内外各方资源，面向驻在国民众举办了丰富多彩的活动。海外中国文化中心开展各类文化活动年均超过1000场，直接受众逾200万人次。文化艺术交流在增进各国友谊、维护世界和平、促进共同发展等方面发挥着重要作用。

另一方面，受西方文化的强劲影响，中国大众文化异军突起。随着通信、交通、网络的发展，西方形形色色的文化艺术迅速传入中国。目前以美国为例，目前美国最大出口产品是批量生产的流行文化产品，包括电影、电视节目、书籍、期刊、报纸、音乐唱片、电脑软件等。美国好莱坞的电影，美国的音乐、舞蹈，欧洲的建筑、绘画艺术等等纷至沓来，让国人有些眼花缭乱，应接不暇。在这纷繁复杂的文化现象中，中国大众文化的崛起令人瞩目。

---

① 李慎明、王逸舟主编:《2006年：全球政治与安全报告》，中国社会科学文献出版社2006年版，第147～172页。

② 李军、陈建平编选:《再奏风雅——2005中国文化年报》，兰州大学出版社2005年版，第13页。

所谓大众文化，是一种以市民大众为主要消费对象，以娱乐为主要功能，以文化的产业化、标准化为特征，以现代大众传媒为传递手段，以市场为导向的一种新型文化。[①]作者认为，需要指出的是，"五四"以来的大众文化和今天所谈的大众文化内涵和诉求是不一样的。实际上，中国是到了20世纪90年代以后，受到西方文化大力输入的影响，才真正出现了所谓的大众文化。强烈的类型化倾向是大众文化的突出特点，各种各样的大众文化类型在现代社会里比比皆是：电影中的战争片、强盗片、武打片、科幻片、西部片、歌舞片、言情片等，电视剧中的肥皂剧、情景喜剧、伦理剧、亲情剧、经典"戏说"等，小说中的武侠、言情、侦探小说等，这种类型化的大众文本数量是难以尽数的，尤其是在美国和日本，甚至高达几百种。出现了中国内地电视综艺娱乐节目模仿境外节目现象，电视综艺娱乐节目通常的模仿路径是北欧—美国—日本、韩国—港台地区—国内某一台—国内遍地开花。内地以及港台一些娱乐益智类或竞赛类电视节目，大都是英国、美国节目的翻版，湖南卫视《超级女声》、东方卫视《我型我秀》、中央电视台《梦想中国》等是《美国偶像》的翻版，中央电视台《开心辞典》是美国《谁想成为百万富翁》的翻版，中央电视台《幸运52》、浙江卫视《我爱记歌词》分别是英国《GOBINGO》和《谁敢来唱歌》的翻版。电视连续剧方面，比如《好想好想谈恋爱》是美国电视剧《欲望城市》的翻版，《丑女无敌》也是美国职场励志剧《丑女贝蒂》的翻版。越来越多的境外综艺娱乐节目被借鉴到中国内地，使中国国综艺娱乐节目越来越多元化，更新换代的频率与速度也越来越快，这种速食主义的结果同时影响了节目的生命力与保质期，良莠不齐的节目竞争中出现了弱肉强食之势，适者生存成为综艺娱乐发展新一轮竞争的主题。[②]表面上，只借用了节目的形式，但包含在形式中的竞赛规则，完全代表了其所有国——西方的文化价值观念和行为方式。它的通俗性，打破了以往知识精英对文化的垄断地位，使文化真正

---

① 孙泽学：《社会主义初级阶段文化建设研究》，华中师范大学出版社2004年版，第230~231页。

② 王闯：《中国内地电视综艺娱乐节目模仿境外节目现象研究》，华东师范大学硕士学位论文，中国知网，2021年9月3日。

为大众所享用。但是它的纯粹的娱乐性和刺激性，容易让人逃避现实、磨灭意志、只求一时快乐。如果处理不好，文化的教化功能会削弱，引起文化品位和格调的全面下降。

（3）中国民众日常生活中的中西跨文化交流——语言、互联网络、洋快餐、跨国婚姻

随着中国对外开放程度的不断加深，日常生活中的中西跨文化交流也日益频繁、常见，尤其是在比较发达的大城市。这主要表现在日常语言、互联网络、洋快餐的风行和跨国婚姻的发展等。

第一，在日常语言方面，表现在外来词汇——西方文化的引进和汉语——中国文化的输出。外来词汇——西方文化的引进。随着中国对外开放程度的不断加深，外来词汇越来越多，许多人说话时有意或无意地会夹带许多外来词，像"hello""sorry""I love you"等，不仅知识分子，就连上年纪的老人和正在学语的小孩都会说。许多商品、职位等事物的名称也用英文缩写来表示，如DVD、CD、CEO、GDP等。对这种"你中有我"夹杂外语的语言现象，支持者认为，汉语能够融合外来语，认为这是对汉语的一种补充和丰富，反对者认为这是强势语言对弱势语言的"文化侵略"。作者认为，说这种现象是文化侵略，确实有点夸大其词，当然这与近代百年来中国深受帝国主义的政治、经济、文化侵略有关系，应给予理解。但是因为"所有活的文化都是充分利用开放和杂交的优势，在和异质文化的融合和碰撞当中发展的，语言文字也是如此"①。所以，中国语言文字发展到今天，早已不知不觉地融入了许多外来词语和外来的修辞方式。今天以英语为主的外来词语和修辞方式，大量渗透进入汉语，是全球化背景下文化整合的表现之一。原因在于，一是"西风"依然"中渐"，西方文化大力挺进，国人乐得吸收学习。外语特别是英语中大量与现代文明有关的、简洁易懂的词语就融入汉语，成为现代汉语表达方式的一种补充。二是国人随着改革开放的发展，外语（特别是英语）水平不断提高，接受和吸收外来文化的兴趣和能力大大提高。三是语言承载着文化的重量，并

---

① 周吉：《全球化能把中国文化怎么样》，载《中国财经报》2003年3月20日，第003版。

有自身发展的规律，外来词也是这样，那些代表现代文明、适应国人表达的词语早在近代就已经融入了汉语之中，而不能代表现代文明或不能适应国人表达的词语，会顺应语言自身发展规律，随着历史的大浪淘沙而逐渐消亡。

汉语——中国文化的输出。首先，是"汉语热"的出现。1853年，利玛窦来到广州，把中国的政治制度、历史地理、传统文化等介绍到欧洲，十七世纪的欧洲掀起第一波"汉语热"，此后，"汉语热"经历起起落落。国家强盛、影响力大，语言就会受到尊重。早年日本经济崛起，促使美国人学习日语。当前，随着中国综合国力的上升，世界正在对于汉语生产浓厚的兴趣。据国家汉语国际推广领导小组办公室2006年预测，到2010年，全球学习汉语的外国人将达1亿。在西方，学习汉语的人数虽少但是增长迅速。目前法国有1.2万人加入了学习汉语的队伍，并且这一数字正在以每年20%～30%的速度增长，法国教育部从2006年开始逐渐把汉语向中小学推广。[①]2000～2004年，英格兰、威尔士和北爱尔兰参加汉语高级考试的人增加57%，越来越多的美国学生也前往中国留学。正如懂英语是20世纪的成功之道，在21世纪让人出类拔萃的是中文。[②]2008年北京成功举办奥运会之后，中国展示了在经济、文化、军事等方面不菲的实力，令全世界刮目相看，汉语热再次升温，全球对汉语的需求不断增长。据不完全统计，截至2012年底，全球100多个国家超过2100所大学开设了汉语课程，全球学习汉语的外国人已突破1亿。其次，是汉语的影响力和传播力增大。根据英国环球语言监察机构公布，2005年新收录的英文词汇约有两万，其中中式英语chinglish达到4000条。其机构主席帕亚克说，"世界性英语不再仅由英式英语或美式英语来主导"，英语词汇来源的多元化证明世界不同文化的融合速度正在加快。过去西方人接触到中国新事物时，会依其读音译成英语，如"功夫"被翻译成"kungfu"。可现在的情况却是中国人为现存的汉字或俚语自创英语，例如把"饮茶"译成"drink tea"，"营业中"译成

---

① 钟玉华：《全球都缺中文老师》，《环球时报》2021年9月3日。

② 奥斯汀·拉姆齐著，汪析译：《21世纪，中文让人出类拔萃》，《环球时报》2021年9月3日。

"to run business"。①再次，中国政府为把汉语推向世界做了卓有成效的工作。随着中国综合国力和国际地位的提高，国外学习汉语的需求急剧增长。在这种形势下，中国于2002年开始酝酿借鉴各国推广本民族语言的经验，在海外设立语言推广机构，2004年国务委员陈至立将该机构正式定名为"孔子学院"。根据教育部统计，截至2008年底，已有249所海外孔子学院在亚洲、欧洲、北美、非洲、大洋洲等78个国家落户。内容涉及汉语教学与师资培训、汉语考试和辅导、来华留学咨询、当代中国介绍、中国文化体验、对华商贸知识等，受到所在地社会各界的热烈欢迎。其中，欧洲所建孔子学院最多，共有41所，分布在英国、荷兰、西班牙等19个国家；美洲已建立孔子学院27所，分布在美国、加拿大等3个国家。到2015年再创新高，据报道，截至2015年12月1日，中国已在134个国家和地区建立了500所孔子学院、1000个中小学孔子课堂，学员总数达190万人。新加坡《联合早报》在《孔子再次周游列国》的评论中说："中国教育部采取主动设立孔子学院之举十分高明"，"它的高明，在于中国不再是被动地等待留学生来华，而是有意识地培养发挥哈佛大学学者约瑟夫·奈所谓的'软力量'"。掌握汉语，对于外来者而言是进入中国商业世界的通行证，而对于中国，汉语成为世界主流语言之一的好处就是，语言交流的便利是中国商品走向世界的有力支撑，是跨文化交流的重要桥梁，语言的交流有可能突进到科技、文化和意识形态领域，发挥不容忽视的作用。第四，回应西方文化的挑战，中国大地兴起"国学热"。"国学热"是指以中国传统文化复兴，特别是儒学复兴为主体内容的文化现象。改革开放以来，随着中国经济发展、综合国力增强、国际地位提高以及与国际社会跨文化交往的日益频繁，中国人越来越迫切需要了解自己民族的历史，试图从传统中寻找能代表民族的精神和文化象征。近十年来，一些高校纷纷成立有关国学、传统文化、儒释道思想的研究机构，如中国人民大学国学院、清华大学思想文化研究所、中国社会科学院儒教研究中心、安徽大学中国传统文化研究院等，出版了大量的学术著作及研究文章，每年都要召开各种形式和规模的国内国际学术研讨会，

---

① 何申权：《4000个英语新词来自中文》，《环球时报》2021年9月3日。

在欧美、东亚、东南亚等国家和地区，也有相当规模的研究机构和学术队伍。电视台，纸质媒体、网络媒体积极参与和推动，比如开设《百家讲坛》，报纸专门开设国学版，《国家"十一五"文化发展规划纲要》也明确提出：在中学语文课程中适当增加传统经典范文、诗词的比重，中小学各学科课程都要结合学科特点融入中华优秀传统文化内容。高等学校要创造条件，面向全体大学生开设中国语文课。在西方文化涌动的大潮中，挖掘传统文化及儒家思想中有价值、有益的思想资源，是中华民族文化自信和文化自觉的一种表现。

第二，以互联网络为媒介的中西跨文化交流得到大发展。文化交流媒介是文化交流的重要工具和手段。首先，信息时代带来了人类文化交流方式的革命性变革。随着高科技和现代交通运输的高度发展，世界各民族精神财富的生产、传播、交流、影响的形式、速度、质量、数量都发生了革命性的变化。[1] 新型的传播交流媒介，如"电话、电视、计算机网络、卫星通信能在极短的时间内把某种信息迅速地传遍全世界。正是这种革命性的变化，使得文化开放成为不以人的意志为转移的大趋势"。[2] 尤其是信息高速公路彻底改变了人类信息的传播方式。遍布全球的因特网所营造的电脑网络空间，将全球联结成一个整体，造成了全球信息同步效应，首次使人类突破了时空的限制，缩短了人与人之间的距离，把人类置身于一个更加广泛的联系和交往之中。信息高速公路一方面可以跨越不同语言文字的障碍，促进全球性的文化交流，同时大大提高了信息处理的速度和效率，使全球信息交流的共时性、即时性大为增强。在当代中西跨文化交流中，随着科学技术的发展，文化交流媒介的质量大大提高，呈现革命性的变革。从中西跨文化交流史来看，文化交流媒介的变迁经历了从族群迁徙、战争到传教士，从商贸、书信往来、图书电影译介到电话、卫星电视、互联网。具有跨国传播功能的媒介，如国际电话、传真、电脑以及互联网上电子邮件、数据库等各种信息收集、处理和传播的手段和工具，也正在发挥

---

① 张西平：《中国与欧洲早期宗教和哲学交流史》，东方出版社2001年版，第489页。
② 叶自成：《对外开放与中国的现代化》，北京大学出版社1997年版，第248页。

着越来越重要的作用。①现在"第四媒体"——互联网在大众的生活中发挥越来越大的作用。互联网使人类历史正在进入全球传播时代和大众传媒社会，当下的大众传媒正以惊人的速度广泛介入社会各个领域并与其发生强烈互动。在全球化进程中，互联网成为当代中西跨文化交流的崭新途径和新的媒介，是传播交流媒介革命性变革的标志。从全球来看，1995～1999年间，因特网用户从四千万增加到三亿四千万，到2001年底，因特网用户超过了5亿。从中国看，中国互联网信息中心数据显示，2007年底中国互联网的用户总数超过2.1亿；据工信部统计，2016年1月，中国移动互联网用户净增1942.1万户，同比增长11.8％，总数达9.8亿户。网民数和宽带上网人数位居世界第一位。互联网上文化交流的发展，一方面摧毁了中西地理上的疆界，国别上的壁垒，没有了距离和时差，让中西跨文化交流的信息迅速地、瞬间地传播、接受和互动；另一方面，互联网把其他不同媒体的传播手段，如广播、电影、电视等，整合为一体，为中西乃至全球文化信息资源的共享提供了最大的可能。

信息网络冲破了国家文化疆域，文化交流加快，相互影响加深，网络的使用为当代人开辟了一个无限广阔的赛博空间。在中国许多大城市，几乎家家都有电脑，人们可以上网查阅各种资料、下载电影、电视，观看新闻图片、网上聊天、网上购物，足不出户，就可"一网打尽"。相对于改革开放之前的隔绝状态，现在可谓中西文化，一览无余，天涯海角，在网上只是瞬间和咫尺。但是，给中西跨文化交流带来方便快捷的同时，也带来一些隐忧。因为一个国家除非不接入因特网，而一旦接入，各种各样的信息包括有益信息和有害信息便同时涌入，尽管可以采取一些技术措施阻挡或过滤有害信息，但很难阻挡或根本无法阻挡及过滤掉所有的有害信息，而这些有害信息极有可能具有解构现存秩序的危险。而且网络上的任何一个用户，都可以成为信息的发布者，而计算机无法辨别这个信息的真伪。互联网的本质特征是其工具性，既可以用它做善事好事，也可以用它做恶事坏事。网络的普遍使用不可避免地会带来许多社会问题，如计算机犯罪及网络安全、文化和意识形态的渗透、假新闻假信息传播、

---

① 刘继南主编：《大众传播与国际关系》，北京广播学院出版社1999年版，第113页。

色情泛滥、个人隐私遭到侵犯、知识产权遭到侵犯等等。[①]因此，对互联网怎么管、管什么，怎样权衡利弊，已成为世界各国政府共同面临的一个棘手问题。

第三，西方快餐文化大行其道。快餐这个名词，是非常时尚的，在1995年之前的各大辞典中，根本找不到它的影子。这个概念，最先是从美国引进而来的。美国人发明了快餐，快餐文化也最先兴起于美国。历史上第一家快餐店是美国麦当劳兄弟开办的麦当劳，这个现在风靡全球、广受喜爱的快餐店，在初期经营的时候就是一个很小的路边摊，几张桌子、几只凳子，招牌也很小，很不显眼。任何事物的发展靠的都是优胜劣汰，在竞争之中，麦当劳留了下来，美国人喜欢它的便捷，社会越现代，生活节奏就越快，什么都快的时代，吃饭如果占用时间太长，就成了浪费时间的活动，于是所有忙碌的人们都开始减少吃饭所用的时间，而麦当劳这种既不费时又美味可口的快餐便逐渐成为主流，于是出现了快餐文化。改革开放以来，西方的快餐文化在中国发展很快。以肯德基、麦当劳为代表的国际快餐品牌企业在中国迅速扩张，"立足中国、融入生活"的思想得到确立，发展速度明显加快。大城市，特别是繁华地带，总少不了麦当劳、肯德基、德士克、必胜客、加州牛肉面大王等林林总总的西式快餐店，而且总是人来人往，生意兴隆。西式快餐的登陆，受到了国人，特别是时尚青年、学生的青睐，不少青年学生喜欢西式快餐店的氛围和格调，经常在那里边吃边聊天、约会恋爱等，许多家长把购买麦当劳食品或其他洋快餐作为对孩子的奖赏。西式快餐的确给大众传统的饮食习惯带来了新的风尚，新的口味和新的格调。但是也带来了一些问题。所谓快餐只突显"快"，但是缺乏营养，多吃无益。处于现代快节奏社会里，快餐文化在部分满足了人们追求精神文化需求的同时，也带来了它的负面影响。有的学者认为，这是一种食品文化侵略。的确，发展中国家在引进外资、对外敞开大门的同时，往往也不得不处于发达国家食品文化的统治之下，西方国家的食品文化的入侵极大地干扰了抹去了人民对传统食品的记忆，而他们通过"食品文化全球化"，几乎实现了这个目标。从营养学角度出发，西式快餐属于"三高"（高脂肪、高盐、高

---

① 刘继南主编：《大众传播与国际关系》，北京广播学院出版社1999年版，第114页。

热量）食品，尤其不利于正在成长发育中的少年儿童和青年学生，所以，大众要健康和均衡地饮食，洋快餐不宜多吃。在西式快餐以迅猛之势席卷全球，冲击当地传统饮食业的同时，欧洲国家正在加倍保护本国食品特色。与此同时，中式快餐兴起。中式快餐是相对于西式快餐而言的，美国麦当劳和肯德基和在中国的风行使国内餐饮产业结构迎来新的变化。随着国人生活形态的变化，传统中式大餐已不能满足国人快节奏的生活，逐渐受到冷落。而西式快餐由于自身的原因，不能为所有大众接受。十九世纪八十年代末至九十年代诞生了中式快餐，以中国人的餐饮习惯为基础，结合快餐的某些元素，一种全新的属于中国本土的餐饮形式。中式快餐拥有适合国人的"中国味道"，吸引着原本经常光顾"洋快餐"的时尚一族，并为绝大部分普通消费者提供物美价廉的快餐，迅速抢占大量的市场地位，满足了市场消费需求。虽然多种西式快餐品牌在中国大肆宣传，但据中国产业洞察网数据显示，33.69%的人常吃西式快餐，而61.73%的人仍钟情于中式快餐。因此，中式快餐出现了前所未有的繁荣，2007年营业额年增长超过20%。面对中式快餐的挑战，西式快餐也加大了品种开发调整力度，中式品种的引入和营养内涵增强，中西融合的趋势更加明显等。传统食品和西式快餐之争提出了一个严肃的课题，那就是，在全球化进程中，怎样去进行辨析，吸收精华，抵御糟粕，不在盲从中失去自我特色。

第四，在跨国婚姻方面，中西跨国婚姻的增长就像"旧时王谢堂前燕"，"飞入寻常百姓家"。所谓跨国婚姻，是涉外婚姻的一种，是指中国公民和外国公民的婚姻，国人还习惯于把中国内地人和中国台湾、香港、澳门人的婚姻也称为涉外婚姻。改革开放以来，在中国的北京、上海、大连等经济比较发达的城市，跨国婚姻发展迅速，变得越来越寻常。尤其是中西跨国婚姻增长很快。华东师范大学人口研究所所长丁金宏说，交往机会和文化认同程度是涉外婚姻发展的两个最基本因素。[①]随着中国国门的打开以及对外开放的深入，世界在逐渐了解中国，中国也在逐渐了解全世界。中国开始成为很多外国人就

---

① 丁金宏等《论新时期中国涉外婚姻的特征与走向——以上海市为例》，载《中国人口科学》2004年第3期，第68页。

业、创业和生活的"新大陆"。他们走进了中国人的生活，有的甚至结为夫妻，成为中国家庭的一部分。有些中国人也漂洋过海，嫁给了外国男人或者娶了外国女孩。中国跨国婚姻的不断增长，正是逐步对外开放、中外经济文化交流日益频繁的结果。主要有下列特点，其一，跨国婚姻数量总体增长的同时，近年来，中西跨国婚姻的发展突出。据大连民政局涉外婚姻登记处的工作人员介绍，大连市涉外婚姻在十九世纪八十年代时一年只有20多对，1992年达到200多对，1997年达到400多对。从2000年国庆节到2001年国庆节，已有529对了。尤其，近几年与欧洲、北美等地通婚的开始多起来。据中国国家民政部发布的2006年民政事业发展统计报告指出，2006年共办理结婚登记945万对，比上年增加121.9万对，其中，涉外登记结婚比例比上年有所增加，尤其在沿海地区和大中城市，越来越多的"洋女婿""洋媳妇"开始融入中国家庭。数据显示，1996年至2002年的7年间，在上海登记的涉外婚姻超过2.1万对，平均每年3000对，这个数字比1980年增加了7倍多；近些年，北京每年新增涉外婚姻千余对；江西2012年涉外婚姻登记1550对，联姻范围涉及20多个国家和地区，其中"洋媳妇"嫁到江西的占80%；青岛近几年年增涉外婚姻约400对，异国情侣婚后大多选择定居青岛。[①]其二，跨国婚姻的质量不断提高。据民政部基层政权和社区建设司副司长陈光耀介绍说，中国的跨国婚姻大致经历了两个典型的时期，一是19世纪八九十年代，一部分人出于留学、定居国外或"崇洋媚外"的心态急于出国，将涉外婚姻作为向往西方生活、改善经济条件的一种手段，带有很强的盲目性和功利性，涉外婚姻数量上升较快，跨国婚姻的质量并不高，主要是女性出嫁到国外；二是21世纪初，此时的跨国婚姻基本上建立在具有一定感情基础之上，婚姻中的外籍人士大多能以平常心态对待与配偶可能存在的文化差异，中国人面对涉外婚姻越发趋于理性，当事双方都较理智和冷静。其三，跨国婚姻的模式在更新。以往那种"结婚后就出国"的模式已经悄然发生变化，越来越多的涉外婚姻当事人选择在国内工作和定居；"中男外女"模式也越来越多，抗衡着以往的"外男中女"模式。其四，

---

① 网易：《中外大碰撞：全方位解析跨国婚姻》，参考消息网，2016年9月2日。

在跨国婚姻增多的同时，国民也在用日益宽容的态度看待跨越不同种族和文化的联姻。改革开放初期，如果在街头看到异国或异肤色的伴侣，就好像特大新闻，免不了要驻足观看。现在，在许多大城市，跨国婚姻已经司空见惯，人们正在用平常心来对待它。其五，跨国婚姻新特点：年龄差距缩小、学历提高。以山西省的数据为例，近几年，山西的涉外婚姻呈现出稳步增加的态势。2010年，山西涉外婚姻登记服务中心共办理涉外结婚登记106对，2011年为115对，2012年为111对。洋女婿、洋媳妇分别来自日本、韩国、美国、英国、加拿大、澳大利亚等40多个国家和地区。在婚姻当事人中，夫妻的年龄差距在缩小，学历在提高。①可见，当双方在年龄、文化素养、经济实力等方面的差距越是缩小，感情成为择偶的主要因素时，越是容易建立平等、互敬互爱的和谐两性关系。

2.对西方中层（制度）文化的谨慎借鉴

改革开放之初，邓小平就说过："资本主义已经有了几百年历史，各国人民在资本主义制度下所发展的科学和技术，所积累的各种有益的知识和经验，都是我们必须继承和学习的。"②"社会主义要赢得与资本主义相比较的优势，就必须大胆吸收和借鉴人类社会创造的一切文明成果，吸收和借鉴当今世界各国包括资本主义发达国家的一切反映现代社会化生产规律的先进经营方式、管理方法"③。邓小平提出的要赢得社会主义与资本主义的比较优势，也就是中西比较的优势。而这种优势，不仅只在经济与技术方面的，也包括政治、思想文化方面的优势。在经济、科学技术方面中国还谈不上有什么优势，在将来较长的一个时期内都处于一种追赶西方的状态，不仅在技术、经济领域而且在政治、制度、机制方面，如在政治制度领域的政府管理、官员管理、组织管理、文官制度、权力监督与制衡等，也要努力与西方发达国家交流和学习，在此基础上借鉴和创新。但是由于长期极左思想的影响和传统的思维模式，对制度文化和精神文化层面的东西，因涉及意识形态

---

① 《中外大碰撞：全方位解析跨国婚姻》，参考消息网，2016年9月2日。
② 《邓小平文选》第2卷，人民出版社1994年版，第167～168页。
③ 《邓小平文选》第3卷，人民出版社1993年版，第373页。

差异，尤其是"姓社""姓资"的敏感问题，长期以来学界失语，学者踌躇，甚至有一种本能的逃避。近年来，随着对外开放的进一步拓宽和思想文化研究的活跃，中西跨文化交流的内容正在向政治制度、管理机制领域渗透，开始了艰难、谨慎的破冰之旅。

（1）在实践上，以中西反腐倡廉合作等为标志意味着中西跨文化交流向制度、机制合作的方向发展

截至2003年，中国已经签署或者批准了了273个国际公约。一是在中西反腐倡廉合作方面。2002年11月联合国开发计划署与中国监察部门"中国廉政监察建设"合作项目正式签约。该项目是由联合国开发计划署援助、中国监察部门具体组织实施的合作项目，旨在总结中国廉政建设的经验，借鉴国外开展反腐倡廉的有益做法，探讨推进政府廉政勤政的有效对策。可见，共同反对腐败已经成为中西跨文化交流的内容之一，廉政建设已开始借鉴西方反腐败的先进经验了。[1] 2005年，中国与西班牙签署了引渡条约，不让贪官在海外逍遥法外，这是中国与西方欧美发达国家之间的第一个引渡条约，该条约也首次出现了涉及死刑犯引渡问题的条款，引渡条约的生效将加速中国编织国际引渡网，缉捕以贪官为主的外逃案犯。2006年4月，全国人大常委会批准了这一条约。红色通缉令是由国际刑警组织发布的国际通报，其通缉对象是有关国家法律部门已发出逮捕令、要求成员国引渡的在逃犯。据2015年4月中央纪委监察部门网站公布，国际刑警组织中国国家中心局集中公布了针对100名涉嫌犯罪的外逃国家工作人员、重要腐败案件涉案人等人员的红色通缉令，加大全球追缉力度。国际刑警组织中国国家中心局十分重视同成员国执法机构的合作，多次通过国际刑警组织发布红色通缉令，提请有关国家执法机构加强合作，协助将有关嫌疑人缉拿归案，有利于加强国际合作，提高追逃追赃效率。二是在军队改革方面，要组织实施领导管理体制、联合作战指挥体制改革。外军联合作战指挥体制改革，大体上是从第二次世界大战结束后开始的，推进过程几经曲折，一直延续到今天。而联合作战指

---

① 孙泽学:《社会主义初级阶段文化建设研究》，华中师范大学出版社2004年版，第188页。

挥体制改革，美军起步最早、主动性最强，经过近70年的三轮改革发展，美军联合作战指挥体制已日臻成熟。这次中国军改就是借鉴了外军联合作战指挥体制改革的经验，并且以领导管理体制、联合作战指挥体制改革为重点。这是中国在体制改革方面向西方学习的一个典范。三是法制建设方面。试点改革人民陪审员和人民监督员制度，公民陪审和监督权利得到进一步保障。2015年4月，全国人大常委会通过《关于授权在部分地区开展人民陪审员制度改革试点工作的决定》。2015年5月，最高人民法院、司法部在10个省（自治区、直辖市）50个法院实行人民陪审员制度改革试点。截至2015年，试点法院新增选人民陪审员7800多人，人民陪审员总数增至法官总数的约4倍。2015年，全国人民陪审员共参审案件284.6万件。[1]四是在保障人权方面，2011年，中国人权研究会发布《人权蓝皮书》，蓝皮书指出，20世纪90年代初以来，中国在人权问题上进行了重大外交战略调整，开始积极主动地参加国际人权活动，在国际人权领域发挥了重要作用。近年来，中国在与国际人权条约机制的合作、与联合国人权机构的合作、参与国际人权对话和人权交流等方面都取得了新的进展。根据最新统计，中国已参加27项国际人权条约。在人权交流方面，中国会采取更加积极的态度参与和鼓励人权交流。除了官方层面的人权交流，民间层面特别是非政府组织层面的人权交流将会发挥更加突出的作用。各种定期和不定期的人权论坛和人权研讨会将成为人权交流的主要方式。同时，由于人权理念的差异、西方对中国的不了解和偏见、对民族问题性质的不同认识、国内分裂势力和国外反华势力的勾结等因素都不是短时间内可以完全消除的，因此中国在国际人权领域和一些国家的分歧和斗争在今后相当长的时间内仍将持续。

　　这表明，在惩治腐败、法治建设与保障基本人权方面，中国与国际主流社会逐渐接轨，大力吸收西方文化在依法治国、反对腐败和保障人权方面先进的、适合中国国情的因素，并且按照计划谨慎地、逐步加以实施。

---

　　① 中华人民共和国国务院新闻办公室：《中国司法领域人权保障的新进展》，载《人民日报》2016年9月13日，第011版。

（2）在理论上，学界对中西制度文化交流的探讨进一步深入

随着全球化和中国改革开放的深入，中国接受了市场经济的理念并付诸实践，使得这个长期以来被认为是"资本主义专利"的观念转变为一种中立的、没有意识形态色彩的资源配置方式，从而引起了一系列思想观念的变革。近年来，又有学者提出，在经济领域，"姓社姓资"的问题大体已解决，但在政治方面，"姓社姓资"的疑虑仍然是借鉴人类政治文明成果的障碍。他们主张：既要从技术层面上学习借鉴人类政治文明有益成果，也要从制度层面上充分汲取人类政治文明有益成果的实质内容。因为现代文明社会的市场机制与它所要求的民主法治精神是融为一体的。如果只借鉴利用市场机制，而忽视借鉴吸收它所要求的民主法治精神，那么，市场机制在"移植"的土地上就不可能健康地生长发育。作者认为，这些探讨，也许貌似激进，也许目前运作时机还远不够成熟，因为他们提到保障市场经济运行的"民主法治精神"本身也是需要本国历史发展、传统沿袭、经济水平、人口素质等诸多复杂因素共同组成的"土壤"，关于如何解决这个"土壤"问题，他们也没有具体有效的对策建议。但是这是一个有益的理论探索。

3. 中西深层文化的拒斥与排异

文化的深层核心是价值观和意识形态。中国与西方由于政治、经济发展的路径不同，价值观和意识形态的差别比较大。自近代以来，由此而产生的文化冲突很多，有的甚至引发兵戎相见。新中国成立后，由于中国实行社会主义制度，与西方资本主义制度形成了对立，一度对峙、隔绝，互不往来。冷战结束后，中国应对全球化的挑战，主动改革开放，尽量淡化意识形态的影响，大力学习吸收西方优秀文化。但是，由于历史和现实的种种原因，在当代中西跨文化交流中，价值观和意识形态的对话，尤其是意识形态的对话几乎是"失语"的。在价值观和意识形态方面，彼此互相有所拒斥、有所警戒、有所防备，这依然是绕不过的暗礁。

（1）中西价值观的冲突

西方价值观念主要是指继承了西方文化传统的国家所信奉的价值观念，包括在资本主义制度基础上产生的资本主义的价值观念和在社会化大生产与商

品经济、市场经济基础上产生的适合西方社会化大生产的价值观念。而今天，中国的价值观念则主要有以古代儒家为代表的传统价值观念和当代社会主义的价值观念，即中国特色社会主义价值观。刘胜康在《中西价值观比较辨析》中系统地总结了中西价值观的不同。①他认为，中西价值观的差异主要表现在中国古代传统价值观与西方价值观、中国特色社会主义价值观与西方价值观的不同。

中国古代传统价值观与西方价值观的区别是：（1）中国传统价值观主张重群体，国家民族至高无上，强调社会本位和群体本位；西方价值观则主张重个人，个人至上，强调个人本位。（2）中国传统价值观主张道德本位主义，道德至上论；西方价值观主张功利主义，金钱至上论。（3）中国传统价值观重内在价值，重人格；西方价值观则重外在价值，重实惠。（4）中国古代价值观奉行中庸之道，推崇仁爱原则，强调"推己及人"和人际和谐；而西方价值观则崇尚竞争。

中国特色社会主义基本价值观与西方价值观的主要区别是：（1）思想基础的对立，即集体主义与个人主义的区别。中国特色社会主义是植根于社会主义公有制为主体的经济基础之上的社会制度，其价值的思想基础必然是集体主义，即坚持集体利益高于个人利益，个人利益服从集体利益，但并不否认个人利益，尊重个人的正当利益。西方社会是建立在私有制基础上的社会制度，其价值观的思想基础或核心必然是个人主义，一切为自我，以个人为中心，把个人凌驾于集体之上。为了维持正常的生活秩序，制定了相应的法律法规，限制个人主义的恶性膨胀，让人们在法律规定的范围内活动，这就是合理的个人主义或者合理的利己主义。（2）价值信念的对立，即坚信社会主义优于资本主义和坚信西方是自由世界的区别。中国特色社会主义基本价值观以马克思主义为指导，坚信社会主义优越于资本主义；而西方价值观认为西方才是真正的自由世界，认为资本主义是无比优越的。（3）价值标准的对立，即以劳动或对于社会的贡献为价值标准和以金钱为价值标准的区别。社会主义价值观念在汲取儒

---

① 刘胜康：《中西价值观比较辨析》，载《贵州师范大学学报》1998年第4期，第66～69页。

家重视道德、人格观念的同时，也重视人们的物质利益，义利并重。劳动是主体价值的基础，劳动对社会的贡献是社会主义的价值标准，劳动决定着经济收入的多少和社会地位的高低，是主体本质力量对象化的过程。资本主义的价值观念以金钱作为衡量一切价值的最高尺度，金钱确定人的价值。谁有钱，谁就值得尊敬，就属于上等人，就有势力。

（2）中西意识形态的冲突

中国与西方具有截然不同的意识形态和社会制度。在全球化背景下，中西跨文化交流中最难以绕过的深层障碍，就是不同社会制度和意识形态的矛盾和挑战。不同社会制度、政治力量多元并存是客观事实，两种社会制度之间的冲突与摩擦不可避免，意识形态之间的争论也将长期存在。

新中国建立后，由于信奉社会主义意识形态，与以美国为首的西方资本主义世界形成了互相对立的两大阵营。西方一直对中国交互实施政治遏制、经济封锁、军事包围、外交孤立及文化上的和平演变政策。随着柏林墙的倒塌和苏东剧变，社会主义阵营遭受重创。西方国家许多政治家、理论家弹冠相庆共产主义的"崩溃"和"大失败"，认为资本主义文化、价值和意识形态是人类发展的最高级阶段，是"历史的终结"。虽然社会主义国家已经不再对西方的根本利益构成直接威胁了，但是西方以共产主义为敌的冷战思维依然存在。目前，中国现在虽与美国等西方国家建立了战略协作伙伴关系，在外交方面淡化意识形态的差异，但这并不表示双方在意识形态、社会制度方面的认同。

关于中西意识形态的冲突，美国久负盛名的越战纪念碑这样告诉后人，"中国已经成为共产主义国家，不能再让越南成为共产主义国家"。仅仅是意识形态的不同，就让人类如此轻易地相互恐惧和仇视。对于意识形态的差别，由于西方政府和新闻部门的宣传误导和中西普通民众的交流欠缺，对于意识形态的差别，西方的普通百姓都非常敏感。有位在美国生活的中国妈妈讲了这样一件事：她孩子所在学校的交通协理，是一位白人老太太，她对这位中国妈妈十分隔膜和冷漠，一次闲谈，她劈头就问："你来自中国？你们现在还是共产主义国家，你们的人权现在还有很大的问题！"这位中国妈妈不知道她心中的

"共产主义"中国现在究竟可怕到什么程度，但一定是被她深恶痛绝的。①这样的事情，足以让人们认识到，人类因为地域的隔阂、文化交流的缺乏、产生了戒备和仇视，而带上意识形态的有色眼镜更加剧了偏见和隔膜。

由于中西意识形态的冲突，所以"反共主义"和"和平演变"一直是西方试图"促进中国的自由化"②的手段。在世界范围思想文化交流交融交锋的形势下，国际敌对势力正在加紧对中国实施西化分化战略图谋，思想文化领域是他们长期渗透的重点领域。在全球化时代，西方国家更是积极寻求新的方式与途径达到其目的。他们深知，文化"软力量"具有"随风潜入夜，润物细无声"的独特功能，一直以来特别重视文化渗透和和平演变。1938年，美国国务院美洲司的理查德·帕蒂就对美国政府献策："政治渗透带有强制接受的烙印，经济渗透被谴责为自私和强制，只有文化合作才意味着思想交流和无拘无束。"③1993年，美国克林顿政府发表的《国家信息基础设施：行动计划》提出，要利用全球化的网络信息传播，开辟"思想战场"，用"自由、民主、人权"的价值观去占领世界、统治世界，最终实现"思想征服"。美国中央情报局制定的对付中国的《十条诫命》提出："尽量用物质来引诱和败坏他们的青年，鼓励他们蔑视、鄙视，进一步公开反对他们原来所受的思想教育"，"一定要尽一切可能，做好宣传工作，包括电影、书籍、电视、无线电波……和新式的宗教传布。只要他们向往我们的衣、食、住、行、娱乐和教育的方式，就成功了一半"④。美国新闻署宣称："美国应向中国正在成长的年轻一代灌输美国的价值观念，这比向他们传授科学知识更重要。"美国前国务卿克里斯托弗在谈到美国政府对华政策时说："我们的政策将设法通过鼓励那个伟大国家的

---

① 肖淑珍：《在越战纪念碑前》，载《当代军事文摘》，2005年6月，第64页。

② 转引自刘健飞：《美国与反共主义——论美国对社会主义国家的意识形态外交》，中国社会科学出版社2001年版，第137、141页。

③ 转引自孙泽学：《社会主义初级阶段文化建设研究》，华中师范大学出版社2004年版，第276页。

④ 姚黎君：《全球化时代的中华文化走向——方克立教授访谈录》，载《党政干部学刊》2001年第4期，第7页。

经济和政治自由化势力，来促进中国从共产主义向民主的和平演变。"美国前总统尼克松在《1999：不战而胜》一书中称：通过人员往来"撒播下思想的种子，这些种子有朝一日会绽放和平演变的花蕾"①。20世纪的苏联解体、东欧剧变，西方和平演变都是幕后推手。进入21世纪以来至今，发生在苏联、东欧、中东、北非的"颜色革命"，都是欧美等发达国家为了经济或者政治目的，在幕后操纵的，都是和平演变的后果。他们打着民主的旗号，采取"民主扩展"战略，不仅威逼"非民主国家"加以和平演变，也伺机推进"民主欠发达国家"的"民主化升级"，以达到西方标准。西方将"非民主国家"和"民主欠发达国家"纳入其定义的民主化轨道的意图，不会轻易放弃，一直以来他们的目标或曰下一个目标就是中国。对于西方国家意识形态方面的挑战，中国政府一方面继续坚持改革开放不动摇，大力吸引西方先进的科学技术和管理理念；另一方面，顺应时代潮流，积极主动实行变革，与时俱进，探索适合自己的发展道路与制度模式。加强执政党代表先进生产力、提高人民生活水平、引领先进文化的能力；加强民主政治制度建设，有计划地改善人权状况；加强公民政治、道德、思想建设；加强网上有害信息的过滤和阻挡等，进行了卓有成效的回应。

可见，在意识形态领域，西方对中国的和平演变从未停止，全球化的条件下，和平演变的手法更加多种多样。而中国也从未停止过对和平演变的斗争，不断提高应对和平演变的信心和能力。

4.中西深层文化经过排异后亦有再融合

从以上可以看出，中西文化的确在深层存在着矛盾和冲突，在跨文化交流过程中，双方会发生相互抗拒、排斥，或者吸收其他内容的同时忽视、过滤、回避存在矛盾、冲突的部分，将不会发生根本性冲突的部分再次交流融合。所以，尽管存在矛盾，经过排异后也能够存在诸多借鉴和融合的机会。在全球化和改革开放的背景下，在中西跨文化交流中，应该辩证地去看待它们，

① 转引自孙泽学：《社会主义初级阶段文化建设研究》，华中师范大学出版社2004年版，第277页。

既要承认差异，又要看到借鉴和融合；不能简单地评论孰是孰非，孰优孰劣，而是要把它们放在全球化的经济、社会、人类文明发展的大背景下进行讨论。既要对中国传统文化的得失进行反思，对西方文化的利弊进行筛选，又要对中西意识形态融合的困境、出路和未来愿景有一个清醒的认识。

（1）承认有差异，容忍有差别

要承认有差异，容忍有差别。中西文化是性质和来源截然不同的两种文化，基于发展的环境与路径不同，形成了各自明显的特点，是客观存在的，不以任何人的意愿为转移的。价值观是人们在生活、学习、成长中逐渐形成的，从历史发展看，中华民族自古以来就是农业型民族。农业耕作的特殊性，使人民长期定居于某一区域；在同一空间区域内，要达到长期共存的目的，维持一定区域内家族之间，家族成员之间的关系就显得尤为重要。中国封建社会的社会结构就是以血缘、宗法关系为纽带而建构起来的。在家庭内部，首先要确立父亲的绝对地位。以父亲为中心，确定上下贵贱、尊卑长幼秩序，任何一级不得逾越。国家是家庭的扩大化。君主作为一国之主，是权力的化身和象征。统治者为了达到万世为尊的目的，竭力向国民灌输封建道德意识，道德原则被进一步国家化。从思维方式看，思维方式受民族哲学基础支配，中国的儒家、道家和佛教对中国人思维方式的形成产生很大影响。这三种哲学思想都很重视悟性，因此中国人的所作所为都比较含蓄和委婉，要让人经过思考后才明白其中的真正意思。中国传统价值观的优点是：重群体、重社会责任、重和谐、重道德价值；缺点是忽视人性、个人权利，忽视竞争和创新意识。而在西方，从历史发展看，早在17世纪，英国的资产阶级就推翻了封建统治建立了资本主义社会，工业革命大幅度提高了人们的物质生活水平，还彻底解放了人们的思想。资本主义的民主思想也逐渐遍及整个西方社会。西方人崇尚个体，向往自由平等。从思维方式看，欧美国家的哲学背景是亚里士多德严密的形式逻辑，以及后来从十六世纪到十八世纪弥漫于欧洲的理性主义。理性主义注重形式论证，对欧洲自然科学的发展起推动作用。因此西方人的行为较外露而且逻辑性强，重视表达的确切性，很难理解中国人的含蓄。西方价值观的优点是注重个人自由权利、强调竞争，鼓励开拓创新；缺点是忽视群体作用，忽视道德价值。

（2）应该看到中西价值观互相借鉴与融合的现实

第一，借鉴、融合西方价值观，有利于弥补中国传统文化价值观中的不足。中西两种文化，各有所长，也各有所短，既有差异性，也有互补性。在中西跨文化交流中，西方价值观中重个性、重个人自由权利、强调竞争、鼓励开拓、创新的积极成分逐渐为中国人所认同和汲取。自我意识是人的主体意识的前提，西方以自我为价值尺度的价值观念，唤醒了长期以来中国人缺乏的自我意识，增强了中国人的主体意识。只有意识到自我的存在价值和意义，才能确立自身的主体地位，更好地发挥自己的积极性和创造性。自我选择、自我实现、自我超越成为当代中国青年普遍认同的价值观念。还有，西方价值观念对中国社会最富有意义的影响之一就是改变了中国人关于利和求利、钱和赚钱的观念。追求利益，追求利润（当然必须是合法的）不再被看作是不道德、丑恶的事，而是成为正当合理的追求；金钱也不再被视为万恶之源，而是成为实现个人幸福和全面发展所不可缺少的基础条件，也是发展社会主义市场经济的需要。关于竞争观念，中国人在参与全球化过程中，也接受了西方这种重视竞争的价值观。物竞天择，优胜劣汰，只有敢于竞争，才能在竞争中发展自己，击败对手，使自己立于不败之地。除了价值观念之外，还有一些反映社会化大生产和商品经济、市场经济要求的西方观念也适用于社会主义社会。比如时间就是金钱，效率就是生命，知识就是力量，信息就是财富，人才就是资本，管理出效益，顾客就是上帝，质量是企业的生命，以及开放的观念、开拓创新的观念等等。社会主义制度必须建立在社会化大生产基础上，而中国要加快经济发展，必须抛弃单纯的计划经济模式而采取社会主义市场经济的模式。社会主义的价值观念包括要努力解放和发展生产力，树立强烈的竞争意识，创造平等、公开的竞争环境，努力提高自身素质，使自己成为竞争中的强者；改变分配制度中的大锅饭，实行按劳分配为主体、多种分配方式并存的制度；提高劳动效率，体现效率优先、兼顾公平的原则。[①]所以，西

---

　　①　胡召音、姜杰：《文化全球化背景下中西价值观念的冲突与融合》，载《武汉交通职业学院学报》2004年第2期，第32～34页。

方文化中适合于社会化大生产和市场经济的价值观念在社会主义社会中仍有其积极作用。

第二，中国传统文化的现代价值，可以弥补西方文化的不足。中国传统文化中蕴藏着无限丰富的人文资源，这有助于匡正西方资本主义现代化中的精神匮乏。首先，儒家哲学是对生命的一种自觉，是一种人化的真理，可以弥补西方真理观的不足，可以用儒家思想来解决当代社会遇到的问题。①其次，中国传统文明和文化在矫治现代西方社会发展危机中可能发挥重要作用。西方文化是19世纪70年代以来全球问题、人类困境的思想根源和文化根源。生态危机、环境危机和资源危机从本质上讲就是西方资本主义近代化和现代化模式的危机。而中西方思维模式是互补的：西方的思维模式是分析的，东方的思维模式是综合的。西方是"一分为二"，而东方则是"合二为一"，或者西方是"头痛医头，脚痛医脚"，"只见树林，不见森林"，而东方则是"头痛医脚，脚痛医头"，"既见树木，又见森林"。总之，东方综合思维模式的特点是整体概念和普遍联系；而西方分析思维模式则正好相反。在西方文化迄今已经达到的物质基础上，改变人与自然相处的指导思想，在利用西方科技时，参照中国传统文化的一些理念，可以取其优点，去其弊端，使人类文化发展到一个更高的水平。②再次，中国传统文化中的"和为贵"观念，中国提出的"和谐世界"的思想，可以矫正西方文化中过分强调竞争的观念和强烈的宗教观念，有利于世界的和平发展。

第三，中西方对于人类共同问题的关注，在由共同利益搭建的平台上，极有可能促成意识形态的融合。经济全球化的发展，使得中国与西方必须面对一些共同的全球性难题，如生态平衡、环境保护、气候变暖、核武器威胁、恐怖主义、跨国贩毒、艾滋病防治、人口爆炸、食物短缺、战争与和平、金融危机等等。这些问题既有经济的、政治的，也有社会的、文化的，它们已经超越

① 杨晓珍：《儒学"仁爱"思想对构建现代和谐社会的作用》，载《浙江工贸职业技术学院学报》第21卷第2期，2021年6月，第71～74页。

② 季羡林：《21世纪：东方文化之光必将普照世界》，载《今日中国》（中文版）1996年第2期，第58页。

了社会制度的差异和意识形态的分歧，关系到中西乃至全人类的根本利益。为了解决这些共同的难题，客观上需要全世界的共同努力以达成文化共识，并形成一种具有普适性的文化适应机制，以应付全球化的环境，回应全球性难题的挑战。国际社会已经在许多问题上达成共识，如保护大气环境、防止地球臭氧层破坏、限制核武器公约、联合反恐等。正如市场机制既是一种资源配置方式，也作为一种文化形态已经被全球大多数国家接受一样，正如民主制度成为全人类的普遍诉求一样，社会主义、共产主义等理念也是有可能被世界、被西方逐步认同和接受。但是这个过程会是一个相当漫长、需要精心、耐心地去努力的过程。

第四，社会主义核心价值观凝聚了中西文化价值观的先进取向。价值观是人们在生活、学习、成长中逐渐形成的，深受宗教、家庭、传统、教育和社会现实的综合影响，并且各不相同。一个人群、一个民族、一个社会人们共同的价值观可称为核心价值观。中共十八大提出了社会主义核心价值观，在国家层面倡导富强、民主、文明、和谐，在社会层面倡导自由、平等、公正、法治，在公民个人层面倡导爱国、敬业、诚信、友善。这24个字是社会主义核心价值观的基本内容。社会主义核心价值观是社会主义核心价值体系的内核，体现社会主义核心价值体系的根本性质和基本特征，反映社会主义核心价值体系的丰富内涵和实践要求，是社会主义核心价值体系的高度凝练和集中表达，是中国对国家、社会和公民的严格要求。本文认为，社会主义核心价值观凝聚了中西文化价值观的先进取向。首先，社会主义核心价值观充分体现了对中华优秀传统文化的继承和升华。社会主义核心价值观在吸收中华优秀传统文化丰富营养的基础上逐步发展和完善，是中华优秀传统文化在现代社会的延续，二者在内在上是统一的。从国家层面来看。中华文化历来强调"民本"。《尚书·五子之歌》中讲："民为邦本，本固邦宁。"指的就是百姓是国家的根本和基础，唯有百姓富足安康，国家才能和谐稳定。社会主义核心价值观所倡导的"富强""民主"要求一切从人民群众的利益出发，关注民生，唯有人民安居乐业，国家才能富强昌盛，这是民本思想在当今时代的升华。中华文化强调"天人合一""和而不同"，"天人合一"意指人类活动应顺应自然规律，维护人与自然的和谐；"和而不同"则强调在与人交往之中既能与之保持和谐友善关系，又能坚守自己的立场，不完全附和对方。这种理念要求人们在与人相处时应"求同存异"，保持人与人之间自由、民主、平等的关系，在与自然的相处中尊重自然，实现人与人、人与自然的和谐、可持续发展。这反映在社会主义核心价值观中，即是"和谐"思想的体现。从社会层面来看，《论语·卫灵公》中讲："己所不欲，勿施于人。"指要顾及他人感受，不能将自己不愿做的事情强加到别人身上。《孟子·滕文公上》中讲："出入相友，守望相助。"教导人们要彼此关心、互相扶助。《孟子·梁惠王上》中讲："老吾老以及人之老，幼吾幼以及人之幼。"指在赡养老人、抚育孩子时，也应顾及与自己无血缘关系的老人及小孩。这些强调博爱的论述都是以"和谐"为特色的中华优秀传统文化的反映。体现在当代，就是要求致力于构建民主法治、公平正义、诚信友爱、充满活力、安定有序、人与自然和谐相处的社会主义和谐社会。从公民层面来看，《周易·乾》中讲："天行健，君子以自强不息。"意指君子应发奋图强、勇于拼搏、永不停息。顾炎武在《日知录》中谈道："天下兴亡，匹夫有责。"意指国家存亡与每个人都息息相关，要求人们以国家兴亡为己任。《论语·里仁》中讲："君子喻于义，小人喻于利。"要求人们加强自身道德修养，以德修身。《论语·述而》中讲："君子坦荡荡，小人长戚戚。"要求人们待人接物懂得包容，以宽厚胸怀承载万物。《论语·子路》中讲："言必信，行必果。"强调做人讲求信用，答应别人的事要办到。《论语·为政》中讲："人而无信，不知其可也。大车无輗，小车无軏，其何以行之哉？"论证了"诚信"的重要性。《孟子·离娄下》中讲："仁者爱人，有礼者敬人。"指仁者是充满慈爱之心，满怀爱意的人。《孟子·公孙丑上》中讲："取诸人以为善，是与人为善者也。故君子莫大乎与人为善。"指要待人善良、乐于助人。这些优秀传统文化在社会主义核心价值观有关公民层面的论述中得到了充分的体现。[①]

其次，社会主义核心价值观吸收西方先进文化因素。一般讲，西方核心价值是

---

① 宋乃庆：《社会主义核心价值观与中华优秀传统文化》，载《信阳日报》2019年10月12日，第004版。

"自由、平等、博爱、公平、正义、人权"，绝大多数与社会主义核心价值观相融相通。2015年9月28日，习近平主席在纽约联合国总部出席第七十届联合国大会一般性辩论会发表题为《携手构建合作共赢新伙伴，同心打造人类命运共同体》讲话中指出："和平、发展、公平、正义、民主、自由，是全人类的共同价值，也是联合国的崇高目标。"社会主义核心价值观不能离开人类社会文明发展大道的结果，恰恰相反，社会主义核心价值观不仅吸收人类文明发展的优秀结果，而且是一种能够代表全人类共同的文明成果和"共同价值"的核心价值观，是全人类共同的文明成果和"共同价值"的升华和具体体现。[1]所以说，社会主义核心价值观凝聚了中西文化价值观的先进取向。

第二节　直面当代西方文化的强劲挑战

当代中西跨文化交流是在新的时代背景下展开的。从全球视角看，十九世纪80年代末90年代初，随着苏联解体、东欧剧变，经济全球化进入了新阶段。在中国，经过15年"黑头发谈成白头发"的艰苦谈判，2001年，随着多哈会议一声落槌，中国加入了世界贸易组织，开始了与世界经济同步的进程。从中外文化交流史看，中国文化对外来文化的大规模整合从古至今有四次：第一次是汉唐时期印度佛教文化的传入，第二次是明清时期西方耶稣会传教士带来的西方文化，第三次是"五四"时期对马克思主义及以民主科学为主要内容的西方文化的引进，第四次是改革开放以来进行的西方科学和文化规模不断扩大的输出，进入了中西文化整合的新阶段。[2]有的学者从意识形态冲突的角度认为，这个时代是社会主义和资本主义冷战的"历史的终结"（弗朗西斯.福山），是西方制度和意识形态一统天下的时代；有的学者从人类文明发展演进的角度认为，这个时代是"文明的冲突"的时代（亨廷顿）；也有学者认为，

---

①　戴木才：《全人类"共同价值"与社会主义核心价值观》，载《光明日报》2015年10月28日，第013版。

②　孙泽学：《社会主义初级阶段文化建设研究》，华中师范大学出版社2004年版，第178页。

关于全球化所带来的新的生活和思想方式，以及它们所创造出来的国际性文化新格局，可以概括为两个对立的矛盾过程：一方面是文化的多样性和差异性被同化，并趋于削弱和消失；另一方面，是文化的交流、互补、综合，以及新的多样化的出现。①所以，与中国经济力求顺应世界经济全球化的同时，中国文化却在这个过程中一方面保持面向全球各国的开放、交往和互相借鉴态势，另一方面又努力保持和伸张自身的独特个性。也就是说，当全球经济寻求一体化的时候，而全球各国、各民族文化却力图保持、开发或走向多元化。可见，当代中西跨文化交流进入了经济全球化、政治格局多极化和多元文化共存发展的新时代。在这个背景下的中西跨文化交流中，中国文化发展既受制于国内情况，也受制于外部气候，更重要的是，本土文化状况其实就是与外部文化密切互动和息息相通的，从而既不存在与世隔绝的本土文化，也不存在完全与本土文化分离的西方文化。西方文化与中国文化的复杂关系使当代中西跨文化交流呈现出曲折、多样的风貌，既给当代的中国文化增添了新的内容，注入了新的活力，也带来了如何整合中西文化的新的课题。在全球化背景下的中西跨文化交流，呈现出西方文化在高度发达的经济推动下的"比较优势"和中国打开国门之后在全球化的观照下自身的"比较劣势"。前者是外因，后者是内因，内因、外因共同作用，形成了全球化背景下当代中西跨文化交流的突出问题。

一、西方文化霸权是引发中西文化冲突的重要根源

"文化霸权"理论是意大利共产党创始人葛兰西提出来的，指的是统治阶级将对自己有利的价值观和信仰普遍推行给社会各阶级的过程，它不是通过强制性的暴力措施，而是以大多数社会成员的自愿认同来实现的。也可以说，霸权的实现是一个赢得价值共识的过程。后来，霸权理论也用于解释文化之间的冲突，特别是有关发达国家与发展中国家的文化关系。②所谓西方文化霸权，有的学者认为"就是西方国家把其物质生活方式、人生观和价值观作为一种

---

① 王宁编：《全球化与文化：西方与中国》，北京大学出版社2002年版，第75页。

② 张骥、刘中民：《文化与当代国际政治》，人民出版社2003年版，第300～301页。

普世的行为准则加以推广，赋予自己在文化上的支配地位"①。有的学者认为，"文化霸权指的便是国家借助历史、政治和经济等力量，加强并运用文化力量来制约和影响世界事务和其他国家内部事务的发展过程。其实质是在文化掩盖下争夺世界政治、经济主导权的斗争"②。总之，西方文化霸权就是西方发达国家借助历史、政治和经济等力量，把其物质生活方式、人生观和价值观作为一种普世的行为准则加以推广，加强并运用文化力量来制约和影响世界事务和其他国家内部事务的发展过程。

在理论上，西方文化霸权的主要表现就是宣扬西方文化中心论。一直以来，西方发达国家都在极力宣扬西方文化的优越性。弗朗西斯.福山在《历史的终结》中认为西方的文明和价值体系是最高级的，其他的文明都是低级的，人类文化发展的趋势将是对西方价值体系的最终认同，西方的自由民主将终结人类历史，"战斗圈内的竞争者只留下一个人，即自由民主——个人自由和人民主权的学说"③。亨廷顿的"文明冲突论"认为，冷战结束后，世界冲突的根源，主要不是意识形态或经济的，而是文化上的，是来自不同文明的国家或集团之间的冲突。"文明冲突论"延续了冷战思维，按照文明差异为西方寻找潜在的对手。

全球化背景下的当代中西跨文化交流一方面将领略西方优秀文化的魅力，另一方面，也同样将直面咄咄逼人的西方文化霸权。西方文化霸权给当代中西跨文化交流带来了很大的阻力和问题，主要表现在以下几个方面：

1. 全球化的西方价值取向加剧了中西跨文化交流的失衡

在经济方面，全球化归根结底是肇始于西方的，是在不公正、不合理的国际经济旧秩序没有根本改变的情况下发生和发展的。虽然国际经济的"游戏规则"有着符合社会化大生产规律、优化资源配置和效率较高等优点，但总

---

① 孙晋忠、晁永国：《全球化时代的西方文化霸权》，载《光明日报》2001年12月18日，第C04版。

② 张骥、刘中民：《文化与当代国际政治》，人民出版社2003年版，第305页。

③ 〔美〕弗朗西斯·福山著，董胜强、许铭原译：《历史的终结》，远方出版社1998年版，第59页。

体上说是在以美国为首的发达西方资本主义国家的主导下制定的。发达资本主义国家不仅在资金、技术、管理以及贸易、金融等方面占有很大优势，而且在国际经济和国际政治上有相当强的控制权。这就是全球化在经济方面的西方价值取向。

在政治方面，弗雷德里克·詹姆逊从西方马克思主义的立场出发，对全球化所隐含的美国价值取向提出了批评，"当我们谈论全球化不断扩展的权力和影响时，我们实际上想到的是美国的权力和影响。当我们谈到民族——国家的削弱时，我们实际上想的是其他民族——国家的削弱，很可能它们的削弱是因为美国的权力，或者因赞成——合作或有意服从——而削弱，或者因各种残酷的力量和压力而削弱。这里在焦虑背后形成的东西，是过去所称的帝国主义的一种新形式，而帝国主义本身已经经历了各种不同的体现"①。他认为这实际是帝国主义的一种新的表现形式，这是全球化在政治、权力方面的西方价值取向。

那么，在文化方面呢？全球化背景下的文化和文化交流也不可能置身事外。关于全球化在文化中的表现，詹姆逊认为，"在我们谈到文化时，是否民族主义问题或民族自豪感和民族尊严是唯一面临危险的东西？并非如此，因为这里有许多其他的问题，其中文化和民族（或种族——民族）与流行或传统文化的形式是一致的，而这些文化形式似乎正被美国的大众文化模式——电视演出、服装、音乐、电影等等——逐出并取而代之。对我们许多人而言（特别是在文学和文化领域工作的人），这是界定全球化的真正核心：世界文化的标准；美国的电视，美国的音乐，好莱坞的电影，正在取代世界上其他一切东西。"②这是全球化在文化方面的西方价值取向。

可见，全球化背景下的中西跨文化交流中，以美国为首的西方文化借助强大的经济、政治、传播优势，进行强有力的输出和覆盖，使本应双向进行的

---

① 〔美〕弗雷德里克·詹姆逊：《论全球化和文化》，载王宁编《全球化与文化：西方与中国》，北京大学出版社2002年版，第106页。

② 〔美〕弗雷德里克·詹姆逊：《论全球化和文化》，载王宁编《全球化与文化：西方与中国》，北京大学出版社2002年版，第108页。

文化交流变成了"一江西水向东流"的单向输出，加剧了中西跨文化交流的失衡。

2.西方发达国家技术领先带来的"话语霸权"

第一，文化传播媒介全球化带来的西方信息优先权。经济全球化使得全世界几乎都共享了发源于西方的传播媒介发出的声音。西方信息优先权是指西方凭借先进的科技、信息技术拥有的信息优先得到、优先发布、优先反馈的控制权力。据统计，西方广播电视网覆盖全球各个角落，发达国家拥有的电子设备占世界总数的90％，而发展中国家仅占10％。当今世界四大通讯社——美联社、合众国际社、路透社和法新社均属于发达国家。信息技术的迅猛发展使发展中国家对信息进行有效控制和必要筛选变得越来越困难。尤其是国际互联网更加剧了西方的优势。互联网的出现使人类首次形成空前规模的无国界的电子疆域——赛博空间（cyberspace）。在这个空间中难以控制的信息传播打开了言论自由的魔盒。"大众传播也以无法比拟的规模向本国公民、邻国和世界其他地区的政府宣传。"①互联网的到来，让信息突破地域疆界限制，冲破民族国家藩篱和时空障碍，空前自由开放，使国家政府对政治信息、政治信仰、政治情感等难以进行有效的控制和引导。正如尼古拉·尼格洛庞蒂解释的那样："无论是通过法律还是通过炸弹，政客都没有办法控制这个网络。"②互联网使得发展中国家本来就处于弱势的文化雪上加霜，对民族精神、国家意识都将起到淡化的作用，正如汤林森所言："当人们发现他们的生活和生计越来越不受母国的机构制度的影响时，未来使他们得到安全和稳定的文化归属感，也一步步被吞噬了。"③互联网推广的个人自由主义和全球观念极其严重地冲淡了公民的民族意识、国家观念和爱国精神。西方国家利用信息技术上的优势能够轻

① 〔美〕威廉·奥尔森等著，王沿等译：《国际关系的理论与实践》，中国社会科学出版社1987年版，第193页。

② 〔美〕尼古拉·尼格洛庞蒂著，胡泳译：《数字化生存》，海南出版社1997年版，第274页。

③ 〔英〕阿尔温·汤林森著，冯建三译：《文化帝国主义》，上海人民出版社1998年版，第20页。

而易举地对发展中国家进行有选择的信息输出，控制、影响发展中国家的信息接收和反馈。而发展中国家却因难以支付高昂的费用而落后于发达国家，造成发达国家与发展中国家信息利用与控制的巨大差距。[①]西方信息优先权有助于西方文化的扩张。西方国家的文化扩张"一方面要以高度物质文明为后盾的西方文化横向扩散到其他国家的文化土壤中，左右其文化世俗化进程；另一方面则采取各种霸权主义行径，摧毁其他国家的社会和文化的传统内核和自主创新，企图确立以西方政治意识形态、价值观念为标准的全球文化一体模式"[②]。所以，经济全球化带来的一个直接后果就是文化上的全球化或趋同化现象，它使得西方的（主要是美国的）文化和价值观念渗透到其他国家，在文化上出现趋同的现象，它模糊了原有的民族文化的身份和特征。[③]西方的信息优先权腐蚀着发展中国家人民的民族精神、政治信念、道德观念。西方国家借助先进的技术优势，通过各种媒体可以对发展中国家进行信息轰炸，或煽动民众，或推波助澜，甚至可以颠覆他国政权。发展中国家民众在西方强大媒体信息的渲染下，对本民族的情感、认知，对本国的政治信念、政治情感都容易发生动摇，发展中国家的民族文化将产生难以预料的深层变化，有的甚至出现民族危机。如此下去，不仅危及发展中国家的本土文化的继承、发展和创新，还将影响到人类的和谐共处及国家关系的良性互动。

对于中国来说，西方极力将西方的文化作为一个普世的价值，作为处理国际关系的标准和尺度，为西方的全球文化扩张寻求合理、合法的依据，不仅威胁着中国的文化存在和发展，而且在很大程度上对马克思主义在中国文化发展的指导地位是一个严峻的挑战。

第二，西方文化产品涌入对发展中国家传统文化和文化产业的冲击。西方文化产品是指西方发达国家运用现代科学技术批量化制作的、旨在通过满足大众精神文化和审美娱乐需要而获取利润的文化商品，主要包括印刷制品、音

---

① 张骥：《国际政治文化学导论》，世界知识出版社2005年版，第110~114页。

② 陈尧：《论发展中国家政治文化世俗化的实质》，载《国际观察》1999年第2期，第27~28页。

③ 王宁编：《全球化与文化：西方与中国》前言，北京大学出版社2002年版，第1页。

像制品、游戏、动画、漫画制品等。①西方雄厚的经济基础和发达的信息技术使得西方文化产品也具有得天独厚的优势。冷战结束后，伴随着全球文化产业的急剧增长，文化产品在世界贸易中的比重增加，使文化扩张和渗透与经济利益紧密联结在一起。以美国为例，美国最大出口产品已不是农产品或工业品，而是批量生产的流行文化产品，包括电影、电视节目、书籍、期刊、报纸、音乐唱片、电脑软件等。这些产品畅销世界各地，人们在消费这些产品时，会不知不觉地受到其中价值观、生活方式、思维方式等的影响，进而就会忽视、藐视本民族的固有传统，动摇和丧失本民族的特性。美国影视逐鹿世界，在一些文化弱国，如入无人之境，充实并侵蚀着当地的文化娱乐生活，使人足不出户就可以沉浸在好莱坞大片的声像之中。大多数人在接受这些产品时，很难做到有意识地筛选，久而久之，这些文化产品便会潜移默化地渗入人们的精神和心灵，使本地文化失去本民族凝聚力、民族精神和特性。而广大发展中国家由于受到经济发展水平制约，其文化产品相对较弱，发展缓慢，很难与之抗衡。因而不少人得出这样的结论，即文化上全球化的进程步步紧逼，强势文化可以借助经济上的强力向弱势文化施加影响，使之趋同于强势文化，民族的文化特征越来越模糊。以美国为首的西方国家的大量文化产品使西方文化特有的价值观和生活方式，源源不断地深入发展中国家，发展中国家的本土文化、价值观、思维方式等受到极大冲击，发展中国家的文化受到严重威胁和侵蚀，文化安全问题尤为突出。

在中国，受到经济发展水平制约，文化产业发展也是比较薄弱的，西方文化产品对大众的文化生活的充实和覆盖也是并行不悖的。无论在影视节目还是娱乐节目，模仿和照搬西方文化产品的现象屡屡发生，比如，内地以及港台一些娱乐益智或竞赛类电视节目，"梦想中国""超级女声""快乐男声"等都是英美选秀类节目的翻版，电视连续剧，比如《好想好想谈恋爱》是美国HBO频道热播的电视剧《欲望城市》（*Sex and City*）的翻版，《丑女无敌》

是美国职场励志剧《丑女贝蒂》的翻版。对于上述现象，笔者一直强调，西方文化产品的作用是充实并侵蚀着中国文化，这是一个问题的两个方面，无法分离。一方面，它映照出了中国文化现代化进程中的一些不足，的确填补了中国民众娱乐生活的某些空白，另一方面，也是对于本土文化生命力的一种考验，它灌输西方价值观，并在一定程度上消解了中国文化艺术的原创动力。所以，在尽情享受或学习模仿西方影视和娱乐节目的同时，中国如不增强自身的文化实力，将会越来越沦为西方发达国家的文化消费地，并进而失去赖以生存的文化根基，最终在国际竞争或全球化浪潮中处于不利的发展地位，使中西跨文化交流无法在尽可能平等的基础上开展。

第三，西方学术话语影响着中西方学术方面的交流。语言是文化的重要载体。经济全球化也带来了强势语言与弱势语言的差距，即英语和汉语的差距。从分布人口看，汉语是强势的，但是从经济发展、传播主导看，英语是强势的。它使英语世界以外的人们感到一种巨大的压力：在未来的世界，要想有效地生存下去，不会英语恐怕寸步难行，根本无法得到互联网上的信息。据统计，全球英语网络使用者8.75亿，中文网络使用者全球共7亿。据瑞士《新苏黎世报》网站刊发德国杜伊斯堡—埃森大学教授弗洛里安·库尔马斯题为《亚洲觉醒》的署名文章称，掌握外语不仅是职业所需，还能建立纽带。眼下，亚洲人尤其是中国人也想进入这个专属俱乐部。但大量系统授课的语言仍然是英语、西班牙语、法语，它们的优势似乎无法超越，这一优势暂时仍会保持下去，因为课程的修改非常缓慢。可见，在教育、文化传播、互联网等方面，英语作为主要语言依然保持强大的优势。同样，在理论批评领域，由于强势语言的制约，中国学术"失语症"（Loss of discourse）还有可能发展为"失声症"（Loss of voice），这样所导致的后果将是中国文化悠久的历史和丰富的文学批评理论遗产竟不为（除了极少数汉学家外）世人所知；而另一方面，则是西方文化通过英语的中介长驱直入渗透到中国理论话语之中。[1]这就带来了中西学术方面交流的逆差。特别是在人文社会科学领域，国际权威的SCL（Science

---

① 王宁编：《全球化与文化：西方与中国》前言，北京大学出版社2002年版，第8页。

Citation Index，社会科学论文索引）、A&HCI（Arts and Humanities Citation Index，艺术与人文科学论文索引）检索系统对中国很多学者还相当陌生，不少学者的这种国际意识仍十分模糊，他们仅满足于利用外文资料向国人介绍西方的研究成果，而不能与西方进行讨论和对话[1]，极大地影响中西方学术方面的双向平等交流。

3.西方国家意识形态方面的霸权

中国与西方具有截然不同的意识形态和社会制度。在全球化背景下，中西跨文化交流中面临着难以绕过的深层暗礁，就是不同社会制度和意识形态的矛盾和挑战。不同社会制度、政治力量多元并存是客观事实，两种社会制度之间的冲突与摩擦不可避免，意识形态之间的争论也必将长期存在。新中国建立后，以美国为首的西方资本主义世界一直对社会主义中国交互实施政治遏制、经济封锁、军事包围、外交孤立及文化上的和平演变的战略图谋。冷战结束后，虽然共产主义在美国政要和战略家的心中已经"崩溃"和"大失败"了，而且不再对西方的根本利益构成直接威胁，但是以共产主义为敌的冷战思维依然存在，"反共主义"阴魂不散，"中国威胁论"频频抛出。目前，虽然中国在外交方面有意淡化意识形态的差异，美国等许多西方国家与中国也都建立了战略协作伙伴关系，但这并不表示以美国为首的西方对中国意识形态的宽容、对中国社会制度的认同、与中国长期和平共处的愿望。由于西方在意识形态方面实行霸权主义，所以，中西跨文化交流始终受到意识形态霸权的阻挠。

在理论上，西方发达国家极力宣扬西方意识形态的优越性，寻找资本主义意识形态输出、扩张的理论依据和借口。弗朗西斯·福山在《历史的终结》中大肆宣传西方文化中心论，认为西方的意识形态、文化价值是最高级的，其他文明和其他意识形态都是低级的，人类社会文化发展的趋势是对于西方意识形态，即自由民主制度的最终认同和皈依，资本主义意识形态是人类历史发展的最高峰，无可超越、替代。亨廷顿也认为，不同的文明之间不可能多元共存，或者激烈冲突，或者融合为一，而最终仍然是优越的文明统一世界，大力宣扬了西方的意识形态和有关西方民主、自由等观念；并且把中国作为将来可能与西方发生文化冲突的潜在对手之一。可见，西方国家在理论上从"主权有限"到"人道主义干预"、从"人权高于主权"到"先发制人"，意识形态霸权不断升级，其目的是把自己置于法理和道义的制高点，把西方意识形态作为处理国际关系的标尺，为行使意识形态的霸权提供合理依据。这在很大程度上对社会主义意识形态在中国的领导地位是个挑战。

在实践上，"反共主义""和平演变"曾一度成为西方国家贯穿在对华政策中的一条主线。因此，只要中国坚持社会主义，那么中国在西方国家眼中就是"异端"。在全球化时代，以美国为首的西方国家正积极寻求新的方式与途径达到其目的。首先，借助全球化带来的各种便利，他们积极利用资金或者物资援助项目及对外文化教育交流项目，宣传西方的价值观念和意识形态，培植倾向西方的政治代言人，进行文化和意识形态的渗透；其次，凭借连通全球的信息传播体系进行文化扩张和渗透，输出西方的政治意识、政治主张，破坏中国的政治稳定。例如，在互联网上经常会出现一些莫名其妙的邮件，基本上都是境外尤其是西方国家，对于中国惩治"法轮功"邪教组织、打击境内外"东突"恐怖组织的歪曲性报道，对于中国人权问题的无理攻击，对于执政党的肆意污蔑等。还有近年来，"中国威胁论"，老调重弹，被频频抛出。欧美日等国家多次对于中国军事力量、经济发展、网络安全和南海问题等，进行发难，炮制中国威胁论，极尽煽风点火之能事，企图达到围堵中国的目的。再次，通过大规模地输出精神文化产品，宣扬西方的意识形态、生活方式和价值观念，试图用一种潜移默化、浑然不觉的方式将其意识形态等灌输进来，扰乱中国民族精神，达到资本主义意识形态取代社会主义意识形态的最终目的。上述手段和措施，隐蔽性很强，有的声东击西，有的借尸还魂，不容易被人发觉，不容易引起反感，容易令人由新奇羡慕而逐步接受认可，从而对于中国社会主义意识形态有很大消解作用。

可见，在意识形态领域，西方对中国的和平演变从未停止，全球化的条件下，和平演变的手法更加多种多样了。在苏联和东欧地区，和平演变已经显示了巨大破坏性能量，"颜色革命"破坏了西亚、北非国家原有的富裕与和平，对于社会制度的改变起了很大作用。在中国虽然还没有得逞，但也带来了一些负面影响，西方的一些生活方式、文化思想、价值观念已经为很多知识分子、青年所认同，这其中有一部分是不健康的，如心灵空虚、拜金主义、单纯追求感官享乐等。在当代中西跨文化交流中，西方意识形态的霸权将对于双方的理解和沟通设置巨大的障碍。

二、西方强势文化对中西跨文化交流拓展的制约

全球化的浪潮席卷世界后，西方文化借着经济的巨大势能，大量涌入中国敞开的大门，叩问和考量着中国文化的应对能力。中国是世界四大文明古国之一，中国文化曾经在悠久的人类历史中发挥过重大作用。中国文化是世界三大文化体系之一，是古代一直独立发展、未曾中断的文化典型。但是，近代以来，由于中国长期、数度的闭关锁国，经济社会文化发展水平已经落后于西方；加之在全球化的追求个性张扬与人的解放的浪潮中，中国文化以其内敛的独特气质，尚未找到合适自己的表达方式。而西方文化在近代走在了世界优秀文明的前列。不可否认，与西方文化相比，中国文化目前仍然是弱势地位。正如哈佛大学教授、现代新儒家杜维明先生所指出的，"由欧洲启蒙运动而发展起来的以自由、人权、法制和追求个人尊严、理性的普世价值是人类文明史上最强势的意识形态"[1]，对西方文化强势地位的尊崇溢于言表。

西方强势文化的进入，客观上给中国文化建设、中西跨文化交流带来了挑战，对进一步加大中西文化的交流带来了制约。西方强势文化威胁着中国文化安全，进而威胁着中西跨文化交流的安全，制约着中西跨文化交流进一步发展的空间。

1.西方强势文化给中国文化安全带来威胁

中国文化安全就是中国文化能够免于外部威胁、侵害与内部的混乱、失序，从而保持本民族文化的独立、生存和发展，在世界文化交流与融合中保持

---

[1] 杜维明教授2004年9月30日在山东大学邵逸夫科学馆所作的报告《 四书——儒家人文精神的核心精神》。

强大的民族精神凝聚力和民族智力支持。西方强势文化给中国文化安全带来威胁主要表现在两个方面，一是西方强势文化给中国文化主权带来威胁，二是西方强势文化给中国传统文化带来冲击。

第一，西方强势文化给中国文化主权带来威胁。阿尔文·托夫勒认为，随着经济体系为第三次浪潮文明而转变，民族国家"不得不放弃它们的部分主权而接受相互间日益增长的经济入侵和文化入侵"①。全球化带来的发展不平衡，产生了强势文化和弱势文化的巨大差异，中国国家文化主权面临挑战。文化主权是指现代民族国家将本民族文化的习惯、信仰和价值观念上升为国家意志，意味着对本民族文化所拥有的最高和独立的权力和权威。②文化主权包括普通意义上的文化主权和抽象意义上的文化主权，前者主要指国家在保护传统文化方面的权力，后者则主要指不同文化形态在国际社会中的平等权利等。③可见，中国文化主权就是指中国对本民族文化所拥有的最高和独立的权利和权威，包括保护传统文化方面的权力和在国际社会中的文化平等权利。

时任国家主席江泽民在中国文联第六次全国代表大会、中国作协第五次代表大会上提出，在中西跨文化交流中，学习和借鉴，要采取分析的态度，区分先进和落后、科学和腐朽、有益和有害，积极汲取先进、科学、有益的东西，坚决抵制落后、腐朽、有害的东西。"国家要独立，不仅政治上、经济上要独立，思想文化上也要独立。"④明确提出了中国文化要树立独立自主的文化主权意识的思想。中共十七大报告中，把文化主权意识进一步提升，提出了提高国家文化软实力的思想。中共十八大报告提出，文化是民族的血脉，是人民的精神家园。必须推动社会主义文化大发展大繁荣，提高国家文化软实力，扩大文化领域对外开放，积极吸收借鉴国外优秀文化成果，坚持社会主义先进文化前进方向，树立高度的文化自觉和文化自信。中共十八大以

①〔美〕阿尔文·托夫勒著，阿笛等译：《未来的战争》，新华出版社1996年版，第23页。

② 王逸舟主编：《全球化时代的国际安全》，上海人民出版社1999年版，第480页。

③ 花建等：《软权力之争：全球化视野下的文化竞争潮流》，上海科学院出版社2001年版，第250页。

④ 中共中央党校：《"三个代表"学习读本》，中共中央党校出版社2000年版，第179页。

来，习近平主席曾在多个场合提到文化自信，指出"文化自信，是更基础、更广泛、更深厚的自信"，践行文化自信，提高对外文化交流水平，让中华文化走向世界。

全球化深刻影响着世界各国的文化走向，影响着国际文化秩序的变动和文化力量格局的重塑。国家和文化的边界正在消失，国家文化主权正受到严峻挑战。在中国来讲，就是西方强势文化对中国弱势文化的侵蚀。由于过去保护文化安全的樊篱被自动拆除，外来强势文化的侵入更直接，冲击更猛烈，牵涉面更广，既有物质层面的，也有制度层面的，影响最大的是观念或精神层面的，形成对中国文化的侵蚀、破坏，称之为"文化殖民""文化扩张"或"文化霸权"等。而全球化削弱了国家控制力，使内部问题国际化。"经济全球时代，经济交往、信息交流乃至文化产品的扩散都不是一个国家的力量控制得了的，全球市场竞争突破了一切形式的文化壁垒，某种超越国家的国际调控力量正在发挥越来越重要的作用，这在客观上就为某种外部干预提供了借口"[1]。而"由于经济落后，政治发育迟缓，所有的发展中国家的政治文化世俗化的参照系只能是西方的政治文化。要使任何一个特定的民族和社会脱离西方文化的重要影响而同时又不使这个社会处于经济落后状态，几乎是不可能的。发展中国家面临严重的文化主权的挑战不可避免"[2]。尽管中国政府奉行"受管理的全球化"政策[3]，但是中国对自己内部问题和事务处理的自主权正在受到极大干扰，文化主权也不例外。西方价值观的渗透、文化内部问题国际化使得中国传统的观念、道德、价值观、民族意识等被弱化，在国际社会中文化平等权利受到威胁，文化主权问题突出出来。

第二，西方强势文化对于中国传统文化的冲击。人类的学习能力和将文化传递给后代的能力是文化传承和发展的重要途径。在漫长的历史过程中，中

---

① 肖巍、钱箭星：《经济全球化中的国家安全》，载《教学与研究》2001年第8期，第35页。

② 陈尧：《论发展中国家政治文化世俗化的实质》，载《国际观察》1999年第2期，第27页。

③ Yuanxiang Yan：《受管理的全球化——中国的国家力量和文化传统》，载〔美〕塞缪尔·亨廷顿等主编，康敬贻等译：《全球化的文化动力——当今世界的文化多样性》，新华出版社2004年版，第3页。

国传统文化为世界文化的繁荣作出了很大贡献。虽然自从近代以来，中国传统文化难以招架西方工业文化的挑战，而出于对中国屡受欺凌的文化根源反思，传统文化屡遭破坏，五四运动全面反传统，"文化大革命"砸烂传统更是登峰造极。今天中国传统文化，元气尚未完全恢复，又遭遇了全球化背景下信息时代的挑战。全球化从根本上说是从西方兴起的，西方文化借助经济全球化之力而纵横驰骋于世界的，对于非西方的民族文化传统，有着巨大的解构与冲击力。有学者认为，"随着以西方为模式的现代化进程突飞猛进，一些不发达国家原有的传统文化也遭到西方文化的彻底摧毁，人们在西方话语的控制下，无法表达自己独立的思想和历史，从而不能不失去自己的主体性，屈从于西方意识形态，同时也沦为政治和文化上的'被压迫者'"[1]。同时，由于科学技术的发展，信息、网络技术的应用，使文化传递更加迅捷，从而加快了文化创新的速度，传统文化以其固有模式难以适应，在强大的欧风美雨中难以表达，从而引起传统文化与本土文化的危机、失落甚至于断裂。

　　近代文化史上，西方资本主义文明的全球扩张是以无数古老、优秀的土著文化被摧残与毁灭为代价的。近代中国与西方的文化交流，中国虽然也受惠于西方文化的传播，但事实上不对等、不平等的文化交流使中国文化传统近乎断裂。全球化虽然意味着各民族文化的全面开放与交流，但由于各国处于不同的发展水平，文化交流中存在着中心与边缘、优势与劣势的区分。西方发达国家作为第一世界掌握着文化输出的主导权，它们将自身的价值观念和意识形态视为一种世界性价值，通过文化传媒把它们编码在整个文化机器之中，强制地灌输给第三世界国家。因此，第三世界国家处于边缘地位，传统文化面临流失，母语在流失，文化在贬值，意识形态受到不断的渗透。正如中国人民大学校长纪宝成的深深担忧：我们的青少年对好莱坞大片趋之若鹜但却不知道屈原、司马迁为何许人，我们的大学生能考出令人咋舌的托福高分但却看不懂简

---

① 田佑中：《论全球化时代价值冲突的形式及意蕴》，载《现代国际关系》2001年第7期，第42页。

单的文言文，甚至连中文写作都做不到文从字顺。①可见，西方强势文化的渗透与制约正在威胁着中国传统文化的生存与发扬光大。

2.西方强势文化威胁着中西跨文化交流的安全

魏德明认为，全球化的背景下，中西跨文化交流的条件，已经"从困难无比到无比便利"，但是，接触的便利却形成了另一种风险。旅程简单成行，而且译本多样，也有各式的沟通工具。接触的便利变成了某种相遇的"随便"，使得相遇的意义变得浅薄，甚至还发生误读的情况。双方的差异仍然挥之不去，相遇外在的便利常常粉饰差异性的难度。②他所指的这个"差异性的难度"，应该就是西方强势文化与中国弱势文化的差异，这个差异给中西跨文化交流的安全带来了威胁。

中西跨文化交流的安全主要指在文化交流中双方不存在客观上的威胁和主观上的恐惧。西方文化因其现代性而不怕全球化，不怕进行交流，反而因全球化而更加安全，因文化交流而四处传播。中国文化因为经济、政治、自身特质等种种原因，在中西跨文化交流中不处于安全的状态，在客观上，有被西方文化吞噬、同化的危机，在主观上，西方中心论和西方在意识形态方面的强势使中国公众对于文化交流不自信，存在着心理恐惧。

在客观的威胁方面，西方文化的全球主导客观上对中西跨文化交流存在威胁。好莱坞的电影就不断地向包括中国在内的世界各国描绘美国神话、美丽新世界，从而不动声色地征服各国人民的心，使他们自觉地服从超级大国的文化霸权。尤其是利用互联网强化了"文化入侵"，随着计算机网络技术的飞速发展，互联网信息量大、时效性强，逐渐成为获取信息的重要手段和途径。互联网开放、共享、多向和交叉的特点，导致各国政府在文化、意识形态领域对国民的控制力趋于下降。未来学家托夫勒曾指出，未来世界政治的魔方将控制在拥有信息强权的人手中，他们使用手中掌握的网络控制权、信息发布权，利

① 纪宝成：《重估国学的价值》，载《理论参考》2007年第7期，第5页。
② 〔法〕魏德明：《全球化与中国——一位法国学者谈当代文化交流》，商务印书馆2002年版，第23页。

用英语这一强大的文化语言优势，达到征服和控制世界的目的。西方国家，特别是美国一直凭借其在网络技术上的优势，将控制世界文化资源作为其建立文化霸权的重要一环。人们进入国际互联网络，从某种意义上讲就是进入了美国文化的万花筒，久而久之会对美国文化理念从亲近、信任到认同、依赖，进而动摇自己的民族自尊心、自豪感。比尔·盖茨曾指出："信息高速公路将打破国界，并有可能推动世界文化的发展，或至少推动一种文化活动、文化价值观的共享。"①这一种文化价值观无疑就是以美国为代表的西方主流价值观。可见，网络文化在成为一种席卷全球的新文化的同时又极大地推动着文化全球化进程。中国网民数量、入网电脑数量，均居世界前列，受到的影响也是很大的，互联网上的有害信息传播对中西文化交流安全的威胁日益加剧。

在主观方面，第一个表现是西方文化中心的思想。一方面是将西方文化奉为唯一的至尊和唯一具有正统地位的文化。美国学者赛义德在研究西方学术界关于"东方主义"观念中认为，在东西方关系格局中，西方始终处于中心言者的地位，而东方则是一个"沉默的他者"，即不能在西方意识形态所规定的舞台上言说自己，也无法和西方形成真正的对话。另一方面，夸大中西文化之间的矛盾与冲突，认为是"不可调和的"，就是汤因比所批判的那种观点，"所谓'历史统一'的错误观念——包括那样一种推论，认为文明的河流只有我们西方这一条，其余所有文明不是它的支流，便是消失在沙漠里的死河"②。亨廷顿认为，未来世界的冲突主要因文化而起，并把以中国的儒家文明列为重要的极有可能与西方文化发生冲突的文化之一。有的西方学者就曾经满怀信心地认为："尽管西方存在各种文化没落主义的思潮，但现代化的时代远远不会结束，我们迫切需要的是对于现代文化价值的展望和求索，而不是光荣巡礼式的回顾。"③可见这种西方中心的心态在现代西方社会仍然占据主要地位。第二个表现是西方在意识形态上的强势。冷战结束后，虽然意识形态在中西交往

---

① 〔美〕比尔·盖茨：《未来之路》，北京大学出版社1996年版，第326页。

② 〔英〕阿诺德·汤因比著，曹未风等译：《历史研究》（上册），上海人民出版社1997年版，第46页。

③ 〔德〕哈拉尔德·米勒著，郦红等译：《文明的共存》，新华出版社2002年版，第131页。

中被有意弱化，但是绝对不是"历史的终结"和"意识形态的终结"。社会主义与资本主义的矛盾依然存在。西方借助经济实力，借助全球传媒，加大了对社会主义的和平演变，这是一个不争的事实。这使得中国政府公众在与西方进行文化交流时，容易产生畏惧、畏难心理，总是害怕被西方和平演变。

三、中国自身的"比较劣势"

如果说西方文化霸权和强势文化是中西跨文化交流外因方面存在的突出问题，那么，中国在全球化的观照下自身的"比较劣势"就是内因，内在的根本性的问题。中国是一个古老文明的国家，自从近代开始，在生产力、科技方面就开始落后于西方。加之后来遭受日本帝国主义侵略、国内革命战争、新中国成立后被"遏制"和封锁，更是与西方拉开了不小的距离。直到改革开放，才知道世界大变，当全球化裹挟着西方新科技革命浪潮迎面而来时，中国尚处于十年动乱后的百废待兴之中。尽管近十几年来，中国在政治、经济、科技等各个方面奋起直追，取得了令人注目的成就，但是由于中国人口多、基础差、发展不均衡，在经济、科技、文化传播、国民素质等硬件和软件两个方面存在着自身的"比较劣势"，成为当代中西跨文化交流的内在阻滞力。

1.硬件方面的劣势

第一，经济实力方面，虽然，不可否认的现实有二：一是从1998年以后到2002年，中国的经济增长率一直保持在7％～8％之间，非常平稳；尽管受到伊拉克战争、"非典"疫病流行、石油涨价等因素影响，中国经济发展势头一直是强劲的、良好的，2003～2004年中国的经济增长率上升到9％，2005～2007上升到10％，2008年比上年增长9％，2010年国内GDP首次超过日本，成为世界第二大经济体，备受世界瞩目。二是全球化的确给中国经济复苏和发展带来了新的空间、新的目标和新的前景。但是，同时不可否认的是，中国毕竟是一个刚刚走上市场经济之路不久的国家，社会主义初级阶段的特征在各个方面都有所显现，从总体看，存在人口多、底子薄、相对资源少、贫困人口多、创新能力弱和社会福利水平低等问题，生产力发展的低水平、不平衡、多层次现象仍然比较突出。而全球化背景下，国际经济秩序是由发达国家建立和制定的，绝大多数代表了西方国家自身的利益和主张，对于发展中国家的利益和要求很少得到体现，这对于发展中国家是不平等的。中国作为世界上最大的发展中国家，也不可避免地受到冲击和损害，显现出劣势。

首先，经济安全方面，有学者认为，中国经济面临六大挑战。一是对以美国主导的发达市场体系形成不对称依赖关系，导致国民储蓄不断流失，国民财富积累能力被削弱。中国经济已经被美国一步一步引入以美国为主导的经济分工体系，并以比世界其他经济体更深的程度陷入世界美元循环体系。这种态势将对中国国家经济安全形成潜在威胁。二是对以美国为霸主的市场体系的不对称依赖关系加速了中国资源耗竭及自然资源的对外流失，自改革开放以来，中国通过定位于出口加工为主的"世界组装车间"加入了国际分工体系，被美欧资本压制在国际产业分工的低端区域。其后果不只是在于获取微薄的利润，而更是在于国际垄断资本正是通过把中国限定在国际分工的最低端环节，中国正迅速消耗中国宝贵的自然资源。这种经济发展模式不可持续且将危及经济安全。三是科技人才流失，科技创新能力被削弱，对国际高科技的依赖程度不断加深。四是农业及粮食安全面临严重挑战，外资正加紧对中国农业领域的大举渗透，水资源短缺，水质下降，农业用地数量质量堪忧等。五是国际游资、庞大本土热钱无序流动威胁经济安全。六是"过度依赖出口导向"与"未富先老"两大问题叠加，外贸依存度高，人口老龄化，人口红利即将消耗殆尽，威胁经济安全。[①]七是中国商品进军国际市场受到越来越多的反倾销调查和诉讼，各种隐蔽性强、针对性强的非关税壁垒措施被广泛使用，加大了中国商品的出口难度。八是在对外贸易中，存在着恶意抢注中国商标、恶意欺诈、走私与骗汇、逃汇、套汇等现象，尤其是随着经济全球化进程的加快以及电子商务的广泛开展，这些问题会更加突出，危及中国经济贸易安全。[②]中共十八大以来，中国政府采取了一系列经济措施，如建立亚洲基础设施投资银行、力推人民币

① 波涛：《我国经济安全面临六大挑战》，载《中国证券报》2011年4月7日，第A20版。
② 袁定喜：《经济全球化条件下我国经济安全面临的挑战及对策》，载《徐州教育学院学报》第19卷第2期，2004年4月，第18页。

进入国际货币基金组织篮子、发展"一带一路"经济带等，也是为了解决上述问题。经济发展是文化交流的基础，经济发展的劣势终究成为文化交流的劣势，经济的软肋注定成为文化交流的软肋和问题。

第二，科技实力方面，尤其是与中西跨文化交流密切相关的信息科技方面，一是中国积累信息技术发展的资金越来越困难。经济全球化使得贫富差距越来越大，财富日益集中在少数国家，跨国公司越来越向全球垄断发展，这使得广大发展中国家积累技术发展的资金越来越困难。二是信息技术产品市场已经被分割，中国信息产业的发展空间受到较大的限制。为了迎接信息时代的到来，以美国为首，在日本、加拿大、欧盟等的推动下，占世界信息产品贸易量80％以上的28个国家签署了《信息技术协定》。该协定的目的是降低信息产品关税，从2000年1月1日起关税为零，同时该协定规定的200种信息产品的贸易关税将下降为零。因为主要关键技术和高精尖技术基本由发达国家所主宰，所以信息技术产品的主要利润将归于发达国家。中国于2003年正式加入《信息技术协定》，目前已经发展成为全球信息技术产品第一大生产和出口国、第二大进口国，是信息技术产品全球价值链的重要参与方。中国既然加入WTO，也必然要加入该协定，中国信息产业的利益和发展空间将受到较大的影响。

三是信息网络安全问题。现代社会是网络信息化的社会，信息是社会经济系统的网络神经系统。经济全球化条件下中国的信息安全正受到越来越严峻的挑战。随着电脑的普及，政府、企业、银行等部门正越来越把大量的信息存储在计算机上，有些则是相当机密的信息和资料。中国虽是网络信息大国，但不是强国，区域和城乡差异比较明显，特别是人均带宽与国际先进水平差距较大，国内互联网发展瓶颈仍然较为突出，不同地区间"数字鸿沟"及其带来的社会和经济发展问题都需要尽快解决。同时，中国面临的网络安全方面的任务和挑战日益复杂和多元。信息产业具有自主知识产权的产品很少，需要向外国尤其是美国引进大量的关键技术，目前使用的美国微软公司Windows操作系统，可以利用软件、硬件技术来获取中国各种机密。随着经济全球化的发展，世界正在被网络连接成"地球村"，中国的信息网络比较落后，信息系统基本上处于不设防的状态，时时刻刻都有受到被监听、干扰、监视、欺骗等的危险。2013年，曾供职于美国中情局的斯诺登向世界揭出了美国对其他国家、也包括针对中国的严密监控。中国是网络攻击的主要受害国。据美联社报道，仅2013年1月至8月，超过2万中国网站遭到黑客攻击，800多万服务器受到境外的僵尸和木马程序控制，僵尸和木马病毒攻击比2012年同期增长了14％。粗略估计，网络攻击让中国经济每年损失数百亿美元。侵犯个人隐私、损害公民合法权益等违法行为时有发生。2001年中国成立了"国家信息化领导小组"；2014年中国中央网络安全和信息化领导小组成立，机构的层级提到最高，同时该名称不但新增了"网络安全"的内容，而且还放到"信息化"之前，说明国家对于网络安全的高度重视。

四是专业人才流失严重。尤其科技人才流失，科技创新能力被削弱。有学者指出，近几年，中国正发生改革开放以来的第三次移民潮。这次移民潮与前两次移民潮不同的是，这第三次移民潮表明中国教育体系也被彻底纳入了不合理的国际分工体系，中国在国际教育体系中也被置于产业链的最底端，负责初级教育（小学、中学），而大学以上教育则开始由美国等发达教育体系所垄断。中国教育体系正日趋成为美英等发达国家的初级工厂。中国教育公共资源严重不足，极少数学生能接受"精英教育"。这小部分接受"精英教育"的后备人才正掀起越来越高的移民热潮。到2010年，中国留美学生总数已突破十万，一些重点中学毕业班的学生大多数选择直接留学，而放弃报考国内大学。对已经上了国内大学的学生来说，顶尖大学的优秀学生又大多数选择出国。据统计，作为中国科技发展重要后备力量的留学美国的理工科博士毕业生，目前回国率仅有8％，为全世界最低，并且远低于其他发展中国家。不仅如此，目前还正涌起一股以技术精英与企业家为主的移民潮。这将意味着知识与财富的双重流失。可以看出，从高中生、大学毕业生、博士生、知识精英、企业家，都正形成日趋强化的移民倾向，这将对经济与科技发展产生深远影响。[①]

---

① 波涛：《我国经济安全面临六大挑战》，载《中国证券报》2011年4月7日，第A20版。

第三，文化传播方面。一是新闻传播方面，中国现有报纸和广播电视大约6000多家，有75万新闻传媒从业人员，300多万网站编辑。其媒体和新闻从业人员的数目之庞大为世界少有，但是中国传媒在世界上的影响力并不大。而西方国家的各种新闻、信息、影视片等却大量渗透于中国传媒之中，出现了信息传播的严重不均衡现象。中国舆论反应比较慢，通常被动回应西方人的论调，无法引起国际媒体的关注，对于传媒全球化的形势尚且不够适应。加入世界贸易组织之后，中国大众传媒将完全暴露在世界媒体竞争的大环境下，受众也将被置于世界媒体的影响之下，如何抵御文化全球化过程中的文化入侵实乃一个关系国家存亡的大问题。二是网络传播对中国文化建设的负面影响，主要是对汉语地位的冲击。据有关部门统计，当今世界已有150多个国家联结在因特网上，毫无疑问这为世界范围内的不同民族的文化交流提供了更为直接、更为便捷的条件。然而，一个不容忽视的事实是，由于历史和现实的原因，因特网上的文化传播是极不平衡的。据《计算机世界报》发布的有关统计数字，在因特网上输入、输出信息的流量中，中文信息分别占0.1%和0.05%，而美国的这两项指标都达到了85%以上。[1]这一事实表明，英语已经形成了计算机和网络霸权。由此下去，伴随着计算机成长起来的一代人很可能将会英语越来越好，越来越疏远汉语，并有可能造成中华民族文化的失落。三是"国学"复兴乏力，呈现"虚热"。"国学热"于20世纪90年代初兴起，1995年达到高峰，之后逐渐走低，2000年达到最低点后开始回升，2003年以后骤然升温，并呈燎原之势：其一，参与主体多样，包括学者、地方政府、广大民众；其二，形式多样，既有各类国学研究、研讨活动，还有国学班的开设，中小学读经活动的开展，也有尊孔、祭孔等活动；其三，分布地域非常广泛，根据对《中国重要报纸全文数据库》统计，除港澳台外，内地近三十个省市有读经活动报道。[2]虽然表面上声势浩大，但是存在诸多问题，比如，大多数人由于对中国

---

① 毛全忠：《网络时代的文化传播》，载《集团经济研究》2005年第5期，第132页。

② 李成军、田正平：《当前"国学热"兴起的文化理路》，载《中州学刊》2012年第3期，第198页，注释②。

传统文化知之甚少，分不清迷信与国学的区别，经常误把封建迷信思想也当作国学，有人借国学宣扬封建迷信，打着国学名号招摇撞骗；中国各地拥有海量的历史文化遗产和历史名人，地方政府也都很重视传统文化，举办各种各样的艺术节、文化节、名人纪念活动等，但许多文化活动与复兴优秀传统文化、弘扬中华民族精神毫无关系，而是直接与经济利益挂钩，甚至借此赚钱成了唯一的追求；国内高校或研究机构开办了各种各样收费高昂的国学班，学国学成了高消费，而传统思想的精华却被忽视等等。

2.软件方面的劣势

除了上述在经济、科技、信息和文化传播方面等硬件的劣势，还存在着国民文化教育水平、国民素质等软件方面的劣势。

第一，国民文化教育水平。由于社会主义初级阶段的基本国情，中国目前还存在着相当数量的文盲和半文盲。根据教育部公布的《中国教育与人力资源问题报告》资料显示：中国15岁以上国民受教育年限仅为7.85年，25岁以上人口人均受教育年限为7.42年，两项平均仍不到初中二年级水平，与美国100年前的水平相仿，低于韩国近4年。报告中还指出：中国国民受教育年限的差距主要表现在接受高层次教育人口比例过低和初中以下学历人口比例过大。在发达国家和新型工业化国家中，接受过高等教育和中等教育的人口所占比例较高。例如在美国和韩国，25～64岁人口中具有高中及以上受教育水平者比例分别占87%和66%。其中，接受过高等教育的人口比例分别占35%和23%。相比之下，中国2000年25～64岁人口中受高中及以上教育水平者只占18%，受初中以下教育水平的占82%，受小学及小学以下教育水平者比例高达42%。每百人中受大专及以上教育的人不足5人。据全国第五次人口普查资料显示：2000年中国从业人员中仍以具有初中和小学受教育水平的人员为主体，占75%左右，其中仅接受过小学教育的占33%。而接受过高中和中等职业技术教育者占12.7%，接受过高等教育的占4.7%。目前整个国民接受教育的水平有了较大发展，据2014中国教育年鉴统计，18～22周岁高等教育毛入学率已经上升至37.5。但是相比之下还是有不小的差距。受教育比例和教育质量远不能满足现代经济社会发展的需要。由于文化素质低下，缺乏基本的与西方交流的技术、技能和相应的心理素质，对于参与中西跨文化交流是个极大的制约。

第二，国民素质。国民素质是现代化的基石，同样也是中西跨文化交流的基础。中华民族拥有五千年的历史，曾经创造了灿烂悠久的华夏文明，但是由于历代封建统治阶级为维持其统治不仅不重视教育的普及、推广及投入，还常采取文化专制的"愚民政策"。在这种长时期的专制社会和自然经济的环境氛围中，形成了低水平的国民素质。鲁迅先生在《呐喊》《彷徨》中集中揭露旧中国底层平民"吃人（作者注：相互伤害）""麻木""奴性""看客"和"阿Q精神胜利法"等病态的国民素质，提出了改造国民性的思想。中国是一个发展中国家，是在发达国家已经现代化的背景之下走上现代化之路的；能否致力于国民素质的提高，是一个至关重要的问题。技术、信息、设备、资金，乃至于体制，都可以从国外引进，唯独国民素质无法从国外引进，只能靠自己慢慢培养提高。有学者认为，国民人格素质的缺陷，有三点比较突出，那就是"怕公仆""靠单位""随大溜"。正是这三点，构成了当代国民人格的基本框架。"怕公仆"的根源是思想政治方面专制主义残余的影响；"靠单位"的根源是计划经济体制的弊端；而"随大溜"的根源则是中国传统文化中的中庸思想的糟粕。这里所说的"随大溜"，并非顺应时代潮流，而是随波逐流，为周围小环境左右，毫无主见，盲目采取与大多数人一致的行为；"随大溜"也可以是虽有主见，但为了追逐时尚或躲避风险而放弃自己意见的违心行为，因此，"随大溜"既是一种懒于思考的庸人哲学，又是一种"不敢为天下先"的懦夫思想和"顺水推舟"的投机行为。①近年网上盛传"中国式"陋习，是指国人在现实生活中，特别在海外旅游时，随地吐痰、随意横穿马路、践踏草坪，公共场所大声喧哗、乱扔垃圾、买东西不排队、吃自助餐浪费、动辄骂人打架等等丑陋行为，引起了国内外对中国人陋习的不满和指责，严重影响中国人的国际形象。种种"中国式"陋习和人们的规则意识、从众心理、环境影响、习惯养成都有关系，人们从小偏重于宏观方面的教育，日常生活中的细节强调得太少。国民素质不高，很难在中

---

① 宋忠霞：《书山径》，载《理论与当代》2005年第1期，第54页。

西跨文化交流之中自信、自然地表现自己，对于文化冲突的调适能力就不会很高，不可能做到高质量的交流。

四、中国文化逆差明显

中西跨文化交流虽然历史悠久，内容丰富，中西文化都为人类文明发展贡献了彼此的所有。但是由于种种历史原因，中西跨文化交流多次被强行中断。而当中西文化再次相遇时，已是斗转星移，物是人非，无比陌生了。尤其是近代，封闭了近200年的中国农业文化遇到了充满活力、处于上升阶段的西方工业文化，一旦交手自然溃不成军。于是有了洋务运动、戊戌变法、辛亥革命、新文化运动，从物质、制度到价值观、心理层次学习吸收西方先进文化；于是也有了中国传统文化的殊死反抗，各种复古思潮不断涌动，形成了多次"古今中西"的文化论争。新中国成立后，由于西方的封锁，中国又有了近30年的闭关自守的历史。在当代全球化的背景下，中国实施对外开放，这一轮是中国以尚不发达的工业文明来面对西方的知识经济和信息文明，自然表现为中国弱势文化来面对西方强势文化。虽然塞缪尔·亨廷顿预言，"西方主宰天下的时代正在终结……西方的衰落和其他权力中心的兴起正在促进全球本土化和非西方化的复兴进程"，但是"从整体上说西方在21世纪的前几十年仍将是最强大的文明，在此之后，它可能继续在科技人才、科学研究和开发能力，以及民用和军用技术革新方面处于实际领先地位"[1]。一方面，根据文化交流的客观规律，西方强势文化必然要大规模地向中国弱势文化进行输出；另一方面，中国为了弥补近30年造成的巨大差距，为了尽快缩小与西方发达国家的各个方面的差距，也要把吸收、学习、借鉴西方先进的、适合中国国情的文化作为主要任务。正如汤一介所说的，中国的文化发展目前似乎正处在由两种文化的矛盾冲突阶段转向本土文化开始消化外来文化的阶段，中国文化的发展将会走出"中西古今"之争，而进入全面、深入地吸收和融合西方文化的时期。甘阳

---

① 〔美〕塞缪尔·亨廷顿著，周琪等译：《文明的冲突与世界秩序的重建》，新华出版社2002年版，第87页。

认为，当代中国应该到了大规模地研究西方和西学精华的时候了。所以说，当代中西跨文化交流在相当长的一段时间内，中国处于以吸收、学习、借鉴西方优秀文化为主的阶段。因此就出现了当代中西跨文化交流的"中国文化逆差"现象。

"逆差"原是国际贸易术语，意指一个国家的进口贸易额多于其出口贸易额；反之，则称为"顺差"。文化交流的"逆差"，一般是指一个国家在同其他国家的文化交流中引进文化要素的数量大于输出文化要素的数量，外来文化对本国的影响大于本国文化对外国的影响的现象。一般来讲，文化交流的"逆差"产生的原因大致有两个，一是自从进入资本主义工业文明占据世界文化主流地位的阶段以后，世界文化交流的速度借助于现代化的传播手段大大加快，但在各种不同类型的传播渠道中流动的却主要是西方工业发达国家的文化。西方文化"脱离了产生它的特定社会语境，转而成为一种'浮动的符号'，直接进入其他不同的文化语境，并融入一个巨大的全球文化网络中"[1]。而在经济上处于劣势的国家和民族，在文化交流中同样始终处在劣势状态。二是西方发达国家在本国文化与信息市场上对发展中国家文化信息产品的封锁，导致发展中国家的信息不能等量进入发达国家。在世界范围内，发展中国家的信息市场对发达国家是全面开放的，而发达国家只把自己认为必要的文化信息制品引进自己的市场。这一来一往中的差距就使文化交流中"逆差"形成。[2]在当代中西跨文化交流中，"中国文化逆差"的形成，其原因除了上述两条之外，就是目前中国对西方文化引进力度大于自己文化输出的力度。2010年以来，中国国内生产总值超过日本，成为世界第二大经济体，中国海外投资上升22％，达688亿美元，成为全球第五大投资国家。同时，中国目前已经成为出版物总量世界第一大国、电视剧年产量世界第一大国、动画年产量世界第一大国，电影年产量排世界第三位，取得了明显的增

---

① 陈立旭：《市场逻辑与文化发展》，浙江人民出版社1999年版，第220页。

② 段京肃：《略论文化交流中的"逆差"现象》，载《国际新闻界》2001年第2期，第7～8页。

长。2015年，国产影片的海外销售额达27.7亿元，尽管同比增长了48.13％，但仅占内地国产电影票房的10％，大部分中国电影还未走出国内卖座、海外遇冷的尴尬局面。①"文化赤字"有所缓和，但逆差仍旧明显。文化部门数据显示，在2011年世界文化市场的格局中，美国、欧盟、日本、韩国所占比重依次为43％、34％、10％和5％，而中国仅为4％，位列第五；而且，其中大部分为依托廉价劳动力资源而获得成本优势的"硬件产品"，属于内容和创意的"软件产品"则比例不高。由此看来，在文化"走出去工程"开始之前就已经存在的所谓"文化赤字"更多的是指向内容创意产业，而非文化制造业；文化输出的根本价值是在于内容产业如何通过生活方式与价值理念等的跨文化传播与国际主流社会消除摩擦、提高共识、建构信任关系，不仅仅是依托文化制造业而形成的不断被扩大的经济顺差利益。②从这个层面来看，中国文化"走出去工程"依然没有解决文化输出面临的核心问题，即文化赤字状况尽管有所缓和，但仍旧逆差明显。

总的来讲，全球化背景下的中西跨文化交流既拥有着难得的机遇，也面临着严峻的问题。当代中西跨文化交流中，西方文化的强势和比较优势、中国文化比较劣势和"中国文化逆差"都是客观存在的。在今天西方物质文化在中国本土化、制度文化得到借鉴、价值观潜移默化的形势下，中国文化也正在大步"走出去"。经济学家张维迎对中国的企业家如是说，"过去，中国的企业家找到一个洞钻进去，坐在那儿，就成了菩萨。未来，所有的洞都被人家填满了，你要在人家那儿戳一个洞，然后坐进去，看你能不能成为菩萨"。意指对于中国经济，过去是机遇大于挑战，现在是挑战大于机遇。本书就借用这句话，对当代中西跨文化交流如是说，中国文化建设如不奋起直追，那么，在西方文化充斥了中国大地之后，可就真是"所有的洞都被人家填满了，你要在人家那儿戳一个洞，然后坐进去，看你能不能成为菩萨"。当代中西跨文化交流中，机遇、问题并存，希望、风险同在，再行闭关已无

---

① 任珊珊、盛玉雷：《中华文化，总能提供新灵感》，人民日报，2021年9月3日。
② 朱春阳：《中国"文化逆差"几个反思》，载《人民论坛》2012年7月，第70页。

可能，中国文化存在、发展、走出去的形势是十分严峻的。一方面要认识到，在这个阶段，"狼"来了，"狼"真的来了，中国文化建设进入了"与狼共舞"阶段，出现中国大力吸收西方优秀文化、"文化赤字""文化逆差"等，是中国在着力学习西方阶段正常的现象，是一个过程，不必大惊小怪。另一方面也要提高警惕，在中西跨文化交流中，尽最大可能缩小差距，迎头赶上，尽最大可能保护住民族传统、保护住中国特色，不能在鱼龙混杂之中迷失方向。在引进西方优秀文化的同时，抵挡住泥沙俱下的腐朽没落文化的侵袭，保障文化安全。借助高科技传媒技术将中华民族文化传播到全世界，扩大中国文化在世界上的影响。

第三节　以中西跨文化交流促进当代中国文化建设

文化是一个民族生存和发展的本质性力量之一。随着全球化进程的展开，文化与经济、政治相互交融，越来越成为综合国力的重要组成部分，文化要素在经济发展和社会进步中的作用越来越重要。在全球化条件下综合国力的竞争中，政治、经济背后的文化力的竞争不可小觑。目前，中国虽然是个文化大国，但不是一个文化强国，文化的竞争力还不够强，文化走出去的力度还不够大。所以，在全球化的背景下，在继承本民族优秀文化的同时，正确对待当代中西跨文化交流，以此推进中国文化建设，努力吸收西方发达国家先进文化，同时警惕西方落后文化的侵蚀，提升中国文化建设的整体实力，这是全球化时代中国文化自立于世界民族文化之林的必然要求。

从悠久的中西跨文化交流史可以看出，有着几千年延绵不断历史的中国文化，一直就是在与异质文化的冲撞与交流中走到今天的，中国文化其实已经是多个种族、多元文化的融合体了。中华民族拥有与异质文化进行交流的丰富的经验和教训。晚清之前，中华文化是东亚强势文化，是中华民族以发达的农耕文化为主体迎接、同化、融合、辐射相对滞后的游牧文化和岛国文化。元代、清代少数民族入主中原，虽然国破山河在，中华文化每每似乎将要被异质文化淹没，但却始终不曾沉沦。到了19世纪，随着地理大发现和西方工业革命，西方文化以强大的经济和军事力量，带给封闭、古老的中华农耕文化以巨大的冲击，引起了中国知识分子以"中体西用""本位文化""全盘西化"乃至马克思主义为思想武器的强烈回应。这一轮遭遇战的震荡余音犹存，在全球化的今天，中国实行了改革开放，以社会主义初级阶段文化对应西方信息时代文化，西方文化传播的工具和武器已经从军舰和大炮发展到了电视、电影等多种媒体和国际互联网，以及种种花样翻新、令人应接不暇的时尚商品。

从今天中西跨文化交流的现状可以看出，当代中西跨文化交流对于中国文化建设既是难得的机遇，又是严峻的挑战。一方面，当代中西跨文化交流拓宽了中国文化建设的视野，使中国文化有机会借助交流直接、充分地吸收西方比较先进思想、理念、经验等。另一方面，在当代中西跨文化交流中，西方文化凭借强大的经济力量，凭借中国对西方先进文化吸收学习的大好时机，正在进行着很有效的渗透。目前，西方物质文化已经本土化，成为中国文化的一个组成部分；西方制度文化正在从理论上被循序渐进地、慎重地接受；西方价值观深刻地影响着国人的思想和情感。"从人类历史上看，外来文化总是具有极大的吸引力，除非民族固有文化能够消化它，吸纳其中的精华，为自身增添积极成分，使固有文化与异质文化和谐相处，否则就有可能被取而代之"[1]。在西方文化排挤中国主流文化、吞噬中国传统文化、同化中国大众文化的同时，中国文化也在奋力抗争，消化吸收西方优秀文化，拒斥西方落后文化，积极推动中国文化走向世界。在这种形势下，曾经使所有中华儿女引以为自豪的中国文化能不能以其博大胸怀，兼容并蓄，取我所用，以迎接中国文化与西方文化交流共赢的时代呢？的确不能盲目乐观，但是也不能失去自信。因为中西文化的发展有其规律，在中西跨文化交流积累了"中国经验"，那就是要继续坚定不移地解放思想、对外开放，务实、创新，以中西跨文化交流来促进中国文化建设健康发展。

以中西跨文化交流促进中国文化建设，就必须坚持马克思主义中西文化

---

① 许嘉璐：《为了中华，为了世界》，载李军、陈建平编选《再奏风雅——2005中国文化年报》，兰州大学出版社2005年版，第126～127页。

交流观，此为指导思想。以中西跨文化交流促进中国文化建设发展，就必须坚持和高扬主体性。提高主体的素质是其着力点，建议有关部门继续加大培养"中西和璧"型人才的力度，并将培养、选拔工作制度化。以中西跨文化交流促进中国文化建设，以我为主、为我所用，中国文化要内强素质，外塑形象，内外结合方能促进和谐发展，此为总体思路。以中西跨文化交流促进中国文化建设，就必须树立坚定的文化自信，就必须在力挺主旋律的同时，在亚文化层面兼容并包。建议要以国际社会公认准则、公德为蓝本，突出打造中国特色社会主义文化体现全人类共同价值观的普世价值。在构建适应"走出去"的新型文化上下功夫，实现中国传统文化现代化、古老文化年轻化、先进文化普适化，以增强中国文化竞争力，在全球化浪潮中，在当代中西跨文化交流中立于不败之地，此为实现路径。

一、以中西跨文化交流促进中国文化建设的指导思想

中国文化是中华民族的血脉，是人民的精神家园。在当代中西跨文化交流中，构建走向世界的中国文化，使中国文化走出国门，得到广泛传播和世界的接受认可，就必须首先确立一个正确的指导思想，这个指导思想就是马克思主义文化观和中西文化交流观。

1.坚持正确的指导思想

构建走向世界中国文化的指导思想，与中国文化建设的指导思想是一致的、一脉相承的。以马克思列宁主义、毛泽东思想、邓小平理论、"三个代表"重要思想和科学发展观为指导，牢牢把握社会主义先进文化的前进方向，紧紧围绕实现全面建成小康社会宏伟目标和社会主义核心价值观的要求，建设社会主义文化强国，必须走中国特色社会主义文化发展道路，坚持为人民服务、为社会主义服务的方向，坚持百花齐放、百家争鸣的方针，坚持贴近实际、贴近生活、贴近群众的原则，推动社会主义精神文明和物质文明全面发展，建设面向现代化、面向世界、面向未来的，民族的科学的大众的社会主义文化。正如中共十大所提出的：扎实推进社会主义文化强国建设，提高国家文化软实力，建设社会主义文化强国，关键是增强全民族文化创造活力。要深化文化体制改

革，解放和发展文化生产力，发扬学术民主、艺术民主，为人民提供广阔文化舞台，让一切文化创造源泉充分涌流，开创全民族文化创造活力持续迸发、社会文化生活更加丰富多彩、人民基本文化权益得到更好保障、人民思想道德素质和科学文化素质全面提高、中华文化国际影响力不断增强的新局面。一是加强社会主义核心价值体系建设。二是全面提高公民道德素质。三是丰富人民精神文化生活。四是增强文化整体实力和竞争力。扩大文化领域对外开放，积极吸收借鉴国外优秀文化成果，树立高度的文化自觉和文化自信，向着建设社会主义文化强国宏伟目标阔步前进。

换言之，就是，在中西跨文化交流中，构建走向世界的中国文化，要坚持为人民服务，为社会主义服务的方向和"百花齐放，百家争鸣"的方针，弘扬主旋律，提倡多样化。无论是对待传统文化还是外国文化，都要坚持取其精华、去其糟粕、洋为中用、古为今用的方针，并结合时代特点加以发展，推陈出新，使其不断发扬光大。

2.坚持马克思主义中西跨文化交流观

中西跨文化交流不仅是一个重要的学术问题，还是一个尖锐的实践问题。保守的或者激进的中西跨文化交流思想，从理论上说，都掉进了"古今中西"的框架束缚中而不曾走出、不能超越；从实践上说，两者都陷入中国文化建设于极端的境地，是行不通的理、走不通的道。只有以马克思主义为指导的中西跨文化交流思想，才是中国文化发展的正确指针。在中西跨文化交流上，马克思主义者没有陷入简单化的中西对立、体用二元的思维模式，既反对西化派的西化主张，也不赞成文化保守主义者提出的以中国文化为本位、为机体的中西文化调和论，而是在对于中国传统文化和西方文化全面把握、对于中国文化命运高度负责的基础上，对于中西文化均保留弃其糟粕，取其精华，批判继承，综合创新的态度。

从毛泽东、邓小平到江泽民、胡锦涛、习近平，都对这个问题从不同的历史时期、不同的方面进行了高度的关注，以辩证唯物主义和历史唯物主义为指导思想，结合具体的时代和国情，形成了以继承、发扬为基调的一脉相承的中西跨文化交流思想。它是今天解放思想、扩大开放、以中西跨文化交流推进中国文化建设的正确方向。

　　坚持以马克思主义为指导的中西跨文化交流思想，就要正确认识中国传统文化、西方文化的时代性、民族性和世界性的关系。任何文化的产生都有其时代背景，中国传统文化是封建时代的产物，西方近现代文化则是资本主义时代的产物。从促进社会发展、推动世界各国走向现代化的角度来讲，西方文化要胜出一筹，这是双方时代性的差异。同时中国传统文化、西方文化又有民族性的差异。因为文化的发展进程是与各国的民族特点、生活环境、历史传统密切联系的。西方文化中的核心观念，如个人主义、自由主义、功利主义的产生均与欧洲中世纪封建割据、资本主义的产生与发展、新教伦理观念等分不开。它是不可能产生于特定历史环境中的东方国家而成为其基本的价值观念。同时，中国传统文化中的重义轻利、整体原则也不可能产生于特定历史环境中的西方国家。另外，各时代各民族的文化又具有世界性，包含着一些彼此相通相容的因素，对于整个人类社会具有普遍价值，如西方文化中的科学理性精神，中国传统文化中的"人文慧识""天人合一"的精神。中西文化的时代性、民族性和世界性的关系实质上就是一种特殊、个别与一般的辩证关系。这就要求人们在比较中西文化及其发展方向时，不应当离开一定的时代背景、民族特性和人类社会的发展趋势简单地判定其优劣，而应该求同存异，以实现双方的积极交流、优势互补、共同发展。

　　坚持以马克思主义为指导的中西跨文化交流思想，就必须正确对待中国特色社会主义文化、现代西方文化和中国传统文化的关系。匈牙利的拉卡托斯曾指出："事实上科学行为的标志正在于人们甚至对自己最珍爱的某些理论持某种怀疑态度。"[1]20世纪以来的历次文化论争热潮中，无论全盘西化派还是文化保守主义者都过分珍爱自己的理论，或者过分激进，或者过分保守，未能正确处理珍爱的理论、客观的事实与理性的判断之间的关系。"全盘西化派"混淆了现代化与西方化的界限，把现代化等同于西方化；否定了中国传统文化的历史传承作用，错误地认为中国传统文化是现代化的障碍，必须予以彻底否

---

[1]　徐晓旭、朱丹彤：《试论新文化保守主义》，载《南通大学学报》2002年第4期，第6页。

定。而文化保守主义则主张以中国传统文化中具有的普遍悠远价值的精华部分为主，吸收西方文化的某些成就，实现传统文化的复兴，并以此作为未来全人类文化发展的一元化指导思想，实际上无限夸大了中国传统文化的现代价值。事实上，任何一种文化的发展都不是人为拼凑的结果，也不是个人或群体的想象和意志的结果，而是社会文化发展规律不断运动的结果。目前全球化背景下的世界文化的发展已经预示着未来将是一个多元文化并存、互补与共同发展的局面。而以马克思主义为指导的中国特色社会主义文化就是一个有开放胸襟、有前瞻性、批判性与创造性的体系，它既走出了自我封闭，也走出了妄自菲薄。它既不是对西方文化的简单移植和附会，也不是对传统文化的简单延续和依附，而是批判地吸收现代西方文化与中国传统文化中的一切优秀成果，使其成为不可或缺的重要内容。

坚持以马克思主义为指导的中西跨文化交流思想，就是要以辩证唯物主义和历史唯物主义为指导，坚持实事求是，与时俱进。要对中西文化进行严肃的理论反思，这样才能不断地发现它们之间的关联之处，准确地找到其结合点。既要看到中国传统文化重群体和谐和社会稳定的优点，又要看到中国传统文化容易导致保守主义和集权主义，不利于个性自由和社会变革的缺点；既要看到西方文化容易导致无政府主义和个人主义，不利于人际和谐和社会稳定的不足，又要看到西方文化注重个性自由和变革创新的长处[①]，这样才能实现中国传统文化的优秀成果和西方文化的积极因素优势互补，防止中国传统文化糟粕与西方文化糟粕的劣势苟合，以中西跨文化交流促进中国文化建设的健康发展。

二、以中西跨文化交流促进中国文化建设的着力点

以当代中西跨文化交流推进中国文化建设，就要高扬主体性，理性认清文化发展方向，自觉重塑中华文化价值。这是重中之重和着力点。那么，

---

① 参见徐晓旭、朱丹彤：《试论新文化保守主义》，载《南通大学学报》2002年第4期，第6页。

如何才能高扬主体性呢？那就是在正确区分主体的基础上，大力提高主体的素质。

1. 当代中西跨文化交流的中国主体

当代中西跨文化交流，离不开主体力量的积极推动和实践活动。唯物史观认为，人民群众是历史的创造者，不仅是物质财富的创造者，而且也是精神财富的创造者；他们不仅在物质财富的创造中发挥了无与伦比的积极性和创造性，而且在精神财富创造中也充分显示了不可忽视的智慧和力量。因此，广大人民群众是当代中西跨文化交流的中国主体，他们的生产、生活实践是中西跨文化交流不竭的源泉。本书为了研究起见，根据有关文化的分类，在人民群众这个总类之下，权且分成领导主体、精英主体、大众主体三类；三类主体在文化交流中的角色不同，分别主要对应和代表的是中国主流文化（价值观/意识形态）、精英文化、大众文化。

（1）领导主体——中国共产党

中国文化积极参与当代中西跨文化交流，中国文化走向世界，实现中国文化大国的目标，离不开中国共产党的领导和推动。中国共产党及其领导下的政府，拥有接近9000万党员，集中了中国大部分优秀人才，是中国主流文化和意识形态的强有力的代表。

根据中西跨文化交流的现实情况，中国共产党在当代中西跨文化交流中的角色是中国主流文化的代表者，中国文化建设的领导者和规范者。第一，在中西跨文化交流中，高扬中国文化的主旋律。当代中国文化的主旋律，与中国文化的前进方向是一致的，也就是先进文化的建设。首先，先进文化立足科学的世界观和方法论，也就是马克思主义的世界观和方法论。其次，先进文化以社会主义制度为基点。再次，先进文化的前进方向，是广大人民群众欢迎和肯定的方向。中国共产党依据马克思主义的基本原则，根据人类文化发展的一般规律，吸取以往中西跨文化交流的历史经验和教训，要始终代表中国先进文化的前进方向，就是党的各项理论、路线、方针、政策和各项工作，必须努力体现发展面向现代化，面向世界，面向未来的民族的、科学的、大众的社会主义文化的要求，促进全民族思想道德素质和科学文化素质的不断提高，为中国经济发展和社会进步提供精神动力和智力支持。①中共十八大报告中提出，要加强社会主义核心价值体系建设。社会主义核心价值体系是兴国之魂，决定着中国特色社会主义发展方向。深入开展社会主义核心价值体系学习教育，用社会主义核心价值体系引领社会思潮、凝聚社会共识。推进马克思主义中国化时代化大众化，坚持不懈用中国特色社会主义理论体系武装全党、教育人民，深入实施马克思主义理论研究和建设工程，建设哲学社会科学创新体系，推动中国特色社会主义理论体系进教材进课堂进头脑。广泛开展理想信念教育，把广大人民团结凝聚在中国特色社会主义伟大旗帜之下。大力弘扬民族精神和时代精神，深入开展爱国主义、集体主义、社会主义教育，丰富人民精神世界，增强人民精神力量。倡导富强、民主、文明、和谐，倡导自由、平等、公正、法治，倡导爱国、敬业、诚信、友善，积极培育和践行社会主义核心价值观。牢牢掌握意识形态工作领导权和主导权，坚持正确导向，提高引导能力，壮大主流思想舆论。总之，就是在中西跨文化交流中，大力弘扬先进文化，弘扬马克思主义，弘扬社会主义核心价值观。第二，在当代中西跨文化交流中，大力弘扬民族传统文化。中国民族传统文化是中华民族在长期的生存和发展中形成的共同的思想、价值观、意识和心理的综合体。它主要体现在中华民族追求的共同理想、认同的共同价值、形成的共同思维方式和心理素质、品格等方面。民族传统文化是一个民族繁衍生息的精神动力和源泉，是一个民族兴旺发达的精神支柱。民族传统文化不仅是维系民族生存和发展的根基，而且也是在中西跨文化交流中中国文化的身份证，是中国文化的历史和现实存在的证明，是中国主体性的重要标志。所以，在中西跨文化交流中，中国共产党就是要带领人民群众牢固地守卫民族传统文化的阵地，做好民族传统文化的历史传承和时代转换，在培植深厚的民族传统文化土壤的基础上，吸收西方文化的先进因子，共同成为中国文化建设的营养源、先进文化的有机组成部分。

---

① 江泽民：《在庆祝中国共产党成立八十周年大会上的讲话》，载《人民日报》2001年7月2日，第1版。

（2）精英主体——中国知识分子

在当代中西跨文化交流中，另一重要主体就是中国知识分子。从中西跨文化交流的历史看，广大知识分子是中西跨文化交流主要的中坚力量和媒介，是自觉的文化使者，是中西跨文化交流前沿阵地的守卫者和出击者。何兆武认为，远在利玛窦时代，中国方面并未能及时接触到近代科学，完全是由于传教士自身的局限性造成的。"即使是到了19世纪末叶，大批新教传教士……也还是步利玛窦一辈人的后尘，仍在向中国人传播基督教教义，而这恰好并不符合当时中国方面的当务之急。事实上，把当时中国最为需要的近代科学与近代思想介绍给中国的，并不是李提摩太、林乐和一辈的西方传教士，而是中国的知识分子和学者。正式把牛顿的古典体系和近代数学介绍给中国的是李善兰。把近代古典经济学、三权分立学说和进化论介绍给中国的是严复。把近代政治观和近代古典哲学介绍给中国的是梁启超和王国维。把近代西方文学作品介绍给中国的是林纾。可以说，在严格的意义上，近代西学之传入中国并非通过西方的传教士，而是通过中国的学者。"[1]近代，面对西方文化的咄咄逼人，知识分子自觉地出国留洋，努力学习西方文化，积极探索中国文化的出路。当代知识分子，在中国共产党的领导下，承载着先进的文化理念，守护着优秀的文化价值，以独特的文化感知和文化敏锐，活跃在中西跨文化交流的舞台之上。第一，在中西跨文化交流中，知识分子发挥着凝聚和承载民族文化的功能。传承民族精神、凝聚民族力量，是中国文化建设的重要内容。首先，知识分子是中国民族精神的载体，他们具有强烈的民族意识和维护民族文化的使命感。每当外族入侵，民族文化面临危机之时，首先挺身而出的是知识分子，舍生取义的也是知识分子，维护民族文化是他们义不容辞的使命。其次，知识分子是民族精神的中坚，是民族文化创新的重要力量。再次，知识分子是提高全民族文化素质的媒介，他们通过多种方式，介绍人类先进的文明成果，传播正确的思想观点，塑造青少年乃至成年人优秀的道德品质，从而为全民族素质提高作出了巨大贡献。第二，在中西

---

[1] 何兆武：《中西文化交流史论》，中国青年出版社2001年版，第112页。

跨文化交流中，知识分子承担着对于中国文化建设的批判与探索功能。知识分子在人格方面的独立、学识方面的渊博、在社会责任方面的良心，决定了知识分子在中国文化建设上，敏锐敢言，对于中国文化建设的偏差，对于中西跨文化交流中的出现的带有倾向性的问题，坚持真理，敢讲真话、捍卫自己的观点，维护真理，甚至不惜献出生命。第三，在中西跨文化交流中，知识分子承担着对于西方文化的译介、吸收、鉴别、改造和结合、创新的任务。由于知识分子的文化精英作用，西方文化总是首先通过他们的翻译和解码，才能够为大众接受。在这个过程中，知识分子一方面对于西方文化进行有效的鉴别和批判吸收，另一方面批判地继承、改造中国传统文化，在中西文化融合方面做了大量工作。

（3）大众主体——中国老百姓

在中西跨文化交流中，中西跨文化交流的成败归根结底是由大众，就是中国广大的人民群众，也就是老百姓来认可和决定的。中国共产党、知识分子为中西跨文化交流所做的领导、指引、辨析、筛选等种种努力，归根结底要落实在人民群众之中，引进西方文化，是为了让中国老百姓得到实惠，物质生活更充裕，文化生活更多彩，精神生活更丰富。在中西跨文化交流中，大众主体是最后的一道关口，也最关键。西方物质文化如果得不到大众的认可，则无有赚钱之术；西方文化产品如果得不到大众的认可，则无有容身之地；西方制度文化、西方价值观的传播，其深度和广度，归根结底是由中国大众来决定的。总之，大众主体决定着中西跨文化交流的数量、质量、深浅和成败。

2.努力提高主体素质

在中西跨文化交流中，高扬中国文化的主体性，以主体融合外来文化，以本土文化转换外来文化，实现综合创新，其重要着力点就是要提高主体的素质，以强有力的主体素质来消化、融合外来文化。提高主体的素质，具体就是提高领导主体代表主流文化的能力、强化精英主体的"问题意识"、提高大众主体的文化知识水平等。建议有关部门"国学""西学"两手抓，两手都要硬，加大培养中西合璧型人才的力度，并将这个培养和选拔工作制度化。

（1）提高领导主体代表主流文化的能力

提高领导主体代表主流文化的能力，也就是提高中国共产党代表先进文化的能力。在中国文化建设中，作为领导者，中国共产党一直遵循着毛泽东"古为今用，洋为中用"的方针，取得了一定的成绩。在全球化的新形势下，中国共产党提出了"三个代表"的重要思想，其中在文化方面就是，中国共产党要始终代表中国先进文化的前进方向。"所谓先进文化，就是适应生产力发展、反映最广大人民利益和要求，推动人类社会进步、代表未来发展方向，并在诸多思潮的较量中日益显示出其生命力的文化"[1]。先进文化的基本特征是：科学性、历史继承性、革命性、创造性、时代性、民族性、包容吸纳性、人民性、预见性。[2]先进文化是着眼于继承中国传统文化和充分吸收外来文化的基础上进行创新的、具有民族性的、与时俱进的、符合历史发展趋势的文化。因此，先进文化建设是一个动态的过程、开放的体系，长期的、全方位地学习外国文化中一切值得学习的东西，加强中国与西方的文化交流本是建设先进文化的题中应有之义。对外文化交流是中华文化悠久的历史传统，要继承这一优秀传统，积极投身世界文化事务，参与世界文化建设。中共十八大提出，要坚持社会主义先进文化前进方向，树立高度的文化自觉和文化自信，向着建设社会主义文化强国宏伟目标阔步前进。建设优秀传统文化传承体系，弘扬中华优秀传统文化。扩大文化领域对外开放，积极吸收借鉴国外优秀文化成果。实践科学发展观，树立文化自信，扩大对外文化交流与合作，既要吸收和借鉴世界各国先进的科学文化知识、经营管理方法及其他一切有益的东西，也要吸收和借鉴政治文明、伦理道德和精神文化产品方面有益的东西，以丰富先进文化建设，提高中国共产党代表先进文化方向的能力。

中国共产党是先进文化建设的承载者和带头者，代表先进文化前进方向，不是表面文章，也不是一句口号，而是实实在在真正能够做到。他们是中华民

---

[1]　叶金生：《把握先进文化的前进方向》，载《光明日报》2001年11月13日，第B01版。

[2]　周向军等：《代表中国先进文化的前进方向研究》，中国人民大学出版社2004年版，第20～26页。

族一切文化、思想、道德的最优秀的传统的继承者，把这一切优秀的传统看成和自己血肉相连的东西，而且将继续发扬光大。①尽管共产党代表的是高于资本主义的先进文化，但是二十世纪末"苏东剧变"的教训令人扼腕，令人震惊。所以提高中国共产党代表先进文化的能力，就必须认真研究和吸取"苏东剧变"的惨痛教训。如果从精神文化角度去探讨苏联剧变和苏共垮台，那么，在苏联剧变的过程中，人是关键性因素，而主导人们行为的是他们的思想意识和价值观念。在苏共的执政过程中，苏联人民世界观和价值观的根本变化直接导致了苏联剧变和苏共的最终瓦解。②正如江泽民所指出的那样："苏联解体……除了政治、经济等方面的原因外，执政党内部和群众中发生思想变化、思想混乱也是一个很重要的原因。"③可以说，对于苏东剧变，西方"和平演变"政策是外因，而内因则是苏联在对于西方文化的交流中，先是全盘拒绝，拒绝吸收西方先进的技术和管理经验，后来是无条件地全盘西化，引进与自己国情不符的政治体制和价值观念，导致苏共精神支柱的根本动摇和政治理想的彻底丧失，在同各种反对社会主义思潮的斗争中，在同各种形形色色的政治反对派的生死较量中，败下阵来，造成国家分崩离析和苏共垮台消亡的灾难性后果。前事不忘后事之师，今天中国共产党要代表先进文化的前进方向，必须吸取前苏东的历史教训，真正以务实的态度、科学的方法、理智的心态来正确对待中西跨文化交流，促进中国文化建设。

（2）加深知识分子主体的"问题意识"

问题意识，是指人们对事物好奇、敏感及善于发现问题、提出问题的能力，是人们自觉认识问题的程度的标尺。伟大导师马克思曾指出，对一个时代来说，主要的困难不是答案，而是问题。问题就是公开的、无畏的、左右一切个人的时代声音。问题就是时代的口号，是它表现自己精神状态的最实际的呼

---

① 孙泽学：《社会主义初级阶段文化建设研究》，华中师范大学出版社2004年版，第15页。

② 奚洁人：《"三个代表"主体的精神文化研究》，上海人民出版社2004年版，第93~94页。

③ 江泽民：《论三个代表》，中共中央文献出版社2001年版，第125页。

声。[1]强化问题意识，培养问题意识，是人类社会发展的需要，是人类进步和现代化的标志，是建构良好的思维品质、培养创新精神和提高创造能力的先决条件和关键环节。在文化和科学技术发展中，一切创新都始于问题的发现，而发现问题又始于强烈的问题意识，因此问题意识是推动文化、科学技术发展的原动力，是思想萌芽、创造意识产生和发展的前提条件。

通常，作为精英阶层，知识分子是每一个社会、每一个时代问题意识的总代表。习近平主席指出：自古以来，中国知识分子就有"为天地立心，为生民立命，为往圣继绝学，为万世开太平"的志向和传统。应该立时代之潮头、通古今之变化、发思想之先声，积极为党和人民述学立论、建言献策，担负起历史赋予的光荣使命。在中国历史上，广大知识分子一直是推动社会进步发展的重要引领者和中坚力量。[2]中国封建王朝的每一次更迭，在农民起义的背景下，总是闪烁着知识分子先进思想的光芒。在知识分子提出问题的基础上，在知识分子"高人"的指点迷津下，农民起义才能成气候。辛亥革命的领导者孙中山先生本身就是一个高级知识分子，他以浓厚的问题意识，提出了"三民主义"思想，才使中国告别了封建统治、走上了资产阶级民主革命的道路。五四新文化运动的发起者和领导者，陈独秀、李大钊等不仅是学富五车、执教杏坛的知名学者教授，而且是当时新思想——马克思主义的最早传播者。没有知识分子的参加，中国革命的胜利是不可能的。特殊的社会身份，较高的知识水平与道德修养，使知识分子倍受社会尊敬，其思想言行往往被社会所关注并效仿对推动社会进步发展具有举足轻重的作用。[3]毛泽东、周恩来、邓小平等中国共产党人，在马克思历史唯物主义和辩证唯物主义基本原理的指导下，问题意识则更胜一筹，发现矛盾，抓住主要矛盾，解决矛盾，引领了中国革命、建设和改革的进程。可见，知识分子的问题意识是推动社会政治进步、文化科技发展的重要动力。

---

① 《马克思恩格斯全集》第40卷，人民出版社1982年版，第289页。

② 王志东：《为天地立心，为生民立命》，载《大众日报》2016年9月7日，第9版。

③ 王志东：《为天地立心，为生民立命》，载《大众日报》2016年9月7日，第9版。

但是，近年来，中国知识分子的问题意识有所下降。甘阳认为目前存在着"全球西方化时代中国文明主体性危机"，其中核心问题之一就是"中国学术主体性危机"。①究其原因，主要有：第一，在环境因素方面，时代的精神文化氛围是问题意识缺失的环境原因。"复制"的文化生产观念和以"工场"为精神的文化再生产原则，使精神文化的生产与传播弥漫着商业化的气息，各种理论和思想一经提出，便有很多人效仿，并立刻纳入市场交换的轨道。这就使研究者的功利性动机胜过成就性动机，面对"复制"这条捷径，往往心性浮躁，无法守住自己的精神家园，无法进行深层思考、思辨和积累，极大地遏止了知识分子的问题意识。②第二，在历史因素方面，封建社会文字狱的遗毒和知识分子的清高心态。明清以来，封建统治者为了巩固日益腐朽的统治，维护封建社会的正统，不容许异己和异议出现，扼杀知识分子的问题意识，大肆兴起文字狱，经常是捕风捉影、望文生义。有的学者因为写了"清风不识字，何故乱翻书"的诗句而无辜遭到杀头厄运。许多正直之士为了保全性命，无奈放弃了经天纬地的理想，崇尚"清谈"、空谈，不谈论民生经济，不关心国运兴衰。由于受极左思想的影响，史无前例的"文化大革命"中，知识分子是遭受迫害、冲击最大的群体之一，许多优秀、正直、敢于提出问题、敢于捍卫真理、关心民族前途命运的知识分子被打成"右派""牛鬼蛇神""黑五类"等，失去了人身自由和人格尊严，甚至宝贵的生命，如遇罗克、张志新、林昭等等。虽然这一幕已经过去多年了，但是留下的心悸、伤痛依然存在，知识分子敢怒不敢言的状况依然存在。第三，在现实因素层面，改革开放以来，中国经济社会发展进入转型时期，随着现代化进程的急剧推进，市场经济大潮的冲击，在全社会一度出现了信仰迷茫、价值观混乱、理想缺失、道德滑坡等现象，一部分知识分子也出现了许多迷茫失落、价值多元虚无的状况，特别是孤高自傲、孤芳自赏的态度，又使得一部分知识分子变得与社会发展形势格格不

---

① 张旭东：《"文化民族主义"、"挫折感"与中国学人的精神使命》，载乐黛云等编《跨文化对话》(13)，上海文化出版社2003年版，第30页。

② 柳海民、李伟言：《教育理论原创：缺失归因与解决策略》，载《教育研究》2003年第9期。

入、冷漠隔膜。在思想观念激烈冲撞、日趋多元化的今天，一些知识分子的社会责任意识也变得千差万别，有的人以社会批判者自居，对各种社会问题一味抨击，却提不出任何建设性意见；有的人把学术操守、职业道德抛到一边，热衷于为各类利益集团代言。[①]广大知识分子"为天地立心，为生民立命"的崇高思想信仰和问题意识面临着被瓦解与分裂的危险。

如何强化当代知识分子的问题意识？首先，要在全社会净化文化学术环境，把文化商业化带来的损失减少到最小，树立学术研究的超功利的目的意识。可以考虑进一步提高知识分子的待遇，就如同"高薪养廉"一样，让知识分子在比较优越的条件下，进行公正的、超功利的学术研究。其次，加强知识分子的自身改造。问题意识的产生离不开知识分子本身的改造，问题意识的产生离不开的主体素质主要有：深厚的责任感，强烈的兴趣，超功利的动机，不怕吃苦、不怕冷落，执着，冷静，拒绝媚俗和附庸风雅，远离浮躁与浮夸；有强烈的民族自尊心，有求真务实的精神，有对实际需要的密切关注，有对现实苦乐忧患的深切感受。只有切实地开展主体自我锤炼、改造，才能达到这个境界。再次，要提供相对宽松的政治、文化环境，让知识分子敢想问题，敢讲问题，敢揭露矛盾，不至于因为害怕遭到打击报复或其他不公正的待遇而放弃。这样，中国文化、科技才能得到长足进步，才能拥有全球竞争力。

（3）提高大众主体的综合文化知识水平

首先，要拓宽大众主体的视野，使其摆脱狭小的思想空间，树立全球化意识，具备现代中西跨文化交流的意识和敏感。其次，要提高大众主体的科学文化水平，在掌握母语——汉语的基础上，要进一步学习一门外语，从目前使用的角度看，主要是英语。中西跨文化交流日益频繁、加剧，官方语言是英语的国家数量很多，中国不可能要求所有外国人都用汉语与中国人交流，学习英语至少在当前是中国人的必然选择。另外，在国际社会，大多数文献资料都是用英语写成，不学英语，就无法得到一手的资料，无法以最快速度知道国外的信息。学英语，于国家，则有助于融入国际社会；于个人，则有

---

① 王志东：《为天地立心，为生民立命》，载《大众日报》2016年9月7日，第9版。

助于提高个人素质，在当前社会中，掌握英语者的竞争力明显比不会英语的人要强，这是公认的社会现实。所以，努力学习英语，尽量掌握英语，使其不仅具备认识自己文化的能力，同时也具备解读、消化外来文化、西方文化的能力。第三，打造大众主体平和、宽容的心态。在越来越频繁、平常的中西跨文化交流中，正确对待文化的差异、文化的冲突与融合，尊重自己的文化，也尊重异邦文化。

总之，建议有关部门要"国学""西学"两不误，两手抓，两手都要硬。大力培养中西合璧型人才，并把这项工作逐步制度化。所谓"中西合璧"型人才，就是能把英语、西方文化与汉语、中国传统文化（国学）相结合，并达到了一定的深度，既能毫无障碍地与西方进行交流学习借鉴西方优秀文化，又能自信准确地向西方介绍、传播中国优秀传统文化的知识分子。可以先进行一个摸底调查，把他们组织起来，并进一步加大培养力度。这样的知识分子越多，就越能起到带动和示范作用，对当代中西跨文化交流、对如何在筛选中学习西方文化、对中国文化特别优秀传统文化走向世界都是大有裨益的。

三、以中西跨文化交流促进中国文化建设的总体思路

以中西跨文化交流促进中国文化建设的总体思路是：以我为主、为我所用，内强素质，外塑形象。

1.坚持以我为主，为我所用

在中西跨文化交流中，要坚持以我为主，为我所用，就要避免两个极端，处理好几个关系。

（1）避免两个极端。在中西跨文化交流中，应该避免的两个极端，一个是苏联的全盘西化，一个是伊朗等国的拒绝主义。前者是在与西方文化交流中，盲目引进，全面西方化，丧失了主体性；后者是全面拒绝西方文化，过分强调主体性，以至于无法进行正常交流。

避免苏联的全盘西化。在发展中国家走向现代化的进程中，有的国家领导人企图摈弃本国的文化遗产，使自己的国家的认同从一种文化转向另一种文明。"然而迄今为止，他们非但没有成功，反而使自己的国家成为精神分裂的

无所适从的国家"①。苏联的教训就是这样的。18年前，随着苏共的党旗在克里姆林宫黯然下落，曾经雄踞亚欧的社会主义王牌国家一夜消失，留给了人们无限的叹息和反思。关于苏联亡国、苏共亡党的原因，学术界有许多观点，例如，"内因说"，包括"乌托邦说""斯大林模式说""错误路线说""经济失败说""上层自决说"等等；"外因说"，如"和平演变说""意识形态说"，还有"文化原因说""领袖个人因素说"等等。诚然，上述原因都是苏联解体的重要原因之一。本书主要试图在文化原因方面更加深入一些，特别是在苏联与西方文化交流的视角探讨苏联解体的原因。戈尔巴乔夫执政前，苏联由于帝国主义的入侵和挑战，由于两种制度的斗争，在经济上、政治上将自己封闭起来，在文化上则很少吸收世界他国的优秀文明成果。西方信息革命的浪潮，使苏联原有的封闭性遇到了挑战。到了戈尔巴乔夫时代，则走向另一个极端，过激、过快的文化开放，特别是全盘西化，导致了国家文化安全和国家安全的崩溃，进而亡党亡国。

　　早期的文化封闭和专制导致了苏联文化的长期营养不良，为苏联解体埋下了文化根由。苏联与中国一样，苏联在冷战时代遭受了西方国家的集体孤立和遏制。与西方的文化交流几乎为零。而长期生活在高度同质化的文化之中，文化就会发生退步。在苏联解体之前，苏联文化就是这样一个具有高度同质性的文化，文化的封闭，使苏联缺少了相应的参照体系，失去了汲取外来营养的机会，苏联主流文化不再强大到足以支撑一个国土辽阔、多民族的大国。而在文化封闭的同时，文化专制也大行其道。第一，苏联长期以来实行的是文化专制主义，追求文化的纯而又纯，高度统一。这种"高压"文化首先表现为"领袖真理化"；斯大林借口维护列宁之名，行个人崇拜之实，以使其成为真理的化身；赫鲁晓夫反对斯大林的"个人迷信"，却树立起自己的理论权威；而勃列日涅夫上台后对"离经叛道者"除采取传统的批判、清洗方式之外，还采用诸如吊销国籍、强制精神治疗等更为极端的手段。第二，苏联的文化专制主义

---

① 〔美〕塞缪尔·亨廷顿著，周琪等译：《文明的冲突与世界秩序的重建》，新华出版社1999年版，第353页。

还表现在排斥其他一切不利于文化专制的因素，其中最主要的是排斥文化的群众性、民族性与开放性：文化的单一性代替了多样性，钦定风格取代了各种风格的自由竞争；民族文化中更多地继承并发扬了俄罗斯民族文化中的沙文主义、封建专制主义、皇权主义等糟粕性的东西；并认为凡是西方文化就是"姓资"的，凡是"姓资"的就是腐朽没落的，于是理所当然地对西方文化予以否定。[①]可见，在苏联与西方文化交流方面，它首先犯的一个错误就是教条地对待西方文化，按照经典社会主义的标准，对西方文化进行全盘否定，不管是优秀的，还是落后的，一律拒之门外，这也是当时大多数社会主义国家所犯的极左的通病。这就造成了苏联长期文化的营养不良，文化对国家的支撑力严重不足。

戈氏"全盘西化"的激进改革掉进了西方"和平演变"的陷阱，导致政局失控，成为苏联解体的直接原因。戈尔巴乔夫上台后，推出了"人道的民主社会主义"的"新思维"，进行了一系列的经济和政治改革。在政治方向上，戈氏的改革实际上完全否定和抛弃了社会主义制度，完全按照西方国家资本主义政治经济制度来改造整个社会，采取了"全盘西化"的策略。其具体表现是：极力提倡"公开性"和"意识形态多样化"，造成了严重的思想混乱；实行多党制，取消共产党的领导地位，为右翼力量夺取政权铺平了道路；借口党的改革，实行党的社会民主党化，最终瓦解了苏联共产党。[②]可见，在与西方的文化博弈中，"全盘西化"的"新思维"和"人道的民主的社会主义"，迎合了西方的"和平演变"，将改革引向了死胡同。

避免伊朗等国对于西方文化的拒绝主义。伊朗是具有悠久历史和传统的文明古国，伊斯兰教是其国教。伊斯兰教不仅是一种宗教信仰和意识形态，而且也是一种生活方式和社会制度。伊斯兰文化就是以伊斯兰教为核心的宗教信仰、意识形态、生活方式和社会制度。

---

① 陈肖沫、张泽洪：《苏联解体的文化原因》，载《中共石家庄市委党校学报》2004年第4期，第5~6页。

② 童广运、刘国华：《苏联解体原因国内10年研究述要》，载《陕西教育学院学报》2002年第2期，第36~37页。

伊斯兰教与基督教渊源很深，伊斯兰文化与西方文化也有很长的接触历史。既有冲突的历史，如中世纪阿拉伯军队对西欧的征伐，基督教"十字军"的东征等，也有相互交流、学习的历史。伊朗是海湾和中东地区的一个大国，一个神权的伊斯兰共和国，也是一个比较有代表性的激进的、反美的国家。所以，伊朗在其与西方的文化交流中基本的、长期的态度是文化封闭主义和拒绝主义，近十年来，由于全球化进一步发展的影响以及海湾地区形势的变化，在与西方的交流上有所松动、有所改观。

首先，传统、封闭的意识形态。20世纪70年代，为了对应西方科技革命的挑战和阻止愈演愈烈的伊斯兰国家世俗化的进程，中东地区掀起了伊斯兰复兴运动。一些国家伊斯兰"原教旨主义"势力抬头，呼吁清除西方影响，驱逐异教徒，建立纯净的伊斯兰教国家。正是在这个大背景下，伊朗于1979年爆发了震惊世界的伊斯兰革命，由霍梅尼带领推翻了世俗的、亲西方的巴列维王朝，建立了以伊斯兰意识形态为指导的神权政治体制。革命后的伊朗从伊斯兰教义出发，对外输出伊斯兰革命，排斥东西方世俗文化，实行"不要东方，不要西方，只要伊斯兰"[①]的对外政策和文化方针。

其次，伊朗与西方的文化冲突。伊朗自1979年爆发宗教革命推翻巴列维王朝后，与西方的关系就进入了紧张状态。由于美国对伊朗新政权的遏制，霍梅尼上台后，就与美国断交，同年，发生了伊朗学生扣留美国使馆工作人员作为人质的事件以及当时卡特政府为营救人质而发生的"伊朗门事件"，使得美国人对伊朗的成见很难在短时间内得以改观。克林顿时期，美国视伊朗为"无赖国家"；布什上台后又将其列为全球三个"邪恶国家"之一。伊朗与英国，发生了"拉什迪事件"。伊朗与德国，发生了"米考诺斯案件"。所以说，在西方国家眼里，包括伊朗在内的伊斯兰世界是现代西方民主制度的敌人。而在伊朗人看来，西方国家，尤其是美国，是欺负、侵略伊斯兰国家的大魔鬼、"大撒旦"，人人得而诛之。

最后，从冲突到文明对话。1989年以来，全球化浪潮席卷世界，伊朗新

---

① 张骥等：《国际政治文化学导论》，世界知识出版社2005年版，第492页。

领导人上台，奉行谨慎而又务实的国内和国外政策。拉夫桑贾尼执政期间，重新诠释了"不要东方，不要西方"的含义，并非要切断与东、西方国家的关系，而是表示伊朗不受东西方的支配，要独立自主地走伊斯兰道路。1997年，哈塔米当选伊朗新总统，加快了与西方改善关系的步伐，提出了"文明的对话"的战略思想。近年来，伊朗与西方的关系有所改善，但是，伊朗与西方在伊朗核问题上的纠结依旧没有完全解开，各种力量的博弈正在进行。看来，文明的对话是必需的，而文明的对话又是艰难的。

（2）处理好几个关系

在当代中西跨文化交流中，要以我为主，为我所用，吸收西方先进文化，保障中国文化安全，就一定要处理好中西跨文化交流中的几个关系，主要是文化开放与文化保护的关系、文化引进与文化输出的关系。

文化开放与文化保护的关系。文化开放就是坚定不移地贯彻执行改革开放的路线，在全方位、多层次、宽领域的对外开放格局下，一方面，大力吸收、引进、学习西方优秀文化，另一方面，按照国际惯例，在WTO协议框架下，逐步地开放中国的文化市场，降低文化市场准入的门槛，引进国外资金和先进的管理模式，让中国民族的、科学的、大众的文化市场更加繁荣。文化保护就是在对外开放的过程中，有必要采取的对的传统文化、主流文化进行保护的措施和阻止西方不良文化因素的侵袭、腐蚀的手段。

在全球化的背景下，任何一个民族的闭关自守已经是不可能了。文化的开放是大势所趋，势在必行。而文化的大门如果一旦敞开，外界的思想、价值观一律放行，必然是鱼龙混杂、良莠不齐的。鲜花中夹带着毒草，精品上吸附着灰尘，这样的现象是屡见不鲜的。所以，文化保护、构筑文化的防火墙也是必不可少的。所以，文化开放是文化保护中的开放，文化保护是文化开放的保护，两者辩证统一，不可或缺。只有文化开放和文化保护保持适度张力和良好互动，才能走向中西文化平等交流和融合的正确方向，促进中国文化健康发展。

文化开放方面，应该做到：加深对于西方文化的正确认识；加大西方优秀文化本土化的力度。

　　第一，加深对于西方文化的正确认识。关于西方文化，有学者认为，中国人讨论文化时，经常笼统以"西方"二字概括一切，忽略了欧美地区文化内涵的复杂性，也无视于西方世界在近百年来本身经历的种种变化。①本书也非常认同，在本书的资料收集及构思中，也深刻认识到西方文化中，欧洲与北美洲、欧洲各个国家之间、北美洲各国之间确实存在着很多差异，用西方文化一词进行概括，确实有一定难度，所以，本书的"西方文化"以狭义的以欧洲、北美有代表性的主流文化为基准。在中西跨文化交流中，对近代以来的西方文化的正确认识是对其进行整合的必要前提，分析西方文化的昨天和今天、正面和负面影响是很有必要的。一方面，西方文化是14～16世纪欧洲文艺复兴时期孕育、18世纪步入工业文明和现代化进程中逐步形成和发展起来的，其许多内容反映了全人类文明进步的方向和潮流，体现了人类在资本主义阶段所形成的智慧和精神财富。另一方面，西方文化是近代以来资产阶级时代的产物，不可避免地在政治观、价值观、人生观、道德观、历史观以及在行为方式、生活方式和思维方式等方面，都带有反映资产阶级意志和利益的东西。西方文化对工具理性的崇拜和对金钱物质的过分追求，导致了人与自然的紧张和人被金钱所奴役，表现为精神家园的失落和人的意义世界的丧失。曾在历史上反对封建专制主义和宗教神权，对人的解放起过积极作用的个人主义、自由主义等价值观，在"个性化""独创性"以及"反制度化"精神的标榜下被推向极端，演变为个人至上、利己主义和享乐主义，导致道德沦丧、物欲横流和人际关系的冷漠，迷失了文化产品的精神价值和艺术价值，引发了资本主义的文化矛盾。这一些是需要擦亮眼睛认真进行分辨的。同时，绝对不应当将西方文化当作静止的个体，还要看到当代西方文化的新发展变化。事实上，近百余年来，西方文化本身也经历了急剧的改变，改变幅度之大及程度之深，实不下于面临的社会文化变局。正如许倬云指出的，西方由"工业化的生产结构已逐渐走向后期工业化时代……也是一个充满了疑问的时代，一切价值观念，在变化迅速的后期工业化时代，都丧失了居常不变的可靠性。最近数十年来，以基督教

---

① 〔美〕许倬云：《中国文化与世界文化》，贵州人民出版社1991年版，第205页。

文明为基础的欧美社会，宗教的影响力正在衰退，世俗化的趋向，使功利挂帅成为价值的准则。而尤其最近二十年来，资讯科技突飞猛进，资讯本来应当是人类可用的工具，现在反客为主，工具取代了目的，表现取代了实质，象征取代了意义，随着工业化而来的都市化，已经走完了发展的全程，于是我们看见都市里的社区解体，都市以外的社区消失。许多在原有社群中的成员，得以释放为自由的人。在好的一面讲，美国与西欧城市的居民，享有高度的自由；从坏的一面讲，自由的个体，又往往感觉到无可依附的孤独与无助，不再向别人寻求交通的自我孤立"①。可见，西方文化的"现代"与"后现代"的混杂景观是学习借鉴时一定要搞清的问题。

　　第二，加大西方优秀文化在中国本土化的力度。自从近代以来，近代中国文化与西方文化的接触，已经经过了百余年的演变，目前仍然在讨论如何进行选择，另一方面西方文化已经部分地本土化了，融入中国主流文化之中。就拿国人忧心忡忡的所谓中国文化"麦当劳化"来说，作为一种西式快餐，麦当劳已经在中国各大中城市设有多家分店，遍布大江南北长城内外，并深得广大民众，特别是青少年、儿童的喜爱，这是一个不争的事实。但是有人因此而断言中国文化的"麦当劳化"有些危言耸听。因为，所谓中国文化"麦当劳化"与麦当劳的中国化是同步进行的。据说，麦当劳在美国，通常设在加油站、高速公路旁边或者超级市场周围等地，以廉价、方便、快捷而著称，方便那些来去匆匆、没有多少时间停留的人们，具有明显的平民化风格。在中国国内去过麦当劳用餐的人都应知道，人们并不只是把它当作一种吃完就走、节省时间、提高效率、加快节奏的手段，而是把人们追求休闲、表达亲情、生日节日团聚的本土文化因素在西方的异国情调中充分进行诠释。在麦当劳，笔者常常见到家庭聚会、生日聚会、朋友相会、情侣小酌，边吃边聊，自在闲适，其乐融融。而且在国内来讲，能经常去麦当劳的人都应属于城市中等收入一族，这又给麦当劳带去一丝中产化甚或贵族化的意味。而同时，中国的麦当劳也根据中国国情，主动采取本土化策略，如举办"读书俱乐部"、举办儿童画展等，采

_____

① 〔美〕许倬云：《中国文化与世界文化》，贵州人民出版社1991年版，第205页。

用中国风味的店内装饰。"他们努力适应中国文化环境。他们努力在中国百姓面前把麦当劳塑造成中国的麦当劳公司,即中国地方企业的形象"①。另一个例子是西方婚纱的中国化。婚纱可以说是正宗西方文化的产物,自从登陆中国以来深受青、中年伴侣的喜爱。但是西方传统白色婚纱并没有一统天下,为了适应中国婚庆的气氛和习俗,婚纱有了各种各样的颜色。而且据悉,在香港开幕的2005年首场大型婚纱展中,鲜艳夺目的"中国红"唐装款式受到现场预订婚纱的新人的青睐。在今后的中国婚礼服市场上,百花齐放,百家争鸣,选择会更加多元化,中式和西式婚礼服将共同演绎中西合璧的婚纱文化。2006年5月在中国山东省举办的大型引进西方文艺节目"欧美风情缤纷秀"中,在美国动感无比的街舞中,加上了舞动中国折扇的内容,拉近了与中国观众的距离。近年来,引进西方文艺越来越呈现上升的势头。所以,西方适合中国国情的文化,为中国文化所接纳,融入本土主流,是文化交流融合的规律使然。

在加大西方优秀文化在中国本土化的力度方面,应该坚持发展型文化民族主义。张骥认为,从全球化进程所处的地位和民族文化的传统来看,当今世界的文化民族主义主要有三种表现形式:第一种是扩张型文化民族主义,如文化霸权主义;第二种是保守型文化民族主义,如极端民族主义;第三种是发展型文化民族主义,就是以强调本民族文化为基础,通过吸收、交流,实现本民族文化的进一步发展。一方面承认文化差别的现实,坦然接受人类一切文化的成果,以宽容的精神平等地对待一切外来的文化;另一方面客观、全面地重新审视本民族的文化传统,在努力发掘本民族文化精髓的前提下,积极寻求与其他文化交融的结合点,不断拓展自己的文化视野,丰富自己的文化内容。②所以,坚持发展型民族主义,加大西方优秀文化的吸收、消化,才能不断丰富自己的文化。

---

① 陶东风:《全球化、文化认同与后殖民批评》,载王宁主编《全球化与文化:西方与中国》,北京大学出版社2002年版,第354页。

② 张骥:《国际政治文化学导论》,世界知识出版社2005年版,第302~303页。

文化保护方面，应该做到：加强对西方糟粕文化的辨析能力，升级中国文化保护措施。

第一，加强对西方糟粕文化的辨析能力，就是对于西方某些落后、腐朽的价值观和不适合中国具体国情的思想文化，善于辨别，有所警觉、有所防范。西方某些落后、腐朽的价值观，就像布热津斯基认为的西方文化"促使全世界范围里的人都热衷于追求物质享受和及时满足道德上不受压抑的个人欲望……结果是出现了全球范围内的精神危机"①，削弱了西方文化作为自由象征的全球吸引力。张骥、刘中民认为，西方文化中含有相当部分消极因素，如道德沦落、精神空虚、吸毒与暴力犯罪和放纵无度的消费主义。②如不彻底摒弃糟粕成分，就像梅光迪先生担心的"用不了几年时间，中国很可能就会成为西方所有陈旧且令人质疑的思想的倾倒之地"③，而且引起国民精神危机，对主体文化价值的认同削弱，进而影响中国文化安全。不适合中国国情的西方思想是指那些虽然不是落后的、但对于中国的当前现实和未来发展无益的思想，比如，全球化进程中的国家主权淡化思想、人权高于主权等，就其本身而言似是中立的，但是，强调主权淡化对于中国尚未完成的统一大业是一个理论上的障碍。

升级文化安全的防火墙。一方面，要切实做好引进信息的管理，加强对于国际信息传播的立法；加强对国际互联网有害信息的阻挡和过滤，研制能防止、过滤政治诽谤和色情暴力等反动、有害信息的软件及监控系统，构筑"网上防线"；尽快实行电影、电视分级制度。另一方面，切实加强对于青年学生、少年儿童等的理想、道德教育，培养他们抵制不良倾向的自觉性和能力。第三方面，处理好学习外语作为交流工具与母语学习之间的矛盾。母语不完全是工具，而是民族传统、文化观念、道德准则、思维模式的载体。这

① 〔美〕兹比格纽·布热津斯基著，潘嘉玢等译：《大失控与大混乱》，中国社会科学出版社1995年版，第63～64页。
② 张骥、刘中民：《文化与当代国际政治》，人民出版社2003年版，第440～441页。
③ 沈卫威：《梅光迪反思中国人文主义运动》，载〔中〕乐黛云、〔法〕李比雄主编：《跨文化对话》(12)，上海文化出版社2003年版，第116页。

方面的不足，就意味着民族认同感弱化的可能。有学者提出，母语教育面临这样的问题，首先是由于在全球化的经济竞争中，汉语是一种弱势文化载体，虽然使用人口众多，但是不能成为最深入、最广泛、最高层次使用的国际语言。人们不得不花很大的精力去学习英语这种国际通用程度比较高的语言，挤占了大量的学习时间，在有些人身上影响了母语的学习热情和时间。而缺乏母语修养在多大程度上影响了大学生的理性思维和人文精神，目前还难以精确估计，但是面对21世纪世界经济发展的严峻挑战，缺乏母语修养，肯定会影响中国大中学生的才智和创造力的发挥。一批意识到问题严重性的工程院院士提出：在大学生中普遍进行全国性汉语等级水平考试，汉语水平不及格者，不能获得学位证书。[1]这个建议在保护中国汉语文化方面也有一定的积极意义。

总之，文化开放机制与文化保护机制的良性互动，就是内在自发性与外在约束、文化自发开放和自发保护机制与外在的文化制度约束相互保持适度张力，积累扩大文化共识与拒绝文化病毒、开放边界与保持民族性、学习外来文化与自主发展，这几方面良性互动。文化开放不能乱，文化保护不能死。还要注意避免制度缺陷与人性弱点的相互利用，避免中国传统文化糟粕与西方文化糟粕的相互联手。

文化引进和文化输出的关系。在当代中西跨文化交流中，文化引进就是吸收、学习、借鉴西方优秀文化因素，使其融合在中国文化之中，有机结合，不断丰富中国文化的内涵；文化输出就是在世界范围内，传播、宣传、介绍中国先进文化，让世界领略中国文化的博大和丰富。全球化背景下，中国文化与西方文化、世界文化进行广泛的交流，与其说全球化给了中国一个机会，倒不如说是中国文化给了西方和世界一个刮目相看的机会。

在当代，在文化引进方面，中国尚处于仍然需要大规模、深入地学习和借鉴西方文化阶段。既然是学习、借鉴，就会有模仿，就会至少在表象上与西方文化"相似"。在文化输出方面，文化是借助经济力量进行传播和辐射的。

---

① 孙绍振：《母语教育的忧思和希望》，载《读者》2005年第14期。

在中西跨文化交流中，西方文化凭借强大的经济和传媒优势给予的滋生条件和合法性身份，很容易向外扩张和辐射。而中国文化由于经济推动的乏力、传统身份的阻滞、社会主义意识形态的"异端"感而出现不被世界认同、呈现边缘化趋势、比较难于传播的局面。于是，在引进和输出之间，存在比较严重的不平衡，也就是文化交流"逆差"的存在。

所以，现阶段，一方面，中国仍然要大力引进西方文化；另一方面，要在各个环节上着力推动中国文化走出去。解决这个问题，不是一朝一夕的事情，这是需要几代人、需要更长时间的努力。处理好文化引进与文化输出的互动关系，必须做到：

在文化引进方面，首先，虽然处于大规模的引进阶段，但是还要保持一定的批判意识，着力做有意识的思辨工作。"文化交换的取舍与抉择，如果不经过有意识的反省与思考，终究会在潜移默化之中失去了自己抉择的机会。今天我们在生活方式以外，最需要思考的范畴，就是文化中的行为规范及价值创新的标准；而这些项目是长期的深入人心，较难发生变化；一旦改变，也最难约束其改变的方向"[1]。在历史上，中国对西方的学习并不都是带有批判色彩的。近代的"全盘西化"是好几百年文化封闭和自恋的剧烈反弹，而1989年前后中国知识分子认同的西方模式更是不具有批判精神，他们没有体察西方模式的限度、疑难及其盲点，虽然连西方对自己自身的不足，已经早有察觉。而当时的中国知识分子却认为有能力运用西方模式，无条件认同"民主"或"自由"的言论，再加以超越。[2]可见，自从近代以来，出于对国家文明富强的渴望，国人对西方文明、文化的学习吸收，不断地掀起高潮。但是由于缺乏批评精神，往往心浮气躁，囫囵吞枣，还未搞懂就要吸收，还未搞明白是否符合国情就要套用。在当代，中国文化与西方文化各自都存在一些复杂情况，中国文化地域广大，发展极不平衡，存在前现代、现代、后现代的诸多景观，而

---

① 〔美〕许倬云：《中国文化与世界文化》，贵州人民出版社1991年版，第198~199页。

② 〔法〕魏明德：《全球化与中国——一位法国学者谈当代文化交流》，商务出版社2002年版，第26页。

西方文化也存在现代和后现代的问题。西方资产阶级的文化有助于中国反对封建残余文化，但是与中国特色社会主义文化相比，它就是落后的。西方后现代文化是对于现代文化的反思，而在中国许多地方还未实现现代化，后现代文化在某种程度上妨碍了中国人学习西方现代文化的信心。所以，文化问题不可一概而论，要保持清醒的头脑，以批判的眼光，以辩证统一的方法来进行文化的引进。再者，是处理好引进的数量与质量的关系。文化引进的数量固然是需要的，但归根结底还要看质量。没有一定质量就不会有良好的影响，就不能深入人心，引进效果就可能大打折扣。

在文化输出方面，应该做到：一方面，以文化引进来促进文化输出。要敢于直面西方文化霸权，主动与之交流，千方百计壮大中国的"硬权力"，即以经济实力为基础的国际发言权。[1]用文化引进的成果不断壮大中国文化的"软实力"，增强认同力、感召力、辐射力和凝聚力。另一方面，努力提高中国文化传播的现代化水平。"文化本身没有高低贵贱之分，但是文化的传播手段却具有先进和落后之别。"[2]先进的传播手段，往往能在第一时间传播信息，表达自己的意志，先入为主，比较容易让人认同和接受；而落后的传播手段，则容易造成信息滞后或者重复、步人后尘、拾人牙慧的局面，即使事实确凿、观点正确，也很难令人信服。既然当代文化交流是大规模、普遍性、即时性的交流，所以谁拥有更先进的传播手段，谁就有可能处于主动的地位。西方发达国家由于其掌握先进的科学技术，在目前的文化交流中处于主导的地位。所以，打造一套先进的、与文化走出去的要求相适应的文化传播体系是刻不容缓的。第三，积极实施文化"走出去"的开放战略，进一步加强"信息疆域"的拓展攻势，积极主动地利用互联网这一覆盖面广、影响力大、穿透力强的载体，加快建设中国优秀传统文化、中国特色社会主义文化的网上传播体系。

---

① 徐圻：《走出文化的自大与自卑——关于中西文化交流的反思》，载《贵州大学学报》（社会科学版）2005年第1期，第14～15页。

② 张骥：《文化与当代国际政治》，人民出版社2003年版，第374页。

2.中国文化的"内强素质"

不可否认，在中西跨文化交流方面，中国文化有一定的优势，五千年连续不断的文明、丰富的文化积淀和遗产，加上今天中国经济发展的奇迹，给中国文化走向世界提供了很好的机遇。但是，也应该看到，文化的强弱，归根结底是自身条件和内在素质。中国文化虽然以其长期的历史积淀而丰厚富有，但是现代的、高质量的文化产品还不够多，文化资源优势尚未转化成为文化产品优势。在新的历史条件下，如何释放自己的能力、发散自己的影响，如何重新包装和推广，而不是让这份珍贵的积淀成为自身的包袱，解决问题之关键，在于提升自己的文化内力，提升核心力，这样，面对其他文化、别样文明，才能坦然处之，才能合作竞争。而提升自己的文化内力的重中之重，就是坚持、固守和强化核心价值体系。

中共十八大指出，要加强社会主义核心价值体系建设。社会主义核心价值体系是兴国之魂，决定着中国特色社会主义发展方向。在中西跨文化交流中，面对各种思想文化相互激荡的复杂形势，要提高中国文化内力，必须建设和固守核心价值体系，也就是社会主义核心价值体系。

任何一个社会，都有其特定的价值观念、精神追求和社会理想，并以此来整合社会意识，规范民众行为，引领社会前进。建设中国特色社会主义，必须牢牢抓住社会主义核心价值体系这一建设中华文化的根本，努力形成全民族奋发向上的精神力量和团结和睦的精神纽带。马克思主义指导思想，中国特色社会主义共同理想，以爱国主义为核心的民族精神和以改革创新为核心的时代精神，社会主义核心价值观，构成社会主义核心价值体系的基本内容。中共十八大对此提出明确要求：要深入开展社会主义核心价值体系学习教育，用社会主义核心价值体系引领社会思潮、凝聚社会共识。推进马克思主义中国化时代化大众化，坚持不懈用中国特色社会主义理论体系武装全党、教育人民，深入实施马克思主义理论研究和建设工程，建设哲学社会科学创新体系，推动中国特色社会主义理论体系进教材进课堂进头脑。广泛开展理想信念教育，把广大人民团结凝聚在中国特色社会主义伟大旗帜之下。大力弘扬民族精神和时代精神，深入开展爱国主义、集体主义、社会主义教育，丰富人民精神世界，增强人民精神力量。倡导富强、民主、文明、和谐，倡导自由、平等、公正、法治，倡导爱国、敬业、诚信、友善，积极培育和践行社会主义核心价值观。牢牢掌握意识形态工作领导权和主导权，坚持正确导向，提高引导能力，壮大主流思想舆论。

那么，在中西跨文化交流中，建设和固守社会主义核心价值观，应该注意以下问题：

第一，加强教育和文化管理，着力引导社会舆论。面对意识形态领域的复杂形势，能不能有效引导社会思潮和社会舆论，直接关系执政党的思想基础，关系执政党的执政地位。2013年8月，习近平主席在全国宣传思想工作会议上指出，能否做好意识形态工作，事关党的前途命运，事关国家长治久安，事关民族凝聚力和向心力。①随着信息传播技术迅速发展和信息传播渠道日益多样，中国社会舆论环境和舆论格局正在发生深刻变化。必须深入研究新形势下各种受众群体的接受习惯和心理特征，始终坚持正面宣传为主，理直气壮地讲道理，通过多种形式和手段，深入宣传党的理论、路线、方针、政策，及时推广建设社会主义小康社会的典型经验，传播先进文化，塑造美好心灵，弘扬社会正气，努力形成健康向上、生动和谐的社会主流舆论。建立健全突发事件宣传报道机制，切实把握好舆论引导的时机、节奏和力度，有效引导社会群体和社会成员保持心理平衡和心理和谐，避免造成心理失衡，影响社会稳定。

第二，筑牢文化的防火墙。牢牢把握社会主义先进文化的前进方向，充分发挥社会主义先进文化的引领作用。一要始终坚持马克思主义在意识形态领域的指导地位，不搞指导思想的多元化。这是中国立党立国的根本，也是建设先进文化、促进社会和谐的根本。二要牢固树立中国特色社会主义的共同理想。坚定不移地走中国特色社会主义道路，是实现中华民族伟大复兴的可靠保证。中国特色社会主义的共同理想，反映着全国各族人民共同的根本利益，是凝聚全体人民团结奋斗的精神旗帜。三要大力弘扬以爱国主义为核心

---

①　中共中央宣传部：《习近平总书记系列重要讲话读本》，学习出版社、人民出版社2016年4月第1版，第193页。

的民族精神和以改革创新为核心的时代精神。这是中华民族生生不息、薪火相传的精神支撑，是全国各族人民和谐相处、各尽所能、开拓进取的精神纽带和强大动力。

第三，加强对外传播，促进文化认同。习近平指出："要以理服人，以文服人，以德服人，提高对外文化交流水平，完善人文交流机制，创新人文交流方式，综合运用大众传播、群体传播、人际传播等多种方式展示中华文化魅力。"把社会主义核心价值体系融入中西跨文化交流的全过程，加强对外传播，促进文化认同。把社会主义核心价值体系与国际社会公认准则结合起来，讲好"中国故事"，传播"中国经验"，使其逐步得到广泛认同。首先，在社会主义核心价值体系的宣传中，要突出其国际通约性；其次，在社会主义核心价值体系的宣传中，要突出其民族特色；再次，在社会主义核心价值体系的宣传中，除非必须保密的内容以外，不宜过多提倡内外有别。

3. 中国文化的"外塑形象"

俗话说"酒香不怕巷子深"，那是在传统农业耕作文化下，在交通通信极不发达的情况下出现的。好的品质，不怕处于偏僻角落，不怕没有人知道，巷子再深，再不注意包装，再不注意宣传，也有人赏识。可是，在当代全球化的背景下，交通通信无比发达，资讯传媒立体辐射；你方唱罢我登场，应接不暇。如果还是坚持"酒香不怕巷子深"，不去包装自己，宣传自己，恐怕真的要受到冷落了。中国是个文化大国，历史悠久，积淀厚重。但是就文化软实力而言，并不是一个文化强国。在一些欧洲人眼中，中国还是一个古老、落后、陈旧的国度，还有一些令人不齿、与现代文明格格不入的陋习。当然，这与某些人出于政治需要对于中国故意歪曲也有关系。但是，还是需要回过头反思一下中国文化的形象问题。一个正面的、蓬勃向上、与现代文明相得益彰的文化形象，对于在中西跨文化交流中，中国文化走进世界、走进西方、得到认同是非常重要的。

中国文化"外塑形象"的重点，就是培养全民文明道德风尚。关于培育文明道德风尚，胡锦涛同志曾指出：一个社会是否和谐，一个国家能否实现长治久安，很大程度上取决于全体社会成员的思想道德素质。没有共同的理想信念，没有良好的道德规范，是无法实现建成小康社会和和谐社会的。中共十八大提出，全面提高公民道德素质。这是社会主义道德建设的基本任务。当前，中国正处在大发展大变化时期，中共十八大提出了倡导以"富强、民主、文明、和谐，自由、平等、公正、法治，爱国、敬业、诚信、友善"为主要内容的社会主义核心价值观，旗帜鲜明地提出在国家、社会、公民个人三个层面应该坚持什么、应该倡导什么、应该做什么，言简意赅，意义非常重大。全民文明道德风尚的塑造，任重道远。目前存在的道德滑坡现象，冰冻三尺非一日之寒；良好行为规范和风气的塑造，也绝非一日之功，不可能毕其功于一役。要大处着眼，小处着手，落细、落地、落实。依法治国和以德治国相结合，与大众日常生活紧密联系，加强社会公德、职业道德、家庭美德、个人品德教育和制度建设，弘扬中华传统美德，弘扬时代新风。弘扬真善美、贬斥假恶丑，引导人们自觉履行法定义务、社会责任、家庭责任，营造劳动光荣、创造伟大的社会氛围，培育知荣辱、讲正气、讲奉献、促和谐的良好风尚，增强"仪式感"，促进大众在实践中感知、领悟、内化于心，外化于行。深入开展道德领域突出问题专项教育和治理，加强政务诚信、商务诚信、社会诚信和司法公信建设。加强和改进思想政治工作，注重人文关怀和心理疏导，培育自尊自信、理性平和、积极向上的社会心态。全民文明道德风尚的塑造，具有系统性和全民性，需要全社会给予重视，全民积极参与。

在中西跨文化交流中，中国文化"外塑形象"应该注意的问题，一是对传统文化进行保留精华剔除糟粕的提炼，努力挖掘中国传统文化的优秀价值，并用适当的、现代的传媒手段发扬光大，塑造全世界看得懂、读得懂、感兴趣的文化形象。二是在各个层次完善发言人机制，与西方知名传媒共建平台，实现即时沟通，在他们的平台上，尽快、尽早发出中国自己的声音，让所有受众听到、接收到。在此基础上，打造中国自己的有权威性的公共平台，在自己的平台上，发出自己的声音。三是致力于公民文明道德素质的普遍提高。2008奥运赛事、上海合作组织首脑会议、2016年G20峰会成功举办，全世界云集中国，每个人都成为接待外国人的外交大使、中国文化形象大使；其成功经验之一就是，切实提高每一个个体的文明、道德素质，这是至关重要的。

四、以中西跨文化交流促进中国文化建设的实现途径

坚持对外开放，在借鉴人类有益文明成果的同时，努力推动中华文化走向世界，是中国文化发展的必由之路，也是中西跨文化交流的努力方向和理想状态。对外开放是中国的基本国策，开放的重点始终应放在面向世界的了解、学习和借鉴上，广纳博采发展自己，这是国家发展之必需，也是民族自信心之体现。从文化本身来讲，不同文化的交流、融合，正是激发创造力、增强生命力的不可或缺的条件。在人类社会发展过程中，不同国家和民族独特性文化的存在，使世界文化有了丰富多彩的内容，但其合理内核往往是相通的。因此，加强不同文化、不同文明间的对话，无疑能促进中国文化的建设。一方面，要广泛深入地开展对外文化交流，扩大中华文化在世界上的影响，争取更广泛的理解、信任和支持，同时在交融中学习借鉴，在碰撞中扬弃升华，借鉴其他国家的优秀文明成果，推动中国文化丰富和发展。这就要求，在当代中西跨文化交流中，构建走向世界的中国文化，中国文化不仅要汲取外来营养，还要走出国门，发扬光大，这就要求在理论研究和现实方面的努力必须加大。

在当代中西跨文化交流中，如何使中国文化尽快地走向世界，除了大力发展经济、升级传播技术手段之外，还要树立坚定的文化自信，要构建有利于走出去、有利于走向世界的中国文化，或者说就是打造适应走出去的中国文化气质。那么，什么样的文化有利于走出去呢？显然进步的、符合全人类共同价值、反映全世界文明新发展的文化，才是有竞争力、吸引力的文化。在中国文化建设中，如何树立坚定的文化自信，如何挖掘先进文化和中国传统文化的竞争力，使其更有利于走向世界，得到广泛认同，是在全球化背景下中西跨文化交流中，中国文化能否健康发展并且逐步走向世界的重大问题。

所以，构建走向世界的中国文化正确的实现途径，就是：树立坚定的文化自信，努力挖掘先进文化的普世价值，共同价值，先进文化普世化，一方面要坚持、发展、力挺主旋律，另一方面要在亚文化层面兼容并包，把先进文化与全人类共同价值和国际社会公认准则结合起来，使其逐步得到广泛认同；挖掘中国传统文化的现代价值，传统文化现代化，古老文化年轻化，克服不良心

态，提升传播手段。

1.树立坚定的文化自信

文化自信是一个民族、一个国家以及一个政党对自身文化价值的充分肯定和积极践行，并对其文化的生命力持有的坚定信心。中共十八大以来，习近平曾在多个场合提到文化自信，传递出他的文化理念和文化观。习近平指出："我们要坚持道路自信、理论自信、制度自信，最根本的还有一个文化自信"。在庆祝中国共产党成立95周年大会的讲话中，习近平对文化自信特别加以阐释，指出，文化自信，是更基础、更广泛、更深厚的自信，传递出这既是文化理念又是指导思想。文化自信就成为在提出道路自信、理论自信和制度自信之后，中国特色社会主义的"第四个自信"。

纵观全球，每一个文明都是极其重视自己文明的存在和延续，对于自己的思想文化和价值观都是敝帚自珍和如数家珍的。思想文化、价值观是一个国家、一个民族的灵魂，如果不珍惜自己的思想文化，丢掉了思想文化这个灵魂，这个国家、这个民族是立不起来的、也是发达不起来的。近些年来，文化全球化席卷全球，西方文化凭借强大的经济力量和便利的信息传播，对于全球文化进行占领和同化。中国也不例外。受到西方腐朽、没落的价值观的影响，有些人开始怀疑自己的历史、自己的文化、自己的传统，开始怀疑、淡化甚至贬低先进文化和马克思主义指导思想，盲目迷信西方，呈现出极度的文化不自信。文化自信的提出，就是对这种现象的批判和回应。中国人没有理由对于自己的文化不自信。因为中国有优秀传统文化的底蕴，也有在中国革命、建设、改革的伟大实践过程中孕育的革命文化和社会主义先进文化。正如习近平指出，因为中国优秀传统文化，"可以为治国理政提供有益启示，也可以为道德建设提供有益启发"，[①]中国革命、建设、改革的伟大实践过程中孕育的革命文化和社会主义先进文化代表了人类文化的发展方向。中国今天的国家治理体系，是在中国历史传承、文化传统、经济社会发展的基础上长期发展、渐进改

---

① 中共中央宣传部：《习近平总书记系列重要讲话读本》（2016年版），学习出版社、人民出版社2016年4月第1版，第202页。

进、内生性演化的结果。①只有坚持文化自信，从历史走向未来，从延续民族文化血脉中开拓前进，才能实现中国梦。提倡"文化自信"有其深厚根基，是可以真正践行的。

树立坚定的文化自信，首先要在全社会营造尊重文化、崇尚文化的良好氛围。作为中国人，中华子孙的一员，要全面、深入学习、了解自己的文化，不可一知半解、一鳞半爪。中华传统文化，博大精深，蕴藏了中华几千年发展的经验和教训。国际上许多国家正在研究中国和中华文明文化，很多人都在探讨中华传统文化中讲仁爱、重民本、守诚信、崇正义、尚和合、求大同等思想的时代价值。中国人自己也万万不可轻视、漠视自己宝贵的文化遗产和文化资源。其次，要有文化担当，树立对文化建设发展的责任担当。文化自信不只是内在意识上的觉醒、觉悟和定力，还应当拥有责任担当并且付诸实际行动。因为，文化是在长期的延绵不断的建设和营造中不断发展、不断进步的，无论是整个人类的文化，还是一个国家、一个民族的文化，都有一个点滴积累、不断积淀的长期历史过程。所以，对文化的责任担当、对文化建设的参与和推动以及对文化进步的引领，既不能急躁冒进，又不能急功近利，只考到眼前利益。第三，要有足够的自信，但也要切记妄自尊大。与世界第二大经济体的经济实力相比较，中国在文化实力方面所占的份额其实是比较落后的，文化、文化产品差得还很远。所以，要冷静思考，全面分析形势，保持清醒的文化自信，那就是，承认世界上存在着的人类共同价值观念，坚信中国价值观念可以构成人类共同价值观念的一部分或者贡献更多份额，并且在不足和薄弱的地方奋起直追。

2.在中西文化交流中加大我国先进文化宣传力度

在中西跨文化交流中，在主流文化层面，我们要弘扬主旋律，在亚文化层面要做到兼容并包。要把我国先进文化的宣传与国际社会准则、公德结合起来，不断扩大我国先进文化的世界影响力。

---

① 中共中央宣传部：《习近平总书记系列重要讲话读本》（2016年版），学习出版社、人民出版社2016年4月第1版，第166～167页。

（1）坚持、发展、弘扬主旋律

在当代中西跨文化交流中，坚持和发展中国文化主旋律，是保障中国文化独立自主的前提条件，也是走向世界、得到认同的身份证明。随着中国加入世界贸易组织承诺的兑现，中西文化的交流将更加普遍和活跃，一些国外的电视节目已经首先在沿海经济发达地区落地，更多的国外电影、西方文艺表演、书籍将直接进入中国市场，中西合作办学的渠道也将进一步拓展。在这种形势下，中国主流文化坚持马克思主义指导地位是否会与中西跨文化交流产生矛盾和摩擦呢？会不会阻碍当代中西跨文化交流呢？

第一，坚持马克思主义的指导地位与学习、吸收西方先进文化并不是矛盾的，并不排斥学习、吸收西方先进文化。马克思主义本身就是一个开放的、不断发展的理论体系。中国共产党在坚持马克思主义指导地位的基础上，坚定地实行文化领域的"百花齐放、百家争鸣"的方针，一方面，大胆地学习与吸收包括西方先进文化在内的一切人类文明成果；另一方面，对于西方文化中存在的腐朽的、消极的东西，则是提高警惕，绝不让垃圾文化借机进入中国。另外，西方有一些敌对势力，继续坚持冷战思维，敌视中国，企图达到"西化""分化"中国的目的，从而假借文化交流之名来进行意识形态的渗透，对此必须有高度的警惕，必须采取积极有效的措施，进行防护，进行反击。

第二，要坚持和发展马克思主义。坚持主旋律，巩固马克思主义的指导地位，必须做到坚持与发展相结合。坚持马克思主义就是坚持马克思主义的基本理论、基本立场、基本原则。在新的历史条件下，坚持"三个代表"重要思想，深入学习实践科学发展观，笃定实现"中国梦"，就是真正坚持马克思列宁主义、毛泽东思想和邓小平理论。发展马克思主义就是在实践中发挥马克思主义认识世界、改造世界的威力，拓展马克思主义的新视野、新观点、新方法、新境界，在实践科学发展观和"四个全面"中创新马克思主义。尽管目前复杂的国内外形势对中国坚持马克思主义提出了严峻的挑战，但同时也为发展马克思主义提供了广阔的大舞台。只有深入当代中国改革开放的实践、着眼中西跨文化交流的现实，理论联系实际，通过艰苦的理论创造和实践创新，马克思主义颠扑不灭的真理才将会在严峻的考验面前放出更为耀眼的光芒。

（2）在亚文化层面要兼容并包，同时加强对外来西方文化的分析、鉴别与引导工作

历史的规律表明，主流文化与多元文化是相互依存并共同发展的，是不可或缺的，因此，对文化多元价值的宽容和尊重，不但是认识论问题，也是方法论问题。[①]对于西方文化不开放、不学习、不吸收是不行的，闭关自守、故步自封、自我中心是愚蠢的。但是在学习与引进过程中必须反对盲目崇拜、盲目引进的倾向。由于人们的价值取向、审美情趣、认识水平不同，一些丑、恶、假的东西也会得以大行其道。如果不对西方各种文化因素加以分析、鉴别与引导，就会给这些腐朽东西的流入打开缺口，制造条件，最终危害人民大众，阻碍经济与社会的和谐发展。在对西方文化的分析、鉴别与引导工作中，极为重要的一个方面，就是正确应对各种西方社会思潮。在纷纭复杂的国际形势下，在日益开放的社会条件下，各种西方思潮不断涌现、良莠不齐、相互激荡，这就更需要有马克思主义作为指针，需要用马克思主义的方法去研究、去分析，克服和抵制错误思潮的影响与侵蚀，用先进、进步文化引领文化多样化的发展。

（3）把先进文化与国际社会公认准则结合起来，使其逐步得到广泛认同。

先进文化是人类文明发展的共同财富和成果。先进文化虽然植根中国、植根社会主义，是中国共产党和人民在长期实践中提炼和总结的文化精神，但是它并不局限于中国，也不能只是中国人民独自享有，它同样属于世界，是中国人民为世界精神文化宝库贡献的一份瑰宝。虽然，由于意识形态的差异，对它广泛的认识和接受，尚且存在着一定困难。但是，只要是先进的、进步的、符合人类社会和谐发展的文化，终究会得到广泛认同。2015年9月，习近平主席在纽约联合国总部发表题为《携手构建合作共赢新伙伴，同心打造人类命运共同体》讲话中指出："和平、发展、公平、正义、民主、自由，是全人类

[①]　蒯大申、饶先来：《新中国文化管理体制研究》，上海人民出版社2015年12月第1版，第386页。

的共同价值，也是联合国的崇高目标。"先进文化不能离开人类社会文明发展大道，它不仅吸收人类文明发展的优秀结果，而且是一种能够代表全人类共同的文明成果和"共同价值"的文化，是全人类共同的文明成果和"共同价值"的升华和具体体现。作为先进文化的承载体，要在先进文化理念的宣传等方面，注意着力打造先进文化适合走出去的品格。要善于跨越一切人为障碍，敢于用先进文化独有的感染力与亲和力，敢于引进西方进步文化理念作为外援，共同树立人类公认的文化共同价值。

首先，在先进文化的宣传中，要突出其国际通约性，淡化其意识形态性。先进文化具有国际通约性，因为它的追求与全人类共同价值和国际社会公认准则、公德是不谋而合的。先进文化具有全球性、世界性，有浓厚的全球意识和全球色彩。一是先进文化弘扬坚定的社会主义信念，而社会主义所倡导的消灭剥削，反对各色各样的差别、歧视、压迫，实现人人平等和每个个人的全面发展等价值理论，具有全球性普遍意义，与国际公认准则、公德是一致的。二是先进文化具有全球视野，既是立足国内，又是面向现代化、面向世界、面向未来的文化。三是先进文化是开放的架构，对于人类文明成果积极汲取，对于可持续发展、生态文化、民主政治、保护人权等方面积极回应，并结合中国实际，逐步纳入先进文化的范畴，有计划、有步骤地付诸实现。所以，在先进文化的宣传、介绍中，要尤其突出其世界性、国际性。

其次，在先进文化的宣传中，要突出其民族特色（人民性），淡化其政党文化色彩。先进文化是中国共产党提倡、得到全国人民认同的主流文化。虽然本身就具有人民性，但是从某些西方人士的视角看，它始终带有政党文化的色彩。孔子学院以前多次遭到诟病，无不与政治色彩太浓相关。随着孔子学院的建立和扩大，政府最好不要过多地走到台前。[①]所以，为了有利于先进文化走出去，得到广泛认同，在宣传中要注意，一是在内容上突出民族性、人民性，把先进文化理想熔铸于人民大众的生活中，也可以考虑把先进文化理想熔铸于某些流行文化因素中；比如，可以通过中国美丽、健康、阳光的流行文化人

①   陈曦：《孔子学院跨文化传播管理》，北京大学出版社2016年3月第1版，第216页。

物，像章子怡、姚明等来宣传中国，宣传先进文化的与时俱进，可以大大拉近美国等西方普通老百姓和中国的距离。二是在形式上，宜多组织民间的宣传、非主流媒体的宣传，淡化政党文化的色彩。作为先进文化的领导者和代表者，中国各个方面的高层人士和西方传媒打交道较少，缺乏经验，中国很多地方和部门的领导人都没有专门的媒体和公共形象顾问。所以，美国凯旋国际公关公司的CEO瑞·考切尔建议，中国可以像俄罗斯在2006年八国峰会上的做法那样，通过和西方媒体关系良好的西方公关公司做桥梁，和西方主流媒体加强沟通，让中国各个方面的高层人士保持和西方媒体的交流，保持正面的曝光率，在具体的事件或议程上，尽早地和持续地发出中国的声音，让西方民众了解中国的观点和态度。通过合法的沟通和做法，改变西方民众的看法或者削弱西方怀有敌意的媒体的影响。1983年初，中国新闻发言人作为一项制度以文字的形式确定下来，人们比较熟悉的如外交部、每年"两会"等等新闻发言人都是在改革开放以后出现的。特别是2003年抗击"非典"过后，中国从中央国家机关到地方政府、从社会团体到群众组织都纷纷建立了新闻发言人制度。新闻发言人主要是在涉及政府的重大事项、重要活动、社会关注的热点问题、海内外关注的问题、重大突发事件、公共政策、公共服务、政府决策等所有与公众利益直接相关的问题市，接受公众公开咨询、质询和问责。一直以来，新闻发言人确实起到了满足国内外公众知情权，引导社会舆论，推进政府资讯公开、透明，促进政治民主建设，推进国内外文化交流的积极作用。

第三，在先进文化的宣传中，要重视话语体系创新，提高"讲故事"的水平。改革开放之前，中国宣传比较注重宏大的场面、宏大的叙事。在经济全球化、传媒全球化的背景下，自己的话语让外人听得懂、听进去、理解得好，是对外交流的重中之重。宣传部门要跟人们知识同构、情感共振。摒弃一切高高在上、说教味十足的话语形态，越来越多使用个体叙事、人性叙事和平等叙事来重新建构话语体系；力图更"好玩"一些，更靠近青年一些；最后所有舆论引导的努力，都要归结到价值认同，这包括向公众证明绩效、程序和价值的合法性三个方面：绩效的合法性，就是国家和社会发展改革所取得的成就，主流媒体的宣传叙事大都遵循这个角度，以此强化政党认同和国家认同。[①]创新话语体系，讲好中国故事，一要有问题意识，而要有人文关怀，三要见人见事。

第四，在先进文化的宣传中，除非必须保密的内容以外，不宜过多提倡内外有别。在经济全球化、传媒全球化的背景下，"对外宣传和对内宣传的界限越来越模糊，也越来越难以区别。其实，只要我们在说话时，不要只挑好的说，以事实为根据，全面一点，平衡一点，多说点实际的，少说点未来；别人来参观访问时，不要只挑好的给人看，不要总是想着'家丑不可外扬'（其实哪个国家、哪个人家没有不尽如人意的东西），而是让他们多走走，既看好的，也看差的，就会减少许多错误的看法和结论，给人家一个完整的印象"[②]。这样更有助于对先进文化的接受和认可。

3.挖掘中国传统文化的现代价值

作为一个有着几千年传统文化的国家，传统文化对于中西跨文化交流和中国文化建设有着举足轻重的影响。从近代以来，中国传统文化经历了不平凡的遭遇，从统治几千年、高高在上的不二准则降落到中国国民劣根性的源头和祸首，从供奉在庙宇、厅堂的"尚方宝剑"到被扫进历史垃圾箱，从历史上的全面否定到当代的"复兴国学"。有人认为它是中国文化的根，不可舍弃；有人认为，它是封建社会余毒，是实现现代化的阻滞力。笔者认为，对待中国传统文化，要一分为二地看，首先要承认它在中国文化中的客观作用，即积累和传承文明；其次，要认识到，一方面，它是在漫长的封建社会形成，这决定了它的历史局限性，另一方面，它也是中国文化、智慧几千年的积累，拥有不可割断性和现代价值。

中国传统文化就是近代之前的、以儒家文化为核心的、兼容道家、佛教的中国文化。中国传统文化是中西跨文化交流中不可回避和绕过的。众所周知，一个没有传统文化的民族是没有根的民族，一个不能"与传统和解"[③]的

---

① 文小天：《这些年，我们如何学习讲故事》，载《党政论坛》2016年第11期，第46~47页。

② 郭辉：《别净给老外看好的》，载《学习之友》2006年第10期，第55页。

③ 纪宝成：《重估国学的价值》，载《理论参考》2007年第7期，第5页。

民族就犹如"漂泊的心灵，失根的兰花"①。国家的现代化是建立在这个根的基础之上的，没有了这个根，文化就成了无本之木、无源之水。19世纪，中国传统文化发展到了顶峰，同时进一步上升的动力呈现衰弱，走向下坡路，在应付排山倒海的西方文化冲击下，吃了败仗。于是，自此以后，中国传统文化似乎成为中国封闭落后的"原罪"，中国文化史上数次"全面反传统"运动，几乎淘空了中国传统文化的家底，致使当代许多青年、学生中国传统文化的意识薄弱，文化底蕴明显不足。尽管中国传统文化中有许多糟粕，但也有大量的精华，有许多值得认真汲取并发扬光大的思想：一是"当下即是"的精神与"一切放下"的襟袍；二是"与物宛转俱流、活泼周运"的圆而神的智慧；三为温润而恻怛或悲悯之情；四为文化如何悠久的智慧；五为天下一家的情怀。②特别是天下一家的情怀就是中华"和合"文化的体现，"和合"反映了中国的一种文化和思维传统。从"和为贵"到"和而不同"，从"天人合一"到"协和万邦"。改革开放后，中国国家领导人在处理国际事务、国际关系上一直以来就体现了这种胸怀。2005年9月，时任国家主席胡锦涛在联合国成立60周年首脑会议上发表了《努力建设持久和平、共同繁荣的和谐世界》的演讲，提出了"坚持包容精神，共建和谐世界"的重要思想。2013年3月习近平主席访问俄罗斯提出"人类命运共同体"的重要思想，传达出这种的理念：当今世界虽然存在着不同国家利益、不同宗教信仰、不同意识形态、不同社会制度的分歧甚至对立，但无论怎样，都是共同的人类，人民才是历史活动的主体，不同信仰、制度和民族国家可以和平共处、有序竞争，让共同利益压倒分歧对立，让人类理性选择世界的未来。这种超越了国家和意识形态的全球观，就是中国传统"和合"文化、"和而不同"思想的现代诠释，中国传统"和合"文化深深影响着中华民族的成长，推动了社会的进步。中国提出的共建和谐世界和"人类命运共同体"，就是"和合"文化思想的延伸，是对中国优秀传统文化

① 〔美〕许倬云：《中国文化与世界文化》，贵州人民出版社1991年版，第205页。
② 牟宗三、徐复观等：《中国文化与世界》，载张祥浩：《唐君毅新儒学论著辑要：文化意识宇宙的探索》，中国广播电视出版社1993年版，第367～376页。

的一种发扬光大和普世运用。

可见，失去了中国传统文化的中西跨文化交流只能局限于与当代的对话而缺乏与中国古代伟大心灵的对话，失去了中国传统文化的中西跨文化交流是不完整的交流，失去了中国传统文化的中国文化是没有魅力的。在现阶段中国现代化建设发展的过程中，中国传统文化究竟能否助一臂之力、能否给予文化援助呢？总的来讲，应该是能够，但是一定要客观、理性地进行分析，有些传统文化因素可以，有些就不可以。中国人民的刻苦耐劳、勤俭节约、尊老爱幼、主张和谐等，无疑有助于国家和民族的安定团结和现代振兴。但是有些传统文化因素，如等级观念、尊卑观念、迷信观念以及一些因过分精致讲究而不讲效率效益的物质文化等，就不可不计成本地弘扬这类本是封建社会农耕时代形成的文化。文化归根结底要为中国的现代化服务。所以，目前需要做的就是努力挖掘中国传统文化的现代价值。

在心态上，要务必克服三种倾向：一种是以"老"为荣。悠久的历史和浓重的历史感，对于国人而言，既是一种财富，也是一种负担。那就是在文化交流中"反复向世界强调中国历史如何悠久、中国文化如何深厚"；其实，"对中国有所了解的外国人不需要来提醒他们中国有多老，本来人家就有一种敬畏之情"。这样做有可能带来反作用与负面效果，引起别人的反感、警觉、自卑，影响文化的交流。应该用简单的语言告诉他们中国其实也很简单，很好相处。另一种是以"老"为耻。自从鸦片战争以来，中国传统文化命运无比坎坷。在反思一个幅员辽阔的中国为何在西方列强面前一败涂地的原因时，中国传统文化被当成替罪羊大肆进行批判，认为正是由于传统文化的惰性和阻滞使中国错失了现代化的良机，导致了近代中国的衰落。在后来的一个世纪里，国人对于传统文化始终没有一个准确的定位，认同感不强，对于优秀的传统文化也没有了自信。三是"受害者的悲情"。许多人认为，正是近代西方列强的入侵，使中国传统文化出现了断层，文化传统几乎断裂；把中国传统文化作为一个受害者，把它的尴尬地位归罪于西方人当年的暴行，从而产生愤懑、怨恨；而这种情绪，不仅于事无补，于振兴传统文化无利，而且还容易影响到文化交流的正常进行；真正需要做的是：少谈受害，少谈复兴，多干实事。

在内容上，中国传统文化要从西方文化中汲取营养，补充理念。由于中西文化发展的环境与路径不同，形成各自明显的特点。从互补的角度看，中国文化因为在发展过程中缺乏多元的、不同的外援，在一些文化精神、价值观方面有先天不足，比如自由、民主、个人理念的缺失，就可以从西方文化中汲取和补充。正如唐君毅所说，中国传统文化"可从西方文化中补充以下四点：一为向上并向外的超越精神；二为人类求知的理性活动的精神；三为尊重个体自由意志的精神；四为学术文化上分途的多端发展精神"[1]。中国传统文化中"君君臣臣、父父子子"的等级尊卑观念属于不合时宜的糟粕，应该从西方文化中汲取自由和平等的理念；中国传统文化有抑制个体意识的取向，应该从西方文化中汲取个人主义理念，尊重个人自由意志和人权；中国传统文化注重"大一统"，应该从西方文化中汲取学术或者观念的多样化发展；中国传统文化中迷信思想属于糟粕，应该从西方文化中汲取科学和理性的精神。

在形式上，特别是在传播手段方面，要与现代传播媒介接轨。在重新认识、发掘和梳理自己的传统文化的同时，要给予现代的解读方式，让外国人听得懂、接受得进去。中国大约有35000种古典书籍，但时至今日翻译成外文的只有千分之二左右，博物馆资源浩如烟海，多不胜数。如何将国内传统文化精髓推广给西方成为当代学者的重任。首先，适应传播媒介全球化的形势，要加大传统文化与社交平台的融合。除了报刊、广播、电视等之外，要把互联网作为主要传播媒介，用"互联网+"模式助推传统文化发展和创新。这方面，故宫博物院做出了榜样，以"故宫淘宝"、与腾讯合作"穿越故宫来看你"等创意，六百岁的故宫成了"网络红人"。[2]第二，将更深厚的传统文化内涵融入文创产品。过去，博物馆里的华美文物，远古文明展上的神秘符号，不知激发过多少孩子们的想象力，却只能隔着橱窗恋恋不舍。如今，人们可以把刻有甲骨文的水杯买回家，让案头平添几分古意；也可以把印有乾隆御笔的手机壳揣

---

① 唐君毅：《中西文化精神形成之外援》，载张祥浩编《唐君毅新儒学论辑要：文化意识宇宙的探索》，中国广播电视出版社1993年版，第308～309页。

② 任珊珊、盛玉雷：《中华文化，总能提供新灵感》，《人民日报》2021年9月3日。

在兜里，让那份历史随身行走。各种文化创意产品琳琅满目，正在让传统文化和产品相结合，把历史和当代人的生活相结合。①如何突破表面，将更加深厚的文化底蕴和内涵注入，是应该思考的问题。第三，整治"国学"虚热，正本清源，反本开新。首先，正本清源。随着传统文化越来越受到重视，国学培训也逐渐火热。从幼儿到学生，从普及班到高级总裁班，针对不同年龄段、不同知识水平人群的国学培训班层出不穷。在这其中，不乏有许多以盈利为目的的国学培训班。国学热潮下，并不是所有的国学班都"正宗"，办学水平也是良莠不齐。应对"国学热"中的培训乱象，政府的监管需要跟上。一方面，政府需要为国学培训班"正本"，严格国学培训班准入机制，引导其教学内容要弘扬优秀传统文化的正能量；另一方面，政府要为国学培训"清源"，在国学热潮中主动作为，以通过提供更多、更优质的国学类公共文化服务满足社会的需求。②其次，返本开新。③返本，要求对国学的真精神有深刻的领悟，坚持自我文化的主体性；开新，是要全面系统了解当前人类社会面临的亟待解决的新问题。第四，希望总在青年人身上。青年是中国传统文化的传承和创新者。不仅整个国民要把握好自己的文化，青年人尤为重要。传统文化要更加贴近他们，方便他们学习和把握。在全球化、信息化的大潮中，传统文化要充分利用现代传播方式包装，更可爱一些，更"萌萌哒"一些，更好玩一些，吸引青年人在浩瀚繁杂的信息中，被传统文化吸引，进而去学习、研究和传承。总之，用"互联网+"、文化创意产品等多种手段和方式，通过治理"国学"虚热，正本清源，更加贴近青年人，广泛而有效地进行跨疆界、跨文化的传播和交流，让西方、让世界文化分享中华民族的古老智慧，使中国传统文化真正在未来世界多元文化发展中占有重要的一席之地，为世界文化发展提供中国方案。

---

① 盛玉雷：《文创升级需深耕文化土壤》，载《人民日报》2016年8月8日，第005版。

② 孙先凯：《国学培训需要正本清源》，《大众日报》2021年9月4日。

③ 汤一介：《当前中西文化交流与会通的一种可能趋势》，载〔中〕乐黛云、〔法〕李比雄主编：《跨文化对话》（29），生活·读书·新知三联书店2012年11月第1版，第26页。

第八章 维护国家文化安全

　　文化安全并不是国家安全的源生内容。在我国，从国家文化安全观的形成、演化到作为非传统安全的重要组成部分经历了一个较长的过程，是我国独特的历史文化背景在全球化进程中不断推进、发展的一个缩影。国家文化安全首先是一个实践命题，不是单纯的理论问题。它是在全球化实践下，民族文化和价值观念的冲突出现新的特点，文化侵略或文化殖民主义的问题也随之而来并逐渐引起了许多国家的警惕的背景下形成的。中国作为一个发展中国家，如何从文化安全的角度来看待当今世界的价值观念冲突问题，寻求一种战略意义上的应对之策变得日益重要。并且，在以往时代，民族文化和价值观念的冲突大多都是与民族战争、民族征服联系在一起，而且是作为后者的一种副现象出现的，但在当今时代，文化和价值观念的影响在扩大、作用在加强，文化产业化趋势不仅使强势文化成为经济政治的优势支撑之一，而且是增强国家综合竞争力的重要因素，相应地，各个民族国家对文化和价值观念的自觉性和敏感性也普遍提高，必须把文化发展问题置于国家长期发展战略的高度来思考和谋划。

习近平总书记于2015年4月主持召开中央国家安全委员会第一次会议用71字总结"总体国家安全观":"要围绕构建集政治安全、国土安全、军事安全、经济安全、文化安全、社会安全、科技安全、信息安全、生态安全、资源安全、核安全等于一体的国家安全体系"[1]。文化安全在改革开放以来也陆续谈到过,但把文化安全纳入总体国家安全观中则是首次。发展到今天,中国国家文化安全,是指整个国家的文化建设、文化发展、文化生活还有文化活动能够不断巩固和发展中国特色社会主义制度,并不断巩固和完善中国共产党的执政地位。当前的文化安全问题,已经必然地带有了全球视野、国家战略和文化自觉的基本理念,这是现阶段我国国家文化安全观形成的客观环境,也是中国国家文化安全问题研究的出发点。

第一节　全球化进程中我国国家文化安全的基本问题

在这里,首先需要厘清的是:在当前中国,国家文化安全问题是什么样性质的问题?杜维明先生曾经这样提出:"中国真正要崛起必须是文化的崛起。""这个软实力就是一种去影响人、影响世界的核心价值的魅力,或者叫文化的吸引力。"[2]国家文化安全不是去探索被动的国家文化制度安排,而是国家文化战略的主动设计与谋划。国家文化安全有防御和抵抗性的一面,同时它也应该有主动设计、积极进攻的一面。可以看出,在我国文化的整体生存环境与条件已经发生了巨大变化的情况下,根据变化了的内外文化条件进行制度创新,使之既能够满足其国文化战略发展的根本国家利益,同时又能够适应变化了的国际形势,掌握国家文化战略发展的主动权,最大限度地避免在制度博弈领域受制于人。为此,国家文化安全问题是在全球视野下,具

---

① 《中共中央关于全面推进依法治国若干重大问题的决定》(辅导读本),人民出版社2014年版,第113页。

② 杨朝明:《孔子文化奖学术精粹丛书:杜维明卷》,华夏出版社2015年版,第187页。

有中国文化自觉体量的国家安全战略思考，思考全球化进程中我国国家文化安全的基本问题。

早在20世纪末，文化研究学者詹姆斯·彼得拉斯就提出，"全球化作为一种意识形态是用来为日益增长的社会不平等，更严重的社会两极分化以及将越来越多的国家资源转移给资本作辩护的。它本质上是为着一种政治目的而服务，即把不断增长的阶级不平等加以合法化的一种意识形态。"[①]他认为自己从全球化中看到了已经发生和正在发生的全球化的根本问题。我们姑且不讨论这是否是全球化的根本问题，但它至少是全球化进程带来的一个重要问题，即全球政治、经济、文化的不平等。对于国家文化安全这个与意识形态密不可分的政治概念来讲，国家文化安全面临的现实问题与全球化进程的演进已经密不可分，对于深度参与全球化进程的中国来讲更为如此。笔者将其概括为以下三个方面：

一、全球文化为全球资本主义商品化实践所主导的问题

全球化首先是经济的全球化，它"建立起来一种新世界经济体系，建立了新的世界经济秩序。从过程的角度看，人们也把它称之为'全球化'……经济全球化不仅意味着生产活动超越了某一国家的疆域，更意味着生产关系的扩张，即资本运动的全球化，资本国际循环的建立"[②]。它也在全球范围内的商业运营中同时创造了一个世界文化市场。这样一个世界文化市场使全球文化为全球资本主义商品化实践所主导成为现实。

1.全球文化为全球资本主义商品化实践所主导的现实

一般认为，"全球化促进了一种具有新的显著特点的全球通俗文化，这种文化是跨国合并、麦当劳、贝纳通以及像英式足球这种大众娱乐形式的混合

---

① 〔美〕詹姆斯·彼得拉斯：《全球化：批判与分析》，《中国与世界》1999年第7期，特稿部分。

② 房宁、王晓东、宋强等著：《全球化阴影下的中国之路》，中国社会科学出版社1999年版，第263页。

物"①。但是，伴随全球资本主义的文化商品化的不断发展，被全球化了的不仅仅表现为全球通俗文化，它还被当前的国内外学者划分为了达沃斯文化（商界文化）、大学教师俱乐部文化（学界文化）、麦当劳世界文化（大众消费文化）和大众化宗教义化四个层面。

商界文化与大众消费文化：全球化的资本主义经济生产了被观察家称之为"真正雪崩般的大批工艺制品"，这种商品充斥的现象现在在世界各地都几乎成为理所当然的生活特色，如：自动柜员机、篮球、汉堡包、电脑、电脑游戏、贺卡、冰激凌、运动饮料、蓝色牛仔服、口香糖、信用卡、摩天大楼等等随处可见。我们所看到的那么多全球化的东西，不管是看其来源还是看其特性，都不可否认带有资本主义商品化的标识。麦当劳在全世界每天供应两千万人；音乐电视每年五千万人使用；可口可乐在全世界每天供应十亿人；全世界最多人看的电影有75％出自好莱坞；迈克尔·乔丹作为一个全球化的偶像，在他为一系列全球化商业投资所从事的运动生涯中，生产价值高达一百亿美元以上等等。西方资本主义商品化的大众文化、食品和社会象征已经无所不在。

学界文化与大众化宗教文化：西方国家的基金会正在以慈善事业的方式在世界各地从事赞助工作，慷慨提供援助。仅1994年，美国的基金会就向境外的慈善、教育和其他事业提供了约9.66亿美元。在财政领域，投资公司和跨国公司绝大多数以发达国家为基地，网罗了世界精英分子并训练他们为执行官。根据大多数标准—总收入、外国资产、外国分公司、外国雇员等等—西方资本主义国家都无可争辩地成为全球化经济领袖。而且在宗教方面，西方国家为福音主义派别提供了极大的财政、教育和技术资源。②

达沃斯文化（商界文化）、大学教师俱乐部文化（学界文化）、麦当劳世界文化（大众消费文化）和大众化宗教文化的全球扩散是成熟的资本主义市场运作的结果，同时，传播媒介作为"交流的世界系统"，也发挥着重大"协

---

① 〔英〕艾瑞克·霍布斯鲍姆、安东尼奥：《霍布斯鲍姆新千年访谈录》，殷雄等译，新华出版社2001年版，第2页。

② 一般认为，达沃斯文化与大学教师俱乐部文化属于精英文化，而麦当劳世界文化和大众化宗教文化属于大众消费文化。作者在这里是按照文化表现形式进行归类以便说明。

作"作用。在全球化进程中，传播媒介常常被认为是统一的现象，其中的四个传播媒介部门，被作为明显的全球化过程的例证。一是世界范围内，外国（通常是西方）卫星电视和广播节目的接收；二是地方和区域卫星节目的发展与发展中国家的传播媒介市场；三是借助网络的全球信息网络化；四是国家印刷和电子媒介的外国报道。而事实上，传播媒介本身也是资本主义商品化的产物。

全球化使我们面对世界的方式有了根本的改变，全世界正在共同接受着源自世界市场的、范围广泛而多种多样的物质的和象征性的文化，全球文化为全球资本主义商品化实践所主导已经是一个不容变更的事实。关于资本主义商品化主导作用的渗透力，从波特－诺韦利（Port Novlli）公司的一位高级执行官讲述这个实例中可见："在卢旺达发生种族屠杀之后不久，我的一个朋友给我讲了一个故事。他当时作为一个军事代表陪同一个非政府组织到那个地区去。情况很是危险。那里也没有什么基础设施来与需要联络的人联络。同样，若干有护送的联合国车队也不能通过。这个代表团实际上是坐在路旁好几个钟头，哪儿也去不了。当他们终于到达目的地的时候，他们发现，可口可乐早已到货两个星期，向需要的人出售。这是多么令人惊讶的事——可口可乐居然在联合国车队之前到达了那里，这使人们看到，全球化市场是多么有实力，特别是这个著名品牌……可以想见，如果那里需要微软的话，微软也一定会及时在那里出现。"①

2.问题的根源：市场力量深化导致的不平等

全球文化究竟带给人什么？实际上当今世界人们生活中的点点滴滴都能够折射出"全球文化"的影子。对于大众消费者来说，世界上不同肤色的孩子们吃着相同的麦当劳、肯德基，前卫少年带着相同的MP3哼唱摇滚、蓝调，商务人士手不离爱立信手机、IBM笔记本。居于不同国家的人们几乎已分不清生活中的哪些场景是"土特产"，而哪些又是"舶来品"。对于企业界、大众文化界、政治界和宗教界的精英分子来说，他们思考的是这个现实意味着什

---

① 〔美〕塞缪尔·亨廷顿、彼得·伯杰：《全球化的文化动力：当今世界的文化多样性》，康敬贻等译，新华出版社2004年版，第281页。

么？他们在这个世界历史变化第一线的感受是什么？他们应该如何展望他们正在帮助创建的世界？关于这个复杂但仍在兴起的全球化秩序，这些"世界性的"精英分子，他们正在创建的世界性的文化，这种世界主义的性质是什么？这些困惑可以归结为如何面对全球文化为资本主义商品化主导的现实。

那么，问题的根源在哪里呢？作者认为，这个根源在于市场力量深化导致的不平等。全球化是一个不均衡和不平等的进程，这不仅仅是说它包括了"赢家与输家"，或是说它自制了许多相似的主导和服从的结构，而且它表达了这样一个意思：全球化的扩散的文化体验是高度复杂和变化多端的。全球文化以品牌形式的消费，不管是作为实际产品，还是作为起中介作用的形象——人，都潜含这样的状态：既是对文化的苦心经营，又是对文化的迁就融通，既是融合性又是纯一性；既是反感抵制又是热情接受。西方学者西蒙·杜林的表述非常准确："与其说金钱、输送和信息流是文化的基础，不如说它们是文化的媒介。因此，文化和经济及带有经济倾向的政治利益的关系是前所未有的清晰。"①

资本市场力量的深化使世界不得不面对以美国为代表的西方在全球化进程中所扮演的强有力的（即使不是支配性的）角色这个现实。我们可以把文化活动看作是生产活动——不但生产一定的产品，而且生产人本身的素质，即不但生产客体，也生产作为主体的人本身。这种生产并非在任何情况下都是经济意义的生产，因为世界文化市场也逐渐形成了完全立体化的市场——不仅是产品的竞争，而且是理想和生活方式的交换输出竞争。全球化使几乎所有的文化面临着生存竞争。在这个"谁适应谁"的场景里，"美国文化是大众文化，它本身最简单，缺乏复杂的传统背景、厚重的历史和细腻的精神。它不仅挑战复杂的东方文化，而且还作为西方文化的通俗版本挑战着高深的欧洲原版。"②所以除去霸权因素的考虑，其他文化被美国文化所同化是个最省力、最简单、成本最低的工程，这也是由资本市场运作的特点与力量决定的。

---

① 自王宁、薛晓源：《全球化与后殖民批评》，中央编译出版社1998年出版，第140页。
② 赵汀阳：《没有世界观的世界》，中国人民大学出版社2003年版，第88～89页。

市场力量造成的不平等使文化的自身认同成为一种政治力量。全球文化为全球资本主义商品化实践所主导是一个现实，也是全球文化面临的巨大的生存状况问题。这种文化生存状况使人们现在几乎都意识到文化是一个民族或一个国家的最大品牌。一种文化越在世界上得到推广，其品牌就越成功，就对世界各种事情有更大的解释权，甚至可以成为世界普遍知识的生产标准，它对世界的政治、思想和经济的影响力就越大。而这一文化品牌的国际竞争使得文化本身成为一个政治问题。关于市场文化如何形成所有全球化者的日常世界，人们可以说出无数的事例。由于文化是"一个表达思想的制度……一个社会秩序必须通过它进行联络、被复制、被感受和被开发"①，所以市场文化形成了各国在一个不断变化和流动易变的世界作为竞争者的特性和行动，而对这个世界的界定却体现在可供选择的消费品、政治意识形态、宗教等方面。在这些可供选择的方面中，"诸如生活方式、习惯和风俗甚至艺术这些事情并不是文化认同的根本性标志，这些都只是美学景观。思想体系、价值观和语言才是一种文化的根本。"因为"在文化中，美学景观是消费性的，而语言、思想和价值观则是生产性的，只有语言、思想和价值观才能够为一种文化带来权力、影响力和利益。这就是为什么在这个盛行文化多元论的时代里拥有文化霸权的西方热情地欢迎东方的美学景观而坚决拒绝给予东方的语言、思想和价值观以相应的地位的原因。"②

市场力量造成的不平等又使世界各国对文化问题有一种更自觉的理论敏感性和阶级分析模式。在世界文化市场中，"虽然从短期观点看，最好将文化视为决定人们行为的一种结构，但从长远的观点看，文化是一种能动的社会现象"③。因此，在文化运作于世界资本主义商品市场的时候，很多国家都在提醒民众"不能因为痴迷于技术和对'信息丰富'的人们来说适用的生活方式

① 〔美〕罗纳德·H.奇尔科特：《批判的范示：帝国主义政治经济学》，施杨译，社会科学文献出版社2001年版，第199页。
② 赵汀阳：《没有世界观的世界》，中国人民大学出版社2003年版，第88页。
③ 〔法〕居伊·福尔、杰弗里·鲁宾：《文化与谈判解决水争端》，联合国教科文组织翻译组译，社会科学文献出版社2001年版，第3页。

（……这是一个特别的诱惑之处，尤其对学者来说是如此），就把少数人的文化体验误认为是所有人的文化体验。"①也有不少人可能坚持认为，虽然西方人真切感受到了对某次已经（很典型的）全球化了的文化实践的"所有权"，尽管这是一个很错综复杂的问题，但在人们同当代全球"文化工业"的日常的相互影响，和他们具有一种与众不同的西方的文化认同感之间，仅仅是有一种低水平的相应联系，更不要提感到骄傲或是所有权的问题了。他们更愿意相信，人们上麦当劳或者进放映好莱坞大片的多功能电影院诸如此类的体验，很可能是把这些单单看作是处于他们所处的文化环境：他们使用它们，他们熟悉它们、甚至会为此感到很惬意，但在文化意义上他们并不拥有它们。

全球文化被资本主义商品化所主导，使全球文化既不是一种简单的重大承诺，也不是一种简单的巨大威胁，它是文化面临的多元层面的挑战，原先被认为是不成问题的传统如今陷于崩解，信念、价值观和生活方式上出现了多种选择，文化安全问题因文化竞争、文化生存突出显现。而在这一竞争过程中，我们还要树立自己的价值观与核心利益，并将其转化为国家"软实力"。即在全球化大潮中"坚守民族文化本性，创造不可替代的中国文化国际传播力"②。这对于我们来说，是一个巨大的挑战。

二、西方文化的全球主导所带来的威胁问题

通过对全球文化为全球资本主义商品化所主导及由市场力量而带来的不平等来分析，西方文化的全球主导是全球文化面临的另一个现实。更有学者如詹姆斯·戴维森·亨特和乔舒亚·耶茨称美国为"全球化的先锋队"或"美国全球化者的世界"③。"文化不是一种权力，不是社会事件可以以因果关系附属

---

① 〔英〕汤姆林森：《全球化与文化》，郭英剑译，南京大学出版社2002年版，第192页。
② 贾磊磊等主编：《第六届世界儒学大会学术论文集》，文化艺术出版社2014年版，第34页。
③ 〔美〕塞缪尔·亨廷顿、彼得·伯杰：《全球化的文化动力：当今世界的文化多样性》，康敬贻译，新华出版社2004年版，第281页。

的东西……然而，这并不意味着文化不能引出重要的结果。"①西方文化或美国文化的这种全球主导不可避免地对其他国家的文化带来了威胁。安全的最基本含义就是"客观上不存在威胁，主观上不存在恐惧"，下面我们从现实威胁和心理威胁两个层面来分析。

1.现实中的威胁

威胁产生于不平衡。按照西方学者的逻辑，"均衡和正义意味着参与经济竞争各方的平等正义，然而竞争本身就是为了打破均衡。"这是因为，"不均衡才是强者获取权力、显示权力和最终实现权力欲望的必要条件。"因此，"不均衡和不公正不单是当代全球一体化的世界经济特征，而且简直就是其内在目标本身。"②这无疑是西方主导的全球化的陷阱。除了在经济全球化领域的这种不均衡性和不平等性之外，在文化的全球化领域也表现出美欧和西方国家"强势文化""文化霸权"所造成的这一特点。

西方文化的全球主导所带来的现实威胁首先体现为文化霸权的言论。一方面，将西方文明奉为唯一的"至尊"，千方百计捍卫它的"法统地位"，认为西方始终处于"中心言者"的地位，而东方则是一个"沉默的他者"③；另一方面，漫无边际地夸大东西方文明之间的"不可调和的矛盾"。如历史学家汤因比所斥之的"错误观念"，"所谓'历史统一'的错误观念——包括那样一种推论，认为文明的河流只有我们西方的这一条，其余所有文明不是它的支流，便是消失在沙漠里的死河"④。这些在东西方文明与文化之间的以霸主地位自诩的言论宣传，把世界划分成中心的、发达的、有神圣法律地位的一些主权国家和边缘的、不发达的、没有自主性的地区；划分成有历史和进化的世界和没有历史或停滞的世界，这种不平等的划分对全球化进程中的东方文化的发展

---

① 〔英〕汤姆林森：《全球化与文化》，郭英剑译，南京大学出版社2002年版，第33页。

② 万俊人：《全球化的另一面》，《读书》2000年第1期，第9页。

③ E.Said:Orientlizing the Orient , in D.Latimer ed.: Contemporary Critical Theory, New York: Harcourt Brace Jovanovich,1989, pp.271-272.

④ 〔英〕阿诺德·汤因比：《历史研究》上册，曹未风等译，上海人民出版社1959年版，第46页。

带来了巨大的威胁。

　　西方文化的全球主导所带来的现实威胁的另一个体现是，市场价值观的普世原则使西方文化作为全球文化主导客观地对其他文化造成威胁。不管市场价值观的普世原则所带来的文化结果与文化内涵是什么，"它们已经共同使得思想、人工制品和图像等的交流在全球和区域层次上得到了巨大的发展，它们还使图像和实物可以以更大的强度、更大的量和更快的速度长距离运动。它们还有助于社会生活中符号密度（symbolic density）的增加。这一切已经大大改变了越来越多的各种地方或国家文化活动的制度环境以及民族文化自主政策或政治控制和审查的成本与收益"[①]。以电影行业为例，一部电影的投入成本只需要一万或一百万人出钱观看就可以收回，所以电影成为产量日益增长的行业，电影生产者从一开始就把兴趣投向了广阔的市场。对文化产品多样化的需求是存在的，但不加控制的市场压力却要扼杀本地产品。电影和音像制品不仅是文化艺术，而且是产业。也可以说，以产业形式出现的文化对作为本土艺术的文化带来了冲击与威胁。

　　第三个方面，西方文化主导的文化交流和冲击，也使不少国家和地区的人遇到"属性危机"，使他们难以坚持和确定他们的民族、国家和文化属性。以西方为主导的多媒介企业正以跨国方式运作，传播过程以市场经济规律运作，形成了由私人信息部门占主导地位的发展模式。早期对报纸可能控制公众舆论的担忧由于电视的发展而加强了。语言文字和图像同时出现，对公众的影响看来是难以抗拒的。德国前总理赫尔穆特·施密特于2000年在其著述中写道："与希特勒时代相比，现在，用电视更容易煽起大众情绪……至于电视究竟能够煽动起来什么，已在去年秋天几乎全世界的公众对魅力十足的、活着时备受争议的英国王妃遇难事件所做出的反应中得到证明。"[②]

　　第四个方面是语言。语言作为文化的重要载体，是一个民族历史延续和

---

　　① 〔英〕戴维·赫尔德等：《全球大变革全球化时代的政治经济与文化》，杨雪冬等译，社会科学文献出版社2001年版，第515页。

　　② 〔德〕赫尔穆特·施密特：《全球化与道德重建》，柴方国译，社会科学文献出版社2001年版，第64页。

文化独立的标志。欧洲人对于他们要使世界得到教化和基督才华的这一使命的意识感是与日俱增的。欧洲学者们对文明这一概念的自定义基本上可以说是欧洲启蒙运动的产物，日后，它则成了殖民扩张"文明使命"的坚实基础。但实际上，"文明"的大致观念早在文艺复兴时期就开始产生影响了。[①]在西方文化主导的文化全球化进程中，英语成为了传播价值观念、谋求国家利益的工具。当今世界上大约有6万种语言。英语是使用范围最广的语言。70多个国家以英语作为官方语言或半官方语言，有3.8亿人以英语为母语；约有16亿人以某种方式使用英语。全世界80％的电子信息用英语储存，互联网上80％以上的内容是用英语来表达的。美国哲学家罗伊·韦瑟福德欣喜若狂地把英语"取代"所有其他语言的现象，视为是"美国作为一个军事、经济和娱乐超级大国主导"的结果，他相信（或许结论下得太早了）这将保证世界的和平即"世界各地的爱国主义者和沙文主义者最最恐惧的事情就要变成现实了：我们最终要成为'一个世界、一个政府、一种文化'了"[②]。语言正通过诉诸一种普世一致的需要或权利为西方文化的全球主导界定一个品牌或一个信息，或是一种服务的欲望。并且，作为"全球化先锋队"的西方国家正在通过语言的方式同化着其他国家的精英分子以获得文化认同，逐步实现拥护者"本地化"，从而缓和了高压威胁，逐步确立了一种温和帝国主义的形象。

亨廷顿对全球化时期的语言和文明的评价的主要论点是，他不认为英语是（或正式转化为）全球化的语言，英语不是统一文明的语言。当一个韩国生意人和一个中国银行家用英语交谈时也许并不含有看重英美文明的含义，在这一点上，他也许是对的。而且说中文普通话的人数远比说英语的要多。然而问题的关键并不在于说某种语言的人数，而在于殖民语言的霸权力量主导了知识产品和学术文化。譬如说，在文学领域内，作家用英语写作，他依然可以描述其西班牙/拉丁美洲人的印象，就像西班牙后裔在美国所作的一样。在分治后

---

① 〔美〕弗雷德里克·杰姆逊，〔美〕三好将夫：《全球化的文化》，马丁译，南京大学出版社2002年版，第42页。

② R.Weatherford: World Peace and the Human Family. London: Routledge, 1993.p.36.

的印度，英语给人的印象和在英国本土上不尽相同。同样，第三世界移民产生的英语所带有的文化和意识形态含义绝对不会有纯正的英语那样浓厚。换句话来说，全球化的现今阶段所发生的是（无意识的）语言与民族、语言与民族思绪、语言与民族文学之间的"自然"联系的解除。这便为语言的再定位及文化的分裂创造了条件。我们所面对的现实是，学术文化正在经历文学曾经历的一切：一种跨界的真知在西方认识论与非西方学术的碰撞中产生了，并以前者的"明智"而著称。也就是说，全球化的症结之一在于，它使语言与人文界限之间的联系进入了一个瓦解阶段，其后果不可预知。

2.心理上的威胁

西方国家的文化主导地位也使其他国家带来了不安全的文化心理。人作为文化的消费者和接收者，在文化产品和文化传播环境的影响下，会自觉不自觉地进入一种已经存在的参照框架，这其中主要包括简单的同质化概念、意识形态和宗教信仰。这就涉及对主导文化的心理恐惧问题。同时，这些参照框架又具有相互影响、相互作用的性质，在某种程度上也抵制了文化创造性。

关于简单的同质化概念，"媒体的发展打破了不同国家之间人们的障碍，通过文化、学术和人与人之间的交流，人们在意识、价值方面的共性越来越多"[1]。但是这种频繁的交流与增多的共性也会使大众的"历史感"受到侵蚀而出现简单的同质化概念，也就是通过现代性话语重新生产关于事物、社会、历史、生活和价值的知识或叙事，或通过单一的知识生产来使其他地方的知识退化。如美国学者弗雷德里克·詹姆逊所说，"历史感的消失，在这种状态下，我们整个当代社会体系逐渐开始丧失保存它过去历史的能力，开始生活在一个永恒的现在与永恒的变化之中，而抹去了以往社会曾经以这种或那种方式保留的信息的种种传统。只要想想媒体对新闻的穷追不舍就够了：尼克松是怎样成为一个离现在已经很遥远的人物的，肯尼迪更是如此。有人企图说，新闻媒体的真正作用就是把这些新近的历史经验尽可能快地放逐到过去。于是，媒体的

---

[1] 〔日〕星野昭吉：《变动中的世界政治：当代国际关系沉思录》，刘小林等译，新华出版社1999年版，第40页。

资讯功能将是帮助我们遗忘，并为我们的历史遗忘症充当代理人和机构。"①
这对全世界的文化工作者来说是一种心理上的挑战。

在意识形态方面，冷战后，意识形态因素在国际关系中明显弱化，西方文化的主导地位，一度使其乐观地认为出现了"历史的终结""意识形态的终结"，但这是不现实的。意识形态仍然是指导国家间关系的一个重要原则和因素。社会主义与资本主义之间在意识形态上的矛盾仍然是存在着的，且这种矛盾主要体现在心理上，对一些社会主义国家来说表现得更为明显。"在后现代时代，社会主义在两个意识形态层面上受到威胁：一个是关于全球市场体系的'话语斗争'，另一个是反乌托邦的焦虑和对变化的恐惧。"②前者是对物质利益、经验主义、赤字消费、跨国公司等"话语"的抵制，包括实践和心理两个方面，而后者则单指心理上的。这种"反乌托邦的焦虑和对变化的恐惧"，是在新的社会分配和社会秩序发生根本变化的今天，人们更愿意满足现状，而对缤纷的变革来不及适应或充满焦虑的反映。

在宗教信仰方面，前面提到了以新教为主导的作为全球文化之一的大众化的宗教文化，关于这一教派的信仰，像其早期在英国和北美所发挥的作用一样，促进马克斯·韦伯所说的"新教伦理"，这种道德观念格外适合于在现代资本主义初期寻求上升的人们。宗教是从引导和威慑两方面为人类开辟了通向理想之国的通道，告诫人们按照宗教的价值观念去生活，从而确定了宗教的社会秩序。新教虽然带有明显的盎格鲁－撒克逊源头，但它强有力地将个人主义、自我表现、平等主义以及创建志愿协会的能量这几个方面结合在一起。因此，它不仅有利于人们在发展市场经济当中争取社会地位上升（这是马克斯·韦伯论点的主旨所在），而且也有利于人们实际参加或准备参加新的全球经济。在西方主导的文化世界，它所到之处基本成功地实现了本地化。宗教本身是巨大的"心理安慰"，但宗教间的差异也导致了人们对自身信仰的怀疑，

---

① 〔美〕弗雷德里克·詹姆逊：《文化转向》，胡亚敏等译，中国社会科学出版社2000年版，第19页。

② 陈永国：《文化的政治阐释学——后现代语境中的詹姆逊》，中国社会科学出版社2000年版，第297页。

对信仰的怀疑无疑是巨大的"心理恐惧"。

现实威胁与心理威胁，两者是相互作用、相互渗透、相互转化的。从对两种威胁的分析可以看出，这两种威胁源于西方文化在全球文化中的主导，所恐惧的是全球化帝国主义对其他国家的政治霸权、经济支配和知识霸权带来"依附"格局。所谓"依附"，本是指"一些国家的经济受制于它所依附的另一国经济的发展和扩张……依附状态导致依附国处于落后和受统治国剥削这样一种局面"①。在后殖民时代，这种"依附"关系不再像帝国主义时代那样直接，如约瑟夫·奈的观点，建立文化知识的统治比政治和经济的统治更是一劳永逸的解决。文化知识的统治能够通过使其他文化知识传统作废而达到使"心智"作废。"心智"首先是心理上的，它难以量化，可变性强。

另一方面，我们也要看到，这种威胁主要是对非文化主导国家的，但并不是说文化主导国家就不存在威胁。从表面上，在这场全球文化的游戏中，西方国家不仅由于强大实力而永远是赢家，而且还是唯一有权选择游戏种类的主体以及游戏规则的唯一制定者。但他们不会是世界游戏中的法外国家，如美国，虽然，他集参赛选手、游戏规则制定者和游戏类型指定者三个身份于一身，但是作为一种缺乏传统背景、厚重的历史和细腻精神的文化，谁又能说不受制约的权力不会走向它的反面呢？作者这样说只是出于一种假设或可能，至少目前和相当一个时期内，我们还看不到世界被同化得像一个移了位的迪斯尼乐园和"文化的切尔诺贝利"。

三、强弱势文化差别带来的世界各国安全需求层次不同的问题

追求文化的安全首先是要使这种文化存在，其次是发展，最后是使世界接受认可。西方国家目前处于后两个阶段，而广大发展中国家更多的是在诉求在全球化过程中保证经济发展的同时留存自身的文化发展空间。因此，欧美人的安全观对于发展中国家来说显得太过奢侈，后者所渴望的仅是生存。

---

① 〔巴西〕特奥托尼奥·多斯桑托斯：《帝国主义与依附》，社会科学文献出版社1999年版，第302页。

这就是文化的全球化过程中强弱势文化差别所带来的各国安全需求层次不同的问题。

1.文化安全需求的命题是否成立

全球化的发展，使在全球化的主导与非主导国家的文化造成了有繁华也有艰难的局面。当代的文化又是互动中的，对于西方国家来说，"有'不朽的权力和现代技术'作支撑，西方的远见表现为'霸权的狭隘想象'，霸权想象就是吞没他者"。①这种"霸权想象"的国家以美国为主。大多数欧洲国家则以"绿色运动"的口号"全球思维，地方行动"为代表的方式寻求着文化的发展。而对于发展中国家和落后国家来说，文化的弱势地位也异常明显，文化生存岌岌可危。在文化霸权与文化生存权利、强势文化与弱势文化、文化多样化与同质化、文化自身的汰选与整合的博弈中，一个问题值得思考，那就是到底是否存在文化的安全需求，文化安全是否是真实的需求？

作者认为，答案是肯定的。首先，从文化自身来讲，文化过程是一个历史的进化过程。无论任何文化群体，其成员的行为大多由其所在社会的历史塑造。尽管人们常因文化的原因而抱怨历史中的"劣根性"，我们也看到了因为文化的原因几百年来人们代代重复相同的错误，但是也是从历史的眼光来看，相同的民族总是遵守相同的社会规范，并用历史事实和自身经验证明了这些规范是行之有效的。一般而言，全球文化的融合，在某种程度上会造成文化互补化；强弱势文化的整合，也必然形成文化的中心与边缘、自我与他者之间的错综复杂关系，但是这些特定的社会文化能够调节本社会成员的行为的功能不会改变，这种功能也使世世代代的价值观连续下来，确保了这些群体的生存。这些相同的社会规范和世世代代相传的价值观构成了对文化安全的需求，也是文化安全需求的重要内容。

另外，从安全来讲，在这个世界上，安全尽管是人们的一种最底层的心理欲求，但它还远未做到唾手可得。在很多时候，它甚至都不是可以轻易享有

---

① 〔美〕约瑟夫·拉彼德、〔德〕弗里德里希·克拉托赫维尔：《文化和认同：国际关系回归理论》，金烨译，浙江人民出版社2003年版，第110～111页。

的常态秩序。无论对于个人还是群体来说，对安全的欲求感从来没有减轻过。这种对安全的强烈欲求其实植根于对不安全境遇的巨大焦虑。在具体的历史情况中考察，这种焦虑既可能是真实的，又可能是虚幻的；既可能是当下的，又可能是潜在的。但是安全需求本身却是真实的。扩大到国家这个角度看，安全是国家的根本利益所在。国家的正常而有效的存在是实现其他一切利益的首要前提。全球文化是一个全球性的问题，全球性问题的出现使人类变得相互依赖，而相互依赖的发展有这样一个悖论，就是在重要的政治团体中间产生恐惧感和不安全感。这是全球性问题与国家安全利益间存在的普遍博弈。安全行为的主体不必说"安全"，也不必然使用安全这一术语，使用了安全术语也不必然地代表一种安全行为。但是行为主体所必须要做的是：安全模式中的政治行动的执行。

从以上的分析我们可以看出，在全球化的进程中，世界各国都具有文化安全的需求，由于在全球文化中所处文化地位（也可以说是文化身份）不同的原因，安全的需求层次各不相同。要说明的是，造成这种差异并不完全归于文化主导国家的野心，更重要的原因在于全球化与文化的融合都是在无政府状态下进行的，缺乏规范和足以支持规范的秩序力量。默克多等传媒大亨在市场上呼风唤雨，互联网更是摧毁了官方管制，借助网络，欧洲人不仅可以从美国书商那里购买图书，在智利股票市场投资，在安提瓜的赌场上下注，还可以从南美洲选购艺术品——而这一切都是在没有政治管制的情况下完成的。

2.各国安全需求层次不同的现实

从历史上来看，一个民族的文化可能经历过移民、入侵、征服、宗教纷争或战争的摧残，也可能受过野蛮民族的统治、压迫。但是，只要他们生存下来，这就从某种程度上证明是一种成功的文化。一种文化的内在精神除了受历史原因和地缘环境的影响之外，还会受到这种文化所使用的语言的特点和本质的制约。历史经验、地缘环境、当地的语言、求生的本能等所有这一切综合在一起，产生了一个社会的核心信仰和价值观，这信仰和价值能维持和满足这个社会的需要和理想，构成了一个民族文化安全的底线，即文化的生存权利。对文化的生存权、发展权和文化霸权的不同追逐反映出"我们这一时期文化的强弱次序，表现出文化、见识、信仰的全部对话，并且使这些对话为现代西方及其非西方的势力服务"①，代表了全球文化时代以国家、民族为单位的不同的世界文化安全需求层次。

文化安全需求层次的不同，反映了全球化现代性不同模式之间的差异矛盾。西方发达国家的现代性已经终结并进入到后现代时代。后现代在本质上不是对于现代性的简单的否定，而是要克服现代性的弊端和危机，从而建立一个更开放和更多元的社会。那么，西方国家是怎样将后现代的理念与文化霸权相结合起来的呢？"在世界市场上争夺文化统治地位的各个社会，在发展其霸权时不是采取直接等同的方式，而是通过展现普遍的范畴和标准，并使后两者构成界定文化区别的参照框架。换言之：我们不会变得相同，但是会用一种普遍接受和理解的方式展现、表达和沟通我们的区别。"②这就使西方国家进入了既抵制第三世界的他性，又承认它们为自身发展的早期阶段这种自相矛盾的框架理论之中，行为上则在霸权与强权、助力之间游移。对于发展中国家来说，目前处于由前现代性到现代性的过渡或现代性的发展时期。全球化使任何国家不可能完全脱离整个世界文化发展的基本格局而封闭发展。他们所要求的是在这种全球化整合中只能不断保持自己民族的根本特性，打破全球格局中不平等关系，使得自身既具有开放胸襟和气象的"拿来主义"，又坚持自我民族的文化根基和内在精神的发扬光大。所以他们的态度是把握当代国际文化的基本动态，对民族主义和霸权主义保持充分的注意，但又不能以冷战的方式一味对抗，以免丧失进入世界现代化进程的重要机会。对于这些国家的文化来说，与全球化的关系是一种被动关系，是一种不得不进入的语境，他们所探寻的是怎样进入，并怎样为自己在全球化格局中定位的问题。他们的眼中看到的是现代性问题，而且必须面对后现代性问题。

按国际区域来划分，文化安全的需求层次与文化发展形态是高度一致的。

---

① Nandy, Traditions, Tyranny and Utopins: Essays in the Politics of Awareness. Oxford University Press.1987, pp.12-15.

② 〔德〕乌·贝克、哈贝马斯：《全球化与政治》，王学东等译，中央编译出版社2000年版，第64页。

正如德国学者赖纳·特茨拉夫所指出的：从文化的发展阶段与形态来看，可以做出这样的描述，即：霸权主义的美国，自由主义的欧洲，危机感严重的亚洲，边缘化严重的非洲和现代化、区域化与民主化共同制约的拉美。[①]我们说，每个区域或国家对全球化的态度以及对自己在全球化中的定位，都代表一种态度、一种发展的思想，其间能感到作为国家的个体自由生命意志伸张的气息和全球语境中的世界性眼光。目的是在共识中寻求差异性经验，在差异中求得共识性经验，在二者彼此胶着中寻求以国家为社群单位的文化在全球文化中的共生与发展。

在作者看来，虽然汤姆林森"全球化处于现代文化的中心地位；文化实践处于全球化中心地位"[②]的提法是值得商榷的，但关于这个观点可以肯定的是，我们所处的时代仍是全球化趋势与民族国家观念并存的时代，全球化远没有导致民族国家时代的终结。从国家利益的角度来思考强势文化和弱势文化的差异，从国家文化安全的视角来对待强势文化和弱势文化的整合，在此基础上来考量世界文化的相互依存与共荣，这是全球化时代文化整合的一个前提条件。

第二节　全球化进程中我国国家文化安全的战略与目标、实现路径

一个国家、一个民族选择什么样的安全战略，包括确立怎样的安全目标和战略方针、采取什么样的安全手段，直接关系到国家的发展和民族的兴衰成败。国家文化安全的战略重要性、策略长远性是我们当前局面下尤其需要去思考的问题。

---

① 参见〔德〕赖纳·特茨拉夫：《全球化压力下的世界文化》，吴志成、韦茨等译，江西人民出版社2001年版，前言部分。

② 〔英〕汤姆林森：《全球化与文化》，郭英剑译，南京大学出版社2002年版，第1页。

一、"受管理的全球化"^①符合全球化进程中我国文化安全的战略需要

引用"受管理的全球化"这一提法，源自与台湾学者的交流。他们认为，文化安全问题首先要回答的是，你的文化是否是安全的？在全球政治、经济、文化一体化的大背景下，是否存在文化安全的命题？讨论这一命题是否说明了作者的保守思想倾向？

"受管理的全球化"，是美国学者对中国等国家对待全球文化的态度的提法，是指从相当"弱"的文化资源中创建出另一种可供选择的文化的现代化。由于全球化发源于经济领域，按照经济规律，这应该完全为全球市场所主导，"但是有的国家政府想控制它。最重要的例子是中国政府的做法。……称之为'受管理的全球化'"^②。大部分西方政治家与学者对"受管理的全球化"的理念表示怀疑，但他们认为"如能有所成就，那肯定是令人感兴趣，也是值得欢呼的"^③。作者这里试图证明的是，对于中国来说，在国家文化安全问题中采取"受管理的全球化"战略不仅是一种可能，而且是我国文化在全球化进程中采取的必然战略。

一方面，从文化的维度思考全球化，"同样以一种特别生动的方式提示了它的最基本的辩证的特征。个体的行为通过内省性与社会世界的大的结构—制度性特征密切相联"。这个事实说明，虽然全球化不是庞大的全球性结构决定各类事件的一个"单向"进程，但至少在全球化的进程中包括了地方干预的可能性。这里面存在着一种全球性的文化政治，我们可以借助继续展示地方行为的后果来把握它。这为"受管理的全球化"提供了可能性。

同时，"受管理的全球化"也具备现实性。在全球文化的现实下，我国文

---

① 这里是借用西方学者的表达方式，故用引号。参见塞缪尔·亨廷顿、彼得·伯杰主编：《全球化的文化动力——当今世界文化的多样性》，新华出版社2004年版。
② 塞缪尔·亨廷顿、彼得·伯杰主编：《全球化的文化动力——当今世界文化的多样性》，新华出版社2004年版，第28页。
③ 塞缪尔·亨廷顿、彼得·伯杰主编：《全球化的文化动力——当今世界文化的多样性》，新华出版社2004年版，第28页。

化与世界文化的交流与合作是有前提条件的，"受管理"的实质就是要在全球文化的大背景下实现文化利益趋同并与本国的文化地位相称。"受管理的全球化"本身是在承认我们的文化在全球文化的现实下处于并不乐观的地位的现实选择。因为文化弱势地位的现实使我们的文化与强势文化的平等交流带来困难，而"总结历史经验，中国长期处于停滞和落后状态的一个重要原因是闭关自守。"①因此，"受管理"的目的在于"把整合中的经济、民族与文明管理起来，使每一种都保持独有的身份和文化——这是我们这个时代面临的巨大挑战，也是我们这个时代作出的伟大承诺。"②

"受管理的全球化"是我国国家文化安全战略的理性选择。从国家安全战略的角度来讲，国家安全战略作为一个主权国家长远、宏观的谋划，它不以国内政治短期变动和对外政策局部调整为转移，需要有一个基本定位。近代国际关系产生以来，尽管在20世纪中期以前世界各国还没有完整、系统的国家安全战略，但出于维护国家安全的本能，各国在实践中作出不同的安全选择。主要有五种类型，即霸权主导型、封闭内敛型、挑战扩张型、搭车附庸型、自主合作型。中国既不能走"封闭内敛"的老路，更不能选择"霸权主导"战略（不符合现实）；既不能做霸权文化的挑战者，也不能做"搭车"附庸者。中华民族的优良的历史文化传统、社会主义的基本国情、国家利益的根本要求以及全球文化的大趋势，决定了中国国家文化安全的战略选择应该是也只能是自主合作型的"受管理的全球化"。

"受管理的全球化"的本质是"自主合作"。它的基本内涵包括：一是这一战略必须坚持独立自主的安全原则，避免做异质文化的附庸；二是在全球文化时代，不坚持文化的独立自主不能维护国家文化安全，完全固守传统文化的独立自主也不利于维护国家文化安全，要执行在融入中坚持，在坚持中融入的独立自主；三是倡导以"互信、互利、平等、合作"为核心的安全观念，在安

---

① 《邓小平文选》第3卷，人民出版社1993年版，第78页。
② 《世界文化报告——文化的多样性、冲突与多元共存（2000）》，关世杰等译，北京大学出版社2000年版，第69页。

全内容上，坚持"只有民族的才是世界的"；四是以文化合作促进文化安全。

"受管理的全球化"在功能上突出文化的身份。身份是传承的、遗传的、非选择性的，比如民族的、性别的特征，同时，它也是认同意义上的身份。"受管理"是对文化身份诉求的发展。由信息、交通和金融技术引发的全球革命已经产生了全球化的一个表征——共享一切结构模式（包括现实的与虚幻的）。与此同时，受西方对国际经济的把持的影响，全球文化也出现了单一化、一致化的倾向。这种倾向不利于文化的发展，需要一定的约束，因而就产生了各国的不同政策、不同态度乃至不同结果——这是"受管理"的直接目的。

"受管理的全球化"是一种表达具体的运作方式和政治管理制度的方法。它往往被视为阻挡了全球化的进程，而事实上，它突出的是全球化现实下的一种文化例外，是民族文化和创造活动的保护系统，常识性概念、积极规范的范畴和建立在理论上和统计上的管理模式将为其提供切实的保障。也有人把"受管理的全球化"视为文化在全球化过程中的豁免。"因为全球化将要调和开放贸易规则和文化多样性之间的矛盾……所以文化豁免的原则可以作为全球化新概念的试验田。"[①]

"受管理的全球化"追求的是与文化多样性的普遍民主价值观达成协议，彼此包容，和谐相处。因此，它与其他政府绝对干预和管理的事务又有所不同。当然，"受管理的全球化"在当今还只是一种发展中国家对全球文化中民族文化发展的一种探索。全球化显示了依赖程度的加深，"受管理的全球化"是一体化提升的趋势与文化多样化的进程之间的关系的一种体现。它是在一个由经济和文化组成的矩阵中，以一般主义和特殊主义为坐标体系所涉及的政治体制。在文化多元共存的民主社会里，一种被广泛接受的信仰，即便它建立在错误的经济测算和片面的公共政策效果之上，也仍有可能被付诸实践。而民族语言、思想作品和由此而来的文化产业是支撑民族身份的脊梁。因此，维护创造、支持音像制品的多样性、保护国家广播行业等种种做法都是在国际领域被认为是合

---

① 《世界文化报告——文化的多样性、冲突与多元共存（2000）》，关世杰等译，北京大学出版社2000年版，第65页。

法的，这是文化例外的"受管理的全球化"在理论和法律上取得支持的原因。

这里要强调的是，"受管理的全球化"与全球治理有巨大的差别，前者是有政府的治理，是用西方学者的表达来阐释文化安全治理的"内向度"。习近平主席提出的"共商、共建、共享"的全球治理理念，"要推动全球治理理念创新发展，积极发掘中华文化中积极的处世之道和治理理念同当今时代的共鸣点，继续丰富打造人类命运共同体等主张，弘扬共商共建共享的全球治理理念"①，宣传中国提出的构建人类共同体的愿景。因此，"受管理的全球化"概念的引用与中国对全球治理基本价值观并不是相悖的。

二、维护我国国家文化安全的基本目标与原则

在全球化进程中确立维护我国国家文化安全的原则目标，要从全球文化带来的影响、国家安全战略的视野来通盘考虑，同时兼顾对文化发展方向的理性分析。

全球化对文化上带来了两个方面的影响。积极方面体现在，它使文化生产和学术研究更为直接地受到市场经济规律的制约，从而使得经济建设与文化生产和消费关系更为紧密；消极的方面体现在，它使精英文化和民族文化的保留与创新变得日益困难，甚至导致了新的大众文化与精英文化的等级对立。

前面提到，中国自秦汉时期以来便形成了以儒家为主，其他学派为补充的意识形态结构。由于该意识形态结构与中国的社会、政治、文化是高度整合的，即使它有时表现出某种"随和""包容"这也并非意味着它本身的合法性便可以不被坚持，甚至被否定。由于数千年来一以贯之的强烈的文化自信，文化失调在中国显得特别严重。这种文化自信一旦被西方人的船坚炮利所摧毁，文化自尊在救亡图存的压力下便迅速转化成一种文化上的自卑自贱，这种自卑自贱更是迅速转化成一种民族文化的根本理念上的自虐。从全球文化的层面来看，中国人随着世界文化消费主义的浪潮正在从文化的根本理念上无保留、大

---

① 习近平：《推动全球治理体制更加公正更加合理　为我国发展和世界和平创造有利条件》，《人民日报》2015年10月14日。

规模地吸纳异质文化因素。这种文化现实使在全球文化的背景下，很多中国人几乎彻底丢弃了民族文化的价值权威。

从根本上说，国人所经历的文化失调，是价值权威的丧失导致的价值规范崩解所造成的。我们说，思想样式可以不断翻新，但民族感情却是一个恒久不变的常数。对于中国文明来说，两千多年来民族的文化命脉就是靠"仁者爱人"的终极关怀、仁义礼智信的道德理想、中和中道的生命品质的权威来维系。在世界文化史上，中国人所贡献的，除了众所周知的四大发明之外，还有精美廉价的食品、勤奋而守纪律的劳工、国际政治中非意识形态化的中道精神，我们正是要本着在历史中生生不已地传承、被历史所给定的终极的文化根本，建立起一种生机勃勃的新的文化自我的观念，培养中国人在一个价值多元的世界上，具有一种生命信仰的承诺和价值担当的勇气。

西方文明无疑是强势的，但与西方文明相比，我们民族文化也有对世界文化的独特价值。儒家文化所体认的"仁"有其独有的个性。"仁"既是发生过的仁之行为的终极本源和依凭，也是其归宿。它不具有犹太型宗教所表现出来的那种强符号的规定性或一种生硬的外在的宗教表现形式，即使有，也远不如犹太型宗教那么强烈——尽管在一定条件下"仁"这种弱符号性也完全可能成为儒家文化的缺点。正是由于"仁"在儒家文化中的弱符号性，儒家文化禀有了那种"圆而神的智慧"，那种"温润而恻怛或悲悯之情。"同样，儒家文化才表现出那种基于文化认同的种族平等、那种"有教无类"的机会平等、那种基于个人努力而非血统的社会平等、那种中庸和中和的精神，尤其是那种兼收并蓄的恢宏气度，使其在生命历史长河中表现出一种非凡的合理性，使其在与外部较少接触的情况下，对异质文化显示了开放性和包容性。与此相反，赋予了西方人以文化规定性的基督教，以其过分强烈的符号性，从逻辑上必然表现出一种强烈的排他性，一种总是向外发动、积极进攻的精神，一种在信仰上非此即彼的非宽容态度。基督教在历史和现时中表现出的这些缺点、缺陷或者是可以用和平中道的儒家质素来加以匡正的。可以试想，如此匡正下的由欧洲启蒙运动而发展起来的自由、人权、法制、个人尊严、理性、普世价值的意识形态，不也是对人类文明史的重大贡献吗？

　　全球文化是积极因素与消极因素的共存，回避或者盲目反对全球文化过程中所带来的文化传播、文化结合、文化冲突、文化替代、文化同化是狭隘的民族文化保护主义，是弱势文化的卑微心态。要维护国家文化安全，必须认识到我们文化面临的不安全的现实。它决定着维护国家文化安全的原则。要使我们的文化变得安全，不是保守主义，更不是故步自封，而是要去除不安全和不利于安全的因素。在作者看来，全球化进程中维护我国国家文化安全要去除以下三种不利于我国文化发展的因素：

　　其一，西方文化在全球化进程中对我国国民价值观的消极影响，如对婚姻家庭观念的冲击、盲目的拜金主义与愤世嫉俗等，这是中西道德观的整合过程中出现的体现在价值观上的错位；其二，中国传统文化所固有的腐朽的东西，张岱年先生将其总结为四弊，即"尚通忽别的致思心习；不重实际探求的学术方向；忽视个性自由的人际观念；尊尊亲亲的传统陋习"①；其三，全球化进程中我们对西方文化的曲解，如对消费主义的曲解。拜金主义是资本主义原始积累过程中形成的西方文化特征，但是从它本身来说是"艰苦劳动精神，进步精神，也就是人们常常归功于新教所唤醒的精神，无论冠以怎样的称呼，绝不能理解为现世的享乐"②，追求消费的享乐主义是对资本主义文化的曲解，它不属于西方，更不应该属于东方。

　　坚持维护国家文化安全的原则也无需对全球文化产生恐惧心理。现实已经表明西方文化以其现代性而不怕全球化，并因全球化而更加安全。因此，面对全球化的强有力的影响，我国的文化安全观念应该顺应这一潮流，在不损害中国文化精神本质的前提下，扩大中国文化在全球范围内的影响。通过和国际社会的广泛交流与对话，对西方人观念中对我国文化的固有思维定式产生影响和启迪，最终达到消解西方帝国的文化霸权的目的。

　　从维护国家文化安全的目标来说，确定国家安全目标，一般取决于三个

---

　　① 张岱年：《文化与价值》，新华出版社2004年版，第272页。

　　② 马克斯·韦伯：《新教伦理与资本主义精神》，彭强、黄晓京译，陕西师范大学出版社2002年版，第14页。

因素：一是国家利益的重要程度；二是国家利益受到威胁的程度；三是实现国家利益能力的具备程度。国家安全战略目标是在权衡这三者的交叉点上确定的。三个因素中，第一个因素是对"必须干什么"的规定；第二个因素是对"应该干什么"的估计；第三个因素是对"允许干什么"的衡量。一个国家不论有多么高的主观追求与愿望，也不论其客观形势允许它干什么，实力又如何，制定安全战略，必须首先对国家利益做出清醒准确的判断。国家文化安全的目标制定也是如此。它取决于三个因素，第一个因素是国家的文化利益，第二个因素是国家文化利益受到威胁的程度，第三个因素是实现国家文化利益能力的具备程度。也可以这样认为，对于国家文化安全来说，国家利益是安全目标的基本方向；国家文化面临的主要威胁决定着安全目标的准确定位；国家文化实力决定着达到安全目标的距离。这是因为国家行为不仅有一个"必须干什么""应该干什么"的问题，还有一个"能干什么"的问题。一般来说，实力与目标距离是成正比的，实力越强，目标就越接近，反之就越远。过高估计自己的实力，就可能确立过高的脱离实际的目标，结果很难达成目标。过低估计自己的实力，目标确立过低，国家利益就难以维护，基本安全就得不到保障。应该指出的是，文化安全目标中最突出的问题是文化的发展方向；最复杂的问题是如何处理好文化发展与文化继承的关系；最长远、最关乎民族复兴的问题是如何维护并创造一个和平的文化交流与融合的环境。

确立文化安全的目标应该对文化发展方向进行理性的分析。对全球化进程中我国文化发展方向的理性分析应该包括：第一，理性地看待和理解全球文化的必然性。全球化作为世界历史进程的一个阶段，它以整个人类发展的历史积累为前提，因而全球文化是人类文明发展的一种必经路径与必然结果。第二，理性地分析和理解全球文化的进步性。马克思在科学地考察了西方国家市场经济发展的历史过程，在国际市场刚刚形成的时候，便敏锐地预见到了世界历史时代的来临，而且预言，只有到了这个时代，一切新的发明创造才能成为人类共同的财富。近百年的历史也说明，一些国家之所以出现跨越式发展，往往是凭借于国际交往；我国之所以能够在较短的时间内走过西方国家上百年才走过的路程，也是因为国际交往形成的后发展优势或后发之利。经济如此，文化亦然。只有与不同民族不同国家互相交往、借鉴，在冲突中相互比较和学习，才会有文化的发展与繁荣。第三，理性地分析我国的传统文化、民族文化与人类文化的关系。中国进入全球化进程是在被动中开始的，挨打、战败、赔款、议和构成了中国近代史的主要内容。现实政治、军事的失败，导致了人们对传统文化采取了片面的甚至极端的态度，表现为全盘西化和民族虚无主义。需要理性地看待我国的文化传统，它本质上属于农耕文化或前现代文化，它所依赖的价值观念是与农耕时代的等级血缘关系相适应，其中很多观念不再符合时代的要求，但其中的许多要素作为一种思想资源被纳入新的价值体系仍能够发挥积极的作用。在全球化的进程中，我们的传统文化有一个改造、创造和升华的过程。第四，对全球文化要有一种开放的心态和建设性的姿态。维护中国的文化安全，是要在批判地继承传统的基础上建构一种生命力强健的中国现代文化和价值观念体系。它强调国民的主体意识和一种开放的心态和建设性的态度，全球性的交往，各种不同民族的价值观念的冲突和融合，既是挑战，也是机遇。在冲突中比较、在竞争中发展，才能激发、激活创造性和活力。在这一过程中互相交流、理解、解构、融合，也为文化建设提供了各种条件、手段与可能。

综合上面的分析，作者得出的我国国家文化安全的原则目标应该是：稳妥地实行反霸权文化战略，合理地推进中西方道德观念的整合，有效地适应国际文化生存环境，科学地建立追求正义的国际文化新秩序。

三、全球化进程中我国国家文化安全目标的实现路径

在全球化进程中，实现维护我国国家文化安全的目标任务的途径主要包含三个方面：充分发挥政府组织的作用，有效运用非政府组织的职能；建立既有文化底蕴、又有全球传播视野和国家安全高度的科学的文化安全维护机制；在文化安全的各个实施领域不断完善国家文化安全的实现路径。

1.充分发挥政府组织、非政府组织在维护国家文化安全中的作用

国家文化安全是一种安全关系。它的基本单位是国家。国家是现实安全的主体，安全需要由国家来维护。另一方面，国家又是实现安全的目的，国家参与国际文化交流，谋求建立国际文化安全，归根结底是为实现国家安全。国家实力是通过政府运作来执行的，就我国目前来讲，如何发挥政府在维护文化安全中的职能与作用呢？

第一，充分发挥政府在维护国家安全中的"硬实力"作用，确保意识形态领域的安全。简单地说，政府在维护国家安全中的"硬实力"作用，就是把价值观上升到政治立场，避免和消除当前威胁我国文化安全的因素。第二，启用相应的国家机制，运用法律的、行政的、市场的及其他文化安全管理手段，保护民族文化产业的发展。启动相应的国家机制，运用法律的、行政的、市场的以及其他文化安全管理手段，就是要把握种种可能对我国文化产业发展构成灾难性后果的不良趋势，以确保将跨国文化集团在我国的资本运营和境外文化商品进入我国文化市场后可能产生的负面影响，降低到一个可容许的限度内，进而最大限度地保护民族文化和文化产业的健康发展。作者认为，启用国家机制的一个重要作用还在于要确保国家在整个文化产业发展中的主导地位。一方面要以更大的资金投入特别是政策性倾斜，使文化企业能够通过规范化、集团化的经营，大力开发文化资源，以占领文化发展的主战场，并积极参与国际市场的竞争。启用国家机制的另一个重要作用在于建立和完善国家文化创新系统和知识产权保护体系。在融合世界一切优秀的使文化市场的竞争逐步趋向规范、有序。

全球化的发展使治理成为一种制度需求。"没有政府的治理"的新形式事实上也已不断出现。由此，非政府国际组织的兴起是当代国际关系的重要特征之一。对于什么是非政府组织并没有确切的定义。按照最为权威的联合国经济暨社会理事会（ECOSOC）1950年2月27日第288（X）号决议的规定："任何国际组织，凡是未经政府间协议建立的，均被视为是为此种安排而成立的非政府间国际组织。"1968年6月25日通过的1296（XLIV）号决议又做了如下补充："（非政府间国际组织）包括那些接受政府指定成员的组织，只要这种指定不干涉组织本身观点的自由表达。"早期的非政府间国际组织活动集中于人道主义和宗教方面，现已发展到环境保护、保护妇女儿童、救助难民、防治艾滋病、核裁军、劳工等各个方面。根据国际协会联盟提供的数字，1909年全球各类非政府间国际组织仅有176个，2000年猛增到45647个。[①]

非政府组织作为一种组织创新，同市场体制中的企业和国家体制中的政府有着明显不同的特征。一般说来，非政府间国际组织具有非经政府间协议成立、非营利、非暴力和非政党的特点。而这些特点使其在国际间的文化交流中可以发挥不可替代的作用。

我们说，非政府组织在维护国家文化安全方面有着重要的作用，我们可以从以下的示意图中看出非政府组织在国际交流中的优势：

附图：

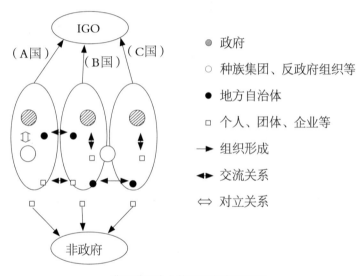

非国家行为主体国际交流示意图

IGO＝政府间国际组织，非政府组织＝非政府间国际组织。

资料来源：〔日〕浦野央起：《国际关系理论史》，劲草书房，1997年5月第1版，第329页。

图中可见，政府间的交流和活动十分有限，而个人、团体及各种各样的非政府间交流则十分活泼，渠道众多，这就使非政府间国际组织能够避免大多数国内政治因素的干扰，长期地、始终如一地追求相对单一的主张和目标，成

---

① Union of International Associations: Yearbook of InternationalOrganizations, 2000—2001, Vol.3 Munchen, 2000, p.1661.

为推动全球化进展的持久力量。另一方面，非政府间国际组织是民间机构，它的经费来源全靠捐助。因而，一些大的基金会就借此机会有的放矢的向某些非政府间国际组织提供资助，进而操纵组织的活动。从很大意义上说，非政府间国际组织已经成为一种特殊的利益集团。它不代表某个国家中特定集团的利益，却"代表了全球某一领域或某些人的利益"，"影响了全世界更大范围内的合作行为"[①]。

　　诚然，也应该看到非政府间国际组织的某些局限性，如其关注的问题一般较为单一，由于过分注重追求单个利益目标，而忽视政策的平衡性和整体性等等。"非政府组织的主张"也并不必然具备客观性、民主性和合理性。应该客观地看待其在国际文化交流中的具体行为，善加利用其建设性的、积极的一面，以实现国际关系良性发展的最终目标。

　　文化安全，不是保守的安全，它的目标是使本族文化得到世界接受与认可。非政府间国际组织特有的柔性形态是其实现这一目标的巨大优势。同主权国家和政府间国际组织相比，非政府间国际组织不拥有任何强力机构和强制手段，但是从其宗旨到活动形式所体现的"柔性"，却使非政府间国际组织在国际上拥有广泛号召力和巨大影响力。首先从其宗旨来看，大多数非政府间国际组织是以保护环境，维护人的尊严和生存权利，寻求可持续发展为其活动宗旨的。这同各国人民的切身利益有着直接的联系，也能得到大多数中小国家政府的共鸣。其次从其组织形态看，大多数非政府间国际组织是各国民众自发组织起来的，是各阶层的有识之士为了一个共同的目标而自觉自愿投身的活动。活动所需经费也是来自成员的自愿捐款。从其活动形式来看，大多数非政府间国际组织参与国际事务的方式是和平的、非暴力的。随着全球化步伐的不断加快，非政府间国际组织对国际事务的参与日益深入，除与联合国合作外，非政府间国际组织还与其他许多政府间国际组织开展各种形式的对话与合作。由于通讯和交通技术的迅速发展，世界正在变小。非国家行为主体已经登上国际社

---

① Paul Wapaner, Politics Beyond the State; Environmental Activism and World Civil Politics, in World Politics, VO1.47, No.3, April 1995, p.320.

会舞台，并扮演着重要角色。围绕着稀缺资源的国际配置，各国之间的相互依存关系不断加深，各国人民的生活圈日益相互重合。因此，超越国境的非政府层次的接触、交流正在迅速扩大。而这种交流对于世界文化的融合具有相当积极的意义。

目前，我国在国际文化交流中起重要作用的非政府组织主要包括社会文化单位、表演团体、研究机构、艺术院校、基金会、文化产业单位等等。通过这些组织而进行的正政府层次的国际文化交流不断扩大，影响也在日益加深。其中，在法国巴黎的"中国文化年"如火如荼，就是最好的范例，并且，类似"中国文化年"的活动，不独在法国有，在欧洲其他国家甚至南美的巴西、墨西哥北非的埃及也有。非政府组织带来的这种让中国文化走向世界的文化交流是文化安全作为一种"软安全"的重要实现手段。

2.建立既有文化底蕴、又有全球传播视野和国家安全高度的科学的文化安全机制

国家文化安全问题的研究是在跨学科研究的基础上建立的一种综合性国家安全理论。它的基本单位是国家。国家是现实安全的主体，安全需要由国家来维护。另一方面，国家又是实现安全的目的，国家参与国际文化交流，谋求建立国际文化安全，归根结底是为实现国家安全。国家实力是通过政府运作来执行的，就我国目前来讲，如何发挥政府在维护文化安全中的职能与作用呢？

第一，充分发挥政府在维护国家安全中的"硬实力"作用，确保意识形态领域的安全。简单地说，政府在维护国家安全中的"硬实力"作用，就是把价值观上升到政治立场，避免和消除当前威胁我国文化安全的因素。第二，启用相应的国家机制，运用法律的、行政的、市场的及其他文化安全管理手段，保护民族文化产业的发展。启动相应的国家机制，运用法律的、行政的、市场的以及其他文化安全管理手段，就是要把握种种可能对我国文化产业发展构成灾难性后果的不良趋势，以确保将跨国文化集团在我国的资本运营和境外文化商品进入我国文化市场后可能产生的负面影响，降低到一个可容许的限度内，进而最大限度地保护民族文化和文化产业的健康发展。

作者认为，启用国家机制的一个重要作用还在于要确保国家在整个文化

产业发展中的主导地位。一方面要以更大的资金投入特别是政策性倾斜，使文化企业能够通过规范化、集团化的经营，大力开发文化资源，以占领文化发展的主战场，并积极参与国际市场的竞争。启用国家机制的另一个重要作用在于建立和完善国家文化创新系统和知识产权保护体系。在融合世界一切优秀的使文化市场的竞争逐步趋向规范、有序。

借鉴文化研究、传播学研究成果和方法的国际文化关系理论，是多种视野广度、理论高度的交叉融合。那么，国家文化安全的维护就应倡导跨学科的使用、多视角的关照、交叉方法的运用，进行全方位、综合聚焦，尤其对传播力、影响力大的文化形态要进行多方面的考察，在全球化的世界趋势和文化跨国传播的现实下，多维度、多视角看待文化作为"软力量"中的重要组成部分与国家安全的关系，从政治的高度和发展的高度塑造国家文化形象及在国际社会的地位和影响，从长远的民族生存发展利益的角度看待文化的作用，建立既有文化底蕴、又有全球传播视野和国家安全高度的文化安全维护机制。具体包括：

第一，通过揭示文化权力竞争本质和科学测度我国国际文化生存能力，探讨科学、合理的中国文化安全战略发展模式。国家文化安全具有多维性，其内涵丰富，外延广泛，因而制定与实施维护文化安全战略在方法的选择上显得复杂而重要。同时，国家文化安全具有模糊性，是因为安全本身没有确切的界定，是一个相对的概念，有时只是一个模糊的象征，单个安全因素与整体安全也会存在相对性，因此，有必要在对各要素测评后进行综合，按照最优原则进行汰选。要从文化安全的基本概念、要素、变量出发，选择若干状态参数进行分析，从不同的价值准则来对同一文化事件的安全性进行判断，避免片面性。目前亟须制定的战略策略包括全面的主动对外文化战略，大胆吸收西方文明精华的同时，减轻西方文化霸权的压力；充分开发和利用我们的民族文化资源，积极发展文化产业；发扬我国优秀文化传统，增强中华文化凝聚力。全球化是一个多元多极的过程，世界面临多样的、不同的选择。我们在制定战略、策略时，必须超越西化和民族化的二元对立，树立以国家利益为最高利益的观念，从国家文化主权的高度来认识和处理问题。在文化发展战略选择上，当遇到中央与地方、地方与地方、国家与集体、政府与个人的矛盾时，应以国家最高利益为着眼点。对国家利益的信仰，是国家文化安全保持对内及对外安全的基本前提。

第二，在平等、正义和互惠原则基础上建立与国家间文化的平等交流、互动与合作的机制。在文化全球化进程中，由于人的神圣性和普遍性以及人类对文化倾向性的意识和认可，意味着各国会超越地域、民族、国家及政治制度的局限而形成广泛的文化认同。从安全关系的本质上讲，它又具有互动效应，单方的文化强权与霸权，或者说单一方实现的安全，不可能是长久稳定的安全。因而，在平等、正义和互惠原则基础上建立与维护国家间文化的平等交流、互动与合作是维护国家文化安全的有利途径。在这个多元多极的世界里，各国也只有在平等、正义和互惠原则基础上进行国家间文化的平等交流、互动与合作，才能共同致力于一种非暴力、尊重生命的文化、一种休戚与共、有公正经济秩序的文化、一种相互宽容、充满诚信精神的文化。在平等、正义和互惠原则基础上建立与国家间文化的平等交流、互动与合作的机制，要坚持以文化整合为着眼点，强调把各种分散的、孤立的、甚至冲突的文化价值力量融合为一种凝结着人类整体利益，整体价值理想的力量，从而使人类的文化实践行为充溢着一种健康自觉的人文精神关怀。要本着有所为有所不为的原则，在牢牢掌握文化主权的前提下，通过建立健全的国际国内法律体系，有选择、有步骤、积极适度地开展国际间的文化交流与合作。"适度准入"是我们在引进文化过程中所必须坚持的方针，它是时间与空间相结合的政策策略。要对这一政策不断加以科学完善，在对他国文化进行融汇、升华的过程中，创造出新的、现代的、先进的民族文化，使中华文化承前启后、不断发展成为有生命力、有个性、世界性的文化。

第三，建立高效的国家文化安全预警系统。建立文化安全预警机制，要在深入分析我国文化安全现状、文化产业基本国情、国际文化市场、文化商品的流动趋势等的基础上，把可能对我国传统文化及文化产业造成生存与发展威胁的因素和力量，牢牢控制在安全警戒线以下，更好地实现维护我国国家文化安全的目标。通过对国际市场文化商品的流动趋势及其以各种渠道影响和进入我国文化领域可能导致对我国文化产业、文化市场发展及在意识形态领域构成的威胁和不良趋势的分析，诉诸相应的国家机制，运用法律的、行政的、市场的和经济的及其他文化安全管理手段，及时准确地作出预告性和警示性反应，认真严肃地识别和鉴别尚未跨入国门和已经部分引进的西方文化，吸纳和进口符合我们文化利益的和有助于我们文化产业发展的产品，对那些可能危及中国国家文化安全和文化产业发展的，坚决拒绝和抵制，以减小或避免对我国市场产生的消极影响及对我国文化利益的损害。要把构筑国家文化安全管理系统和预警机制纳入法制化轨道，在建立过程中引入竞争机制，在以积极态度抵御外部文化侵略的同时，确保我们的国际文化权利，从而弘扬我们的民族文化事业，锤炼我国文化的民族属性。

随着信息技术手段在维护国家安全中的广泛应用，各种安全逐渐交叉渗透，为维护国家安全而采用的文化手段本身的安全成为文化安全的重要内容。建立文化安全预警系统要充分考虑这一因素。例如，随着恐怖组织和恐怖势力在世界范围内的蔓延，研究、制定有效的反恐预警系统成为世界各国建立国家文化安全预警系统的突出重要的组成部分。反恐预警系统的建立要在组织起专门机构和人员的基础上，按照立法程序制定专门规划，对立法、科研、经费、实施等各个环节做相应的战略部署。要在科技反恐的重点研究领域加大投入，突出协同作战和力量集成。通过对反恐斗争的协调和重点部署，对特别重点领域进行科研力量的重组，充分发挥现有科技资源的作用。在对致病性微生物和毒管理、对识别、监测生化袭击、危险化学品应急决策系统、信息安全和通信监测技术、放射性物品、常规爆炸物及其他危险品的高级检测、安全体系及应急预案研究和检测技术及标准体系研究等方面加大科研投入力度，使设备、设施与器材适应反恐斗争需要。同时，要不断加强反恐国际合作，建立有效的国际联合反恐安全合作机制。

3. 在文化产业、技术创新与高等教育国际化等具体实施国家文化安全的领域做好应对

在国家文化安全的具体实施领域，文化产业发展、技术创新和高等教育国际化是具有代表性和威慑力的部分，在这些领域做好文化安全的应对决定当前我国国家文化安全现状与发展趋势，具有重要的战略意义。

首先是在文化产业领域。按照联合国教科文组织的界定，文化产业是指"按照工业标准，生产、再生产、储存以及分配文化产品和服务的一系列活动"。这一界定概括了文化产业的两个基本属性：文化的属性和产业的属性。从文化产业的概念来看，它源于阿多诺和霍克海默在《启蒙的辩证法》中提到的"文化工业"概念，这一概念本身是对文化产业的否定性批判。①本雅明（Walter Benjamin）从艺术和技术进步为民主和解放提供机会的前提出发对文化产业的开始持有积极的认同态度。马克拉伯（Machlup）则基于信息技术对国民经济的贡献，提出"知识工业"的概念。日下公人认为文化产业就是创造某种文化，销售这种文化和文化符号，并将文化产业划分为生产与销售的文化产品的行业，以劳务形式出现的文化服务行业以及向其他商品和行业提供文化附加值的产业等。②1998年，英国政府提出"创意产业"（creative industries）概念，特指从个体的创造性、个体技艺和才能中获取发展动力的企业，以及那些通过对知识产权的开发可创造潜在财富和就业机会的活动。③托斯则认为，文化产业包括音乐、唱片、电视、旅游、电影等视觉形式的艺术表现，文化内容的创造、发展、保存和传播，以及为促进和推动上述各项活动而开展的相关创造性活动。④

我国理论界在1996年"首都文化发展战略研讨会"上首次提到"文化产业"的概念。2002年张晓明、胡惠林等所著《文化蓝皮书》明确了文化产业的性质是在产品性质上向消费者提供精神产品或服务的行业；在经济过程性质上是按照工业标准生产、再生产、储存以及分配文化产品和服务的一系列活动，整个过程奠定在知识产权之上。而国家统计局2004年在《文化及相关产业分类》中将文化产业界定为社会公众提供文化、娱乐产品和服务的活动，以及与

---

① T. Adorno, M. Horkheimer, The Cultural Industry: Enlightenment as Mass Deception, London: Edward Arnold, 1977, p.139.

② 参见〔日〕日下公人《新文化产业论》，东方出版社1989年版，第12页。

③ DCMS, Creative Industries Task Force Mapping Documents, background, 2001, p.56.

④ 见www.Tasmaniatogether.tas.gov.au.

这些活动有关联的活动的集合。并将文化产业划分为核心层、外围层和相关层。核心层包括书报刊、音像制品、电子出版物、广播、电影、文艺表演、文物及文化保护、博物馆、文化社团等，外围层包括互联网、旅行社服务、景区文化服务、网吧、文化产品租赁和拍卖、广告、会展服务等，相关层是提供文化、娱乐产品所必需的设备、材料的生产和销售活动。[①]

文化产业作为生产文化产品和提供文化服务的行业，是以满足人们精神需求为目标的产业属性和文化属性的统一体。其产业性是指文化产品和服务通过对文化符号的大量复制而生产出来，并通过市场营销来进行文化传播；而文化属性是指文化产业要担负文化传播和文化发展的功能。这两种不同属性赋予文化产业与其他商业行业相比更多的精神内涵，使因文化产业而带来的文化安全问题成为一个重要的命题。

第二，是在技术创新领域。现代技术变革带来的传播手段的革新对目前的社会变迁是至关重要的，甚至成了变迁的原动力。这里的技术主要指现代信息技术。[②]文化安全问题的产生与现代技术进步有着密切的关系。现代通信及国际互联网设施的建立，使得国际文化交流能力、强度、总量、速度都大大地增强，文化产业集团在世界各国的经营活动，也拓展了国家间的文化交流与传播。但由于各国在技术发展领域的不同步性，信息的占有和传播也是不平等的。以技术发展为传播载体的文化互动相应地呈现了单向性特征，西方发达国家在文化信息的传播中占据了主导地位，而发展中国家则处于被动的局面。

并且，信息社会已经在经济方面产生了深远的影响，越是参与全球化进程领域广泛的国家，受益于信息社会的成果就越多，同时，所面临的信息安全问题也越严重。从当前的情况来看，信息不对称对很多国家的安全构成了威胁。通过信息技术破坏或危害一国的国家安全已经屡见不鲜。信息安全与文化安全有着紧密的关系，信息背后必须以文化作支撑，信息是文化的表现。就二者的关系来说，从微观的视角，信息技术安全是文化安全的重要内容；从宏观

---

① 参见国家统计局《文化及相关产业分类》2004年国统字24号。
② 本章中的技术创新所指的技术均指信息技术。

的角度，信息技术安全是文化安全的保障。本书从信息通信技术与网络文化两个层面来分析现代技术创新对我国国家文化安全的影响。

第三，是在高等教育领域。全球化进程中的中国，有一个不可忽视的现象，就是知识分子实际上充当了从西方带来新兴思想的"信使"，而大学校园成为这些新兴思想的重要传播阵地。在我国国内，从20世纪70年代末开始出现并逐渐盛行这样的现象：越来越多的知识精英赴欧美国家求学，取得高级学位后回国在各个领域从事工作，而本土的学者也大批地到欧美发达国家的大学进修，这些人成了西方价值标准在中国的本地化者。这种文化现象就是前面所述及的所谓"大学教师文化"。如今，这些通过国内外高等教育的互动交流而培养的人才在国内的学术、商业、社会服务、传媒及其他文化性设施中发挥着骨干作用，在他们的整个工作领域"扩散"他们从海外学到的东西。包括通过在课堂上讲授或在报纸上、杂志上发表文章论述、在工作中执行这些主张和思想，还把重要的著作翻译成中文。这种反向的人才流动和文化背景实际上是实现了两个进程，一是使中国的大学教育更加靠近"世界知识分子文化"[1]，呈现出"大学教师俱乐部国际"[2]的特征；一是使文学、社会科学与社会运动方面的西方思想与论述本地化。这对全球化进程中的中国高等教育的发展产生了较为深刻的影响，事实上是加速了高等教育国际化的进程。

对任何一个现代国家—民族而言，本土精神的延续和传统文化的继承主要是通过国民教育体系和媒介宣传两大渠道完成的。现代国民教育体系更是每个追求现代化的国家、团体和个人都从中受惠的社会管理机制之一。无论是关系政府合法性的政治意识形态，还是关系每个公民个体生活质量的职业设计和精神发展，教育领域对一个国家和民族的文化安全而言，都是根本保障和基础设施。高等教育也是一个国家精英教育的阵地，决定着一个国家教育水平的高低与国民素质教育的成败，对国家的文化安全具有重大意义。在这里，我们从

---

① 〔美〕塞缪尔·亨廷顿、彼得·伯杰主编，康敬贻译：《全球化的文化动力：当今世界的文化多样性》，新华出版社2004年版，第38页。

② 〔美〕塞缪尔·亨廷顿、彼得·伯杰主编，康敬贻译：《全球化的文化动力：当今世界的文化多样性》，新华出版社2004年版，第35页。

高等教育国际化与国家文化安全、高等教育国际化与国家教育主权两个方面来述及当前高等教育对我国国家文化安全的影响。

以上三个方面是我国国家文化安全的具体领域，也是我们需要在实践中探索的重要问题，下面我们将对此进行重点阐述。

第三节　我国国家文化安全具体领域面临的问题及对策

在国家文化安全的具体实施领域，文化产业发展、技术创新和高等教育国际化是具有代表性和威慑力的部分，在这些领域做好文化安全的机制与措施应对决定当前我国国家文化安全状态及其发展趋势，具有重要的战略意义。

一、文化产业发展与当代中国国家文化安全

从中西方的概念来看，各国历史传统与文化背景不同，文化产业实际现状不同以及各国对文化产业重要性认识的不同等都会导致对文化产业概念理解的差异。但这种差异性没能脱离和超越文化产业的两种属性，不会影响对文化产业的基本界定及其在国家文化事业发展中的定位。

1.文化产业发展与我国国家文化安全的关系

"发展文化产业是文化战略创新的产物，是当前中国文化战略发展最重要的形态和最重要的战略思想。"①文化产业化是全球化进程中文化发展的必然结果，也是当代中国文化发展的必然选择。当文化的有效传播离开文化产业的具体形态而无法实现的时候，文化产业发展的现代化程度、强大程度和成熟程度就成为一国文化安全状况的重要标识。就目前来讲，文化产业发展与我国国家文化安全的关系主要体现为相斥、相需和互为实现三个层面。

一是相斥层面。文化产业及其产品是文化传播的载体，它产生的是特殊商品。如前所述，我国文化产业至今已经取得了一定的发展，但从整体上讲，我国文化产业的发展处于起步、探索、培育的初期阶段，发展不足、机制不完

---

① 胡惠林等主编：《文化战略与管理》第一卷，上海人民出版社2010年版，第10页。

善，总量规模小、竞争力差、文化产品缺乏创意和本土特色①。与此相反，西方发达国家正在凭借着它们已经积累起来的强大的文化资本实力和成功的市场运作经验，占领我国文化市场。这种鲜明的反差，使中国在激烈的国际竞争中很难抵挡外国文化产品和文化资本的冲击。"入世"后，对中国文化市场觊觎已久的大型跨国公司垄断的国际传媒娱乐业更是"志在必得"，使得我国文化产业在与外来文化的竞争中处于十分不利的境地。伴随着国外文化产品的大量进入，种种西方价值观在不知不觉中的植入，极大地冲击了我们原有的价值观和社会构成。这样的冲击已经构成了对国家文化安全的巨大威胁。从这个意义上来说，文化产业的发展与国家文化安全处于相互排斥的状态。

文化产业由于其经济属性和意识形态的双重属性定位而颇具复杂性。一方面就其经济属性来说，文化产业是由资本形态和产业形态杂交的生产力形态，其本质要求在扩大规模的基础上获取更多的经济效益。从这一属性来说它的发展需要广阔的空间领域，要求淡化意识形态的内容而以开放的姿态融入市场的竞争大潮之中。但是，其在市场条件下对利润追求至上的本性带来的资本扩张为具有消费性、娱乐性的大众文化所构成的亚文化意识形态（较之主流文化意识形态而言）的发展就提供了广阔的空间，使亚文化意识形态在大众社会中所占比例愈来愈大，从而打破了主流意识形态一统天下的局面，这就意味着在无形中构成对文化安全的挑战。另一方面就其意识形态属性来说，文化产业的发展要受主流意识形态的影响，而主流意识形态下的大众文化趋同现象使得文化产业发展的多样性受到限制，文化产业的发展必然会受到制约。

文化产业发展现状直接或者间接导致的文化安全问题具体反映在文化产业的几个层面。一方面，文化产业的从业行业遭受文化不安全因素入侵。在影视业方面，按照WTO的规定，美国以影视为主的文化领域，诸如电影，电视、有线电台等可以大规模进入我国，而录像带与电影放映服务、录音服务等又成为影响我国文化安全的潜在因素。在出版业方面，我国出版业长期存在的

---

① 参见王庚年：《中国文化产业发展的障碍及对策》，载《中国广播电视学刊》2006年第3期。

严重的贸易逆差导致了外来文化的大量合法"入侵"而自身却无力做出反"入侵"，作为出版物载体的语言文字的纯洁性和传统的价值观受到强势文化的威胁。在广播业方面，西方国家引领现代广播业的潮头，大面积影响我国民众视听，迫使我国民众接受西方强势文化，对我国的民族精神、社会主义价值观构成了严峻挑战。另一方面，文化产业的不断拓展扩大了文化不安全因素。仅以网络文化产业为例：就内部而言，网络信息泛滥和腐朽落后文化的传播以及严重的网络恶搞曲解了我国优秀的传统价值观、损坏了我国人民的精神面貌；而此方面法律法规的不完善致使许多新兴网络产业的管理存在法律空白，于是其"负效应"更加彰显无疑，如网吧带来的负效益就是一个典型。就外部来说，西方发达国家凭借强大的互联网资源，进行具有浓厚的意识形态色彩的文化渗透和扩张；凭借其主导的信息技术霸权对我国实行信息技术控制、信息资源渗透和信息产品倾销，借助大众文化和消费至上主义文化冲击我国的文化体系；而且国外网络信息集团也开始抢占我国网络市场争夺受众、用户和广告业务，例如"端午节.CN"这一域名就被韩国企业抢先注册，侵害了我国的传统文化利益……上述诸问题都是文化产业发展过程中由于实力弱小或自身状况引发的问题，已经严重地威胁了我国的文化安全。

当文化的产业化问题上升到国家安全层面，就会形成很多因意识形态问题而形成的保护壁垒。而这一壁垒的生成又在很大程度上抑制了文化产业的发展进程。如中国社会科学院文化研究中心组织编写的《文化蓝皮书：中国文化产业发展报告（2015—2016）》所指出的："反思近年来我国在实施'文化走出去'战略时出现的问题，基本上可以归结为'以内宣模式做外宣'的结果，因此现在需要做的是'以外宣创新倒逼内宣改革'，这就要进一步深化文化体制改革。"[①]从这里可以看出，我国现阶段的文化产业发展与国家文化安全有相互排斥的方面。

二是相需层面。国家文化安全反映国家政治、经济生活的文化免于外部

---

① 中国社会科学院文化研究中心组织编：《文化蓝皮书：中国文化产业发展报告（2015—2016）》，社会科学文献出版社2016年版，第14页。

威胁、侵害与内部的混乱、失序，保持本民族文化的独立、生存和发展，在世界文化交流与融合中保持强大的民族精神动力。它的前提是独立，其短期目标是生存，长期目标是发展，且是由具体的现实保障为条件的。它根本的任务与目标是保障国家文化的独立性，并通过维护使中华优秀文化在世界文化之林得到传承与发扬。从当今的国际国内环境来看，国家文化安全的内部目标应是建立主流文化意识形态的绝对合法地位和统治地位，并通过现代文化传媒手段来实现；外部目标是要通过增强文化要素的竞争力来抵制西方有害文化的入侵、维持一个较高的文化安全系数。在全球化背景下这两个目标的实现都需要借助文化产业，也就是说，一切关于思想文化、价值观念的有效传播和意识形态建设方面的文化安全必须借助文化产业的具体形态作为载体来进行。如新闻报刊，图书出版，影视演出等作为弘扬我国传统文化、宣传文化瑰宝和倡导坚持主流文化价值体系的载体，已经得到人民大众的普遍接受。同时，文化越是面向市场，越是发展壮大文化产业，国家就越能把财政和精力面向需要政府和社会资助的文化事业上来，就越能够保护那些原创性的科学研究和文艺创作，使精英文化得到滋润和涵养，也使广大民众具有更多文化消费的自由和选择权，从而使中华优秀文化得到更好的传扬。从以上两个方面来看，国家文化安全与文化产业发展又是相需相承的。文化产业竞争力和整体实力的提升毫无疑问将是提高文化安全系数的经济保障和国家文化安全预警系统的后台支持，有利于提高我国宣传主流意识形态、维护国家文化安全的能力。可见，发展文化产业与维护主流意识形态为价值取向的文化安全在本质上又是相互需要、相互促进的。

发展文化产业是维护国家文化安全、增强国家整体实力的迫切需要。当今世界日趋激烈的综合国力竞争，越来越突出地表现在知识力量和文化力量的竞争。蓬勃发展、潜力巨大的文化产业是当代及未来综合国力的重要组成部分，其竞争力的强弱直接关系到国家整体实力的高低。近几年来，随着经济全球化和我国加入WTO，我们面临着激烈的国际文化竞争。少数西方发达国家凭借其雄厚的资本实力、强大的文化传播优势和丰富的市场运作经验，借助现代市场机制和高新科技手段，将大量的精神文化产品输入中国，在获得巨大的商业利润的同时，对我国进行文化的扩张和渗透，抢占、争夺我国的文化市场、文化资源和文化阵地，严重威胁了我国的文化主权和文化安全。面对来自文化的严峻挑战，我们必须当以文化的手段来应对，要以强大的文化产业为依托实施"走出去"发展战略，赢得国际文化竞争中的主动权。

并且，文化产业化的条件下，各种文化只有在市场的公平竞争中才能达到有序、和谐。市场的公平竞争环境需要的是一个文化安全的产业背景，因为：原先那种等级性的封闭的文化格局被市场原则消解，主流文化、精英文化与大众文化的关系不再是泾渭分明的等级分布，在市场中遵循游戏规则形成平行并列关系，各种文化想要生存必须依靠自身的力量遵循新的游戏规则，在赢得消费者的同时弘扬文化理想。这种文化理想与国家文化安全的内、外部目标是相一致的。

三是互为实现层面。改革开放以来，中国经济令世人瞩目，亟待拓展与之相匹配的文化魅力和影响。有数据表明，目前美欧占据世界文化市场总额的77％，在亚洲、南太平洋国家19％的份额中，日本和澳大利亚各占10％和5％。而且日本是在20世纪90年代经济不景气的时期大力推出日本文化的。而中国的份额很小，仅占3％。在这种世界文化产业格局下，中国文化如何走向世界，如何发挥自己的文化影响？[①]论实力，中国的GDP总量世界第二，但文化发展观念和文化产业发展现状却还很落后。随着经济的崛起，中国的文化产业应该在推进自己的文化、价值观和生活方式方面有更多的作为。

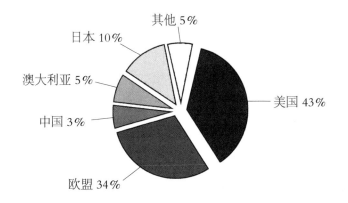

___

① 数据来源：《中国青年报》2011年02月19日。

文化输出又是国家文化安全的重要组成部分。从世界范围来看，战后美国文化强势进入欧洲。欧洲文化没有被动地全盘接受美国文化，以法国为代表，法国、德国、加拿大等国家一直致力于维护本国、本民族的文化，在国际上形成了以WTO（世界贸易组织）和UNESCO（联合国教科文组织）为平台的两大文化阵营。1984年美国退出联合国教科文组织说明，世界在政治上形成了以北大西洋公约组织和以联合国为代表的两大政治阵营，而WTO和UNESCO则是其在文化上的具体表现。文化的多样性必须通过持续不断的文化创新和文化输出才能保证，而只有为世界文化所容纳和接受的文化才是安全的文化。文化产业是保持文化创新和文化输出的重要方式，但文化产业不是文化发展的目的，文化产业是文化输出的有力保证，是实现文化安全的重要基础。

中华文化博大精深，源远流长，具有丰厚的文化资源。在广袤的土地上原生、历经至少五千年而不衰、并不断发展壮大的中华文化植根于世界1/5以上的人口之中，具有独特的巨大优势。不断壮大的经济实力、良好的外部环境和高度发达的现代化科学技术，为我国文化产业快速发展提供了强大的经济基础、开放的外部条件和充分的技术手段。只有大力发展文化产业，扩大我国文化产品和服务的出口份额，缩小文化贸易逆差，扩大国际市场占有率，中华文化才能凭借自身的潜力、实力和魅力立足于世界文化舞台，赢得自身的世界文化地位。我们应当针对新的形势，及时调整策略，立足于我国丰厚的文化资源，充分开发我国广阔的文化市场，并将资源优势和市场优势转化为产业优势和竞争优势，让我国从文化资源大国走向文化产业大国，从文化市场大国走向文化生产大国。也就是说，按照文化产品属性，使文化在国际文化市场抢占一席之地，不断扩大中华文化在世界的影响。文化面向市场，不单单指经营性文化走产业化之路，公益性文化事业的繁荣也同样离不开市场，也要在市场中找到自身的适当位置和生长点。

世界文化产业巨头面对中国的巨大市场，无不力求在迅速发展的中国信息经济市场中占据尽可能多的份额。在激烈的竞争过程中对我国本地传媒和文化构成了威胁。正是媒体产品的文化性，使得跨国媒体企业有可能对我国的文化产生侵蚀作用，即以加入WTO为"契机"，在大量输出"文化产品"的同时在价值观上进行"强制认同"。文化产业化为不同价值观念的传播提供了适宜的环境。西方发达国家凭借其经济、军事和科技方面的强大优势把非西方国家强行纳入其价值体系。以美国为首的西方国家十分重视文化产品的生产与输出，力求使之成为加强人员接触与交流思想和价值观的基本渠道。他们加大对文化产业的投入，以强化本国文化的扩张力和吸引力。近几年来，美国最大宗的出口产品是以电影、电视节目、电脑软件和书籍为主要商品的文化产品。这些文化产品不仅为美国带来了高额利润，而且成为其对外思想宣传的强大工具。当这种文化产业的不平衡不断扩大，威胁了文化安全和国家安全，就引发了文化"政治化"的问题。正如墨西哥教授R.斯塔温黑根所说的："它们并不完全是文化冲突，而是在文化问题上的政治冲突。社会在其民众中解决文化差异的方式也许会非常政治化，而且这些问题往往是在政治层面得到解决。"[①]

我们看到，美国的文化控制和文化传播，从饮食文化到视觉文化到办公文化，从各个方面改变着人们的思维方式。从文化产业来说，这是美国文化产业成功的体现；从文化安全的角度，也是美国文化作为强势文化的体现。可见，文化产业与文化安全是互为实现的。

2.我国文化产业及政策的发展趋势

改革开放给我国的文化产业发展带来新的起点与契机。至今，我国文化产业发展可以分为三个阶段。

第一阶段（1978～1992），兴起阶段。这一阶段文化还没有被赋予"产业"地位。广义的文化产业实际上也没有出现，只是与意识形态关系不密切的个别行业出现了产业化的苗头，包括大众娱乐业、广告业、文化硬件制造业。体制内文化事业单位出现了"以文补文"活动：体制内一些文化事业单位迫于生存，展开了生产自救，或利用其文化资源举办主业以外的各种生产、经营活

[①] 〔墨西哥〕R.斯塔温黑根：《文化权利：社会科学的视角》，载〔挪〕A.艾德等著，黄列译《经济、社会和文化的权利》，中国社会科学出版社2003出版，第103页。

动，以获取收益，缓解经费不足的矛盾，提高职工福利待遇。80年代中期后，各种文化娱乐场所如雨后春笋般地出现。在这一时期，产业化的浪潮主要局限在文化制造业和文化服务业领域，出现了各种形式的以营利为宗旨的文化企业和广告公司。从20世纪80年代中后期开始，国家分期分批减少对媒介事业经费的投入，逐步结束了这些单位吃"皇粮"的历史，也极大地催生了广播、电视、报纸等领域中的非核心业务（主要是广告业务和发行业务）的市场化、产业化进程。

第二阶段（1993～2002），全面扩张阶段。这一时期，我国确立了建立市场经济体制改革目标。在这个宏观背景下，中国文化体制改革的步伐明显加快，开始从"直接管理"向"间接管理"、从"办文化"向"管文化"、从"小文化"向"大文化"转变。1998年，我国提出在三年内取消包括电视台在内的部分事业单位的政府财政拨款，明确要求电视台等事业单位在3年内全部实行自收自支，广播电视事业和报业完全被推入市场。2000年10月，中共第十五届五中全会通过的《中共中央关于制定国民经济和社会发展第十个五年计划的建议》，其中第一次在中央正式文件里提出了"文化产业"和"文化产业政策"的概念。这两个概念的提出，标志着我国政府开始有意识地运用产业政策推动文化产业发展，这是具有重要意义的。

第三阶段（2003年以来），繁荣发展阶段。随着中国加入世界贸易组织和国际文化竞争的日益加剧，文化产业的战略地位得以真正确立。2003年，党的十六届三中全会通过《完善社会主义市场经济体制若干问题的决定》，使文化产业的战略地位得到了进一步确认，国家开始将文化产业列入国民经济的重要产业，纳入国民经济发展总体规划。据国家统计局测算，2003年，我国文化及相关产业有从业人员1274万人，占城镇从业人员的5.0%，实现增加值35.77亿元，占GDP的3.1%。其中直接从事文化活动的文化服务各行业共有从业人员645万，占城镇从业人员的2.5%，实现增加值1718亿元，占GDP的1.5%。从就业总量而言，文化服务业就业人员规模已经高于"批发和零售业"。文化系统的文化产业也已初步形成了演出业、影视业、音像业、文化娱乐业、文化旅游业、网络文化业、图书报刊业、文物和艺术品业以及艺术培训业等比较完整的行业门类。截至2003年底，据不完全统计，文化部门主管的文化娱乐业、音像分销业、演出经纪与代理业、艺术品经营等门类的产业单位共有34.9万个，从业人员近166.97万人，创增加值近307亿元。2005年，中国文化产品的消费能力达到6000亿元。我国文化系统的文化产业已初具规模，产业门类比较齐全，文化产业的总体实力大大增强。

与文化产业的发展阶段相适应，20世纪80年代以来我国文化产业政策的发展也大体可以分为三个阶段。

第一阶段：文化产业兴起，文化产业政策以管制为基调。这一阶段文化还没有产业化，也就没有所谓的"产业政策"。但针对个别行业发展中存在的问题而提出的政策要求不时出台。首先值得一提的是体制内文化事业单位的"以文补文"活动。在1984年的天津会议上，文化部、财政部才正式承认"以文补文"活动的合法性，从政策上给予了支持。这是国家对待文化经营活动在政策上的初步松动。20世纪80年代中期后，为了管理新出现的文化娱乐场所，促使它们健康发展，国家出台了若干政策。如1987年文化部、公安部、国家工商行政管理局发布了《关于改进舞会管理的通知》。1982年国务院颁布了《广告管理暂行条例》以规范广告业的健康发展。另外，从20世纪80年代中后期开始，对媒体事业单位逐渐实行"独立核算、自负盈亏、照章纳税、财政不予补贴"的政策，开始了这些单位产业化的进程。

第二阶段：文化产业的全面扩张阶段，国家文化业政策以规范为主要基调。这一时期，出台了一系列指导文化体制改革的政策措施。电影发行权、制片权进一步放开，发行放映开始实行"院线制"，引进片的发行垄断陆续打破。二是出台了比较系统的发展文化事业的经济政策。在1991年的《文化部关于文化事业若干经济政策意见的报告》基础上，1996国务院出台了《国务院关于进一步完善文化经济政策的若干规定》，2000年国务院又颁布了《关于支持文化事业发展若干经济政策的通知》，比较系统地制定了鼓励我国文化产业发展的财政、税收和金融政策，极大调动了各方面发展文化产业的积极性。三是高度重视法治建设，大力推进依法管理。《著作权法》《广播电视管理条例》《电影管理条例》《出版管理条例》《音像制品管理条例》《印刷管理条例》等都在这一阶段颁布。这一阶段还有一个标志性的事件，2000年10月，中共第十五届五中全会通过的《中共中央关于制定国民经济和社会发展第十个五年计划的建议》，其中第一次在中央正式文件里提出了"文化产业"和"文化产业政策"，要求完善文化产业政策，加强文化市场建设和管理，推动文化产业发展。

　　第三阶段：文化产业的繁荣与发展阶段，文化产业的政策以鼓励为主要基调。2003年6月在北京召开了全国文化体制改革试点工作会议，按照党的十六大关于深化文化体制改革的要求，专门研究部署文化体制改革试点工作。为制定文化体制改革总体方案、推动文化体制改革做准备。这一阶段文化产业政策实践内容，一是出台了一系列规范新兴文化产业如互联网的发展的政策；二是重点出台了旨在鼓励非公有制资本参与文化产业发展的产业的准入政策。继2005年初国务院下发《关于鼓励支持和引导个体私营等非公有制经济发展的若干意见》之后，国务院《关于非公有资本进入文化产业的若干决定》也已经公布，使得非公有制资本进入文化产业既有理论依据，也有现实依据和法律依据。与此同时，文化部、广电总局、新闻出版总署制定了具体实施办法，明确了国家鼓励、允许、限制和禁止投资的产业目录；三是出台了文化产品和服务进出口的政策。主要包括《关于加强文化产品进口管理的办法》（中宣发〔2005〕15号）和《关于进一步加强和改进文化产品和服务出口工作的意见》（中办发〔2005〕20号）；四是出台了支持文化单位改制的有关经济政策，即《关于文化体制改革中经营性文化事业单位转制为企业的若干税收政策问题的通知》（财税〔2005〕1号）和《关于文化体制改革试点中支持文化产业发展若干税收政策问题的通知》（财税〔2005〕2号），为文化单位改制提供了政策支持。

　　可以看出，三十年来，我国文化产业政策的实践走过了从不自觉到自觉、从被动到主动、从个别到系统的发展过程，政府经历了从管制、规范到鼓励的政策调整过程。

　　特别是十八届三中全会以后，融入实体经济成为我国文化产业的一个突出发展动向。2014年3月出台的《国务院关于推进文化创意和设计服务与相关产业融合发展的若干意见》是一个新的开端，该文件对推进文化创意和设计服务发展、促进其与实体经济深度融合进行了系统部署，明确了文化创意和设计服务与装备制造业、消费品工业、建筑业、信息业、旅游业、农业和体育产业融合发展的重点任务，并提出了一系列具体政策措施。我国文化产业的创新创意创业作用已经越来越显示在经济社会生活的各个方面，走上了与市场经济先行国家同样的常态化道路[①]。

3.从文化产业发展的视角维护国家文化安全路径

进入全球化时代，世界各国都在寻求文化产业发展与维护国家文化安全的契合，并把此作为本国文化产业政策的导向。美国对文化产业的管理代表了文化产业政策的一个方向，即强调文化产业的商业属性和市场对于文化发展的自动调节作用。而从本国的文化安全立场出发，文化产业不仅仅考虑商业利润，不仅仅服从于市场，已经取得更多国家的认同。如法国和加拿大，政府强调文化产业中"文化"属性，对于文化产业采取了"文化例外"的原则。政府的投入不仅用于公共文化事业领域，也扩大到了文化产业领域。面对文化市场巨大的商业利益和文化的作为软权力的强"渗透力"，中国应该采取什么样的文化产业政策以寻求文化产业发展与维护国家文化安全的契合点，也是自有文化产业制度以来政府部门和一些非政府机构一直探寻的目标。

一是建立现代文化产业制度。中国的文化产业是世界文化产业的一部分，企业的自由市场竞争应当放到国际市场的背景下。我们暂且不去确认全球文化是否是一种特定的文化模式，我国的文化产业必须与国际接轨，这在本质上是适应经济全球一体化的需要，是企业与市场的接轨。中国的文化产业是在政策垄断的呵护中成长起来的，浓厚的行政色彩、复杂的制度设计和较差的经济效益，成为中国文化产业发展的重症。当前，规范文化产业发展和应对国际挑战不应当成为建立现代文化产业制度的借口，而应成为解除文化产业领域不良机制的重要理由。特别是从国家战略利益的角度来看，只有改变不合理的文化产

---

① 中国社会科学院文化研究中心编：《文化蓝皮书：中国文化产业发展报告（2015—2016）》，社会科学文献出版社2016年版。

业政策，建立起企业充分竞争与国家管制相结合的文化产业市场，才能促进文化产业的发展和国家文化竞争力的形成，真正保证国家文化安全和国家利益不受损害。

首先，改变管理体制，政府应尽快实行从办文化到管文化，从行政管理为主到法制管理为主的转型。政府部门应逐步退出对文化产业的计划行政式管理，改为以法律、经济等间接方式为调控的主要手段，工作重点从微观的具体操作转向宏观的产业规划和调控。鼓励规模化经营和专业化协作，以促进资产、人才、技术等要素的合理组合，形成优秀人才、高新技术、名牌产品、高效益经营单位为一体，以资产为纽带，跨地区、跨部门、跨所有制乃至跨国经营的大型文化企业集团。同时，还要注重培养高素质的文化经营队伍作为保障。发展文化产业，需要有一大批高素质的文化创作、生产和经营人才。这些人才不仅需要对文化和经济、管理有相当的造诣，更需要对文化产业这一特殊产业类型的特点、发展脉络有自己的理解，同时对文化产业下的不同行业领域也要有深刻的认识，在与消费者的互动中，不断产生优秀的创意，真正把文化产业变成一种以创意为中心的经济。

第二，加大政策倾斜，坚持集团化产业化发展与中小企业利益兼顾的原则。我国由于文化产业起步晚，文化企业虽然数量很多，但大企业、大集团比较少，现有的企业集团也缺乏竞争力。因此，中国把培育有竞争力的文化企业集团作为文化产业政策的重点，是从中国文化产业发展的实际状况出发的。同时我们也应看到，中小企业机制灵活，成本低，在提供文化产品和服务中，发挥着不可替代的重要作用。并且一些中小企业经营着文化特色的部分，需要从文化保护的角度加以鼓励。中小企业往往是市场竞争的弱者，如何发挥他们的活力是政府在政策上应给予倾斜的。

第三，调整产业结构，建立全国统一、开放、竞争、有序的文化市场体系。目前，我国文化产业的各个行业都组建了一些企业集团。从运行情况来看，大部分还没有发挥应有的作用，一个重要原因是市场环境还不成熟，尚未形成有利于企业发展的统一、开放、竞争、有序的文化市场体系。一个突出问题是条块分割，市场竞争不足。要创造有利于企业集团发展的市场环境，就要打破行业壁垒，实行文化产业的跨行业经营。应通过调整产业结构，整合文化产业的各具体产业，整合文化产业与相关产业，形成产业链，以此带动整个产业的发展。与此同时，还要打破地区封锁，促进文化产业的跨地区经营。应改变目前按照行政区划组建企业集团的做法，转为以文化资源为基础，以资本为纽带，组建企业集团，真正实行文化企业集团的市场化运作和规模化经营。

第四，建立合理机制、完善文化企业治理结构。企业是市场竞争的主体，在文化产业竞争中处于至关重要的地位。因此，应把提高文化企业竞争力作为发展我国文化产业的着眼点。要鼓励各类企业平等竞争。允许文化企业的多种经营形式，让各类企业平等竞争、优胜劣汰。建立有利于企业内部竞争的机制。现有国有文化企业应以股份制为主要形式，按照现代企业制度的运营机制、组织结构，真正做到自主经营、自负盈亏、自我发展，建立和完善文化企业的治理结构，不断增强自己的市场竞争力。此外，要善于引进先进的营销理念和营销方式，制定科学的发展战略，提高企业竞争力。

二是正确区分文化产业与文化产权。当属于民族的文化遗产在全人类共享的名义下输出文化价值时，其所潜在的经济价值也会同时被夹裹而去。这已经成为文化产品在全球扩张中的现实。假文化产业之名侵犯别国文化产权的行为已经不是个案。最典型的例子是好莱坞对中国古典文学名篇《花木兰》的改编，中国的民族文化遗产就这样轻易地被好莱坞转化为自己的文化，并在全球范围内轻易地收取经济上的丰厚利润。好莱坞把《孙子兵法》《天仙配》《成吉思汗》《西游记》等中国的文化遗产列入拍摄计划，这样，中国的文化资源正越来越面临大量流失的危险。在文化产业发展中，不注意区分文化产业与文化产权，不注意保护本国的文化产权是我们的国家文化安全面临的又一难题。

提到保护文化产权与文化产业的区分，从表面上看，美国没有文化部，奉行文化产业的市场化运作。事实却是，美国虽然没有文化部，但在"自由贸易"旗帜下，美国不但自觉且有意识地把推行美国价值观视作全球发展战略的重要组成部分，历届总统和国会都把它看作重要的国家行为而给予包括财政等强力支持。在国家内部还给文化产业以政策松绑，鼓励竞争和文化创新，既增强自身实力和国际竞争力，又抬高了国外文化产品进入美国市场的门槛。以娱乐业为例，美国娱乐业已成为年创利4800亿美元的庞大产业。其消费类视听文化产品凭借高科技优势，早在1998年出口额就高达608亿美元，一举取代航空航天业而雄踞出口额的榜首。由于在线发售音乐制品和MP3等技术的成熟，2007年，美国的数字音乐收入从2001年的约300万美元增至20亿美元，其中较大份额来自海外市场，好莱坞电影占据了世界电影市场75%的份额。[①]所以可以说，美国对文化产权的保护是通过另外一种方式来实现的，而且也是政府行为。

没有一个国家在决定文化产权的权属关系时，愿意把它奉献给全人类所有。文化产权仍然是以民族国家作为利益主体的。文化产权的权属被看作是民族国家的利益所在。如果我们以为文化产权是属于历史遗产而可以忽视它的权属问题，如果以为联合国教科文组织签订的相关条约可以有足够的约束力来保障我国的文化安全，我们就要在全球化的竞争中付出惨痛的代价。

文化产权可以转化为文化资本，一个国家拥有的文化产权，可以决定它在全球性文化资本不均衡的分布中占据的地位，并将最终影响该国人民的利益。因此，在全球化进程中，民族国家的利益清晰地显示在全球性的文化产业竞争中。西方发达国家的文化产品，大量进入我国的文化市场，一方面挤迫我国文化产业的发展，另一方面更为自己获取大量的利润。在此过程中，由于国际规则的制定总是有利于发达国家，如果我们不明晰文化产业与文化产权的关系，一味地为参与全球性的文化竞争而竞争，便越是处于不利的地位，文化产业也不可能得到快速发展。

尽快把文化产业与文化产权分离，在国际上也是有章可循的。在《联合国可持续发展二十一世纪议程》中就提出了"推行或加强适当的政策和（或）法律文书，以保护土著人民的知识和文化产权以及维护其习俗和行政制度和办法的权利"[②]。在这个文件中，文化产权已经和知识产权分离出来。把文化产权

---

① 范玉刚：《试析文化产业对提升我国文化竞争力的意义》，载《学习与实践》2006年11期。

② 《联合国可持续发展二十一世纪议程》第26章《确认和加强土著人民及其社区的作用方案领域》。

从知识产权中分离出来，尤其是强调文化产权保护的重要性，是我国在不平等的全球性文化竞争中急切需要解决的问题。由于拥有文化在跨国界传播方面的诸多优势，西方发达国家通过制订各种知识产权协定为自己的知识产权产品制定了严格的国际条约，但由于调用发展中国家的文化资源来制作文化产品、获取经济利益的需要，西方发达国家并不急于为文化产权的全面界定制定国际条约，反而有意让文化资源的全球性流动处于毫无约束的状态。更可怕的是，由于文化产权得不到保护，发展中国家的文化资源在经济价值被窃取和利用的同时，其文化价值也在传播的过程中被破坏，进而对文化资源在本国的持续挖掘和利用带来不利的影响——这不折不扣地成了发展中国家一个相当严峻的文化安全问题。我们甚至可以这样说，美国没有太多的文化产权需要保护，因此，文化产权的问题尚未提到议事日程。但对中国这样文化产业实力较弱又有着悠久文明的国度来说，或者我们没有太多的知识产权需要保护，但我们却有太多的文化产权需要得到世界的尊重。

文化产权的保护涉及立法问题。文化产权立法的难点在于文化产业的特殊性。由于文化产品是一种精神产品，属于上层建筑，文化产业活动中贯穿着特定的意识形态和思想价值取向。文化产品生产的最终目的是满足人民精神文化生活的需要，完全量化是难以实现的。因此，文化产品的某些因素并不能完全依靠市场的调节，文化产品的完全商业化和市场化是不可能的也是不恰当的。市场引导与政府调控的管理体制既要求有活跃的市场，也要求政府"适度"的干预。这是立法上要考虑的因素。另外，文化产业是覆盖全社会，并且是跨部门、跨行业的社会整体工程。文化具有的这种受众广泛的特性，正是文化本身具有复杂层次的表现，也是文化多元的基本特征。因此，采取"一刀切"的法治管理模式，显然对文化这一特殊行业是不恰当的。应该按照受众层面的不同，采取多层次的法治管理，才能更为科学地协调文化产业的发展市场。保持立法的一致性和灵活性相结合是文化产权立法要解决的问题。

三是推动主流文化与文化产业相融合。文化面向市场的前提是，国家和政府以及知识阶层不但有自觉意识，还要有能力和必要的保障机制，为主流文化的发展提供必要的生存空间。将国家文化产业的发展与国家文化安全的保护结合，还有一个关键的问题，就是在文化产业化的过程中，把主流文化（国家意志）和大众文化（消费文化）整合起来，融入全球化时代的文化中来。欧洲一直以来都很重视这个问题。在乌拉圭回合谈判中，法国以"文化例外"为由，坚决反对文化市场的自由贸易，几乎为此退出整个GATT谈判。在WTO谈判中，法国进一步将"文化例外"演变为"文化多元化"原则，提出文化产业不同于一般产业，指责美国低俗化的文化产品和文化发展方面的商业倾向对于别国文化构成了毁灭性的威胁，全球的"美国化"趋势令人担忧。法国的"文化例外"模式将文化与一般商品生产区别开来，有力地阻止了文化的商业化、低俗化，并对于本国文化产业的发展起到了一定的保护作用。这一点是值得我们学习借鉴的。

全球化进程中形成的强势文化主宰世界文化产品的标准、文化产品生产与消费的单一性机制，已经在根本上危及了我国的主流文化传播，危及了我国的国家文化安全。对于主流文化来说，丰富文化资源和庞大文化市场优势的丧失，国外资本和文化企业进入，造成的不仅是文化产业利润的巨大流失，这种因"战略性短缺"而不能使中国的主流文化市场得到满足所造成的经济安全和文化安全，必然对国民经济的发展和稳定以及在多元文化消费中培育民族文化身份和文化理想产生极大影响，其结果不仅仅涉及单一领域。针对当前主流文化受到市场的严重挑战和冲击，我们如何在发展文化产业，抵制外来文化侵蚀，捍卫文化主权和维护文化安全，积极建构、提升国家、民族文化形象之际，为主流文化的发展开辟较为广阔的空间，是政府和广大知识分子的双重责任。

另外，从文化竞争力的角度来看，文化产业竞争力是基于文化产业需求与供给活动的内在发展能力，包括文化内容的竞争力和文化产业活动的竞争力。文化产业是最重视内容和最具有原创力的产业，具体表现在每一件文化产品或服务都是建立在本民族的文化立场、文化传统和文化资源之上，并具有自身的文化内涵和创意，无法进行简单的模仿。一个国家的主流文化决定着一国民族文化和文化产业的生命力。

对此，西方在长期的市场文化中已经逐步建立起一套非市场化的策略和措施，为高雅文化、精英文化的存在和发展提供了一定的保护机制。按照国际惯例通常采取国家保护和市场保护，国家保护主要通过财政支持、文化政策、法令、税收等方式，采取政府在国民经济预算中逐年增加对文化艺术的实际投资的方式，其中政府投入占主导地位（欧洲的英、法、德等即采取此方式），以及通过法律和政策杠杆鼓励企业集团和全社会对文化艺术的保护和赞助等（美国即采取此方式），鼓励、赞助、推动民族文化、高雅文化、独特的传统文化和文化艺术精品的创造和发展；市场保护主要采取基金会方式鼓励和发展文化事业，如博物馆、图书馆等，以及奖励优秀艺术精品。精英文化以其原创性在深层关乎一个民族的创造性和创造力，以及对整个国家和民族文化发展方向的价值导引问题。在市场中如何整合我们的文化资源以及保护和发展精英文化，扩大主流文化的影响和辐射力，建构符合国情、民族特色和与当下生产力发展水平相适应的先进文化，以繁荣文化产业和文化事业。

主流文化融入文化产业中来，可以从以下几个方面增强本民族的文化竞争力。一是文化实力竞争力。文化实力竞争力主要反映的是文化产业的规模和相对强度。主流文化主要影响的是文化产业的相对强度，涉及文化产业的总体增加值、文化事业单位的固定资产投资规模、文化产业就业人员的规模，以及文化受众的文化水平和文化消费规模的绝对量及相对量的大小。主流文化的融入，会使文化受众和文化从业人员的层次得到很大提高，对本国文化实力的提高起到重要的作用。二是文化市场竞争力。文化市场竞争力主要是对商业性较强的文化产业行业的市场收益进行测度。在文化市场竞争力中，主要涉及文化出版市场、文物市场、艺术演出市场、音像市场和娱乐艺术经营市场几个子要素，基本上包括了我国目前文化产业内部有收益的行业类型，涉及艺术表演业、新闻出版业、文化娱乐业、广播影视业、音像业、文化遗产和古迹的保护和展览。如果文化市场被大众消费文化所充斥，必然会使主流文化受到冲击，也影响本国文化的国际影响力。三是文化生产竞争力。文化生产竞争力与上述的市场竞争力相对应，也是处于从投入到产出转化的关键环节，只不过是从实物产出的角度得以反映。主流文化在文化产出中所占有的份额决定了文化生产的国际竞争力。我国的文化要在国际文化市场上有所作为，必须提高主流文化的文化量，从而提高文化生产的竞争实力。四是公共文化消费竞争力。我国的公共文化发展以各地的公共图书馆、文化艺术馆和各种民间的群众文艺活动组织为依托，以公共产品的形式免费或以象征性收费的方式向公众提供阅读、咨询和定期的文化文娱活动。因此，公共文化消费竞争力的高低，既是该地区公共文化生活繁荣程度的测度，也是文化消费市场远期培育的反映。由图书馆服务、公共文艺服务和公共文化活动组织三个子要素组成。公共文化事业中主流文化所占的比重对一国的文化先进性和发展方向有着重要的影响，采取切实的措施扩大主流文化在公共文化产业中的份额对于当前我国的文化产业发展起到至关重要的作用。

四是建立有我国特色的文化产业模式。每个成熟的民族都有属于自己特有的文化形态和文化个性，这种带有民族集体记忆的文化成为民族凝聚力的重要来源。在世界许多国家和地区，特色文化经营已经成为一种趋势，并深刻影响着这个国家和地区的文化发展。美国自20世纪70年代以来，注重引导摇滚乐的发展，特别是注重把高新技术与摇滚乐的声响、图像相结合，使摇滚乐效果更佳，带动了文化产业的发展。[①]英国大力开发流行音乐，1997年，英国出口音乐制品的收入超过了钢铁出口的收入。[②]意大利时装风靡世界始于20世纪60年代，现在意大利时装行业已经成为销售额高达600亿美元的巨大产业。巨大的产业不仅造就了占世界1/3之多的时装大师，而且意大利有1/5的人员从事时装业。[③]在全球化的背景下，这种特有的文化形态与文化个性应该以有本国特色的文化产业模式表现出来。小而言之，它是国家和民族文化个性在文化市场上的表现，具有极强的国家民族特色；大而言之，它关乎国家综合国力的提升和国家形象的建构。西方发达国家在文化产业的发展过程中，都建立起或试图建立有本国特色的文化产业模式，也正是出于这两个方面的原因。因而，

---

① 参见游碧竹：《崛起的新兴产业——湖南文化产业发展战略研究》，湖南人民出版社2002年版，第116页。

② 参见王皖强：《现代英国大众文化》，中国经济出版社2000年版，第150页。

③ 参见游碧竹：《崛起的新兴产业——湖南文化产业发展战略研究》，湖南人民出版社2002年版，第116页。

建立有本国特色的文化产业模式，不仅是一个民族文化发展的需要，甚至也是维护民族独立和国家主权、文化安全的必要条件。

并且，我国文化产业发展的现状也亟待建立有我国特色的文化产业模式。当前，我国"整体文化产业竞争力研究中的文化产业竞争力分项目指数显示，我国'公司运作与战略整合'和'国民创新指数'在国际竞争力中处于明显的劣势地位"①。

文化产业作为高科技与高品位文化相结合的新型产业形态，承担着民族文化的创新功能，是面向世界展示我国文化活力的重要途径之一，而且也是拉动国民经济和争夺海外市场的主要驱动力。发达国家都积极地推动文化产业的模式化发展，以期通过文化产业的模式化进一步带动本国文化发展与形象提升。在这样的国际国内文化背景下，政府必须通过政策、经济、法律等杠杆的积极作用，借鉴发达国家的有效做法，积极发展有我国特色的文化产业模式。

目前，发达国家发展文化产业模式主要包括产业综合模式和集约经营模式。表现为：

产业综合模式是在20世纪90年代以来，伴随着经济全球化的发展而形成的文化产业发展模式。西方国家文化企业为了在全球经济的竞争中占据有利的地位，合理地利用资源，消除市场壁垒和非市场壁垒，频繁的兼并扩张活动，通过产业综合，不断增强自己的实力。目前，他们的文化产业综合模式主要有以下三种方式：

（1）相关行业内部综合。通过相关领域内强强合并，实现优势互补，共享资源，降低成本，还可以避开政府对新企业在税收和许可证等方面的限制，从而提高企业整体效益。1987年，时代公司和华纳公司联手合并，成立实力雄厚的时代—华纳集团。2000年3月，美国论坛公司并购时代镜报公司，这是美国两家最大的区域的报业集团合并，其合并后拥有11家报纸、12家杂志、22家电视台和4家广播电台，它们一合并即成为美国纽约、芝加哥、洛杉矶三大

① 祁述裕：《对提升我国文化产业竞争力的战略思考》，载2004年8月16日《中国经济时报》。

城市的出版报业集团。①

（2）跨行业综合。在文化产业的多领域发展要比单个领域发展机遇大很多，选择性收购其他产业，既可以规避行业风险，又能寻得更大的发展空间，获得更大的利益，所以越来越多的企业选择跨行业交叉兼并。1996年4月，SBC通讯用170亿美元收购了太平洋电信；接着贝尔—大西洋与奈恩克斯合并；同年8月，美国第四大国际电讯—世界通讯卫星用140亿美元买下MFS；10月，微软与NBC组成MSNBC，在互联网开播24小时新闻；迪斯尼用190亿美元买下ABC和资本城市，在网上与MSNBC全面开战。②

（3）跨国产业综合。伴随跨行业合并的不断发展，文化产业集团渐渐水到渠成。默多克成为世界报业巨头之后，用4000万英镑建立了英国的"蓝天卫视"，"蓝天卫视"又与英国的BSB国际集团合并，同时，默多克筹划并收购了美国、欧洲、亚洲等地的卫星广播系统。至此，默多克建立了亚欧美联网的全球电视网络，站在了当今世界最流行的传播渠道——电视业的潮头。③跨国集团的超级兼并已成为适应当今国际化发展的一种有效方式。

随着经济全球化和文化产业集团的兼并化的发展，集约化经营模式也越来越成为文化产业发展的主要模式。目前世界上传播的国际新闻中大约80%来自占世界人口1/7的发达国家的美联社、路透社、法新社等大通讯社。相关资料显示：91个发展中国家进口的电视节目平均占全部播出节目的55%，其中美国等发达国家的节目又占主要部分。从数量看，发达国家集中的欧洲、北美无线电广播发射台的数量占全世界总数的75%，电视台总量占全世界总数的82%，而亚洲、非洲仅占全世界总数的13%和11%。从社会影响看，现在覆盖全球、影响最大的卫星电视都是发达国家的，如美国的节目可传送到128

---

① 参见花建：《软权利之争：全球化视野中的文化潮流》，上海社会科学院出版社2001年版，第92～95页。

② 参见花建：《软权利之争：全球化视野中的文化潮流》，上海社会科学院出版社2001年版，第98～99页。

③ 参见花建：《软权利之争：全球化视野中的文化潮流》，上海社会科学院出版社2001年版，第100页。

个国家的190个城市的无线电视台和有线电视台。文化产业媒体巨头迪斯尼、贝塔斯曼、Viacom、News Corporation、索尼、TCL、Universal和日本广播公司加上时代华纳和美国在线公司合并形成的特大型文化产业，集约经营模式特别突出。在这些文化巨头的引导下，全球50家媒体娱乐公司占据了当今世界上95%的文化市场。目前传播于世界各地的新闻，有70%由跨国大公司垄断；美国控制了全球75%的电视节目的生产和制作。许多第三世界国家的电视节目60%～80%的栏目内容来自美国，美国公司出产的影片产量只占全球影片产量的6.7%，却占领了全球总放映时间的50%以上。[①]文化产业的集约化经营已经为这些国家在全世界构建了一个高效、强大的文化传播网。

那么，在当前的世界文化格局中，中国应该选择什么样的文化产业模式以适应当今的文化产业发展呢？在作者看来，文化产业模式首先要建立在对当前国际国内文化产业形势的正确判断基础之上。

就当前的国际形势来看，在全球文化市场上占据优势的国家和行业集团，大都极力主张全面开放文化市场，建立全球文化产业统一市场。以美国为代表的发达国家，以本国多元文化类型共存和文化市场彻底开放自居，要求其他国家也实行文化产业的自由化政策。在国际文化市场竞争中，各国普遍利用国家力量积极推进文化产业全球化、文化市场自由化与文化贸易自由化的政策，支持和鼓励本国文化企业和跨国公司开拓国际文化市场。另一方面，自1980年联合国教科文组织提出全球文化艺术产业市场一体化与各国文化艺术发展之间的冲突问题以来，世界范围内的市场竞争与政策保护已形成越来越尖锐的对立。各国都制定了一系列政策措施保护本国文化产业和文化市场。包括全球文化市场占优势的国家和行业集团在内，几乎所有的国家都在对本国文化实施民族保护政策，抵制和拒绝别国推进全球文化市场一体化要求。如北美自由贸易协定和美加自由贸易谈判中，加拿大就把文化产业排除在自由贸易范围之外。

从我国国内来讲，"假定继续按照三年来第三产业发展的平均速度增长，

---

① 参见花建：《软权利之争：全球化视野中的文化潮流》，上海社会科学院出版社2001年版，第11～12页。

到了2020年，我国第三产业占GDP的比重将达到42%左右，低于标准值13个百分点，大约会出现41000亿元的缺口"①。面对这样庞大的文化消费市场，几乎世界上所有文化产业集团、机构都试图通过一定的策略占据相当的市场份额。导致越来越多的"国外制造"涌入我国的文化市场和人民大众的日常生活中来。这股力量迎面扑来，似乎要冲破一切阻挡。至于其危害，我们在前面已经述及。在这样的背景下，作者认为，我国应该从本国的国情与特点出发，确立竞争—保护相结合模式作为我国的文化产业发展模式。

这一模式的主要特征是，一方面，在国家内部既采取一系列措施鼓励文化产业领域的国际国内市场竞争；另一方面制定相应的政策和投入大量的资金扶持、促进文化产业的发展。澳大利亚的文化产业模式与此类似。澳大利亚每年家庭文化消费总额近百亿澳元，平均每户每周支出约25澳元。巨大的文化市场，推动着澳大利亚文化产业行业内部及相近行业之间激烈的市场竞争，给文化产业的发展注入了生机和活力。在激发市场竞争的同时，澳大利亚还十分注重实施必要的政策引导和扶持各类文化组织向产业化、市场化方向发展，增强文化产品的市场竞争力和吸引力。据澳大利亚国家统计局的调查结果，仅仅1993年到1994年，澳大利亚各级政府对文化业的拨款总额就达22亿多澳元，人均127澳元。其中，联邦政府拨款约12亿多澳元，地方政府拨款约10亿澳元，分别占两级政府年度财政总预算的1.5%和1.7%。同时，为提高政府资金投入运作的效率，近年来澳大利亚各级政府在文化产业资金扶持的方式上，由"政府计划型拨款"转为"产业需求型拨款"，即文化机构或团体如果要申请拨款，必须就其活动目的、内容、成本、效果及运作方式等方面制定出年度性或三年期实施计划，提交政府拨款部门审核，待计划被认可后方能获得相应的财政支持。此外，各级政府为加强和改善地方性的文化娱乐设施及相关的服务，提高扶持经费，确保文化产业的健康发展。②

① 《以全面改革为动力，加快发展我国文化产业》，载张晓明等主编《2004年：中国文化产业发展报告》，社会科学文献出版社2004年版，第12页。
② 参见游碧竹：《崛起的新兴产业——湖南文化产业发展战略研究》，湖南人民出版社2002年版，第108页。

从这一产业发展模式可以看出，政府在文化产业模式的建立过程中发挥了重要的作用，从政策导向到资金投入都给予了大量的支持。这在一国文化市场尚未完善的初期是相当重要的。而在这一过程之中，政府的投入也得到产业回报，因为本国国内的文化市场就相当庞大，其产出自然相当可观。对于中国来说，这一产业发展模式相对更符合现阶段本国国情。

以上可以得出，新的文化发展方式已经成为在文化产业中的实施要务。它包含对观念认知、制度安排、方向引导、行为激励和战略把握，[①] 成为未来文化产业发展的新路标。

二、技术创新与当代中国国家文化安全

1912年，美籍奥地利经济学家熊彼特明确地将发明与创新区别开来，首次赋予创新以特殊含义，拉开了创新的研究序幕。[②] 至20世纪50年代中期，创新一词正式被技术创新取代。在此后的创新研究中，以美国经济学家R. Nelson、N. Rosenberg和英国经济学家C. Freeman为代表的新熊彼特学派秉承经济分析的熊彼特传统，对于技术创新过程、技术创新产生技术经济基础、技术轨道与技术范式、技术创新群集、技术创新的扩散以及长波等重大理论问题进行了深入探讨，提出了许多著名的技术创新模型。20世纪六七十年代以来，技术创新的全球化现象越来越引起人们的关注，一个技术创新的国际网络正在形成。同时，技术创新与文化变迁、文化安全的关系也逐渐引起专家、学者和政界的关注。

十一届三中全会以来，中国社会发展高度重视创新。创新理念愈渐成熟。习近平同志在党的十八届五中全会上提出的创新、协调、绿色、开放、共享"五大发展理念"，将创新提到首要位置，指明了我国发展的方向和要求，代表了当今世界发展潮流，体现了我们党认识把握发展规律的深化。"科技创新

① 沈望舒：《从发展学述及新的文化发展方式与新业态》，载胡惠林等主编《文化战略与管理》（第1卷），上海人民出版社2011年版，第48～50页。
② 参见〔美〕约瑟夫·熊彼特著，郭武军、吕译译：《经济发展理论》，华夏出版社2015年版。

是提高社会生产力和综合国力的战略支撑，必须摆在国家发展全局的核心位置。"①"谁牵住了科技创新这个牛鼻子，谁走好了科技创新这步先手棋，谁就能占领先机、赢得优势。"②这一部分探讨技术创新与文化安全的关系。

1.技术创新与文化变迁的关系

技术创新与文化变迁在互联网领域或者最能说明。10年的发展，已经使网吧不再流行，所有人都知道谷歌、苹果和脸书。我们曾经认为，对于文化来说，现代技术对其施加的最大影响莫过于"遥远的距离与密切的联系合而为一的能力"③。而今天，"互联网比我们想象的更加智能"。"这是一种人人参与其中的更复杂的全球化现象，它所带来的忧虑，从这种观点来看，值得被探讨，或者被比较。"④我们所处的时代，正是在这样的背景下思考技术创新与文化变迁的关系。

技术与科学的一个主要区别在于，科学是发现自然界的必然规律，而技术是探索可能性的世界。技术发明不是在自然界中发现现成的东西，不是对自然的简单模仿，而是创造自然界原来没有的东西。发明是探索可能性，是可能性的实现。人的创造性，就在于他能思考可能性和实现可能性。⑤德国技术哲学家拉普曾说过：技术是复杂的现象，它既是自然力的利用，同时又是一种社会文化过程。可见，技术有其文化的属性和功能。技术进步不仅仅是纯粹的工具变革，也包含着丰富的文化内涵。技术进步在文化发展中有着十分重要的作用，人类文化变迁依存于技术进步。而技术进步又是通过技术创新实现的。

首先，技术进步提供了表达、传播文化及其观念的工具、手段和方式。

---

① 《习近平谈治国理政》，外文出版社2014年版，第119页。

② 中共中央文献研究室编：《习近平关于科技创新论述摘编》，中央文献出版社2016年版，第26页。

③ 马戎、周星主编：《21世纪：文化自觉与跨文化对话》（一），北京大学出版社2001年版，第132页。

④ 〔法〕弗雷德里克·马特尔著，君瑞图、左玉冰译：《智能：互联网时代的文化疆域》，商务图书馆2015年版，第13页。

⑤ 参见吴晓江：《技术的特性、欲望、评价和预防性伦理——德国技术哲学学者波塞尔、李文潮演讲述评》，载《世界科学》2004年11期。

人类文化的进步紧紧依存在传播文化的媒体技术的进步，可以说，文化的传播媒体及其技术的进步是文化进步的重要条件和标志，比如报纸、广播、电视作为大众传播媒体，它的出现曾经而且现在仍然表征着文化的进步。作为思想观念的文化必须有表达、传播工具和载体，文化的进步也能够通过表达、传播文化及其思想观念的工具和载体的进步表现出来。而当因特网技术出现后，由于它具有集声音、图像、文字于一体的优势，因而被认为是继报纸、广播、电视之后的第四大媒体，它是以计算机技术、网络技术、数字技术为物质技术基础而形成的。网络文化凭借现代数字技术和网络技术，将具体的文化内容数字化，并通过网络语言在互联网上存储、传播、交流，从而转化为网络文化。它的出现是一场新的媒体技术革命，从而在更广泛和更深刻的意义上预示着人类文化的进步和变迁，不断地影响和改变着文化的时间和空间特征。

其次，技术进步提高文化传播的效率，制约甚至改变文化的属性。文化同一切现实的、具体的存在和关系一样，具有存在的时间性和空间性特征。当人们改变了文化存在的时间和空间的条件后，也就部分地改变着文化的属性。而技术进步则通过不断地影响和改变着文化传播的工具和形式，改变了文化的属性本身。我们说，用书刊、报纸与用光盘、互联网所承载、传播的文化信息是有区别的。当人们用网络技术、数字化技术传播文化信息时，在文化传播的时间性、空间性方面的属性的改变是非常明显的：它极大地压缩了文化传播的物理时空。凭借互联网，信息几乎可以在瞬间达到分布于各个国家的用户，实现文化传播的零距离。网络文化所实现的文化传播速度和效率之快，是以往任何文化及其文化传播媒体都无法相比的。网络文化的高时效性、零距离传播的特征，直接决定于网络技术本身。互联网创造了一个无限广阔的文化空间，在网络空间中，传统空间的物理属性被消解，距离的意义微乎其微。也正是在此基础上，以互联网为媒介实现了地域文化向全球文化的转变，甚至以与过去完全不同的技术方式创造了全球性文化。正是在网络技术条件下，使文化具有了虚拟性特征，这也是过去的文化形态未曾有过的属性。

再次，现代技术发展的水平决定文化发展的程度和文化形态，不断实现着文明与文化的变迁。由于文化发展不断更新传播的方式和载体，提高了文化传播的速率和界域，改变着文化的属性，进而提升了文化的品质和境界，改变了文化形态，实现了文化的变迁。在现代社会，文化形态的这种改变和文化变迁的实现是以技术创新为手段来实现的。如现代文化依存于信息通信技术，信息通信技术并不是为特定的国家、民族和集团所独占。信息通信技术能将具有特定强烈的地域性、民族性、种族性的文化属性都大大隐退，以技术的方式淡化、消解不同文化形态的价值观、信仰观，并通过技术的处理转化为图像、声音、颜色等抽象的符号。技术催生了新的文化形态，这种文化形态又反过来作用于现代的文化发展。

2.现代技术创新在文化产业发展中的作用

技术创新在带来新文化产业形态的同时，也带动了原有管理模式的重塑，即管理思维、组织结构、管理流程、管理技术等方面的全方位变革，导致技术的工具理性向政治层面和社会层面介入，从而使得管理越来越被纳入技术的可控制范围内。如电影技术用机械手段把人们从序列和连接的世界送入创造性轮廓和结构的世界，相应的电影产业被纳入规制的制度范畴；而新技术则推动着口语传播跨越到文字传播、手写文化到数字印刷、电子传播到网络传播……我们看到，网络技术提供了越来越多的互动式电脑网络和新管理设备，如电子信息系统、现代通讯设施、自动监控系统等，为管理模式的变革创造了外部环境，带来了先进的管理方法，催生了诸多新的文化产业制度。[①]可以说，技术创新导致了文化产业制度的形成与发展。

而技术的融合意味着新信息技术和通讯网络间的界限在技术上不再泾渭分明，推动了多媒体的文本、音频、视频的有机整合，并促进了文化产业各领域的大融合之势。正是由于技术和文化产业发展的融合，文化产业制度的整体构想才得以实现。

同时，技术创新的宽泛性也为文化产业制度创新设置了更高的壁垒。技术的本质在技术哲学中被界定为"人们改造世界的物质手段和方式的总和"。

---

① P. Warren, "The Content Industry—Convergence and Diversity," in Journal of the Institution of British Telecommunications Engineers, 2001, Apr–Jun, no. 2, pp.59–66.

把技术作为人类实践的客体来研究时，技术本身的自然属性被作为人类创新的手段和成果会潜在地负荷人类的实践目的，并自然带来了许多不可预测的负效应。[①]还是以网络技术为例，一方面，网络媒介技术使网络主体对技术效果产生依赖，削弱了其文化反思能力，使网络空间呈现出去理性、去历史、重娱乐的文化氛围，不仅导致高质量民族文化产品的缺失，也给青少年带来负面影响。另一方面，技术是有价值取向的。信息技术的运用因主体能力的不同而日趋造成文化占有能力的贫富分化，特别是技术的主导方的强烈的政治色彩和意识形态色彩加速了利用技术上优势向受动方推进的步伐，凸显了发展中国家文化安全问题。

此外，技术创新速度的加快一定程度上增加了产业管理的难度，制约了管理制度效应的发挥。也可以说，技术创新同时制造了当今文化产业管理的困境。如我们熟知的盗版问题，伴随数字解密技术的日益普及，导致盗版浪潮的泛滥。盗版技术的出现和推广无疑对电影产业造成严重打击，并集中体现在电影DVD的销售及租赁方面——因为DVD的销售和租赁收入占当前电影业总收入的60％以上；而数字解密技术在盗版层面的应用，使得正版运营商防不胜防，致使电影业的损失巨大。而后，电影产业开始加强防范措施，但盗版给电影业带来的损失仍然居高不下，在2002年高达13.1亿美元，而且电影业因盗版所导致的损失在整个版权业中所占的比例越来越高，从1998年的14％上升到2002年的17％。而这一比例的攀升，导致电影DVD的销售额在2006～2007年之后几乎陷入停滞的状态。[②]此外，网络盗版也给唱片业带来巨大损失，全球唱片销售额在1999年下降了25％，而且此后每年仍然呈下降趋势，2005年又下降3％，2006年下降了5％，2007年下降9％。[③]可见，数字

[①]　参见王治东：《选择与超越：关于技术化生存的哲学思考》，载《自然辩证法研究》2007年第3期。

[②]　Andrew Currah, The Digital Storm: The Strategic Challenge of Internet Distribution to the Hollywood Studio System, 2005, p.29.

[③]　IFPI, Digital Music Report, in http://www.ifpi. org/content/section_statistics/index. html.

技术的迅速扩展，使得数字盗版带来的负面效应给正版运营商带来沉重打击，而相关制度规范却远远落在了后面。其结果是又催生了新的文化产业制度，如此循环往复。

从以上的分析可以看出，技术创新与文化产业制度是一对既相互协同、又相互背离的统一体，对全球化时代的文化发展发挥至关重要的作用。

3.发展应用技术创新，维护我国国家文化安全的主要路径

创新之于技术发展是决定性的。技术创新，从根本上讲，是技术和需求的双重作用。只是对于处于不同发展阶段，拥有不同的发展目标的不同国家，技术和需求对于创新的权重有所不同。对于在全球化中处于后发展的我国，发展基于需求引导的创新，即应用创新，应当成为近期我国信息文化产业发展和技术创新的基本模式。这是因为：

其一，信息技术的成功首先是在技术应用上取得的成功。回顾信息技术发展的历程，无论是微电子技术、计算机技术、通信技术、软件技术，还是网络技术，其发展的成功经验都可以归结为应用技术的成功。应用赢得了市场，应用获得了持续发展的动力。正是因为信息技术创新在总体上坚持了以应用为方向、以市场为目标，源源不断地开发出深受用户欢迎的产品和服务，信息产业才能够保持长期高速发展，成为经济和社会发展的巨大推动力量，取得良好的经济效益和社会效益。

其二，应用创新是当前信息技术创新的基本方向。进入21世纪，人类社会对信息产品的要求越来越高。应用的需求刺激了技术发展，应用创新成为当前信息技术创新的一个基本方向。现在世界上一些大型跨国公司正在研发融合计算与通信技术的产品，他们的口号是要让"每台计算机都可以用作通信工具，每台通信工具也都可以用作计算机"。这是一种技术融合型的应用创新道路。而另一些跨国公司则从向用户"提供单一产品"转向"提供系统服务和全面解决方案"，走的是技术集成型的应用创新道路。这些现象充分说明，世界IT巨头的技术创新道路，正沿着推广应用和扩大市场的方向不断推进。

信息技术创新需要同时关注技术和市场两个维度，其核心就是潜在技术的商业化，实现技术与市场的有效链接。我国通信技术发展的现实也表明，需

求已经在更大的程度上决定着信息技术的创新速度和方向：3G在我国的发展前景，在某种程度上看，不是决定于技术制约，而是应用的制约，或者说是新的业务、新的服务开拓的制约。

结合我国的具体情况，通过研究和探索信息技术创新的道路，准确把握技术创新的大方向是开展技术创新的前提。明确技术创新要瞄准应用，瞄准市场，把满足应用需要、提高人民群众生活质量，作为技术创新的出发点。传统制造业将长期是我国国民经济的主要支柱，同时也是信息技术应用的大市场。如果把信息技术创新和应用的重点，放在传统产业的改造、社会服务领域的应用等方面，实现重点突破，全面推进，形成以推广应用带动技术创新，以技术创新促进推广应用的良性发展机制不失为我国技术创新领域一个好的选择方向。

如前所述，技术创新与国家文化安全有密切的相关性。我们要充分认识到，当今世界应用技术创新已经融入全球化的进程中来。以IT业为例，当今的IT产业的国际化特征是相当明显的，几乎没有一个国家的信息通信产业体系是完整的和自足的，这个行业的生产过程是一个全球化的体系。发达国家通过外包、直接投资等方式转移到新兴工业化国家或是发展中国家，而发达国家本身则越来越集中于设计、研究开发和市场等方面，集成电路、电子元器件、个人计算机组装、软件等等，无一例外。可见，应用技术的创新已经是一个国际化的问题，从这样的高度才能够相对全面地考虑当今世界技术创新领域的文化安全问题，在全球化背景下的应用技术创新应该是开放的创新；在全球化背景下的技术安全维护应该是国际视野下的具有发展眼光的安全维护。作者认为，就目前我国来讲，为提高技术创新能力，发挥我国产业在全球化里程中应用创新的优势，维护应用技术创新领域的文化安全，政府应当充分发挥引导功能，通过政府作为来推动技术创新在文化产业制度领域的积极影响。主要是通过以下三个方面进行努力：

第一，提供公共技术服务，引导发展公共技术服务机构。例如，在信息产业中，针对制约产业发展的瓶颈，要把分散的技术资源集中起来，建立由政府主导的技术研发平台，抓紧组织共性技术和配套技术的研究开发，向广大企业，特别是中小企业提供技术支持。同时，推动形成各方合作的技术研发联盟，建立以企业为主体的技术创新体系。帮助企业建立技术开发中心和产业化试验基地，培育企业的持续创新能力。政府还可以为企业提供技术交易、技术合作等方面的公共服务，创建行业性共用技术服务机构，降低企业创新的资金风险和技术门槛，促进企业提高创新能力。通过公共技术服务机构的建立，拓宽与国际技术服务合作的渠道，为引进技术和技术创新提供高效的平台保障。

第二，完善技术交易市场，营造合理利用外部知识的社会环境。为鼓励知识开发和利用，要加快推进我国知识产品的市场化步伐。建立与国际惯例接轨的技术交易市场。在全社会形成尊重技术和保护知识产权的观念。从法律和制度上，形成有利于保护技术所有者的激励机制。鼓励知识开发和技术转让，发展技术中介服务业，为技术需求者提供获取外部知识的渠道。真正做到从对内、对外两个层面保护国家的技术知识产权和文化安全。

第三，支持关键技术的研发与产业化。不论是美国等发达国家，还是韩国等新兴工业化国家，都高度重视政府在关键技术领域的主导作用，采取各种措施支持企业突破关键技术和重大技术。例如，韩国的CDMA技术居全球领先地位，就是政府举全国之力把核心技术买来，通过公共服务平台，提供给许多企业享用，并鼓励企业在此基础上继续研发并迅速产业化。日本的彩电芯片研发也是通过国家集中开发，把专利供众多企业享用，使得企业在发展阶段就有能力研发。当前，在我国企业研究投入不足、国家研发资金有限的情况下，应集中资源，把有限的政府引导资金投入到重大公共技术和关键技术研发项目上，并利用这些技术成果二次创新，提高我国应用技术的创新能力和竞争能力，才能从实质上提高我国技术创新的安全性。

八国集团关于全球信息社会的宪章中说："我们对信息社会的看法是：它有助于人们更好地发挥他们的潜能、实现他们的抱负。为达到这一目的，我们必须确保信息与通信技术服务于相互促进的诸多目标，即：创造可持续的经济发展模式，增进公共福利和培植社会凝聚力，由此，努力去充分实现其强化民主的作用；增加政府的透明度和责任感、促进人权、推进文化的多样性，由此，去尽力实现国际和平与安全。"①这应该是全世界共同的目标，也是在全球化带来的这场轰轰烈烈的文化变迁中维护我国文化安全的重要保证。

三、网络文化对国家文化安全的影响

全球勃兴的互联网，正在推动全球范围内的产业革命、文化创新和社会变革，把人类从工业社会带向信息社会，成为保持和提升国家竞争力的重要手段。从互联网的特性来看，它既是一个重要的技术平台，具有通讯功能，同时也具有广而播之的媒体功能；既有产业属性，也有意识形态属性。所谓"网络文化"，有两方面含义：一是网络作为一个现代新生事物，不仅是一种技术与社会现实，更是一种文化现实，网络就是一个新兴文化形态；二是文化本身是以网络的形态存在和发展的，人无时无刻不生活在文化之网中，网络文化可以说是人类文化发展的网络化形态的最典型的体现。简言之，就是"网络的文化"或"文化的网络"。网络文化的内部结构分为四层：网络文化的主体——网民；网络文化的客体——网络的"硬件""软件"和协议；网络文化的中介——通过网络平台传输的信息及其意义；网络文化的价值——通过网络而形成的人们的新的价值观和生活方式。网络文化具体表现在各个方面，比如网络科技、网络教育、网络经济、网络政治、网络组织、网络语言等。网络文化既具有文化的共性，也具有与其他文化形态不同的特性，主要是技术基础性、全球性、开放性、共享性、多元性、虚拟性、交互性、分布性、创新性与超限性等。这些特性具体体现在网络技术、网络组织方式、网络思维方式与网络价值和网络规范中。

网络文化具有很强的渗透性。网络信息的流动和传播一方面可以使更大范围的人们以较低的代价实现信息和利益的共享。另一方面，网络信息的自由开放特性会对国家这一政治行为体产生强烈冲击。随着信息技术不断取得突破，网络设备数量和功能的增加，网络基础设施建设的不断发展，国际互联网的日益扩大和延伸，使各国政府对信息扩散的控制力明显减弱，传统的国家政

---

① OECD,Understanding the Digital Divide,Paris,2000.

治边界受到严重冲击。网络技术的发展使国家同时有了一个信息传播的无形边界。网络技术的发展和传播对政治生活产生了重大影响，使现实性政治向虚拟性政治转变，出现了网络政治和网络国家社会治理的问题。在全球化条件下，网络信息的传播和扩散不断呈现出新的特点，必然使国家安全面临新的问题、受到新的影响。

1.网络文化安全与国家文化安全的关系

现代技术的发展是网络文化的主要推动力之一。网络文化安全的程度取决于网络技术水平和实力，技术实力越弱小的国家受到的威胁就越大。网络文化安全是一个复合的概念，随着信息技术的发展及其对社会生活影响的日益深化，现代的网络文化安全不再仅仅包括网络的保护、检测、管理、反应、恢复、攻击等若干具体环节，人们更多地倾向于从综合层面、从广义的角度来理解网络文化安全，认为现代的网络文化安全包括经济、政治、科技、军事、思想文化及社会稳定等各个领域，涉及个人权益、企业生存、金融风险防范、信息内容安全、信息基础设施安全与公共、国家信息安全等的总和。没有网络文化安全，就没有完整意义上的国家安全。也可以说，网络文化安全是指在社会发展信息化的趋势和环境下网络和网络文化、网络系统的整体安全；网络文化安全是国家安全的重要组成部分，关系到国民经济健康发展、政治稳定、文化安全、国防安全和公民、企业的合法权益。各国因互联网普及程度、国家现实利益考虑不同对网络文化安全的界定和侧重也不同。但从总的形势来看，当前和今后一段时间内全球普遍关注的网络文化安全问题基本锁定在两个主题上：一是网络基础设施的安全，即网络本身的安全；二是互联网信息内容的安全。

网络文化安全不是一种封闭的安全。伴随全球化的进展，技术在不断地革新与进步。封闭的安全方式只会阻碍网络的发展与传播，反而会导致不安全。在世界交流日益扩大的今天，文化安全的外延和内涵愈来愈丰富，文化安全领域的研究内容、研究范式也在发生变化。作为其内容之一的网络文化安全因其普遍性、跨国性、复杂性、不可控性等特点也成为本领域的一个全新的、突出的问题。它因破坏力更强、传播速度更快、有黑客攻击和病毒日益泛滥等网络犯罪和网络活动使得当前全球的文化安全形势更加严峻，并牵涉到国家的政治安全、社会安全乃至军事安全，所以，世界主要国家和地区都将网络文化安全视为国家文化安全的重要战略组成部分。正所谓"如果宗教和文化想要建立终极意义，政治则要设法解决日常生活中的世俗问题。它必须为此建立正义规范，执行诉求和权利"[1]。

还应看到，网络不排斥相反的文化体系。各种文化，无论是传统的还是现代的，无论是本土的还是非本土的，无论是相近的还是彼此矛盾甚至冲突的文化，无论是高雅的还是通俗的文化都共居于网络文化的大通道中。网络文化以极大的包容性实现着文化的开放、交流和多元并存。但也正是这种开放的文化传播方式，使我们不得不思考和警惕网络技术和网络文化条件下的文化霸权主义现象。当今，西方文化之所以能成为强势文化，西方少数国家之所以进行文化霸权主义，与他们拥有发达的媒体技术有着紧密的联系。西方国家正是凭借发达的文化传播媒体技术形成了强势文化。美国是世界上传媒技术最发达的国家，它使用一百多种文字，向一百多个国家和地区昼夜发布新闻。美国在信息技术方面有着巨大的实力和优势，以美国为首的发达国家互联网用户占到了国际互联网用户的70％以上。信息技术等高科技方面的优势转化为文化的优势，也是美国成为世界上最大的文化输出国的重要原因。此外，网络英语之所以成为网络文化占主导甚至唯一通行的语言，与传播、承载网络英语文化的西方国家所具有的网络技术优势也紧密相关。网络技术安全成为网络文化安全的重要组成部分。

2.我国网络文化的新特点及面临的严峻安全形势

从当前情况来看，伴随互联网业务的不断拓展，我国网络文化发展呈以下几个新特点：

一是网络文化体系的开放性凸显。网络文化融合了不同国家与民族的文化特征，人类的文化交融将在网络中得以实现。同时，由于信息在网上的自由

---

[1]〔美〕丹尼尔·贝尔著，严蓓雯译：《资本主义文化矛盾》，江苏人民出版社、凤凰出版传媒集团2007年版，第185页。

流动，也使网络文化成为"不设防"的文化形态，这种网络文化的开放性日益凸显，随之带来的文化扩张、文化入侵、文化安全的挑战也将日益严峻。二是网络文化内容的动态性增强。近几年，网络信息更新与传递迅速加快，影响各种风俗时尚与社会热点不断发生变动，这使得网络文化具有极大的不可控性。据上海市互联网研究中心调查，网络对现实社会"动员力"的不可控性，增加了社会管理的成本。在全国每年发生的群体性事件中，有规模并在社会上造成重大影响的几乎都同互联网有关。三是网络文化主体的自由性加大。网民是网络文化主体，可以在任何一台电脑上创作发布自己的文化成果，加之自己的虚拟身份，其文化活动不像在现实中那样受到过多限制和约束。网络技术的快速发展，必将进一步加大网络文化主体的自由性，这种自由性的加大将给我们的网络文化建设和管理工作增加难度。

由于我国的信息化建设已被提到战略高度，在加强信息产业、信息技术，推动政府上网和电子商务发展的同时，网络的畅通与安全对经济发展影响日益凸显，直接影响了国家安危，如何保障信息网络及其基础设施的安全越来越引起国家和社会的重视。但是，由于技术、管理以及安全意识等方面的原因，我国当前面临着严重的网络文化安全问题。

一是网络文化安全意识淡薄。黑客工具、病毒的制造者是人，互联网防线最薄弱的环节也是人，80%以上的成功入侵都是利用了人的无知、麻痹和懒惰，所以人的安全意识对网络的安全具有决定作用。出于信息化水平的差异和宣传力度不够，多数人认为那些系统瘫痪、黑客袭击、病毒感染等信息安全事件目前不可能在我国乃至自己工作的领域发生，常常粗心大意，缺乏警觉。多数网络管理者也缺乏应有的保护意识，许多网站没有采取安全防范管理措施，由此也引发了对网络文化安全的研究与开发、网络文化安全人才培养不重视的恶性循环。

二是我国网络信息技术先天不足。这主要体现在技术的脆弱性方面。我国网络基础设施几乎全部是建立在国外的核心技术之上，计算机硬件、通信设备制造业的基础—集成电路芯片主要依靠进口，甚至系统软件、支撑软件基本上也是国外产品。软硬件的安全漏洞、隐患大量存在，很难发现，其安全性难以根本保证。网络、硬件和软件方面自主技术的长期缺乏，导致了我国目前在互联网的核心控制水平上缺乏起码的自卫能力，形成了我国网络安全技术发展的先天不足局面。我国涉及国计民生、经济发展的重要领域和高科技领域对网络信息安全的依赖性已非常强，高科技领域历来都对低科技领域起着主导和控制作用，因此重要领域和高科技领域对网络信息化的依赖程度，已经影响到国家安全、社会秩序和管理机制。

三是我国网络安全体系建设尚处于不完善状态。我国网络信息安全技术研究起步相对较晚，但作为一门新兴学科和新兴技术研究领域，该研究近年来已引起了我国政府和学术界的极大关注。国内计算机网络信息安全技术的研究，现阶段多以网络防御技术为研究核心。与发达国家相比，在网络攻击技术、网络防御技术、网络攻防测试与评估技术上均有相当大的差距，在网络信息安全防御体系、大规模网络攻击、预警与防御、测试与评估、无线网络攻防等总体技术上的差距则更大。

四是西方意识形态和思想文化通过网络进行渗透。互联网文化从一开始就是西方文化，网上主流意识形态和主流世界观、价值观都是西方化的，互联网已成为宣扬西方价值观念和政治准则的重要渠道，如不进行有效控制，将对我国的青少年一代产生十分严重的负面影响。同时，信息犯罪种类多样化、手段高科技化的趋势明显，跨地区犯罪以及利用网络进行宣传煽动的违法犯罪情况十分突出。信息恐怖主义对我国信息安全提出了严峻的挑战，信息恐怖直接威胁个人心理以及社会（或团队）的意识：一是可能以国家重要基础设施信息网络为目标，利用黑客和计算机病毒技术实施网络攻击，破坏国民经济和社会生活秩序；二是可能以互联网为媒介，进行网上恐怖心理战和宣传战，破坏政治稳定，制造社会恐慌；三是利用信息网络进行组织策划、联络和收集、窃取与恐怖活动相关的情报信息，以便在社会上实施常规恐怖活动。由于我国互联网发展起步较晚，面对的信息战和网络恐怖等潜在威胁比西方发达国家更严峻。

五是网络文化安全管理机制不够健全。由于缺乏一个宏观的网络文化安全规划和最高权威的统一机构，出现了网络文化安全管理部门条块分割、各行其是、相互隔离、沟通协调不够的局面，在一定程度上妨碍了国家有关法规的贯彻执行。表现在：一是网络安全管理机关职责不清，多头管理，安全保障制度不健全，责任不落实，监管不到位。二是管理的脆弱性。一些单位、企业的现代管理体系和机制尚未建立起来，计划经济下的传统管理方式造成安全性更加脆弱。三是安全防范环节薄弱。我国网络文化安全基础设施投资不足、管理不善，不能满足保障网络文化建设的需要。网络安全市场的国际化，使得我国部分失去了网络文化安全系统建设和对本国网络安全服务的控制权。

3.探索符合我国国情的网络文化管理模式

据中国互联网络信息中心统计，截至2006年底，我国内地网民已达1.37亿。网络成为我国人民群众政治、经济生活的重要载体。网络安全已经成为一个关系我国国家安全和主权、社会的稳定、民族文化的继承和发扬的重要问题。其重要性，正随着全球信息化步伐的加快而逐渐加强。同时，网络安全又是一门涉及计算机科学、网络技术、通信技术、密码技术、信息安全技术、应用数学、数论、信息论等多种学科的综合性科学。近年来，针对网络文化出现的新情况，我国网络文化建设取得了一定的进展，表现为：初步探索出一套基本的网络管理办法，初步形成了信息产业、公安、新闻宣传等各部门联动的协调机制，制定了一些法律法规，加强了网上舆论引导和舆论斗争；"网络文化产业"建设开始起步，特别是实施民族游戏精品工程、筹建"国家数字娱乐产业示范基地"，以及开展动漫游戏等相关数字娱乐产业的培训、研发、产业孵化与国际合作等举措取得进展；净化网络游戏、保护知识产权反响积极；对可能诱发网络游戏成瘾症的游戏规则进行技术改造，相继认定了一些适合未成年人的网络游戏产品，社会反映良好；由政府主导建设了一大批弘扬社会主义主流文化的网站，起到了良好的示范和导向作用。但我们仍然要看到，我国的网络文化安全面临的形势依旧复杂，距离建立有我国特色的网络文化模式还有很长的路要走。要在总结国际国内网络文化建设的经验基础之上，与我国现实国情和文化传统相结合，探索出符合中国国情的网络文化发展模式，才能保证我国网络文化健康发展，维护国家网络文化安全。作者认为，要从真正意义上维护我国的网络文化安全，就必须从法律、行政、教育、技术、合作等方面同时着手，探索符合我国国情的网络文化管理模式。

一是运用法律法规对网络文化进行管理。由于互联网的信息交流具有开放性、匿名性和高速流动的特点，目前仍缺乏有效的身份验证机制，一方面使得网络犯罪变得更为容易，例如计算机病毒、黑客攻击、网上诈骗、色情网站和网上出版物的侵权问题，以及恐怖主义、邪教组织等利用互联网进行犯罪等，另一方面使得控制网络犯罪有相当大的困难。网络与信息安全已从一个经济文化问题上升为事关国家政治稳定、社会安全、经济发展和社会主义精神文明建设的全局性问题。没有网络的可靠性、安全性和依法管理的有效性，就没有网络文化的健康发展。上述问题必须依法管理和解决，加强立法已成为我国网络文化发展的当务之急。如通过法律制裁网络犯罪者来防范新的网络犯罪行为的发生，通过法律保护知识产权和隐私权来迫使人们遵守相应的规则，依法行使权利，积极承担相应的义务。

根据实践的需要，应当把互联网发展过程中确立的共同合理原则上升为法律，把电子政务、电子商务在新的环境中形成的规则和惯例上升为法律。要充分适应信息技术的发展和形势的变化，积极实施网络文化管理的监督职能、引导职能、规范职能、惩戒职能，加快建立法律规范、行政监督、行业自律、技术保障相结合的网络文化管理体制和机制，推动网络文化健康发展。要跟紧网络文化的最新动态，严格执法，对网络上的违规违法、经济犯罪、民事犯罪等做到执法必严、违法必究，保障国家网络文化安全。

二是运用行政手段对互联网进行管理。国家承担着社会稳定与发展的责任，有义务规范和管理网络文化，以调整网络空间的社会关系和社会秩序，保证其健康协调发展。无论是网络基础设施的建设规划还是内容提供，都不可避免地要求政府的行政参与和支持。政府可以通过自上而下的管理体制以及特别的监管部门对网络进行行政规制。政府对网络空间的行政管理，主要体现在对互联网服务供应商的有效行政规制上。互联网服务供应商、内容提供商联接着有形的和虚拟的世界，他们了解客户端位于什么地方，并向客户收费。政府应要求供应商提供各种真实资料备案，监督其合法经营。事实证明，网络中出现的很多问题可以在互联网服务供应商这个环节和层面上得到解决。只要政府加强对互联网服务供应商的行政管理，就可以在一定程度上监督和控制垃圾邮件、有害信息及网络违法犯罪行为。

政府要把重在建设的原则进一步贯彻到网络文化管理工作当中，用先进的、丰富的、富有吸引力的文化来占领这个网络的阵地，用科学、有效的管理来规范网络传播的秩序；要加强对网络文化的研究，促进理论与实践的联系，出版高质量的网络文化作品引领市场，在把关的同时，为网络文化健康发展提供宽松环境；提高舆论引导质量，选拔高素质的专业人员经营网络，培育文明道德风尚，保证社会信用机制；要用优秀文化占领网络阵地。要以市场为依托，不断提高网络文化产业的规模化、专业化、国际化水平，努力形成一批"立足中国、放眼世界、社会责任感强"的网络文化骨干企业；要以产品为基础，不断增强我国网络文化产业的自主创新能力，努力推动网络文化产品的创作和生产向原创为主转型升级；要以中华文化为重点，创新文化服务方式，大力加强数字图书馆、博物馆、文化馆、艺术馆建设，努力形成一批具有中国气派、体现现代精神、品位高雅的网络文化品牌；要建立网络文化产业高端交流平台，展示、交流网络文化产业新进程和新成就，提高网上公共文化服务水平，引领网络文化产业良性运行；要调动广大文化工作者和一切爱好文化工作的各界人士的积极性，投身于文化创造，推动我国优秀文化产品的数字化、网络化，提高网络文化产品的服务和供给能力。

三是加强网民素质教育。据2007年1月公布的最新中国互联网发展状况统计报告显示，40岁以下的网民占网民总数的90.7%，其中30岁以下的占72.1%、24岁以下的占52.4%。由于年龄和阅历的原因，他们约束自身言行的能力和抵御各种社会诱惑的能力相对较弱，容易成为网络不良信息的影响对象。为此，要建立网络文化产业高端交流平台，展示、交流网络文化产业新成就、新繁荣，推动网络文化产业的良性发展。只有属于我们自己的网络文化产业发展起来，才能在网络空间应对冲突，引领科学的理论、正确的舆论、高尚的精神、优秀的作品，我国文化才能成为网上文化传播的主流。

同时，要注意涵育网络文化。涵育网络文化需要切实提升民众的网络素养。健康文明、积极向上、生动活泼的网络文化的涵育，离不开网络内容的优化和净化，更离不开"在网络上行走"的公众网络素养的提升。网络素养是一个系统的、多维的、介于技术和伦理之间的概念，是网络利用能力、网络行为文明的综合体。提升网络素养，需要进一步提高民众的网络利用能力，诸如系统提出和分析信息需求的能力、识别和评价信息源的能力、寻找信息源的能力、调查选择和筛选信息源的能力、提取所需信息的能力、记录和贮存信息的能力、解释分析与综合评价信息的能力、提供和交流研究结果的能力、评价全部信息过程的能力等。提升网络素养，还需要进一步提升公众的网络行为文明程度。为此，我们需要建立网络空间教育与现实空间教育一体的教育体系，进一步加强网络伦理教育。借鉴发达国家经验，如美国一般的伦理道德和职业行为规范中这样规定：为社会和人类作出贡献；避免伤害他人；要诚实可靠；要公正并且不采取歧视性行为；尊重包括版权和专利在内的财产权；尊重知识产权；尊重他人的隐私，保守秘密。我国网络道德规范的建设要根据我国传统道德和网络道德的现状来进行。如珍惜别人的劳动，尊重别人的智慧；不散发反动的、迷信的、淫秽的内容，不散发谣言，不搞人身攻击；要自尊自爱，提倡网络文明用语，要注意风俗语言美，不谈论庸俗话题，不使用粗俗的语言；利用计算机技术维护国家和社会的利益，弘扬民族文化，与不道德的行为作坚决的斗争；培育知识产权意识，不盗用或抄袭他人的程序，不使用盗版软件等等。

四是运用技术手段提高网络文化管理水平。技术的发展在网络文化的形成和发展中扮演着重要角色。网络文化是一种技术文化。技术的发展既有可能给网络文化带来某种威胁，也可以运用它来消除这种威胁。从这个意义上说，技术在防范网络文化的偏向问题上发挥着不可替代的作用。以技术手段对网络文化进行管理，一方面要进一步加强对信息技术产品的监控与管理；另一方面要加强网络安全体系建设，通过研制和开发先进的防范病毒传播和破坏计算机系统的软硬件技术，建造防火墙，启用分级过滤软件，对网上内容进行甄别，将危害国家安全、破坏社会稳定以及淫秽色情等有害信息的网站予以屏蔽、过滤。比如，由于互联网的分散管理结构体系，任何人和机构都可以独自在网络上随意发布信息，结果可能使不良信息充斥整个网络，而真正有价值的信息反而难以被发现和利用。但是网格的出现使这些被人们所诟病的"信息孤岛""信息垃圾"等问题有望得到根本性的解决。

技术在防范网络文化的偏向问题上必然要发挥不可替代的作用。从这个意义上说，不断发展的网络技术不仅是网络文化的缘起，也是各种网络文化安全管理模式的保障。要加强网络安全人才的培养。首先，要着力培育网络文化创意、技术、管理、营销等专业人才，努力形成一支与市场相适应、与品牌相适应、与我们的经济规模相适应的网络文化队伍。其次，要建立互联网信息服务从业人员的准入机制，积极引进国内外在文化产业运作方面有经验、有水平的高端人才，投身我国网络文化建设。再次，要建立网络空间教育与现实空间教育一体的教育体系，进一步提高人们利用网络的能力和网络文明素养。通过跟踪、预测新的互联网应用技术，有利于对未来网络文化监管的预测和分析；建立网络文化信息联合监管体系，全面、及时跟踪新应用发展，提高预测及可管理能力，对于提高监管效率，保障国家和社会的安全、稳定、和谐将发挥更大的作用。

五是加强国际合作，积极促进网络文化安全国际机制的建立。网络文化安全是一个高于技术保护和一般社会管理层面的问题，是全社会的综合集成体系。网络文化安全问题的解决必须综合运用技术、法律、管理等各种手段。然而由于信息网络的全球性、互联互通性、开放性，国际合作对解决信息安全问题必不可少，而且随着信息安全问题跨国性日益突出，各国信息共享、加强国际合作的重要性、迫切性更为突出。

当然，促进信息安全国际机制的建立是一个长期的、复杂的过程。在这一过程中，首先，要采取合作的态度。网络信息干涉的问题是世界各国的普遍问题，只不过网络技术强国凭借技术优势占据更大的主动权而已，事实上，他们同样面临着各种网络安全问题，因此，通过合作而不是冲突、协商而不是对抗、多边而不是单边共同建立新秩序，是唯一有效的出路。其次，要采取协商的途径。共赢观念已越来越被世界各国和国际社会所接受，在建立"国际网络文化新秩序"过程中，也同样要确立这样的观念。第三，要通过斗争的方式来建立"国际网络文化新秩序"。发达国家和发展中国家在建

立"国际网络文化新秩序"的过程中，必然有一定的利益冲突，发达国家竭
力主张所谓网络信息自由流通以谋取其最大的利益，而对于占世界人口大多
数的发展中国家而言，反对网络文化霸权、实现名副其实的网络文化自由
化，则是其根本利益所在。国与国之间只有建立互信关系，寻求共同安全利
益，才能保障网络文化安全。为此，我国应该加强与其他国家和国际组织的
交流与合作，积极参与网络信息技术国际标准的制定，积极同其他国家和国
际组织一起推动有关网络安全的国际法的制定，并积极参与到国际互联网安
全的事业中来。

四、高等教育国际化与国家文化安全

全球化进程已经影响了各国的教育体系和人们受教育的方式，高等教育
国际化与全球化进程一样成为一种必然趋势。从全球化的内部因素来看，一
方面，全球共同市场的社会化标准导致各国经济运作、资本流通和社会管理模
式的趋同；另一方面，全球范围内的国家间贸易与交往要求各国通讯技术方式
一致、专业人员在基础知识能力上达到相似的评价标准。由此，当今世界各国
的高等教育在理工科方面出现了"国际通用技术"的培养模式，工商管理等管
理专业的培养方式也出现越来越明显的趋同，等等。从实现形式来看，高等教
育的跨国交流与合作是其国际化的最主要表现。从文化学的角度来讲，国际化
的高等教育就是跨文化交际，或者说，跨文化交际是高等教育国际化的主要形
式。在高等教育国际化的时代，跨文化交际担负起联系世界各个国家、民族的
纽带的功能。同时，高等教育国际化又是教育在全球化背景下趋于国际性的过
程，现代性的张力必然驱动着高等教育的国际化。香港中文大学金耀基先生
说："今天的高等教育有内在的需要朝国际化方向发展，亦即高等教育，像经
济一样，已形成一种国际体系。"[1]近年来，中国的高等教育国际化发展迅速。
"一带一路"倡议是进一步提高我国对外开放水平的重大战略构想，也为进一
步推进我国高等教育国际化，深化高等教育领域综合改革、提高教育质量提供

---

[1] 金耀基：《大学之理念》，三联书店2001年版，第171页。

了重大战略机遇。[①]

1.高等教育国际化的含义与内容

从概念上讲，高等教育国际化是在高等教育领域的教育制度、教育理论和教育行动三个层面的、超越国家和地区边界的信息、人员、项目的交流、合作与互动。高等教育国际化是与高等教育本土化相对应的，高等教育的本土化是指基于国家和地区的学术传统和文化模式渊源对教育制度、教育理论和教育行动的建设和规范。

从内容上，高等教育国际化主要包括四个层面的内容：

第一，教育观念国际化。高等教育国际化的前提是教育观念国际化，这是因为，首先，知识具有流动性，具有知识传播功能的教育，是一个开放的体系。教育关注的是整个世界，而不是其中的一部分。教育作为一种生产要素，其产出的是知识，而知识的最本质特征之一是它的流动性。通过知识获得，教育能够使人们在更多的国家和文化中发挥作用，教育应该向三个方向发展：一是能够为他国、他民族承认和接受；二是能够与外国进行平等交流；三是能够充分对外开放。其次，21世纪高等教育的育人理念要求国际化的教育观念。新世纪高等教育的重要职责是培养具有全球意识的世界公民，没有国际化的教育观念将难以胜任。全球化进程加速的时代，越来越多的国家在高等教育人才培养目标上增加了国际化的内容，流行在思想上培养学生的国际意识，主要是加强国际文化交流中充分沟通思想，能够从国际社会和全人类的广阔视野出发判断事物。在思考问题时不局限于一种思维方式、一个部门、一个国家、一种文化，而是站在整个人类的高度和广度去思考。

第二，人才标准国际化。人才标准国际化具有两方面的含义：一方面培养的人才素质结构能够适应国际竞争要求。高等教育培养的人才应该具有国际意识、具备完整的结构、具有强烈的创新意识、创造能力和创业精神、具有良好的人格结构。另一方面是培养的人才类型能够参与国际竞争。

---

① 王焰新：《"一带一路"倡议引领高等教育国际化》，载《光明日报》2015年5月26日13版。

　　第三，人才培养国际化。人才培养国际化主要通过三个渠道实现：课程国际化、人员交流国际化、学术交流与合作研究国际化。课程国际化是指在课程中增加国际化的内容，以培养学生在国际化和多元化环境中生存的能力。人员交流国际化包括学生的国际交流和教师的国际博览会交流两个部分。教师的国际流动是高等教育国际化的一个核心部分，是实现教育国际化的一条捷径。具有国际知识和经验的教师可以直接推动教育思想、观念、课程和教学向着国际化的方向发展。学术交流与合作研究国际化不仅对学术研究有重要意义，而且也有利于国际人才的培养。

　　第四，教育市场国际化。教育市场国际化包括办学市场、生源市场和就业市场的国际化。加入WTO后，随着我们对教育服务承诺的逐步兑现，国外高等教育办学机构将以各种方式陆续进入中国这个大市场，办学市场、生源市场的竞争将不仅在国内高校之间进行，而且还将在国际教育市场范围内打响。一方面，国内学生"出国热"持续升温，形成"批量"出国留学现象。另一方面，国外高校瞄准我国国内教育市场。到2000年底，根据教育部有关资料显示，中国每年出国留学人数八万多人。作为世界上增长潜力最强的教育市场，中国高等教育办学市场、生源市场的国际化成为事实。教育市场国际化的另外一个重要方面是对人才的竞争。在国际化大背景下，国与国之间联系加强，交往障碍减少，为个人提供了在国际范围内选择适合自己发展的职业和环境的背景，为人才的全球流动提供平台和载体。如在美国硅谷的二十万工程技术人员中，就有六万是中国人，而中国最著名的两所大学——北京大学和清华大学涉及高科技专业的毕业生，就有76％和82％去了美国。当然，就业市场的国际化也将吸引一部分国外优秀人才到国内就业，但是经济实力的不平等使人才外流不仅得不到有效遏制，而且还会进一步加剧。

　　2.高等教育国际化与我国国家文化安全的关系

　　高等教育国际化使国家文化安全成为"全球性"的问题。高等教育国际化并非自今日始，它的真正出现是在资本主义产生之后。资本主义在开拓海外市场的过程中，通过殖民主义的手段，以文化、教育等载体，将其思想意识、价值观念推销到全世界。从文化层面说，这种危机是国家文化危机。西方国家在中国开办了大量的高等教育机构，从精神上对中国进行深入骨髓的侵略，这不仅解构了中国传统的生产方式，而且颠覆了中国传统的价值体系。殖民主义条件下的高等教育国际化是对中国国家文化安全的重大挑战。当代，随着经济全球化和信息网络化的发展，跨文化交际有了更加坚实的物质基础、更加优越的技术支持和更加开放的社会氛围，高等教育国际化呈加速的趋势，但同时存在着"后殖民化"的问题。这种倾向同样是对中国国家文化安全构成的威胁。

这只是问题的一个方面。除去威胁与挑战，高等教育国际化与国家文化安全还存在着相互保障、相互促进的关系。在近代中国高等教育国际化过程中，中国向西方派遣了大量留学生，在国内开办了大量与西方接轨的新式学校，以培养具有先进思想文化和科学技术、服务于民族独立、国家富强的人才。从维护国家文化安全的角度来说，这是"保国""保族""保种""保教"的战略举措。向西方学习，实现与西方的教育文化交流，既是近代中国的国情和国际情势决定的，也是中国走向强盛之必须。中国"文革"期间的高等教育是纯粹的本土化模式，事实证明这种模式是不成功的，甚至是灾难性的。没有发展的文化是没有生命力的。没有生命力的文化没有安全可言。由上我们可以看出，高等教育国际化与国家文化安全之间是一对矛盾与利益的共同体。正确处理二者之间的关系在于中国高等教育能否在参与国际化的进程中保持自我、避免成为西方的附庸，将本国教育发展起来。

这是一个复杂的而又不能回避的问题，可以从很多个层面加以解析，但每个层面都能够归结于一点，那就是：建设"中国的大学"。培养"中国人才"必须有"中国的大学"（a university of China），而不是"在中国的大学"（a university in China）。我们的目标是建设有"中国特色"、不是"西方特色"或"美国特色"的大学。要建设"中国的大学"，不能脱离中国的现实环境。要有本土意识，才能在高等教育国际化进程中为中国高等教育的发展找到一条合适的国际化与本土化结合的道路。

关于高等教育的国际化与本土化，二者之间存在这样的关系：

首先，本土化与国际化内在目标一致。高等教育国际化是指一国高等教育面向国际发展的趋势和过程，是把国际的、跨文化的、全球的观念融合到高等学校教学、科研和服务等诸项功能中的过程。可见，国际化并不是强调超越国家界限、忽视民族与国家愿望，它强调的是国家与国家之间的相互交流与合作的活动与过程，是在承认各国差异的基础上展开，从本国自身的条件和特点出发的教育发展过程。它与教育本土化并不是对立的，而是统一的，是在教育本土化基础上的国际化。高等教育本土化是相对于高等教育国际化而言的，没有外来教育特别是西方教育的传入，就无所谓本土化问题。有学者认为，本土就是本民族的、传统的、现实的东西。教育本土化就是指吸收外来文化和自身文化的创新，从某种程度上讲也是一种文化选择。教育本土化就是强调民族、国家的自身特点，兼收"外来文化"与"自身文化"的"创新"，是一种"文化选择"。并且，无论是教育的国际化还是本土化，都代表了外来文化与本民族传统文化相互沟通、融合的过程，是外来文化及传统文化改变自己初始形态以适应新文化发展要求的过程。这样看来，国际化与本土化是教育发展的本质要求，是不同文化发生碰撞中必然出现的共生。

第二，本土化与国际化相互依存。前面提到，教育国际化与本土化并不相互排斥，因为高等教育具有国际化的属性，知识广泛性是高等教育创造知识的核心价值。而现代大学又首先是属于民族的，然后才是世界的。大学又是大师之学，它是思想开放的，而现代大学的国际化也要求它是全面开放的办学。现代大学虽然有民族国家的印记，但较之其他的组织体，总是具有较大的开放性与国际性。由于全球化趋势的加速，大学的世界性格将更深化。在全球化的趋势中，大学是任何社会中最前沿的组织体之一，因为大学是先天上最具世界性格的。全球化、网络化时代诞生了"无边界高等教育"[①]的概念，它意味着传统高等教育的各种边界，无论是观念上的、制度上的还是地理上的，正在逐渐消失，向无边界过渡，这就要求各个国家在教育空间、教育形式、教育机构等方面必须进行渗透和跨越。因此，经济全球化语境下高等教育国际化要实现

---

① Stuat Cunningham, New Media and Borderless Education: A Review of the Convergence between Global Media Networks and Higher Education Provision，Australian Government Publishing Service, 1998, p.40.

高等教育世界性与民族性的协调共存。

第三，本土化与国际化相互补充和发展。教育国际化是全世界国家和地区的教育走向趋同性（convergence）的一种表现形式，而本土化则是一个特定国家或区域教育呈现出地域（local）特色的过程。国际化使各民族的高等教育越来越具有"同一性"。但"同一性"恰恰又存在于各民族教育传统的"差异性"之中。"同一性"使各民族的高等教育在国际范围内超越时空的合作成为可能，"差异性"又成为推动各民族乃至全世界高等教育发展的内在动力。国际化不是"某国化"，即不是单向度交流，而是多向度交流，它尊重各个国家、民族的文化个性和教育传统。国际化彰显了各民族高等教育共性与个性或现代性与传统性的联系、转换、融合、冲突，国际化的过程就是高等教育共性不断拓展和丰富的过程，也是高等教育民族化、个性化的过程，这是高等教育国际化的主线。

可见，一国的教育就其完整性来说，需要国际化与本土化两者的结合。从高等教育自身发展规律的角度来说，国际化与本土化都是高等教育本身发展的要求。因为任何国家的高等教育都具有本土性，同时也具有国际性。越具有高度现代化的教育思想和实践，也就必然具有自己的本土特色。理想的教育体系必须是外来教育思想、实践与本土化教育的高度融合，是本土化已有思想和经验的高度升华。

大学最主要的功能之一是保持国家特有的文化，并促使它与其他文化进行有益的碰撞与理解。高等教育国际化进程中的国家文化安全问题并不是国际化与本土化的冲突问题，而是避免其走向任何一个极端，走单纯的"国际化"或"本土化"路线。

3.我国高等教育国际化存在的主要安全问题

改革开放以来，中国高等教育国际化取得了较大的成绩，并且在全球高等教育国际化进程中发挥着重要的作用。联合国教科文组织的统计显示：中国是世界上在国外上大学人数最多的国家，来华留学生数量占全球留学生总数的14%，仅2004年度就多达11.47万人。但到目前为止，高等教育国际化还没有带给中国高等教育以成功的标识。国际化的中国高等教育远未确立华人大学的理念。我们从制度领域、国际交流领域、人才流动领域和学术领域进行分析：

在制度领域，从高等教育体制改革看，中国高等教育乃至发展为了与国际通行的制度接轨而不断地进行改造，在向发达国家学习先进教育经验时有意无意地"西化"而逐渐沦为附庸。在现代中国的大学校园里，充斥着规范的课程及学时安排，标准的教学方式，同样排列尺寸和词汇的教材等等被称为"高等教育麦当劳化"（McEducation）[1]的景观。我们曾经简单地用苏联的模式取代各种制度和课程模式，使中国高等教育迅速成为苏联的翻版。而从目前来讲，是不是我们的高等教育又要迅速地刻录西方模式，而失去中国大学的风格？

在人才流动领域，从高等教育国际流动状态看，中国高等教育还处于不利的地位。西方发达国家接收留学生获得了巨大的收益。对于发达国家而言，其接收留学生所得到的利益远远大于它们为留学生提供的学习费用和各种机会，如单从经济利益上说，有关数据表明，外国留学生为发达国家带来了巨大的利益。据调查，美国高等院校已成为美国第五大从海外获取利益的行业。1993年，外国留学生的学费对美国经济的贡献是68亿美元，此外留学生在美国的消费也有38亿美元。[2]英国从海外学生身上收取的费用每年近10亿美元，1999年仅英国79所大学外国留学生带来的收入就高达7亿英镑。[3]"西方正以低廉的费用，吸引大量的大陆知识分子。进行高效率的、精密的洗脑……大陆知识分子到西方加工，塑造成一批又一批的买办精英资产阶级知识分子"[4]。对于中国而言，大学国际化仅仅是"走出去"的单向性交流和人才大量流失。人们甚至把北大和清华称为"留美预备学校"。高校毕业生到发达国家留学不归，则带来了人才流失的严重问题。据统计，1978年到2003年，中国各类出国留学人员总数已达70.02万人，留学回国人员总数达17.28万人，尚有52.74万人

---

① P. Scott, The Globalization of Higher Education, Buckingham: The Society for Research into Higher Education & Open University Press, 1998.

② 参见夏亚峰：《美国的留学生教育现状及其比较研究》，载《比较教育研究》1997年第4期。

③ J.Knight, "What does Internationalization Really Mean?" in UKCOSA Journal，1995.

④ 陈学飞：《高等教育国际化》，载其主编《跨世纪的大趋势》，福建教育出版社2001年版。

在国外。[①]近年来发展更为迅速，见下图。优秀人才的大量流失，是我国高等教育国际化的重大损失。而对于发展中国家而言，高等学校毕业的学生到发达国家留学不归，则带来了人才流失的严重问题。除了人员流动以外，发展中国家为了与"国际"通行的制度接轨而对本国的高等教育进行的改革，也容易使它们的高等教育沦为西方的附庸。

1978～2014年中国出国留学总人数

数据来源：http://edu.sina.com.cn/a/2015－10－29/doc-ifxkhcfk7406814.shtml。

在思想交流领域，一方面，从国际上讲，在西方学成归国的人员不同程度地承担着西方文化潜在的"信使"。当接受了国际化教育的人回国后，异国的留学生涯在他们的工作、生活、思维方式和性格养成等方面打下了深深的烙印。另一方面，从国内来说，20世纪80年代起，世界各地对MBA（美国哈佛大学创办的工商管理教学模式）的推崇与需求的快速升温、美欧名牌商学院纷纷在我国开办学校。与此同时，数字式网络的飞速发展和交流手段的革命也引导中国高校教学模式的标准化。而这些，无疑不是西方价值理念的渗透。在这些人中，存在这样的现象，就是以自己的西方求学经历和背景为荣耀，以西方教育、文化和生活方式为标准化的方式。法国教育科研和技术部部长克洛

---

① Chen Xiangming, Internationalization and Localization: Education in a Global Economy, paper presented at "Asia in a Converging World: The Impact of Globalization on Economics, the Environment, and Education", Beijing, China, 2002.

德·阿莱格尔在1999年接受法国《世界报》采访时说：如果美国人到全世界办他们的大学，那就将是一场灾难。如果那样，我们将准备反击，包括在函授教育领域进行反击。[①]

在学术领域，从目前世界知识系统的规则与范式看，西方国家成了唯一的学术裁判。在国际知识系统中，知识的生产和分配手段都高度集中在少数发达国家。全世界6万～10万种科学期刊中，仅有3000种被认为是可以在全球传播的"重要"科学刊物[②]；而这些有影响的期刊绝大多数由美国和英国等其他西方国家编辑把持。发达国家的学术和科学系统规则与范式成为世界共同的准则。现代高等教育的基本结构、科学基础、知识基础以及知识结构都是西方的，西方是唯一的教育输出地，我们自然而然地成为知识的消费者。

从以上的分析可以看出，我国在目前的高等教育国际化进程中并不处于优势地位。从价值观的角度，高等教育国际化带来的是外来文化的日益扩张，本土文化有日益受到忽视和淡漠的趋势，本土文化价值面临着进一步萎缩的威胁。从经济价值的角度，我国的高等教育国际化也面临着严重的"出超"危机。面临这样的现状，国内学界有两种截然相反的观点。一种是对这种威胁进行抵制，坚决地固守本土教育的特色；一种则认为高等教育的"西方标准"是学术进步、教育进步和文化进步的标志，先进的标准化高等教育方式才能带来先进的科学技术，才能加速与世界融通的步伐，以期在未来赶超发达国家。我们到底应该怎样看待这样的问题呢？

作者认为，"西化"对于一个民族国家来说，无论如何都是一个极其危险的行为，包括教育领域的西化。"高等教育的麦当劳化"会使中国高等教育迷失本土教育自我生长的根基，远离对文化传统的精神追求，失去中国的教育特色。并且，作为后发展国家，我们的高等教育"西化"后，也只能成为别国高等教育的追随者，很难有机会打起自己的高等教育"旗帜"。在高等教育国际

---

① 参见董健：《超越国家：从主权破裂到新文明朦胧》，当代世界出版社2002年版，第254页。

② P. Altbach, "Perspectives on Internationalizing Higher Education," in International Higher Education, The Boston College for International Higher Education, no. 27, 2002.

化的进程中，只能成为知识的消费者，而不能成为知识、教育财富的创造者。要真正发展本国高等教育，不能走单一的国际化的道路。

这一结论可以通过今天的美国经验得出。今天的美国既是高等教育国际化的典范，也是本土化的典范。从1815年四位美国青年第一批赴德国留学起，到第一次世界大战前，约有一万多名美国青年到德国学习，仅柏林大学就接纳五千多名学生。这些留学生受到黑格尔、马赫、费希特、洪堡等思想家的极大影响，并把德国学人的精神带回了美国。1837年爱默生在哈佛大学发表的题为《美国学者》的演讲中，对去欧洲留学的美国的优秀青年学子讲道：你们今后不是要成为美国的德国学者、英国学者、法国学者，而是要成为立足于美国生活的"美国学者"。他说："我们依赖的日子，我们向外国学习的漫长学徒期，就要结束。我们周围那千百万冲向生活的人们不可能总是靠外国果实的干枯残核来喂养。"①并预言美国的学术和大学终将执世界之牛耳。他说这话时，正值美国青年学子留学德国的高峰期，这种留学潮持续近百年，直到20世纪初才结束。伟大的大学必有其伟大的精神，但这种伟大的精神并非凭空而生，而必然植于一个政治文化共同体本身的强烈要求及其自主独立的精神之中。

爱默生的预言成为现实。著名的芝加哥学派，是美国人在理论层面上处理国际化与本土化关系的典范。1892年刚刚诞生的芝加哥大学就建立了世界上第一个社会学系，而且从那时起培养和造就了一大批名闻遐迩的社会学家，其中包括斯莫尔、米德、托马斯、帕克、伯吉斯、麦肯齐、法里斯、奥格本和沃斯等。他们因具有相对一致的学术旨趣、长期的制度支持、占主流地位的出版物和"将社会作为一个整体来研究的经验论方法"，而形成被人们尊重的社会学"芝加哥学派"②。在社会学160余年的历史上，这是除以法国人涂尔干为灵魂的"社会学年鉴学派"以外，唯一享有如此盛誉的一个科学家共同体。有趣的是芝加哥学派的创始人和领军人物斯莫尔（A. W. Small）、米德（G. H.

---

① 转引自刘晖：《论高等教育国际化与本土化的指向与内涵》，载《广州大学学报》2005年第3期。

② 参见周晓虹：《芝加哥社会学派》，载《社会学家茶座》2003年第3期。

Mead）、托马斯（William I. Thomas）、帕克（R. E. Park）等有个共同之处：均在德国留过学，均受到德国社会学尤其是齐美尔（Georg Simme）的影响，均与本土哲学、教育学大师约翰·杜威（John Dewey）有着某种精神上的联系，并且，他们又都是美国学术界从国际化到本土化的代表。

可见，在高等教育国际化进程中，教育的发展一方面趋于国际性，一方面又需要不断张扬民族性。国际性与民族性的转换、协调、融合是高等教育国际化走向成功的必由之路，而两者之间的矛盾、冲突也会贯穿于高等教育国际化的始终。

4.如何确保高等教育国际化进程中的我国国家文化安全

全球化时代的高等教育国际化，已经是各国政府以及各种国际教育机构有意识、有组织、有计划推动的产物，在相当程度上说是国家政治运作的结果。对于发展中国家而言，高等教育的国际化是一个两难命题。必须看到，在全球化飞速进展的今天，高等教育的"国际化"仍然意味着"西方化"，进一步说则在相当程度上意味着"美国化"。发达国家和发展中国家在高等教育方面存在的优势和劣势，给发展中国家带来了巨大压力，发展中国家要赶上发达国家高等教育的发展水平，不学习他们的经验是没有可能的。这也同时意味着，发展中国家往往没有更多的余地在本国民族文化发展的基础上发展自己的高等教育，而只能按美国等西方国家的标准提高高等教育的发展水平。从这种意义上说，高等教育的国际化是不公平国际高等教育关系的延续和扩展，这一过程伴随着发展中国家高等教育无法摆脱作为西方边缘的危险。因此，如何在高等教育国际化的潮流中坚守民族阵地，维护本国的国家文化安全有着非常重要的意义。

高等学校是高等教育国际化的直接承担者，对维护国家文化安全负有直接的责任。因此，高等学校在积极推进高等教育国际化的同时，应采取切实措施，维护国家的文化安全。

首先要对大学生进行国家文化安全教育。青年一代特别是青年大学生，是国家未来建设的主要力量，对青年大学生进行国家文化安全教育，使他们成为国家文化的建设者和国家文化安全的维护者，关乎我国的文化命运。要对他们进行国家文化观念、国家文化利益、国家文化安全的法制教育。从当前来看，相当一部分大学生的国家文化观念比较模糊，国家文化利益、国家文化安全的法制意识比较淡薄。究其原因，主要有：一是反主流文化、非主流文化的大量出现，如在跨文化交际中，外国文化（影视、书籍等）严重冲击着中国的传统文化价值体系和现实的中国文化市场，后现代文化、庸俗文化占领了市场的主流。二是学校教育中对于国家文化安全的教育相对较缺乏。三是大学生自身的文化分辨能力较弱。对他们的教育，要进行中外文化的比较教育，帮助他们正确认识中国的文化；通过对外国文化的评介，帮助大学生正确认识外国的文化，使他们真正懂得中外文化各自的优点和不足、不同文化交际的重要性、文化交际的科学性。还要进行国家网络文化安全的教育。在大学生的法律基础课中，要加大这方面教育的力度，使大学生掌握国家互联网信息管理的有关法律法规，懂得网络犯罪的危害性，自觉抵制危害国家的各种行为。

第二，在高等教育国际化的进程中规避本国教育独特性的消解。全球化对发展中国家的教育影响是巨大的，由于欧美国家率先完成了工业化，在教育输出上他们就具有了绝对的优势。于是，他们在向他国输送教育时，客观上是为别国提供先进的教育范式；主观上则是将自己特殊的教育价值观确立为全球普遍的教育价值观，强行向世界推行自己的教育理念、制度与方法。对于作为发展中国家的中国来说，如果一味随波逐流，国家教育的基础可能将不复存在，政府将对教育的控制权减弱，教育有可能失去其公共的和集体的特性。民族国家的教育传统遭到破坏，民族文化的空间将受到极大的压缩——因为民族文化将不再被认同。所以，理论上，教育全球化表现为教育的普遍性，体现为世界各国、各民族和各种不同文明体系之间在教育思想、制度和方法上的某种趋同，但实际上，这种趋同已经变成了某种文化的单向扩张。这导致了发展中国家教育独特性的消解。对中国来说也是一样。高等教育国际化对于提高我国高等教育的现代化水平，拓宽我国高等教育市场，促进我国高等教育体制的变革与创新等提供了有利条件。同时，也对我国高等学校现行的办学体制、运行机制、专业结构、管理方式以及教育资源、教育目标价值取向等方面形成了挑战。所以说，在推进教育全球化的同时，在与国际接轨的时候，我们要警惕西方发达国家以某一种意识形态来统一世界，取消世界各民族国家丰富多彩的文化企图，防止将原有好的或与中国国情相适应的独特性被"西化"，形成具有我们自己民族性和本国特色的教育文化。

第三，通过传统文化教育建立民族文化价值体系。用中华民族五千年的悠久文化建立一个相对独立和完整的文化价值体系是文化继承者的责任。长期的文化淀积形成了中华民族自己的传统文化观念和文化体系，包容着民族的命运、历史、语言、习俗、信仰和文化等。只有建立了民族文化价值体系，本土教育才能真正挺立起来，才有承受吸取外来优秀文化成果以及经受外来文化冲击的巨大能量，才有走向世界的基础与可能。由于现代性的扩张，高等教育国际化有力地冲击着高等教育传统的、民族的、地域的堤坝。但是，这一过程只是"重构"而非"解构"，高等教育国际化的前提之一是对民族传统教育的历史性反思，即各民族的高等教育在坚持传统的价值体系的同时，不断调整，向世界开放，以适应国际化的趋势。在这个过程中，放弃一些不合国际化时宜的传统的东西，以实现高等教育的创新与替代。

第四，教育输入与教育输出相结合。高等教育国际化在发达国家和发展中国家之间存在着交流的不对等，体现在数量上是，发达国家向发展中国家输出的文化较多，而发展中国家的反向输出较少；在质量上，发展中国家全盘接受了带有深刻西方文化印痕的现代学校教育体系、教育理论、教育模式，而发达国家仅仅接受了一些亚文化的东西，诸如文学、艺术等一些对它们主流文化不会造成任何威胁的内容。在这样的境况下，我们要加强的是教育输出，做到教育输入与教育输出相结合。

在教育输入方面，改革开放以来，尤其是加入WTO以后，我国教育输入的力度是很大的。接受外来的教育价值与理念，有三种不同的态度：认同、抗拒、有选择地吸收。这三种态度分别对应着文化激进主义、文化保守主义和文化折中主义。我们应该在碰撞、冲突中寻求对话、融合，在引进、借鉴中进行批判、排斥，在共同性中寻找差异性，在差异性中寻找共同性。但是，现实的交流与对话中却充斥着霸权与反霸权，殖民与被殖民。实际上，赞成也好，反对也罢，我们的教育都不得不处在一种全球性复杂联结的漩涡中，必然面对诸多的"风险问题",要求在接受与输出的选择中找到适合自己特色的平衡点。

　　在教育输出方面,这是我们目前面临较大困难,需要加大力度和投入。首先是要主动输出,避免文化误读。当前,比较流行的说法是"输出东方"这里的"东方"指以中国为代表的东方文化。有人说,"发现东方是理念,输出东方是实践"。要通过我们自己输出东方的实践,帮助西方人树立发现东方的理念。比如,"刮痧"在西方人看来是一种虐待行为,但是刮痧的背后是经络,经络背后是阴阳,阴阳背后是哲学。这本质是中国与西方的文化差异。

　　教育的输出可以分为显性输出和隐性输出两种类型。显性输出往往以武力征服与文化讥讽为手段,采取强制性行为把自己的文化和教育输送给对方。时至今日,全球化背景下教育输出已经改变了武力与讥讽的方式而显现出隐性的方式。输出方一方面充分利用WTO条款中"合法"化的教育规则,另一方面伴随着各种"诱人"的强势文化"温和地"进入被输入方的意识形态中,并使得接受方在自愿的心态下予以认同。应该承认,在高等教育国际化初期,我国盲目的移植使教育理论界出现过短期的繁荣和思想的匮乏。但今天,人们逐渐严正地审视教育的输入和输出,理性地思考对西方教育的接受与融合,为开拓和发展具有中国特色的高等教育而寻求和探索出路。

　　综上,维护高等教育国际化进程中的国家文化安全,是在各国教育文化的冲突与融合的过程中寻找发展自身高等教育的契机,结果常常呈现出三种不同的现实:一是外来教育征服或代替本土教育;二是外来教育被本土文化折服并融入本土文化,成为本土文化的一部分;三是双方互相学习、互相借鉴,共同发展。全球化进程使每个国家的教育都融入这样的现实中进行选择与被选择。

　　5.高等教育国际化中的国家教育主权问题

　　高等教育国际化作为一种趋势与过程,在不同的历史时期呈现着不同的形式与特点。20世纪末期,随着"冷战"的结束,世界各国在经济领域的交流与合作日益加强,国与国之间的竞争,表现为科技与人才的竞争。各国只有适应世界经济和科技发展的国际化要求,把高等学校发展成为面向世界的国际型人才培训中心,培养出一大批面向世界、具有国际竞争力的复合型人才,才能在日益激烈的国际经济竞争中立于不败之地。高等教育国际化俨然成为世界经济、科技一体化进程的要求与结果。加入WTO进一步推动了中国高等教育的国际化进程。因为，第一，WTO促使我国的教育目的、教育内容进一步走向国际化；第二，WTO促进了我国教育合作的国际化。"入世"后，我国与世界上更多的国家在教育领域加强交流与合作，为我国的高等教育国际化创造了良好的国际经济、政治环境。

加入世界贸易组织以后，我国高等教育国际化的步伐逐步加快。随着现代社会国际贸易的快速发展和国际交流的日益频繁，教育的产业属性得到越来越多的认可，教育服务成为国际贸易的重要内容。WTO《服务贸易总协定》（GATS）的施行进一步推动了教育服务的国际化进程。根据我国的"入世"承诺，我国将加快教育服务市场的开放，允许外国的教育机构在我国境内举办中外合作办学机构，向我国境内的公民提供教育服务。中外合作办学客观上有利于利用国外先进的教育资源，引进海外资金投资教育，弥补我国教育投入的不足，促进教育体制改革的深化，促进教育服务领域的国际交流与合作。但是，也应当看到，外国教育机构在带来先进教育方法和教育模式的同时，随之而来的教育主权问题也更加突出。

教育主权是国家主权的重要组成部分，是国家管理教育事务必不可少的权力。教育作为国家为维护政治稳定、促进经济发展、传承民族文化和维持人力资源再生产的根本途径，必须处于国家权力的直接掌控之下。由于教育服务提供的是无形产品，并且在一定程度上会直接影响到文化的传承、社会公共利益和国家安全，因此，对教育主权的概念和教育主权的具体内涵进行研究也成为近几年学术界关注的热点之一。

（1）教育主权的基本概念

当前，学术界对教育主权还没有形成统一的概念。有学者认为，教育主权应是国家主权在教育领域的具体体现，是主权国家所享有的自主处理对内、对外教育事务的最高权力。[①]有学者把教育主权定义为一个主权国家固有的处

---

① 参见潘懋元、胡赤弟：《民办高校产权制度改革的若干问题》，载《教育研究》2002年第1期。

理其国内教育事务和国际上保持教育独立自主的最高权力。[①]这些定义在本质上都揭示了教育主权的本质内涵，即教育主权包括主权国家在管理教育事务时享有的对内和对外的所有权力，具备国家主权所特有的最高性、固有性和排他性的特征。同时，教育主权又与国家主权有一定的差别。一方面，作为国家主权在教育领域具体体现的教育主权也应包括国家主权的基本内容；另一方面，教育主权的重要性和适用性更多地在国家开放本国教育服务市场时体现出来，因此，教育主权的内容不能简单地套用国家主权的内容。

从教育主权的目的和内容来看，维护教育主权主要目的在于维护本国的政治安定和教育利益，以抵消开放本国教育服务市场时外国教育服务的进入对本国教育造成的冲击和防止对本国国家利益、国家安全和社会公共利益造成损害。根据教育服务本身特点，教育主权概括为教育立法权、教育行政权、教育司法权和教育发展权四个方面的内容。所谓教育立法权是国家制定教育基本制度、教育方针、有关教育的法律、法规和基本政策的权力。这一权力是国家固有的，但又并非完全不可让渡的。根据WTO《服务贸易总协定》《中华人民共和国加入议定书》和《服务贸易具体承诺减让表》，我国将逐步开放国内教育服务市场，并且承诺所有的可能影响贸易的法律、法规必须与WTO规则一致，这实际是对我国教育立法权的一定限制，也是我国对教育立法权的部分让渡。教育行政权应包括国家对教育事务的宏观调控权和微观管理权。教育司法权是国家对涉及教育事务的案件享有司法管辖权。教育发展权是国家发展教育的不可剥夺的根本权力，包括对内的教育投资权、教育举办权与对外的教育平等权、教育独立权和教育贸易权。

关于教育主权的特征，主要包括三个方面：

第一，整体固有性和部分可让渡性。教育主权和国家主权一样，是主权国家固有的权力，包括教育立法权、教育司法权、教育行政权和教育发展权，这四个部分是有机统一、不可分割的整体。但是，教育主权又是可以部分让渡

---

① 参见胡焰初：《构建中国涉外教育服务法制的基本原则》，载《武汉大学学报》2004年第5期。

的，即可以在自愿的基础上通过双边或多边机制相互让渡部分教育主权，最突出的表现就是在WTO机制下，各国必须保证本国可能影响教育服务贸易的立法、司法、行政等方面与WTO规则一致，我国就对开放教育服务市场作出了具体的承诺。

第二，对内的最高性和对外的独立性。教育主权是国家处理国内教育事务和在国际上保持教育独立自主的最高权力。由于教育不可能完全摆脱政治目的的束缚和意识形态的影响，为维护本国的国家安全和社会公共利益，世界各国均把教育直接置于国家的监管之下，国家对内具有至高无上的监管教育的权力。另一方面，国家可以独立地处理对外教育贸易而不受任何外来干涉。当然，这种独立性并不排除国家对教育主权的部分让渡。

第三，涵盖内容的综合性与适用范围的单一性。教育本身具有政治、经济和文化等多种功能，在传播知识、发展文化和维护思想意识形态等方面发挥重要作用。因而，教育主权涉及国家基本的政治、经济和文化利益，具有政治性、经济性、文化性。另一方面，教育主权适用的范围主要在教育服务领域，具有单一性的特征。

清晰教育主权的内涵，还要区分几个容易混淆的概念：教育主权、教育产权和教育安全。

教育主权与教育产权。教育产权是指国家或其他教育投资主体对投资形成的教育设施、教育设备及其他教育资源、教育资产的所有权，包括占有、使用、收益和处分的权利。在开放本国教育服务的背景下，教育主权是实现和保障教育产权的根本前提，教育产权是教育主权的重要内容。

教育主权与教育安全。教育安全是教育主权的内容之一，教育主权是教育安全的根本保证。教育安全是指国家为维护本国的教育主权，保护教育制度不受外来干涉和侵蚀，有权采取措施保护本国的教育利益的制度总和。由于教育本身具有为本国政治服务的属性，教育开放也为外国利用教育危害本国国家安全和政治利益提供可能。教育安全不等同于国家安全，它除了涉及国家安全利益外，还牵涉到民族的兴衰、文化的传承等问题，尤其是在当今世界部分强权国家利用教育服务开放的机会渗透、侵蚀和挑战他国文化和教育制度，由此，我们应从教育的国内外背景去分析研究教育安全。

（2）高等教育国际化与教育主权让渡

教育主权是国家主权在教育上的具体体现，是包含于国家主权之内的涉及教育事务的最终决定权，它不应泛指一般的国家教育权，罗列一般职权或权限很难完整地概括其内涵。在中国教育历史上，曾经发生过两次有关教育主权的大讨论。第一次是20世纪20年代发生的"收回教育权运动"。20世纪20年代的教会大学，由于办学目标与中国实际相脱离，造成了中国被迫接受西方教会教育，并因教会教育脱离中国教育主权管辖而被迫默认异质文化教育。当时的"收回教育权运动"成为中国人民争取民族独立、自尊以及维护教育主权的历史见证。第二次关于教育主权问题的讨论发生在我国政府正式加入国际框架体系的世贸组织，在教育服务贸易领域做出较为开放的承诺之时。面对跨境高等教育，教育理论界掀起了教育主权的讨论高潮。与前一次相比，这次讨论性质发生了变化。这次的教育主权让渡是在主动、自愿、平等、独立基础上展开的。讨论基于时代的变迁、主权理论的变化以及教育主权的创新，教育主权是否会弱化或丧失，是否面临威胁来展开。讨论的结果大体有三种倾向：

一种乐观的观点认为，20世纪20年代中国能够依靠民众的力量收回部分教育主权，那么，今天的中国，作为一个正在世界舞台上发挥重要作用的主权国家，完全有能力保障教育主权不受任何侵犯。有人担心随着教育服务的开放，国家的教育主权将要受到挑战。其实国外教育机构来我国办学必须要遵守我国的法律、法规，接受我国政府的管理，它不可能对我国教育主权构成威胁。[1]更有学者提出，即便是外国独资大学，只要有《宪法》《教育法》《高等教育法》《国际法》《中外合作办学条例》和中国政府签订的WTO教育服务贸易承诺"减让表"作制约，即使授予它一定的大学"自治权"，也不会因此使学生受到"侵蚀"或"演变"，更不会侵犯国家教育权和教育主权。[2]

---

① 参见潘懋元、胡赤弟：《民办高校产权制度改革的若干问题》，载《教育研究》2002年第1期。

② 参见韩延明：《大学理念论纲》，人民教育出版社2003年版，第299页。

　　另一种保守的观点则认为，在全球化背景下，受强劲的经济力量的迫使，教育从原来由国家投资和控制的"公共服务品"向"市场购买品"转向。在世界范围内出现了"以市场为基础的教育"（Market based Education）的改革浪潮。这场改革推动者主要是一些国际组织，诸如世界贸易组织、国际货币基金组织和世界银行等。他们制定所谓的全球统一规则，鼓吹自由贸易的非国家化（denationalization）和非调控化（deregulation），主张国家把教育权力交给市场。这种由国际组织推动的服务贸易自由化进程，不仅打破了国家的地理疆域界限，通过市场的方式无形地侵蚀着国家的教育主权，改变着国家对教育主权的垄断；而且它还通过制定普遍有效的所谓贸易准则，销蚀着国家对教育自主决策和行政干预的权力，导致国家教育主权的削弱。他们提出，伴随教育全球化进程，中国作为发展中国家，不仅国家主权的权威性受到挑战和削弱，而且教育主权也会遭到不同程度的侵蚀。尤其加入世界贸易组织以后，使得更多的西方教育组织机构介入我国教育成为可能。作为发展中国家，在遵守那些在很大程度上是先定的、以西方利益为核心的游戏规则时，常常处于不利处境。在教育全球化的进程中，只能把部分教育权力让渡给一些自由贸易的国际性组织，减少了国家对本国教育最终决定权力的份额，丧失了国家的部分教育主权。

　　更有一种激进的观点就是教育依附论。教育依附理论认为，西方发达国家在世界高等教育体系和学术领域里的先进状态是无可挑剔的，并将永远保持下去；发展中国家高等教育的发展历史是依附于西方模式进行学习和借鉴的过程，并只有依附于西方模式才会继续发展。在这些人中，甚至产生了这样的倾向：一提到知识分子，不是根据一个人有多少智慧，而是看他懂多少欧美思想和学说来判定。显然，依附理论实质是用西方的话语系统来消解发展中国家独立发展教育的话语权力，而其背后所反应的是一种文化自卑和不自信、不自觉。依附理论体现高等教育国际化中的单一性、单向度倾向，主张对国外教育不加批判和选择的照搬。

　　我们分析以上的观点，掺杂了对国家教育主权的自信、忧虑、自卑几种不同的心态。在发达国家挥舞着文化霸权、教育霸权大棒的背景下，我们没有一个恰当的立足点和好的出发点，必然会使国家教育主权和文化安全面临更大的威胁。回顾我国高等教育百年发展历史，中国高等教育在向西方学习的过程中，留有深刻的"制度移植"的痕迹。在世界高等教育发展历史上，不同国家通过自主发展形成了不同的高等教育模式，如美国模式、日本模式及韩国模式等，但中国高等教育制度在形成发展中没有形成一个具有自己特色的高等教育模式，因此，如果在当前高等教育国际化中，中国高等教育仍缺乏应有的审慎、批判和反思精神，不能使中国大学在课程、学术、制度、管理等领域有开放、理性的发展战略，中国大学将失去在世界高等教育体系中的话语权，必然陷入教育主权沦落的危机。我们知道，如果担负文化传承功能的教育尤其是具有文化批判和引领使命的高等教育发生异化，一个国家的主流价值观就会遭到外来文化的侵蚀和颠覆，民族文化体系将趋向崩溃。钱穆先生说过，"一旦传统被抛弃，新的中国就会产生一大批西方式的技术人才，同时也就把灵魂卖给了西方"。

从现实来看，我国的大学与国际知识和教育体系的中心有较大的差距，极有可能演变成发达国家研究型大学的传播者和模仿者。正如美国著名比较教育学家菲利普·G.阿特巴赫指出的，发展中国家的大学"几乎毫无例外地建立在某种西方模式上，反映着西方体制下的多种价值观和组织形式。在许多情况下，教学语言用的是外语，很多教师曾在国外受训"①。因此，在高等教育国际化过程中，落后国家教育越发西化，传统文化就会从主流教育中迅速消失，甚至"唯西方的标准"渐变为一种意识形态或制度安排，最终陷入新殖民主义陷阱。

在全球化背景下，民族国家的主权会不同程度的弱化，教育主权也会受到威胁。全球经济创造出了一个由超越国家的地缘经济力量主导经济政策的世界。全球化的本性不仅具有潜在的排斥性，存在着剥夺处于全球化进程中的弱势地位的各种参与者的发言权的危险，而且似乎正在成为一种新的意识形态，

---

① 〔美〕菲利普·G.阿特巴赫著，人民教育出版社教育室译：《比较高等教育》，载《知识、大学与发展》，人民教育出版社2000年版，第31～36页。

掩盖着全球化进程中的权力关系、等级差别以及矛盾冲突。另外，国际体制之所以使世界秩序得到稳定是由于霸权国家提供了体制这一国际公共物品，从而维护了秩序。在落后国家加入这种体制中来的时候，获得双赢博弈的机会却是十分有限的。中国同样也面临着这样的教育主权让渡问题。

　　具体来说，随着中国加入WTO，国外各种高等教育机构纷纷进入中国的高等教育市场，中国高等教育面临着空间的冲击：外国教育机构来华合作办学等高等教育国际交流项目主要是从商业的视角，企图获得最大的经济利益；越来越多的西方大学把目光投向中国留学生，一方面吸收了我们的人才，另一方面获得了利润。据介绍，美国一年就接受中国留学生5万人，这相当于中国20多所著名大学一年毕业生的总和。因此，有人说，"教育可以被看作是'外交政策的第四个层面'"，"商业追随精神上的支配，比追随军旗更为可靠"①。当然，高等教育国际化交流中也有不少是非敌意的交流与合作，甚至不少是善意的援助。但正如阿特巴赫所提醒的："工业化国家向第三世界国家提供专门知识，部分原因是为了维持它们对第三世界大学的影响，部分原因是出于利他的动机，可能还有部分原因是出于他们的知识优越感"，"给第三世界的国外资助项目、技术援助及其他方面的援助有复杂的动机以及通常不可预料的各种后果。捐赠国在提供资助时往往怀有好几种目的，其中之一便是教育和政治结构的渗透，这种渗透能确保稳定及普遍地模仿西方的趋向"，"这种援助维持了第三世界的依附模式"②。由此我们断定在高等教育国际化的过程中，我国的教育主权不可避免地出现部分让渡、转移和干预。

　　全球化在世界范围内兴起了高等教育国际化浪潮，在这种浪潮的推动下，我国高校与国外高校之间的国际交流呈现出空前的强劲势头，交流项目之多、范围之广，属前所未有，为我国的高等教育发展提供了丰厚的资源。但同时，"'交流'是盘根错节的思想文化问题，它把时代的种种自我冲突编进了自己

---

① 清华大学校史编写组：《清华大学校史稿》，中华书局1981年版，第3页。
② 〔美〕菲利普·G.阿特巴赫著，人民教育出版社教育室译：《比较高等教育》，载《知识、大学与发展》，人民教育出版社2001年版，第28～29页。

的代码之中"①，因此，在积极推进高等教育国际交流的进程中，我们要警惕外国在与中国开展高等教育交流的背后潜存的经济利益和政治文化用心。维护我国的教育主导权，确保我国教育主权的不旁落、不受侵犯是我国开展高等教育国际交流应坚持的基本原则，也就是说开展高等教育国际交流要坚持独立自主、平等互利、相互尊重，以不违反我国法律，不损害国家主权、安全和社会公共利益为前提。

（3）教育主权的国家文化安全视角

国家文化安全是整个国家安全体系的一个重要组成部分，对于确保国家政治安全、经济安全有着极其重要的意义。我们关注文化安全，也就意味着我们已经注意到来自文化领域里的不安全因素的困扰、侵蚀乃至威胁。当维系国家、民族生存发展的价值观念或主流意识形态受到来自内部或外部的副作用而发生扭曲、变形时，当国家的文化立法权、文化管理权、文化制度、文化传播和文化交流的独立自主权等等受到干涉或限制难以正常发挥作用时，一国的国家文化安全问题就应该引起高度的重视。当前随着全球化进程的加快以及与国外文化交流的日益增多，高等教育国际化至少在现阶段具有引发我们成为发达国家文化和教育附庸的危险，所以可以说，教育主权的让渡或削弱使我国国家文化安全面临挑战。

全球化进程重塑了近代世界的"中心—边缘"结构版图。中心与边缘体现于发达国家与落后国家之间，同样也体现在发达国家与落后国家的大学之间。西方发达国家的研究型大学是知识和教育的创造者，处在国际知识和教育体系的"中心"地位，第三世界的大学则是知识的传播者和教育的模仿者，处在"边缘"的地位。更深刻的影响在于，这种情况已不仅仅是一种意识形态，而且已经变成一种制度安排。就其现实发展过程的内在文化逻辑而论，教育国际化的后殖民特征日趋明显。发达国家借助其先进的科技、拥有众多的文化输出渠道，再加上其领先的政治经济地位，就会在一定程度上形成新的文化殖民

---

① 〔美〕John Durham Peters著，何道宽译：《交流的无奈——传播思想史》，华夏出版社2003年版，第2页。

主义。其社会价值观、思维和行为模式、生活方式甚至包括政治观点等方面都会随着知识技术的输出而传播到发展中国家。这样，在现实的教育国际化进程中，我们看到的是落后国家教育的更加西化、非西方的文化传统从主流教育中消失、人才流失以及西方文化主导下的世界趋同等现实的后殖民过程。

20世纪90年代初，美国一本专门从事中国研究的杂志说："在中国面临的各种危机中，核心的危机是自性危机（identity crisis）"，"中国正在失去中国之所以为中国的中国性"。①回顾历史，我们可以非常清晰地看到，举凡那些破坏或企图破坏其他主权国家安全的侵略者，总是在进行军事威胁与占领、政治遏制与颠覆、经济剥削与掠夺的同时，进行有预谋的文化侵略，丑化、解构甚至从根本上摧毁主权国家的主流文化价值体系，从而达到危及和侵犯主权国家的文化安全和国家安全的目的。针对这个问题，爱国诗人闻一多先生早在1925年就道出：我国前途之危险不独在政治、经济有被人征服之虑，且有文化被人征服之虑。文化之征服甚于其他方面的征服千百倍之。防微杜渐之责，舍我辈其谁堪任之！

在全球化和高等教育国际化大潮猛烈地向我们推进之时，我们要以批判的睿智审视其普世主义乌托邦理念下面涌动着的"后殖民主义"的暗流，警惕高等教育国际交流中教育主权的显性和隐性的旁落、让渡和转移。要规避这一风险，就要在教育输出上下功夫。一方面，高等教育国际化的形式要由以教育的国际交流与合作为主的表层型国际化向以国际复合型人才的培养为主的深层国际化转变；另一方面，学生交流要由以向国外输送留学生向吸引外国留学生转变。吸引更多的外国留学生来华，不仅有利于加强国际交流与合作，而且通过学生间直接交流、影响，还有利于在高校形成国际化的校园氛围。

要强调的是，教育输出不是以强势地位征服别人，而是一种对等交流和对话的重新确立，是抓住在几个世纪以来不断边缘化的中国教育自己发言的机会，寻求中国形象和中国文化身份的重新阐释和重新确立，打破高等教育国际化的西方中心主义和教育单边主义，进而在中国知识界重新发现和创造中国文

---

① 陈定家：《全球化与身份危机》，河南大学出版社2004年版，第15～16页。

化的魅力。只有建立在这样基础上的教育主权和国家文化安全，才是积极的、开放的、发展的、维护文化多样性的。

五、文化整合与当代中国国家文化安全

广泛意义上，前面提到的文化产业发展、技术创新、高等教育国际化都是文化整合的组成部分。全球化将带来一场深刻的文化变迁，这次文化变迁是以文化整合为表现形式，通过文化创新来实现的。"历史表明，将不同文化吸收、融化、调和而趋于一体化的文化整合对于中华文明的世代延续具有重大意义。而且，越是在思想多元的背景下，文化整合凝聚人心、规范认同的作用就越是凸显。今天，文化整合对于中国社会由传统向现代转型，对于实现中华民族伟大复兴，同样具有重大意义。"[1]文化整合对于全球化进程中的文化发展具有重要的意义。可以说，当今时代的文化整合，对于中国文化来说，是在重塑中国文化的世界形象，决定着世界的中国形象[2]，对中国文化史将产生重要影响。

1.文化整合的概念与特征

文化整合的概念起初由文化人类学、文化社会学界提出并关注，后渐为地理学者重视并开始研究，也是文化地理学研究的一个重要方面。随着经济全球化的日益展开，文化整合已经作为一个综合概念被广泛应用。所谓文化整合，是指人们通过某种决定性的方式，把各种相容的或异质的文化要素综合成一个相互适应、和谐一致的文化模式。按照司马云杰的解释，它是指不同文化相互吸收、融化、调和而趋于一体化的过程。特别是当有不同文化的族群杂居在一起时，他们的文化必然相互吸收、融合、涵化，发生内容和形式上的变化，逐渐整合为一种新的文化体系。

由文化整合的过程性和整体性，我们可以得出文化整合是这样一个过程，是属于分散的各个部分又统一为一个新的整体的过程[3]：

---

① 何星亮：《民族复兴需要文化整合》，载《人民日报》2016年2月3日，第7版。

② 周宁：《跨文化研究：以中国形象为方法》，商务印书馆2011年版，第316页。

③ 本部分参考黄淑娉等：《文化人类学理论方法研究》，广东高等教育出版社1996年版，第222～226页。

（1）文化整合包含文化之间文化特质的传播。文化整合过程中的文化传播可以小至一个物件的交换，也可以大至整个宗教信仰以至意识形态的传播。接受文化一方的成员可以选择接受或是拒绝，其结果一般都是接受了一些特质而拒绝一些特质。那些被传递的特质在被传递的过程中，经历了文化间作用系统中接受一方的估价和转换，这些估价和转换与接受一方文化的价值系统有密切关系，根据自己的价值观进行选择，决定取舍。

（2）文化整合包含文化的结合。文化整合不是被动的吸收，而是一个文化接受的过程。特别是在没有压力时，整合在本质上是创造性的。一个文化系统可能自愿或被迫抛弃一些原有的特质，又由于传入新的特质而得到补偿。在这一过程中除了产生许多变化之外，还有创造的过程。这就是本文化系统中的特质与外来的特质相结合，或者说新的文化特质加入原有的体系中。各民族接受外来文化大多根据自己的需要加以吸收，使新的文化特质打上本民族的烙印。

（3）文化整合包含文化替代。文化整合过程中的文化替代是新元素取代了先前存在的东西。它实际上是新的文化特质经若干年代替代接受一方的旧的文化特质，而不是瞬间实现的过程。

（4）文化整合包含文化融合。文化整合过程中的文化融合是指两个不同文化系统的特质共存在一个文化模式中，成为不同于原来的两个文化的第三种文化系统。先前的两个系统已不存在，但可以从这个新的系统看到它源于前两个系统。新的文化系统既是一个整合系统，也是一个新的社会文化体。

（5）文化整合包含文化同化。文化整合中的文化同化是文化接触后一个群体的原有文化完全被另一种文化所代替。列宁说过："同化问题，即失去民族特点，变成另一个民族的问题"[1]，"欢迎民族的一切同化，只要同化不是强制性的或者依靠特权进行的"[2]。自然同化是进步现象。一般认为，两个文化系统接触过程中，比较落后的文化自然地吸收先进文化的文化特质，以至完全丧失自己的文化，而这一群体既已完全丧失了自己的文化特征。列宁曾指出，美国

---

[1] 《列宁全集》第24卷，人民出版社2017年版，第128页。

[2] 《列宁全集》第24卷，人民出版社2017年版，第138页。

从1891年至1909年的十九年中，从欧洲迁去的移民有一千多万人，并形象地把纽约州比作一个碾碎民族差别的大磨坊，历史上的民族融合，实质上是自然同化。我们要抑制的不是自然同化，而是带有霸权性质的强制同化。

综上，从文化整合的概念和特征及发展趋势来看，文化整合是文化变为整体的或完全的过程，在此过程中，构成文化的各要素、各子系统之间互相涵化，互相调适，形成一定的"文化模式"。文化整合的特点之一是过程性，其达成的新"模式"只是相对静止，整合不会停止；二是整体性，即文化整合的意义体现为整体意义，整体大于部分之和。

2.全球化进程中文化整合的意义

文化整合，旨在强调把各种分散的、孤立的、甚至冲突的文化价值力量整合为一种凝结着人类整体利益和整体价值理想的力量，从而使人类的文化实践行为充溢着一种健康自觉的人文精神。从这一层次看，文化的整合不仅要超越具体的价值和目的，而且在整合过程中，还要抵消、同化和融合那些具体的文化价值和目的，使其顺乎人类整体的文化运作而成为一种文化实践合力。这种文化实践合力作为一种超越性的人类文化理想，反过来对各种具体的文化实践行为和具体文化形态具有价值导引的作用。

可以说，中国的文化史就是一部文化整合的历史。迄今为止，中国文化已经经历了数次剧烈的整合，每一次整合都赋予中华文化自身以强大的生命力。其中既包括中西文化之间的融通，也包括汉民族文化与各少数民族文化之间的融合。如：秦汉帝国正是春秋战国以来中国文化不断整合的结果。形成了"大一统"的文化模式，即统一被认为是合理的、正常的，分裂被认为是违背道义和反常的，秦汉文化造成的这种文化心理，延存至今。祈望四海一家、万邦协和，是中国人早在先秦即已形成的一种心理趋势。这种理想到秦汉时期变成了制度性现实。秦汉帝国在朝仪、职官、政区、律令、编户、邮驿、监察、国防、地方行政、人才铨选等方面，都建立起系统的制度，这些制度成为后来两千多年中国文化的基本模式。国家统一，使多元文化整合的速度加快；而整合后的一统文化具有强大的凝聚力和向心力，又反过来增进政治统一，二者互推互补。隋唐时期是中国文化又一个急剧整合的时期。它以博大的胸怀吸收异域外来文化。据研究统计，唐朝的外来物品分为18类，共170余种，从物质生产到精神生活逐渐融入中国本土文化中，最终成了中国文化的一部分。而外域文化如"八面来风"涌入唐代中国，使唐文化成为一种与印度、阿拉伯和以此为媒介甚至和西欧文化都有交流的世界性文化。而辽夏金元不同程度地采用中原王朝政治制度与生产方式，接受汉族的文化习俗。宋辽夏金元时期的文化大整合，使少数民族的汉化达到了相当高的水平。在此过程中，汉民族也经历了一次新能量的扩充，汉文化的生命力得以提升和完善，实现了被征服者的征服。

从中国的历史我们可以看出，"天下大势，分久必合，合久必分"。文化的发展也是如此。魏晋南北朝近四百年间，社会破碎，大一统文化随之瓦解，出现文化多元走向，也是人文自觉在胡汉冲突中走向融合。隋唐的建立，中国文化再一次走向整合，又是魏晋以来胡汉、中印文化融合的历史结晶。"分而合，合而分"的周期性转换，并非平面式的循环往复，乃是螺旋式上升过程。每一次"分"，意味着文化向多元化发展；每一次"合"，意味着文化向纵深融汇迈进。历史证明，文化整合是包含了文化的传播、结合、替代、整合、同化的全过程，在本质上是改造、完善和提升本民族文化生命力的过程。

对于今天的中国来说，文化整合的形势比往历代、历次都要复杂，因为全球化时代的到来为文化整合提供了新的更为复杂的发展背景、空间与任务。

第一，全球化进程中的文化整合是东西方文化的融通。正是全球化的背景，使东西方都认识到了文化的重要性，也可以说是认识到文化多样性的重要性。全球化的同一性，使文化的差异性成为民族性的重要表现形式。在全球化时代保护民族化，不可能把它与周围世界隔绝开来。相反，一种文化只有与时代相适应，不断地更新和发展，又传承自身传统的特色，才能成为一种有生命力的文化。在全球化的背景下，民族文化需要在与外部环境、外来文化的不断撞击中得到锤炼和发展。这个过程是东西方文化整合的过程。当今时代，中国文化走向世界，东西方文化进行有效的对话是文化整合的唯一实现方式。东西方文化的交流，必须激活各自文化的潜在生命力，使文化焕发出新的生机，"一个世界，多种声音"是必然的趋势。由于东西方文化发展历史阶段的差异性，使得东西方文化的沟通很难在一个平等的层面上展开。全球化时代大大增加了东西方文化之间相互了解的机会，增强了相互间的对话，为东西方文明在求同存异的原则下走向文化融合，从而避免或减少彼此间的对立和冲突提供了现实基础。但这个过程中也有利益的冲突以及语言、信仰、价值观念等等的差异。这种冲突和差异，只有在不断的交往之中才能了解，才有可能寻求逐渐消解的途径。因此，全球文明的视野只能在东西方文化融通中树立起来进而实现文化整合。

第二，全球化进程中的文化整合是科学精神与人文精神的融汇。全球化时代的文化整合融合了当代人类对科学理性的反思，蕴涵着一个重要的文化走向，这就是科学精神与人文精神的融合。科学精神与人文精神的融汇将是现时代人类文化整合的最显著特点。

随着当代科学的发展，理性精神和人文精神逐渐接近，科学技术的具体研究重心也发生了明显的变化。19世纪以前，人类科学的主题是无机世界，可以看作是以牛顿力学到爱因斯坦的相对论为代表的数学、物理学中心时代。20世纪，无机的自然科学研究对象让位给有机的对象。生命科学、遗传科学、大脑神经生理学、分子生物学等，成为21世纪科学中最引人注目的学科。科学研究的对象从无机到有机这一重大转变与当代哲学中的反感觉、反经验、反理性的潮流，当代文学创作中的反现实主义、反自然主义的潮流，以及宗教领域中的废除无机的宗教规范、寻找宗教和自我的有机统一的潮流相呼应。这些变化预示着文艺复兴以来崇尚感觉、经验、理性的时代开始终结。人类要超越感觉、经验和理性去探寻我们目前还不知道的世界，去获取人类认识和创造的更大的自由。科学技术的发展顺应并参与了这一转变，这一转变反过来又在更高层次上影响了科学精神的更新。我们可以预见，21世纪的科学精神将不再以崇尚实证和理性为重心，而是以注重和探索人的生命本体、人对环境的需求和适应能力、人的全面发展的可能性为重心。科学精神与人文精神的统一，将为人类未来文化的整合展示清晰、形象的前景。

第三，全球化进程中的文化整合是个体与人类的统一。协调个体与人类的关系，这是全球化时代文化整合的又一重要特征。个体与人类的关系历来是哲学难题。自人类社会产生，这对矛盾就已经存在，只是在不同的社会形态下有不同的表现形式。马克思从历史的角度考察了二者关系的动态变化，他认为个体与人类社会的关系不是一成不变的，而是历史地发生着变化的。具体来说人的生存和发展要经历三个阶段或形态，即：自然发生的"人的依赖关系"是人的最初存在形态；"以物的依赖性为基础的人的独立性"构成人的发展的第二种形态；"建立在个人全面发展和他们共同的、社会的生产能力成为从属于他们的社会财富这一基础上的自由个性，是第三个阶段"①，也就是可以预见的最高形态。马克思高度评价了资本主义生产方式对个性解放的意义，认为这是一个巨大的历史进步。但是他同时也指出，这种以崇尚物质享乐为取向的人的解放也是对个体感性欲望的一种放纵，对个体地位强调的同时却忽略个人与社会的协调，社会的价值和理想被淡化了，结果造成个体与社会的尖锐对立、人际关系冷漠、社会秩序紧张。也正是基于这种考察分析，马克思特别强调，"应当避免重新把'社会'当作抽象的东西同个体对立起来。个体是社会存在物"②。在全球化进程推进、后现代发展的社会生活中，知识和文化的发展都呈加速态势，人类作用于对象世界的能力都增强了，个体的内在精神世界也相应变得异常复杂和敏感，这就要求个人与社会群体的关系进一步协调统一。

第四，全球化时代的文化整合是人与自然关系的协调。人与自然的交往是文化产生的源泉，它始终同时展开为人与自然界的交往、人与人的交往和人与自身的交往三大领域。因此，文化也始终作用于这三大领域之中，并形成了物质与精神两种作用：一是生产力的创造，一是意义世界的塑造。回首人类的文明史，从某种意义上可以说，我们的全部文化观念都是在与对象自然的相互作用中形成的，对自然的认识与理解构成了人类生存与发展的基础。在走过了主宰和征服自然的片面性发展之后，今天的人类应该有一种对自然的全新理解：自然不只是人类的环境，同时也是人类自己，着眼于人与自然的协调统一，我们将会发展并把握大自然展示给人的全新的意义。人对自然的价值取向

---

① 《马克思恩格斯文集》第8卷，人民出版社2009年版，第52页。
② 《马克思恩格斯文集》第1卷，人民出版社2009年版，第188页。

也从一个侧面标示着人类文明的发展程度。而人的能动性因素是真正达成人与自然关系协调的关键环节，所以人类应在反思自身文化实践的基础上，自觉地消除与自然的对立意识。尤其是着眼于未来人与自然新型关系的培养，现代人类应该注意认真检讨反思传统的自然价值观，并在检讨中树立一种全新的现代自然意识。当然，对人与自然和谐关系的丰富内涵的合理把握，从根本上说有赖于人的现实实践的自觉。全球化时代的文化整合蕴涵人与自然和谐发展的理念，是社会可持续发展的必然要求，这种和谐强调人与自然和谐相处，要求生产发展、生活富裕、生态良好，在维护人类利益的同时，又维护自然的平衡，确保社会系统和生态系统的协调发展。

3.全球化时代文化整合的目标与方式

全球化进程中我国期待实现的文化整合的目标大体是：

一是通过文化整合对民族文化进行选择与整理。在中华几千年的历史文化中，各民族都创造出了丰富的文化，而使民族文化得以有效传递和积累是文化整合的重要功能。但文化整合对文化的传递有一个文化选择的过程，文化选择贯穿于文化整合的始终。文化整合对于民族文化的选择有两种取向：第一是按社会的需要选择文化。因为，从一定意义上讲，民族文化基本上都是历史形成的，随着自然社会的发展变化，一方面某些文化赖以生存的条件部分已经消失，另一方面某些文化即使存在，也已从各个方面对人类没有价值，甚至是负作用。总之，通过文化选择过程，使本民族文化的合理内核得以凸现，也使外来的优秀文化能进入文化传承的主要通道。这是民族文化整合的重要目标。

二是通过文化整合传播民族文化。民族文化的传播就其方向来看，可分为两种类型，一种是纵向的传播，表现为同一文化内知识、观念、价值规范的传承；另一种是横向传播，表现为不同文化的接触、文化输入与输出。在纵向传播中，文化整合通过传承来促成文化的保存、积淀和增值。在横向传播的过程中，文化整合可以传播和扩散外来文化。

三是通过文化整合实现文化发展。民族文化的发展一般遵循文化积累和文化突变两个过程，这两个过程是文化整合的重要环节。没有最原始、最初步的文化积累，文化突变、文化整合都无从谈起。文化整合的现实目标是形成新的文化模式，而形成新的文化模式本身不是目的，文化发展才是文化整合的本质追求。

文化的整合提供了民族文化的合理内核及外来文化的物质前提，文化传播为文化整合提供了广泛的社会基础和心理基础。通过积极有效的整合方式保留民族文化的合理内核，依靠本民族的凝聚力，实现本民族文化与其他文化的整合，以保持民族文化的生命力、应对文化挑战。全球化进程中文化整合的方式主要包括：

一是树立正确的文化整合观念。要充分认识文化整合的实质和根本功能，树立现代的文化整合观念。对于一个现代化后发展而又传统观念浓厚的民族而言，通过树立现代观念来推动本民族文化的现代性尤为重要。现代观念不会使任何文化特质受到更多的压抑和排挤，当异质文化特质进入文化整合的进程中来，便会在现代观念的带动下首先完成自然选择，伴随传统民族文化逐步积累到一定程度而引起民族文化飞跃性进化。

二是制定适宜的文化整合战略策略。要通过制定适宜的文化整合战略传播现代民族文化，删除那些体现或者宣扬陈旧落后的、封闭保守的和原始神本的传统民族文化，充实体现现代民族文化水平和精神的新颖先进的、开放自主的和科技为本的文化内容。敢于奉行拿来主义的文化发展策略，把其他民族创造积累的优秀现代民族文化吸收到当代文化中来。这样，文化整合才能传播现代民族文化，推动民族文化现代化。

三是明确并依靠文化整合的主体。文化整合必须由人作为主体来推动，特别是通过有现代精神的文化人来推动。要在广大知识分子中间树立发展现代民族文化、培养现代文化人、推动民族文化现代化的观念，而且首先要用现代民族文化把中国广大知识分子武装起来，不断地学习现代科学文化知识、现代科学技术，更新完善现代智能结构，使自己真正成为现代文化人。

四是通过技术创新实现文化传播现代化。现代民族文化最终要体现和落实在实实在在的物化载体上，这种现代民族文化的物化不仅反映着现代文化的实质内容和水平，而且也是现代文化得以现实存在的生成、传播的凭借。只有通过技术创新拓展文化传播的有效途径，使文化整合的条件、手段和方法与现代民族文化的发展相协调，才能真正成为传播现代民族文化的有力工具。通过技术创新保证文化传播的手段、方式、运行机制现代化，从根本上保证现代民族文化的有力发展。

4.文化整合与我国国家文化安全问题

"文化认同不只是一个文化问题，更应注重从政治、法律、国家、历史和主体性这些方面去考虑认同问题。"[①]文化整合也是如此。文化整合问题不能脱离国家的政治层面，必须从国家文化安全的视角思考文化的传播、结合、融合、替代、选择、同化，在本质上又离不开国家的文化发展，因为文化整合、文化安全最终的目的是实现国家文化发展。

（1）当代中国价值观整合的政治意义

文化的核心是价值观，文化整合的核心是价值观的整合。价值观的整合是与政治、经济发展的条件分不开的，是适应时代政治、经济发展需要而调整的。比如，20世纪60年代，西方权威人士曾就中国文化断言说：传统与现代化是绝不可能调和的；而到80年代和90年代的学者却将传统与现代化的矛盾称为文化发展的动力。这说明了价值观念本身并不能自行发挥它们的影响，而需要一定的政治与经济条件范围[②]；从这个意义上讲，价值观的整合被赋予了政治意义。

文化是不同民族、不同国家、不同社会制度文化共性与个性的统一。作为精神成果的科学技术等共性文化并不具有民族、国家和制度的身份，因此也就不存在文化层面的安全问题。而文化心理、民族精神、价值观念、意识形态等层面的个性文化有着鲜明的民族、国家和制度烙印，这种带有个性的文化认同是民族国家存在的根本前提，也与民族国家利益有着直接的对应关系。所说的"个性文化"大体上可分为意识形态和民族文化两个层次。价值观显然是属于"个性文化"的层面。这种"个性文化"是否得到独立自主的健康发展，是

---

① 张旭东：《全球化时代的文化认同：西方普遍主义话语的历史批判》，北京大学出版社2005年版，第401页。

② 参见马戎、周星主编：《21世纪：文化自觉与跨文化对话》（一），北京大学出版社2001年版，第36页。

否在国际文化交流中具有现实的平等地位体现出价值观整合的政治意义。

其一，国家文化安全是价值观整合的重要尺度。文化意义上的民族身份，构成一个民族的精神世界和行为规范，因此，如果民族文化受到挑战或者质疑则民族认同的范畴就会出现危机，随之而来的民族凝聚力的涣散不仅是一个民族衰微败落的征兆，更孕育着国家危机。文化价值观不仅是界定国家利益的根据，而且本身也是国家复兴的重要内容。物质财富的复兴也必然包含文化价值观的背景。最重要的是，长期被忽略的国家复兴中的文化利益已经被重视起来。任何一国的国家利益中除物质利益外都包含着道德和理想追求，凝聚着国民的认同和支持，有强大的精神力量的引领。在世界上展示本国优秀文化价值观的机会，也是增强本国在世界上的话语权、说服力和吸引力的重要凭据。

意识形态靠政治力量来维护与传播，同时也为国家政权提供"合法性"的文化基础。意识形态的最终指向是国家政权以及政权保护下的特定利益。而民族文化及其认同则是国家认同的基础以及维系民族和国家的重要纽带，也是民族国家的"合法性"和凝聚力的来源。意识形态安全和民族文化的保护是国家文化安全的主要目标。意识形态与民族文化又是现代价值观整合的核心。

从国家文化安全的角度来说，"所谓安全，必须考虑国际关系与国内政治的联系，必须注重国家与社会的关系，必须调整整体利益与个人的需求；只有这几方面因素达到某种平衡时，安全才是有保障和可预期的。它把国家的需要与社会的需要结合起来，把外交与内政联系起来，以本国民众的要求和利益为中心，在尊重全球化时代的国际法和国家主权的前提（主要由各国政府和决策者）下，综合地考虑各种与安全相关的国际因素和社会因素，确立更加全面的防范意识或改进措施"[①]。国家文化安全关切的是国家文化利益是否受到损害，国家文化主权是否受到侵犯，国家在国际文化交流中能否获得平等的地位，因此，国家文化安全语境中的文化也是指与不同民族、国家和制度相对应

---

① 张旭东：《全球化时代的文化认同：西方普遍主义话语的历史批判》，北京大学出版社2005年版，第401页。

的"个性文化"。分析国家文化安全有两个值得注意的基本维度，即意识形态安全和民族文化安全。可以说，国家文化安全是价值观整合的重要尺度。

其二，混合多元的价值观是民族国家价值观整合的必然结果。价值观的整合不是固守本民族的传统文化和传统价值观。"现代西方文化思想体系之所以具有活力，原因之一就是它不断地把'他者'包容进来，不断地让'他者'来挑战自己，从而在同'异'和'变'的缠斗中不断地把'同'和'不变'阐释或生产出来。"[①]一个民族正向的身份感，能产生强大的心理力量，给个体带来安全感、自豪感、独立意识和自我尊重。

前面提及的西方文化霸权和全球化的单一性仿佛在证明全球化会推动世界形成统一的文化价值观，而事实上，一个共同的价值观的构思和所谓的全球化文化一样存在着问题。全球的、地方的、本土的、民族的等等，一切矛盾都展现在我们面前，与此相伴的是我们看到了多元的思想、文化和价值理念。

全球化进程中，世界各国千差万别的历史、文化和民族因素，同一社会对不同价值观的兼容并包，本地与外来混合这一切都促使了一种混合的多元价值观的形成。发展到现在，"西方的"和"亚洲的"价值观念已经很难绝对分开，甚至儒学与基督教的相互融合的研究已经悄然兴起。全球化时代，混合多元的价值观是民族国家价值观整合的必然结果。如：基督教一开始由于利马窦执行了低调进入，并与中国文化融会的路线，传教相当成功。但是，后来罗马教会反对中国人敬天法祖，崇拜孔子，导致了礼仪之争，又中断了传播。近代基督教追随殖民者的脚步，大踏步地进入中国，对中国文化造成了全面的冲击。以至到全球化高度发展的今天，基督教已经为绝大部分中国人所熟知，但是我们没有看到也不可能看到基督教成为中国主流文化的一分子。所以说，全球化联系和斡旋于各文化与宗教之间，并非为了达到世界的一致性，实际上在这个过程中，"西方和非西方社会不得不服从的仅仅是市场的理性而已"[②]。

---

① 张旭东：《全球化时代的文化认同：西方普遍主义话语的历史批判》，北京大学出版社2005年版，第401页。

② 俞新天等：《强大的无形力量：文化对当代国际关系的作用》，上海人民出版社2007年，第300页。

　　其三，树立多元价值观必须正确看待文化多样性问题。中国必须处理民族文化整合与文化多样性的矛盾，一方面，必须教育人民效忠国家，分享国家的崇高目标，以自己的公民权而自豪。另一方面，又必须承认文化多样性，认识到民族文化、地方文化、宗教文化和思想流派是极其丰富多彩的。应当看到，中华文化包容了以上所有的多样性，鼓励和扶植多样文化在中华文化的整体中充分发展，都是整体中不可缺少的组成部分。

　　这里谈到了文化多样性的问题。现在一谈到文化多元化，文化的多样性仿佛是成了招牌式的回应。因为文化多样性看起来比多元更为现实，更容易被人接受。而事实上，文化多样性本身也是一个复杂的问题。对于文化多样性的矛盾与问题，俞新天等在《强大的无形力量》[1]一书中作了比较精彩的阐释，总结起来，大约有八个方面：第一，文化多样性的立场存在内在的局限性。首先，承认文化多样性与目前以民族国家为基础的国际体系存在着相当严重的矛盾。在民族国家内部，强调国家统一和民族认同。但是，一个民族跨国分布和一个国家内具有多种民族却是普遍的现象。过去，各国政府提倡一种相对简化的"一个民族主义"，文化多样性受到忽视。20世纪90年代之后，在许多地方民族因文化分裂，国家则在经济和政治上更侧重于地区化和全球化，民族国家受到了普遍质疑。第二，片面强调、利用和动员文化多样性具有破坏性，不仅引起了一些国家的冲突和内战，也溢出到地区导致更大范围的不稳和动荡。文化多样性重新得到重视，是为了发现民族主义和民族整合的障碍，从民族心理和民族文化的维度去理解民族冲突。第三，中国必须处理民族整合与文化多样性的矛盾，一方面，必须教育人民效忠国家，分享国家的崇高目标，以自己的公民权而自豪。另一方面，又必须承认文化多样性，认识到民族文化、地方文化、宗教文化和思想流派是极其丰富多彩的。中华文化包容了以上所有的多样性，鼓励和扶植多样文化在中华文化的整体中充分发展，都是整体中不可缺少的组成部分。第四，文化多样性强调各种文化一律平等，但仅有文化平等还

――――――――――
　　[1]　参见俞新天等：《强大的无形力量：文化对当代国际关系的作用》，上海人民出版社2007年，第318～320页。

不能使人们对各种事物形成判断。要通过价值观来形成判断，文化多样性并未提供判断的标准。社会从低级向高级发展，文化也由低级向高级发展，现代化的差异中也包括文化现代化的差异。文化所具有的历时性差异，是判断文化的先进和落后的时代标准。第五，对发展中国家中的文化落后性也应当正视，尤其对中国存在的丑陋现象的文化根源，更应严肃反思和判断。只有经过现代化的洗礼，文化中落后的历时性原因才会消退。第六，每一种文化内部都有精华和糟粕，判断的标准不在于西方还是东方、发达国家还是发展中国家，而是文化的先进性还是落后性。一般来说，人们容易对本国文化给予积极评价，而对缺陷认识不到或估计不足甚至反以为美，因此持有文化开放的态度，在与其他文化比较中认识自身是非常必要的。第七，人类文化需要多样性，也需要统一性。赋予某种文化普遍性是不能被各国所接受的，历史上没有证据表明，存在一种普遍的文化模式，每个国家须照此办理才能成功。反之，如果把文化的特殊性强调到不恰当的程度，也会造成不同文化思想交流的巨大障碍。更重要的是，对每一种文化的特殊性强调过头，只能导致文化冲突一触即发的危险局面。第八，联合国教科文组织认为，人类已经达到了多样化的极限，缺乏整合实际上会任意把某种一致性强加于人，从而损害多样性。没有整合就没有最深远意义上的生长、进化和发展。统一性不是同一性，是在多样性基础上的飞跃。每种文化在保护自己的同时都要向着全人类方向，使自己的特殊性更加普遍化。普遍化不是以实力把自己的特殊性作为人类的普遍性。各国都应确立追求普遍性的共同意识，抓住文化自我更新机遇。

其四，中国当代价值观的整合必须加强马克思主义意识形态的影响力。全球化时代的文化处于日益频繁的国际交流中，不同国家、不同民族和地区间的文化呈现出异彩纷呈、百舸争流的局面，它们之间有吸收、有融合、有同化，也有对峙、排拒、摩擦，甚至对抗。所谓全球化意味着文化形成越来越失去固定空间的限制，并很难集合为整体和传统。在这样的背景下，中国当代价值观的整合更要注重保持主流意识形态的强大影响力。从目前来看，这是我国在全球化进程中文化整合、价值观整合面临的较为复杂的问题。

目前，马克思主义作为一种意识形态在国际、国内的影响力都有所下降。

在国际上，苏东剧变后，作为意识形态视角的文化共同体，马克思主义文化圈大大萎缩。相反，西方资本主义文化共同体空前扩大。中国马克思主义意识形态的主导地位受到严峻挑战。而且，在中国，马克思主义的本土化、中国化还是一个尚未完全解决的问题。马克思主义作为一种与国家政权相联系的主导意识形态的确立，从俄国十月革命算起至今不过八十多年时间，而在中国则更短，这其中又经历曲折。马克思主义尽管在一定程度上已融入中国民族文化之中，一定程度上也塑造和改变了中国人的文化性格，但马克思主义在中国文化中的文化根性并未确立。面对以美国为主的西方资本主义意识形态扩张，作为中国主流意识形态的马克思主义经受着严峻考验。

主流意识形态是一个民族价值观的核心部分，因此，中国当代价值观的整合必须加强马克思主义意识形态的影响力。当前，要加强马克思主义的影响力，必须从两个方面着手：

一方面，加强马克思主义的创新力。创新力是马克思主义作为中国主流意识形态的生存之本，也是在与西方资本主义意识形态的博弈中最具战略价值的一种力量。往往执政者是意识形态创新的唯一来源，执政者思想解放，意识形态就充满创新的活力，而执政者思想僵化，意识形态就没有生机。因此，意识形态的创新主要集中在与执政者政策相关的领域。这样，意识形态只体现其政治规律而没有体现其文化规律，意识形态与政权的相关性完全转变为依附性。这种依附性最终会导致意识形态创新的不稳定和不完整。因此，只有在充分肯定当前中国马克思主义主导意识形态创新力的同时，正视其创新模式的缺陷，在价值观整合的过程中采取适当的方式来弥补这一不足，才能不断提高主流意识形态的创新力。

另一方面，丰富马克思主义作为主流意识形态的传播模式。通过国家政权来实现思想舆论和文化上的强控制作为文化传播体制中的传统模式，在计划经济与封闭时代的确具有极其强大的意识形态传播力和控制力，但随着社会的转型加速和全球化进程的加快，影响人们思想观念变化的因素增加，信息来源与信息传播途径纷繁复杂，所谓主流文化更多情况下决定于受众的选择。传统传播模式下对主流意识形态的传播力在今天已不能适应需要，传统的意识形态传播模式亟待转变。尤其是业已形成的主流意识形态传播内容形式化、口号化，是马克思主义在面对受众时传播力不足的较大障碍，其影响力与西方文化的传播态势也有较大差距。

（2）正确认识全球化进程中文化的强势与弱势问题

前面提到，全球化进程中的文化交流与传播呈现出强势文化与弱势文化的差别。由此，我们往往容易得出一个较易接受的结论，中国文化在全球化进程中处于弱势地位，这种先天上的不足使我们不得不屈从于西方的文化攻势，从而很难抵挡西方在全球化进程中的文化霸权。由于全球化的双重性，不同国家、民族在全球化过程中所处的不同地位和所扮演的不同角色，以及观察的不同视点和角度，人们对文化的全球化也采取了完全不同的态度：彻底变革论（全球主义论）与怀疑论，激进主义与保守主义，乐观主义与悲观主义，开放主义与拒斥主义，等等。中国近代以来就是在中西古今的激荡中应对全球化问题和探寻中国文化出路的。我们承认，中国以平等身份进入国际体系的时日尚短，与世界其他文化进行对话的能力较弱，还未找到把本国文化特点与世界主流文化结合起来的有效途径。中国文化在全球文化的竞争中还不是处于主流的地位。但是也应看到，中国现代化的任务之一是现代价值观的认同，这必将是一个长期过程。我们要全面看待、正确认识文化的强势与弱势问题。

当代国际体系基本上是从欧洲体系和价值观脱胎而来，发展中国家要对国际体系包括国际文化体系施加影响，既要考虑到已有的基础，又要寻找自己的独特出路。作者认为，面对当今世界的西方强势文明，我们应该把握好三点才能给予应对：

第一，世界文化"同一化"没有可能。在全球文化的大协作与大竞争中，美国为代表的西方国家抢得全球化的先机，他们希望源于西方的全球化终结于西方，推动全球化向西方化、美国化发展，用西方的和美国的经济模式、政治体制和价值观念统治全球，构建一个美国和西方占绝对优势的全球模式，包括文化范式。正是美国和西方在全球化中的中心地位，已经变味了的普世主义和全球主义价值观侵蚀着广大发展中国家的民族利益、国家利益。但我们也看到，美国所梦想的世界文化"同一化"或美国化不可能成为现实。

我们知道，全球化的文化可以概括为商品的"文化化"和文化的"商品化"。非文化性商品的品牌性、广告性也即文化、符号性越来越重。信息时代的信息商品、文化商品（如传媒、影视、网络等）更是当代社会的重头商品。当然文化产品的商业性也无处不在。过去的所谓"现代主义"的非商业性精英或高雅文化与大众文化的界线已经被打破，取而代之的是"后现代主义"的文化商业制作、商业包装，它渗透到一切文化活动与机构。①当经济与文化混合为一体的时候，出现这样的局面：其中一方将其理解为国际合作的新的可能性，世界范围的开放与竞赛，而另一方面则被看作是对自己的威胁，例如工业外流、工作职位减少、本国经济水平下降等。人们只是在世界性的相互接近这一问题上达成了共识。它包括的要点有：国际经济及市场一体化，各国国民经济互相依靠；世界范围的传媒及通信网络一体化；国际组织与政体间的接触；环境；发展及和平等方面的利益的靠拢。但对于价值观还远没有形成共识，相反，全球化带来的挑战、冲突、社会及生态要付出的代价等等，仍然需要各国自己寻找解决办法。历史、政治、经济情况的差异决定了不同的行动计划，西方与亚洲国家的矛盾因此产生。对抗全球经济霸权的可能性也在于一种真正为各国、各族人民所共享的文化的出现。这种文化应兼济各国、人道而普遍，尊重差异。它保护多样性，在承认个人、社区、国家、文化、阶级、种族和性别等各种差异性的前提下，探寻一致性。

第二，强势文化并不是万能文化。强势文化在全球化进程中占据了压倒优势的地位，但也不是万能的。以电视行业为例，美国电视在全球市场占据统治地位，强势文化的地位毋庸置疑，但我们也没有看到全世界都在收看美国的电视节目的局面，并且，它也有竞争对手：巴西和墨西哥的电视公司甚至向美国输出电视节目。现在，虽然很多国家引进美国电视节目，但基本还是本国的电视节目收视率居高。在世界范围内民族文化走向没落也并没有发生。这是因

---

① 参见刘康：《文化·传媒·全球化》，南京大学出版社2006年版，第251页。

为，文化作为一种软力量，它在行为方式、作用手段和政府政策三个方面都不同于军事力量和经济力量（见下表①），它是以一种相对温和的方式，通过价值观力量作用和外交手段而实现的，它不属于强制力。军事力量、经济力量、软力量比较三种类型的力量行为，主要手段政府政策军事力量胁迫、阻碍、保护恐吓、武力强制性外交、战争、同盟经济力量引诱、胁迫交易、制裁援助、贿赂、制裁软力量吸引、设定议程价值观、文化、政策、机构体制公共外交、双边及多边外交。

我们之所以对强势文化畏惧，一方面是由于其的确有强大的影响力，另一方面是受了强势文化民族主义的影响。文化民族主义固然可以作为凝聚民族、整合国家、推动经济起飞的强大资源。但是，文化民族主义的前提之一是本国文化最优，在实践中对外来文化采取排斥的态度，形成大文化民族主义，利用这一攻势实现文化扩张。就当前国际环境而言，提倡文化民族主义容易给国际上别有用心的势力以宣扬西方中心主义的可乘之机，损害其他国家的文化利益。

从历史上看，就每个国家的文化而言，即使没有异国文化的影响和冲击，它自己也是要发展和进步的，不能把自身文化中存在的不足和问题归于他人，要分清自己文化中哪些是糟粕，在全球化进程中本来就是应该被淘汰的。也要看清哪些是自身文化的精髓，才能坚持发扬和发展下去，使本民族文化的生命力得以延续。

第三，弱势文化也可以有所作为。处于文化弱势并非意味无所作为。以当代中国为例："在促进文化全球化方面起积极作用的社会群体，或者说使然因素，尤其值得注意的，有以下四种：一、生产和（或）向中国出口文化产品的跨国公司及其他外商机构；二、控制文化市场而管理外来文化进口事宜的中国政府机构；三、作为文化全球化的评论者及实行者的中国知识分子及其他文化精英人士；四、构成进口文化最忠实、最热情消费者的中国青年。这四种群

---

① 参见〔美〕约瑟夫·奈著，吴晓辉、钱程译：《软力量：世界政坛成功之道》，东方出版社2005年出版，第29页。

体都对文化全球化过程起作用，但从重要性来看，第一和第四种的作用似乎还不如第二和第三种。"①我们看到，很多城市青年都欣赏西方的价值观，诸如个人自由和独立等等，乐意消费进口商品，努力学英语，盼望出国留学，尤其是去美国留学。但同时，大量的青年人也认为美国是一个霸权主义超级大国，批评美国的霸权。所以全球化的文化并不意味着政治民族主义的消失。中国本民族价值观是支撑弱势文化强劲动力的根本。

同时，弱势文化也具有渗透力。全球化同时为弱势文化提供了提高竞争力的机会。文化在产业化的进程中会随着竞争力的提高而提高。开放的具有学习能力的文化和社会才有更大的成功可能。全球化时代的文化使弱势文化的确面临民族虚无主义的陷阱，这差不多是大部分发展中国家的通病。如我国在全面开放的条件下，转型社会中的民众可能会持中华文化已不如人的观点，导致彻底否定文化传统，结果是西方经济文化、消费文化乃至政治文化的全面介入，造成中国社会的无根状态和无序状态，这显然不符合基本的国家利益。作为弱势文化国家，必须明确中国文化主体意识，将其作为驾驭普遍模式和特殊要求的核心观念，否则，所谓变革就会丧失相应的价值支持和引导，以至于要走许多弯路。20世纪探寻中国文化出路的历史经验和教训已经证明，要使中国文化走上健康发展的道路，就不能割离自身的传统，要发掘传统资源以明确文化主体意识，作为我们前进的原动力。

中国作为弱势文化国家不仅要走出陷阱，而且必须提倡文化可持续输出。文化输出并不是宣扬民族主义，而是相信多民族文化可以并存而不相害。未来的亚洲将有50亿人口，占整个人类的一半，不断腾飞的经济和和谐安康的生活显示了文化的向心力，据此专家预言新世纪是"亚洲的世纪"。中国作为一个亚洲大国，应该在欣赏西方优秀文化乃至人类优秀文化的同时，去思考如何通过文化输出使"他者"也尊重并欣赏中华民族的差异性文化，从而激发我们民族文化创新的原创力。

---

① 〔美〕塞缪尔·亨廷顿、彼得·伯杰主编，康敬贻译：《全球化的文化动力：当今世界的文化多样性》，新华出版社2004年版，第15页。

（3）正确处理文化整合与文化安全的几个关系

对于当代中国来说，文化安全是一个复杂的问题。全球范围内不同文化的互动侵蚀着维系国家存在和发展的传统的社会认同。而文化安全问题的产生主要是因为西方发达国家强行向我们输出其生活方式、价值观念和政治制度，推销其文化模式，以图动摇人民的信念，影响国家的凝聚力。但我们又必须面对这样的现实，在全球化的背景下，任何国家不可能为了保持自己的"纯粹"而置身于全球化进程之外，必须用开放、进步的积极心态来面对新一轮文化整合。在文化整合过程中，全球化和民族化的认识、观念都不可能也不应该完全与西方"接轨"，因为全球化目前仍然是西方主导的全球化。中国无法拒绝全球化，为了自身的发展与生存，中国又必须融入全球化的世界体系中来。所以当面对全球化时代的文化整合和国家文化安全问题，中国总是面临着无法解决的悖论和两难境地。要走出这样的困境，重要的是正确处理文化整合与文化安全之间的几个关系。

其一，文化整合必须以国家文化安全为前提。出于价值观和意识形态等因素，当代中国的文化整合是以国家文化安全为前提进行的。这是中华民族文化大发展的需要。

第一，以国家文化安全为前提，树立当代中国国家文化形象。树立中国国家文化形象，我们需要清醒地从历史的角度看中国形象一直以来如何被西方国家所想象、夸饰和曲解，探索"西方的中国观"和"中国的西方观"的形成过程和规律，进而对其社会心理背景及深层文化结构进行分析和探讨，树立有尊严、有生命力、有吸引力的中国国家文化形象。树立中国国家文化形象，重要的不是去批评媒体、网络、电视、广播，而是要在这些平台上挖掘我们的思想，把真正的中国文化和思想建构贯穿进去。如：西方近年来出现了持续不断的"汉语热"，尤其是美国的大学生在选择外语专业方向时，相当多的学生选择了汉语。而中国各大学的对外汉语中心的外国留学生也人满为患，蔚为壮观。这无疑是中国文化输出一个有价值的现实回应。语言危机本质上是文化的危机，语言危机的消除，是文化振兴的前提。而能够通过文化输出为世界所接受的文化，固然也是安全的文化体例。也只有如此才会尽可能地减少对中国文化的误读和思想对抗。减少西方对中国文化的误读和思想对抗也是中国国家文化安全的最基本要求。

第二，以国家文化安全为前提，明确当代中国国家文化立场。前面提到，在中国，文化全球化的最重要使然因素则是知识分子和国家政府。它们相互作用构成了中国如何走向世界的议论。①这些议论慢慢形成了当代中国的国家文化立场。

当代中国在文化立场问题上争论不休，使中国文化身份出现了辨识上的危机。中国当代文化的前沿话语是同整个世界前沿话语相连的，其重要语境是全球化和多元化构成的一种特殊的张力场。在这一张力场中，要求以文化安全为前提的文化的创新与中国立场紧密相关。

多元文化主义者强调尊重差异性文化。然而，当代中国文化艺术中的世俗化倾向越来越占主导地位，精英文化却在日常理性中日渐衰颓。在经济全球化中为中国文化艺术和人的精神发展定位，成为中国国家文化安全的迫切任务。人们已经从前现代的线性时间观中走出来，进入现代性的当下时间，更进一步进入后现代的时间的空间化。于是文化远离了高层化和垄断化，远离了权威性和启蒙性，进入到欲望化、自贬化、消费化的阶段。中国的知识分子和国家政府需要不断提出问题、反省问题，把怀疑和追问放到优先地位来确定自己的文化立场，而这些反省与追问都是以国家文化安全为前提的。

第三，以国家文化安全为前提，确定当代中国国家文化身份。任何一个国家在国际事务中，除了经济军事这类硬实力以外，文化身份也是向海外传播扩散本国语言和文化的软实力的重要软实力。这种软实力在全球化时期反对霸道、张扬王道也具有重要意义。

20世纪东方对西方的崇拜使得中国文化身份出现了辨认上的危机，文化象征资本严重滞后于经济资本的提升。"象征资本"建立在经济资本和文化资本之上，它是一个国家是否有强国形象的辨认标记。文化象征资本的积累和

---

① 参见〔美〕塞缪尔·亨廷顿、彼得·伯杰主编，康敬贻等译：《全球化的文化动力：当今世界的文化多样性》，新华出版社2004年版，第16页。

创新，有利于利用经济崛起和文化创新的双翼共同提升中国新世纪形象。可以说，文化身份是一个非常重要的文化概念，对世界各国制定文化战略和国家战略是一个重要的参照系。

在新世纪强调文化身份表明了中国和平崛起与重铸辉煌具有立场的正当性。当务之急在于文化身份的确立，即在重视经济发展的同时重视中国文化的整体性发展。如果中国经济日益发达，而文化却不断萎缩，必然会因经济和文化发展不平衡而导致结构性内耗。只有提升中国文化的国际影响力，才能逐渐消除世界对抗中国崛起的敌对情绪，使得中国在和平崛起中，同其他强国一道引领世界未来的新文化走向。

其二，文化安全为文化整合提供现实条件。

2007年，英国国家广播公司委托环球扫描公司进行了一次国家形象调查，对英国、加拿大、中国、法国、印度、伊朗、以色列、日本、朝鲜、俄罗斯、美国等国给世界带来的影响加以评估、排名，由美国《时代》周刊公布。在对近三万名不同国家的中高层人士的调查中，认同的得票率是：加拿大及日本均为54%，法国50%，英国45%，中国42%，中国国家形象排名第五位。中国正面形象的国际评价提升表明，中国正在越来越多地参与国际事务，并被世界各国人民重新认识和接纳。这无疑对作为总体的"中国形象"的设计，对当代中国知识框架和思想资源的自我梳理有进一步的促进作用。我们应当消减中国文化自卑主义，排除自我虚无的文化幻象，建立自己的文化自信和文化自觉，在国际事务中展示中国文化的独特思维方式，将文化命运和中国的命运联系起来，进而将中国文化的发展和整个世界的最新发展联系在一起。西方想象的中国形象开始让位于中国自身变革的形象。这是当代中国文化整合取得的新成就。

同时，当代中国的文化整合是与西方强势文化的世界性扩张联系在一起的，同时面临世界性的经济、政治、军事、文化冲突。中国的文化整合是建立在拒绝西方中心主义的基础之上的，就是说是以文化安全为现实条件下的整合。

在新世纪的国际化平台上，我们应该抓住时机在国家文化安全的基础上重塑有独特魅力的中国文化形象。这一国际形象的塑造，同我们平衡地把握中国形象的现代性与本土性紧密相关——没有科技现代化就无法认同世界文明的进步，没有自身文化传统的延续性就无从认同文明的本土主体。只有通过国家文化安全的视角，提升自身的文化价值，培养整个社会良好的文化素质，中国形象的提升才是可持续的。

前面提及，国家文化安全的基本保证是意识形态与民族文化的结合。意识形态是有阶级性的，但离开民族土壤片面强调其阶级性又会丧失其文化根基，致使意识形态只有政策内涵而缺少文化底蕴，不能充分发挥效力。意识形态与民族文化两种重要的国家战略资源的有效结合是国家文化安全的有力保障，也是当代中国文化整合的必备要素。

在新世纪的国际化平台上，我们应该抓住时机重塑有独特魅力的中国形象。随着中国经济的崛起，保持中国形象的和平、和谐、亲善，意义重大。中国的崛起需要文化作为润滑剂，只有通过文化的润滑作用，才可能化解和周边国家的矛盾。中国的传统文化不可能代替西方的自由和科技，也不能解决一切文化道德问题。但是，首先要让中国人信服自己的文化，然后才有自信让世界人民欣赏。世界大国都是以文化立国的，如果没有文化凝聚力，有些内部冲突就会不断升级，而导致国家出现裂隙、内在凝聚力缺失。只有在国家文化安全的视野内，整合民族传统文化、现代文化、意识形态，才会在与世界文化和谐共生中，形成富于民族生命力的国家文化。

其三，文化整合与文化安全共同服务于文化创新。

文化的生命在于创新。没有文化创新，便没有文化发展，没有科学的文化继承和理性的文化借鉴。中国当代的文化创新，从目标来看，就是要不断扬弃、超越经典社会主义所理解的文化框架及其文化理念，不断扬弃民族文化传统，不断超越改革开放和现代化建设实践中感性和经验的制约，建设具有前瞻性、指导性、稳定性的文化价值系统，为人民和国家实现思维方式的转换、知识分子人格的转换、文化体制的转换，进而提供精神系统的保证。

一个多世纪以来的中国文化史，"东西之争""华夷之辩"一直是几代文化人挥之不去的文化情结。或者是全盘西化，或者是儒学复兴，这是至今仍在纠缠的话题。全球化的加速冲击着我们循环着的文化思维，必须立足当代中国文化实践，以一种全球化的视野、全球化的胸襟和全球化的勇气在全球范围内吸纳先进文化的成果，不断焕发中国文化的创新活力。全球化的背景下我们反对和警惕文化侵略、文化霸权、文化渗透，维护国家文化安全，都是为文化创新扫清障碍，为文化创新服务。唯有不断创新，中国文化才会有真正的先进性，也才会有真正的安全。

当代中国的文化整合要求意识形态的创新与传播和民族文化的创新与传播取得内在一致，共同发展。通过文化整合，意识形态的传播更多地融入民族文化的自觉中，意识形态才能获得最有力最稳定的传播形式。没有在民族文化中扎根的意识形态，其创新与传播都主要靠政权来推动。只有意识形态与民族文化的融合程度越高，其文化自觉程度也越高，而其对政权依赖性就相对降低，才能整合为以意识形态和民族文化结合起来的新的文化模式，从而完成文化创新的过程。由此，文化整合在本质上是在保障国家文化安全基础上的民族文化不断创新的过程。

参考文献

［1］《马克思恩格斯选集》第1～4卷，人民出版社2012年版。

［2］《列宁选集》第1～4卷，人民出版社2012年版。

［3］《毛泽东选集》第1～4卷，人民出版社1991年版。

［4］《邓小平文选》第1～3卷，人民出版社1994、1993版。

［5］《论"三个代表"》，中央文献出版社2001年版。

［6］《江泽民论有中国特色社会主义（专题摘编）》，中央文献出版社2002年版。

［7］《江泽民文选》第3卷，人民出版社2006年版。

［8］江泽民：《高举邓小平理论伟大旗帜，把建设有中国特色社会主义事业全面推向二十一世纪》。

［9］胡锦涛：《高举中国特色社会主义伟大旗帜，为夺取全面建设小康社会新胜利而奋斗——在中国共产党第十七次全国代表大会上的报告》，人民出版社2007年版。

[10]《习近平谈治国理政》，外文出版社2014年版。

[11] 习近平：《在纪念孔子诞辰2565周年国际学术研讨会暨国际儒学联合会第五届会员大会开幕会上的讲话》，《人民日报海外版》2014年9月25日。

[12]《习近平总书记系列重要讲话读本》，学习出版社、人民出版社2016年版。

[13]《习近平总书记重要讲话文章选编》，中央文献出版社、党建读物出版社2016年版。

[14] 习近平：《在哲学社会科学工作座谈会上的讲话》，《人民日报》2016年5月19日。

[15] 习近平：《在庆祝中国共产党成立95周年大会上的讲话》，《人民日报》2016年7月2日。

[16]《中共中央文件选集》第11册，中共中央党校出版社1991年版。

[17]《十四大以来重要文献选编》（中），人民出版社1997年版。

[18]《十六大以来重要文献选编》（上）（中），中央文献出版社2005年、2006年版。

[19]《十八大以来重要文献选编》（上），中央文献出版社2014年版。

[20]《十八大以来重要文献选编》（中），中央文献出版社2016年版。

[21]《十八大以来重要文献选编》（下），中央文献出版社2018年版。

[22]《十九大以来重要文献选编》（上），中央文献出版社2019年版。

[23] 陈刚：《大众文化与当代乌托邦》，作家出版社1996年版。

[24] 陈来：《传统与现代——人文主义的视野》，北京大学出版社2006年版。

[25] 陈哲夫、江荣海、吴丕：《二十世纪中国思想史》，山东人民出版社2002年版。

[26] 段伟文：《网络空间的伦理反思》，江苏人民出版社2002年版。

[27] 方彤：《全球化背景下基础教育改革比较研究》，华中师范大学出版社2007年版。

[28] 方兴东、王俊秀：《博客：e时代的盗火者》，中国方正出版社2003年版。

[29] 郭俊立：《科学的文化建构论》，科学出版社2008年版。

[30] 贺麟：《文化与人生》，商务印书馆1988年版。

［31］洪晓楠：《科学文化哲学的前沿探索》，人民出版社2008年版。

［32］洪晓楠：《文化哲学思潮简论》，上海三联书店2000年版。

［33］胡泳、范海燕：《黑客：电脑时代的牛仔》，中国人民大学出版社1997年版。

［34］扈海鹏：《解读大众文化》，上海人民出版社2003年版。

［35］金枝：《虚拟生存》，天津人民出版社1997年版。

［36］匡文波：《网民分析》，北京大学出版社2003年版。

［37］李鹏程：《当代文化哲学沉思》，人民出版社1994年版。

［38］陆扬、王毅选编：《大众文化研究》，上海三联书店2001年版。

［39］孟繁华：《众神狂欢——世纪之交的中国文化现象》，中央编译出版社2003年版。

［40］莫扬：《全球化时代有效的科学传播》，科学普及出版社2007年版。

［41］潘知常、林玮：《大众传媒与大众文化》，上海人民出版社2002年版。

［42］彭兰：《中国网络媒体的第一个十年》，清华大学出版社2005年版。

［43］邵汉明：《中国文化研究二十年》，人民出版社2003年版。

［44］苏振芳主编：《网络文化研究——互联网与青年社会化》，社会科学文献出版社2007年版。

［45］汤一介：《和而不同》，辽宁人民出版社2001年版。

［46］陶东风、徐艳蕊：《当代中国文化批评》，北京大学出版社2006年版。

［47］王春法：《科技全球化与中国科技发展的战略选择》，中国社会科学出版社2008年版。

［48］王岳川：《后现代主义文化研究》，北京大学出版社1992年版。

［49］韦政通：《中国文化与现代生活》，中国人民大学出版社2005年版。

［50］吴海江：《文化视野中的科学》，复旦大学出版社2008年版。

［51］萧功秦：《知识分子与观念人》，天津人民出版社2002年版。

［52］严耕、陆俊、孙伟平：《网络伦理》，北京出版社1998年版。

［53］杨小明、张怡：《中国科技十二讲》，重庆出版社2008年版。

［54］俞吾金：《科学发展观》，重庆出版社2008年版。

［55］张岱年：《文化与哲学》，中国人民大学出版社2006年版。

［56］张隆溪：《走出文化的封闭圈》，生活·读书·新知三联书店2004年版。

［57］周宪：《中国当代审美文化研究》，北京大学出版社1997年版。

［58］朱德米：《自由与秩序》，天津人民出版社2004年版。

［59］〔德〕恩斯特·卡西尔：《人论》，甘阳译，上海译文出版社1985年版。

［60］〔德〕霍克海默、阿道尔诺：《启蒙辩证法》，渠敬东、曹卫东译，上海人民出版社2003年版。

［61］〔德〕卡尔·曼海姆：《意识形态和乌托邦》，艾彦译，华夏出版社2001年版。

［62］〔德〕鲁道夫·奥伊肯：《生活的意义和价值》，万以译，上海译文出版社2005年版。

［63］〔德〕米夏埃尔·兰德曼：《哲学人类学》，张乐天译，上海译文出版社1988年版。

［64］〔德〕诺斯：《经济史上的结构和变革》，商务印书馆1992年版。

［65］〔德〕尤尔根·哈贝马斯：《作为"意识形态"的技术与科学》，李黎等译，学林出版社1999年版。

［66］〔法〕阿芒·马特拉：《世界传播与文化霸权》，陈卫星译，中央编译出版社2001年版。

［67］〔法〕雅克·德里达：《马克思的幽灵》，何一译，中国人民大学出版社1999年版。

［68］〔美〕塞缪尔·亨廷顿：《文明的冲突与世界秩序的重建》，周琪等译，新华出版社2002年版。

［69］〔英〕阿诺德·汤因比：《历史研究》，曹未风等译，上海人民出版社1997年版。

［70］〔英〕约翰·B.汤普森：《意识形态与现代文化》，高铦等译，译林出版社2005年版。

［71］〔英〕约翰·汤林森：《文化帝国主义》，冯建三译，上海人民出版社1999年版。

［72］〔英〕约翰·汤姆林森：《全球化与文化》，郭英剑译，南京大学出版社2002年版。

［73］〔美〕加布里埃尔·A.阿尔蒙德、西德尼·维巴：《公民文化》，徐湘林译，华夏出版社1989年版。

［74］〔美〕罗伯特·达尔：《论民主》，李柏光、林猛译，商务印书馆1999年版。

［75］〔英〕赫尔德：《民主的模式》，燕继荣译，中央编译出版社1998年版，第206页。

［76］〔美〕伯纳德·巴伯：《科学与社会秩序》，顾昕等译，生活·读书·新知三联书店1991年版。

［77］〔法〕孟德斯鸠：《论法的精神》，商务印书馆2004年版。

［78］〔美〕德沃金：《认真对待权利》，信春鹰、吴玉章译，中国大百科全书出版社1998年版。

［79］〔法〕佩鲁：《新发展观》，张宁等译，华夏出版社1987年版。

［80］〔古希腊〕亚里士多德：《政治学》，吴寿彭译，商务印书馆1997年版。

［81］〔英〕培根：《培根论文集》，水同天译，商务印书馆1983年版。

［82］〔日〕山口定：《政治体制》，韩铁英等译，经济日报出版社1991年版。

［83］〔美〕塞缪尔·亨廷顿：《变动社会中的政治秩序》，张岱云等译，上海译文出版社1989年版。

［84］〔德〕哈贝马斯：《交往与社会进化》，张博树译，重庆出版社1989年版。

［85］〔美〕戴维·伊斯顿：《政治生活的系统分析》，王浦劬等译，华夏出版社1999年版。

［86］〔德〕茨威格特、克茨：《比较法总论》，潘汉典等译，贵州人民出版社1992年版。

［87］〔美〕刘易斯·科塞：《理念人》，郭方等译，中央编译出版社2001年版。

［88］〔德〕赖纳·特茨拉夫主编，廖七一等译：《全球化压力下的世界文化》，江西人民出版社2001年版。

［89］〔英〕罗宾·科恩，包罗·肯尼迪，文军等译：《全球社会学》，社会科

学文献出版社2001年版。

［90］〔英〕罗素著，胡品清译：《一个自由人的崇拜》，时代文艺出版社1988年版。

［91］〔美〕约翰·罗尔斯著，万俊人译：《政治自由主义》，译林出版社2000年版。

［92］〔美〕弗兰西斯·福山著，李宛蓉译：《信任：社会道德与繁荣的创造》，远方出版社1998年版。

［93］〔美〕亨廷顿著，周琪等译：《文明的冲突和世界秩序的重建》，新华出版社2002年版。

［94］〔德〕赫尔穆特·施密特著，柴方国译：《全球化与道德重建》，社会科学文献出版社2001年版。

［95］〔德〕阿多诺、霍克海默：《启蒙的辩证法》，重庆出版社1990年版。

［96］赖纳·特茨拉夫：《全球化压力下的世界文化》，江西人民出版社2001年版。

［97］詹姆斯N.罗西瑙主编：《没有政府的治理》，江西人民出版社2001年版。

［98］乔万尼·阿瑞吉等著：《现代世界体系的混沌和治理》，三联书店2003年版。

［99］赫尔穆特·施密特：《全球化与道德重建》，社会科学文献出版社2001年版。

［100］安东尼·D.史密斯：《全球化时代的民族和民族主义》，中央编译出版社2002年版。

［101］麦克尔·哈特、安东尼奥·奈格里：《帝国——全球化的政治秩序》，江苏人民出版社2003年版。

［102］里斯本小组：《竞争的极限》，中央编译出版社2000年版。

［103］詹姆斯·H.米特尔曼：《全球化综合症：转型与抵制》，新华出版社2002年版。

［104］鲍曼：《全球化：人类的后果》，商务印书馆2001年版。

［105］罗宾·科恩、保罗·肯尼迪：《全球社会学》，社会科学文献出版社

2001年版。

[106] 布热津斯基：《大失控与大混乱》，中国社会科学出版社1995年版。

[107] 特奥托尼奥·多斯桑托斯：《帝国主义与依附》，社会科学文献出版社 1999年版。

[108] 弗朗西斯科·罗佩斯·塞格雷拉：《全球化与世界体系》（上、下），社 会科学文献出版社2003年版。

[109] 安东尼·吉登斯：《失控的世界——全球化如何重塑我们的生活》，江 西人民出版社2001年版。

[110] 安东尼·吉登斯：《第三条道路——社会民主主义的复兴》，北京大学 出版社2000版。

[111] 雅克·阿达：《经济全球化》，中央编译出版社2000年版。

[112] 星野昭吉：《全球化时代的世界政治》，社会科学文献出版社2004 年版。

[113] 根纳季·久加诺夫：《全球化与人类命运》，新华出版社2004年版。

[114] 诺姆·乔姆斯基：《新自由主义和全球秩序》，江苏人民出版社2000 年版。

[115] 奥斯特罗姆·莫勒：《全球化危机》，新华出版社2003年版。

[116] 汉斯-彼得·马丁、哈拉尔特·舒曼：《全球化陷阱——对民主和福利 的进攻》，中央编译出版社1998年版。

[117] 俞可平主编：《全球化：西方化还是中国化》，社会科学文献出版社 2002年版。

[118] 俞可平、黄卫平主编：《全球化的悖论》，中央编译出版社1998年版。

[119] 俞可平主编：《全球化时代的马克思主义》，中央编译出版社1998年版。

[120] 俞可平主编：《全球化时代的"社会主义"》，中央编译出版社1998年版。

[121] 张世鹏、殷叙彝编译：《全球化时代的"资本主义"》，中央编译出版 社1998年版。

[122] 胡元梓、薛晓源主编：《全球化与中国》，中央编译出版社1998年版。

[123] 王列、杨雪冬主编：《全球化与世界》，中央编译出版社1998年版。

[124] 王宁、薛晓源主编：《全球化与后殖民批评》，中央编译出版社1998年版。

[125] 杨雪冬：《全球化：西方理论前沿》，社会科学文献出版社2002年版。

[126] 李惠斌：《全球化与现代性批判》，广西师范大学出版社2003年版。

[127] 徐元旦：《全球化热点问题聚焦》，学林出版社2001年版。

[128] 贺金瑞：《全球化与交往实践》，中国广播电视出版社2002年版。

[129] 李黑虎、潘新军：《经济全球化对中国的挑战》，社会科学文献出版社2001年版。

[130] 罗荣渠：《现代化新论》，北京大学出版社1995年版。

[131] 罗荣渠：《各国现代化比较研究》，陕西人民出版社1993年版。

[132] 丰子义著：《现代化进程的矛盾与探求》，北京出版社1999年版。

[133] 武克全：《现代化扩展中的世界与中国》，学林出版社1999年版。

[134] 何传启：《东方复兴：现代化的三条道路》，商务印书馆2003年版。

[135] 丰子义、杨学功：《马克思"世界历史理论"与全球化》，人民出版社2002年版。

[136] 中国国际经济关系学会编：《经济全球化大潮与中国对策》，时事出版社2002年版。

[137] 郁健兴：《全球化：一个批评性考察》，浙江大学出版社2003年3月版。

[138] 丁一凡：《大潮流：经济全球化与中国面临的挑战》，中国发展出版社1998年版。

[139] 刘曙光：《全球化与反全球化》，湖南人民出版社2003年版。

[140] 伍贻康、张幼文等：《世纪洪流：千年回合与经济全球化走向》，上海社会科学出版社、高等教育出版社2001年版。

[141] 吴兴南、林善炜：《全球化与未来中国》，中国社会科学出版社2002年版。

[142] 王逸舟：《全球化与新经济》，中国发展出版社2002年版。

[143] 王永贵：《经济全球化与中国特色社会主义》，黑龙江人民出版社2003年版。

[144] 庞中英：《全球化、反全球化与中国——理解全球化的复杂性与多样性》，上海人民出版社2002年版。

［145］中国社会科学院世界经济研究中心编：《全球化与21世纪：首届"中法学术论坛"论文集》，社会科学文献出版社2002年版。

［146］中国现代国际关系研究所全球化研究中心编译：《全球化：时代的标识》，时事出版社2003年版。

［147］孙放：《全球化论坛2001》，北京邮电大学出版社2001年版。

［148］房宁：《全球化阴影下的中国之路》，社会科学文献出版社1999年版。

［149］马庆钰：《告别西西弗斯——中国政治文化的分析与展望》，中国社会科学出版社2002年版。

［150］吴忠民：《发展社会学》，高等教育出版社2002年版。

［151］吕元礼：《政治文化：传统与现代的会通》，人民出版社2004年版。

［152］刘学军：《政治文明的文化视角：中国现代化进程中的政治文化走向》，江西高校出版社2004年版。

［153］吕元礼：《政治文化：转型与整合》，江西人民出版社1999年版。

［154］潘一禾：《观念与体制：政治文化的比较研究》，学林出版社2002年版。

［155］闵琦：《中国政治文化——民主政治难产的社会心理因素》，云南人民出版社1989年版。

［156］张明澍：《中国"政治人"——中国公民政治素质调查报告》，中国社会科学出版社1994年版。

［157］陶东明、陈明明：《当代中国政治参与》，浙江人民出版社1998年版。

［158］王人博、程燎原：《法治论》，山东人民出版社1998年版。

［159］王沪宁：《政治的逻辑——马克思主义政治学原理》，上海人民出版社1994年版。

［160］施九青：《当代中国政治运行机制》，山东人民出版社1993年版。

［161］张文显：《法哲学范畴研究》，中国政法大学出版社2001年版。

［162］夏勇：《人权概念起源——权利的历史哲学》，中国政法大学出版社2001年版。

［163］刘泽华主编：《中国政治思想史》，南开大学出版社1992年版。

［164］马啸原：《西方政治思想史纲》，高等教育出版社2001年版。

［165］邓正来：《市民社会理论的研究》，中国政法大学出版社2002年版。

［166］张文显：《法理学》，法律出版社1997年版。

［167］公丕祥：《中国法制现代化进程》上卷，中国人民公安大学出版社1991年版。

［168］苏力：《法治及其本土资源》，中国政法大学出版社1996年版。

［169］汝信等主编：《2002年：中国社会形势分析与预测》，社会科学文献出版社2002年版。

［170］周向军：《代表中国先进文化前进方向研究》，中国人民大学出版社2004年版。

［171］俞吾金：《意识形态论》，上海人民出版社1993年版。

［172］杨雪冬、薛晓源：《"第三条道路"与新的理论》，社会科学文献出版社2000年版。

［173］罗荣渠主编：《现代化：理论与历史经验的再探讨》，上海译文出版社1993年版。

［174］王沪宁：《比较政治分析》，上海人民出版社1987年版。

［175］郭定平：《政党与政府》，浙江人民出版社1998年版。

［176］林尚立：《当代中国政治形态研究》，天津人民出版社2000年版。

［177］胡伟：《政府过程》，浙江人民出版社1998年版。

［178］邓伟志：《变革社会中的政治稳定》，上海人民出版社1997年版。

［179］中华孔子学会编：《儒学与现代化》，人民教育出版社1994年版。

［180］郭湛波：《近五十年中国思想史》，山东人民出版社1997年版。

［181］林毓生：《中国意识的危机》（增订再版本），贵州人民出版社1988年版。

［182］杨深：《走出东方——陈序经文化论著辑要》，中国广播电视出版社1995年版。

［183］冯友兰：《三松堂自序》，三联书店1984年版。

［184］李慎之、何家栋：《中国的道路》，南方日报出版社2001年版。

［185］郑家栋：《断裂中的传统》，中国社会科学出版社2003年版。

［186］李景治主编：《当代世界经济与政治》，中国人民大学出版社1999年版。

［187］熊伟主编：《存在主义哲学》，商务印书馆1997年版。

［188］田海平：《哲学的追问——从"爱智慧"到"弃绝智慧"》，江苏人民出版社2000年版。

［189］杜维明：《东亚价值与多元现代性》，中国社会科学出版社2001年版。

［190］广东社科院编：《孙中山全集》，中华书局1986年版。

［191］《张岱年全集》，河北人民出版社1996年版。

［192］林毓生：《中国传统的创造性转化》，三联书店1987年版。

［193］陈来：《传统与现代——人文主义的视界》，北京大学出版社2006年版。

［194］成中英：《文化、伦理与管理》，贵州人民出版社1991年版。

［195］柏杨：《丑陋的中国人》，古吴轩出版社2004年版。

［196］孙熙国：《中国传统文化与社会主义文化建设》，兰州大学出版社2002年版。

［197］方克立主编：《21世纪中国哲学走向》，商务印书馆2003年版。

［198］徐艳玲：《马克思主义视野中的全球化》，大连出版社2005年版。

［199］《蔡元培全集》，浙江教育出版社1997年版。

［200］徐艳玲：《全球化、反全球化思潮与社会主义》，山东人民出版社2005年版。

［201］周立升、颜炳罡：《儒家文化与当代社会》，山东大学出版社2002年版。

［202］潘一禾：《文化与国际关系》，浙江大学出版社2005年版。

［203］李振纲：《文化忧思录》，河北大学出版社1994年版。

［204］丁伟志、陈崧：《中西体用之间》，中国社会科学出版社1995年版。

［205］郑广永：《文化的超越性研究》，黑龙江人民出版社2006年版。

［206］陈筠泉、李景源：《新世纪文化走向——论市场经济与文化、伦理建设》，社会科学文献出版社1999年版。

［207］张骥、刘中民：《文化与当代国际政治》，人民出版社2003年版。

［208］许苏民：《许苏民集》，学林出版社1998年版。

［209］陈立旭：《市场逻辑与文化发展》，浙江人民出版社1999年版。

［210］中共中央党校第十九期中青年班文化问题课题组：《全球化背景下中国文化竞争力研究》，中国时代经济出版社2004年版。

［211］郭建宁：《当代中国的文化选择》，北京大学出版社2004年版。

［212］张艳国：《破与立的文化激流——五四时期孔子及其学说的历史命运》，花城出版社2003年版。

［213］蔡俊生、陈荷清、韩林德：《文化论》，人民出版社2003年版。

［214］李小娟：《文化的反思与重建——跨世纪的文化哲学思考》，黑龙江人民出版社2000年版。

［215］孙泽学：《社会主义初级阶段文化建设研究》，华中师范大学出版社2004年版。

［216］李庆霞：《社会转型中的文化冲突》，黑龙江人民出版社2004年版。

［217］冯天瑜、杨华：《中国文化发展轨迹》，上海人民出版社2000年版。

［218］陈波、张怀民：《传统文化与中国现代化之路》，河南人民出版社2004年版。

［219］丁冠之、王钧林、刘示范：《儒家道德的重建》，齐鲁书社2001年版。

［220］司马云杰：《文化价值论——关于文化建构价值意识的学说》，陕西人民出版社2003年版。

［221］张利民：《文化选择的冲突——五四时期东西文化论战中的思想家》，中国人民大学出版社1990年版。

［222］许明、花建：《文化发展论》，北京大学出版社2005年版。

［223］邓安庆、邓名瑛：《文化建设论——中国当代的文化理念及其系统构建》，湖南人民出版社1998年版。

［224］王继平：《近代中国与近代文化》，中国社会科学出版社2003年版。

［225］赵行良：《中国文化的精神价值——中国人文精神之探讨》，上海古籍出版社2003年版。

［226］龙文懋、崔永东：《传统文化的沉思》，内蒙古人民出版社2001年版。

［227］方克立：《走向二十一世纪的中国文化》，山西教育出版社1999年版。

［228］中共中央党史研究室：《中国共产党与中国先进文化》，中共中央党校

出版社 2001 年版。

［229］樊勇：《文化建设与全面小康》，社会科学文献出版社 2005 年版。

［230］胡惠林：《中国国家文化安全论》，上海人民出版社 2005 年版。

［231］郭太风：《文化的主流和支流》，学林出版社 2002 年版。

［232］邵汉明：《中国文化研究二十年》，人民出版社 2003 年版。

［233］远志明：《沉重的主体：中国人传统价值观考察》，人民出版社 1987 年版。

［234］许启贤、张立文等主编：《传统文化与现代化》，中国人民大学出版
　　　1987 年版。

［235］汤泽林：《观念的变革：从传统人意识到现代人意识》，职工教育出版
　　　社 1989 年版。

［236］《梁漱溟全集》，山东人民出版社 1990 年版。

［237］张岱年、程宜山：《中国文化与文化论争》，中国人民大学出版社 1990
　　　年版。

［238］沈湘平：《全球化与现代性》，湖南人民出版社 2003 年版。

［239］王宁编：《全球化与文化：西方与中国》，北京大学出版社 2002 年版。

［240］方家良等：《文化经济学》，上海交通大学出版社 1991 年版。

［241］贾春峰主编：《市场经济与文化发展》，中国经济出版社 1994 年版。

［242］胡惠林主编：《文化经济学》，上海交通大学出版社 1996 年版。

［243］张爱平、何静：《日本文化产业》，山东教育出版社 1996 年版。

［244］范中汇：《英国文化管理》，文化艺术出版社 2001 年版。

［245］单世联：《现代性与文化产业》，广州人民出版社 2001 年版。

［246］柯可主编：《文化产业论》，广东经济出版社 2001 年版。

［247］刘玉珠、金一伟主编：《WTO 与中国文化产业》，文化艺术出版社 2001
　　　年版。

［248］江蓝生、谢绳武主编：《2001－2002 年：中国文化产业发展报告》，社
　　　会科学文献出版社 2002 年版。

［249］张志宏：《美国文化产业概况和经验》，社会科学文献出版社 2002
　　　年版。

[250] 彭立勋：《文化体制改革与文化产业发展》，中国社会科学出版社2003年版。

[251] 李晓东：《全球化与文化整合》，湖南人民出版社2003年版。

[252] 胡惠林：《文化政策学》，上海文艺出版社2003年版。

[253] 江蓝生、谢绳武主编：《2003年：中国文化产业发展报告》，社会科学文献出版社2003年版。

[254] 张晓明等主编：《2004年：中国文化产业发展报告》，社会科学文献出版社2004年版。

[255] 张晓明等主编：《2005年：中国文化产业发展报告》，社会科学文献出版社2005年版。

[256] 张晓明等主编：《2006年：中国文化产业发展报告》，社会科学文献出版社2006年版。

[257] 张胜冰等：《世界文化产业概要》，云南大学出版社2006年版。

[258] 陈忱主编：《中国民族文化产业的现状与未来——走出去战略》，国际文化出版公司2006年版。

[259] 张晓明、胡惠林、章建刚主编：《2007年：中国文化产业发展报告》，社会科学文献出版社2007年版。

[260] 向达：《中西交通史》，中华书局1934年版。

[261] 马戎、周星主编：《二十一世纪：文化自觉与文化对话》，北京大学出版社2001年版。

[262] 中国文化书院讲演录编委会主编：《中外文化比较研究》，三联书店1988年版。

[263] 何兆武：《中西文化交流史论》，中国青年出版社2001年版。

[264] 安宇：《冲撞与融合——中国近代文化史论》，学林出版社2001年版。

[265] 许纪霖等主编：《中国现代化史》第1卷，上海三联书店1995年版。

[266] 叶自成：《对外开放与中国现代化》，北京大学出版社1997年版。

[267] 熊月之：《西学东渐与晚清社会》，上海人民出版社1994年版。

[268] 张世保：《西化思潮的源流与评价》，华东师范大学出版社2005年版。

［269］胡希伟：《20世纪西方哲学东渐史》，首都师范大学出版社2002年版。

［270］李承贵：《中西文化之会通》，江西人民出版社1997年版。

［271］郭镇之主编：《全球化与文化间传播》，北京广播学院出版社2004年版。

［272］董云虎、刘武萍：《世界人权约法总鉴》（续编），四川人民出版社1998年版。

［273］李惠斌主编：《全球化：中国道路》，社会科学文献出版社2003年版。

［274］李军、陈建平编选：《再奏风雅——2005中国文化年报》，兰州大学出版社2005年版。

［275］李庆本：《跨文化视野：转型期的文化与美学批判》，中国文联出版社2003年版。

［276］王介南：《中外文化交流史》，书海出版社2004年版。

［277］李喜所主编：《五千年中外文化交流史》第1～5卷，世界知识出版社2002年版。

［278］赵春晨主编：《中西文化交流与岭南社会变迁》，中国社会科学出版社2004年版。

［279］中国文化书院讲演录编委会主编：《中外文化比较研究》，三联书店1988年版。

［280］刘继南主编：《大众传播与国际关系》，北京广播学院出版社1999年版。

［281］沈福伟：《中西文化交流史》，上海人民出版社1993年版。

［282］汪澍白：《二十世纪中国文化史论》，中国青年出版社1999年版。

［283］王宁编：《全球化与文化：西方与中国》，北京大学出版社2002年版。

［284］王逸舟主编：《全球化时代的国际安全》，上海人民出版社1999年版。

［285］孙泽学：《社会主义初级阶段文化建设研究》，华中师范大学出版社2004年版。

［286］徐善伟：《东学西渐与西方文化的复兴》，上海人民出版社2002年版。

［287］徐行言主编：《中西文化比较》，北京大学出版社2004年版。

［288］张骥：《国际政治文化学导论》，世界知识出版社2005年版。

［289］张骥、刘中民：《文化与当代国际政治》，人民出版社2003年版。

［290］王柯平：《走向跨文化美学》，中华书局2002年版。

［291］张世保：《从西化到全球化》，东方出版社2004年版。

［292］张祥浩编：《唐君毅新儒学辑要：文化意识宇宙的探索》，中国广播电视出版社1993年版。

［293］张星烺：《欧化东渐史》，商务印书馆2000年版。

［294］朱谦之：《中国哲学对欧洲的影响》，河北人民出版社1999年版。

［295］资中筠：《国际政治理论探索在中国》，上海人民出版社1998年版。

［296］郝侠君、毛磊、石光荣主编：《中西500年比较》，中国工人出版社1996年版。

［297］周向军等：《代表中国先进文化的前进方向研究》，中国人民大学出版社2004年版。

［298］李晓东：《全球化与文化整合》，湖南人民出版社2003年版。

［299］花建等：《软权力之争：全球化视野下的文化竞争潮流》，上海科学院出版社2001年版。

［300］陈立旭：《市场逻辑与文化发展》，浙江人民出版社1999年版。

［301］周一良主编：《中外文化交流史》，河南人民出版社1987年版。

［302］刘小枫：《拯救与逍遥》，上海人民出版社1988年版。

［303］张西平：《中国与欧洲早期宗教和哲学交流史》，东方出版社2001年版。

［304］奚洁人：《"三个代表"主体的精神文化研究》，上海人民出版社2004年版。

［305］李慎明、王逸舟主编：《2006年：全球政治与安全报告》，社会科学文献出版社2006年版。

［306］邓炎昌、刘润清：《语言与文化》，外语教学与研究出版社1989年版。

［307］胡文仲：《跨文化交际学选读》，湖南教育出版社1990年版。

［308］胡文仲：《文化与交际》，外语教学与研究出版社1994年版。

［309］贾玉新：《跨文化交际学》，上海外语教育出版社2002年版。

［310］潘一禾：《西方文学中的跨文化交流》，浙江大学出版社2007年版。

［311］李学爱：《跨文化交流：中西方交往的习俗和语言》，天津大学出版社

2007年版。

[312] 王培英:《跨文化交流》,旅游教育出版社2007年版。

[313] 王治河主编:《全球化与后现代性》,广西师范大学出版社2003年版。

[314] 王春元、钱中文主编:《美国作家论文学》,刘保端等译,北京三联书店1984年版。

[315] 夏保成:《国家安全论》,长春出版社1999年版。

[316] 王普丰:《高技术战争》,国防大学出版社1993年版。

[317] 阎学通:《中国国家利益分析》,天津人民出版社1997年版。

[318] 李希光、刘康:《妖魔化与媒体轰炸》,江苏人民出版社1999年版。

[319] 朱阳明主编:《亚太安全战略论》,军事科学出版社2000年版。

[320] 魏明德:《全球化与中国》,商务印书馆2002年版。

[321] 房宁、王晓东、宋强等:《全球化阴影下的中国之路》,中国社会科学出版社1999年版。

[322] 王宁、薛晓源主编:《全球化与后殖民批评》,中央编译出版社1998年版。

[323] 杜维明:《现代精神与儒家传统》,三联书店1997年版。

[324] 肖元恺:《全球新坐标——国际载体与权力转移》,国际文化出版公司2003年版。

[325] 郭树勇:《建构主义与国际政治》,长征出版社2001年版。

[326] 李惠斌主编:《全球化:中国道路》,社会科学文献出版社2003年版。

[327] 阮炜:《西方与中国——宗教、文化、文明比较》,社会科学文献出版社2002年版。

[328] 潘一禾:《文化与国际关系》,浙江大学学出版社2005年版。

[329] 苏国勋等:《全球化:文化冲突与共生》,社会科学文献出版社2006年版。

[330] T.L.Friedman, The Lexs and the Olive Tree, New York:Farrar, Straus and Giroux,1999.

[331] Raymond Williams, Culture and Society: 1780-1950, Columbia University

Press , 1983.

[332] Donald E.Nuechterle,United States National Interests in the 1980s, Lexington: Univ.of Kentucky Press, 1985.

[333] A.Matterlart et.al.Communication and Class Struggle.NewYork:International General press, 1979.

[334] Mcgrewed. Global Politics :Globalization and Nation-State, Cambridge: Polity Press, 1992.

[335] Raymond Aron, Peace and War: A Theory of International Relations, Translated By Richard Howard and Anneue Barker Fox ,Garden City, New York, Doubleday press, 1996.

[336] Joseph S. Nye, Jr, Bound to Lead: The Changing Nature of American Power, New York Basic Books, 1990.

[337] Ulf Hannerz, Culture Complexity: Studies in Social Orgnization of Meaning, New York, Colunbia University Press, 1992.

[338] Aniel,Kaufman,U.S.National Security: A Framework for Analysis, Mass.: Lexington Books, 1985.

[339] Herbert I.Schiller, "Communications and Cultural Domination". New York: International Arts and Sciences Press, 1976.

[340] Nandy, Traditions,Tyranny and Utopins:Essays in the Politics of Awareness. Oxford University Press,1987.

[341] Bill Mcsweeney, Security,Identity and Interests,Cambridge University Press,1999.

[342] Union of International Associations:Yearbook of International Organizations, 2000-2001, Vol.3 Munchen, 2000.

[343] Henry C. Weinst: Ethics issues in security hospitals ,Behavioral Sciences & the Law, Volume 20, Issue 5, Date: September/October, 2002.

[344] Yoshihisa Kashima:Recoverin Bartlett' social psychology of cultural dynamics, European Journal of Social Psychology, Volume30, Issue3, Date: May/June, 2000.

后　记

　　本书是由山东大学周向军教授主持的教育部人文社会科学重点研究基地重大项目"经济全球化与有中国特色社会主义文化建设"（项目批准号：02JAZJD710003）的最终成果。

　　项目立项后，课题组成员开展了认真的研究。经过几年努力，除了发表了一系列学术论文，还出版了《全球化与当代中国文化发展研究丛书》。如果说，《丛书》是项目研究的标志性阶段成果，那么本书就是项目研究的最终成果，是在以往研究成果特别是在《丛书》基础上深化研究扩充修改完善形成的新成果。

　　参与本书研究写作的作者以及承担的具体任务如下：

　　周向军：导论、后记，统改全书；

　　徐艳玲：第一章；

　　李春明：第二章、第四章；

　　孙熙国、晏振宇：第五章；

张彩凤、苏红燕：第六章

崔　婷：第七章

沈洪波：第八章。

本书的出版得到教育部人文社会科学重点研究基地山东大学当代社会主义研究所所长崔桂田教授的全力支持和指导。山东人民出版社隋小山编辑为本书的编辑出版付出辛勤劳动。山东大学马克思主义学院的研究生王敏、刘文杰、赵信彦、李明芮、童成帅、杨莉、朱瑞、王敏敏、谭长峰、王立文等同学为本书的清样校对、引文审核等做了一些具体细致的工作。本书在研究写作过程中学习和借鉴了学术界诸多学者已有研究成果。在此，一并表示衷心感谢。

由于作者水平所限，本书难免存在疏漏、偏颇和错误之处，恳请读者朋友批评指正。

周向军

2020.06.06